젠킨스 2 시작하기

Korean edition copyright ⓒ 2019 by acorn Publishing Co. All rights reserved.

Authorized Korean translation of the English edition of Jenkins 2: Up and Running
ISBN 9781491979594 ⓒ 2018 Brent Laster

This translation is published and sold by permission of O'Reilly Media, Inc.,
which owns or controls all rights to publish and sell the same.

이 책은 O'Reilly Media, Inc.와 에이콘출판㈜가 정식 계약하여 번역한 책이므로
이 책의 일부나 전체 내용을 무단으로 복사, 복제, 전재하는 것은 저작권법에 저촉됩니다.

젠킨스 2 시작하기
개발 파이프라인 자동화의 한 단계 도약

브렌트 래스터 지음　이상욱 옮김

에이콘

매일 아름다움과 행복을 가져다 준 나의 최고의 친구이자 아내인
앤 마리$^{\text{Anne-Marie}}$에게 이 책을 바칩니다.
그리고 내가 알려 준 것보다 더 많은 것을 나에게 알려 준
나의 세 아들 워커^{Walker}, 채이스^{Chase}, 태너^{Tanner}에게 이 책을 바칩니다.

이 책에 쏟아진 찬사

필요할 때 가장 먼저 찾아볼 레퍼런스인 이 책은 젠킨스를 처음 접하는 사람에게 추천하고도 싶다. 저자는 두 종류의 독자를 모두 만족시키는 뛰어난 업적을 이뤘다.

— 차임 "틴조" 크라우즈 Chaim "Tinjaw" Krause

브렌트 래스터 젠킨스로 수행할 수 있는 작업을 작은 단위로 쪼개면서 젠킨스 2의 모든 기능을 최대로 사용할 수 있는 상세한 가이드를 만들어 냈다. 또한 파이프라인 코드에 대한 유용한 예시를 통해 지속적 배포를 위해 사용할 수 있는 효과적인 코드를 제공했다. 기존 젠킨스 사용자부터 새로운 입문자까지 이 책이 제시하는 예시를 통해 젠킨스 기능에 대한 지식을 쌓아올릴 수 있을 것이다.

— 브라이언 도슨 Braian Dawson /클라우즈비스의 데브옵스 에반젤리스트

추천사

소프트웨어 개발 업계는 천천히, 하지만 확실한 변화를 겪고 있다. 소프트웨어는 점차 모든 영역에 자리잡고, 소프트웨어 개발자들은 이에 함께 요구되는 사항을 더 많은 자동화로 해결하려고 한다. 이 글을 읽고 있는 독자들도 이러한 변화의 물결 속에 있을 것이라 생각한다.

변화의 흐름에 더욱 쉽게 대처할 수 있도록 젠킨스에도 자체적으로 큰 변화가 있었다. 서버의 GUI를 통해 여러 잡^{job}을 설정하는 기존의 전통적인 방식에서, 깃^{Git} 저장소에 저장되는 Jenkinsfile을 통해 설정한 후 싱글 페이지$^{single-page}$ 애플리케이션에서 관리하는 새로운 방식으로 변화를 모색했다.

젠킨스가 커뮤니티에서 새로운 기능을 개발하고 배포하는 과정에서 많은 사용자가 변화를 인지하지 못하고 이전 방식으로 젠킨스를 사용하는 문제가 지금도 발생하고 있다.

이런 현상은 충분히 일어날 수 있다. 이것은 사람들의 관성 때문이다. 그동안 구글, 스택 오버플로우, 메일링 리스트, 이슈 트래커 및 다양한 매체를 통해 전통적인 방식의 젠킨스를 효율적으로 사용하는 방식이 널리 퍼졌다. 새로운 방식의 젠킨스를 도입하기에는 사용자들이 너무 바쁘다는 점도 이유로 들 수 있다. 젠킨스의 새로운 사용 방법을 알리는 데 충분한 노력이 투입되지 않기도 했다.

그래서 이러한 문제를 해결할 수 있는 책이 나왔다는 소식을 들었을 때 진심으로 기뻤다. 브렌트는 과거 젠킨스를 사용하던 방식을 모두 잊고, 바로 지금 젠킨스를 사용하는 방법을 재정립했다. 정보의 일부만 존재하는 구글이나 스택 오버플로우와는 달리, 이 책은 전체적인 이해를 돕는 구조적인 방식을 제시한다는 점에서 가치가 크다.

이 책은 CI/CD를 처음 접하는 독자뿐 아니라 수년간 젠킨스를 사용해온 사용자라면 젠킨스를 더 자세히 이해하는 데 도움이 될 것이다.

코슈케 가와구치 Kotsuke Kawaguchi
젠킨스 최초 개발자이자 클라우드비스의 CTO

지은이 소개

브렌트 래스터 Brent Laster

세계적인 강사이자 작가이며, 오픈 소스 기술의 연사이자 최신 기술 회사의 고참 R&D 관리자이다. 25년이 넘게 소프트웨어 업계에서 다양한 기술, 관리 직책을 역임했다. 이 책 외에도 깃의 입문자와 고급자를 위한 전반적인 내용을 쉽게 다룬 『Professional Git』(Wiley, 2016)과 입문자의 개념 이해를 돕는 『Continuous Integration vs. Continuous Delivery vs. Continuous Deployment』(O'Reilly, 2006)의 저자다. 업계의 콘퍼런스나 사파리의 실시간 강의에서 종종 볼 수 있다. 기술적인 능력과 리더십을 향상하고 이를 사람들과 나누고자 노력한다. 그 외에도 어떤 주제에 관한 것이든 지식을 나눠 다른 사람이 목표를 이루는 데 도움을 주는 것의 무한한 가치를 믿는다. 링크드인이나 트위터 @BrentCLaster를 통해 연락할 수 있다.

감사의 글

이 책의 모든 부분에 도움을 준 젠킨스 커뮤니티에 큰 감사를 표한다. 젠킨스는 커뮤니티에 의해 만들어지고 유지되는 소프트웨어가 훌륭한 활용성과 품질을 가질 수 있다는 증거이다. 젠킨스에 기여하고, 플러그인 개발이나 교육 자료 개발에 기여하고, 질문에 대답하고, 젠킨스를 릴리스하는 데 도움을 준 모든 분에게 감사한다.

개인적으로도 감사를 표할 분이 너무 많아 몇몇을 묶어서 감사를 표한다.

먼저 허드슨과 젠킨스를 만들고 이 책의 추천사도 써 준 코슈케 가와구치 씨에게 감사를 표한다. 커뮤니티와 CloudBees를 통해 젠킨스에 불러온 리더십과 기술적인 기여는 우리가 소프트웨어를 개발하고 납품하는 데 큰 차이를 만들어줬다.

테크니컬 에디터 패트릭 울프Patrick Wolfe, 브라이언 도슨Brian Dawson 그리고 차임 크라우즈Chaim Krause에게도 감사를 표한다. 시간을 할애해 이 책을 검토해줬다. 이들의 피드백을 통해 이 책의 내용이 한 단계 더 나아졌다.

패트릭 울프는 집필을 시작할 때부터 기술적인 업데이트 내용과 추가 정보를 전달해줬다. 이로 인해 다행히 (책의 출간 시점까지) 이 책의 대부분이 젠킨스의 최신 버전과 일치할 수 있었다. 그가 이 프로젝트에 기여한 많은 시간과 솔직함에 정말 감사하다.

브라이언 도슨은 이 책에서 독자들을 위해 더욱 발전시켜야 하는 내용을 찾는 데 큰 도움을 줬다. 브라이언과 패트릭 모두 클라우드비스에서 일하지만, 회사의 목표이기도 한 '젠킨스 커뮤니티에 대가 없이 기여하는 것'의 모범을 보여줬다.

차임 크라우즈는 내가 아는 사람 중 가장 헌신적인 사람이다. 그와 벌써 두 권의 책을 같이 작업했고, 세세한 부분까지 챙기는 노력에 항상 감사한다. 시간을 내서 바꿔야 하는 단어나 예시와 잘못된 부분을 직접 찾아줬다. 이런 그의 검토는 이 책의 많은 부분에 영향을 끼쳤다.

또한 오라일리에도 커다란 감사를 전한다. 먼저 기꺼이 이 책에 기회를 주고 처음부터 끝까지 지원해준 편집자 브라이언 포스터[Brian Forster]에게 감사를 표한다. 이 책의 진행을 도와주고 모든 질문에 대답해주며 책의 시작과 끝을 함께해 준 안젤라 루피노[Angela Rufino]에게도 감사를 전한다. 또한 초기에 편집을 도와준 난 바버[Nan Barber]에게도 감사를 표한다.

깔끔하고 읽기 쉬운 책이 될 수 있도록 도와준 교열 담당자 드와이트 램지[Dwight Ramsey]와 레이첼 헤드[Rachel Head], 제작 편집자 저스틴 빌링[Justin Billing], 검토자 재스민 퀴틴[Jasmine Kwityn] 모두 이 책을 완성해 출간하는 데 큰 도움을 줬다.

이 책에서 다루는 내용 중 많은 부분은 저자가 오라일리 사파리 플랫폼과 콘퍼런스 워크샵에서 실시간 강의를 할 때 공유됐다. 수잔 코난트[Susan Conant]와 브라이언 포스터는 젠킨스 2의 실시간 강의에 대한 아이디어를 들어주고 이를 발전시키는 데 이바지했다. 또한 버지니아 윌슨[Virginia Wilson]은 CI와 CD에 관련된 집필을 하는 데 도움을 줬고, 콘퍼런스 조직자인 레이첼 루오멜리오티스[Rachel Roumeliotis]와 오드라 카터[Audra Carter]는 콘퍼런스 세션의 가이드에 기여했다.

마지막으로 저자가 깃과 젠킨스에 관해 트레이닝 세션을 진행할 때 도움을 준 트레이닝 직원들에게 감사를 표한다. 모든 트레이닝이 잘 진행되도록 전문적인 도움을 준 야스미나 그레코(Yasmina Greco), 린제이 벤티미글리아(Linsay Ventimiglia), 누럴 아이삭(Nurul Ishak) 그리고 새논 컷(Shannon Cutt)에게 감사를 전한다.

콘퍼런스 측면에서는 제이 지머맨(Jay Zimmerman)을 빼놓을 수 없다. No Fluff Just Stuff 콘퍼런스 시리즈의 창립자이자 개최자인 제이는 전 세계에서 젠킨스에 대해 강의할 수 있는 기회를 줬다.

SAS의 관리자들도 저자가 몇 년에 걸쳐 상용 트레이닝 코스를 만들고, 이를 세계 곳곳의 여러 회사의 직원에게 강의할 수 있게 지원해줬다. 특별히 이를 도와준 글렌 뮤지얼(Glenn Musial), 신디 슈너퍼(Cyndi Schnupper) 그리고 앤디 디글맨(Andy Diggelmann)에게 감사를 표한다.

젠킨스 강의나 워크샵에 참석했던 모든 사람들과, 특별히 질문을 하고 피드백을 제공해 주제와 내용을 발전시키는 데 아이디어를 제공한 모든 분들에게 감사를 표한다.

젠킨스 커뮤니티의 신념인 젠킨스의 발전과 질문에 대한 답변 그리고 문서 제공을 사용자들을 위해 몸소 실천한 클라우드비스 직원들의 노력에 큰 감사를 표한다. 도와준 모든 분을 언급할 수는 없지만, 계속해서 이 책의 자료 조사를 도와준 패트릭 울프(Patrick Wolfe), 제시 글릭(Jessie Glick), 앤드류 베이어(Andrew Bayer), 제임스 더메이(James Dumay), 리암 뉴먼(Liam Newman) 그리고 제임스 브라운(James Brown)에게 감사를 표한다. 커뮤니티에서 이분들이 작성한 내용을 발견한다면 유용한 것을 배울 수 있을 것이다. 또한 젠킨스 2의 정보가 처음 공개된 젠킨스 월드 콘퍼런스를 조직해준 맥스 아버클$^{\text{Max Arbuckle}}$에게 감사한다.

그리고 나의 아내 앤 마리와 아이들에게 가장 큰 감사를 전한다. 꽤 오랫동안 가족과 함께 보내야 하는 밤과 주말을 이용해 이 책을 썼다. 생소한 것을 집필하느라 함께 하지 못했는데도 가족은 항상 용기를 북돋아줬다. 앤 마리, 당신은 항상 나의 가장 큰 조력자이고, 내 힘과 용기의 원천이자 내 전부야. 내가 삶과 꿈 그리고 일 사이에서 균형을 잡는 데 도움을 줘서 고마워. 당신은 우리의 하루를 매일매일 친절과 사랑, 영감으로 채워줬어. 정말 고마워.

마지막으로 이 책의 독자들에게 감사를 전한다. 독자들이 이 책에서 가치를 발견하고 젠킨스와 관련된 기능을 사용할 때 도움을 얻을 수 있기를 희망한다.

옮긴이 소개

이상욱(pos236@gmail.com)

2010년부터 LG CNS, 뷰웍스Vieworks를 거쳐 현재는 호주로 이주해 엑스그룹Axe Group에서 소프트웨어 개발을 하고 있다. 다양한 개발 도구에 관심이 많으며, 특히 자동화 도구에 관심이 많다. 에이콘출판사에서 펴낸 『Yocto 프로젝트를 활용한 임베디드 리눅스 개발』(2014)과 『초보를 위한 젠킨스 2 활용 가이드 2/e』(2018)을 번역했다.

옮긴이의 말

소프트웨어 개발에서 분야를 막론하고 쓰이는 개념 중 하나가 지속적 통합 및 배포다. 최근 이 분야를 주도하고 있는 기술인 젠킨스는 십 년이 넘는 기간 동안 업계 표준으로 통용되고 있다.

십 년의 성공이 나타내듯 기존의 젠킨스가 아직까지도 많은 프로젝트에서 필요로 하는 요구사항을 충족하는 데 부족함이 없었다. 하지만 최신 추세인 복잡해지는 시스템 간의 통합, 이를 지원하기 위한 클라우드 기술의 발전을 담기에 기존 구조는 점차 한계를 보이고 있던 것도 사실이다.

젠킨스는 최근 버전 2.0 업그레이드를 통해 최신 트렌드를 반영할 수 있는 시스템으로 진화하였다. 여기에는 복잡해지는 빌드 단계를 구분짓는 파이프라인 문법의 도입, 빌드 스크립트 자체를 관리하는 젠킨스 파일의 추가, 이에 걸맞는 새로운 UI인 블루오션, 그리고 클라우드 환경을 최대한 활용할 수 있는 도커에 대한 지원 등이 포함되어 있다.

이 책은 각각의 주제를 심도 있게 살펴볼 수 있도록 사전식으로 구성했다. 단순히 젠킨스 2.0에 도입된 기능을 이해하는 수준을 넘어, 실무에서 작업을 할 때 계속해서 옆에 두고 참고할 수 있는 책을 만드는 것을 목표로 모든 주제를 깊게 조사해서 담았다. 젠킨스 2.0을 사용하면서 새로운 기능을 도입하거나 특정 문제에 봉착했을 때, 저자는 이 책을 통해 인터넷보다 빠르게 최선의 해결책에 접근할 수 있도록 다양한 해결 방안을 책에 담았다.

이 책은 새롭게 젠킨스 2.0을 접하는 독자에게는 전반적인 기능에 대한 이해를 증진시켜 줄 것이고, 실무에서 이를 사용하고 있는 독자에게는 실용적인 해결책 및 개선점을 알려주고, 저자의 다양한 경험을 바탕으로 젠킨스를 좀 더 젠킨스답게 사용하는 방법을 배워 유지보수에 드는 자원을 획기적으로 줄일 수 있게 도와줄 것이다.

마지막으로 이렇게 좋은 책을 출간한 저자와 이를 한국어로 번역할 기회를 주신 에이콘출판사에 감사하며, 이 책을 번역하는 동안 옆에서 용기와 힘을 준 아내 민이에게 가장 큰 감사와 사랑을 전하고 싶다.

이상욱

차례

이 책에 쏟아진 찬사 7
추천사 8
지은이 소개 10
감사의 글 11
옮긴이 소개 15
옮긴이의 말 16
들어가며 31

1장 젠킨스 2 소개　37

젠킨스 2란? 38
　　Jenkinsfile 39
　　서술적 파이프라인 42
　　블루 오션 인터페이스 44
　　젠킨스 2의 새로운 잡 타입 44

변화의 이유 48
　　데브옵스로의 변화 48
　　파이프라인 조립 49
　　재실행성 49
　　설정 용이성 49
　　워크스페이스 공유 50
　　특별한 지식 50
　　로직에 대한 접근 50
　　파이프라인 소스 관리 51
　　경쟁 51

도전에 대한 직면 51
호환성 52
    파이프라인 호환성 53
    플러그인 호환성 55
    호환성 확인 60
요약 62

2장 기본 개념   63

문법: 스크립트 방식의 파이프라인과 서술적 파이프라인 64
    스크립트 방식의 파이프라인과 서술적 파이프라인 중 선택 66
시스템: 마스터, 노드, 에이전트, 엑시큐터 68
    마스터 68
    노드 68
    에이전트 69
    엑시큐터 70
    노드 생성 71
구조: 젠킨스 DSL 사용하기 74
    노드 75
    스테이지 77
    스텝 78
지원되는 환경: 파이프라인 스크립트 개발 80
    파이프라인 프로젝트 시작 81
    편집기 82
    스니펫 생성기 사용하기 84
    파이프라인 실행 88
    리플레이 96
요약 101

3장 파이프라인 실행 흐름 ... 103

잡 트리거 ... 104
프로젝트 완료 후 빌드시키기 ... 105
주기적 빌드 ... 105
깃 소스 코드 저장소 변경 사항 업데이트를 위한 깃허브 훅 ... 109
SCM 내려받기 ... 109
대기 시간 ... 110
원격에서 빌드 트리거 ... 110

사용자 입력값 ... 110
입력값 ... 111
매개 변수 ... 115
다중 입력 매개 변수의 반환 값 ... 123
매개 변수와 서술적 파이프라인 ... 124

흐름 제어 옵션 ... 131
timeout ... 131
retry ... 133
sleep ... 134
waitUntil ... 134

동시성 다루기 ... 136
lock 스텝을 통한 자원 잠금 ... 137
마일스톤을 활용해 동시 빌드 제어하기 ... 140
멀티브랜치 파이프라인에서 동시성 제한 ... 142
작업을 병렬로 수행하기 ... 142

조건부 실행 ... 154

후처리 ... 156
스크립트 방식의 빌드 후처리 ... 156
서술적 파이프라인과 후처리 ... 159

요약 ... 160

4장   알림과 리포트   161

알림   162
- 이메일   162
- 협업 서비스   174

리포트   188
- HTML 리포트 발행   188

요약   191

5장   접근과 보안   193

젠킨스 보안   194
- 보안 활성화   194
- 그 외의 전역 보안 설정   199

젠킨스 인증   204
- 인증 범위   205
- 인증 도메인   206
- 인증 제공자   206
- 인증 저장소   207

인증 관리   208
- 인증 제공자 선택   208
- 제공자 종류 선택   209
- 제공자별 인증 종류 설정   209

인증 생성 및 관리   211
- 컨텍스트 링크   213
- 새로운 도메인과 인증 추가   214
- 새로운 도메인과 인증 사용   217

고급 인증: 역할 기반 접근   218
- 기본 사용법   219
- 역할 관리   220

| 역할 할당 225
            Role Strategy Macros 230
    파이프라인에서 인증 사용 232
        계정과 암호 233
        SSH 키 233
        토큰 인증 235
    스크립트 보안 관리 235
        스크립트 검사 236
        스크립트 승인 238
    그루비 샌드박싱 239
    Vault를 이용한 젠킨스 인증 사용 241
        접근 242
        설정 242
        정책 생성 243
        인증 243
        젠킨스에서 Vault 사용 247
    요약 251

6장 파이프라인 확장   253

신뢰할 수 있는 라이브러리와 신뢰할 수 없는 라이브러리 254
내부 라이브러리와 외부 라이브러리 254
    내부 라이브러리 255
    외부 라이브러리 258
소스 저장소에서 라이브러리 가져오기 259
    최신 SCM 260
    레거시 SCM 260
파이프라인 스크립트에서 라이브러리 사용 262
    소스 저장소에서 라이브러리 자동 다운로드 262
    라이브러리를 스크립트에 불러오기 263

젠킨스 항목의 라이브러리 범위 ... 266
라이브러리 구조 ... 267
    공유 라이브러리 코드의 구조 ... 269
서드파티 라이브러리 사용 ... 283
코드 직접 로드 ... 284
외부 SCM에서 코드 로드 ... 285
외부 코드와 라이브러리 리플레이 ... 287
신뢰할 수 있는 코드와 신뢰할 수 없는 코드의 분석 ... 290
요약 ... 293

7장   서술적 파이프라인   295

동기 ... 296
    직관적이지 않은 특성 ... 296
    그루비 ... 297
    추가 조립의 필요성 ... 297
구조 ... 298
    블록 ... 299
    섹션 ... 299
    디렉티브 ... 301
    스텝 ... 301
    조건문 ... 301
빌딩 블록 ... 302
    pipeline ... 303
    agent ... 304
    environment ... 309
    tools ... 311
    options ... 314
    triggers ... 318
    parameters ... 321

libraries	324
stages	325
post	330

서술적이지 않은 코드 처리 ... 332
- 플러그인 확인 ... 333
- 공유 라이브러리 생성 ... 333
- 코드를 파이프라인 블록 밖에 위치시키기 ... 333
- script 문장 ... 334

스테이지에서 parallel 사용 ... 334
스크립트 확인과 에러 리포트 ... 335
서술적 파이프라인과 블루 오션 인터페이스 ... 338
요약 ... 339

8장 프로젝트 타입의 이해 ... 341

공통 프로젝트 옵션 ... 341
- 일반 ... 342
- 소스 코드 관리 ... 350
- 빌드 트리거 ... 352
- 빌드 환경 ... 362
- 빌드 ... 374
- 빌드 후처리 ... 374

프로젝트 타입 ... 375
- 프리스타일 프로젝트 ... 376
- 메이븐 프로젝트 타입 ... 376
- 파이프라인 프로젝트 타입 ... 380
- 외부 잡 프로젝트 타입 ... 382
- 다중설정 파이프라인 타입 ... 386
- 아이비 프로젝트 ... 392
- 폴더 ... 395

	멀티브랜치 파이프라인 프로젝트	401
	깃허브 조직 저장소 프로젝트	407
	빗버킷 팀/프로젝트 프로젝트	413
요약		**416**

9장   블루 오션 인터페이스   417

파트 1: 기존 파이프라인 관리   **418**
     대시보드   419
     프로젝트 연관 페이지   423
     실행 페이지   435

파트 2: 블루 오션 편집기 사용하기   **447**
     Jenkinsfile이 없는 새로운 파이프라인 프로젝트 생성   447
     편집기 사용   452
     기존 파이프라인 수정   464
     기존 파이프라인 불러오기 및 내보내기   468
     깃허브가 아닌 저장소와 파이프라인의 작업   481

요약   **483**

10장   변환   485

일반적인 준비   **486**
     로직과 정확도   486
     프로젝트 타입   486
     시스템   487
     접근   487
     전역 설정   487
     플러그인   488
     공유 라이브러리   488

프리스타일 파이프라인을 스크립트 방식의 파이프라인으로 변환 ... 489
 소스 ... 493
 컴파일 ... 499
 단위 테스트 ... 505
 통합 테스트 ... 510
 파이프라인의 다음 부분 변환 ... 513
젠킨스 파이프라인 프로젝트를 Jenkinsfile로 변경 ... 520
 접근 ... 523
 최종 스텝 ... 532
스크립트 방식의 파이프라인을 서술적 파이프라인으로 변환 ... 534
 샘플 파이프라인 ... 535
 변환 ... 537
 변환 완료 ... 541
변환을 위한 일반적 가이드라인 ... 543
요약 ... 546

11장 OS와 통합(셸, 워크스페이스, 환경, 파일) ... 547

셸 스크립트 사용 ... 548
 sh 스텝 ... 549
 bat 스텝 ... 555
 파워셸 스텝 ... 557
환경 변수 사용 ... 559
 withEnv 스텝 ... 560
워크스페이스 다루기 ... 562
 커스텀 워크스페이스 생성 ... 562
 워크스페이스 정리 ... 565
파일과 디렉토리 스텝 ... 568
 파일 다루기 ... 568
 디렉토리 작업 ... 569

	파일과 폴더 심화 작업	571
	요약	573

12장 분석 도구 통합   575

소나 큐브 설문	576
개별 룰 다루기	577
퀄리티 게이트와 프로파일	582
스캐너	583
젠킨스에서 소나큐브 사용	584
전역 설정	584
프리스타일 프로젝트에서 소나큐브 사용	586
파이프라인 프로젝트에서 소나큐브 사용	587
소나큐브 분석 결과 활용	588
소나큐브 통합 결과와 젠킨스	593
코드 커버리지: JaCoCo 통합	595
JaCoCo	595
JaCoCo와 파이프라인 통합	596
JaCoCo 결과와 젠킨스 통합	598
요약	600

13장 아티팩트 관리 통합   601

아티팩트 업로드 및 내려받기	602
설정과 전역 설정	603
스크립트 방식의 파이프라인에서 아티팩토리 사용	604
다른 작업 수행	610
특정 파일을 특정 위치로 다운로드	610
특정 파일을 특정 장소에 업로드	611

	빌드 정리 정책 설정	611
	빌드 승격	612
서술적 파이프라인과 통합		613
젠킨스 결과와 아티팩토리 통합		613
아티팩트 보관과 핑거프린트 생성		615
요약		621

14장 컨테이너 통합   623

- 클라우드로 설정 624
  - 전역 설정 624
  - 도커 이미지를 에이전트로 사용하기 628
  - 파이프라인에서 클라우드 이미지 사용 634
- 서술적 파이프라인을 위해 실시간으로 생성되는 에이전트 ... 639
- 도커 파이프라인 전역 변수 643
  - 전역 변수 643
  - 도커 애플리케이션 전역 변수 함수 644
  - 도커 이미지 전역 변수 함수 652
  - 도커 컨테이너 전역 변수 함수 658
- 셸을 통해 도커 실행 659
- 요약 660

15장 기타 인터페이스   663

- 커맨드라인 인터페이스 사용 665
  - SSH 인터페이스 직접 사용 665
  - CLI 클라이언트 사용 668
- 젠킨스 REST API 사용 672

	결과 필터링	673
	빌드 시작	676
스크립트 콘솔 사용하기		680
요약		683

16장 트러블 슈팅 — 685

파이프라인 스텝 살펴보기	685
직렬화 에러 대응	690
CPS	690
파이프라인 직렬화	690
NotSerializableException	691
직렬화가 불가능한 에러 처리	692
스크립트에서 에러를 발생시킨 라인 찾기	696
파이프라인에서 예외 처리	698
서술적 파이프라인에서 서술적이지 않은 코드 사용하기	698
인증되지 않은 코드(스크립트와 함수 인증)	703
지원되지 않는 작업	705
시스템 로그	705
타임스탬프	708
파이프라인 내구성 설정	709
요약	711

찾아보기 — 713

들어가며

이 책의 활용 방법

이 책은 처음 생각했던 것보다 훨씬 방대한 내용을 담게 됐다. 어떻게 쓰면 좋을지 고민을 했고, 두 가지 방법이 있다고 결론지었다. 첫 번째 방법은 기본적인 튜토리얼에 필요한 내용만을 담아 범위를 좁히는 것이고, 두 번째 방법은 시간을 더 투자해 개념 설명, 샘플 코드 작성 및 용어, 기능, 그리고 pipelines-as-code에 대해 더 설명하는 것이다. 이 책의 구성을 살펴보면 결국 후자가 선택됐다는 것을 알 수 있을 것이다.

이 결정은 사람들에게 젠킨스 사용법을 알려줬던 여러 해의 경험에 기반한다. 짧은 강의나 워크숍에서는 적은 수의 주제만 다룰 수 있었고, 사람들은 항상 더 자세하고 많은 내용과 실제로 적용할 수 있는 예시를 알고 싶어 했다. 강연이 끝나고는 많은 사람들이 줄을 서서 더 많은 정보, 예시, 그리고 참고할 만한 사이트에 대해 묻곤 했다. 그러면 구글이나 스택 오버플로우를 추천하곤 했는데, 문제는 없었지만 가장 편리한 방법은 아니었다.

이 책은 어떻게 이 강력한 기술을 사용하는지 해답을 얻는 데 도움을 줄 목적으로 썼다. 데브옵스(DevOps)보다는 기술적인 설명을 하는 데 초점을 맞췄다. 독자들이 이미 지속적 통합(CI, Continuous Integration)과 자동 배포(CD, Continuous Deployment), 데브옵스 및 젠킨스에 대한 지식이 있고, 새로운 젠킨스의 기능 활용 방법에도 관심이 있을 것이라 추측된다.

그렇다면 다음 지침을 참고하라(필요에 따라 이를 따르거나 무시하면 된다).

- 책을 꼼꼼하게 다 읽으려 하지 말라(깊은 수면이 필요하다면 이를 권장한다).
- 목차를 살펴보자. 각 장의 제목은 다루는 주제를 암시한다. 또한 찾아보기를 활용해 관심이 있을 만한 주제를 찾아보는 것도 좋다.
- 기초를 이해한 후 빠르게 진행하고 싶다면 처음 두 장을 읽은 후 기본적인 파이프라인을 이용해 실습을 진행하자. 실습을 진행하다가 문제가 발생하거나 궁금한 내용이 생긴다면, 해당 내용을 다루는 적합한 장을 찾아 참고하자.
- 이미 젠킨스의 기본 개념을 알고 있고 pipelines-as-code로 전환하고 싶다면 10장을 살펴보자. 전환에 대한 기본 개념을 알 수 있고, 필요시 다른 장을 참조하자.
- 대규모 파이프라인을 만들어야 한다면 전환과 OS 및 다른 기술에 대한 장(10~14장)을 살펴보자. 또한 보안에 대한 내용을 다룬 5장도 살펴보자.
- 젠킨스 자동화에 대해 알고 싶다면 15장을 살펴보자.
- 문제에 봉착했을 경우를 대비해서 각 장에 도움이 될 만한 내용을 넣어두었다. 노트, 주석, 사이드바를 활용해 특이한 상황을 해결할 수 있는 정보나 생각지도 못한 도움을 받게 될 수 있다. 또한 마지막 장에서는 일반적인 문제의 해결 방법을 설명한다.

최근 기술 서적들의 문제는 기술이 빠르게 진화하는 데 있다. 이 책을 집필하는 동안에도 이전 장으로 돌아가 새롭게 변화된 내용을 적용해야 했다. 물론 이 책에서 다루는 내용이 젠킨스 2를 사용하는 데 필요한 유용한 내용을 제공할 것이라 확신하지만, 바뀐 내용이 있다면 최신 커뮤니티 찾아봐야 한다.

마지막으로, 책을 다 읽지 않더라도 이 책이 유용했다면 리뷰를 남겨주기를 부탁한다. 사람들이 좋은 책을 찾을 수 있는 가장 좋은 방법은 추천을 통해서인 만큼 리뷰가 큰 도움이 될 것이다.

이 책을 읽어준 데 감사를 전하며, 추후 콘퍼런스나 교육 장소에서 만나기를 희망한다.

이 책의 편집 규약

이 책에서는 독자의 이해를 돕고자 다루는 정보에 따라 다음과 같이 글꼴 형식을 다르게 적용했다. 다음은 다르게 적용된 스타일의 예제와 의미 설명이다.

문장 중에 사용된 코드, 데이터베이스 테이블 이름, 사용자 입력, 트위터 처리 등은 다음과 같이 표기한다.

"첫 번째 echo는 변수 resp가 정의된 script 블록 안에 있기 때문에 변수에 입력된 값을 출력할 것이다."

화면상에 출력된 메뉴나 대화상자 문구를 문장 중에 사용할 때는 다음과 같이 표기한다.

"전통적인 젠킨스와 동일하게 로그 확인을 하려면 Console Output 링크를 누르거나 빌드 결과 화면에서 공 모양을 누르면 된다."

이 표시는 팁 또는 제안을 의미한다.

이 표시는 일반적인 노트를 의미한다.

이 표시는 경고 또는 주의를 의미한다.

예제 코드

예제 코드와 연습 문제는 https://resources.oreilly.com/examples/0636920064602에서 다운로드할 수 있다.

한국어판은 에이콘출판사의 도서정보 페이지 http://www.acornpub.co.kr/book/jenkins2에서 찾아볼 수 있다.

이 책은 여러분의 작업을 돕기 위한 것이므로, 이 책과 함께 제공하는 예제 코드는 여러분의 프로그램이나 문서에 사용해도 된다. 코드의 상당 부분을 그대로 복제하지 않는 이상 허락을 받기 위해 저자에게 연락할 필요는 없다. 예를 들어 이 책의 코드 중 여러 부분을 활용해 프로그램을 작성하는 경우에는 허가가 필요하지 않다. 오라일리$^{O'Reilly}$ 책의 예제 CD-ROM을 판매하거나 배포하려면 허가를 받아야 한다. 이 책을 인용해 질문에 답하는 경우에는 허가가 필요 없다. 하지만 상당한 양의 예시를 제품의 문서에 사용하는 경우에는 허가를 받아야 한다.

필수는 아니지만 인용할 경우 저작권 표시를 남겨 주면 고맙겠다. 저작권 표시에는 일반적으로 제목, 저자, 출판사가 포함된다. 예를 들어 "(제목), 브렌트 래스터, 에이콘."과 같이 쓰면 된다.

예제 코드를 사용할 때 허락된 범위를 벗어난다고 생각되면 언제든지 permissions@oreilly.com으로 문의하라.

한국어판에 관한 질문은 이 책의 옮긴이나 에이콘출판사 편집 팀(editor@acornpub.co.kr)으로 문의해주길 바란다.

이 책의 예제 코드에 대한 중요한 노트

이 책에의 예제 코드 대부분이 한 문장의 코드가 지면의 한 행에 모두 표시되기에 길다. 이 경우 코드는 다음 줄 혹은 여러 줄로 이어진다. 일반적으로 줄바꿈은 표시하지 않는다. 하지만 코드의 의미나 들여쓰기로 쉽게 구분할 수 있을 것이다.

이 책의 이미지에 대한 노트

명확한 이해를 돕기 위해 많은 화면 캡처와 그림이 사용됐다. 이미지의 해상도나 비율은 캡처 방식에 따라 다를 수 있다. 또한 젠킨스 커뮤니티의 주기적인 애플리케이션 및 플러그인 버전 업데이트로 인해 달라질 수 있다.

질문

이 책에 대한 정오표와 예제, 그 외의 추가 정보 등은 다음 웹 페이지에서 제공된다.

http://bit.ly/jenkins-2-ur

이 책의 리뷰나 기술적으로 궁금한 사항이 있다면 bookquestiojns@oreilly.com으로 메일을 보내주길 바란다.

이 책이나 강의, 콘퍼런스, 뉴스에 대한 자세한 정보는 웹사이트 http://www.oreilly.com을 참조하자.

한국어판의 정오표는 에이콘출판사 도서정보 페이지 http://www.acornpub.co.kr/book/jenkins2에서 찾아볼 수 있다.

한국어판에 대해 문의할 점이 있다면 에이콘출판사 편집 팀(edit@acornpub.co.kr)으로 연락주길 바란다.

표지 이미지

표지의 동물은 황금색 자칼이다. 이탈리아 북부와 태국 서부에 서식하는 이 동물은 사촌인 아프리카 자칼보다 회색 늑대와 더 유사하다. 잡식성의 청소부이자 약탈자로, 자원이 풍부한 곳에서는 다섯 마리까지 무리를 지어 다니지만, 보통은 한 쌍이 함께 산다.

아프리카에서는 전통적으로 황금 자칼을 포식자이자 여행자를 속여 음식과 보물을 갈취하는 사기꾼으로 묘사한다. 아침에 듣는 자칼의 울음소리와 자칼이 대상자의 좌측에서 우측으로 지나가는 것을 보는 것은 좋은 징조로 여겨진다.

오라일리 책의 표지에 있는 많은 동물들은 중요한 멸종 위기 동물이다. 이 동물들을 돕고 싶다면 animals.oreilly.com을 방문해보라.

표지 이미지는 『Natural History of Animal』에서 가져왔다.

1장
젠킨스 2 소개

환영한다. 독자가 빌드 관리자, 개발자, 테스터 혹은 어떤 역할을 맡고 있더라도 이 책은 젠킨스의 진화를 알아보기에 가장 좋은 소스다. 이 책을 통해 젠킨스 2를 활용해 이전 버전에서는 불가능했던 높은 수준의 유연성과 관리가 용이한 파이프라인을 설계, 구현, 실행하는 방법을 알게 될 것이다. 또한 독자가 어떤 역할을 맡고 있든 이로 인한 효과를 곧 볼 수 있을 것이다.

독자가 개발자라면 pipeline-as-code를 작성하는 부분이 쉽고 자연스럽게 느껴질 것이다. 데브옵스 전문가에게는 파이프라인을 유지보수하는 일이 주요 프로세스를 관리하는 것처럼 쉬울 것이다. 테스터에게는 향상된 병렬처리와 같은 기능을 활용해 수고를 줄일 수 있을 것이다. 관리자는 소스 코드를 관리하듯 파이프라인 코드의 품질을 관리할 수 있게 될 것이다. 젠킨스 사용자는 해당 직무를 수행하는 능력 향상과 새롭게 도입된 획기적인 pipelines-as-code를 알게 될 것이다.

위의 목표에 도달하려면 구 버전과 새 버전의 기능 차이를 이해할 필요가 있다. 젠킨스 2는 과거 버전에서 크게 변경됐고, 최신 흐름에 더 맞으며 더 잘 기획된 버전이다. 이러한 변화로 인해 새롭게 익혀야 할 부분이 많지만 그리 어렵지는 않을 것이다. 그러기 위해서는 가장 먼저 젠킨스 2의 기본적인 부분(젠킨스 2의 정의와 크게 달라진 부분)과 새로운 기능, 실행 환경 변화, 그리고 기반을 두고 있는 개념에 대해 알아야 한다. 1장과 2장에서는 이런 내용을 알아볼 것이다. 이 중에는 이미 알고 있던 내용도 있겠지만, 그런 부분까지도 살펴보기를 권장한다. 아마도 그 안에도 새롭거나 주목해야 할 변화가 있을 것이다.

1장에서는 젠킨스 2의 차별점과 이 부분들이 과거 버전에서 어떻게 대응되는지 개략적으로 알아본다. 다음과 같이 크게 세 부분을 살펴본다.

- 새로운 주요 기능 관점에서 본 젠킨스 2
- 새로운 기능이 추가된 이유
- 젠킨스 2의 하위 버전 호환성과 이 과정에서 고려된 점

이제 무엇이 젠킨스 2를 이전 버전과 다르게 만들었는지 살펴보자.

젠킨스 2란?

이 책에서는 '젠킨스 2'라는 용어가 문맥에 상관없이 자주 사용된다. 현재 문맥에서는 이후 책에서 다룰 pipelines-as-code와 Jenkinsfiles와 같은 새로운 기능을 지원하는 새 젠킨스 버전을 지칭한다.

새 기능 중 일부는 젠킨스 1.x 버전에서 플러그인을 통해 지원되기도 했다(그리고 젠킨스 2도 새로운 기능 중 많은 부분을 이렇게 기존 플러그인 및 새로운 플러그인을 통해 도입했다). 하지만 젠킨스 2는 단순히 새 기능을 도입한 것이 아니라 젠킨스를 다루는 기본적인 방법으로 새 기능을 변경했다는 의미다. 젠킨스 잡을 정의하기 위해 화면에 값을 입력하는 게 아니라 이제 사용자는 Jenkins DSL과 그루비^{Groovy}를 이용해 파이프라인과 다른 작업을 수행할 프로그램을 작성할 수 있게 됐다.

여기서 DSL은 Domain-Specific Language, 즉 젠킨스를 위한 '프로그래밍 언어'를 의미한다. DSL은 그루비에 기반을 두었고 젠킨스에 특화된 용어와 기능어를 포함한다. 예를 들어 node 키워드는 이전에 '마스터' 혹은 '슬레이브'로 불렸던 노드를 선택해 프로그램의 일부를 수행하기 위해 사용된다.

젠킨스와 그루비

젠킨스는 오랜 시간 동안 그루비 엔진을 포함해왔다. 이는 웹 인터페이스에서 불가능한 접근 및 기능과 깊은 수준의 스크립트 작업을 지원하기 위해 사용됐다.

DSL은 젠킨스 2의 핵심 요소다. DSL은 사용자에게 공개된 기능을 활성화시키는 역할을 한다. 이제 이러한 기능의 일부를 보고 젠킨스 2가 과거의 젠킨스와 어떻게 다른지 살펴보자. 먼저 젠킨스에 작성된 코드를 Jenkinsfile로 분리하는 방법을 알아볼 것이고, 이후에는 원하는 작업을 작성하는 구조화된 방법인 서술적 파이프라인Declarative pipelines을, 그리고 새로운 인터페이스인 블루 오션Blue Ocean을 알아볼 것이다.

Jenkinsfile

젠킨스 2에서는 파이프라인을 정의하는 부분이 젠킨스와 분리될 수 있다. 과거 버전에서는 잡을 정의하는 내용이 젠킨스의 홈 폴더 경로에 저장됐다. 이는 젠킨스가 이 내용을 보고, 이해하고, 수정해야 한다는 의미다(XML을 통해 작업을 하는 경우는 예외지만, 이는 매우 어려운 작업이다). 젠킨스 2에서는 DSL 스크립트를 이용해 웹 인터페이스에서 파이프라인을 정의할 수도 있다. 하지만 DSL을 소스 코드와 함께 텍스트 파일로 저장하는 것도 가능하다. 따라서 일반 소스 코드를 다루는 것과 같이 파일을 이용해 젠킨스 잡을 실행시킬 수 있고, 변경 추적과 분석도 가능해진다.

> **JobConfigHistory 플러그인**
>
> 이 책의 완성도를 높이기 위해 XML 설정 파일의 변경 사항을 추적하고 비교할 수 있게 도와주는 JobConfigHistory 플러그인이 있다는 사실을 언급하려 한다. 이는 젠킨스 위키(http://bit.ly/2J5fmyb)에서 확인 가능하다.

젠킨스 2에서 잡 혹은 파이프라인을 정의하는 파일의 명칭은 Jenkinsfile이다. 여러 개의 Jenkinsfile을 가질 수 있으며, 프로젝트나 브랜치마다 다를 수 있다. 빌드에 관여하는 모든 코드를 Jenkinsfile에 저장하는 것도 가능하고, 일부를 공유 라이브러리를 통해 빼내는 것도 가능하다. 또한 DSL 코드를 통해 외부 스크립트를 읽어들이는 것도 가능하다(자세한 내용은 6장을 참고하자).

젠킨스가 Jenkinsfile을 소스 코드에서 찾으면 이를 통해 젠킨스를 실행시킬 수 있다고 판단하게 된다. 또한 해당 프로젝트와 브랜치가 어떤 버전 관리 시스템을 사용하는지도 암시적으로 이해할 수 있다. 이후 Jenkinsfile에 있는 코드를 읽어서 수행하게 된다. 그레이들^{Gradle}과 같은 빌드 도구에 익숙하다면, 이를 build.gradle 파일과 유사하다고 생각하면 이해하기 쉽다. 이 책에서는 Jenkinsfile을 자세히 설명한다.

그림 1-1은 소스 코드 관리 도구에 있는 젠킨스 파일의 예시다.

그림 1-1 소스 코드 관리 도구에 있는 Jenkinsfile의 예

서술적 파이프라인

젠킨스에서 pipelines-as-code 이전의 예제 코드는 젠킨스에 특화된 DSL 스텝이 추가된 그루비 스크립트였다. 젠킨스 관련 구조는 아주 조금이고, 프로그램의 흐름은 그루비에 의해 관리됐다. 에러 보고와 확인 부분도 젠킨스와 관련 없이 그루비 프로그램 실행에 기반하고 있다.

이러한 모델을 앞으로 **스크립트 방식의 파이프라인**이라고 지칭하자. 하지만 파이프라인용 DSL은 이 책에서 점차 변경되고 발전될 것이다.

스크립트 방식 파이프라인에서 DSL은 작업을 수행하는 많은 스텝을 지원하지만, 빌드 후처리, 파이프라인 에러 확인, 상태 기반 알림 전달 등 젠킨스에 특화된 내용이 없다. 이 중 대부분은 그루비의 try-catch-finally 구조로 구현할 수가 있다. 하지만 이는 젠킨스 관련된 프로그래밍 외에도 더 많은 그루비 프로그래밍을 필요로 한다. 그림 1-1에서 본 Jenkinsfile은 try-catch를 이용해 알림을 관리하는 스크립트 방식의 파이프라인의 예시다.

2016년과 2017년, 젠킨스 프로젝트에 기여하는 대다수가 근무하는 클라우드비스 CloudBees는 pipelines-as-code를 지원하는 강화된 프로그래밍 문법인 서술적 파이프라인을 개발했다. 이 문법을 통해 파이프라인을 깔끔하고 예측 가능하게 작성할 수 있는 방법뿐만 아니라 새로운 DSL 요소와 명령어가 추가됐다. 결과적으로 프리스타일 프로젝트의 웹 인터페이스를 통해 빌드 파이프라인을 관리하는 것과 흡사해졌.

지금 다룰 예시는 빌드 후처리 및 빌드 결과에 기반을 둔 알림 처리다. DSL 메커니즘을 통해 쉽게 정의할 수 있다. 더 이상 그루비를 이용해 젠킨스 기능을 흉내내어 파이프라인을 작성할 필요가 없다.

서술적 파이프라인을 정형적으로 사용할수록 에러 관리를 더 쉽게 할 수 있다. 따라서 에러가 발생했을 때 그루비 에러 로그를 따라가는 대신 간결하고 명확하게 에러의 원인을 알려주는 메시지를 얻을 수 있다. 그림 1-2는 향상된 에러 확인 로직이 있는 서술적 파이프라인에서 생성된 결과다.

```
pipeline {
    agent any
    stages {
        stage('Source') {
            git branch: 'test', url: 'git@diyvb:repos/gradle-greetings'
            stash name: 'test-sources', includes: 'build.gradle,/src/test'
        }
        stage('Build') {

        }
    }
}
```

```
● Console Output

Started by user Jenkins Admin
org.codehaus.groovy.control.MultipleCompilationErrorsException: startup failed:
WorkflowScript: 4: Expected a stage @ line 4, column 7.
         stae('Source') {
         ^

WorkflowScript: 4: Stage does not have a name @ line 4, column 7.
         stae('Source') {
         ^

WorkflowScript: 4: Nothing to execute within stage "null" @ line 4, column 7.
         stae('Source') {
         ^

WorkflowScript: 7: Nothing to execute within stage "Build" @ line 7, column 7.
         stage('Build') {
         ^

4 errors
```

그림 1-2 향상된 에러 확인을 갖는 서술적 파이프라인

블루 오션 인터페이스

서술적 파이프라인으로 도입된 구조는 젠킨스 2의 또 하나의 혁신적인 사용자 인터페이스인 블루 오션의 기본이 된다. 블루 오션은 파이프라인의 각각의 스테이지에 그래픽적인 표현을 추가하고 성공과 실패 및 진행 상황, 그리고 스텝의 각 로그에 클릭을 통해 손쉽게 접근하는 기능을 제공한다. 또한 블루 오션은 기본 편집 화면을 제공한다. 그림 1-3은 블루 오션으로 표현된 파이프라인의 실행 결과와 로그의 예시다. 새로운 인터페이스에 대한 내용은 9장에서 다룬다.

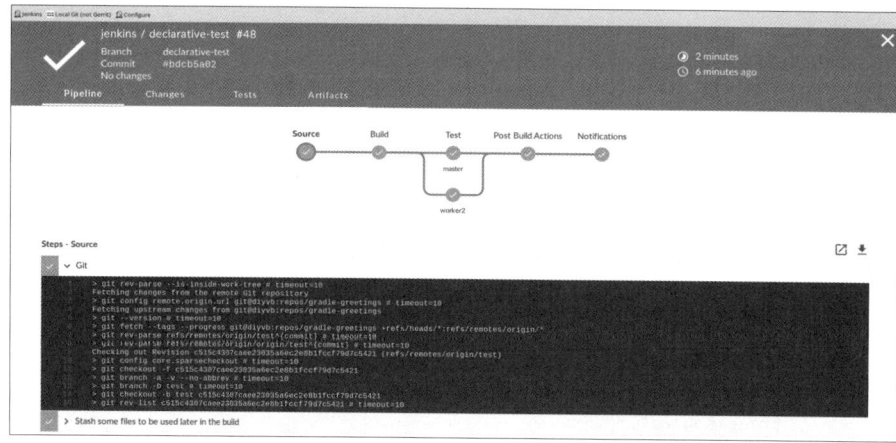

그림 1-3 블루 오션 인터페이스를 통한 성공한 수행 및 로그 확인 화면

젠킨스 2의 새로운 잡 타입

젠킨스 2에서는 새롭게 잡 타입이 추가됐는데, 대부분 pipelines-as-code와 Jenkinsfile 같은 핵심 기능의 장점을 이용할 수 있게 설계됐다. 이러한 타입을 통해 잡의 자동화 및 파이프라인 생성과 관리를 수월하게 수행할 수 있다. 새로운 잡/아이템/프로젝트의 생성은 같은 방법으로 진행된다.

새로운 잡 타입과 플러그인

사실 새로운 잡 타입은 필수적인 플러그인을 설치하는 경우에만 사용 가능하다. 사용자가 젠킨스 설치 과정에서 권장 플러그인 설치를 선택할 경우 여기에 논의된 잡 타입을 사용할 수 있다.

젠킨스 2를 설치하고 로그인하면 위와 같은 잡을 생성할 수 있다. 그림 1-4는 Welcome to Jenkins! 배너 아래 있는 영역은 사용자가 새로운 잡을 생성할 수 있다는 것을 암시하지만, 왼쪽 메뉴에 있는 문장은 새로운 아이템 생성이라고 적혀 있다. 대부분의 경우 아이템은 궁극적으로 프로젝트의 한 종류다. 우리의 목적을 위해 이 책에서는 '잡'과 '아이템', '프로젝트'가 혼용된다.

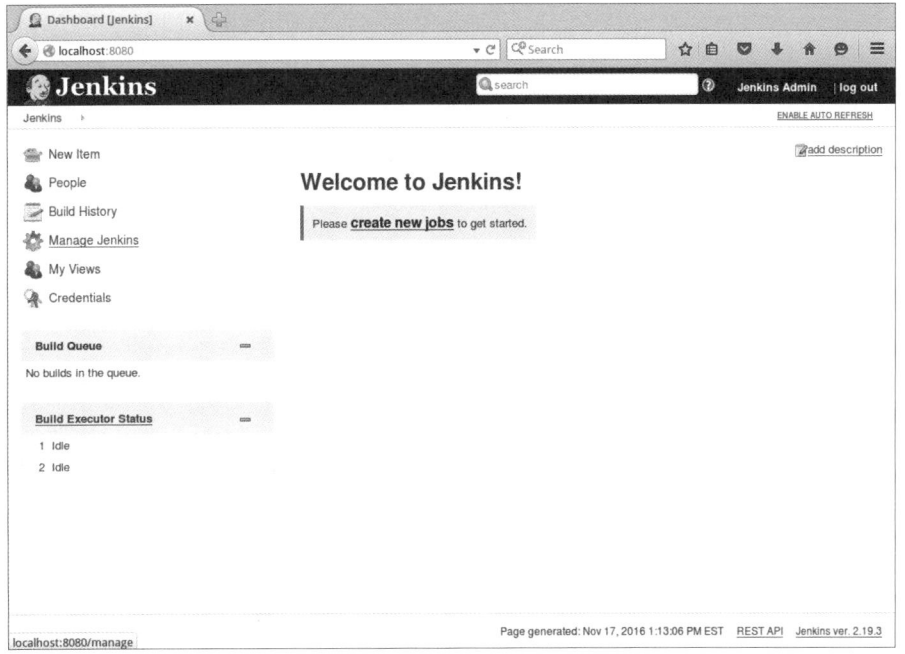

그림 1-4 젠킨스 환영 화면: 새로운 잡, 아이템 및 프로젝트 생성 화면

젠킨스 2에서 새로운 아이템 생성을 선택하면 그림 1-5와 같이 새로운 잡의 타입을 선택하는 화면을 보게 될 것이다. 프리스타일 프로젝트와 같이 익숙한 것도 있을 것이고, 이전에 보지 못한 새로운 타입도 있을 것이다. 여기서 간략하게 새로운 잡 타입을 요약한 후 자세한 내용은 8장에서 설명한다.

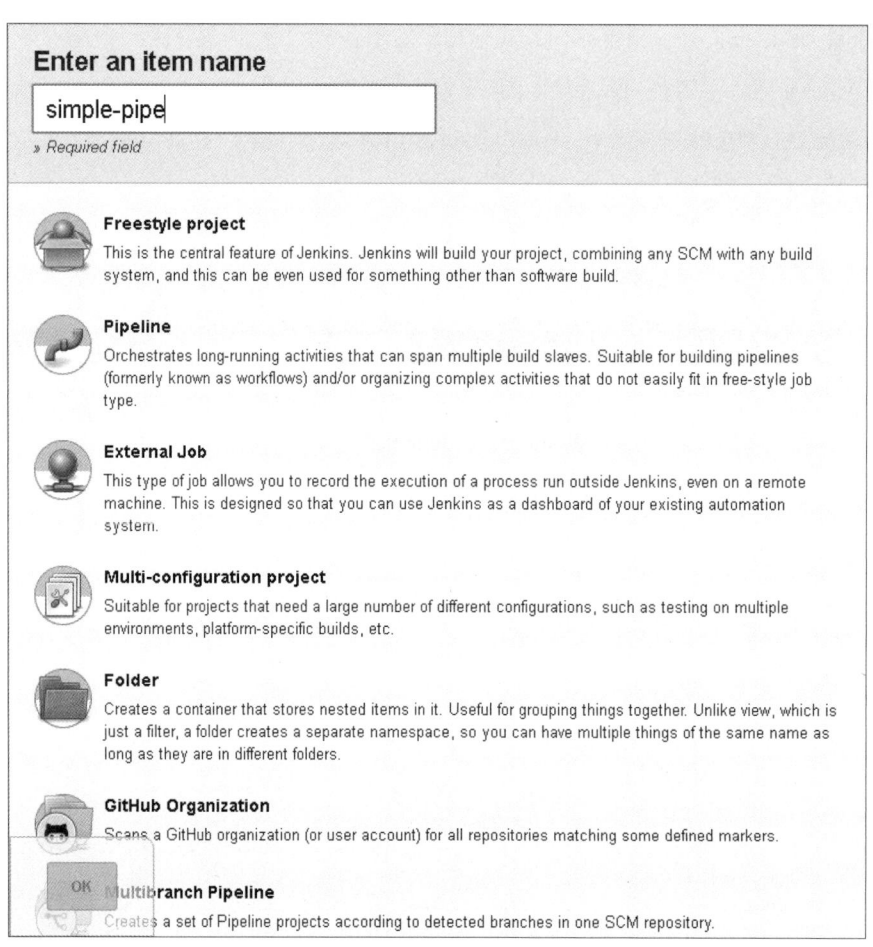

그림 1-5 젠킨스 2 프로젝트 선택

파이프라인

이름이 암시하는 것처럼 프로젝트 중 파이프라인 타입은 파이프라인 생성을 담당한다. 젠킨스 DSL을 사용해 코드를 작성함으로써 파이프라인을 생성할 수 있다. 이 타입이 우리가 이 책에서 주로 설명할 유형이다.

앞에서 설명한 것처럼 파이프라인은 스크립트 방식으로 작성할 수도 있고, 서술적 방식으로 작성할 수도 있다. 이 타입의 프로젝트로 생성된 파이프라인은 Jenkinsfile을 통해서도 쉽게 생성할 수 있다.

폴더

폴더는 여러 프로젝트를 하나로 묶는 방법이다. 기존 젠킨스 대시보드에 있고 프로젝트의 필터를 제공하는 '뷰' 탭과는 조금 다르다. 여기서 폴더는 실제 운영체제의 폴더와 유사하다. 폴더의 명칭은 프로젝트 경로의 일부가 된다.

조직 저장소

몇몇 소스 관리 플랫폼은 저장소를 조직 저장소^{organization}로 묶는 기능을 제공한다. 젠킨스의 통합 기능은 사용자가 젠킨스 파이프라인 스크립트를 Jenkinsfile 형태로 조직 저장소에 저장해 이를 기반으로 실행될 수 있게 지원한다. 현재 깃허브^{GitHub}와 빗버킷^{Bitbucket}의 조직 저장소가 지원되고, 다른 것들은 지원 예정이다. 이 책의 복잡성을 줄이기 위해 예제에서는 깃허브의 조직 저장소 프로젝트를 주로 다룬다.

충분한 권한이 있을 때 젠킨스는 자동으로 조직 저장소 웹훅^{webhook}(웹 사이트로부터의 알림)을 호스팅 쪽에 설정해 저장소에 변경 사항이 생길 때마다 이를 젠킨스에 알린다. 젠킨스에 알림이 전달되면 파이프라인을 실행하기 위해 저장소에서 Jenkinsfile을 찾아 빌드 스크립트로 활용해 그 안에 적힌 명령어를 실행하게 된다.

멀티브랜치 파이프라인

멀티브랜치 파이프라인 타입의 프로젝트에서도 젠킨스는 Jenkinsfile을 빌드 스크립트로 활용하게 된다. Jenkinsfile을 포함하고 있는 새로운 브랜치가 프로젝트에 생성되면 젠킨스는 자동으로 해당 브랜치를 위한 새로운 젠킨스 프로젝트를 생성한다. 이 프로젝트는 깃Git 혹은 서브버전Subversion 저장소에 적용될 수 있다.

이 프로젝트 타입은 8장에서 더 자세히 다룬다. 하지만 젠킨스가 여전히 전통적인 프리스타일 프로젝트를 지원한다는 사실도 잊지 말자. 사용자는 이전처럼 웹 기반 폼을 이용해 잡을 생성할 수도 있다. 하지만 젠킨스 2에서 강조하는 부분은 파이프라인을 활용하는 방법이다.

젠킨스 2가 전통적인 젠킨스의 방식과 달리 많은 변화를 담고 있는 것은 명확하다. 따라서 이렇게 변화한 이유를 몇 가지 짚어보고자 한다.

변화의 이유

젠킨스는 최근 파이프라인을 관리하는 도구 중 가장 널리 쓰이고 있다. 이런 상황에서 어떤 이유가 젠킨스 2로의 변화를 이끌었을까? 여기서 젠킨스 내외부적인 이유를 살펴보자.

데브옵스로의 변화

지속적 통합CI, continuous integration과 지속적 배포continuous delivery, 배포 자동화continuous deployment는 최근 몇 년간 크게 회자되고 있다. 초창기에는 이 주제 자체가 최종 목표였지만, 최근 데브옵스에 대한 관심이 증가하면서 사용자와 기업이 데브옵스를 구성하는 도구와 달성하기 쉬운(혹은 최소 더 어렵지는 않은) 실행안을 원하게 됐다.

자동화에서 데브옵스가 가지고 있는 영향력을 봤을 때 젠킨스가 이를 지원하는 방향으로 진화한 것은 예상된(그리고 요구된) 수순이었다.

파이프라인 조립

젠킨스 프리스타일 인터페이스를 통해 하나의 잡을 만드는 일은 그리 어렵지 않았다. 하지만 문제는 여러 개의 잡을 연관된 소프트웨어 배포 파이프라인으로 묶는 것이었다. 이 과정은 코드의 커밋부터 배포를 책임지게 되는데, 꽤나 어려운 일이 되는 경우가 있었다. 젠킨스의 기본 기능 중 하나의 잡이 완료됐을 때 특별한 다른 잡을 시작시키는 기능이 있다. 하지만 워크스페이스와 변수 등을 두 잡 사이에 전달하는 것은 꽤나 어려웠고, 특별한 플러그인이나 트릭이 필요했다.

재실행성

젠킨스 2의 중요한 기능 중 하나는 마스터 노드가 다시 시작됐을 때 잡이 이전 지점부터 다시 시작되는 기능이다. 실제로 젠킨스 2의 이러한 기능을 위해서 젠킨스 2에 호환되는 플러그인은 상태를 직렬화해 추후 마스터 노드가 다시 시작됐을 때 이를 이용해 이전 상태를 복구하는 기능을 지원해야 한다. 이전 젠킨스에는 재실행 기능이 존재하지 않았다. 사용자나 프로세스가 종종 특정 상태에서 멈춰버려 로그를 통해 어떤 상태에서 멈췄는지 알아내거나 프로세스를 처음부터 시작시켜야 했다.

설정 용이성

이전 버전에서 사용자는 웹 기반의 인터페이스에 종속됐었다. 따라서 기존 젠킨스를 사용하는 것은 화면에서 적합한 장소를 찾아 버튼과 입력 영역에 오타 없이 데이터를 입력하는 과정이 필요했다. 스텝이나 잡의 순서가 변경되는 등 워크플로우가 변경되면 텍스트 기반에서 쉽게 할 수 있는 것과 달리 많은 클릭과 입력이 필요했다. 특히 도구를 설정할 때 GUI 요소가 제공되는 경우에는 특정한 명령어를 젠킨스 인터페이스를 통해 해당 도구에 보내는 것이 불가능하기도 했다. 젠킨스 설정의 거의 대부분을 차지했던 웹 기반 입력은 간단하고 구조화된 선택권을 주었지만, 동시에 대화형이나 결정에 의거한 플로우 조작을 제공하지는 못했다.

워크스페이스 공유

이전 버전의 젠킨스에서, 각 잡에는 고유의 워크스페이스가 있어 소스 코드 다운로드, 빌드 및 필요한 작업을 진행했다. 이런 방식은 각 잡의 환경을 고립시키고 데이터 덮어쓰기를 방지하는 방식을 통해 잘 동작했다. 하지만 여러 잡을 묶는 경우에는 해결하기 어려운 비효율적인 결과를 낳기도 했다. 예를 들어, 파이프라인 안에 있는 여러 잡이 빌드 아티팩트[1]에 특정 작업을 수행해야 할 때 매번 아티팩트를 재빌드해야 하는 것은 매우 비효율적인 일이었다. 아티팩트를 저장소에 저장해 실행할 때마다 이를 가져다 쓰는 방식도 각각의 잡에 많은 설정이 필요한 일이었다. 여기서 좀 더 효율적인 방식은 잡 사이에 워크스페이스를 공유하는 방식이지만 이는 기존 젠킨스에서 잘 동작하지 않았다. 대안으로 사용자는 특별한 워크스페이스를 정의하고 이 곳을 가리키는 변수를 정의하거나, 특별한 플러그인을 통해 이를 구성해야 했다.

특별한 지식

위의 '워크스페이스 공유'에서 설명한 것처럼, 이전 버전에서 일빈적인 프로그램이나 스크립트에서 쉽게 수행할 수 있는 작업(데이터 전송, 흐름 제어, 외부 호출 등)을 구현하려면 사용자는 그에 적합한 트릭을 알고 있어야 했다.

로직에 대한 접근

기존 젠킨스에서는 웹 기반 폼에 의존해 데이터를 입력하고 XML 설정파일 형태로 홈 폴더에 저장할 수 있었다. 이런 구현 방식에서는 여러 잡의 실행 개요를 보기 힘들었다. 이에 익숙치 않은 사용자에게는 젠킨스 설정과 잡의 정의를 이해하기 위해 화면을 돌아다니며 폼에 입력된 값을 살펴보고, 전역 환경 변수를 조사하는 등의 과정이 필요했다. 이런 방식은 더

---

1   빌드 결과물에 대한 총칭 – 옮긴이

많은 지원이나 더 많은 사용자의 협업, 그리고 여러 잡으로 연결된 파이프라인을 이해하기 어렵게 만들었다. 또한 큰 변경이나 리뷰 혹은 디버깅 수행이 어려웠다.

파이프라인 소스 관리

앞 절에서 설명한 것처럼 기존 젠킨스 잡의 '소스'는 XML 파일이었다. 이는 웹 인터페이스를 통하지 않으면 읽기 어려울 뿐만 아니라 틀리지 않고 수정하기가 상당히 힘들었다. 또한 환경 설정 파일은 소스 코드와 같은 장소에 저장되지 않게 설계돼 두 가지는 각각의 방식으로 관리됐다.

결과적으로 가독성이 떨어지게 됐다. 변경 사항을 추적하는 플러그인이 있었지만, 일반적으로 소스 코드를 추적하는 것처럼 쉽지 않았고, 추적을 하려면 여전히 젠킨스 애플리케이션이 필요했다.

경쟁

변화에 영향을 미쳤던 또 하나의 요소는 pipelines-as-code를 지원하는 애플리케이션이 나오기 시작한 점이다. 여기에는 잡을 수행하기 위해 컨테이너 기술을 사용하고 파이프라인을 YAML 파일로 작성할 수 있는 Pivotal's Concourse 등의 프로그램이 있다.

도전에 대한 직면

젠킨스 2는 이러한 도전에 어떻게 대처했을까? 이미 몇 가지는 언급했지만, 여기에 중요한 내용을 다시 말해보려 한다.

- 파이프라인이 일등 객체first-class citizen로 변경됐다. 이는 파이프라인이 젠킨스 잡을 연결하기 위해 생성된 것이 아니라 애플리케이션의 엔티티entity로 간주된다는 뜻이다.
- 파이프라인이 설정을 통해 생성되는 것이 아니라 코딩을 통해 프로그램될 수 있게 됐다. 따라서 추가 로직이나 워크플로우뿐만 아니라, 이전 젠킨스에서 사용할 수 없었던 프로그래밍 명령어(if, switch 등)를 사용할 수 있게 됐다.
- 파이프라인을 프로그래밍하는 구조적 DSL이 생겼다.
- 웹 기반 인터페이스를 사용하지 않고 잡의 스크립트가 될 파이프라인을 작성할 수 있게 됐다. 추가로, Jenkinsfile을 통해 이를 완전히 분리할 수 있게 됐다.
- Jenkinsfile로 저장되는 파이프라인이 이제 젠킨스와 분리되어 소스 코드와 같이 저장될 수 있게 됐다.
- DSL에 워크스페이스 간 파일을 공유하는 기능이 생겼다.
- 도커 컨테이너를 쉽게 사용할 수 있는 기능이 추가됐다.

이 모든 변경을 통해 더 쉬운 유지보수 및 테스트가 가능해졌고, 시스템이 좀 더 견고해졌다. 이제 일반적인 명령어와 향상된 재시작 이벤트를 통해 에러를 처리할 수 있게 됐다.

젠킨스 2를 좀 더 알아보기 전에 먼저 구 버전과 새로운 버전 사이의 호환성에 대해 알아보자.

호환성

대부분의 경우 과거 웹 인터페이스나 프리스타일 잡에서 구현한 내용을 파이프라인을 통해 구현할 수 있다. 실제로 이런 작업을 수행하는 방식에는 미리 구현된 여러 가지 방법이나, 조금 더 복잡한 방법들이 있다. 젠킨스가 파이프라인 생성을 지원하는 두 가지 문법을 통해 이를 알아보자.

파이프라인 호환성

위에서 기술한 것처럼 젠킨스 2는 두 가지 방식의 파이프라인(스크립트 방식과 서술적 방식)을 각각의 문법과 구조로 지원한다. 이후 좀 더 설명하겠지만, 여기서는 기존 젠킨스의 빌드 후 알림이 두 가지 방식에서 어떻게 구현되는지 간단한 예시를 통해 살펴보자.

그림 1-6은 일반적인 작업을 구 프리스타일 프로젝트의 빌드 후처리 설정으로, 이메일을 발송한다. 프리스타일 프로젝트에서는 이 설정을 위한 특별한 웹 페이지가 있다.

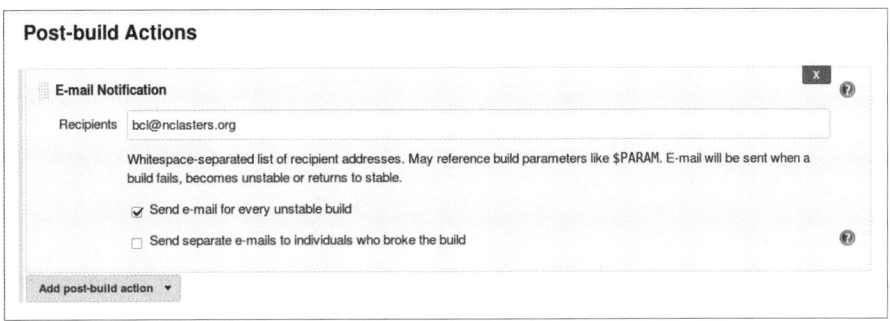

그림 1-6 프리스타일 프로젝트의 빌드 후처리 작업

스크립트 방식의 파이프라인 문법에서는 빌드 후처리를 위한 지원이 기본적으로 존재하지는 않는다. 우리가 할 수 있는 부분은 DSL 스텝과 그루비 코딩을 이용하는 것이다. 따라서 빌드 후 항상 이메일을 보내려면 다음과 같이 코딩을 해야 한다.

```
node {
    try {
        // 필요한 작업 수행
    }
    } catch(e) {
        currentBuild.result = "FAILED"
        throw e
    }
```

```
    finally {
        mail to:"buildAdmin@mycompany.com",
          subject:"STATUS FOR PROJECT: ${currentBuild.fullDisplayName}",
          body: "RESULT: ${currentBuild.result}"
    }
}
```

젠킨스 관리자의 메일이 이미 전역 환경 설정에서 정의됐다면 DSL의 `mail` 문장을 이용해 메일을 발송할 수 있다. 스크립트 방식의 파이프라인에 빌드 후 작업으로 항상 메일을 보내는 내재된 명령어나 기능이 없기 때문에 그루비의 `try-catch-finally` 문법을 사용하게 됐다.

이는 젠킨스의 기능 중 빌드 후처리 부분이 호환되지 않는 예시다. DSL 명령어는 이러한 상황에서 내장 명령어를 제공하지 않을 수 있다. 이러한 경우 젠킨스가 하는 일을 흉내내는 그루비 명령어를 사용할 수밖에 없을 수 있다(이 방식은 3장에서 좀 더 자세히 설명한다).

서술적 파이프라인 구조를 선택했다면 대부분의 경우 젠킨스 기능에 대응하는 내장 명령어가 존재한다. 예를 들어, 서술적 파이프라인 문법에서 기존의 빌드 후처리와 알림은 빌드 후처리 단계를 수행하는 `post` 영역에서 수행할 수 있다(자세한 내용은 7장에서 설명한다).

```
pipeline {
    agent any
    stages {
        stage ("dowork") {
            steps {
                // 필요한 작업 수행
            }
        }
    }
    post {
        always {
            mail to:"buildAdmin@mycompany.com",
```

```
                subject:"STATUS FOR PROJECT: ${currentBuild.fullDisplayName}",
                body: "RESULT: ${currentBuild.result}"
            }
        }
    }
```

호환성이 실제 코딩에서만 문제가 되는 것은 아니다. 여기서 짚고 넘어가야 할 또 하나의 부분은 플러그인 호환성이다.

플러그인 호환성

기존 젠킨스처럼 젠킨스 2의 대부분의 기능은 플러그인과의 통합을 통해 제공된다. 젠킨스 2가 나오면서 플러그인에 새로운 요구 사항이 추가됐다. 새 요구 사항은 두 개로 나눌 수 있다. 하나는 재시작이 가능해야 하는 기능이고, 또 하나는 파이프라인 스크립트에서 사용할 수 있는 향상된 API 지원이다.

재시작

젠킨스 2 파이프라인의 새 기능 및 요구 조건 중 하나는 노드를 재시작할 수 있어야 하는 것이다. 여기서 가장 중요한 것은 플러그인의 상태가 직렬화가 가능해 상태가 기록될 수 있어야 한다. 이것은 자바나 그루비 명령어에 있는 기능이 아니기 때문에 기존 플러그인을 이 기준에 맞추려면 아주 많이 수정해야 할 수도 있다.

재시작 가능한 플러그인 스크립트 작성하기

코드에 직렬화가 불가능한 부분이 있다면 이를 해결하는 방법이 몇 가지 있다. 16장에서 이런 이슈를 우회하는 내용을 다룬다.

스크립트에서 사용 가능한 API 제공

파이프라인 스크립트와의 호환을 위해서 이전 젠킨스 웹 폼에서 작성했던 단계들이 이에 호환되는 그루비 문법으로 표현되게 변경됐다. 대부분의 경우 용어나 개념이 이전 폼에서 작성한 것과 비슷하다. Foo가 폼 기반 버전 플러그인에서 내용을 입력하는 장소였다면 DSL에도 값을 전달할 수 있는 Foo 매개 변수가 존재할 것이다.

여기서 바이너리 아티팩트 관리자인 아티팩토리Artifactory의 설정을 살펴보자. 그림 1-7은 아티팩토리 저장소에 접근하기 위해 젠킨스 프리스타일 잡을 설정하는 방법을 보여준다.

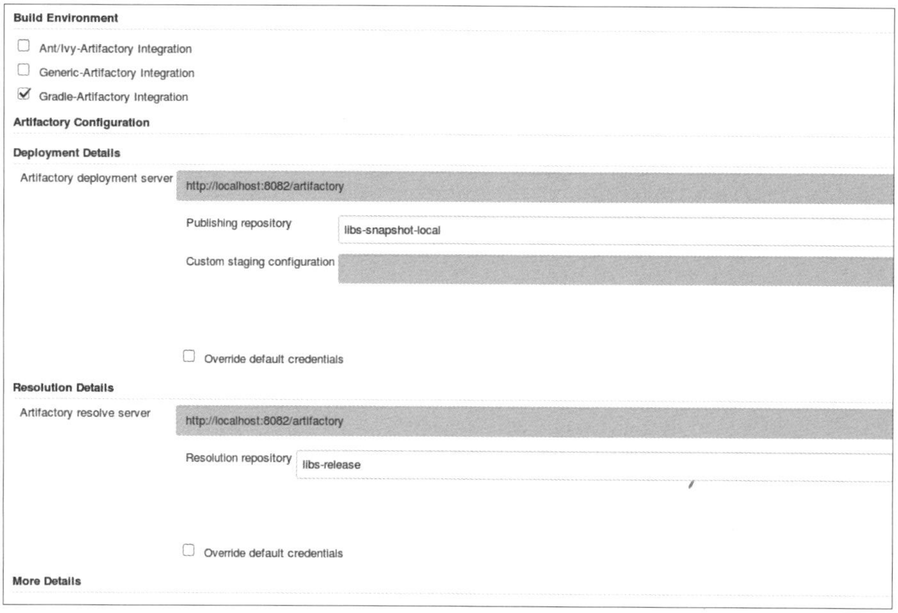

그림 1-7 프리스타일 잡에서 아티팩토리 서버 설정

그리고 다음은 같은 내용을 파이프라인 스크립트로 설정하는 방법이다.

```
// 설정에 맞게 새로운 아티팩토리 서버 정의
def server = Artifactory.server "LocalArtifactory"
// 새로운 아티팩토리 그레이들 객체 생성
def artifactoryGradle = Artifactory.newGradleBuild()
```

```
artifactoryGradle.tool = "gradle4" // 젠킨스 설정에 있는 도구 이름
artifactoryGradle.deployer repo:'libs-snapshot-local', server:server
artifactoryGradle.resolver repo:'remote-repos', server:server
```

설정 이외에도 실제로 필요한 작업을 작성해야 한다. 프리스타일 잡에서는 체크박스와 웹 폼을 통해 작성해야 했다(그림 1-8 참고).

그림 1-8 프리스타일 잡에서 아티팩토리 작업 설정

파이프라인 스크립트에서는 플러그인이 파이프라인 호환이 될 경우 같은 기능을 위한 DSL 문장이 API 호출을 담당하게 된다. 다음은 위에 대응되는 파이프라인 스크립트 예시다.

```
// 빌드 정보 설정

def buildInfo = Artifactory.newBuildInfo()

buildInfo.env.capture = true

// 메이븐 descriptor를 아티팩토리에 배포

artifactoryGradle.deployer.deployMavenDescriptors = true

// 추가적인 그레이들 설정
artifactoryGradle.deployer.artifactDeploymentPatterns.addExclude("*.jar")

artifactoryGradle.usesPlugin = false

// 배포를 위해 그레이들 테스트 수행

artifactoryGradle.run buildFile: 'build.gradle'
                     tasks: 'cleanartifactoryPublish'
                     buildInfo: buildInfo

// 빌드 정보를 배포

server.publishBuildInfo buildInfo
```

몇몇의 경우 파이프라인 스크립트는 전역 환경 변수와 같이 기존 젠킨스 인터페이스에서 설정된 내용을 사용할 수 있다. 그레이들을 이용한 예시가 아래에 있다.

그림 1-9는 그레이들 인스턴스의 전역 도구 설정 방법이다. 그리고 이것이 프리스타일 잡에서 사용되는 것을 확인할 수 있다(그림 1-10 참고). 마지막으로 파이프라인 프로젝트에서 특

별한 DSL 단계인 tool을 이용해 전역 환경 변수를 name 매개 변수를 통해 참조하는 것을 확인할 수 있다.

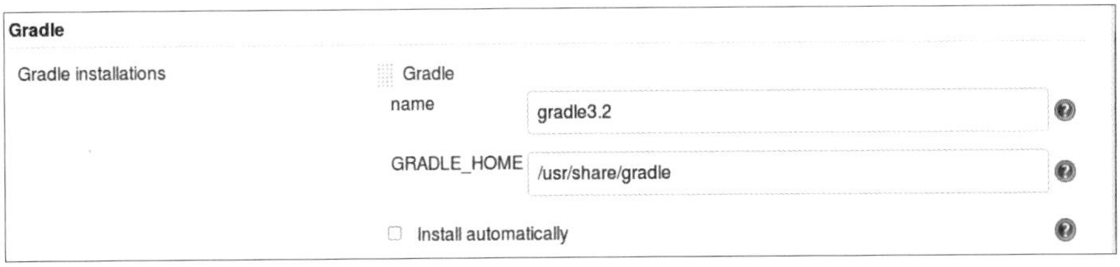

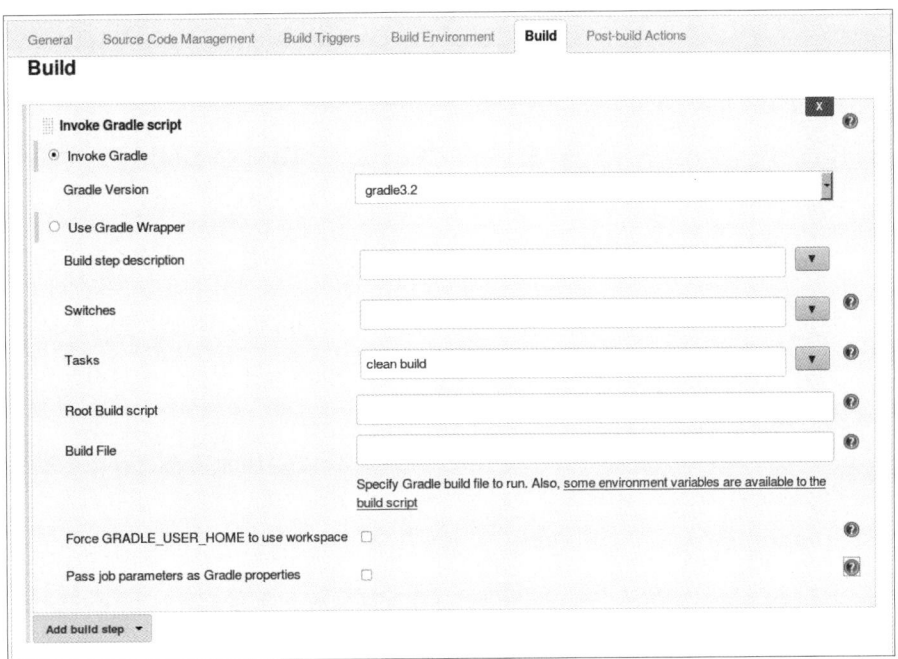

그림 1-9 그레이들을 위한 전역 도구 설정

그림 1-10 프리스타일 잡에서 전역 도구 그레이들 사용

```
stage('Compile') {
    // 컴파일과 단위 테스트 수행
    // 컴파일을 위해 그레이들 실행
```

1장 젠킨스 2 소개 59

```
    sh "${tool 'gradle3.2'}/bin/gradle clean build"
}
```

서술적 파이프라인 또한 tool 명령어를 사용해 파이프라인에 같은 기능을 제공할 수 있다
(7장에서 서술적 파이프라인에 대해 자세히 다룬다).

> **전역 환경 설정**
>
> 젠킨스 구 버전에서는 대부분의 전역 환경 설정이 Manage Jenkins(젠킨스 관리) 화면의 Configure System(시스템 설정) 화면에서 진행됐다. 젠킨스의 새 버전에서는 Configure System(전역 환경 설정이 시스템 설정)과 Global Tool Configuration(전역 도구 설정) 화면으로 분리됐다.
>
> 처음에는 어떤 설정을 위해 어떤 페이지로 가야 하는지 헷갈릴 수 있다. 내가 갖고 있는 팁 중 하나는 '시스템'을 '서버'와 유사하게 생각하는 것이다(둘 다 모두 s로 시작하기에 기억하기 쉽다). 일반적으로 서버 설정과 유사한 작업은 시스템 설정 화면에서 이뤄진다.
>
> 또한 도구^{tool}를 스탠드얼론 애플리케이션(깃, 그레이들 등)이라고 생각하면 전역 도구 설정이 이를 포함한다는 점이 쉽게 이해된다. 물론 이것이 정확한 구분은 아니지만 처음 적응하는 데 도움이 될 것이다.

위에서 본 것처럼 API를 제공하는 것(그리고 플러그인과 파이프라인의 호환성)이 기존 기능을 파이프라인에 제공하는 데 핵심적인 역할을 한다. 궁극적으로 모든 플러그인은 파이프라인과 호환돼야 하지만, 몇몇의 플러그인은 호환되지 않거나 부분적으로만 호환된다. 물론 사용자가 호환성을 확인할 수 있는 장소가 있다.

호환성 확인

사용자가 플러그인이 젠킨스 2의 파이프라인과 호환되는지 알아보는 것을 몇몇 웹사이트에서 돕고 있다. 여기의 정보가 최신이 아닐 수도 있지만 최선의 정보를 제공할 것이다.

이런 사이트 중 하나는 깃허브(http://bit.ly/2qQ3gT5)에 있다. 그림 1-11은 이 예시다.

그림 1-11 젠킨스 플러그인의 파이프라인 호환성 확인을 위한 깃허브 화면

다른 하나는 Jenkins.io 사이트(https://jenkins.io/doc/pipeline/steps/)의 파이프라인 스텝 레퍼런스Pipeline Steps Reference로, 파이프라인과 호환되는 플러그인 목록을 보여준다.

이런 플러그인 중 일부는 이 책의 후반부에서 다룬다.

요약

1장에서 젠킨스 2가 기존 젠킨스에서 어떻게 달라졌는지 알아봤다. 변경된 사항으로는 파이프라인을 지원하는 젠킨스 잡과 Jenkinsfile이 있다. 파이프라인 코드를 작성하는 동안 사용자는 전통적이고 유연한 스크립트 방식의 파이프라인과 좀 더 구조적인 서술적 파이프라인 중 하나를 선택할 수 있다.

또한 젠킨스 2는 새로운 프로젝트 타입을 제공한다. 폴더 타입은 여러 프로젝트를 공유된 네임스페이스와 환경 아래 묶는 것을 제공한다. 멀티브랜치 파이프라인은 각 브랜치 안에 있는 Jenkinsfile을 이용해 손쉽게 브랜치별로 잡을 만들고 통합할 수 있게 한다. 그리고 조직 저장소 프로젝트 타입은 멀티브랜치의 기능을 깃허브와 빗버킷의 조직 저장소 구조 안에 있는 모든 프로젝트로 확장한다.

이 장에서 전통적인 젠킨스 모델에서 파이프라인 중심의 모델로 발전하게 된 동기도 살펴봤다. 여기에는 파이프라인이 엔티티로 확대되는 것과 젠킨스의 여러 잡을 서로 연관시키는 것의 어려움이 포함됐다. 또 다른 요소로는 기존 파이프라인 설정과 젠킨스 앱의 강한 연관성이 있다.

마지막으로, 기존 젠킨스에서 젠킨스 2로 넘어올 때 알아야 할 호환성을 다뤘다. 다양한 애플리케이션을 상세하게 다룰 예정이지만, 여기서 다룬 일반적인 개념은 독자가 기존 파이프라인에서 젠킨스 2로 넘어갈 때 고려해야 할 청사진이 될 것이다.

2장에서는 젠킨스 2의 파이프라인을 사용하는 기본 개념을 알아본다. 사용자가 파이프라인을 이용하는 데 필요한 기본 지식을 전달할 것이다.

2장
기본 개념

앞에서 젠킨스 2가 나오게 된 기본 개념을 다뤘으니, 이제 젠킨스 2가 어떻게 pipelines-as-code를 지원하는지 알아볼 차례다. 첫 번째는 젠킨스에서 파이프라인을 사용하기 위해 제공한 개발 환경을 이해하는 것이다. 여기에는 파이프라인을 수행하는 시스템과 파이프라인을 생성, 실행, 모니터링하는 데 사용하는 인터페이스가 포함된다. 뿐만 아니라 파이프라인을 구성하는 기본 구조와 이를 연결하는 방법도 설명한다. 이를 통해 이 책에서 다루는 기본 개념을 이해하게 될 것이다.

2장에서는 총 네 개의 영역을 다룬다.

- 파이프라인 생성에 사용되는 두 종류의 문법
- 파이프라인 실행에 사용되는 시스템
- 파이프라인의 기본 구조
- 파이프라인 개발과 실행을 위해 젠킨스에서 제공되는 환경과 도구

먼저 파이프라인에서 사용되는 몇 가지 개념과 용어를 명확히 정의할 것이다. 그 후 필수적인 DSL 구조를 알아볼 것이다. 마지막으로 내장 편집기를 사용하는 방법과 파이프라인 문법을 이해하는 데 도움을 줄 새로운 젠킨스 도구를 알아볼 것이다.

파이프라인 코드 작성을 다룬 후에는 파이프라인 실행 방법과 젠킨스에서 제공하는 새로운 화면을 다룬다. 또한 실행된 잡의 로그를 확인하는 법을 알아보고, 기존 버전을 덮어쓰지 않고 파이프라인을 수정할 수 있는 새로운 기능을 살펴본다.

이제 젠킨스 2에서 지원되는 두 가지 파이프라인 문법에 대해 알아보자.

문법: 스크립트 방식의 파이프라인과 서술적 파이프라인

1장에서 pipelines-as-code로 변화하게 된 동기와 이것을 젠킨스 2가 지원하는 방식을 논의했다. 젠킨스 파이프라인은 스크립트 방식의 파이프라인과 서술적 파이프라인 두 가지 방식을 사용해 관리할 수 있게 됐다.

스크립트 방식의 문법은 젠킨스에서 pipelines-as-code가 수행되는 초기의 방법이다. 이는 명령적인 스타일의 로직에 기반하고 파이프라인 스크립트의 흐름을 따른다. 또한 그루비 언어와 명령어에 밀접하게 연관돼 있고, 특히 에러 확인과 예외 처리 부분에서 의존성이 강하다.

서술적 문법은 젠킨스의 새로운 선택지다. 서술적 스타일로 작성된 파이프라인은 주요 영역에서 필요한 상태와 결과를 나타내는 구역이 잘 나뉘어져 있고 로직 자체에 대한 집중은 적다. 다음 예시는 스크립트 방식의 문법으로 작성된 파이프라인(상단)과 서술적 방식으로 작성된 파이프라인의 예시다(하단).

```
// 스크립트 방식의 파이프라인
node('worker_node1') {
    stage('Source') { // 코드 가져오기
        // 깃 저장소에서 코드 가져오기
        git 'git@diyvb2:/home/git/repositories/workshop.git'
    }
```

```
            stage('Compile') { // 컴파일과 단위 테스트 수행
                // 컴파일과 단위 테스트를 위해 그레이들 실행
                sh "gradle clean compileJava test"
            }
        }
    }

    // 서술적 파이프라인
    pipeline {
        agent {label 'worker_node1'}
        stages {
            stage('Source') { // 코드 가져오기
                steps {
                    // 깃 저장소에서 코드 가져오기
                    git 'git@diyvb2:/home/git/repositories/workshop.git'
                }
            }
            stage('Compile') { // 컴파일과 단위 테스트 수행
                steps {
                    // 컴파일과 단위 테스트를 위해 그레이들 실행
                    sh "gradle clean compileJava test"
                }
            }
        }
    }
```

스크립트 방식의 파이프라인은 프로그램의 흐름과 로직을 실행하기 위해 일반적인 명령형 언어로 작성된 프로그램이나 스크립트이고, 서술적 파이프라인은 전통적인 젠킨스 웹 폼에서 주요 정보를 특정 목적과 행동을 하는 미리 정의된 섹션에 입력하는 것으로 생각하면 된다. 전통적인 웹 폼처럼 서술적 파이프라인을 실행시키면 각 섹션의 타입이 어떤 데이터를 갖고 어떤 일을 실행할지 결정하게 된다.

스크립트 방식의 파이프라인과 서술적 파이프라인 중 선택

두 종류의 파이프라인 중 하나를 선택하는 데 영향을 미치는 것이 무엇일까? 대부분의 결정들과 마찬가지로 여기에는 과학적으로 정해진 하나의 정답이 존재하지 않는다. 필요성, 구조, 구현의 흐름, 구현자의 배경 지식에 따라 더 잘 동작하는 방식이 있다.

이에 대한 최선의 가이드는 각 방식의 장점과 단점을 분석하고 알아보는 것이다.

간단하게 정리해서, 스크립트 방식 파이프라인의 장점은 다음과 같다.

- 대체로 더 적은 섹션과 설명이 필요하다.
- 더 많은 절차형 코드를 사용 가능하다.
- 프로그램을 작성하는 것과 유사하다.
- 전통적인 pipeline-as-code 모델로서 더 익숙하고 하위 호환성이 좋다.
- 필요시 맞춤화된 동작을 수행하기 쉽다.
- 더 복잡한 흐름과 파이프라인을 설계할 수 있다.

스크립트 방식 파이프라인의 단점은 다음과 같다.

- 대체로 더 많은 프로그래밍이 필요하다.
- 문법 검사가 그루비 언어와 환경에 국한된다.
- 전통적 젠킨스 모델과 연관이 적다.
- 서술적 파이프라인에서 같은 내용의 구현이 가능하다고 가정하면, 상대적으로 더 복잡하다.

다음으로 서술적 파이프라인의 장점은 다음과 같다.

- 더 구조화돼 전통적 젠킨스 웹 폼과 유사하다.
- 필요한 것을 선언하는 것이 유연해 대체로 가독성이 좋다.

- 블루 오션 화면의 인터페이스를 이용해 생성 가능하다.
- 알림과 같이 기존 젠킨스 개념에 대응될 수 있는 섹션이 존재한다.
- 문법 확인 및 에러 확인이 쉽다.
- 파이프라인 사이의 일관성이 높다.

서술적 파이프라인의 단점은 다음과 같다.

- 반복되는 로직에 대한 지원이 적다(프로그램적 요소가 적다).
- 아직 발전 중이다(기존 젠킨스에서 지원됐던 기능이 지원되지 않을 수 있다).
- 유연성이 적은 구조다(맞춤화된 파이프라인 코드 작성이 더 어렵다).
- 현재 복잡한 파이프라인이나 워크플로우에 잘 적용되지 않는다.

간략하게 서술적 방식은 새로운 파이프라인 사용자가 배우고 유지하기에 더 쉽고, 기존 젠킨스처럼 바로 사용 가능한 기능을 원하는 경우에 유용하다. 반대급부로 제공되는 구조에서 벗어나는 일을 할 수 있는 유연성이 적다.

스크립트 방식은 더 유연해 숙련된 사용자가 이 구조를 이용해 더 많은 일을 할 수 있다.

하지만 결국 두 방식 모두 대부분의 경우를 처리할 수 있다.

7장에서 서술적 문법과 파이프라인에 대해 좀 더 자세히 다룬다. 이 책은 각 개념에 대해 간략한 예시를 전달하는 데 중점을 두기 때문에 문법의 차이는 크게 다루지 않을 것이다. 더 큰 구조를 설명해야 할 때, 서술적 문법과 파이프라인이 큰 차이를 나타낼 때만 모두 설명한다.

일단 젠킨스가 이러한 파이프라인을 수행할 수 있는 시스템에 대해 알아보자.

시스템: 마스터, 노드, 에이전트, 엑시큐터

스크립트 방식 혹은 서술적 파이프라인을 사용하는 것과는 상관없이 모든 젠킨스 파이프라인은 코드를 실행하기 위해 하나 이상의 시스템이 필요하다. 여기서 시스템이란 용어는 우리가 다루는 다양한 용어에 대한 총칭이다. 하시만 시스템이나 머신에 설치된 젠킨스에 여러 개의 인스턴스가 존재할 수 있다는 것만 기억하자.

전통적인 젠킨스에서는 마스터와 슬레이브 두 종류의 구분만 있었다. 아마 이 구분은 익숙할 것이다. 여기에서는 비슷한 용어와 주요 차이점에 대해 알아보자.

마스터

젠킨스 마스터는 젠킨스 인스턴스 제어에 중심이 되는 역할을 한다. 마스터에는 젠킨스의 모든 설정과 옵션, 잡에 대해 완전한 권한이 있다. 다른 시스템에 정의되지 않았다면 잡을 실행하는 기본 장소가 된다.

하지만 마스터는 무거운 작업을 수행하는 데는 적합하지 않다. 무거운 작업이 필요한 잡은 마스터가 아닌 다른 시스템에서 수행해야 한다.

그 이유는 마스터에서 수행되는 잡에는 모든 데이터, 환경 설정, 작업에 대해 마스터와 같은 접근 권한이 있어 보안에 심각한 위협이 될 수 있기 때문이다. 또 다른 이유는 마스터가 끊김 없이 작업을 관리해야 하므로 과부하로 인해 중단되는 일이 발생하면 안 되기 때문이다.

노드

노드는 젠킨스 2에서 사용되는 일반적인 용어로, 젠킨스 잡을 실행할 수 있는 시스템을 의미한다. 여기에는 마스터 혹은 에이전트가 포함되며, 때로는 이 둘을 지칭하는 용어로 사용되기도 한다. 도커와 같은 컨테이너를 의미할 때도 있다.

마스터 노드는 젠킨스를 설치하면 무조건 생기지만, 위에 기술한 이유로 여기에서 잡을 실행하는 것은 적합하지 않다. 노드를 설정하는 방법은 이 장의 다른 절에서 다룬다.

에이전트

에이전트는 구 젠킨스의 슬레이브와 같다. 전통적으로 젠킨스에서 이는 마스터가 아닌 시스템을 의미한다. 개념을 간단히 살펴보면, 에이전트는 마스터에 의해 관리되고 필요에 의해 할당되어 각 잡의 수행을 담당한다. 예를 들어, 에이전트를 OS에 따라 다르게 빌드를 수행할 수 있게 할당하거나, 테스트를 위해 여러 개의 에이전트를 병렬로 실행시킬 수 있다.

시스템 부하와 보안 위험을 줄이기 위해, 접근 권한이 제한된 경량화된 젠킨스 클라이언트를 설치해 잡을 처리한다.

에이전트와 노드의 관계를 보면 에이전트는 노드에서 실행된다. 스크립트 방식의 파이프라인에서 '노드'는 에이전트가 있는 시스템을 지칭한다. 서술적 파이프라인에서는 특정 에이전트를 명시해 노드를 할당하게 된다.

디렉티브^{Directives}와 스텝

노드와 에이전트가 각각 서술적, 그리고 스크립트 방식의 문법에서 사용되는 방식에는 개념 차이가 있다.

노드는 스크립트 방식의 파이프라인과 연관이 있다. 기술적으로 이는 스텝^{Steps}이 되는데, 파이프라인에서 수행돼야 할 행동을 유발시키는 역할을 한다. 이는 엑시큐터를 노드에 할당하고 정의된 영역 안에 있는 코드를 실행한다. 다음은 노드 단계에 대한 짧은 예시다.

```
// 스크립트 방식의 파이프라인
node('worker') {
    stage('Source') { // 코드 가져오기
        // 깃 저장소에서 코드 가져오기
```

> 반면에 에이전트는 서술적 파이프라인의 명령어. none 에이전트를 사용하는 특별한 경우를 제외하고 노드를 할당하는 역할을 한다. 간단한 에이전트 선언은 다음과 같다.
>
> ```
> // 서술적 파이프라인
> pipeline {
>     agent {label:'worker'}
>     stages {
>         stage('Source') { // 코드 가져오기
> ```
>
> 두 파이프라인 스타일에 따른 문법적 차이를 제외하고는 사실 큰 차이가 없어서 동일한 것으로 생각해도 된다. 단지 스크립트 방식의 파이프라인에서는 노드를, 서술적 파이프라인에서는 에이전트를 사용하면 된다.

엑시큐터

위에서 다룬 모든 것과 연관된 것은 엑시큐터Executor다. 젠킨스에서 이 용어의 의미를 알아보자.

기본적으로 엑시큐터는 노드나 에이전트에서 잡을 실행시키는 장소다. 노드는 엑시큐터를 여러 개를 갖고 있을 수도 있고, 하나도 갖고 있지 않을 수도 있다. 엑시큐터의 개수에 따라 해당 노드에서 동시에 실행될 수 있는 잡의 개수가 정의된다. 마스터가 잡을 특정 노드에 할당했을 때 해당 잡이 즉시 수행되려면 사용 가능한 엑시큐터가 있어야 한다. 그렇지 않으면 엑시큐터가 사용 가능해질 때까지 기다리게 된다.

엑시큐터의 숫자와 다른 변수는 노드를 만들 때 설정 가능하며, 이것은 다음 절에서 다룬다.

그림 2-1은 지금까지 다룬 시스템의 역할을 비교한 것이다.

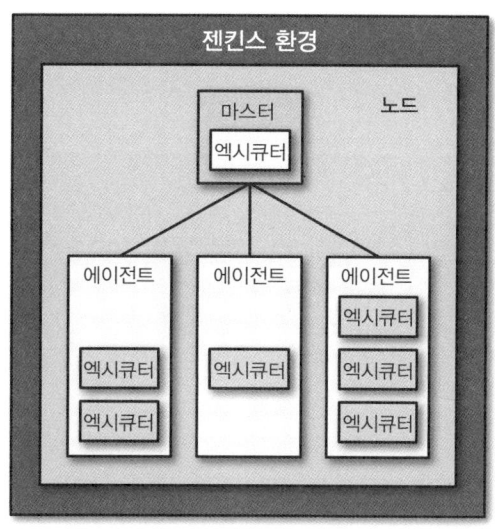

그림 2-1 젠킨스 작업 수행에 연관된 시스템 종류

노드 생성

전통적 젠킨스에서 잡은 마스터 혹은 슬레이브에서 실행됐다. 앞에서 다룬 것처럼 젠킨스 2에서는 마스터와 슬레이브를 모두 '노드'로 지칭한다. 이제 이전 젠킨스에서 슬레이브를 설정하는 것처럼 노드를 설정할 수 있다. 다음은 간략한 예시다.

젠킨스에 로그인한 후 젠킨스 관리 페이지로 이동해 노드 관리 링크를 클릭하자(그림 2-2).

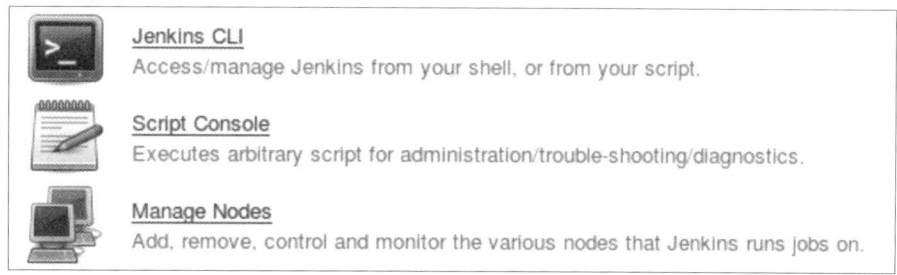

그림 2-2 젠킨스 관리 페이지 내의 노드 관리 옵션

노드 관리 화면에서 새로운 노드를 선택하고 엑시큐터의 숫자를 포함해 폼에 내용을 작성하자(그림 2-3과 2-4 참고).

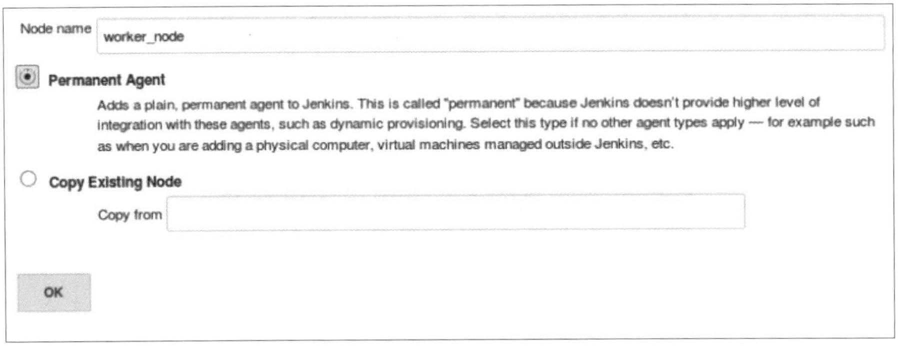

그림 2-3 노드 기본: 노드 명과 종류 선택

그림 2-4 노드 사용을 위한 변수 입력

로그인 정보 설정에 관한 내용은 5장에서 자세히 설명한다. 페이지 하단 체크박스에 '환경 변수'와 '도구 위치'를 설정하는 옵션이 있는 것에 주목하자. 이를 체크하면 해당 노드에서 사용할 특별한 변수와 도구를 정의할 수 있다. 이는 마스터와 다른 설정을 사용할 필요가 있을 경우에만 필요하다.

레이블 영역에서는 여러 개의 레이블을 설정할 수 있다. 따옴표로 묶어서 스페이스를 레이블에 포함시킬 수 있다.

레이블에 대한 간략한 추가 설명

레이블은 시스템과 사용자 모두를 위해 사용될 수 있다. 예를 들어, 레이블은 다음과 같은 목적으로 사용된다.

- 고유 레이블을 통한 노드의 구분
- 같은 레이블을 지정해 노드를 그룹화하는 용도
- 작업에 필요한 노드의 특징을 알려주는 용도로 사용('윈도우', '웨스트 코스트'와 같이 의미 있는 레이블을 사용)

마지막 방식의 예시가 권장되는 레이블 사용법이다.

레이블은 파이프라인에서 코드를 실행하는 장소를 지정할 때 참조된다. 관련 예시는 68쪽 '노드' 절에서 다뤘다.

노드의 다양한 실행 방식과 설정에 대한 더 많은 정보는 온라인의 젠킨스 문서를 참고하자.

노드가 코드를 실행할 준비가 됐다면, 이제 파이프라인을 만들 차례다. 여기서는 젠킨스 DSL을 이용해 구조화된 프로그램을 사용할 것이다.

구조: 젠킨스 DSL 사용하기

앞에서 말한 것처럼 DSL은 Domain-Specific Language의 약자로, 특정한 상황을 위한 프로그래밍 언어다. 여기서 상황이란 젠킨스 파이프라인 생성을 의미한다.

젠킨스 DSL은 그루비 언어를 이용해 작성됐다. 그루비가 선택된 것은 그루비가 제공하는 기능이 다른 언어보다 DSL을 생성하기 쉽게 만들기 때문이었다. 하지만 반대로 그루비 문법에 심하게 의존하는 결과가 나오기도 했다(아래 '젠킨스 DSL과 그루비' 참고).

이번 절에서는 젠킨스 DSL 파이프라인의 기본 용어와 구조, 기능에 대해 알아본다. 여기서는 스크립트 방식의 파이프라인 관점에서 살펴볼 것이다(이는 서술적 기능을 통해 추가된 것은 제외한다는 의미다). 7장에서 서술적 파이프라인이 갖고 있는 차이점과 변경 사항을 알아본다.

젠킨스 DSL과 그루비

젠킨스 파이프라인의 DSL은 그루비 언어(http://www.groovy-lang.org/)에 기반하고 있다.

이것은 필요시 파이프라인 코드에 그루비 명령어와 관습을 사용할 수 있다는 뜻이다.

하지만 일반적으로 너무 복잡한 그루비 코드의 사용은 지양하고, 최소한 주요 스크립트에서 분리하고자 한다. 너무 많은 그루비 코드를 사용하면 그루비를 모르는 사용자에게 스크립트의 가독성과 유지보수성을 떨어뜨리기 때문이다.

서술적 파이프라인은 정의된 구조 외에 그루비 코드가 거의 사용되지 않게 한다. 또한 기존 젠킨스 기능과 유사한 기능을 제공해 더 적은 그루비 코드를 사용하게 된다.

다른 언어 활용하기

그루비 혹은 다른 언어로 작성된 기능에 접근 혹은 사용해야하거나 좀 더 절차적인 워크플로우가 필요하다면 이것은 6장에서 다루는 공유 라이브러리로 만들 수 있다. 공유 라이브러리를 이용해 주요 파이프라인 코드에서 기능을 추상화해 분리시킬 수 있다.

다음은 젠킨스 DSL로 표현된 간단한 파이프라인 예시다.

```
node ('worker1') {

    stage('Source') { // 화면 표시 목적

        // 깃 저장소에서 코드 가져오기

        git 'https://github.com/brentlaster/gradle-greetings.git'

    }
}
```

이제 각각을 분리해 어떤 작업을 하는지 알아보자.

노드

먼저 노드 키워드가 있다. 68쪽 '노드' 절에서 말한 것처럼, 노드는 마스터나 에이전트를 위한 새로운 용어라 생각하면 된다. 노드는 Manage Jenkins(젠킨스 관리) > Manage Nodes(노드 관리) 인터페이스를 통해 마치 슬레이브처럼 설정된다. 각 노드에는 젠킨스 에이전트가 설치돼 잡을 실행하게 된다(여기서는 worker1이라는 레이블을 가진 젠킨스 노드가 있다고 가정한다).

노드와 에이전트

앞에서 젠킨스 용어를 다룰 때 노드와 에이전트의 차이에 대해 알아봤다. 여기서 에이전트는 '마스터가 아닌' 노드에서 젠킨스 코드가 실행되는 것을 의미한다.

이 코드 라인은 젠킨스에게 어떤 노드에서 해당 파이프라인을 실행해야 하는지 알려준다. 이는 코드를 노드에서 실행되는 특정 젠킨스 에이전트 프로그램에 묶는 역할을 한다. 여기서 특정한 노드를 찾는 방법은 레이블에 해당하는 명칭을 변수로 넘겨 지정한다. 이는 이미 정의된 노드나 시스템이어야 하고 젠킨스가 이를 알고 있어야 한다. 레이블을 생략할 수도 있는데, 이렇게 되면 이 코드는 다음과 같이 처리될 것이다.

- master가 실행을 위한 기본 노드로 설정됐을 경우, 이 잡을 master에서 수행한다 (master는 어떤 잡도 실행하지 않게 설정될 수도 있다).
- 그 외의 경우 비어 있는 레이블(혹은 서술적 문법의 비어 있는 agent)은 젠킨스가 여러 노드 중 가용한 첫 번째 엑시큐터를 이용해 잡을 수행하게 한다.

반면에 여기에 여러 명칭을 사용하는 것도 가능하다. 다양한 상황(지역, 종류 등)을 고려해 노드를 선택해야 할 때 적합하다. 다음 사이드바는 이런 기능의 활용 방법을 설명한다.

하나의 노드에 여러 개의 레이블 활용하기

노드를 설정할 때 레이블 사이에 스페이스를 사용하면 여러 개의 레이블을 설정할 수 있다. 이후 파이프라인에서 잡을 수행할 레이블을 지정하는 곳에서 or를 위해서는 ||를, and를 위해서는 &&를 사용하면 된다.

이를 활용하는 방법은 무엇일까? 미국의 동부와 서부에 각각 리눅스 시스템이 있다고 가정해보자. 수행할 젠킨스 잡에 따라 각각의 노드에 분배할 수 있을 것이다.

이런 경우 linux 레이블을 모든 노드에 할당한 후 east 혹은 west와 같이 지역 레이블을 추가로 할당한다. 이후 레이블과 조건을 조합하여 어떤 노드를 사용할지 결정할 수 있다. 예를 들어, 동부에 있는 리눅스 노드를 사용하려면 다음과 같이 작성하면 된다.

    node("linux && east") {

조합을 위한 더 복잡한 명령어는 노드 스텝의 도움말에서 찾아볼 수 있다.

{} 기호는 그루비 클로저closure로, 파이프라인의 현재 노드에 연관되어 있는 코드 블록의 시작과 끝을 나타낸다. 클로저는 프로그램 간 전달할 수 있는 엔티티 역할도 하며, 마지막 문

장이 리턴 값이 된다(클로저에 대한 더 많은 정보는 그루비 문서(http://groovy-lang.org/closures. html)를 참고하자).

파이프라인에서 이 부분이 실행되면, 노드에 연결되어 워크스페이스(작업 폴더)를 생성하고 엑시큐터가 사용 가능할 때 코드를 수행할 수 있게 스케줄을 정한다.

노드와 매핑

특정한 스테이지를 수행하기 위해 노드를 정의하는 것 외에도, 다음 예시처럼 노드는 매핑과 연동되어 코드 블록을 어디에서 실행할지 결정할 수 있다.

```
parallel (
        win: { node ('win64'){
            ...
        }},
        linux: { node ('ubuntu'){
            ...
        }},
)
```

스테이지

노드의 정의 부분 안에 존재하는 stage 클로저는 각각의 설정, DSL 명령어, 로직을 그룹으로 묶을 수 있게 해준다. 스테이지는 이름이 꼭 필요하며, 이를 통해 스테이지가 수행하는 일을 요약하게 된다. 이 책을 작성하는 현재 파이프라인을 실행할 때 스테이지의 이름이 실제로 실행하는 동작은 없지만 로그에 이름이 출력되어 어떤 스테이지를 실행하고 있는지 알 수 있다.

하나의 스테이지에 파이프라인 로직을 얼마나 포함하게 할지는 개발자에게 달려 있다. 하지만 권장되는 방식은 각각의 스테이지를 전통적인 파이프라인 하나가 담당하는 크기로 나누는 것이다. 예를 들어, 소스 코드를 내려받는 작업이나 이를 컴파일하는 것, 단위 테스트를 실행하는 것, 통합 테스트를 실행하는 것 등이 될 수 있다. 이 책에서 파이프라인의 예시를 다룰 때 이러한 구조를 사용할 것이다.

스텝

스테이지 안에는 실제 젠킨스 DSL 명령어가 들어간다. 젠킨스에서는 이를 스텝이라고 지칭한다. 스텝은 DSL에서 가장 최소 기능 단위가 된다. 이는 그루비 명령어는 아니지만, 그루비 명령어를 사용할 수도 있다. 우리의 예시에서는 소스 코드를 내려받기 위해 아래와 같은 최초의 스텝을 사용한다.

```
git 'https://github.com/brentlaster/gradle-greetings.git'
```

상당히 직관적인데, 깃 명령어를 소스 코드를 가져올 장소의 매개 변수와 함께 호출한다 (https 프로토콜을 이용). 이것은 스텝 문법 중 축약된 버전이다.

스크립트에서 DSL을 사용하다 보면 축약된 문법과 전체 문법을 모두 보게 될 것이다. 따라서 문법에 대해 좀 더 알아보고 넘어가자.

스텝 문법에 대한 이해

젠킨스 DSL에서 스텝은 맵 형태의 매개 변수를 사용한다. 다음은 이런 매개 변수를 사용하는 형태로 git 스텝을 정의하는 방식이다.

```
git branch: 'test',
    url: 'https://github.com/brentlaster/gradle-greetings.git'
```

매개 변수 두 개가 있는 것을 볼 수 있는데 branch는 'test'에, url은 'http://github.com/brentlaster/gradle-greetings.git'에 매핑되어 있다.

이것은 실제로 그루비에서 사용되는 매핑 문법의 축약된 버전이다. [매개 변수 명: 값, 매개 변수 명: 값] 형태가 그루비에서 [키: 값, 키: 값] 문법에 대응되는 표현이다. 여기서 매개 변수의 이름이 맵의 키 역할을 한다.

그루비에서는 매개 변수를 사용할 때 괄호를 생략하는 것을 허용한다. 따라서 이러한 생략을 제외하면 더 긴 버전은 다음과 같다.

```
git([branch: 'test',
    url: 'http://github.com/brentlaster/gradle-greetings.git'])
```

또 다른 트릭은 단 하나의 매개 변수만 존재할 때 키를 생략할 수 있는 것이다. 이를 통해 축약된 버전의 스텝이 된다.

```
git 'https://github.com/brentlaster/gradle-greetings.git'
```

여기에서는 url이 제공돼야 하는 유일한 매개 변수다.

매개 변수가 필수가 아니라면 기본 매개 변수는 script 객체다. 여기 예시에서 사용하는 bat 스텝은 윈도우에서 배치batch나 셸shell 작업을 위해 사용된다. 전체 문법으로 작성한 것은 다음과 같다.

```
bat([script: 'echo hi'])
```

축약하면 다음과 같다.

```
bat 'echo hi'
```

그림 2-5는 노드와 스테이지, 스텝의 관계를 그림으로 표현한 것이다.

그림 2-5 노드와 스테이지, 스텝의 관계

이제 스크립트 방식의 파이프라인의 기본 구조를 알아봤으니, 젠킨스에서 관련된 도구를 사용해 파이프라인 잡을 생성하는 방법을 알아보자.

지원되는 환경: 파이프라인 스크립트 개발

모든 젠킨스의 버전에서 사용자는 특정 타입의 아이템을 생성함으로써 프로젝트를 만들게 된다. 젠킨스 2에서는 통합된 프로젝트 타입인 '파이프라인' 타입을 지원한다. 파이프라인 타입의 프로젝트는 파이프라인을 정의하기 위한 코드 개발 환경을 만든다. 이 타입의 프로젝트를 만들 때 어떻게 설정하고 환경을 사용해 파이프라인을 생성하고 수정, 실행, 모니터링하는지 알아두면 도움이 될 것이다.

젠킨스의 파이프라인 스크립트는 파이프라인 잡 타입이나 Jenkinsfile을 통해 생성된다. Jenkinsfile을 통해 생성되는 경우 소스 코드와 함께 저장된다. 후에 DSL 스크립트 생성 방법을 알아볼 때 파이프라인 잡에 스크립트를 작성하는 방식을 사용할 것이다. Jenkinsfile은 에디터에서 작성하거나 기존 파이프라인 잡에서 복사하는 방식으로 생성할 수 있다. 하지만 이 방식은 외부 루틴을 호출하는 등의 추가 조정이 필요할 수 있다. Jenkinsfile에 대해서는 10장에서 자세히 다룬다.

파이프라인 프로젝트 시작

생성할 프로젝트의 타입으로 파이프라인을 선택하면 익숙한 웹 기반 폼이 나타날 것이다. 각각의 주요 영역은 탭으로 구분되어 있다. 먼저 General(일반) 탭에서 시작해보자(그림 2-6).

탭과 내비게이션

영역 탭을 통해 주요 영역으로 쉽게 이동할 수 있다. 하지만 각 영역을 스크롤해 접근하는 것도 가능하다.

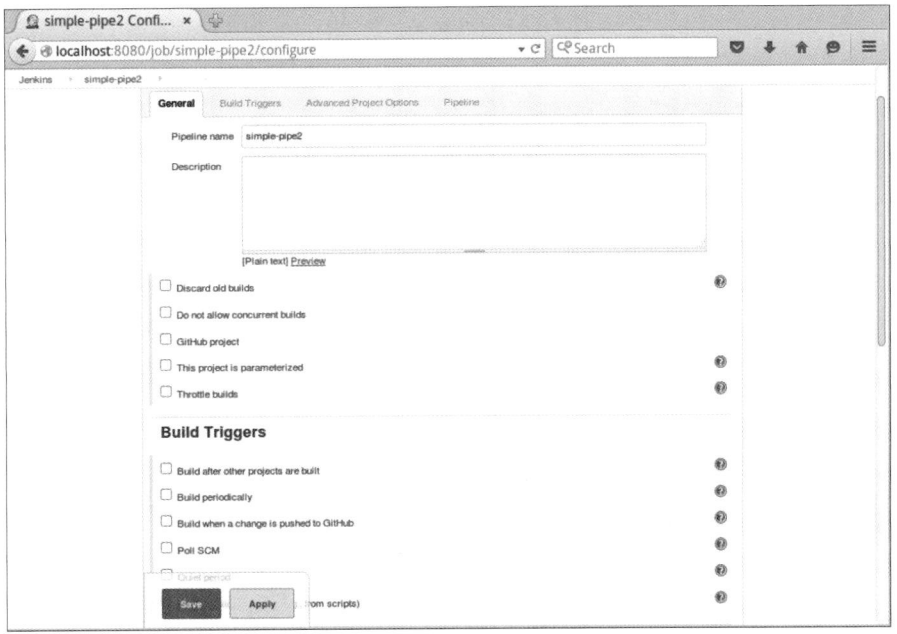

그림 2-6 새로운 파이프라인 프로젝트의 General 탭

이전에 젠킨스를 사용해봤다면 General 탭이 익숙할 것이다. 여기에 있는 영역들은 필요시 설정하거나 비워둘 수 있다. 파이프라인 프로젝트에서 주목할 부분은 Pipeline 탭이다. 여기에서는 파이프라인 스크립트를 입력할 수 있는 화면이 나타난다. 그림 2-7은 간단한 파이프라인 스크립트를 작성한 예시다.

그림 2-7 간단한 예시 스크립트를 작성한 파이프라인 탭

이 파이프라인 코드는 젠킨스 내장 편집기를 이용해 작성됐다.

비주얼 편집기

새로운 블루 오션 인터페이스와 서술적 파이프라인이 생기면서 젠킨스에서 비주얼 편집기가 사용 가능해졌다. 블루 오션 인터페이스와 편집기는 9장에서 다룬다.

편집기

편집기를 사용할 때 알아두면 좋은 기능이 몇 가지 있다.

문법 검사

편집기는 그루비 문법 검사 및 참조 검사를 수행한다. 그림 2-8처럼 문제가 있는 라인에는 붉은 'X' 표시를 나타낸다.

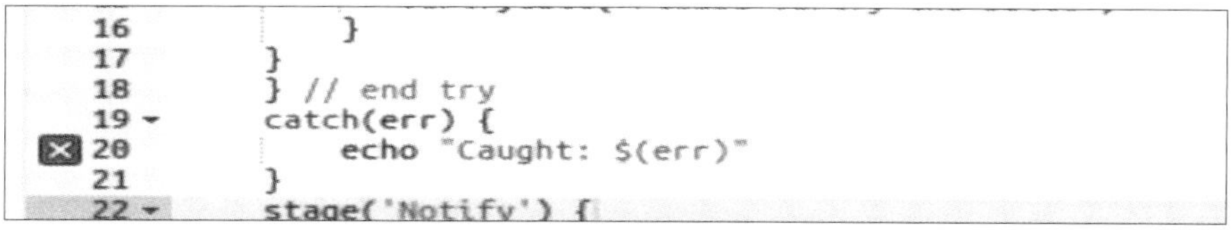

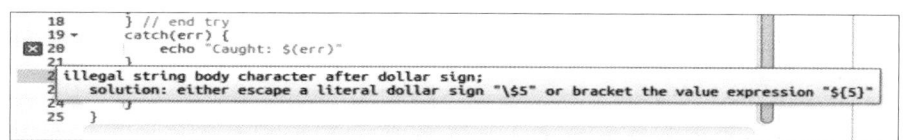

그림 2-8 파이프라인 스크립트 화면의 에러 표시

하지만 이렇게 표시된 모든 에러가 실제 에러가 아닐 수도 있다. 의존성이나 방금 생성된 임포트import가 아직 해결되지 않았을 수도 있다. 하지만 이런 경우는 일반적이지 않고 특수한 경우다.

확장된 에러 정보

'X' 표시는 문제가 있는 라인을 알려주고, 마우스를 이 표시 위에 올려 놓으면 더 자세한 정보를 볼 수 있다. 에러 내용의 전체가 팝업으로 나타난다(그림 2-9 참고).

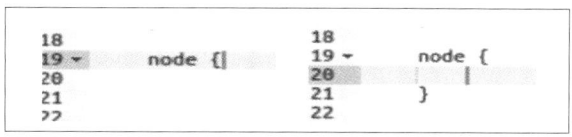

그림 2-9 마우스를 올려놓으면 나타나는 전체 에러 메시지

자동 완성

편집기는 괄호 등에 대해 자동 완성을 지원한다. 즉 사용자가 괄호의 시작 {을 작성하면 편집기가 자동으로 공백과 함께 괄호의 끝 }을 입력해준다(그림 2-10 참고). 이는 유용한 기능이긴 하지만 익숙해질 때까지는 불편할 수도 있다. 사용자가 괄호의 끝을 입력하는 습관이 있는 경우 괄호의 끝이 두 개가 되어 컴파일 에러가 발생하기도 한다.

그림 2-10 괄호의 끝 자동 완성

편집기 외에도 문법 확인을 도와주는 도구들이 있다. 이는 스니펫 생성기$^{Snipper\ Generator}$라 불린다.

스니펫 생성기 사용하기

기존 폼 기반의 웹 인터페이스에서 잡과 파이프라인을 설정하는 방식에서 DSL 스크립트를 사용하는 방식으로 변경하는 것에는 많은 장점이 있다. 하지만 원하는 작업을 하기 위해 적합한 스텝과 문법을 아는 과정은 여기에 속하지 않는다. 위에서 다룬 git 스텝 같은 경우는 문법과 매개 변수가 꽤나 직관적이지만 그 외의 경우는 그렇지 않다. 스텝을 위한 올바른 문법을 위해 젠킨스 2는 스니펫 생성기라 불리는 파이프라인 문법 지원 도구를 포함한다.

스니펫 생성기 내용

스니펫 생성기의 내용은 플러그인을 통해 파이프라인 정의에 추가된 내용에 기반한다. 플러그인에서 파이프라인에 호환되는 스텝을 제공하면, 이 내용이 스니펫 생성기에 포함된다. 즉 특정 젠킨스 인스턴스에서 생성된 스니펫은 해당 인스턴스에 설치된 플러그인과 밀접하게 연관된다.

스니펫 생성기는 사용 가능한 DSL 스텝을 살펴보며 원하는 문법과 내용을 고를 수 있게 한다. 또한 내용에 대한 온라인 도움말도 제공한다. 하지만 가장 유용한 기능은 값을 입력할 수 있는 웹 폼을 제공하는 것이다. 웹 폼을 이용해 버튼을 눌러 원하는 스텝을 호출하는 그루비 DSL 코드를 생성할 수 있다. 일단 DSL 코드를 생성한 후에는 그냥 복사해서 사용하면 된다. 이런 기능은 특정 스텝을 사용하는 데 드는 수고를 크게 줄여준다.

이제 스니펫 생성기가 어떻게 도착하는지 예시를 통해 알아보자. 깃 코드를 가져오는 스텝이 필요한 상황을 가정해보자. 그림 2-11은 시작점을 보여준다.

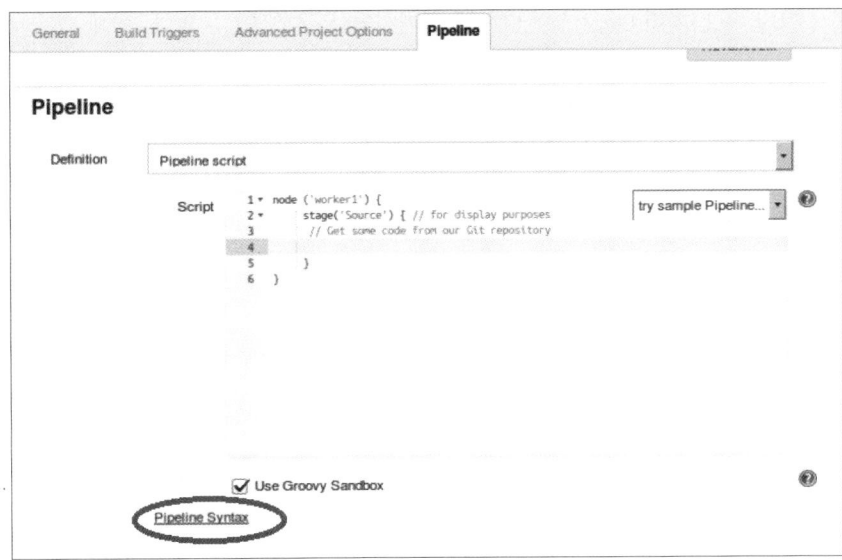

그림 2-11 소스 코드를 가져오기 위한 코드 블록

우리가 깃을 사용할 것을 알지만 어떤 문법이 필요한지는 알지 못한다. 따라서 그림 2-12에서와 같이 Pipeline 탭 윈도우 하단의 Pipeline Syntax(파이프라인 문법) 링크를 클릭한다. 그러면 스니펫 생성기 화면으로 이동한다.

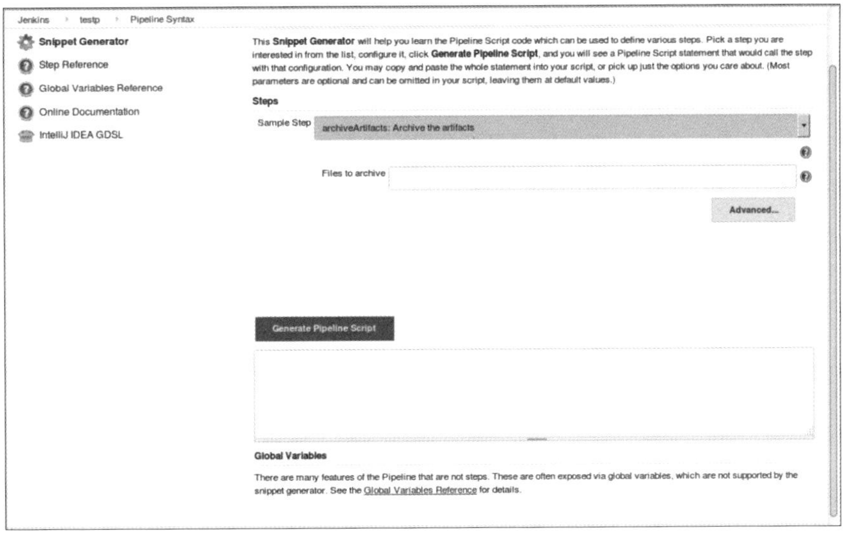

그림 2-12 스니펫 생성기

여기에서 그림 2-13처럼 Steps 드롭다운 옵션에서 git을 선택할 수 있다. 이제 스텝에 넘겨줄 수 있는 매개 변수가 나타날 것이다. 여기서 기본값을 선택하거나 원하는 값을 입력한다. 마지막으로 Generate Pipeline Script 버튼을 클릭해 파이프라인 스크립트를 생성한다. 그림에서 보이는 것처럼 우리가 앞에서 본 간단한 git 스텝이 나타난다.

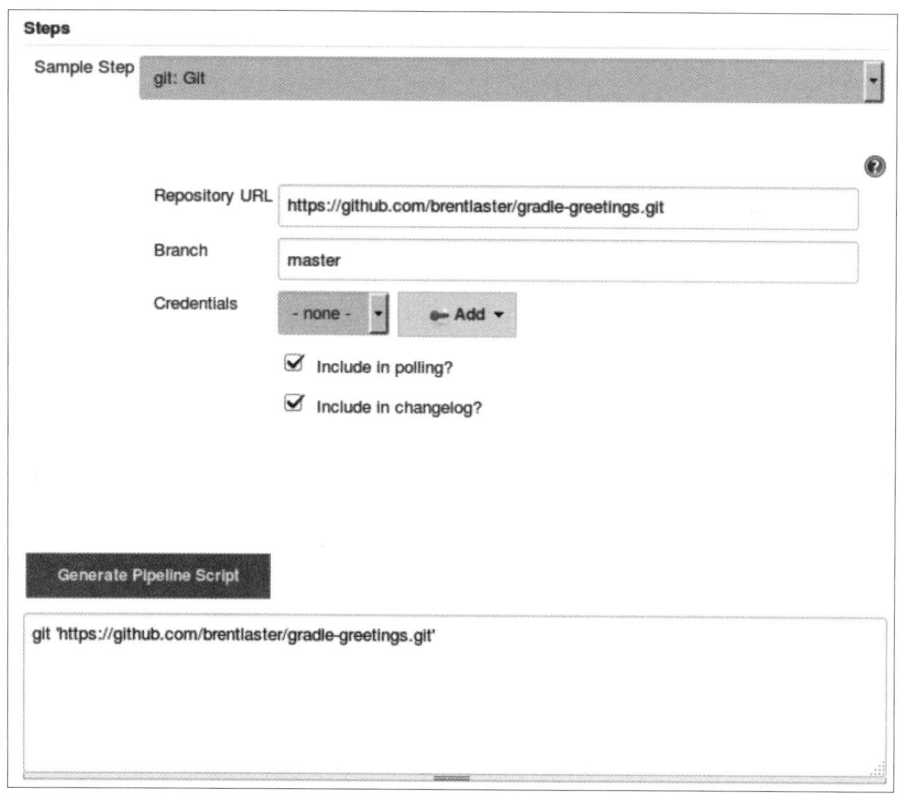

그림 2-13 git 스텝을 위해 기본값으로 파이프라인 코드 생성

이를 스테이지 클로저에 복사하면 다음과 같은 결과가 된다.

```
stage('Source') {
 // 깃 저장소에서 코드 가져오기
    git 'https://github.com/brentlaster/gradle-greetings.git'
}
```

기본값을 덮어쓰기로 선택했다면, 거기에 입력한 값이 스텝에 반영된다(그림 2-14). 체크박스를 해제해야 하는 것도 잊지 말자.

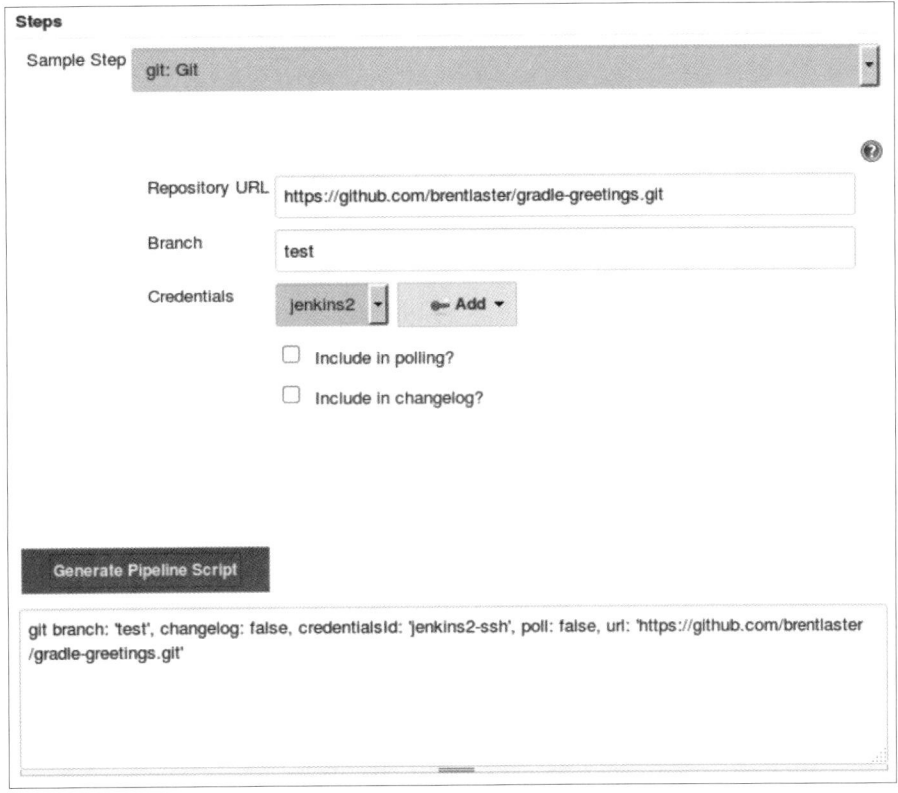

그림 2-14 git 스텝에서 기본값 덮어쓰기

여러 매개 변수가 사용될 경우 매개 변수의 이름이 꼭 필요하다. 이전 예시처럼 이 코드는 스크립트에 바로 복사해서 사용할 수 있다.

Polling과 Changelog 옵션

poll 옵션에 대해 궁금해 할 독자가 있을 것 같다. 이 옵션을 false로 설정하면 소스 코드 저장소의 변경 사항이 자동으로 감지되거나 이를 반영하여 빌드를 수행하지 않는다. 이 값을 true로 설정했다면, 최초의 실행 이후에 소스 코드 저장소의 변경 사항은 자동으로 감지되고 해당 잡을 수행한다.

changelog 옵션을 false로 설정하면 젠킨스는 새로운 실행에서 변경된 사항을 기록하지 않는다 (또한 이 결과가 빌드 후 Changes 영역에 나타나지 않는다). 이를 통해 얻을 수 있는 유일한 장점은 SCM의 부하를 줄이는 것뿐이다.

파이프라인 실행

이제 코드를 입력했으니 파이프라인의 실행 준비가 모두 끝났다. 파이프라인은 컴파일, 통합 테스트, 분석 등의 여러 단계로 구성되어 있다. 과거 버전의 젠킨스에서 각 분야를 프리스타일 잡으로 분리한 후 선후 관계를 지정하여 가장 먼저 수행되는 잡을 실행하는 것이 일반적인 방법이었다.

시간이 흐르면서 스테이지를 나타내는 잡의 흐름을 시각화하는 플러그인이 생겨났다. 이 중에서 가장 일반적인 것은 Build Pipeline 플러그인이다. 이 플러그인을 통해 파이프라인에 있는 잡을 연결된 박스로 표현하는 화면을 생성할 수 있다. 각 박스는 현재 상태에 따라 다른 색상으로 표현되는데 파란색은 아직 실행되지 않은 잡, 노란색은 진행 중인 잡, 초록색은 끝난 잡, 그리고 붉은색은 실패한 잡을 나타낸다. 그림 2-15는 이 예시다.

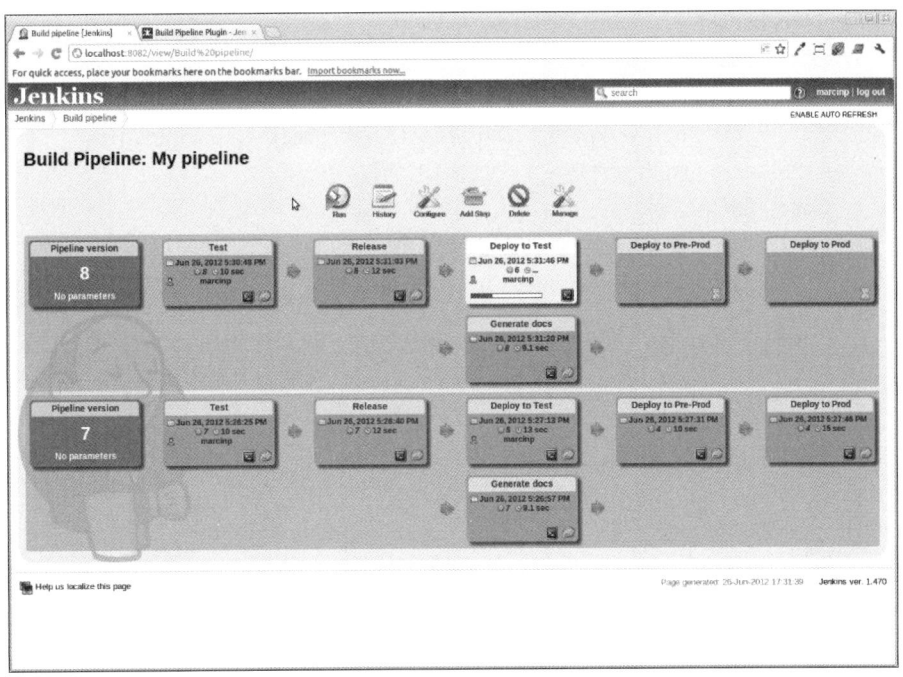

그림 2-15 기존 빌드 파이프라인 플러그인

젠킨스 2에는 전체 파이프라인을 작성하는 파이프라인 프로젝트 타입이 있다. 이제 파이프라인을 이전 깃 예시에서 처럼 stage{} 블록을 통해 표현할 수 있다. 파이프라인에 새로운 스테이지를 추가해보자. 너무 복잡해지지 않게(아직 전역에서 설정된 도구를 파이프라인에서 사용하는 것을 다루지 않았다) 여기에서는 빌드 스텝을 위한 영역만 추가해 볼 것이다.

이를 위해 새로운 스테이지 정의를 추가하고 간단한 메시지를 출력하는 sh 스텝을 작성할 것이다(sh는 shell의 약자로, *nix 시스템에서 OS를 호출할 수 있게 한다. 윈도우에서 대응되는 명령어는 bat이다).

```
node ('worker1') {
    stage('Source') {
        // 깃 저장소에서 코드 가져오기
            git 'https://github.com/brentlaster/gradle-greetings.git'
    }
    stage('Build') {
        // 할일: 프로젝트에 연관된 그레이들 빌드 실행
            sh 'echo gradle build will go here'
    }
}
```

그림 2-16은 파이프라인 탭에 나타난 스크립트다.

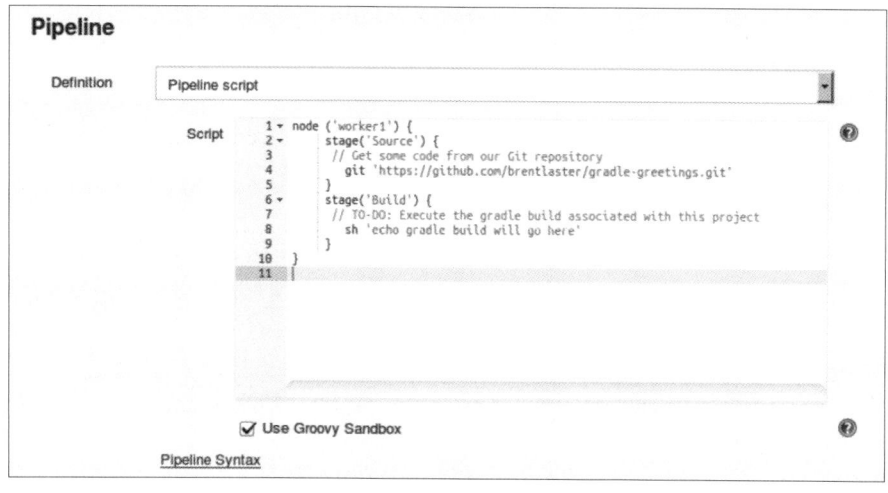

그림 2-16 파이프라인 탭의 스크립트

이 파이프라인을 저장하면 **No data available. This Pipeline has not yet run**이라고 아직 이 파이프라인을 실행하지 않았다는 UI가 표시된다(그림 2-17). 여기에서 헤딩이 '스테이지 뷰'인 것에 주목하자. 젠킨스 2에서는 이것이 기본 파이프라인 결과 화면이다.

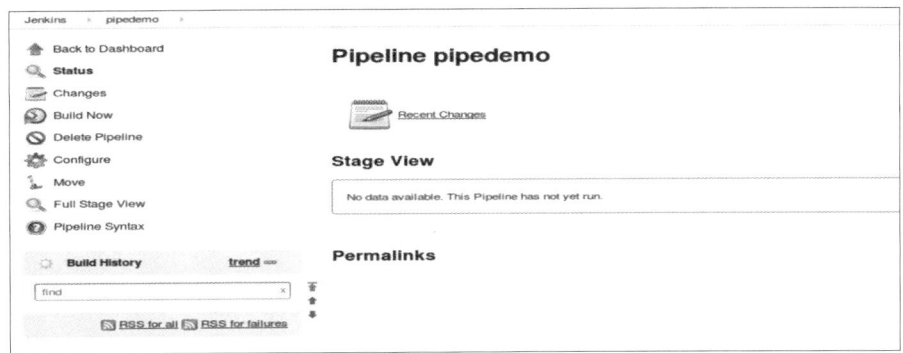

그림 2-17 첫 실행 이전

왼쪽 메뉴에서 Build Now를 클릭하면 젠킨스는 파이프라인을 빌드한다. 이 예시의 경우 모든 것이 성공적으로 끝날 것이다. 그림 2-18에 스테이지 뷰 결과 화면에 잡 실행이 타일 형태로 뜨는 것에 주목하자. 초록색은 성공을 의미한다. 각 타일을 해석하는 방법을 좀 더 알아보자.

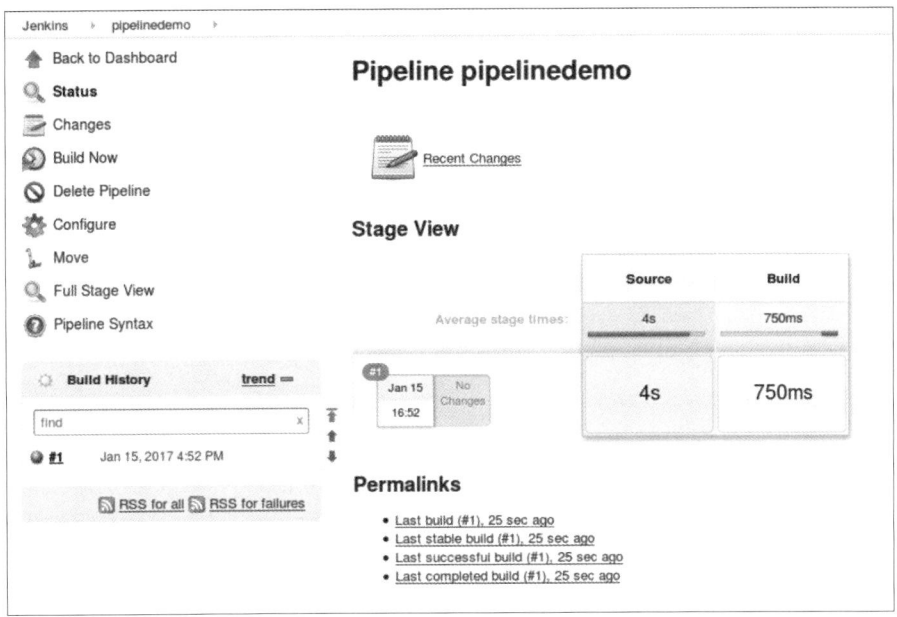

그림 2-18 성공적인 첫 번째 실행

2장 기본 개념 91

각 파이프라인 빌드 스테이지마다 젠킨스는 새로운 타일을 생성한다. 각각의 행은 프로젝트의 빌드를, 열은 파이프라인의 스테이지를 의미한다. 즉 하나의 타일은 특정 스테이지의 실행을 의미한다. 여기에서 텍스트는 stage 스텝의 name 매개 변수가 화면에 나타나는 것이다. 스테이지 실행에 걸린 시간은 타일 안에 표시된다.

앞서 언급한 것처럼 타일의 색상도 매우 중요하다. 색상의 일반적인 의미는 표 2-1에 설명되어 있다.

표 2-1 색상의 의미

색상	의미
파란 줄무늬	실행 중
하얀색	아직 실행되지 않음
장미빛 줄무늬	스테이지 실패
초록	스테이지 성공
장미색	해당 스테이지는 성공했지만, 하위 스테이지가 실패

실행 중 색상 변화

타일이 특정 시점에 초록색이더라도 하위 스테이지가 실패하면 추후 장미색으로 바뀔 수 있다.

로그 확인

전통적인 젠킨스와 동일하게 로그를 확인하려면 Console Output 링크를 누르거나 빌드 결과 화면에서 공 모양을 누르면 된다.

스테이지 뷰에서는 특정 빌드의 특정 스테이지에 해당하는 로그를 볼 수 있는 기능이 제공된다. 간단히 원하는 빌드와 스테이지 위에 마우스를 올려놓은 후 나타나는 박스의 버튼을 누르면 로그로 갈 수 있는 팝업이 나타난다. 그림 2-19와 그림 2-20을 참고하자.

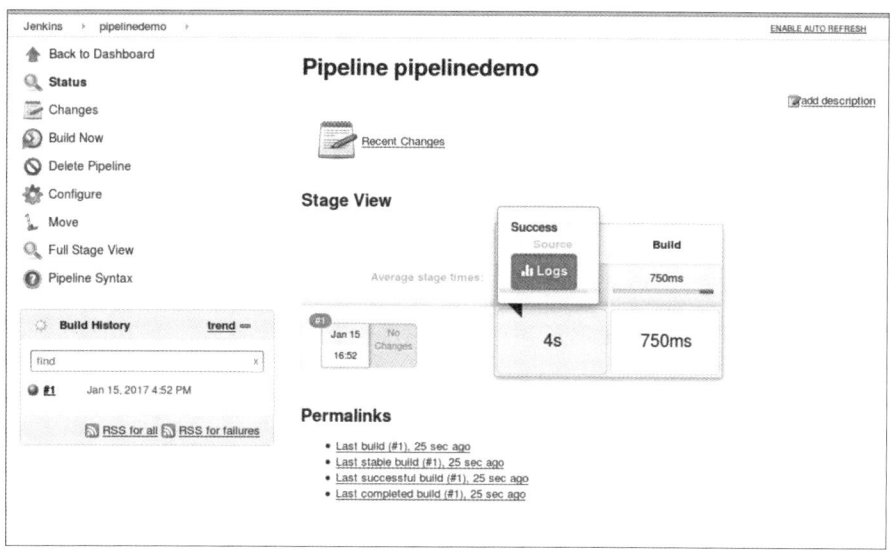

그림 2-19 타일 위에 마우스를 올려놓아 로그 버튼 팝업 생성하기

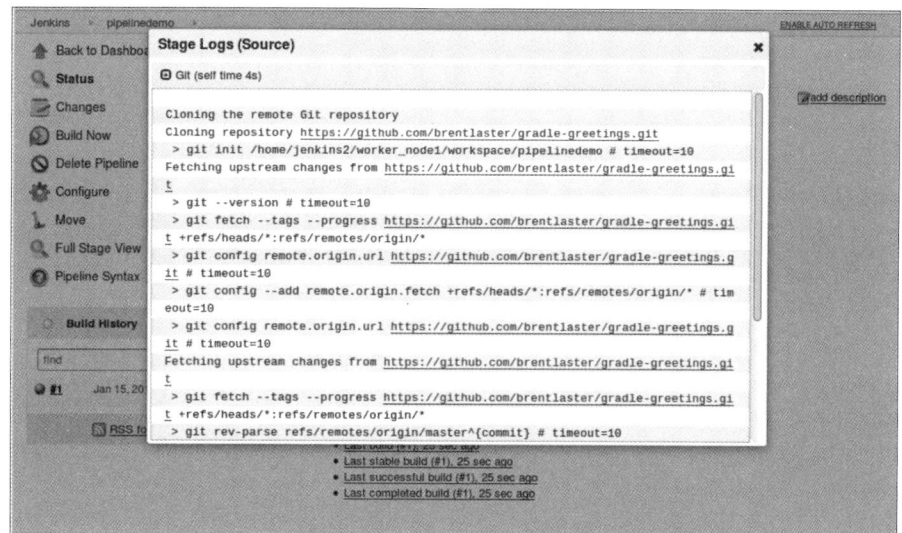

그림 2-20 로그 버튼을 클릭해 해당 스테이지의 로그 팝업 확인하기

젠킨스 팝업과 자동 새로 고침

로그 화면이 팝업 윈도우이기 때문에 사용자는 자동 새로 고침을 비활성화시키기고 싶을 수 있다. 이를 비활성화시키면 로그가 있는 화면은 자동으로 꺼지지 않는다(우상단의 DISABLE AUTO REFRESH를 클릭하면 된다).

에러가 발생한 스테이지 뷰

이제 에러가 발생한 스테이지 뷰을 살펴보자. 여기에서 코드가 실행되는 환경이 윈도우가 아니라 리눅스라고 가정하자. 파이프라인에는 아주 작은 차이만 생긴다. 리눅스의 경우 아래 라인이 명령어다.

```
sh 'echo gradle build will go here'
```

윈도우의 경우 다음과 같이 바뀐다.

```
bat  'echo gradle build will go here'
```

이제 **bat** 명령어를 리눅스 시스템에 복사했다고 가정하자. 빌드를 시도하면 그림 2-21과 유사한 스테이지 뷰가 나타난다.

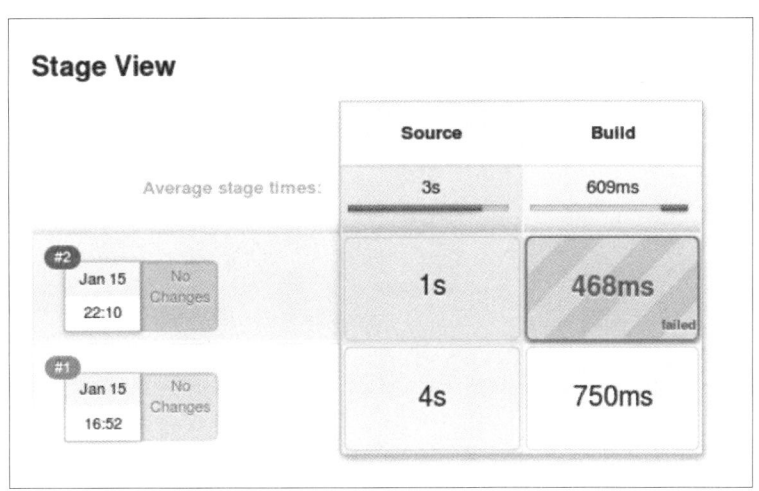

그림 2-21 에러가 발생한 스테이지 뷰

두 번째 실행이 매트릭스의 새로운 행을 추가한 것을 볼 수 있다. 위에 위치하는 행이 최신 실행 결과다. 상단의 Build 타일의 줄무늬 색상이 스테이지가 실패했다는 것을(그리고 전체 빌드가 실패했다는 것을) 알려준다. Source 스테이지의 밝은 장미색은 해당 스테이지는 성공했지만 그 하위 스테이지가 실패했다는 의미다.

초기 스테이지의 실패

Source 스테이지가 실패했다면 Build 스테이지는 시도되지 않았을 것이다. 이 경우 Source 스테이지는 줄무늬로 표시되고 Build 스테이지는 하얀색으로 표시된다.

에러를 확인하려면 위에서 기술한 단계를 따라가면 된다. 실패한 타일 위에 마우스를 올려놓으면 로그로 향하는 링크가 팝업으로 나타난다. 여기서 스테이지가 실패한 이유를 알 수 있다. 팝업 상단에 Failed with the following error(s) Windows Batch Script Batch scripts can only be run on Windows nodes.(다음 에러로 인한 실패: 윈도우 배치 스크립트. 배치 스크립트는 윈도우 노드에서만 실행 가능)이라는 내용이 나타난다. 그림 2-22가 이를 보여주고 있다.

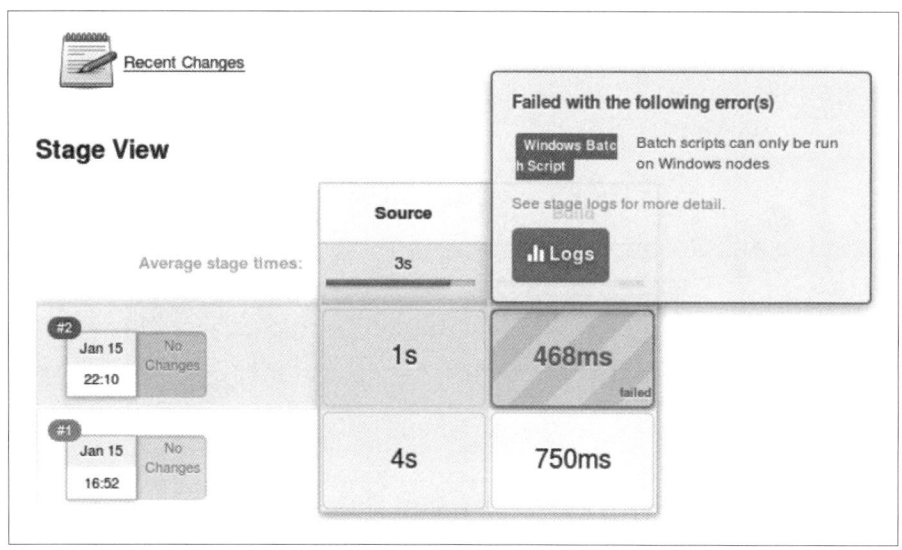

그림 2-22 특정 스테이지 에러 확인

젠킨스는 팝업에 실패한 이유를 나타낸다. Logs 버튼을 클릭해 로그를 확인할 수도 있지만, 이 경우에는 더 많은 정보를 얻을 수는 없다. 첫 번째 실행 문장이 에러를 발생했기 때문에 추가 로그가 없다.

지금까지 젠킨스 2를 간략히 소개하고 파이프라인을 작성할 때 알아야 할 기본 기능을 알아봤다. 하지만 파이프라인 코드를 변경하지 않고 여러 시도를 할 수 있게 해주는 기능이 더 있다. 바로 리플레이다.

리플레이

파이프라인을 작성하는 것은 웹 폼을 작성하는 것보다 젠킨스와 더 밀접하게 연관되어 있다. 무언가 작업이 실패해 사용자가 코드를 변경하지 않고 간단한 변경을 적용해 다시 실행해보고 싶은 경우를 생각해보자. 혹은 프로토타입을 만들어서 커밋하기 전에 시험해보고 싶을 수도 있다. 젠킨스 2는 이러한 경우를 위해 리플레이Replay 기능을 제공한다. 리플레이는 실행

이후 코드를 수정할 수 있게 하여, 변경 사항을 적용시켜 다시 실행할 수 있게 한다. 새로운 빌드 결과는 보존되지만, 원래 코드는 변경되지 않고 유지된다.

이전 실패한 예시에서 이를 알아보자. sh이 올바른 스텝인 것을 깨달았지만, 코드를 변경하지 않고 시험해보고 싶다고 가정하자. 그림 2-23과 같이 먼저 Console Output으로 이동해 왼쪽 메뉴에서 Replay를 선택한다.

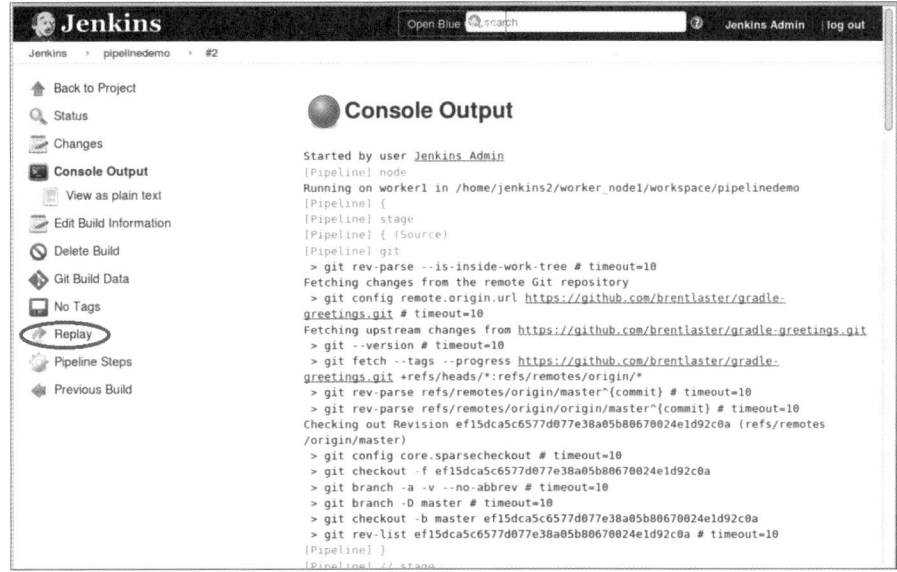

그림 2-23 리플레이 메뉴의 위치

이제 젠킨스가 파이프라인 탭의 파이프라인 프로젝트와 유사한 편집 창을 띄워줄 것이다(그림 2-24). 이 창에서 프로그램을 원하는 대로 변경한 후 Run을 선택해 해당 내용을 시험할 수 있다(여기서 bat을 sh로 변경한다).

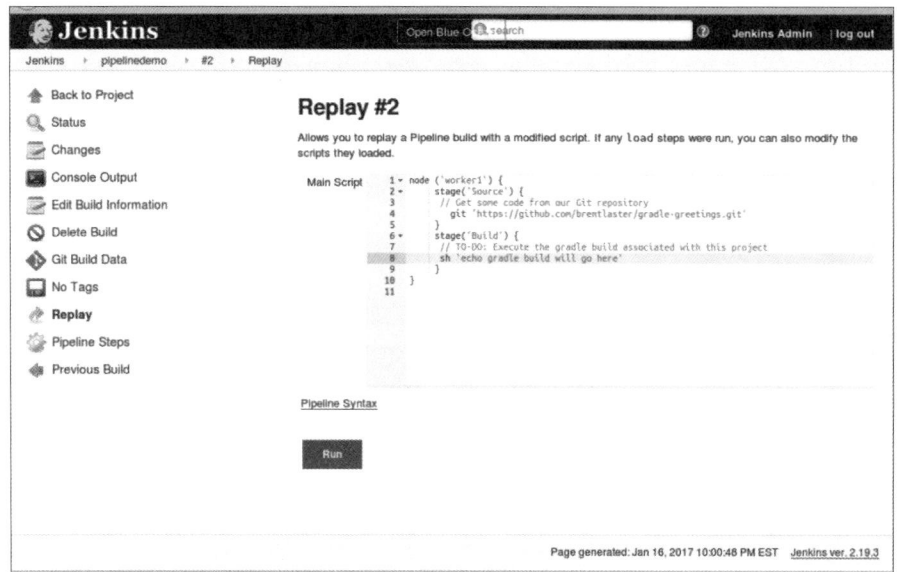

그림 2-24 실패한 실행에 대해 리플레이 시작

젠킨스는 리플레이 창에서 수정된 코드를 이용해 빌드를 실행한다. 이 경우 성공한 #3 실행 결과가 생성될 것이다(그림 2-25).

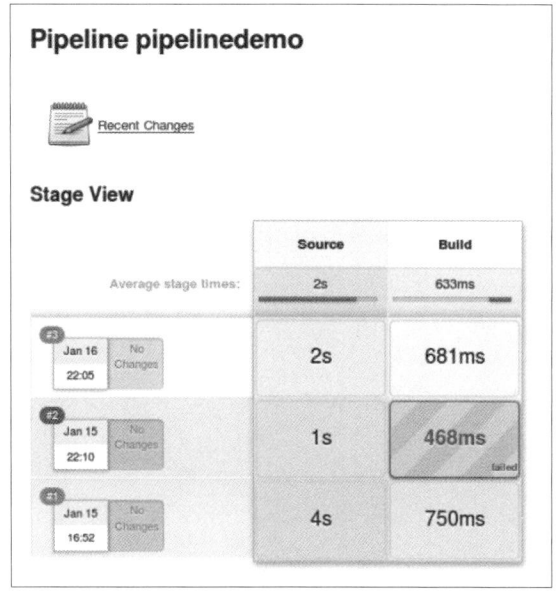

그림 2-25 성공적인 리플레이

하지만 왼쪽 메뉴에서 Configure을 눌러 Pipeline 탭의 코드를 보면 여전히 bat을 사용하는 것을 확인할 수 있다(그림 2-26). 리플레이 기능은 변경 시도를 허용하지만, 이 변경을 저장하려면 코드로 돌아가 수정 사항을 적용해야 한다.

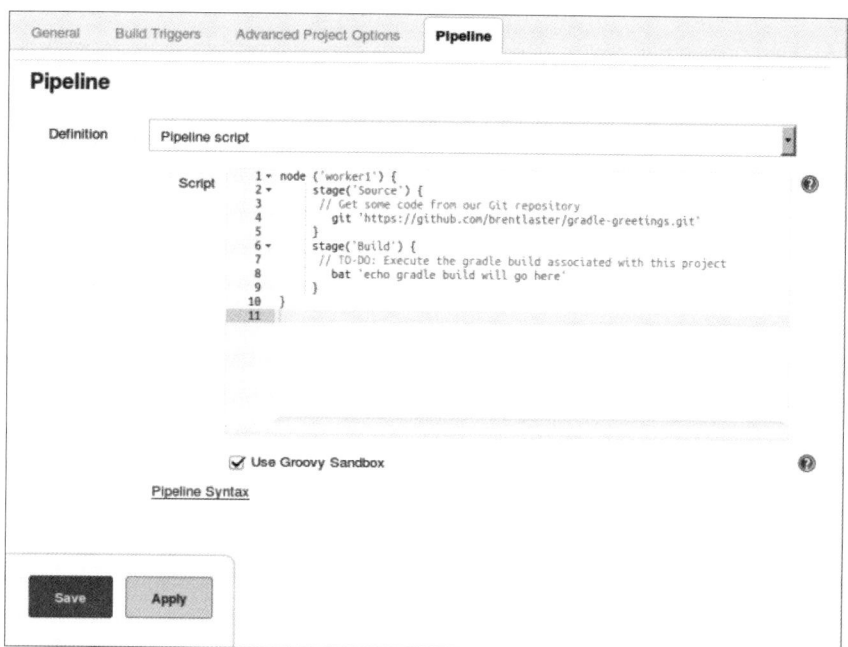

그림 2-26 기존 코드가 변경되지 않은 화면

커맨드라인을 이용한 리플레이

젠킨스는 CLI client JAR를 통해 커맨드라인 인터페이스(CLI)를 제공한다(더 많은 정보는 15장 참고). CLI에서 replay-pipeline 명령어를 사용 가능하다. 다음은 젠킨스 파일을 통해 리플레이를 사용하는 간단한 예시다.

```
java -jar ~/jenkins-cli.jar -s http://<jenkins-url>
    replay-pipeline "<Name>" < Jenkinsfile
```

 **리플레이와 소스 코드 버전**

이 책을 쓰는 시점에서, 파이프라인에서 직접 SCM 스텝을 사용한다면(예, git) 리플레이는 기존 실행을 다시 실행하더라도 항상 최신 소스 코드를 가져오게 된다. Jenkinsfile의 checkout scm 스텝을 사용하면(10장에서 다룬다) 리플레이는 해당 시점의 소스를 사용한다.

파이프라인 테스트 프레임워크

파이프라인을 사용하는 신규 혹은 숙련된 사용자가 주로 하는 질문은 파이프라인을 테스트하는 프레임워크의 존재 여부다. 2017년 초, 파이프라인의 단위 테스트 프레임워크 파이프라인 유닛$^{Pipeline\ Unit}$이 시작됐다. 2017년 가을 기준 해당 프로젝트는 젠킨스와 공식적으로 협업을 진행 중이다. 최신 코드와 문서는 깃허브(http://bit.ly/2HCTCg3)에서 찾을 수 있다.

프로젝트 설명에 따르면 "이 테스트 프레임워크는 파이프라인의 목^{mock} 실행을 제공해 파이프라인의 설정과 조건 로직의 단위 테스트 코드를 작성하게 해준다. 젠킨스 내장 명령어와 잡 설정을 흉내낼 수 있고 전체 실행에 대한 스택트레이스^{stacktrace}와 리그레션^{regressions} 추적을 제공한다."

문서에 나와 있는 예시에 공유 라이브러리를 포함해 파이프라인의 기능을 어떻게 테스트하는지 나와 있다. 기본 실행 원리는 파이프라인 유닛 클래스를 그레이들이나 메이븐 프로젝트로 불러와 제이유닛^{JUnit}과 유사한 방식으로 실행하는 것이다. 기본 테스트 기능은 콜스택을 출력하여 리그레션을 확인할 수 있는 것을 포함한다.

이는 상당히 기대되는 프로젝트다. 하지만 아직 사용하기에 직관적이지 않은데, 이는 실행될 수 있는 외부 루틴을 흉내내기 위해 파이프라인을 감싸는 추가 코드를 작성해야 하기 때문이다. 또한 대부분의 파이프라인 스텝을 흉내내려면 특정한 매핑 코드가 필요하다.

> 현재 상태로 봤을 때 이 프레임워크는 일반 사용자가 사용하기에 쉽지 않고 크게 달라질 것 같지 않기에 이 책에서 자세히 다루지는 않을 예정이다. 게다가 소유권이 젠킨스 커뮤니티로 넘어갔기에, 앞으로 이 프로젝트가 사용성과 기능이 발전해 파이프라인 관리자들에게 좀 더 도움이 됐으면 한다.

요약

2장에서는 젠킨스 2를 이용해 작업하는 데 필요한 기본 개념을 알아봤다. 개념적인 측면부터 두 가지 문법 모델의 차이점을 알아봤고, 파이프라인이 실행될 수 있는 두 시스템의 차이점을 분류했으며, 스크립트 방식의 파이프라인에서 사용되는 코드의 구조를 알아보고 젠킨스가 파이프라인 개발자에게 제공하는 도구와 환경을 알아봤다.

이런 정보는 독자가 책의 나머지 부분을 살펴보고 실제 작업을 하는 데 중요한 기초가 될 것이다. 다음 장부터는 독자가 이 장의 내용을 알고 있다고 가정하고 좀 더 심도 있는 내용을 다룬다. 젠킨스 2를 사용하고 pipelines-as-code를 작성하는 동안 언제든지 이 장으로 돌아와도 괜찮다.

3장에서는 파이프라인 간의 실행 흐름을 이해하기 위해 파이프라인 구조를 알아보고 이를 관리하는 방법을 살펴본다.

3장
파이프라인 실행 흐름

전통적인 젠킨스의 웹 기반 인터페이스와 프리스타일 잡과 같은 아이템을 다룰 때에는 전체 프로세스의 흐름을 제어하는 데 한계가 있다. 지금까지는 대체로 여러 잡을 묶어 하나의 잡이 완료됐을 때 다른 잡을 실행시키는 방식으로 이뤄졌다. 혹은 빌드 후처리 과정을 추가해 잡 실행의 성공과 실패에 상관없이 알림을 보내는 방식으로 구성되기도 했다.

이런 기본 기능 외에도 Conditional BuildStep 플러그인(http://bit.ly/2Hc46zp)을 추가해 좀 더 복잡한 조건으로 빌드 스텝의 흐름을 제어할 수 있었다. 하지만 일반적인 프로그램을 작성할 때와 비교하면 이 방식도 여전히 제한적이었다.

3장에서는 파이프라인의 실행 흐름을 제어하기 위해 젠킨스 파이프라인 DSL에서 제공되는 다양한 명령어를 알아본다. 먼저 잡을 실행시키는 속성과 이를 사용하는 방법을 살펴본다.

그 후 타임아웃과 재시도, 분산 빌드의 수행 방법을 알아볼 것이다. 또한 조건부 빌드 스텝 기능에 대응되는 명령어를 살펴본다.

마지막으로, 전통적 젠킨스 잡의 빌드 후처리와 같은 역할을 할 파이프라인 명령어를 알아볼 것이다. 이 과정에서 스크립트 방식과 서술적 방식의 파이프라인의 차이점도 살펴본다.

자, 이제 잡을 실행시키기 위한 속성부터 알아보자.

잡 트리거

파이프라인 코드에서 잡을 트리거하는 이벤트를 지정하기 위한 세 가지 방법이 있다.

- 파이프라인 잡을 젠킨스 앱에서 작성한다면, 전통적인 방식인 웹 화면의 General(일반) 설정 영역에서 지정할 수 있다.
- 스크립트 방식 파이프라인을 작성한다면, 속성 블록(주로 파이프라인 시작 이전)을 이용해 이를 정의할 수 있다(이 속성 영역은 우선권을 갖는 웹 속성을 포함해 모든 속성과 추후 통합된다).
- 서술적 파이프라인을 작성한다면 `trigger` 명령어를 통해 따른 파이프라인을 트리거할 수 있다.

전통적 인터페이스와 스크립트 방식, 서술적 방식에서 트리거의 옵션을 간략히 알아보자.

특별한 프로젝트를 위한 다른 방식의 트리거

여기서 언급한 트리거는 멀티브랜치 파이프라인과 깃허브 조직 저장소, 빗버킷 팀/프로젝트 잡에는 적용되지 않는다. 이러한 종류의 잡에는 Jenkinsfile이 있고 젠킨스에 변경 사항 발생을 알려주는 웹훅 등의 방식으로 잡의 실행이 정의된다.

8장에서 이러한 종류의 프로젝트를 자세히 다룬다.

위에서 말한 각 방식의 빌드 트리거에 대해 자세히 알아보자.

프로젝트 완료 후 빌드시키기

이름에서 유추할 수 있듯, 이 옵션을 선택하면 하나 혹은 그 이상의 프로젝트를 빌드한 후 다른 프로젝트를 시작시킬 수 있다. 여기에서 빌드 실행 결과를 선택 가능하다(안정, 불안정 혹은 실패).

스크립트 방식의 파이프라인의 경우 Job1이라는 잡이 성공한 이후 파이프라인을 실행하는 문법은 다음과 같다.

```
properties([
    pipelineTriggers([
        upstream(
            threshold: hudson.model.Result.SUCCESS,
            upstreamProjects: 'Job1'
        )
    ])
])
```

여러 잡을 나열해야 하는 경우에는 쉼표를 이용한다. 잡의 브랜치를 명시해야 하는 경우에는(멀티브랜치 잡이 여기에 해당된다) 잡 명칭 다음에 슬래시를 추가하고 브랜치 명을 붙인다 ('Job1/master').

주기적 빌드

이 방식은 크론^{cron} 형태의 기능을 제공해 특정한 시간 간격으로 잡을 실행시킬 수 있게 도와준다. 이는 빌드의 한 가지 옵션이기는 하지만 빌드가 소스 코드의 변경 사항에 기반하는 지속적인 통합에는 적합하지 않다. 하지만 자원이 충돌하지 않도록 특정 시간 간격으로 잡을 실행하는 상황 등에 유용하게 사용할 수 있다(크론 문법 절의 H 기호에 대한 내용이 이것과 연관된다).

이제 스크립트 방식 파이프라인의 문법을 살펴보자. 이 경우 잡은 월요일부터 금요일, 매 오전 9시에 실행된다.

```
properties([pipelineTriggers([cron('0 9 * * 1-5')])])
```

다음은 서술적 파이프라인의 예시다.

```
triggers { cron(0 9 * * 1-5)
```

위 예시는 모두 다음 절에서 다룰 젠킨스 크론 문법을 활용한다(서술적 방식의 예시를 사용할 것이다).

크론 문법

젠킨스에서 사용되는 크론 문법은 스페이스로 구분된 다섯 가지 속성에 따라 언제 작업을 실행할지 결정하는 방식이다. 각각의 속성은 다른 단위의 시간을 나타낸다.

MINUTES

한 시간 내의 분을 의미한다(0-59).

HOURS

하루 내의 시를 의미한다(0-23).

DAYMONTH

한 달 내의 일을 의미한다(1-31).

MONTH

일 년 내의 월을 의미한다(1-12).

DAYWEEK

일주일 내의 요일을 의미한다(0-7). 0과 7은 일요일을 의미한다.

또한 */<value> 문법을 사용해 '매 <value>'를 나타낼 수 있다(*/5는 매 5분을 의미한다).

추가로 H 기호를 모든 속성에 사용 가능하다. H 기호는 젠킨스에서 특별한 의미가 있다. H 기호는 젠킨스가 특정 범위 안에서 프로젝트 이름을 해시 값으로 사용해 특정한 값을 뽑아내게 한다. 이 후 이 값을 범위의 가장 낮은 값에 더해 실제로 어떤 시점에 잡이 실행되는지 결정하게 된다.

H 기호를 사용하는 이유는 같은 크론 값을 갖는 프로젝트가 같은 시간에 시작되지 않게 하기 위해서다. 해시 값에서 추출된 차이가 같은 크론 설정을 가진 프로젝트들이 동시에 실행되는 것을 막아준다.

H 기호를 사용해 동시에 프로젝트가 실행되는 것을 막는 방법을 권장한다. 여기서 해당 값은 프로젝트 명의 해시 값으로, 프로젝트별로는 값이 다르지만 같은 프로젝트 내에서는 쭉 같은 값으로 유지되는 것에 주목하자.

또한 H 기호에는 범위가 추가돼 값이 해당 범위 안에서 결정되게 설정도 가능하다. 심화 크론 문법에서 더 자세한 내용을 다룬다.

좀 더 확실히 이해하기 위해 다음 예시를 살펴보자.

```
// 매시 15분마다 파이프라인 실행
triggers { cron(15 * * * *) }

// 20분 간격으로 SCM 변경 추적
triggers { pollSCM(*/20 * * * *) }

// 매시 0-30분 사이에 파이프라인 실행
triggers { cron(H(0,30) * * * *) }

// 월요일-금요일 오전 9시마다 파이프라인 실행
triggers { cron(0 9 * * 1-5) }
```

 **심화 크론 문법**

젠킨스에서 주기적으로 잡을 실행시키려면 다음과 같은 심화 크론 문법이 도움이 된다.

H 기호는 영역과 함께 사용 가능하다. 예를 들어, H H(0-7) * * * 은 자정부터 오전 7시 59분 사이의 특정 시간을 의미한다. 해당 영역을 H 기호와 함께 쓸 수도 있고, H 기호만 사용하는 것도 가능하다.

H 기호는 특정 범위의 랜덤 값이라고 생각하면 되지만, 실제로 잡 명칭을 해시 값으로 이용하기 때문에 해당 프로젝트에서 같은 값으로 유지된다.

크론 문법의 세 번째 속성인 DAYMONTH에서 */3이나 H/3과 같은 표현은 월 말에 가까워질수록 부정확해 지는데, 이는 월별로 날짜의 차이가 있기 때문이다. 예를 들어, */3은 날수가 긴 월의 경우 1일, 4일, …, 31일에 수행되고 다음달 1일에 다시 수행된다. 해시 값은 언제나 1-28의 범위에서 선택되기에, H/3은 잡이 실행되는 간격을 월말에는 3에서 6일 사이로 만든다(긴 달의 경우에도 일정하지 않은 결과를 만들지만 상대적으로 영향이 적다).

아무것도 적히지 않은 라인이나 #로 시작하는 라인은 주석으로 인식된다.

추가로 @yearly와 @annually, @monthly, @weekly, @daily, @midnight, @hourly도 사용 가능하다. 이 기호는 오토 밸런싱을 위해 해시 시스템을 사용한다. 예를 들어, @hourly는 H * * * * 와 같고, 매 시의 특정 시간을 의미한다. @midnight은 자정과 오전 2:59분 사이의 어떤 시점을 의미한다.

다음 예시를 살펴보자.

```
# 매 15분(예를 들어, :07, :22, :37, :52)
H/15 * * * *

# 매 시간 앞 30분 동안 10분 간격으로 세 번(예를 들어, :04, :14, :24)
H(0-29)/10 * * * *

# 월요일부터 금요일, 오전 9시 45분에 시작하고 오후 3시 45분까지 두 시간마다
45 9-16/2 * * 1-5

# 월요일부터 금요일, 오전 9시부터 오후 5시 사이에 두 시간 간격
# (예: 오전 10:38, 오후 12:38, 오후 2:38, 오후 4:38)
H H(9-16)/2 * * 1-5

# 12월을 제외하고 매 월 1일과 15일
H H 1,15 1-11 *
```

깃 소스 코드 저장소 변경 사항 업데이트를 위한 깃허브 훅

깃허브를 사용하게 설정된 젠킨스 프로젝트는 푸시^{push} 훅^{hook}을 설정해 젠킨스 프로젝트 빌드를 트리거할 수 있다. 이를 설정하면 저장소에 새롭게 푸시된 내용이 생기면 젠킨스 빌드가 시작돼 젠킨스의 SCM 변경 사항 내려받기 기능을 시작시킨다. 따라서 SCM 내려받기 설정이 이 기능을 위해 설정돼야 한다.

이를 위한 대부분의 초기 작업은 훅을 위한 설정과 젠킨스 프로젝트의 소스 코드 관련 설정이다. 자세한 내용은 젠킨스 위키에서 확인할 수 있다. 스크립트 방식의 파이프라인에서 설정하는 문법은 다음과 같다.

```
properties([pipelineTriggers([githubPush()])])
```

현재 서술적 파이프라인을 위한 문법은 존재하지 않는다.

SCM 내려받기

SCM 내려받기 기능은 소스 코드 관리 저장소에 변경 사항이 있는지 주기적으로 체크하는 기능이다. 변경 사항이 발견되면 잡이 변경 사항에 관련된 작업을 수행한다. SCM의 종류와 내용의 양, 빈도에 따라 많은 시스템 자원을 소모할 수 있다.

이를 위해서 크론 문법에서 사용된 것과 같은 방법을 사용한다.

스크립트 방식의 파이프라인의 예시는 다음과 같다(매 30분 변경 사항 업데이트).

```
properties([pipelineTriggers([pollSCM('*/30 * * * *')])])
```

같은 내용을 서술적 파이프라인으로 작성한 것이다.

```
triggers { pollSCM(*/30 * * * *) }
```

대기 시간

이 값을 이용해 빌드가 트리거되는 시기(변경 사항이 감지되는 시기)와 실제 젠킨스가 이를 실행하는 시기 사이의 '대기 시간Quiet Period'을 정할 수 있다. 이는 같은 시간에 시작되는 잡을 지연시키는 상황에서 유용하다. 값이 입력되지 않으면 전역 설정 값이 사용된다.

파이프라인의 빌드 스텝에 `quietPeriod` 설정이 있지만, 이를 수행하는 직접적인 파이프라인 스텝은 존재하지 않는다. 해당 기능이 필요하다면 Throttle Concurrent Builds 플러그인(http://bit.ly/2Hf0pJs)의 `throttle( )` 스텝을 이용해 유사한 기능을 만들 수 있다.

원격에서 빌드 트리거

이는 젠킨스 시스템에 있는 잡의 특정 URL에 접근하여 빌드를 트리거하는 기능이다. 훅이나 스크립트를 이용해 빌드를 트리거할 때 유용하게 사용할 수 있다. 여기서 인증된 토큰이 필요하다. 예시는 이 장의 후반부의 URL과 조각을 참조하자.

Pipelines-as-code 관점에서 멀티브랜치 파이프라인이 Jenkinsfile의 변경에 의해 실행될 수 있다. 자세한 내용은 8장을 참고하자.

빌드가 트리거되면 파이프라인의 특정 스테이지에서 인증이나 로직을 결정하는 데 입력값이 필요할 수 있다. 파이프라인에서 해당 입력값을 수집하는 방법을 알아보자.

사용자 입력값

젠킨스 잡의 주요한 기능 중 하나는 사용자 입력값에 따라 동작을 달리하는 것이다. 젠킨스에서는 다양한 종류의 값을 수집하기 위해 다양한 변수를 제공한다. 또한 젠킨스 파이프라인도 이를 지원한다.

DSL 스텝이 input이 사용자 입력값을 파이프라인으로 전달하는 방식이다. 이 스텝은 스크립트 방식의 파이프라인에서 일반적인 젠킨스 잡에서 사용하는 것과 같은 종류의 매개 변수를 사용한다. 서술적 파이프라인에서는 parameter 명령어가 있어 같은 내용을 지원한다.

이제 파이프라인에서 사용되는 스텝과 매개 변수를 살펴보자.

입력값

이름에서 알 수 있듯이 input 스텝을 통해 사용자의 입력을 기다릴 수 있다. 다음은 예시다.

```
input 'Continue to next stage?'
```

input 스텝은 추가 정보를 위해 필수적이지 않은 매개 변수를 입력받을 수 있다. 젠킨스 애플리케이션에서 기본 폼은 사용자에게 Proceed(진행) 혹은 Abort(취소) 선택권을 주는 메시지를 출력한다. GUI 스테이지 화면에서는 그림 3-1과 같이 생긴 팝업이 나타난다. 콘솔 결과에서는 실행과 중단을 위한 링크가 나타난다(그림 3-2).

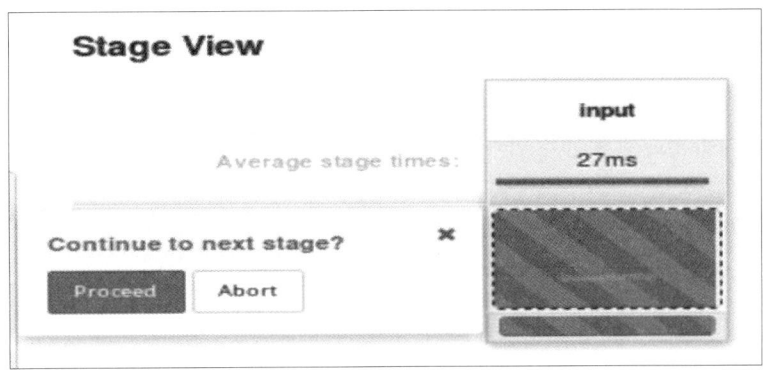

그림 3-1 입력값을 위한 GUI 팝업

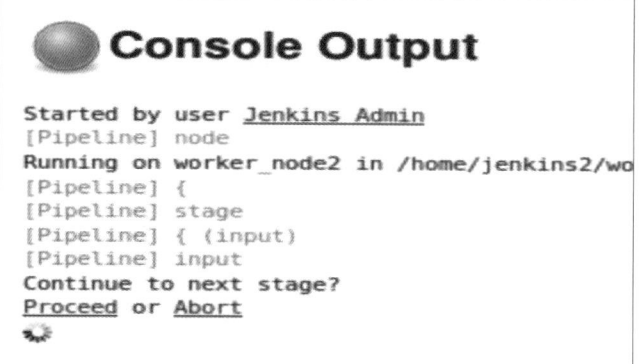

그림 3-2 입력값을 위한 콘솔 결과

Proceed를 선택하면 파이프라인은 계속 실행된다. Abort를 선택하면 해당 시점에서 파이프라인을 중단하고, 상태는 'aborted(중단됨)'가 된다.

여기서 시스템이 input 스텝을 실행하면 해당 노드에서 작업이 중단되는 것이 매우 중요하다. 이는 다음 주의에서 설명된 것처럼 시스템 자원의 독점으로 이어질 수 있다.

input 스텝과 엑시큐터

이 책의 초반에 설명한 것처럼 엑시큐터는 코드를 실행하기 위한 노드 내의 영역이다. input 스텝을 node 블록 안에서 실행하면 해당 노드의 엑시큐터를 input 스텝이 끝날 때까지 묶게 된다.

input 스텝은 다음과 같은 매개 변수를 가질 수 있다.

메시지(message)

이전 예시에서 나온 것처럼 사용자에게 표시할 내용이다. input ''을 통해 빈 값을 나타낼 수도 있다.

커스텀 ID(id)

input 스텝을 자동화거나 외부의 프로세스에서 찾는 ID이다. REST API 콜에 반응할 때와 같은 상황에 사용 가능하다. 지정하지 않으면 유일한 값이 생성된다.

예를 들어, **ctns-promt**(Continue to next stage 프롬프트를 의미)와 같이 ID를 만들 수 있다. input 스텝은 다음과 같다.

```
input id: 'ctns-prompt', message: 'Continue to the next stage?'
```

이제 잡을 실행할 때 이 URL에 POST 콜을 사용할 수 있다. 젠킨스에게 이를 입력값 없이 실행하게 하는 URL은 다음과 같다.

```
http://[jenkins-base-url]/job/[job_name]/[build_id]/input/Ctns-prompt/proceedEmpty
```

다음은 멈추는 URL이다(여기서 매개 변수의 이름의 첫 글자가 대문자인 것에 주목하자).

```
http://[jenkins-base-url]/job/[job_name]/[build_id]/input/Ctns-prompt/abort
```

URL과 조각(Crumb)

젠킨스가 보안 설정을 통해 사이트 간 요청 위조(CSRF, Cross-Site Request Forgery)를 막도록 설정됐다면(이를 설정하기를 강력히 권장한다), POST에 사용되는 URL에는 CSRF 보안 토큰이 필요하다.

이를 위한 한 가지 방법은 토큰을 얻기 위한 환경 변수를 지정하는 것이다.

```
CSRF_TOKEN=
$(curl -s 'http://<username>:<password or token>@
<jenkins base url>/crumbIssuer/api/xml?xpath=concat(//
crumbRequestField,":",//crumb)')
```

환경 변수를 설정한 후 살펴보면 다음과 같은 것을 확인할 수 있다.

```
$ echo $CSRF_TOKEN
Jenkins-Crumb:0cd0babef95a70d0836c3f3e5bc4eea8
```

이후 해당 토큰을 POST 콜에 포함할 수 있다. 다음은 curl의 예시다.

```
$ curl --user <userid>:<password or token>
 -H "$CSRF_TOKEN" -X POST
 -s <jenkins base url>/job/<job name>/<build number>/input/
 <input parameter with 1st letter capped>/proceedEmpty
```

토큰을 포함하지 않으면 403 에러가 나타날 것이다.

OK 버튼 내용(ok)

Proceed 대신 사용할 수 있는 레이블이다.

```
input message: '<message text>', ok: 'Yes'
```

인증된 제출자(submitter)

쉼표로 구분된 사용자 아이디 혹은 그룹 이름 목록으로, 인증된 제출자를 정할 때 사용한다.

```
input message: '<message text>', submitter: 'user1,user2'
```

인증된 제출자 주의 사항

인증된 제출자 옵션을 사용할 때 주의해야 할 사항이 두 가지가 있다.

- 사용자나 그룹을 구분할 때 스페이스가 아닌 공백을 사용해야 한다.
- 목록에 있지 않은 사용자도 input 스텝을 중지할 수 있다.

인증된 제출자를 저장하기 위한 변수(submitterParameter)

해당 스텝을 승인한 제출자 정보를 저장하기 위해 사용되는 변수다. 이를 사용하기 위해서는 input 스텝의 response를 저장하기 위한 변수를 지정해야 한다. 다른 매개 변수가 지정되지 않으면(하단 참조) submitterParameter 변수에 지정된 이름은 의미를 잃는다.

response 변수에 접근하는 것으로 바로 내용에 접근할 수 있다.

```
def resp = input id: 'ctns-prompt', message:
    'Continue to the next stage?', submitterParameter: 'approver'
echo "Answered by ${resp}"
```

다른 매개 변수도 있다면 submitterParameter의 이름을 지정해야 이에 접근 가능하다.

```
def resp = input id: 'ctns-prompt', message:'Continue to the next stage?',
    parameters: [string(defaultValue: '', description: '', name: 'para1')],
    submitterParameter: 'approver'
echo "Answered by " + resp['approver']
```

전통적인 젠킨스 매개 변수 타입

다음 절에서 자세히 다룬다.

매개 변수

input 문장에서 일반적인 젠킨스 매개 변수를 사용자가 원하는 만큼 추가할 수 있다. 이전에 젠킨스를 사용해봤다면 대부분은 익숙할 것이다. 다음 절은 간단히 각각을 소개하고 이를 어떻게 사용하는 지에 대한 예시를 알아볼 것이다.

매개 변수의 종류에 따라 다른 '하위 매개 변수'도 설명할 것이다. 하위 매개 변수의 목적이 이름에서 명확히 유추된다면(예: 이름, 기본값, 설명) 이것은 추가 설명 없이 명칭만 나열할 것이다.

Boolean

true/false를 위한 기본 매개 변수다. 하위 매개 변수는 이름(Name), 기본값(Default Value), 설명(Description)이다.

예시는 다음과 같다.

```
def answer = input message: '<message>',
  parameters: [booleanParam(defaultValue: true,
  description: 'Prerelease setting', name: 'prerelease')]
```

이 결과는 java.lang.boolean을 반환한다.

그림 3-3은 스테이지 화면에서 이것이 표현되는 예시다.

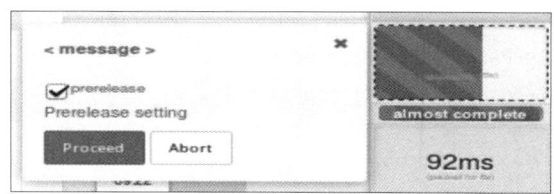

그림 3-3 Boolean 매개 변수의 콘솔 입력

콘솔 결과에서는 간단하게 'Input 요청' 링크가 나타나고, 이를 클릭하면 그림 3-4로 이어진다.

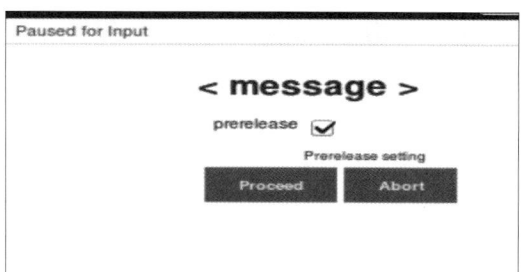

그림 3-4 콘솔에서 매개 변수 input 이후 이어지는 화면

Choice

이 매개 변수는 사용자가 목록에서 선택하게 한다. 하위 매개 변수는 이름, 선택지(Choices), 설명이다. 여기서 Choices란 사용자에게 보여줄 선택지의 목록이다. 목록의 첫 번째가 기본 값이 된다.

이에 대한 예시는 다음과 같다.

```
def choice = input message: '<message>',
  parameters: [choice(choices: "choice1\nchoice2\nchoice3\nchoice4\n",
  description: 'Choose an option', name: 'Options')]
```

여기서 각각의 선택지가 라인 브레이커(\n)로 나뉜 것에 주목하자. 같은 목적을 위한 다른 방법도 있지만, 이 방법이 가장 간단하다.

Choice 매개 변수에 대해 잘못된 코드를 생성하는 스니펫 생성기

젠킨스 2.112 이전의 버전에서는 스니펫 생성기가 Choice 매개 변수에 대해서 잘못된 코드를 생성한다. 문법의 예시는 다음과 같다.

```
input message: '<message>',
    parameters: [choice(choices: ['choice1', 'choice2',
    'choice3', 'choice4'],
    description: 'Choose an option', name: 'Options')]
```

결과적으로 java.lang.illegalArgumentException이 나타난다. 이를 발견하면 젠킨스 버전을 업그레이드하거나 위에서 제시된 예시를 사용하면 된다.

파이프라인을 실행하고 프롬프트를 보는 것은 Boolean 예시와 비슷하다. 스테이지 뷰에서 체크박스에 선택지가 드롭다운 목록으로 표시되는 팝업이 나타날 것이다.

콘솔 결과에서는 'Input 요청' 링크가 나타나 선택지를 고를 수 있는 화면으로 이동한다.

Credentials

이 매개 변수는 사용할 인증 종류를 선택할 수 있게 한다. 하위 매개 변수는 이름과 인증 종류(Credential Type), 필수 여부(Required), 기본값, 설명이 있다.

인증 종류에는 Any(인증 없음), Username with password(사용자명과 암호), Docker Host Certificate Authentication(도커 호스트 인증서를 이용한 인증), SSH Username with private key(SSH 사용자명과 개인키), Secret file(암호 파일), Secret text(암호 문자열), Certificate(인증서)이 있다.

필수 여부가 명시되면 사용자가 인증 영역을 꼭 작성해야 한다(빈 값으로 둘 수 없다). 이것이 빌드에서 해당 인증을 이용할 수 있다거나 인증이 통과될 것이라는 의미는 아니다. 단지 인증 종류의 선택이 필수라는 뜻이다.

기본값은 인증 종류에서 기본으로 쓸 값으로 젠킨스에서 정의된 목록에서 고를 수 있다.

SSH 키 인증의 예시는 다음과 같다.

```
def creds = input message: '<message>',
 parameters: [[$class: 'CredentialsParameterDefinition', credentialType:
  'com.cloudbees.jenkins.plugins.sshcredentials.impl.BasicSSHUserPrivateKey',
  defaultValue: 'jenkins2-ssh', description: 'SSH key for access',
  name: 'SSH', required: true]]
  echo creds
```

이 결과 선택된 인증의 ID가 출력될 것이다.

username and password(사용자명과 암호)의 예시는 다음과 같다.

```
def creds = input message: '', parameters: [[$class:
    'CredentialsParameterDefinition', credentialType:
    'com.cloudbees.plugins.credentials.impl.UsernamePasswordCredentialsImpl',
    defaultValue: '', description: 'Enter username and password',
    name: 'User And Pass', required: true]]
```

여기에서 사용자 이름과 비밀번호를 입력하는 창이 나타나지 않는다는 것에 주목하자. 대신 기존의 인증이나 새로운 인증 선택 화면이 나타난다. 스테이지 뷰에서 그림 3-5와 같이 나타난다.

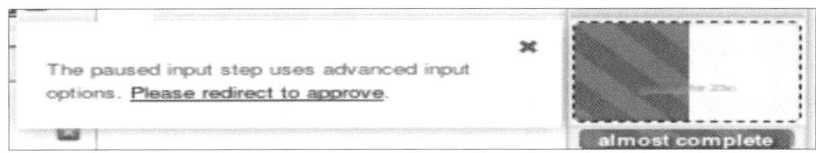

그림 3-5 스테이지 뷰의 인증 input 프롬프트

Please redirect to approve 링크를 클릭하면 인증을 선택하는 프롬프트로 이동한다(그림 3-6). 콘솔에서 나타나는 프롬프트는 이전과 같다.

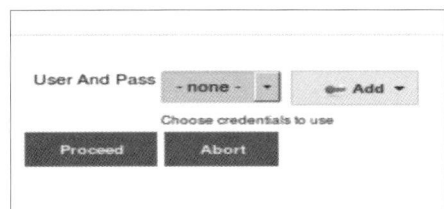

그림 3-6 인증 프롬프트

File

file 매개 변수는 파이프라인에서 사용할 파일을 선택하게 한다. 하위 매개 변수는 파일 위치$^{File\ Location}$와 설명이 있다. 문법은 다음과 같다.

```
def selectedFile = input message: '<message>',
  parameters: [file(description: 'Choose file to upload', name: 'local')]
```

이 결과 반환되는 아이템은 hudson.FilePath 객체다. FilePath와 관련된 함수들 중 일부는 기본적으로 젠킨스 스크립트를 통해 사용할 수 없게 되어 있거나, 5장에서 설명할 관리자를 통해 승인하는 과정을 거쳐야 한다.

고장난 해당 매개 변수의 사용

File Location 변수는 선택하고 업로드할 파일을 워크스페이스의 어느 위치에 놓을 것인지 지정하는 용도로 존재한다. 하지만 이 책을 쓰는 시점에서 File 매개 변수를 통해 파일을 선택해도 이는 어느 곳에도 저장되지 않는다. 이 문제가 고쳐졌는지 최신 젠킨스 문서를 확인하자.

인터페이스는 이전에 설명한 것과 거의 동일하고, 파일을 찾을 수 있는 검색(Browse) 버튼이 존재하는 것만 다르다.

List Subversion tags

이 매개 변수는 빌드를 수행할 때 사용할 서브버전 태그를 명시하는 데 사용된다. 하위 매개 변수는 이름, 저장소 URL^{Repository URL}, 인증, 태그 필터^{Tag Filter}, 기본값, 보여줄 태그의 최대 개수, 최신 혹은 알파벳순 정렬이 있다.

저장소 URL은 보여주기를 원하는 태그가 있는 서브버전 저장소의 URL이다. 태그가 없고 하위 폴더가 있다면 이에 접근할 수 있는 화면이 나타난다.

젠킨스는 저장소에 접근할 수 있는지 확인한 후 필요시 인증 프롬프트를 띄우게 된다.

인증 하위 매개 변수는 필요시 저장소에 접근할 수 있는 인증 정보를 포함한다(자세한 내용은 5장을 참고).

태그 필터는 보여줄 태그를 선택하는 정규 표현식이다.

기본값은 SVN 변경 사항을 자동으로 내려받는 기능을 사용할 때만 사용된다.

다음은 예시다.

```
def tag = input message: '<message>',
  parameters: [[$class: 'ListSubversionTagsParameterDefinition',
  credentialsId: 'jenkins2-ssh', defaultValue: '', maxTags: '',
  name: 'LocalSVN', reverseByDate: false, reverseByName: false,
  tagsDir: 'file:///svnrepos/gradle-demo', tagsFilter: 'rel_*']]
```

이 인터페이스는 file이나 Credentials 매개 변수와 유사하게 동작하지만, 파일 선택 화면이 나타나는 이 두 개와 달리 태그의 목록을 선택하는 드롭다운이 나타난다.

다중 라인 문자열

이 매개 변수는 사용자가 여러 라인의 문자를 입력하게 해준다. 하위 매개 변수는 이름과 기본값, 설명이 있다.

다음은 예시다.

```
def lines = input message: '<message>',
 parameters: [text(defaultValue: '''line 1
line 2
line 3''', description: '', name: 'Input Lines')]
```

여기에서 각 명령어가 새 라인에서 시작하는 것에 주목하자. 새로운 라인을 포함한 문자가 기본값에 입력됐기 때문이다. 이 메시지 앞뒤로 있는 세 개의 따옴표도 중요하다. 이는 그루비에서 다중 라인의 문자를 입력하기 위해 사용하는 표준이다.

예상할 수 있듯이 이를 실행하면 여러 라인을 입력할 수 있는 박스가 팝업으로 나타난다.

Password

이 매개 변수는 사용자가 비밀번호를 입력할 수 있게 해준다. 사용자가 비밀번호를 입력하는 동안 입력한 값은 알아볼 수 없게 표시된다. 사용 가능한 하위 매개 변수는 이름과 기본값, 설명이 있다.

다음은 예시다.

```
def pw = input message: '<message>',
 parameters: [password(defaultValue: '',
 description: 'Enter your password.', name: 'passwd')]
```

이를 실행하면 사용자는 입력하는 동안 암호로 표시되는 암호 입력 창을 보게 될 것이다.

Run

이 매개 변수는 사용자가 잡에서 특정 런run을 선택할 수 있게 해준다. 이는 테스트 환경에서 사용될 수 있다. 사용 가능한 하위 매개 변수는 이름과 프로젝트, 설명, 필터가 있다.

프로젝트 하위 매개 변수는 특정 런을 선택하기 위한 프로젝트다. 기본값은 가장 최신에 실행된 런이다.

필터 하위 매개 변수는 빌드의 상태에 따라 원하지 않는 런을 제외할 수 있게 해준다. 선택 가능한 것은 다음과 같다.

- 모든 빌드(진행 중인 것도 포함)
- 완료된 빌드
- 성공한 빌드(stable과 unstable 포함)
- Stable 빌드

다음은 예시다.

```
def selection = input message: '<message>',
  parameters: [run(description: 'Choose a run of the project', filter: 'ALL', name: 'RUN',
  projectName: 'pipe1')]
  echo "selection is ${selection}"
```

결과는 다음과 같이 나타난다.

```
selection is <project name> #<run number>
```

String

이 매개 변수는 사용자가 문자를 입력할 수 있게 한다(Password 매개 변수와는 다르게 값이 암호화되지 않는다). 하위 매개 변수에는 이름과 기본값, 설명이 있다.

다음은 예시다.

```
def resp = input message: '<message>', parameters: [string(defaultValue: '',
    description: 'Enter response', name: 'Response')]
```

이를 실행하면 사용자는 문자를 입력할 수 있는 화면을 보게 된다.

다중 입력 매개 변수의 반환 값

위에서 살펴본 모든 예시에서 우리는 하나의 매개 변수만 사용했다. 이 문법은 사용자가 입력한 것의 직접적인 반환 값을 돌려준다. Proceed나 Abort 옵션만 가지는 것처럼 매개 변수가 하나도 없다면 반환 값은 null이 된다. 다중 매개 변수를 입력하면 각 매개 변수의 반환 값을 매개 변수의 이름으로 추출할 수 있는 맵^{map}이 반환된다. 다음은 예시다.

파이프라인에 전통적인 로그인을 추가하고 싶은 상황을 생각해보자. 여기에서는 로그인 이름과 비밀번호 두 개의 매개 변수를 사용할 것이다. input 문장 두 개를 활용해 이를 구현한 후 반환된 맵에서 반환 값을 꺼낼 수 있다.

다음 예시는 input 문장을 다양한 방식으로 각각의 반환 값에 접근하는 출력 문장을 이용해 정의한 것이다(스니펫 생성기를 통해 input 문장을 만드는 것도 가능한 것을 잊지 말자).

```
def loginInfo = input message: 'Login',
    parameters: [string(defaultValue: '', description:
      'Enter Userid:', name: 'userid'),
      password(defaultValue: '',
      description: 'Enter Password:', name: 'passwd')]
    echo "Username = " + loginInfo['userid']
    echo "Password = ${loginInfo['passwd']}"
    echo loginInfo.userid + " " + loginInfo.passwd
```

매개 변수와 서술적 파이프라인

input 문장에서 로컬 변수를 만들어 반환 값을 담는 것은 서술적 모델에 적용되지 않기 때문에, 서술적 파이프라인에서 어떻게 input 문장을 사용하는지 궁금할 것이다. 여기에 몇 가지 방법이 있는데, 그 중 하나는 서술적 구조를 사용하고, 또 다른 방법은 임시방편이다.

parameters 섹션 이용

서술적 파이프라인 구조에서 매개 변수를 선언하는 섹션과 명령어가 있다. 이는 메인 파이프라인 클로저의 에이전트 블록에 있다. 그림 3-7은 이에 대한 예시다.

parameters 명령어의 사용은 7장의 서술적 파이프라인을 다루는 곳에서 자세히 설명할 예정이다. 여기에서는 간단히 문법의 예시만 언급할 것이다(321쪽 'parameters' 부분을 참고하자).

```
pipeline {
    agent any
    parameters {
        string(name: 'USERID', defaultValue: '',
         description: 'Enter your uscrid')
    }
    stages {
        stage('Login') {
            steps {
                echo "Active user is now ${params.USERID}"
            }
        }
    }
}
```

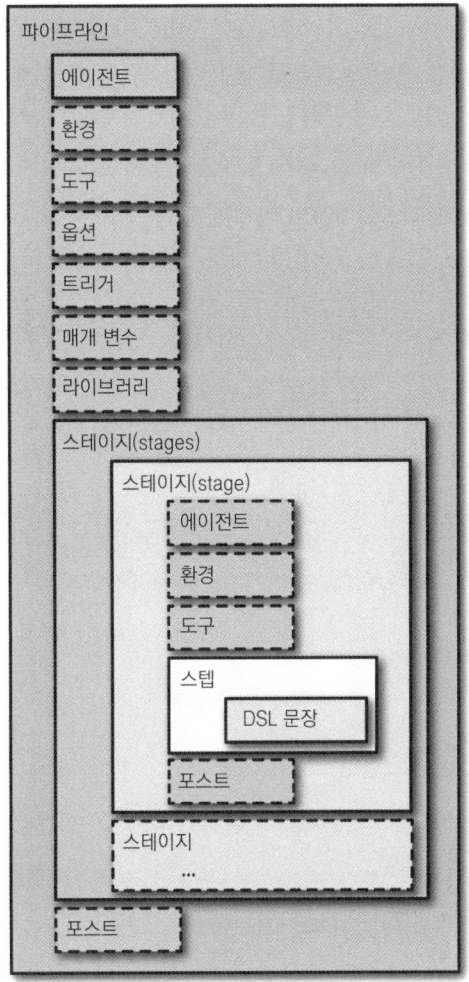

그림 3-7 서술적 파이프라인 구조

젠킨스 애플리케이션 자체에서 작업하고 있다면, 이와 같은 매개 변수를 생성하는 것은 해당 잡의 This build is parameterized 영역을 활성화시킨다.

이러한 방법은 서술적 파이프라인에 권장되는 방식이다.

매개 변수를 필요로 하는 빌드를 위한 젠킨스 활용

젠킨스 애플리케이션에서 잡을 생성했으면(Jenkinsfile을 사용하는 것과 달리), 매개 변수를 추가하는 다른 방법은 간단히 전통적인 방식을 활용해 매개 변수를 필요로 하는 잡을 생성하는 것이다. 이는 일반 설정 영역에서 This project is parameterized 체크박스를 선택하고 매개 변수를 일반적인 웹 인터페이스에서 입력하는 방식으로 가능하다(그림 3-8).

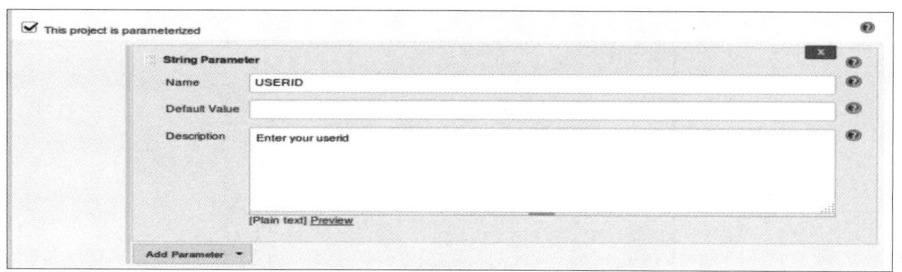

그림 3-8 젠킨스 잡에서 매개 변수를 생성하는 방법

그 이후 다음과 같이 코드를 작성하지 않고 간단히 params.<매개 변수 이름>을 통해 이를 참조할 수 있다.

```
pipeline {
    agent any
    stages {
        stage('Login') {
            steps {
                echo "Active user is now ${params.USERID}"
            }
        }
    }
}
```

약간 변형한 방식은 파이프라인 블록 전에 매개 변수를 프로퍼티로 정의하는 것이다. 이는 스크립트 방식과 서술적 방식의 파이프라인에서 모두 사용 가능하다. 다음은 예시다.

```
properties ([
    parameters ([
        string(defaultValue: '', description: '', name : 'USERID')
    ])
])
pipeline {
    agent any
    stages {
        stage('Login') {
            steps {
                echo "Active user is now ${params.USERID}"
            }
        }
    }
}
```

하지만 이는 젠킨스 애플리케이션의 영역 안에 있는 특정한 잡에서만 동작하기 때문에 상용 환경에서 사용하는 방법으로 권장되지 않는다. 또한 이는 젠킨스에서 해당 잡에 정의한 기존 설정 값을 덮어쓰게 된다.

따라서 이 방법은 특정한 경우에만 유용하게 사용되는 방식이다.

스크립트 블록 활용

서술적 파이프라인은 계속해서 기능이 확장되고 있기 때문에, 특정한 경우에 원하는 기능이 지원되지 않거나 구현하기 힘들 수 있다. 이러한 경우를 위해 서술적 문법은 스크립트 블록을 제공한다.

Script 블록은 사용자가 서술적이지 않은 방식의 문법을 사용할 수 있게 해준다. 서술적 방식에서 할 수 없는 변수 정의와 같은 게 여기에 포함된다. 이는 스크립트 블록에서 정의된 변수는 스크립트 블록 안에서만 참조 가능하다는 의미이기도 하다. 이를 참조하려 시도할 경우 젠킨스는 no such property 에러를 표시한다.

다음은 이를 고려한 예시다.

```
stage ('Input') {
    steps {
        script {
            def resp = input message: '<message>',
             parameters: [string(defaultValue: '',
             description: 'Enter response 1',
             name: 'RESPONSE1'), string(defaultValue: '',
             description: 'Enter response 2', name: 'RESPONSE2')]
            echo "${resp.RESPONSE1}"
        }
        echo "${resp.RESPONSE2}"
    }
}
```

여기서 서술적 파이프라인의 input 스텝의 일부로 선언된 두 개의 매개 변수가 있다. 첫 번째 echo는 변수 resp가 정의된 script 블록 안에 있기 때문에 변수에 입력된 값을 출력할 것이다.

하지만 두 번째 echo는 resp가 정의된 범위 밖에 있기 때문에 그루비 혹은 젠킨스가 에러를 표시할 것이다.

이러한 이유로 script 블록을 사용해야 한다면 해당 코드에 대한 접근을 최소화하는 방식이 권장된다. 하지만 script 블록 밖에서 변수에 접근해야 할 때 사용할 수 있는 임시방편이 있다. 환경 변수에 반환 값을 할당하고 이에 접근하는 방식이다.

이런 방식을 적용한 코드는 다음과 같다.

```
stage ('Input') {
    steps {
        script {
            env.RESP1 = input message: '<message>', parameters: [
```

```
                        string(defaultValue: '', description: 'Enter response 1',
                        name: 'RESPONSE1')]
                env.RESP2 = input message: '<message>', parameters: [
                        string(defaultValue: '', description: 'Enter response 2',
                        name: 'RESPONSE2')]
                echo "${env.RESP1}"
            }
            echo "${env.RESP2}"
        }
    }
```

여기에서는 input 스텝의 결과를 환경 변수 네임스페이스(env)에 저장했다. 이는 전체 환경에 대한 변수이기 때문에 파이프라인 어디서든 접근 가능하다.

여기서 하나의 input 문장을 두 개로 나눈 것에 주목하자. 결과적으로 환경 변수 RESP1과 RESP2가 해당하는 input 문장의 결과를 포함한다. 원한다면 다중 행 매개 변수를 사용해 이를 환경 변수에 저장할 수도 있다. 이러한 환경 변수의 모양은 다음과 같다.

```
<parameter_name>=<input_value>, <parameter_name>=<input_value>, …
```

이후 원하는 값을 위해 파싱하는 코드를 작성하면 된다.

외부 코드 활용

또 하나의 선택 가능한 방법은 원하는 스크립트(예: 입력값 호출)를 외부 공유 라이브러리나 외부 그루비 파일에 작성한 후 이를 불러와 실행하는 것이다. 예를 들어, 다음과 같이 vars/getuser.groovy 공유 라이브러리에 입력값을 처리하는 코드를 넣을 수 있다.

```
#!/usr/bin/env groovy

def call(String prompt1 = 'Please enter your data', String prompt2 = 'Please enter your data') {
```

```
        def resp = input message: '<message>', parameters: [string(defaultValue: '',
    description: prompt1, name: 'RESPONSE1'), string(defaultValue: '', description:
    prompt2, name: 'RESPONSE2')]
        echo "${resp.RESPONSE1}"
        echo "${resp.RESPONSE2}"
        // 입력값을 이용한 작업 수행
    }
```

라이브러리의 이름을 Utilities로 정했다면 다음과 같이 이를 임포트해 getUser 함수를 호출할 수 있다.

```
@Library('Utilities')_
pipeline {
    agent any
    stages {
        stage ('Input') {
            steps {
                getUser 'Enter response 1','Enter response 2'
            }
        }
    }
}
```

6장에서 공유 파이프라인 라이브러리를 생성하고 사용하는 것에 대해 자세히 다룬다.

서술적이지 않은 코드와 블루 오션

블루 오션을 통해 파이프라인을 사용한다면, 기본 편집기가 서술적 문법에 특화돼 있는 점을 알아둘 필요가 있다. 서술적이지 않은 모든 문법은 블루 오션 편집기에서 생각대로 동작하지 않을 수 있다.

input 문장을 사용하는 데 주의해야 할 점은 예상된 시간 내에 입력값이 입력되지 않는 상황이다. 값을 기다리는 동안 노드는 멈추고 반응을 기다린다. 이러한 상황이 길어지는 것을 방지하려면 input 호출을 timeout 문장과 같은 명령어로 감싸야 한다. 이에 대해서 다음 절에서 알아보자.

흐름 제어 옵션

젠킨스에서 pipeline-as-code를 작성하는 것의 장점 중 하나는 전통적인 웹 폼을 사용하는 데 비해 파이프라인에서 흐름을 제어하기 용이하다는 점이다. 파이프라인이 멈추거나 실패하는 경우도 포함되는데, 대기 및 재시도 등도 포함된다. 여기에는 대기 및 재시도를 다루는 것 등이 있다. 이에 대해 자세히 알아보자.

timeout

timeout 스텝은 사용자가 스크립트가 대기할 시간을 지정한다. 문법은 상당히 간단하고 다음과 같다.

```
timeout(time:60, unit: 'SECONDS') {
    // 해당 블록의 작업은 타임아웃 대상에 포함
}
```

시간의 기본 단위는 분이다. 시간 값만 명시한다면 분으로 간주된다. 타임아웃에 도달하면 해당 스텝은 예외를 전달한다. 여기서 예외가 다른 방식으로 처리되지 않는다면 전체 잡은 멈추게 된다.

이를 사용하는 가장 적절한 방식은 파이프라인의 멈춤을 유발할 수 있는 모든 스텝(예: input)을 timeout으로 감싸는 것이다. 이를 통해 무엇이 잘못되거나 입력이 시간 제한 안에 수행되지 않을 때 파이프라인이 멈추지 않게 할 수 있다. 다음은 그 예시다.

```
node {
    def response
    stage('input') {
        timeout(time:10, unit:'SECONDS') {
            response = input message: 'User',
                parameters: [string(defaultValue: 'user1',
                description: 'Enter Userid:', name: 'userid')]
        }
        echo "Username = " + response
    }
}
```

위 예시의 경우 젠킨스는 10초 동안 사용자의 입력을 기다린다. 이 시간이 지나가면 젠킨스는 예외를 발생시켜 파이프라인을 멈춘다. 그림 3-9에서 이 결과를 볼 수 있다.

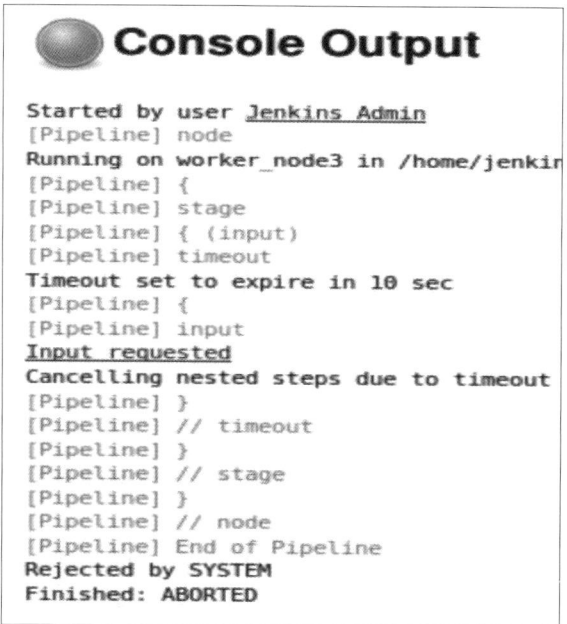

그림 3-9 타임아웃의 콘솔 결과

콘솔 결과에서 볼 수 있듯이 타임아웃은 input을 기다리던 프로세스를 멈춘다. 하지만 이 과정에서 예외를 발생시켜 파이프라인을 실패시킨다. 파이프라인이 실패하지 않게 하려면 다음 코드처럼 timeout을 전통적인 try-catch 블록으로 감싸면 된다. 여기서 예외 처리 시 response를 원하는 기본값으로 설정한 것에 주목하자.

```
node {
    def response
    stage('input') {
        try {
            timeout(time:10, unit:'SECONDS') {
                response = input message: 'User',
                  parameters: [string(defaultValue: 'user1',
                  description: 'Enter Userid:', name: 'userid')]
            }
        }
        catch (err) {
            response = 'user1'
        }
    }
}
```

retry

retry 클로저는 스텝의 코드를 감싸 해당 코드를 실행할 때 예외가 발생하는 경우 이를 이를 n번 재시도한다. 여기서 n은 retry 스텝에 넘겨주는 값이 된다. 문법은 다음과 같이 간단하다.

```
retry(<n>) { // 작업할 내용 }
```

재시도 제한 횟수에 도달하고 예외가 발생되면(try-catch 블록에서 예외가 처리되지 않는 경우) 프로세스는 멈춘다.

sleep

이 코드는 기본적으로 스텝을 지연시킨다. 값을 전달받아 해당 프로세스를 수행하기 전 그 시간만큼 지연시킨다. 기본 시간 단위는 초이고, `sleep time: 5`는 프로세스를 실행하기 전 5초를 기다리게 된다. 다른 시간 단위를 원한다면 다음과 같이 단위를 매개 변수로 작성하면 된다.

```
sleep time: 5, unit: 'MINUTES'
```

waitUntil

이름에서 추측할 수 있듯이, 이는 프로세스가 원하는 것이 일어날 때까지 멈추게 한다. 여기서 원하는 것은 true를 반환하는 클로저다.

여기서 해당 블록의 프로세스가 false를 반환하면 스텝은 좀 더 대기한 후 다시 시도된다. 프로세스에서 발생한 예외는 스텝을 즉시 중지시키고 에러를 발생시킨다.

문법은 다음과 같이 간단하다.

```
waitUntil { // 참 혹은 거짓을 반환하는 작업 }
```

대기 시간

위에서 블록 안에 있는 프로세스가 false를 반환하면 waitUntil 스텝은 좀 더 대기한 후 다시 시도된다고 언급했다. 여기서 '좀 더'의 의미가 궁금할 것이다. 현재 시스템은 0.25초의 대기 시간 이후 다시 시작된다. 루프를 다시 시작해야 하면, 0.3초가 되기 위해 1.2를 곱한다. 매 성공한 사이클의 마지막 대기 시간에 1.2를 곱해서 새로운 대기 시간이 결정된다. 즉 0.25, 0.3, 0.36, 0.43, 0.51과 같다.

그림 3-10은 이 결과를 보여준다.

```
[pipe2] Running shell script
+ test -e /home/jenkins2/marker.txt
[Pipeline] }
Will try again after 0.25 sec
[Pipeline] {
[Pipeline] sh
[pipe2] Running shell script
+ test -e /home/jenkins2/marker.txt
[Pipeline] }
Will try again after 0.3 sec
[Pipeline] {
[Pipeline] sh
[pipe2] Running shell script
+ test -e /home/jenkins2/marker.txt
[Pipeline] }
Will try again after 0.36 sec
[Pipeline] {
[Pipeline] sh
[pipe2] Running shell script
+ test -e /home/jenkins2/marker.txt
[Pipeline] }
Will try again after 0.43 sec
[Pipeline] {
[Pipeline] sh
```

그림 3-10 재시도 결과 예시

프로세스가 true를 반환하지 않으면 이 스텝이 무한정 반복될 수 있기 때문에, 해당 스텝을 timeout 스텝으로 감싸 처리하는 것을 권장한다.

다음은 waitUntil 블록이 marker 파일이 존재할 때까지 기다리는 예시다. 여기서 timeout으로 waitUntil을 감싸 무한정 기다리는 것을 방지했다. 또한 셸 호출의 returnStatus 변수를 true로 설정해 성공과 실패를 결정하게 했다.

```
timeout(time:15, unit:'SECONDS') {
    waitUntil {
        def ret = sh returnStatus: true,
            script: 'test -e /home/jenkins2/marker.txt'
        return (ret == 0)
    }
}
```

또 다른 예시로, 도커 컨테이너가 시작돼 파이프라인 테스트의 일환으로 REST API 호출을 통해 데이터를 얻는 과정을 가정해보자. 이 경우 URL이 사용 가능하지 않다면 예외가 발생할 것이다. 예외가 발생했을 때 바로 그만두지 않기 위해 try-catch 구조를 사용해 예외를 처리해 false를 반환할 수 있다. 이를 또한 timeout으로 감싸 파이프라인을 계속 지연시키지 않게 처리 가능하다.

```
timeout(time: 120, unit: 'SECONDS') {
    waitUntil {
        try {
            sh "docker exec ${webContainer.id} curl
                --silent http://127.0.0.1:8080/roar/api/v1/registry
                1>test/output/entries.txt"
            return true
        }
        catch (exception) {
            return false
        }
    }
}
```

같은 기능을 서술적 파이프라인에서 실행하려면 script 블록이나 공유 라이브러리를 이용해 구현해야 한다.

파이프라인에서 각각의 흐름을 제어하는 방법을 알아봤으니, 다음 단계는 여러 파이프라인을 동시에 실행하도록 처리하는 방법을 알아볼 차례다.

동시성 다루기

대부분의 경우 파이프라인 빌드가 동시성[concurrency]을 갖는 것은 좋은 일이다. 일반적으로, 동시성은 병렬성[parallelism]을 의미하며 비슷한 형태의 잡을 다른 노드에서 동시에 실행할 수 있다는 의미다. 자원에 중복 접근하는 것을 적절히 제어한다면 테스트를 수행할 때 유용하다.

젠킨스에서 동시성을 사용하는 다른 방식은 하나의 잡이나 자원에 여러 빌드가 동시에 수행되는 경우다. 이렇게 저장소나 브랜치, 혹은 풀 리퀘스트를 동시에 요청하는 일은 꽤 흔한 일이다.

하지만 이런 동시 요청이 적합하지 않은 상황도 있다. 젠킨스가 이러한 상황을 다루는 두 가지 방법에 대해 간략히 알아보자.

lock 스텝을 통한 자원 잠금

Lockable Resources 플러그인(http://bit.ly/2vtAOej)을 설치했다면 다양한 빌드가 같은 자원을 동시에 사용하는 것을 제한하는 lock 스텝 DSL이 존재한다(시스템 설정 페이지의 Lockable Resources 영역에 전역 범위에서 정의해 필요시 자원을 할당할 수 있는 설정이 있다. 예를 들어, 시스템을 위해 자원의 접근을 임시로 불가능하게 설정하는 경우가 여기에 해당한다).

여기서 '자원'은 느슨한 정의다. 노드, 에이전트, 혹은 이의 조합, 혹은 잠금을 위한 이름일 수 있다. 지정된 자원이 전역 설정에 정의되어 있지 않다면 자동으로 추가된다.

DSL lock 스텝은 블로킹 스텝이다. 즉 이 스텝 안의 클로저가 완료될 때까지 자원을 잠근다. 간단히 자원의 이름을 기본 매개 변수로 전달할 수 있다. 다음은 예시다.

```
lock('worker_node1') {
    // worker_node1에서 해야 할 스텝
}
```

다른 방법으로는 레이블 명을 적어 해당 레이블을 사용하는 여러 자원을 선택할 수 있고, 수량을 적어 이에 대응되는 레이블 중 특정 개수만 잠글 수 있다.

```
lock(label: 'docker-node', quantity: 3) {
    // 스텝
}
```

이를 "얼마나 많은 자원이 이 작업에 필요할까?"라는 질문으로 생각하면 된다. 수량 없이 레이블만 작성하면 해당 레이블을 가진 모든 자원이 잠긴다.

마지막으로, inversePrecedence라는 추가 옵션이 있다. 이것을 true로 설정하면 가장 최신의 빌드가 사용 가능해질 때 자원을 할당받는다. 반대의 경우에는 빌드는 요청된 순서대로 자원을 할당받는다.

간략한 예시로 몇 개의 인스턴스의 파이프라인을 수행하는지에 상관없이 특정 에이전트가 빌드를 실행하게 하는 서술적 파이프라인을 생각해보자(원하는 도구나 설정이 해당 에이전트에만 있는 경우가 여기에 해당될 수 있다). 코드는 다음과 같이 lock 스텝이 포함될 것이다.

```
stage('Build') {
    // 그레이들 빌드 실행
    steps {
        lock('worker_node1') {
            sh 'gradle clean build -x test'
        }
    }
}
```

같은 프로젝트의 실행을 여러 번 수행하거나 자원에 대해 같은 잠금 코드를 가진 프로젝트가 여러 개라면, 하나의 빌드만 자원을 갖게 되고 나머지는 기다리게 된다.

자원을 할당받은 첫 빌드의 콘솔 로그는 다음과 같을 것이다.

```
[Pipeline] stage
[Pipeline] { (Build)
[Pipeline] lock
```

```
00:00:02.858 Trying to acquire lock on [worker_node1]
00:00:02.864 Resource [worker_node1] did not exist. Created.
00:00:02.864 Lock acquired on [worker_node1]
[Pipeline] {
[Pipeline] tool
[Pipeline] sh
00:00:02.925 [gradle-demo-simple-pipe] Running shell script
00:00:03.213 + /usr/share/gradle/bin/gradle clean build -x test
00:00:06.671 Starting a Gradle Daemon
...
00:00:16.887
00:00:16.887 BUILD SUCCESSFUL
00:00:16.887
00:00:16.887 Total time: 13.16 secs
[Pipeline] }
00:00:17.187 Lock released on resource [worker_node1]
[Pipeline] // 잠금
```

같은 잠금을 가지고 있는 다른 잡의 콘솔 결과는 다음과 같을 것이다.

```
[Pipeline] // 스테이지
[Pipeline] stage
[Pipeline] { (Build)
[Pipeline] lock
00:00:03.262 Trying to acquire lock on [worker_node1]
00:00:03.262 Found 0 available resource(s). Waiting for correct
 amount: 1.
00:00:03.262 [worker_node1] is locked, waiting...
```

잠금을 통해 자원에 대한 접근을 제어할 수 있다. 동시성을 다루는 다른 방법은 빌드가 특정한 단계에 도달하면 이 이상 진행되지 못하게 하는 것이다. 이러한 단계는 마일스톤을 이용해 구성된다.

마일스톤을 활용해 동시 빌드 제어하기

젠킨스의 특정 시점에서 다뤄야 하는 것 중 하나는 같은 파이프라인에 대한 빌드가 동시에 진행돼 자원에 대해 경쟁이 생기는 상황이다. 이 빌드는 순차적으로 실행되며 순서가 꼬이거나, 하나의 빌드가 자원을 수정해 이를 적합하지 않은 상태로 만들어 다른 하나가 이를 이용해 수행될 수도 있다. 간단히 말해 하나의 빌드가 자원을 수정하고 나면 다른 빌드가 이 자원이 아직 진행 중일 때 여기에 접근하지 않는다는 보장이 없다.

이렇게 빌드가 순서에 맞지 않게 실행되거나(각각이 시작된 순서) 꼬이는 것을 방지하기 위해 젠킨스 파이프라인은 마일스톤 스텝을 사용할 수 있다. milestone 스텝을 파이프라인에 작성하면 이는 먼저 시작된 빌드가 여기에 도달하면 후에 시작된 빌드가 이를 넘어서 진행되지 못하게 한다.

다음은 그레이들 빌드 이후 milestone 스텝을 사용한 예시다.

```
        sh "'${gradleLoc}/bin/gradle' clean build"
    }
    milestone label: 'After build', ordinal: 1
    stage("NotifyOnFailure") {
```

그림 3-11처럼 이 빌드에 대해 두 개의 런이 동시에 진행되고 있다고 생각해보자.

그림 3-11 같은 잡에 대해 두 개의 동시에 진행되는 런

빌드 #11이 마일스톤에 먼저 도착한다면, 빌드 #10이 마일스톤에 도달할 시 작업이 취소된다. 이를 통해 빌드 #10이, 빌드 #11이 사용하고 있거나 수정한 자원을 덮어쓰는 사태를 방지한다. 그림 3-12는 빌드 #10의 콘솔 로그다.

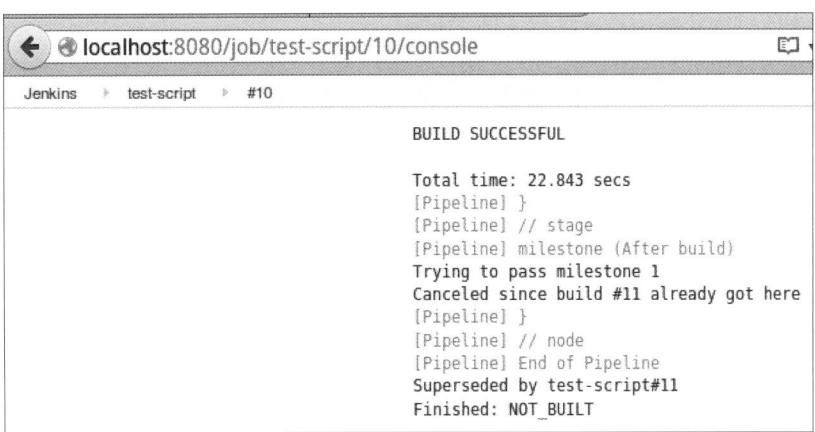

그림 3-12 빌드 #10의 콘솔 로그

마일스톤에 대한 규칙을 요약하면 다음과 같다.

- 빌드는 빌드 넘버 순서로 마일스톤을 진행한다.
- 새 빌드가 마일스톤에 먼저 도달하면 오래된 빌드는 취소된다.
- 빌드가 마일스톤을 지났을 때 젠킨스는 이전 마일스톤은 지났으나 현재 마일스톤을 지나지 않은 오래된 빌드를 취소한다.
- 오래된 빌드가 마일스톤을 지나면 아직 해당 마일스톤을 지나지 않은 새 빌드는 취소되지 않는다.

명확히 하면, 동시에 진행되는 빌드가 시작된 순서대로 마일스톤에 도달하면 모두 마일스톤을 통과할 수 있다.

milestone 스텝은 여러 개의 매개 변수를 사용할 수 있다. 첫 번째는 레이블로, 마일스톤을 구분하기 위해 사용되고 빌드 로그에 나타난다. 두 번째는 서수로 특별히 지정하지 않으면 자동으로 생성된다. 서수를 지정하는 것은 빌드에서 마일스톤을 추가하거나 삭제하는 경우에만 필요하다. 멀티브랜치 파이프라인에서 동시에 여러 브랜치에 대해 진행되는 빌드를 제한할 수 있는 다른 방법을 다음 절에서 알아보자.

멀티브랜치 파이프라인에서 동시성 제한

파이프라인 DSL에서 멀티브랜치 파이프라인이 한 시점에 하나의 브랜치만 빌드하게 제약할 수 있다. 이는 스크립트 방식이나 서술적 방식 모두에서 가능하며, 속성을 통해 달성된다. 이를 (브랜치의 Jenkinsfile을 통해) 설정하면 현재 빌드를 진행 중인 브랜치를 제외한 브랜치의 빌드는 큐에 들어가게 된다.

스크립트 방식의 문법에서 속성은 다음과 같이 정의된다.

```
properties([disableConcurrentBuilds()])
```

서술적 방식은 다음과 같다.

```
options {
    disableConcurrentBuilds()
}
```

다음 절에서는 동시성의 장점 중 하나인 작업을 병렬로 진행하는 것에 대해 알아볼 것이다.

작업을 병렬로 수행하기

파이프라인 로직의 흐름을 제어하는 다른 명령어들 외에도 스텝은 병렬로 실행될 수 있다. 실제로 파이프라인 DSL은 이를 위한 특별한 명령어를 가진다. 전통적인 문법은 스크립트 방식과 서술적 방식 모두에서 동작하며, 새로운 문법은 서술적 방식에서만 동작한다. 주요 내용을 설명하기 위해 전통적인 문법 먼저 설명하고 새로운 서술적 문법을 설명하겠다.

전통적인 병렬 문법

전통적인 parallel 파이프라인 스텝은 맵을 인자로 받는다. 이 명령어를 위한 맵은 보통 pipeline 스텝 자체를 포함하는 클로저다. 다른 노드에 대한 스텝을 포함하는 것이 최고의 병렬 실행을 보장한다. 노드가 명시되지 않으면 젠킨스는 사용되지 않는 노드에서 parallel 스텝을 실행한다.

필수 요소인 맵

parallel 스텝에서 맵을 인자로 전달하지 않으면 잡은 병렬로 실행되지 않는다. 또한 스테이지는 이 parallel 블록에서 사용되지 못한다(새로운 서술적 문법은 다르다).

다음은 병렬 실행을 위한 간단한 스크립트다. 이 예시에서 stepsToRun = [:]은 맵을 선언하는 그루비 문법이다. 이후 루프가 반복되어 "Step<loop counter>"에 키를 할당하고, 각각의 키에 echo start, sleeps, echo done을 실행하는 노드 블록을 할당한다. 마지막으로 parallel 스텝은 맵을 인자로 받아 실행된다.

```
node ('worker_node1') {
    stage("Parallel Demo") {
    // 스텝을 병렬로 실행

        // 스텝을 저장할 맵
        def stepsToRun = [:]

        for(int i=1;i<5;i++){
            stepsToRun["Step${i}"] = { node {
            echo "start"
            sleep 5
            echo "done"
        }}
    }
    // 실제 parallel 내부의 스텝을 실행
    // parallel은 맵을 인자로 받음
    parallel stepsToRun
```

        }
    }

그림 3-13은 이 영역의 코드가 실행되는 콘솔 결과다. 특정 노드를 지정하지 않았기 때문에, 각각의 스텝은 가용한 노드 어디에서든 실행된다. 결과를 자세히 살펴보면 병렬 실행을 통해 스텝의 순서가 섞이는 것을 확인할 수 있다.

```
[Pipeline] stage
[Pipeline] { (Parallel Demo)
[Pipeline] parallel
[Pipeline] [Step1] { (Branch: Step1)
[Pipeline] [Step2] { (Branch: Step2)
[Pipeline] [Step3] { (Branch: Step3)
[Pipeline] [Step4] { (Branch: Step4)
[Pipeline] [Step1] node
[Step1] Running on master in /var/lib/jenkins/jobs/externlib-test/workspace
[Pipeline] [Step2] node
[Step2] Running on master in /var/lib/jenkins/jobs/externlib-test/workspace@2
[Pipeline] [Step3] node
[Step3] Running on worker_node2 in /home/jenkins/worker_node2/workspace/externlib-test
[Pipeline] [Step4] node
[Pipeline] [Step1] {
[Pipeline] [Step2] {
[Pipeline] [Step3] {
[Pipeline] [Step1] echo
[Step1] start
[Step1] Sleeping for 5 sec
[Pipeline] [Step1] sleep
[Pipeline] [Step2] echo
[Step2] start
[Pipeline] [Step2] sleep
[Step2] Sleeping for 5 sec
[Pipeline] [Step3] echo
[Step3] start
[Pipeline] [Step3] sleep
[Step3] Sleeping for 5 sec
[Pipeline] [Step1] echo
[Step1] done
[Pipeline] [Step1] }
[Step4] Running on master in /var/lib/jenkins/jobs/externlib-test/workspace
[Pipeline] [Step1] // node
[Pipeline] [Step1] }
[Pipeline] [Step4] {
[Pipeline] [Step4] echo
[Step4] start
[Pipeline] [Step4] sleep
[Step4] Sleeping for 5 sec
[Pipeline] [Step2] echo
[Step2] done
[Pipeline] [Step2] }
[Pipeline] [Step2] // node
[Pipeline] [Step2] }
[Pipeline] [Step3] echo
[Step3] done
[Pipeline] [Step3] }
[Pipeline] [Step3] // node
[Pipeline] [Step3] }
[Pipeline] [Step4] echo
[Step4] done
[Pipeline] [Step4] }
[Pipeline] [Step4] // node
[Pipeline] [Step4] }
[Pipeline] // parallel
[Pipeline] }
[Pipeline] // stage
[Pipeline] }
[Pipeline] // node
[Pipeline] End of Pipeline
Finished: SUCCESS
```

그림 3-13 동적인 스텝의 병렬 실행

parallel 스텝을 호출할 때 맵을 정의하는 것도 가능하다. 다음 예시에서 맵을 클로저와 노드 형태로 전달하는 방식에 주목하자. 이러한 구현 방식에서 master와 worker2는 맵의 키가 된다. 콜론 이후의 영역은 맵의 값이 된다. 맵의 값 부분에서 클로저는 해당 노드에서 실행할 코드다. 이 경우 클로저 블록은 그레이들을 호출해 단일 테스트를 수행하는 셸 스텝(sh)이고, 각 노드별로 다르다.

```
stage ('Test') {
// 필요한 단위 테스트를 병렬로 실행

    parallel (
        master: { node ('master'){
            sh '/opt/gradle-2.7/bin/gradle -D test.single=TestExample1 test'
        }},
        worker2: { node ('worker_node2'){
            sh '/opt/gradle-2.7/bin/gradle -D test.single=TestExample2 test'
        }},
    )
}
```

하지만 이 코드를 실행하려 하면 그림 3-14와 같은 에러가 발생한다.

```
[master]
[master] FAILURE: Build failed with an exception.
[master]
[master] * What went wrong:
[master] Task 'test' not found in root project 'workspace@2'.
[master]
[master] * Try:
[master] Run gradle tasks to get a list of available tasks. Run with
option to get more log output.
[master]
[master] BUILD FAILED
[master]
[master] Total time: 22.374 secs
```

그림 3-14 워크스페이스 설정 없이 병렬 실행을 할 때 나타나는 에러

여기에서 문제는 원래 빌드가 다른 노드의 워크스페이스에서 진행될 때 새로운 노드(여기에서는 마스터)가 이 워크스페이스에 접근 권한이 없기 때문에 발생한다.

이것은 아티팩트를 압축하거나 복사하는 방법으로 해결할 수 있다. 하지만 젠킨스는 이를 위한 특별한 스텝을 지원한다. 이 부분을 알아보자.

stash와 unstash

젠킨스 DSL에서 stash와 unstash는 각각 파이프라인의 노드 및 스테이지 간 파일을 저장하고 불러오는 역할을 한다. 문법은 다음과 같다.

```
stash name: "<name>" [includes: "<pattern>" excludes: "<pattern>"]

unstash "<name>"
```

이 문법은 이름과 패턴으로 포함되거나 제외될 파일을 명시하는 기본 개념에서 나왔다. 여기에서 추후 호출을 위해 이름이 주어진다.

이후 파일을 가져올 필요가 생겼을 때 이름을 전달해 unstash 명령어를 호출할 수 있다. 다른 스테이지나 노드에서 이를 실행 가능하다.

깃 stash와 젠킨스 stash

좀 더 자세히 살펴보면, 이 기능은 깃의 stash와는 다르다. 깃 stash는 로컬 저장소에 아직 커밋되지 않은 파일과 캐시를 저장하게 해준다. 젠킨스 stash는 노드 간 파일을 저장해 전달하게 해준다.

stash와 unstash 기능은 대용량 파일을 다루는 공식적인 방법으로 설계되지는 않았다. 이러한 경우에는 바이너리 저장소를 다루는 아티팩트 저장소인 아티팩토리나 넥서스를 사용하는 것이 낫다(젠킨스와 아티팩토리의 연동은 11장에서 다룬다).

다음은 stash와 unstash를 노드 사이에서 사용하는 예시다. 이 경우 소스 코드를 내려받은 후 `build.gradle` 파일과 전체 `src/test` 목록을 stash한다. 여기에 이름은 `test-sources`가

된다. 이후 다른 노드에서 실행되는 parallel 영역에서(이 예시에서는 worker_node2), unstash 명령어를 통해 이 파일을 해당 노드에 복사한다. 그런 다음 해당 노드에 테스트 파일을 만들어 병렬 실행을 지원한다.

```
stages {

    stage('Source') {
        git branch: 'test', url: 'git@diyv:repos/gradle-greetings'
        stash name: 'test-source', includes: 'build.gradle,src/test/'
    }
    ...
    stage ('Test') {
    // 필요한 단위 테스트를 병렬로 실행

        parallel (
            master: { node ('master') {
                unstash 'test-sources'
                sh '/opt/gradle-2.7/bin/gradle -D test.single=TestExample1 test'
            }},
            worker2: { node ('worker_node2') {

            unstash 'test-sources'
            sh '/opt/gradle-2.7/bin/gradle -D test.single=TestExample2 test'
        }},
        )
    }
}
```

그림 3-15는 이를 수행한 로그다. 여기서 다시 한 번 노드 간 실행에서 순서가 꼬이는 것을 볼 수 있다(이 경우 테스트가 실패하도록 설정되어 있기 때문에 정상적인 실행이다).

```
[Pipeline] stage
[Pipeline] { (Test)
[Pipeline] parallel
[Pipeline] [master] { (Branch: master)
[Pipeline] [worker2] { (Branch: worker2)
[Pipeline] [master] node
[master] Running on master in /var/lib/jenkins/jobs/parallel-test-stash-no-
[Pipeline] [worker2] node
[worker2] Running on worker_node2 in /home/jenkins/worker_node2/workspace/p
[Pipeline] [master] {
[Pipeline] [worker2] {
[Pipeline] [master] unstash
[Pipeline] [worker2] unstash
[Pipeline] [master] sh
[master] [workspace@2] Running shell script
[Pipeline] [worker2] sh
[master] + /opt/gradle-2.7/bin/gradle -D test.single=TestExample1 test
[worker2] [parallel-test-stash-no-clean-workspace] Running shell script
[worker2] + /opt/gradle-2.7/bin/gradle -D test.single=TestExample2 test
[master] :compileJava UP-TO-DATE
[master] :processResources UP-TO-DATE
[master] :classes UP-TO-DATE
[worker2] :compileJava UP-TO-DATE
[worker2] :processResources UP-TO-DATE
[worker2] :classes UP-TO-DATE
[worker2] :compileTestJava
[worker2] :processTestResources UP-TO-DATE
[worker2] :testClasses
[master] :compileTestJava
[master] :processTestResources UP-TO-DATE
[master] :testClasses
[worker2] :test
[worker2]
[worker2] TestExample2 > example2 FAILED
[worker2]     org.junit.ComparisonFailure at TestExample2.java:10
[worker2]
[worker2] 1 test completed, 1 failed
[worker2] :test FAILED
[worker2]
[worker2] FAILURE: Build failed with an exception.
[worker2]
[worker2] * What went wrong:
[worker2] Execution failed for task ':test'.
[worker2] > There were failing tests. See the report at: file:///home/jenki
[worker2]
```

그림 3-15 stash와 unstash를 이용해 노드 간 파일을 공유하는 병렬 실행

Parallel Test Executor 플러그인

오래 걸리는 테스트 작업의 병렬 실행을 지원하는 별도의 플러그인이 있다. Parallel Test Executor 플러그인(http://bit.ly/2HCEJdw)은 실제 수행된 테스트를 분석해 대략적으로 비슷한 크기로 분리한다(여기서 이 플러그인을 통해 추가된 splitTests DSL 스텝이 사용된다). 각 그룹은 목록에 할당돼 파이프라인의 parallel 스텝에 맵으로 넘길 수 있다. 가장 이상적으로는 각 그룹이 노드마다 할당돼 실행되는 것이다.

이 플러그인을 사용하려면 다음 환경 설정이 필요하다.

- JUnit 호환 XML 파일
- 테스트를 제외한 목록을 포함한 파일을 다룰 수 있는 도구 사용

서술적 파이프라인을 위한 다른 병렬 문법

2017년 9월에 릴리스된 서술적 파이프라인 1.2를 통해 서술적 파이프라인에서 사용될 수 있는 새로운 문법이 도입됐다. 이 문법은 서술적 파이프라인의 구조적인 형태와 밀접하게 연관된다. 또한 맵이나 노드의 설정 없이 바로 병렬 작업을 지원한다.

새로운 문법은 parallel 스텝을 스테이지의 명령어로 격상시켰다. 하위에 병렬로 실행될 스테이지 각각을 포함할 수 있다. 이 각 블록에서 다른 서술적 파이프라인과 같이 실행할 에이전트와 스텝을 정의할 수 있다.

이러한 문법을 이용한 서술적 파이프라인 스테이지의 예시는 다음과 같다.

```
stage('Unit Test') {
    parallel{
        stage ('Util unit tests') {
            agent { label 'worker_node2' }
            steps {
                cleanWs()
                unstash 'ws-src'
                gbuild4 ':util:test'
            }

        }
        stage ('API unit tests set 1') {
            agent { label 'worker_node3'}
            steps {
                // 항상 새로운 워크스페이스에서 실행
                cleanWs()
                unstash 'ws-src'
                gbuild4 '-D test.single=TestExample1* :api:test'
```

```
            }
        }
        stage ('API unit tests set 2') {
            agent { label 'worker_node2' }
            steps {
                // 항상 새로운 워크스페이스에서 실행
                cleanWs()
                unstash 'ws-src'
                gbuild4 '-D test.single=TestExample2* :api:test'
            }
        }
    }
}
```

위에서 볼 수 있듯이 문법은 맵을 사용하는 것보다 좀 더 '깨끗하고', 서술적 문법과 더 유사하다. 이를 수행하면 각각의 스테이지 정의에 의해 그림 3-16처럼 '하위 스테이지'의 결과를 출력한다. 이는 하나의 세트의 결과를 나타내는 전통적인 병렬 문법의 결과와 다르다(그림 3-17).

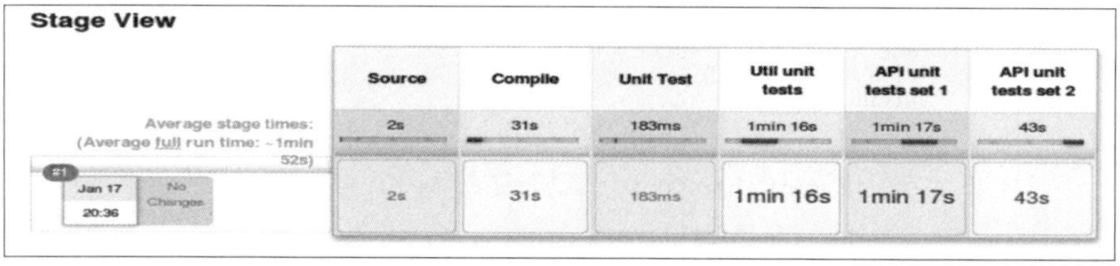

그림 3-16 새 병렬 문법의 스테이지 결과

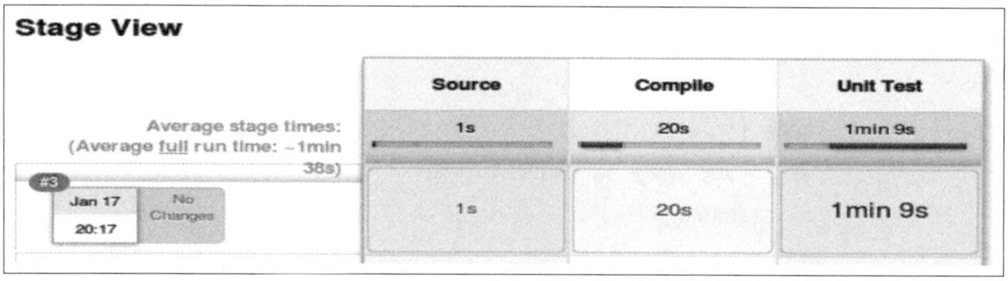

그림 3-17 전통적 병렬 문법의 스테이지 결과

parallel과 failFast

때때로 parallel 블록에서 멀티 프로세스를 진행할 때 하나의 브랜치가 실패할 경우 전체 프로세스를 취소하고 싶은 경우가 생긴다. 예를 들어, 하나의 병렬 섹션에서 배포를 진행하고 다른 섹션에서 테스트를 진행한다면 테스트가 실패했을 경우 배포를 중지시키거나 배포가 실패했을 경우 테스트를 중지시키고 싶을 것이다. 이를 위해서 젠킨스 파이프라인에서 parallel 스텝을 실행할 때 failFast 옵션을 줄 수 있다.

이 옵션을 사용하려면 failFast:true를 parallel 스텝의 옵션으로 설정해야 한다. 이 옵션이 설정되면 parallel의 작업 중 하나가 실패하면 다른 작업도 실패하게 된다.

예를 들어, 다음 코드를 살펴보자. 이는 parallel 스텝의 failFast의 사용을 위한 간단한 서술적 파이프라인 예시다. parallel 스텝에서 group1 영역은 간단히 10초 동안 멈춘 후 메시지를 출력한다. group2 영역은 5초 동안 멈춘 후 에러를 발생시켜(error 스텝을 이용) failFast(parallel 스텝의 마지막 인자)가 동작되게 한다. group1을 catchError와 timestamps 스텝으로 감싸 해당 영역이 failFast 설정으로 방해받거나 종료됐을 때 이를 감지할 수 있게 설정했다.

```
pipeline {
    agent any
    stages {
        stage ('Parallel') {
            steps {
                parallel (
                    'group1': {
                        timestamps {
                            catchError {
                                sleep 10
                                echo 'Completed group1 processing'
                            }
                        }
                    },
                    'group2': {
                        sleep 5
```

```
                    error 'Error in group2 processing'
                },
                failFast: true
            )
        }
    }
}
```

이 파이프라인을 실행하면 그림 3-18과 같은 결과가 나올 것이다.

그림 3-18 failFast 옵션을 활성화시킨 결과

결과를 살펴보면 group1에서 5초가 지난 후 종료된 것을 볼 수 있다(로그의 "Exception" 참고). 이는 5초의 슬립 이후 group2가 에러를 발생시켰기 때문이다. 그 후 failFast 옵션이 group1을 종료시켰다.

같은 예시에서 failFast를 빼거나 false로 설정하면 group2가 에러와 함께 종료되지만, group1은 10초의 슬립 이후 완료되는 것을 그림 3-19에서 볼 수 있다.

```
[Pipeline] [group1] {
[Pipeline] [group2] sleep
[group2] Sleeping for 5 sec
[Pipeline] [group1] catchError
[Pipeline] [group1] {
[Pipeline] [group1] sleep
16:42:16 [group1] Sleeping for 10 sec
[Pipeline] [group2] error
[Pipeline] [group2] }
[group2] Failed in branch group2
[Pipeline] [group1] echo
16:42:26 [group1] Completed group1 processing
[Pipeline] [group1] }
[Pipeline] [group1] // catchError
[Pipeline] [group1] }
[Pipeline] [group1] // timestamps
[Pipeline] [group1] }
[Pipeline] // parallel
[Pipeline] }
[Pipeline] // stage
[Pipeline] }
[Pipeline] // node
[Pipeline] End of Pipeline
ERROR: Error in group2 processing
Finished: FAILURE
```

그림 3-19 failFast 옵션을 빼고 실행

지금까지 여러 작업을 병렬로 수행하는 방법을 알아봤으니, 이제 조건에 따라 작업을 수행하는 방법을 알아보자.

조건부 실행

전통적으로, Conditional BuildStep 플러그인을 통해 사용자가 젠킨스 프리스타일 잡에서 조건부 실행을 달성할 수 있었다. 이 플러그인은 특정 조건을 검사하고 이를 이용해 하나 혹은 여러 개의 빌드 스텝을 수행할 수 있게 했다.

젠킨스 파이프라인은 비슷한 기능을 제공한다. 스크립트 방식 파이프라인에서는 자바나 그루비 언어에서 조건문을 사용하는 것과 같이 간단하다. 다음은 항상 참을 반환하는 if 문장을 여러 개 사용한 예시다.

```
node ('worker_node1') {
    def responses = null stage('selection') {
        responses = input message: 'Enter branch and select build type',
          parameters:[string(defaultValue: '', description: '',
          name: 'BRANCH_NAME'),choice(choices: 'DEBUG\nRELEASE\nTEST',
           description: '', name: 'BUILD_TYPE')]
    }
    stage('process') {
        if ((responses.BRANCH_NAME == 'master') &&
           (responses.BUILD_TYPE == 'RELEASE')) {
            echo "Kicking off production build\n"
        }
    }
}
```

이러한 종류의 그루비나 자바 문법은 서술적 방식에 맞지 않기 때문에 젠킨스의 서술적 파이프라인에서는 조건에 따라 코드를 실행할 수 있는 고유의 방식을 제공한다. 일반적으로, 여러 expression 블록의 조건을 확인하는 when 형태를 사용한다. 조건이 참이라면 스테이지의 나머지 코드가 실행된다. 조건이 참이 아니라면 코드는 실행되지 않는다.

다음은 스크립트 방식에 대응되는 서술적 파이프라인의 예시다.

```
pipeline {
    agent any
        parameters {
            string(defaultValue: '',
                description: '',
                name : 'BRANCH_NAME')
            choice (
                choices: 'DEBUG\nRELEASE\nTEST',
                description: '',
                name : 'BUILD_TYPE')
        }
    stages {
        stage('process') {
            when {
                allOf {
                    expression {params.BRANCH_NAME == "master"}
                    expression {params.BUILD_TYPE == 'RELEASE'}
                }
            }
            steps {
                echo "Kicking off production build\n"
            }
        }
    }
}
```

여기서 parameter 영역을 사용해 서술적 파이프라인에 사용되는 매개 변수를 명확하게 정의했다. 또한 when과 allOf 블록을 조합하여 스크립트 방식 파이프라인의 if와 && 문법을 대체했다.

서술적 파이프라인에서 이러한 조건 문법을 사용하는 것은 327쪽 '스테이지의 조건부 실행' 절에서 자세히 다룬다.

후처리

웹 기반의 전통적 젠킨스 프리스타일 잡은 빌드 후처리 동작 영역에서 사용자가 빌드의 상태(성공, 실패, 취소)에 상관없이 빌드 종료 후 동작을 정의할 수 있다.

이 기능은 스크립트 방식과 서술적 방식의 파이프라인에서 모두 사용 가능하다. 스크립트 방식의 파이프라인은 프로그래밍 문법을 통해 이를 구현하고, 서술적 파이프라인은 내장 기능이 있다. 두 가지 방식을 모두 살펴보자.

스크립트 방식의 빌드 후처리

스크립트 방식의 파이프라인에는 빌드 후처리를 위한 내장 명령어가 존재하지 않는다. 따라서 전통적인 그루비 프로그래밍 문법을 통해 이를 구성한다. 이 경우 try-catch-finally 메커니즘을 이용한다.

하지만 젠킨스 DSL에는 try-catch-finally의 단축 명령어 catchError가 있다. catchError 스텝은 여러 가지 활용법이 있지만, 지금 다룰 빌드 후처리에도 적합하다.

이제 스크립트 방식에서 사용할 수 있는 방법에 대해 자세히 알아보자.

try-catch-finally

우리가 하고 싶은 동작은 빌드의 마지막 상태에 상관없이 특정한 동작을 수행하는 것이다. 이는 어떤 예외도 try-catch를 통해 잡아내 finally 영역에서 빌드의 결과에 따라 원하는 작업을 진행하므로 구현 가능하다. 일반적으로, finally 블록에서 하는 작업은 메일을 보내거나 빌드의 상태를 알림으로 보내는 것이다. 다음은 try-catch-finally 구조의 예시다.

```
def err = null
try {
    // pipeline code
    node ('node-name') {
```

```
        stage ('first stage') {
            ...
        } // 마지막 스테이지 종료
    }
}
catch (err) {
    currentBuild.result = "FAILURE"
} finally {
    (currentBuild.result != "ABORTED"){
        // 실패하거나 unstable한 빌드에 대해 메일 알림 발송
    }
}
```

여기에서 에러가 발생할 경우 currentBuild.result에 값을 할당해 빌드의 결과를 젠킨스와 일치시킨다. 또한 빌드가 취소되면 메일을 보내지 않는다(메일과 알림을 보내는 방법에 대한 예시는 4장을 참고하자).

try-catch는 원한다면 노드 블록에서도 사용될 수 있다. 하지만 이는 노드를 할당할 때 발생하는 에러를 잡을 수 없기 때문에 알림을 보내지 못하는 경우가 생길 수 있다. 마지막으로, 에러를 상위로 전달하고 싶다면 finally 블록에서 에러를 다시 발생시키면 된다.

catchError

젠킨스 파이프라인 문법은 예외를 처리하는 향상된 방식을 제공한다. catchError 블록은 예외를 탐지하고 전체 빌드의 상태를 바꾸면서 프로세스는 계속 진행시킨다.

catchError 문법을 사용해 특정 블록의 코드에서 예외가 발생하면 빌드의 결과를 실패로 만들 수 있다. 하지만 catchError 블록 이후의 파이프라인의 코드는 계속 실행된다.

이런 방식의 장점은 작업이 실패하더라도 알림을 보내는 등의 작업이 가능한 것이다. 이런 방식으로 전통적인 젠킨스의 빌드 후처리를 구현하고, try-catch를 더 짧게 구현할 수 있다.

다음은 예시다.

```
node ('node-name') {
    catchError {
        stage ('first stage') {
            ...
        } // 마지막 스테이지 종료
    }
    // 메일 알림 발송을 위한 스텝
}
```

위와 동일한 코드는 다음과 같다.

```
node ('node-name') {
    try {
        stage ('first stage') {
            ...
        } // 마지막 스테이지 종료
    } catch (err) {
        echo "Caught: ${err}"
        currentBuild.result = 'FAILURE'
    }
    // 메일 알림 발송을 위한 스텝
}
```

이 방식은 문법의 간단함과 예외 발생 시 빌드의 결과가 자동으로 실패로 저장되는 것이 장점이다.

서술적 파이프라인과 후처리

서술적 파이프라인은 빌드 후처리를 위한 기능을 갖고 있다. 놀랍지 않게 이 섹션의 이름은 post이다. post 섹션은 스테이지의 맨 끝이나 파이프라인의 끝, 혹은 두 군데 모두에 존재할 수 있다.

이를 활용하는 가장 일반적인 방식은 프리스타일 잡에서 사용 가능했던 알림과 같은 빌드 후처리를 구현하는 것이다. 서술적 문법은 몇 가지 미리 정의된 빌드 조건을 제공하고, 이를 이용해 이후 작업을 결정할 수 있다. 빌드 조건의 이름과 설명은 표 3-1에 나와 있다.

표 3-1 후처리를 위한 서술적 빌드 조건

조건	설명
always	해당 블록의 스텝을 항상 실행
changed	해당 블록의 스텝을 현재 빌드의 결과가 이전 결과와 다를 때만 실행
success	해당 블록의 스텝을 현재 빌드가 성공했을 경우에만 실행
failure	해당 블록의 스텝을 현재 빌드가 실패했을 경우에만 실행
unstable	해당 블록의 스텝을 현재 빌드의 상태가 unstable일 때만 실행

예를 들어, failure 조건이 참일 때 실패 메일을 보내도록 정의할 수 있다.

문법은 상당히 간단하다. 다음은 빌드의 마지막 부분의 간단한 post 구조다.

```
        }
    } // 스테이지 종료
    post {
        always {
            echo "Build stage complete"
        }
        failure {
            echo "Build failed"
            mail body: 'build failed', subject: 'Build failed!',
                to: 'devops@company.com'
```

```
        }
        success {
            echo "Build succeeded"
            mail body: 'build succeeded', subject: 'Build Succeeded',
                to: 'devops@company.com'
        }
    }
} // 파이프라인 종료
```

여기에서 전체 빌드에 대한 post 영역이 파이프라인의 모든 스테이지 이후에 나오는 것에 주목하자. 또한 해당 조건을 검사할 때 아티팩트를 묶는 등 다른 작업도 수행 가능하다.

요약

3장에서는 전체 파이프라인의 실행 흐름에 영향을 미치는 파이프라인 문법과 스텝에 대해 알아봤다.

먼저 파이프라인을 시작시킬 수 있는 특정한 종류의 이벤트를 명시하는 방법을 살펴봤다. 시작된 이후 파이프라인의 동작을 변화시킬 수 있는 인자를 전달하는 방법도 알아봤다.

다음으로 파이프라인이 실패했을 때 재시도하거나 특정 시간 이후 다른 동작으로 넘어가는 방법도 배웠다. 그리고 같은 파이프라인에 동시다발적 실행을 제한하는 방법과 작업을 병렬로 실행하는 동시성도 다뤘다. 또한 조건부 빌드 실행도 살펴봤다.

마지막으로, 프리스타일 잡의 기능과 유사한 빌드 후처리를 구현하는 방법도 배웠다.

이 모든 내용을 통해 사용자는 스크립트 방식과 서술적 파이프라인에서 실행 흐름을 제어할 수 있다. 4장에서는 유용한 도구를 통해 젠킨스가 메시지와 알림을 보내는 방식에 대해 알아볼 것이다.

4장
알림과 리포트

젠킨스를 사용하는 가장 일반적인 목적 중 하나는 자동화다. 특정 이벤트에 의해 트리거된 프로세스를 실행시키는 것 외에도 프로세스가 끝났을 때 해당 작업의 상태에 대해 자동화된 알림을 받는 것이 중요하다. 또한 여러 플러그인과 스텝을 통해 유용한 리포트를 받을 수 있다.

파이프라인 DSL에는 알림에 도움이 되는 스텝이 포함돼 있다. 4장에서는 일반적인 알림을 위해 젠킨스를 설정하고 관련 코드를 작성하는 방법에 대해 알아볼 것이다.

먼저 젠킨스가 기본적으로 보낼 수 있는 알림을 알아보고, 이후에는 슬랙^{Slack}과 힙챗^{HipChat}을 사용하는 방법을 살펴볼 것이다.

그 후 파이프라인 프로세스에서 작성된 리포트를 좀 더 유용한 장소로 옮기는 방법을 알아본다.

이러한 도구를 통해 젠킨스를 통해 알고 싶은 정보를 취합하여 다른 사용자에게 전달할 수 있다.

알림

이번 절에서는 사용자에게 상태, 이벤트 및 필요한 정보를 알려주는 알림에 대해 알아본다. 대부분의 경우 이런 알림은 파이프라인의 '후처리' 영역에서 발생한다. 스크립트 방식 파이프라인에서는 try-catch-finally 문법을 통해 항상 실행돼야 할 후처리를 구현한다(3장에서 설명했다). 서술적 파이프라인에서는 좀 더 직관적인 post 섹션을 사용할 수 있다.

최근에는 이메일을 통해 알림을 받는 전통적인 방식과 달리 다양한 방식을 통해 알림을 받을 수 있다. 알림은 인스턴스 메시지인 경우가 많고, 사용자는 인스턴스 메시지의 색상을 바꾸는 등 다양한 작업을 할 수 있다. 이번 장에서 이러한 내용을 자세히 알아볼 것이다.

이메일

전통적으로 젠킨스에서 이메일은 알림의 기본 방식이다. 따라서 메일 알림을 설정하는 것은 상당히 쉽고 다양한 방법이 지원된다. 옵션은 젠킨스 관리의 시스템 설정 페이지에서 설정할 수 있다. 이를 하나씩 살펴보자.

젠킨스 위치

이번 절에서 알아볼 쉬운 URL 외에도(다음 팁을 참고), 시스템 관리자의 이메일을 설정할 수 있는 장소가 있다. 이는 젠킨스가 프로젝트에 관련된 사람에게 메일을 보낼 때 보낸 사람 주소에 나타날 이름이다. 그림 4-1의 도움 화면에 나타난 것처럼, 간단한 이메일이나 젠킨스 인스턴스의 이름뿐만 아니라 이메일 주소가 모두 가능하다. 이 부분은 필수 입력 영역이다.

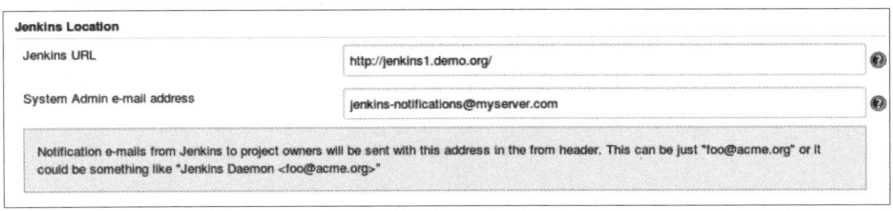

그림 4-1 젠킨스 위치 설정

젠킨스 URL

이 절의 젠킨스 URL 필드는 젠킨스 시스템에 대해 사용자 친화적인 주소를 제공한다. 여기서 젠킨스가 해당 URL을 직접 설정할 수는 없다. 이 필드는 필수는 아니고 localhost:8080과 같은 내용으로 두어도 상관 없다. 하지만 이 젠킨스 URL이 젠킨스가 보내는 메일의 링크에 포함된다. 따라서 클릭할 수 있는 URL을 설정하는 것이 좋다.

실제로 대부분의 경우 사용자 이메일 주소는 이후 설정하는 주소다. 대부분 이메일의 헤더를 분석하지 않는 이상 관리자 주소를 볼 일은 없다. 이를 살펴보는 방법을 알아보자. X-Google-Original-From 헤더의 System Admin e-mail address 필드의 값은 다음과 같다.

```
X-Received: by 10.55.93.197 with SMTP id r188mr35950021qkb.277.1502803051345;
 Tue, 15 Aug 2017 06:17:31 -0700 (PDT)
Received: from diyvb2 (sas08001.nat.sas.com. [149.173.8.1])
 by smtp.gmail.com with ESMTPSA id 131sm6301940qki.23.2017.08.15.06.17.30
 for <bcl@nclasters.org (https://emailmg.webhost4life.com/sqmail/src/compose.
 php?send_to=bl1%40nclasters.org) >
 (version=TLS1 cipher=ECDHE-RSA-AES128-SHA bits=128/128);
 Tue, 15 Aug 2017 06:17:30 -0700 (PDT)
From: jenkins-demo@gmail.com (https://emailmg.webhost4life.com/sqmail/src/
 compose.php?send_to=nfjsuser1%40gmail.com)
X-Google-Original-From: jenkins-notifications@myserver.com
Date: Tue, 15 Aug 2017 09:17:30 -0400 (EDT)
Reply-To: no-reply@jenkins.foo (https://emailmg.webhost4life.com/sqmail/src/
 compose.php?send_to=no-reply%40jenkins.foo)
To: bcl@nclasters.org (https://emailmg.webhost4life.com/sqmail/src/compose.
 php?send_to=bl1%40nclasters.org)
Message-ID: <2007092803.5.1502803050373.JavaMail.jenkins@diyvb2>
Subject: Test email #6
MIME-Version: 1.0
Content-Type: text/plain; charset=UTF-8
Content-Transfer-Encoding: 7bit
```

이제 젠킨스에서 전통적으로 이메일 알림을 설정하는 방법을 알아보자.

이메일 알림

전역 환경 설정 페이지에 E-Mail Notification 영역을 통해 기본 이메일 기능을 설정할 수 있다. 이 필드는 이름 자체가 내포하듯 이메일의 기본 정보를 설정하는 장소다. 여기서 오른쪽 Advanced 버튼을 누르면 추가 필드가 나타난다.

그림 4-2는 페이지의 해당 영역을 보여준다.

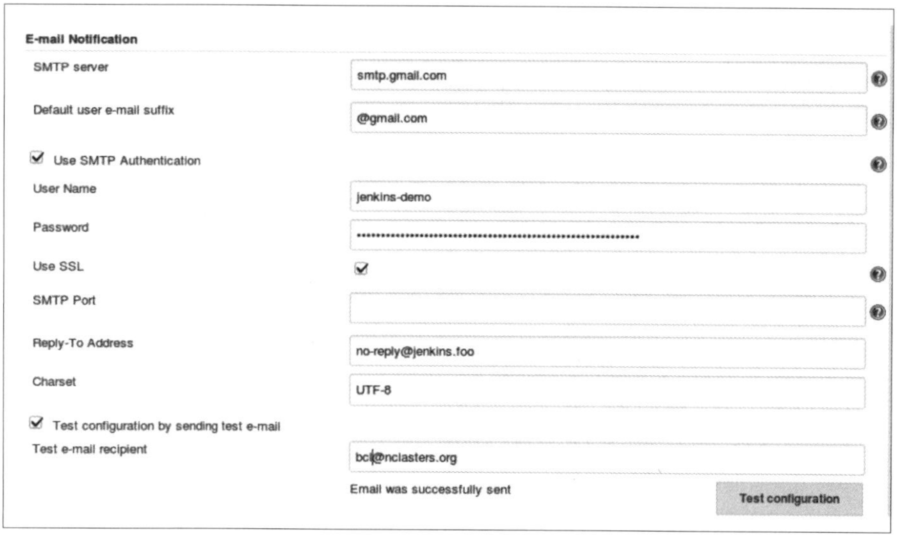

그림 4-2 이메일 알림 설정

몇 가지 주의할 점은 다음과 같다.

- **SMTP Server**는 빈 값으로 남겨둘 시 localhost가 된다.
- SSL을 사용하면 포트의 기본값은 465가 된다. 사용하지 않으면 25가 된다.
- **Reply-To Address** 필드는 필수가 아니지만 설정할 필요가 있을 때 꽤 유용하다.
- 여기서 가장 중요한 부분은 테스트 메일을 발송(하단 마지막 필드)해 설정을 테스트하는 것이다. 테스트를 해보길 강력히 권장한다. 테스트 메일 발송이 실패하면 그림 4-3과 같이 자바 에러 트레이스백을 보게 된다. 이는 보통 잘못된 사용자명이나 암호, 혹은 수신자 주소로 인해 발생한다.

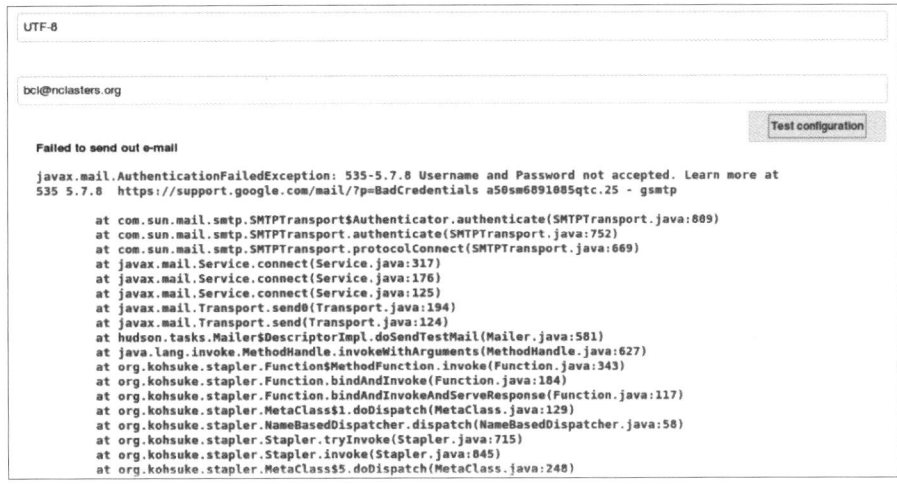

그림 4-3 테스트 메일 발송 실패의 트레이스백

이제 기본 내용을 알아봤으니 이를 파이프라인 스크립트에서 사용하는 방법을 살펴보자.

파이프라인에서 이메일 발송

다음 코드는 스크립트 방식의 파이프라인에서 기본적인 mail 스텝을 사용하는 예시다. 다른 장에서 설명했듯이 try-catch-finally 블록이 스크립트 방식 파이프라인에서 프로세스의 성공이나 실패에 상관없이 후처리를 진행하는 가장 확실한 방법이다.

```
node ('worker_node1') {
    try {
        ...
    }
    currentBuild.result = 'SUCCESS'
    }
    catch (err) {
        currentBuild.result = 'FAILURE'
    }
    finally {
        mail to: 'bcl@nclasters.org',
```

```
            subject: "Status of pipeline: ${currentBuild.fullDisplayName}",
            body: "${env.BUILD_URL} has result ${currentBuild.result}"
    }
}
```

빌드 결과 설정

위 예시에서 currentBuild.result 값을 설정한 것에 주목하자. 이를 설정한 이유는 파이프라인 스텝에서 정확한 빌드 결과를 알 수 없기 때문이다. 빌드 결과를 설정하지 않으면 메일에서 상태는 null로 표시될 것이다.

비슷한 방식으로 다음과 같이 mail 스텝을 서술적 파이프라인에서 설정할 수 있다.

```
pipeline {
    agent any
    stages {
        ...
    }
    post {
        always {
            mail to: 'bcl@nclasters.org',
                subject: "Status of pipeline: ${currentBuild.fullDisplayName}",
                body: "${env.BUILD_URL} has result ${currentBuild.result}"
        }
    }
}
```

서술적 파이프라인의 post 섹션

7장에서 설명하겠지만 post 섹션을 통해 성공 및 실패 같은 빌드 결과의 처리가 분리된다. 이 경우 일반적인 설명을 위해 간단히 always를 사용했다.

이 파이프라인은 빌드가 실패할 경우 다음과 같은 메일을 생성한다.

```
-------------------------- Original Message --------------------------
Subject: Status of pipeline: pipeline2 #1
From:    jenkins-demo@gmail.com
Date:    Tue, August 15, 2017 9:33 pm
To:      bcl@nclasters.org
----------------------------------------------------------------------

http://jenkins1.demo.org/job/pipeline2/1/ has result FAILURE
```

빌드가 성공할 경우 FAILURE가 SUCCESS로 바뀌고 나머지 부분은 동일하다.

기본적으로 제공되는 기능을 통해 일반적인 이메일에 대한 요구 조건이 충족되지만, 젠킨스가 보내는 메일을 좀 더 설정하고 싶은 경우가 생길 수 있다. Email Extension 플러그인은 이메일을 다루는 추가적인 방법을 제시하지만, 파이프라인 환경에서 사용했을 때는 단점이 있을 수도 있다. 이에 대해 자세히 알아보자.

확장된 이메일 알림

기본 메일 기능 외에도 email-ext(Extended Email) 플러그인이 있다. 이를 통해 젠킨스에서 이메일을 보내는 기능을 다양하게 설정할 수 있다. 기본 메일 플러그인과 유사한 기본 설정이 있지만 다음 세 영역에 새로운 기능이 추가된다.

Content
메일 알림의 제목과 내용을 동적으로 바꿀 수 있다.

Recipients
사용자 역할에 따라 수신자를 설정할 수 있다.

Triggers
메일 알림을 보내는 조건을 설정할 수 있다(현재 파이프라인에 적용되지 않는다).

각 기능을 자세히 살펴보고 유용하게 사용할 수 있는 장소를 알아보자.

전역 환경 설정

email-ext 플러그인은 파이프라인 잡에서 사용하기 전에 전역 환경 설정을 해야 한다. 이 중 대부분은 기본 이메일 기능의 설정과 유사하다(그림 4-4).

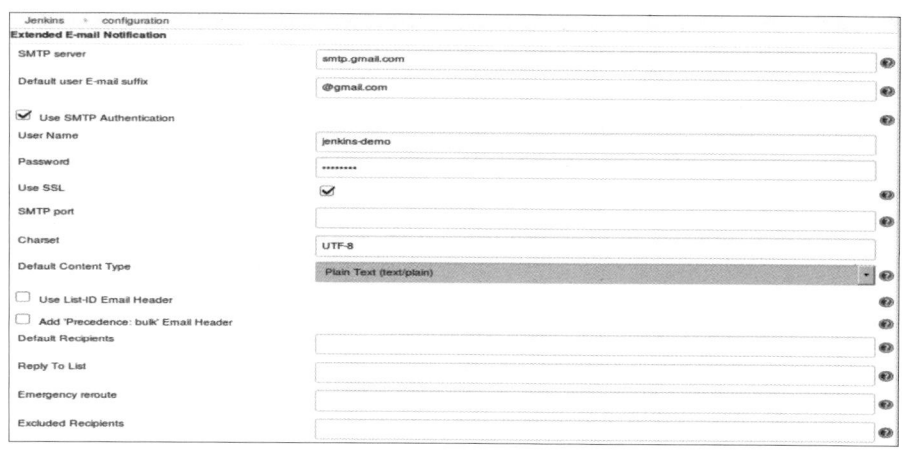

그림 4-4 확장된 이메일을 위한 기본적인 설정

여기서 몇몇 필드는 부연 설명이 필요하다. 이를 살펴보자.

Use List-ID Email Header

　　이 옵션을 선택하면 이메일에 **list-id** 헤더를 추가할 수 있다. 도움말이 암시하듯 필터링 이나 자동 답장을 피하는 데 유용하다. 도움말에 예시 포맷이 있다.

Add 'Precedence: bulk' Email Header

　　이 옵션을 선택하면 메일에 헤더가 추가된다. 메일 시스템에서 사용되는 기본값에 따라 젠킨스에 자동으로 보내지는 답장을 제거한다.

Reply To List

　　새로운 옵션은 아니지만, 콤마로 구분되는 사용자 목록을 입력할 수 있다.

Emergency reroute

이 필드를 작성하면 모든 젠킨스 메일은 이곳에 작성된 주소로만 보내진다. 이를 통해 특정 이슈가 있을 때 임시적으로 젠킨스가 원래 주소로 메일을 보내지 않게 할 수 있다.

Excluded Recipients

이름이 암시하듯 이 플러그인에서 생성된 수신 주소에서 특정 주소를 제외하기 위해 사용된다.

다음으로 email-ext 플러그인으로 메일 내용을 작성하는 법을 알아보자.

내용

전역 환경 설정 페이지에서 젠킨스가 이메일 알림에서 보낼 메일의 내용을 동적으로 작성하거나 수정할 수 있게 도와주는 필드가 있다. 그림 4-5는 이에 관련된 필드다.

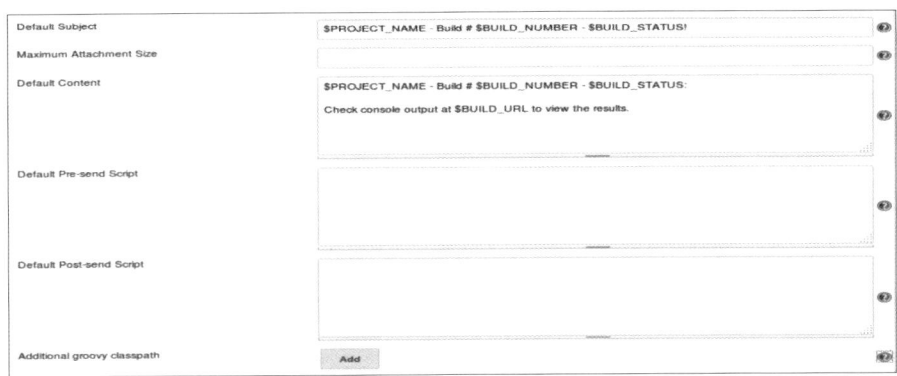

그림 4-5 Extended email의 기본 내용 설정

 **emailext 스텝과 기본값 필드**

현재 이 필드는 파이프라인 스크립트에서 동작하지 않는다. 이는 emailext 스텝에 여기 설정된 값을 사용하게 하는 방법이 없기 때문이다. 하지만 추후 해당 기능이 지원될 경우를 생각해 여기에서 다뤘다.

처음 세 가지 필드(기본 제목, 최대 첨부 파일 사이즈, 기본 내용)는 그 자체로 이해하기에 충분하다. 여기서 첨부 파일 사이즈는 메가바이트 단위이고, 전체 첨부 파일의 용량을 제한한다.

기본 선처리 스크립트와 기본 후처리 스크립트는 이메일이 발송되기 전과 후에 실행할 그루비 스크립트를 위한 장소다. 이에 관심이 있다면 웹에서 유용한 사용법을 찾을 수 있다. 플러그인 페이지에서 관련 내용을 알아보기에 좋다.

기본 제목과 기본 내용 필드를 구성하기 위해 여러 토큰을 사용할 수 있다. 여기서 '토큰'이란 해당 빌드에서 젠킨스에 의해 채워지는 환경 변수다. `$BUILD_NUMBER`에는 빌드 번호, `$PROJECT_NAME`에는 프로젝트 이름이 포함돼 있다. 정의되어 있다면 선처리와 후처리 스크립트는 다른 잡에서 `${DEFAULT_PRESEND_SCRIPT}`와 `${DEFAULT_POSTSEND_SCRIPT}`를 이용해 참조할 수 있다.

메일의 내용에 다양한 옵션을 제공하는 것 외에도 extended email은 메일을 받을 수신자의 종류를 선택할 수 있게 한다. 이에 대해 알아보자.

수신자

Email Extension 플러그인을 사용하면 `emailext` 파이프라인 스텝을 통해 수신자의 종류를 선택할 수 있다. 이는 설정된 수신자에 추가로 더해진다.

그림 4-6은 해당 스텝의 드롭다운에서 선택 가능한 목록이다.

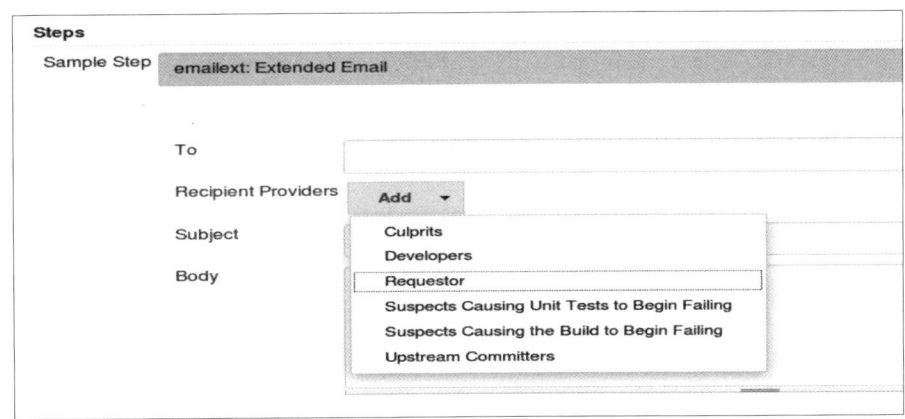

그림 4-6 Extended email recipients 추가

표 4-1은 플러그인 페이지를 참조하여 작성한 해당 목록과 정의다.

표 4-1 Extended email 수신자의 종류

이름	설명(플러그인 문서에서 추출)
Culprits	마지막 성공한 빌드와 지금 빌드 사이에 변경 사항을 커밋한 사용자에게 메일 발송. 최소 지금 빌드의 변경 사항을 만든 사람이 포함되고, 직전 빌드가 실패했다면 직전 빌드의 culprit 목록도 포함
Developers	변경 사항을 작성한 사람에게 메일 발송
Requestor	빌드가 수동으로 시작됐다 가정하고 해당 빌드를 시작한 사람에게 메일 발송
Suspects Causing Unit Tests to Begin Failing	단위 테스트를 실패하게 만들었다고 추정되는 사용자에게 메일 발송. 해당 목록에는 단위 테스트가 실패한 빌드의 committer와 requestor, 그리고 테스트가 실패하기 전 실패한 빌드를 포함
Suspects Causing the Build to Begin Failing	이 빌드를 실패하게 만들었다고 추정되는 사용자에게 메일 발송
Upstream Committers	이 빌드를 트리거한 상위 빌드 커밋 작성자에게 메일 발송

emailext 파이프라인 스텝을 사용하려면 이 책을 작성하는 시점에서는 $class를 사용해 위 범주를 참조해야 한다. 예시는 다음과 같다.

```
emailext body: 'body goes here',
    recipientProviders: [[$class: 'CulpritsRecipientProvider'],
    [$class: 'DevelopersRecipientProvider'],
    [$class: 'RequesterRecipientProvider'],
    [$class: 'FailingTestSuspectsRecipientProvider'],
    [$class: 'FirstFailingBuildSuspectsRecipientProvider'],
    [$class: 'UpstreamComitterRecipientProvider']],
    subject: 'subject goes here'
```

트리거

email-ext 플러그인을 위한 전역 설정에서 메일을 보낼 이벤트의 기본 트리거를 설정할 수 있다. 하지만 이 설정은 프리스타일 잡을 사용하고 '빌드 후처리 작업'에 '수정 가능한 이메일 알림'을 추가해야만 동작한다. 즉 파이프라인에서는 유용하지 않다.

파이프라인에서는 두 가지 방법으로 접근할 수 있다. 스크립트 방식에서는 finally 블록에서 빌드 상태를 확인하는 방법으로 접근할 수 있고, 서술적 파이프라인에서는 post 블록에서 조건을 통해 이메일을 보낼 수 있다. 3장의 '파이프라인 실행 흐름'이나 7장의 '서술적 파이프라인'에서 빌드 후처리 예시를 참고하자.

로그 포함하기

email-ext 플러그인의 유용한 내장 기능 중 하나는 로그를 포함(및 압축)할 수 있다는 것이다. 이를 pipeline 스텝에서 사용하려면 다음과 같이 옵션을 활성화한다.

```
attachLog: true, compressLog:true
```

궁극적으로, 이 플러그인은 파이프라인 개발자에게 다양한 방식을 제공한다. 이 중에서 좋은 점은 다양한 종류의 수신자를 추가하고 로그를 추가하는 것이다. 반면에 emailext 스텝은 전역 환경 설정에 기반해 동작하도록 설정되고 프리스타일 잡에 빌드 후처리를 추가하게 설계됐다. 이는 파이프라인 환경에 잘 맞지 않아 빌드 후처리에 해당하는 코드를 작성하지 않으면 기본 기능이 활성화된다. 이 책의 집필 시점 이후에 이같은 기능이 추가됐을 수 있다.

또 하나 언급할 점은 emailext 파이프라인 스텝인 pre-send와 post-send 스크립트가 현재 동작하지 않는 점이다. 두 스크립트가 접근 권한을 가져야 할 build 객체 등이 접근 불가능하다. 이 기능도 머지않아 수정되길 바란다.

다음은 위 내용을 참고해 유용한 내용을 추가한 emailext 파이프라인 스텝의 최종 예시다.

```
emailext attachLog: true, body:
    """<p>EXECUTED: Job <b>\'${env.JOB_NAME}:${env.BUILD_NUMBER})\'
    </b></p><p>View console output at "<a href="${env.BUILD_URL}">
    ${env.JOB_NAME}:${env.BUILD_NUMBER}</a>"</p>
     <p><i>(Build log is attached.)</i></p>""",
    compressLog: true,
    recipientProviders: [[$class: 'DevelopersRecipientProvider'],
        [$class: 'RequesterRecipientProvider']],
    replyTo: 'do-not-reply@company.com',
    subject: "Status: ${currentBuild.result?:'SUCCESS'} -
    Job \'${env.JOB_NAME}:${env.BUILD_NUMBER}\'",
    to: 'bcl@nclasters.org Brent.Laster@domain.com'
```

emailext 스텝에서 주요한 내용은 다음과 같다.

- 이 스텝은 페이지의 제한에 의해 줄바꿈 처리가 됐다.
- 스크립트 방식의 파이프라인을 작성할 때는 긴 값을 저장할 수 있는 변수를 선언해 스텝에서 사용하는 것이 좋다.
- """가 문자열을 감싸는 것을 볼 수 있다. 이는 다중 라인 메시지를 표시하기 위한 그루비 문법이다.
- 이메일 바디에서 HTML 태그가 사용됐다. 이메일을 HTML 형태로 나타내려면 **Global configuration**에서 email-ext 플러그인의 기본 컨텐트 타입이 text가 아닌 HTML로 설정돼야 한다.

- 문자열을 감싸는 " "는 문자열 안에 변수가 있는 경우 사용하는 그루비 문법이다.
- ${currentBuild.result?:'SUCCESS'} 문법은 currentBuild.result이 NULL인지 확인하고, 이 경우 SUCCESS 값을 할당한다. 이는 젠킨스에서 NULL이 빌드 성공을 의미하기에 필요하다.
- replyTo 필드를 사용해 답신할 주소를 지정했다.
- 스페이스를 사용해 여러 사용자 주소를 나타낼 수 있다.

그림 4-7은 위 명령어를 통해 생성된 이메일이다.

그림 4-7 샘플 명령어를 통해 이메일 예시

젠킨스 사용자에게 이벤트와 정보를 알리는 방법 중 이메일이 가장 보편적이지만, 점점 더 많은 팀이 알림을 활용하기 위해 인스턴스 메시지를 사용하고 있다. 이 중에서 가장 유명한 것은 슬랙과 힙챗이다. 젠킨스에서 이 둘을 사용하는 방법을 알아보자.

협업 서비스

유명한 메시지 및 협업 서비스에 젠킨스 알림을 보낼 수 있는 플러그인이 있다. 이번 절에서는 이 중 슬랙과 힙챗에 대해 알아보자.

슬랙 알림

슬랙으로 알림을 보내기 위해서는 먼저 Slack Notification 플러그인(https://plugins.jenkins.io/slack)을 설치해야 한다. 설치 및 전역 환경 설정 이후 `slackSend` 스텝을 통해 파이프라인에서 슬랙 채널에 알림을 보낼 수 있다. 하지만 우선, 슬랙을 통한 통합을 설정할 수 있어야 한다.

슬랙 설정

젠킨스와 슬랙의 연동을 위해 먼저 슬랙 계정과 팀, 채널이 있다고 가정하자(관련된 내용은 여기서 다루지 않는다. 웹 문서 참고). 우리의 목적을 위해 explore-jenkins 팀과 #jenkins2 채널을 슬랙에 만들었다.

다음으로, 젠킨스 통합을 설정(http://bit.ly/2vuSVjV)할 것이다. 이 가이드를 통해 슬랙 API 연동 토큰을 만들어 젠킨스가 슬랙에 연결될 수 있게 할 것이다.

그림 4-8은 설정의 첫 화면이다. 여기서 explore-jenkins 팀에 로그인하여 해당 팀의 #jenkins2 채널과 젠킨스 CI와의 통합을 활성화시킬 것이다.

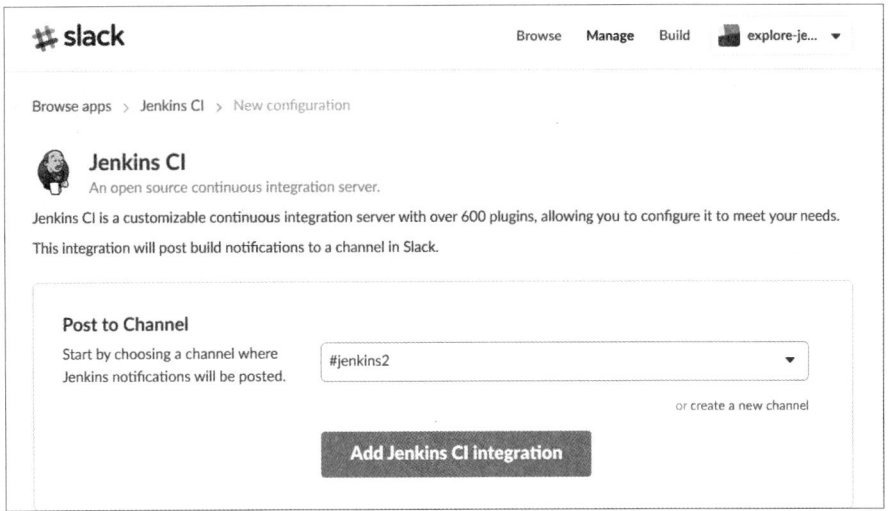

그림 4-8 채널에서 젠킨스 슬랙 통합 활성화

Add Jenkins CI integration 버튼을 클릭하면 통합을 위해 젠킨스에서 해야 할 내용을 알려주는 화면으로 이동할 것이다. 이 페이지 하단에서 젠킨스에서 통합을 위해 사용할 설정을 다룬다.

먼저 설정해야 할 것은 기본 URL과 토큰이다. 이 둘은 그림 4-9에서 보여지듯 스텝 3의 결과에 나타난다. 원하는 설정을 수정한 후 Save Settings(설정 저장) 버튼을 페이지 하단에서 클릭하자. 그러면 설정은 저장 공간만 같은 페이지에 머물게 될 것이다.

그림 4-9 젠킨스 설정에 필요한 슬랙 통합 정보 페이지

다음으로 보안 관련 문제를 고려하면 좋다. 젠킨스 전역 환경 설정 페이지에서 토큰을 볼 수 있지만, 이런 방식은 보안 위협이 존재한다. 여기에서는 Secret text 인증을 만들어 보관하는 게 더 낫다. 인증을 만드는 방법에 관한 자세한 내용은 5장을 참고하자. 그림 4-10은 새로운 인증을 만드는 주요 스텝을 보여준다.

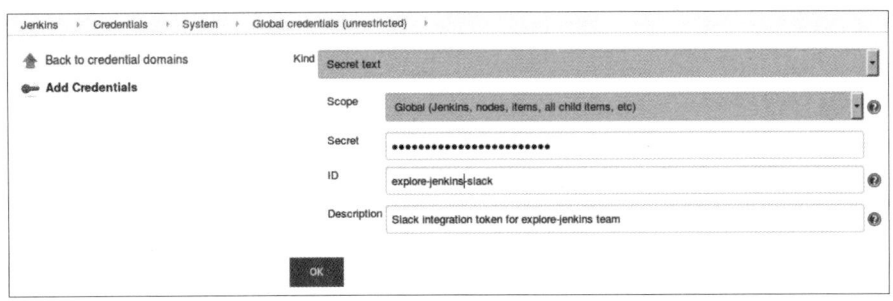

그림 4-10 슬랙을 위한 새로운 Secret text 보안 생성

다음 절에서는 전역 환경 설정에서 사용할 인증이 이미 만들어졌다고 가정할 것이다.

젠킨스 전역 환경 설정

슬랙 알림을 위한 전역 환경 설정 화면은 그림 4-11과 같다.

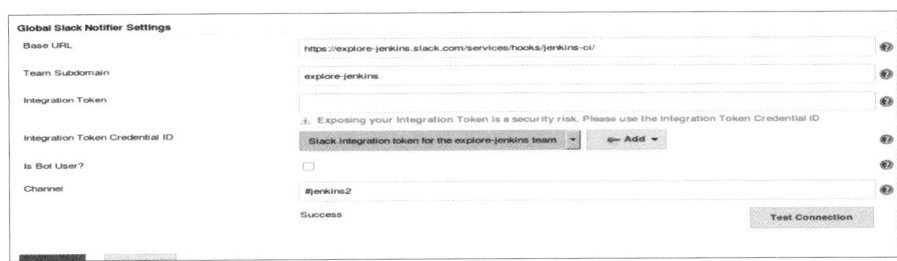

그림 4-11 젠킨스/슬랙 알림을 위한 전역 환경 설정

가장 중요한 것은 URL이다. 앞 절에서 설명한 것처럼 슬랙 통합 결과 화면에서 취득할 수 있다.

다음으로 중요한 것이 subdomain이다. 이는 슬랙에서 사용할 팀으로 토큰을 설정한 것과 같이 설정할 수 있다. 마찬가지로 채널도 이와 같이 설정 가능하다.

앞 절에서 논의한 것과 같이, 슬랙 통합 토큰을 새로 생성하는 것이 토큰 자체를 노출하는 것보다 좋다. Integration Token Credential ID(통합 토큰 인증 ID) 필드는 이전에 생성한 토큰을 포함한 인증을 선택할 수 있는 장소다. 이 옵션을 사용하면 Integration Token은 공백으로 바뀐다.

마지막으로, Is Bot User? 체크박스가 있다. 이를 체크해 활성화시키면 봇 사용자로부터 알림을 보내는 것이 활성화된다. 이를 동작하게 하려면 봇 사용자를 위한 인증(통합 토큰 인증)이 필요하다.

여기까지 작성하고 나면 연결 테스트 버튼을 통해 테스트할 수 있다. 모든 것이 제대로 설정됐다면 성공 메시지를 볼 수 있을 것이다. 그 후 슬랙에서 통합 설정에 대한 알림을 확인할 수 있다(그림 4-12).

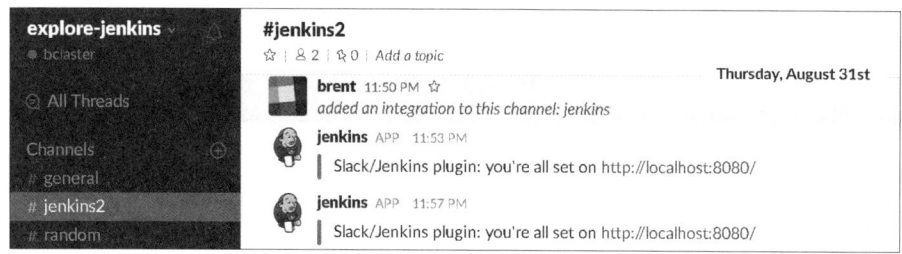

그림 4-12 슬랙 통합 설정 알림

슬랙의 웹훅

통합을 위한 API 토큰의 설정이 쉽지만, 이 외에도 사용할 수 있는 방법이 하나 더 있는데 이는 웹훅Webhook이다. 웹훅은 젠킨스와 슬랙의 연동을 위한 새로운 방법으로, 슬랙이 공유할 것이 생겼을 때 젠킨스에 정의된 public endpoint에 페이로드payload를 보내는 방법이다. 여기에서 자세히 다루지는 않을 것이지만, 이를 사용할 경우를 대비해 설정 방법만 간단히 살펴보자.

위에 젠킨스 CI 통합처럼, 슬랙의 subdomain과 팀의 웹훅 통합부터 활성화해야 한다. 여기서 incoming 웹훅이 아니라 outgoing 웹훅(슬랙으로 부터 나오는)을 설정해야 한다. 그림 4-13은 outgoing 웹훅 통합을 슬랙에서 활성화하는 화면이다.

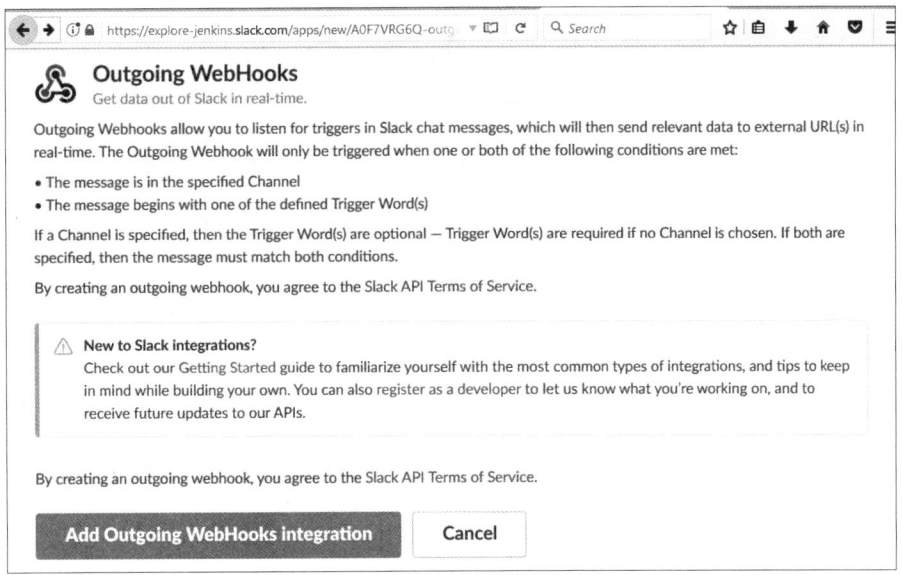

그림 4-13 슬랙에서 outgoing 웹훅 통합 활성화

Add Outgoing WebHooks Integration 버튼을 클릭한 후 새로운 통합에 토큰을 포함시키면 추가 정보가 있는 화면으로 이동할 것이다.

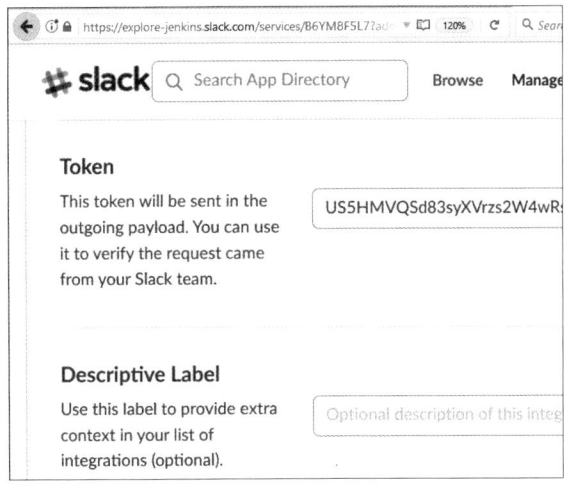

그림 4-14 Outgoing 웹훅 통합 상세 화면 - 토큰 포함

이후 슬랙 웹훅을 위해 토큰과 엔드포인트가 포함된 전역 환경 설정을 진행할 수 있다(그림 4-15).

그림 4-15 슬랙 웹훅을 위한 젠킨스 전역 환경 설정

잡에서 슬랙 알림 보내기

slackSend 파이프라인 스텝을 통해 슬랙으로 메시지를 보낼 수 있다. 여기서 필수 매개 변수는 보낼 메시지다. 어떤 메시지를 보내도 상관 없는데 env.JOB_NAME, env.BUILD_NUM 같은 젠킨스의 환경 변수나 전역 변수도 보내고 싶을 것이다. 이를 사용할 경우 " "로 감싸진 문자열 안에서 ${} 문법을 사용해 이를 감싸 그루비 문법을 충족시켜야 한다. 다음은 기본 매개 변수만 가진 간략한 예시다.

```
slackSend "Build ${env.BUILD_NUMBER} completed for ${env.JOB_NAME}."
```

메시지에 링크 추가하기

Text format 옵션이 설정되지 않았을 경우 간단히 아이템을 (⟨link | text⟩)로 묶는 일반적인 HTML 코드를 사용해 링크를 추가할 수 있다.[1] 예를 들어, 사용자가 보낸 URL을 링크로 추가할 경우, 이전 스텝을 다음과 같이 변경하면 된다.

```
slackSend "Build ${env.BUILD_NUMBER} completed for
${env.JOB_NAME}. Details: (<${env.BUILD_URL} | here >)"
```

그 외에 사용할 만한 매개 변수로는 color가 있다. color는 메시지 첨부 파일의 왼쪽과 보더 border의 색상 설정을 위해 사용된다.

---

1 <, >를 각각 문맥에 맞게 ⟨⟩로 수정한다. – 옮긴이

색상은 이미 정의된 레이블이나 헥스 값(다음 노트에 자세히 설명)으로 설정할 수 있다. 이미 정의된 레이블에는 good(어두운 녹색), warning(밝은 주황색), 그리고 danger(어두운 붉은색)가 있다.

색상과 링크를 추가한 샘플은 다음과 같다.

```
slackSend color: 'good', message: "Build ${env.BUILD_NUMBER}
  completed for  ${env.JOB_NAME}.  Details: (<${env.BUILD_URL} |
  here >)"
```

여기서 변수가 같이 있는 메시지는 큰따옴표로 감싸야 실제 값이 변수에 할당된다.

색상과 색상 코드

slackSend 스텝은 16진수 색상 코드를 사용할 수 있다. 곧 알아볼 hipchatSend 스텝은 이름을 사용해 색상을 나타낸다. 이름과 색상이 매핑되는 방법을 잠시 살펴보자.

색상의 헥스 값은 여섯 자리 문자로 나타낸다. 각각은 0-9나 A-F 중 하나다. 각 문자의 위치는 색상의 구성이나 톤을 나타내고, 이를 조합한 여섯 자리의 값이 고유한 색상을 나타낸다.

색상 문자 조합에서 처음 두 자리는 붉은색을, 다음 두 자리는 녹색을, 마지막 두 자리는 파란색을 나타낸다.

각각의 자리에 헥스 값의 조합을 사용해 고유한 붉은색, 녹색, 파란색의 함량을 설정할 수 있다. 다음은 예시다.

- #000000은 모든 색상 파트가 없으므로 검은색이다.
- #FFFFFF는 모든 색상 파트가 있으므로 흰색이다.
- #FF0000은 붉은색만 있으므로 붉은색이다.
- #00FF00은 녹색만 있으므로 녹색이다.
- #FFFF00은 붉은색과 녹색만 있으므로 노란색이다.

보라색이 필요하다면 #FF00FF와 같이 붉은색(처음 두 자리)과 파란색(마지막 두 자리)을 포함하고 녹색을 포함시키지 않으면 된다.

slackSend 스텝이 받을 수 있는 추가 매개 변수가 있다. 추가 매개 변수의 이름과 타입은 대부분 슬랙 통합을 위한 전역 환경 변수와 같다. 이것은 필요시 기본 설정을 덮어쓸 수 있게 하려는 것이다. 파이프라인 문법 화면으로 이동해 slackSend 스텝을 선택한 후 Advanced 버튼을 클릭하면 자세히 알아볼 수 있다.

마지막으로, 사용 가능한 매개 변수로는 failOnError도 있다. 이를 true로 설정하면 알림 전송시 문제가 발생했을 때 해당 런이 취소된다.

힙챗 알림

슬랙 알림 플러그인과 유사하게 힙챗 알림 플러그인이 있다. 이는 파이프라인 DSL에 hipchatSend 스텝을 추가한다. 슬랙 플러그인처럼, 힙챗 플러그인도 애플리케이션에 설정부터 해야 한다. 슬랙과 달리 힙챗 버전 1 API나 새로운 버전 2 API 중 선택할 수 있다. 버전 2를 사용하는 것이 권장되지만, 아직 버전 1이 지원되기에 여기에서는 둘 다 살펴보기로 하자.

이번 예시에서는 하나 이상의 룸이 설정된 계정이 있다고 가정한다. 이 예시에서는 explore-jenkins라는 이름을 가진 룸이 설정되어 있다.

버전 1 API를 사용한 힙챗 설정

룸 메뉴에서 Integration(통합)을 선택하면 젠킨스 타일을 찾을 수 있다(그림 4-16).

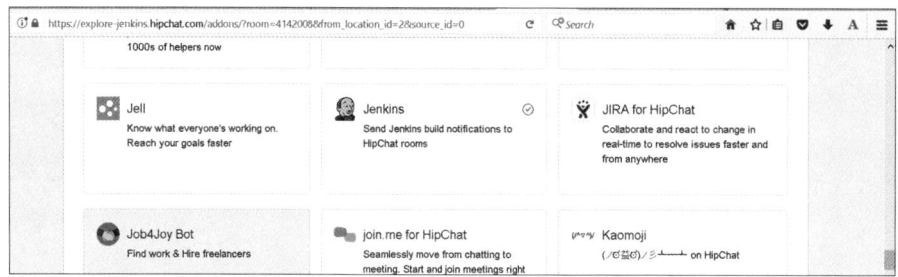

그림 4-16 힙챗의 젠킨스 통합 타일

젠킨스 타일을 선택하면 버전 1 토큰이 있는 화면으로 이동한다(그림 4-17).

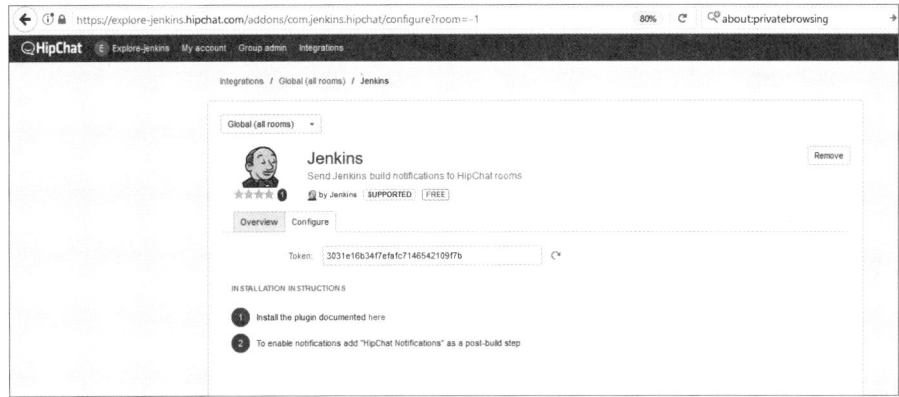

그림 4-17 v1 토큰 화면

이 토큰을 젠킨스 전역 환경 설정에서 사용하려면 새로운 젠킨스 'Secret text' 인증을 생성해야 한다. 이 과정은 175쪽 '슬랙 설정' 절에 나와 있다. 여기서는 슬랙 설정과 다르게 젠킨스 전역 설정의 일반 텍스트 토큰을 선택하는 화면이 없는 점에 주목하자.

버전 2 API를 사용한 힙챗 설정

힙챗 버전 2 API를 사용할 때 토큰을 얻는 가장 쉬운 방법은 http://〈your room〉.hipchat.com/account/api를 사용하는 것이다(이 토큰은 개인 토큰인 점에 주의하자). 여기로 이동하면 **Create new token**(새 토큰 생성) 영역에서 토큰의 레이블을 입력한 후 타입을 선택한다(이 예시에서는 jenkins 레이블과 Send Notification 선택). **Create** 버튼을 클릭하면 사용 가능한 v2 토큰을 볼 수 있다(그림 4-18).

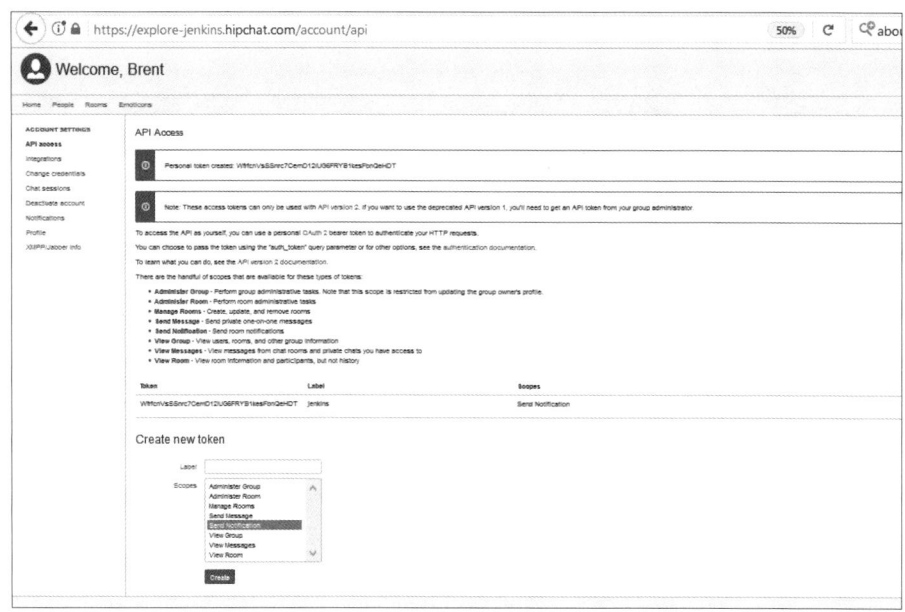

그림 4-18 힙챗 v2 토큰 획득

이 토큰을 젠킨스 전역 환경 설정에서 사용하려면 새로운 젠킨스 'Secret text' 인증을 생성해야 한다. 이 과정은 175쪽 '슬랙 설정' 절에 나와 있다.

젠킨스 전역 환경 설정

힙챗 전역 환경 설정을 하려면 힙챗 서버의 위치부터 입력해야 한다. 이를 위한 고유한 명칭이 있지 않으면 기본값인 api.hipchat.com으로 두어도 된다.

다음은 v2 API 사용 여부 체크박스다. v1 API를 사용한다면 체크하지 않고 넘어간다.

그 밑으로 알림을 보낼 룸의 이름을 입력한다. 대소문자를 구분하는 룸 이름이거나 힙챗 ID 숫자가 된다. 쉼표로 구분하여 다중 입력이 가능하다.

다음으로 v1을 사용할 경우 알림을 보내는 다른 ID를 설정할 수 있다. 기본값은 Jenkins 이다.

Card Provider 필드는 힙챗의 알림 카드와 연관이 있다. 알림 카드에 대한 내용은 이 책의 범위 밖이므로 특별한 이유가 있지 않는 한 기본값인 Default cards로 두자.

그림 4-19는 젠킨스의 힙챗 전역 환경 설정의 예시다.

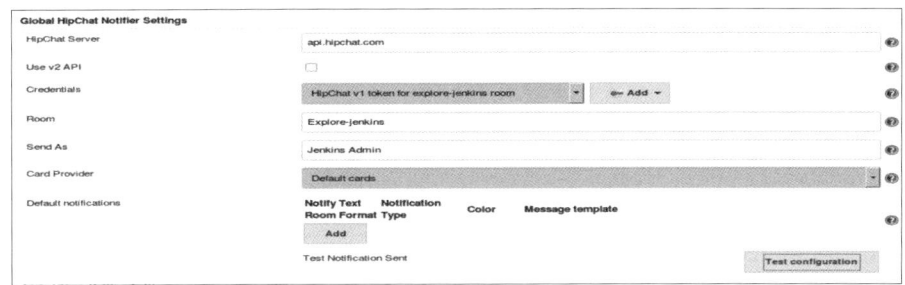

그림 4-19 힙챗 전역 환경 설정

이 정보를 채우고 난 후 젠킨스와 힙챗의 연동을 테스트할 수 있다. Test configuration(설정 테스트) 버튼을 눌렀을 때 연동이 성공했다면 그림 4-20과 같은 테스트 알림 전송 메시지가 나타날 것이다.

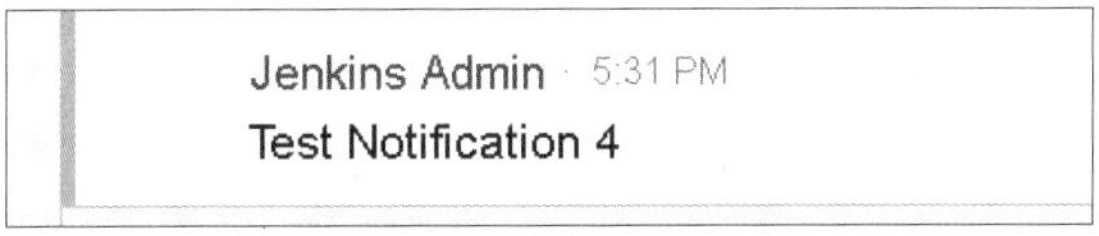

그림 4-20 젠킨스의 알림 테스트

기본 알림

힙챗의 또 하나의 전역 환경 설정 옵션은 기본 알림이다. 이는 전역으로 설정 가능한 마지막 영역이다. 이 영역의 굵은 글씨의 내용이 기본 알림을 설정할 때 추가할 수 있는 내용이다. 기본 알림을 추가하려면 Add 버튼을 눌러 값을 입력하기만 하면 된다.

이름에서 알 수 있듯이 기본 알림 기능은 잡의 기본 알림을 위해 존재한다. 하지만 이 알림은 해당 잡에 알림이 설정되어 있지 않고 힙챗 알림이 빌드 후처리에 추가됐을 경우에만 전송된다. 이러한 조건은 프리스타일 프로젝트에서만 가능하고, 또한 힙챗 통합을 사용하는 파이프라인 프로젝트는 고유의 알림 스텝을 갖기 때문에, 기본 알림은 파이프라인 프로젝트에 적용되지 않는다.

잡에서 힙챗 알림 보내기

힙챗 알림 플러그인은 앞에서 언급한 hipchatSend 스텝을 사용자가 파이프라인에서 사용할 수 있게 제공한다. 유일한 필수 매개 변수는 메시지이다. 여기에는 어떤 메시지를 보내도 상관 없는데 env.JOB_NAME, env.BUILD_NUM 같은 젠킨스의 환경 변수나 전역 변수를 보내고 싶을 수도 있다. 이를 사용하려면 ""로 감싸지는 문자열 안에서 ${} 문법을 사용해 이를 포함시켜 그루비 문법을 충족시켜야 한다. 다음은 기본 매개 변수만 있는 간략한 예시다.

```
hipchatSend "Build Started: ${env.JOB_NAME} ${env.BUILD_NUMBER}"
```

그 외에 사용할 만한 매개 변수로는 인터페이스에서 메시지의 배경색을 설정한다. 슬랙의 색상 옵션과 달리 사용할 수 있는 색상으로는 GREEN, YELLOW, RED, PURPLE, GRAY, 혹은 RANDOM이 있다. 여기서 기본값은 GRAY이다.

추가 옵션을 통해 메시지의 다른 부분을 변경할 수 있다. notify 옵션은 true나 false로 설정할 수 있고 이를 통해 모바일 기기 등에서 소리가 나는 사용자 알림을 트리거할지 결정하게 된다. textFormat 옵션은 (true로 설정됐을 경우) 메시지가 텍스트 포맷으로 보내지는지 결정하는 데 사용된다. 기본값은 false이다(HTML).

메시지에 링크 추가하기

textFormat 옵션이 true로 설정되지 않았을 경우 기본 HTML을 사용해 hipchatSend 메시지에 링크를 추가할 수 있다. 예시는 다음과 같다.

```
hipchatSend "Build ${env.BUILD_NUMBER} completed for
    ${env.JOB_NAME}. Details: <a href=${env.BUILD_URL}>here</a>"
```

룸에 color 옵션과 알림을 추가한 좀 더 복잡한 예시는 다음과 같다.

```
hipchatSend color: 'GREEN',
    notify: true,
    message: "Build ${env.BUILD_NUMBER} completed for
    ${env.JOB_NAME}.   Details: <a href=${env.BUILD_URL}>here</a>"
```

실제 힙챗의 알림은 그림 4-21과 같다.

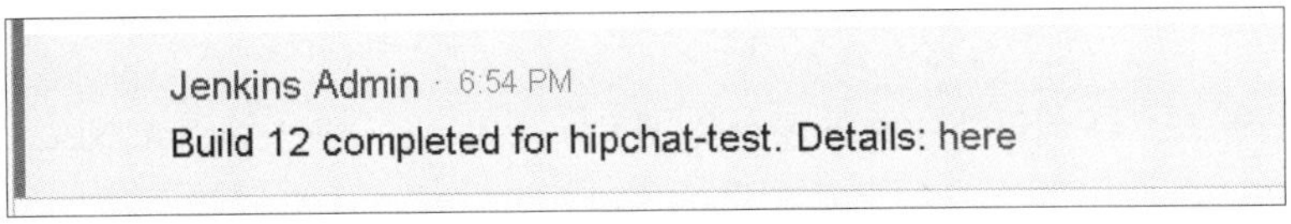

> Jenkins Admin · 6:54 PM
> Build 12 completed for hipchat-test. Details: here

그림 4-21 젠킨스에서 보내진 힙챗 알림

hipchatSend 스텝이 받을 수 있는 추가 매개 변수가 있다. 추가 매개 변수의 이름과 타입은 힙챗 전역 환경 설정의 값과 같다. 이는 원할 경우 기본 설정을 덮어쓸 수 있게 하기 위해 설계됐다. 이에 대한 자세한 정보는 파이프라인 문법 화면에서 hipChat 스텝을 클릭한 후 **Advanced** 버튼을 눌러 확인할 수 있다.

이메일 기능과는 달리 협업 도구의 통합은 계속해서 발전하고 있다. 힙챗은 v1 API에서 v2 API로 이동했고 슬랙은 웹훅을 더 많이 지원하고 있다. 호환되는 다른 서비스들도 약간씩 접근 방식이 달라지고 있다. 항상 플러그인 인덱스(http://plugins.jenkins.io)를 통해 최신 정보를 확인하자.

젠킨스에서 플러그인을 적절히 통합해 여러 종류의 알림을 제공할 수는 있지만, 이번 절에서 중요한 정보를 전달할 수 있는 방법을 충분히 다뤄졌기를 바란다.

젠킨스가 정보를 전달하기 위해 사용하는 다른 수단은 리포트를 생성하거나 이를 수행할 수 있는 애플리케이션과 연동하는 것이다. 이에 대해 다음 절에서 알아보자.

리포트

젠킨스에는 목적에 맞게 HTML 리포트를 생성하는 다양한 플러그인과 도구가 있다. 여기에는 코드 분석, 코드 커버리지 및 단위 테스트 리포트가 있다. 이 중 일부인 소나큐브^{SonarQube}나 자코코^{JaCoCo}는 젠킨스 잡 결과를 맞춤형 통합으로 제공한다. 주로 배지나 그래프, 혹은 사용자가 클릭해 애플리케이션으로 이동해 리포트를 볼 수 있는 링크 형태가 이 범주에 포함된다.

하지만, 몇몇 도구는 이러한 수준의 통합을 제공하지 않는다. 대신 단순히 워크스페이스의 상대 경로에 리포트를 생성하여 사용자가 해당 위치를 찾아 내용을 보게 한다. 이는 빌드 결과 페이지에 리포트의 링크가 있는 것에 비교하면, 하나의 젠킨스 워크스페이스에서 리포트의 위치를 정한 후 다른 잡에서 이 정보를 봐야 할 필요가 있을 때 불편할 수 있다.

다행히 HTML Publisher 플러그인(http://plugins.jenkins.io/htmlpublisher)이 사용 가능하다. 이 플러그인은 사용자가 파이프라인 코드에 스텝을 추가해 HTML 리포트의 위치를 지정할 수 있게 한다. 또한 잡의 결과 페이지에 맞춤형 링크를 만들고, 해당 리포트를 특정 기간 동안 보관하는 기능도 제공한다.

HTML 리포트 발행

HTML Publisher 플러그인의 동작 방식을 알아보기 위해 예시를 살펴보자. 하위 프로젝트가 여러 개 있는 그레이들 빌드 방식의 프로젝트가 있다고 가정하자. 하위 프로젝트의 이름 중 하나는 api, 하나는 util이라고 생각해보자. 파이프라인은 하위 프로젝트에 그레이들 테스트 작업을 수행하고, 각각에서 작성한 단위 테스트가 수행된다.

관례적으로, 그레이들은 index.html이라는 이름으로 수행한 단위 테스트의 리포트를 만든다. 그 후 이를 〈component〉/build/reports/test 폴더에 저장한다. 파이프라인을 위해 그레이들이 생성한 HTML 테스트 리포트에 대해 api와 util 두 하위 프로젝트에 링크를 추가할 것이다.

아래 publishHTML은 DSL 스텝에 넘겨야 할 기본 정보를 알려준다. api 리포트를 위해 스텝을 호출하는 코드는 다음과 같다.

```
publishHTML (target: [
    allowMissing: false,
    alwaysLinkToLastBuild: false, keepAll: true,
    reportDir: 'api/build/reports/test',
    reportFiles: 'index.html',
    reportName: "API Unit Testing Results"
])
```

대부분의 필드는 이름으로 의미를 추측할 수 있다. 또한 HTML Publisher 플러그인이 설치됐다면 스니펫 생성기를 통해 문법을 불러낼 수 있다. 일반적으로 생성기를 통해 코드를 생성하기는 쉽지만, 각각의 옵션을 알아보자.

먼저 target 블록이 메인 매개 변수인 것에 주목하자. target 블록에는 여러 하위 매개 변수가 있다.

allowMissing
: 이 옵션은 리포트가 없을 때 빌드를 실패시킬지 결정한다. false로 설정하면, 리포트가 없을 때 빌드가 실패한다.

alwaysLinkToLastBuild
: 이를 true로 설정하면 젠킨스는 항상 마지막으로 성공한 빌드의 링크를 보여준다. 현재 빌드가 실패하더라도 동일하다.

keepAll
: 이를 true로 설정하면 젠킨스는 성공한 모든 빌드의 리포트를 보관한다. false로 설정하면 젠킨스는 가장 최신의 성공한 빌드의 리포트만 보관한다.

reportDir

이 옵션은 젠킨스 워크스페이스에서 HTML 파일의 상대 경로다.

reportFiles

이 옵션은 보여줄 HTML 파일의 이름이다(여러 개라면 쉼표로 구분해야 한다).

reportName

이 옵션은 잡 결과 페이지에서 리포트의 링크 이름이다.

일반적으로 알림과 유사하게 이 스텝은 빌드의 끝에 수행된다. 또한 빌드의 성공 여부와 관계없이 수행할 경우가 많다(마지막 성공한 빌드의 링크를 설정할 경우 특히 그렇다). 스크립트 방식 파이프라인의 경우 알림 스테이지의 `try-catch-finally` 영역에 추가하게 되고, 서술적 파이프라인의 경우 `post` 스테이지에 추가할 수 있다. 파이프라인 스크립트의 `finally` 섹션에 이 스텝을 추가하는 예시는 다음에 나와 있다. 여기서 다른 노드의 `parallel` 스텝에서 리포트가 생성됐기 때문에 이를 `unstash`하고 있다.

```
finally {
    unstash 'api-reports'

    publishHTML (target: [
        allowMissing: false,
        alwaysLinkToLastBuild: false,
        keepAll: true,
        reportDir: 'api/build/reports/test',
        reportFiles: 'index.html',
        reportName: "API Unit Testing Results"
    ])

    unstash 'util-reports'

    publishHTML (target: [
        allowMissing: false,
```

```
            alwaysLinkToLastBuild: false,
            keepAll: true,
            reportDir: 'util/build/reports/test',
            reportFiles: 'index.html',
            reportName: "Util Unit Testing Results"
        ])
    }
```

서술적 파이프라인에서는 이에 대응되는 post 섹션을 사용할 수 있다.

그림 4-22는 잡의 결과 페이지에 맞춤화된 리포트의 이름을 가진 링크가 왼쪽에 나타난 것이다.

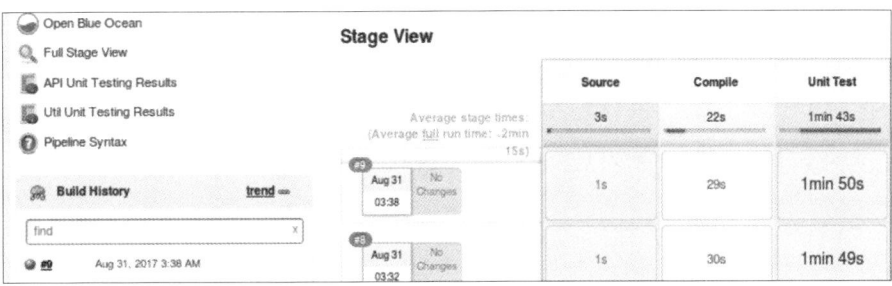

그림 4-22 왼쪽 메뉴에 맞춤화된 리포트 링크를 보여주는 잡 결과 페이지

요약

4장에서는 파이프라인 작업을 할 때 젠킨스와 사용자 사이의 커뮤니케이션을 구현하는 기본적인 방법을 알아봤다. 또한 내장 기능 및 확장된 이메일 기능에 대해 살펴보고 이를 활용하는 방법을 알아봤다. 슬랙과 힙챗 같은 협업 서비스를 사용해 상태 정보를 해당 앱에 동적으로 보내는 방법도 살펴봤다.

그리고 여러 애플리케이션을 통해 생성되는 HTML 리포트에 쉽게 접근하기 위해 잡 결과 페이지와 연동하는 방법도 배웠다.

여기서 다룬 내용은 가장 기본적인 구현 방법이고, 특히 알림에 관한 스텝이 간단했다. 다른 파이프라인 명령어들을 통해 같은 내용을 좀 더 우아한 방식으로 구현할 수 있을 것이다.

예를 들어, 스크립트 방식의 파이프라인에서는 지면의 제약으로 인해 긴 문자열이 몇몇 스텝에서 사용됐는데, 이를 변수로 할당해 스텝에 전달하는 것이 더 좋다.

다른 방식으로는 공유 라이브러리를 활용해 기능을 캡슐화해 여러 스텝에서 이를 다방면으로 활용할 수도 있다(공유 라이브러리는 6장에서 다룬다).

하지만 이 장을 통해 시작할 수 있는 정보를 배웠기를 바란다. 독자가 이 예시들을 활용해 파이프라인에 팀에게 필요한 알림을 전달하는 기능을 추가할 수 있길 바란다.

5장에서는 젠킨스 인증을 설정 방법과 파이프라인의 주요 보안 방법을 알아볼 것이다.

5장

접근과 보안

pipelines-as-code를 생성할 수 있게 됨으로써 유연성과 막대한 잠재력이 생겼다. 스크립트 방식의 파이프라인에서 스크립트에 그루비 명령어나 젠킨스 기능, 혹은 외부 함수를 호출하는 것을 구현할 수 있게 됐다. 하지만 이로 인해 파이프라인이 하지 말아야 할 동작을 고의적으로 혹은 실수로 하게 되는 일도 가능해졌다. 따라서 두 종류의 파이프라인과 젠킨스가 실행되는 환경에서 보안을 유지하는 것이 언제나 가장 중요하다.

5장에서는 젠킨스가 접근과 보안을 다루는 다양한 방식에 대해 알아볼 것이다. 먼저 전반적인 보안 옵션을 확인한 후 젠킨스에서 제공하는 전통적인 인증 방식과 이를 파이프라인에서 사용하는 방법을 배운다.

이후 고급 기능인 RBAC^{Role-Based Access Control}(역할 기반 접근 제어) 플러그인(http://bit.ly/2uEfJNP)을 알아볼 것이다. 그리고 젠킨스가 정해진 시간 동안 인증을 저장하는 최신 방식인 Vault와 어떻게 통합되는지 살펴본다.

마지막으로 젠킨스 2가 제공하는 새로운 기능으로, 파이프라인의 스텝이 적합한 컨텍스트에서 실행되고 제한된 권한을 갖게 하는 것을 알아볼 것이다.

이제 젠킨스를 설치한 후 가장 기본적인 보안 옵션부터 알아보자.

젠킨스 보안

구 젠킨스의 기본 설정은 보안을 비활성화해 어떤 보안 검사도 하지 않았다. 이것은 젠킨스가 기본적으로 모두에게 열려 있다는 뜻이다. 젠킨스 2.0 이후부터 보안 활성화가 기본 설정으로 변경됐다. 이는 젠킨스를 사용할 때 사용자 ID와 비밀번호를 제공해야 한다는 뜻이다. 실제로 젠킨스 2.0을 설치할 때 같이 제공된 암호화된 파일에서 자동 생성된 초기 비밀번호를 찾아 입력해야 한다. 또한 초기 사용자 ID와 비밀번호를 입력해야 한다.

최초 로그인 이후 다양한 방식의 보안 설정을 젠킨스 관리 페이지의 전역 보안 설정 링크에서 설정할 수 있다. 여기를 통해 인스턴스의 보안을 시작해야 한다(그림 5-1).

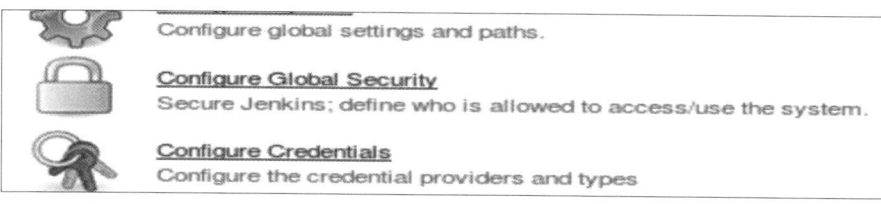

그림 5-1 전역 보안 설정 페이지 접근

해당 페이지에서 설정할 수 있는 보안 옵션에 대해 간략히 알아보자.

보안 활성화

전역 보안 설정 페이지의 첫 번째 옵션은 최상위 레벨로 관련된 모든 기능을 포함한다. Enable security(보안 활성화)를 체크하지 않으면 보안 검사가 진행되지 않는다. 이 옵션을 활성화시키면 보안은 인증과 권한 설정 두 가지 방향으로 검사된다.

여기서 Authentication(인증)은 ID와 비밀번호를 사용하는 것과 같이 사용자를 시스템에 확인시키는 일이다. 현재 젠킨스에서 이는 보안 영역Security Realm으로 불린다. 권한 설정Authorization은 사용자가 어떤 권한을 갖고 있는지를 의미한다. 이 두 가지 방식을 통해 거의 모든 권한 정책을 구현할 수 있다.

 **관대한 권한 설정**

인증과 권한 설정을 이용해 젠킨스 인스턴스의 보안을 매우 약하게 설정하는 것도 가능하다. 예를 들어, 젠킨스는 사용자가 시스템에 접근해 계정을 생성하는, 즉 보안 레벨이 낮은 방식을 제공한다. 또한 로그인한 사용자가 거의 대부분 작업에 권한을 갖는 열린 권한 정책을 사용한다면, 시스템을 사용하는 사람들이 모든 작업을 할 수 있게 설정할 수 있다.

익명의 사용자에게 특정 작업을 허락하는 것이 아니라면 사용자 계정과 비밀번호 정보가 작업을 위해 필요하다. 젠킨스 2에서는 기본적으로 로그인한 사용자는 모든 권한을 갖고, 익명의 사용자는 아무 권한도 갖지 않는다.

Enable security(보안 활성화) 체크박스 밑으로 Disable remember me(사용자 기억 해제) 체크박스가 있다. 이를 선택하면 로그인 화면의 Remember me on this computer(이 컴퓨터의 사용자 기억) 옵션이 사라진다.

다음으로 접근 설정 영역이 있다. 이 영역은 앞에서 이야기한 인증과 권한 설정 두 가지 방식의 설정을 제공한다.

접근 제어 – 보안 영역

이 영역은 어떤 방식을 통해 젠킨스에서 사용자 인증을 진행할 것인지 선택하게 해준다. 선택 가능한 방식을 살펴보자.

서블릿 컨테이너에 위임

여기서 말하는 서블릿 컨테이너는 젠킨스를 실행시키는 서블릿을 의미한다. 최근에는 제티Jetty나 톰캣Tomcat이 많고, 설치된 다른 종류의 서블릿일 수도 있다. 이 옵션을 선택하면 서블릿 컨테이너가 사용하는 방식에 인증을 위임하게 된다.

인증을 설정하는 방식은 서블릿 컨테이너가 사용하는 인증 방식에 밀접하다. 최선의 방식은 서블릿 컨테이너의 문서를 참조하는 것이다. 버전 1.163까지 기본 보안 방식이었다. 이 방식은 다른 방식들이 있기 때문에 최근에는 잘 사용되지 않지만, 하위 호환성을 위해서 의미가 있다. 이 방식이 없다면 서블릿 컨테이너의 인증을 위한 상당한 수고를 들여야 한다.

젠킨스 자체 데이터베이스

이 옵션은 젠킨스에 의해 관리되는 사용자에게 권한을 위임한다. 일반적인 방식은 아니지만, 규모가 작고 기본적인 설정에 적합하다. 여기에서 사용자란 젠킨스가 알고 있는 사용자뿐만 아니라 커밋 메시지에 언급한 사용자도 포함된다.

하위 옵션인 사용자가 직접 등록하게 설정하는 것은 사용자가 젠킨스에 처음 접속할 때 자신의 계정을 생성할 수 있다는 의미다. 이 하위 옵션은 좀 더 안전한 보안을 위해 기본적으로 비활성화되어 있다.

LDAP

LDAP(Lightweight Directory Access Protocol)은 네트워크의 사용자, 조직, 장치 및 다른 자원을 관리하기 위한 소프트웨어 프로토콜이다. 회사에서 LDAP을 사용한다면 젠킨스에서 이 방식을 사용할 수 있다. 각각 다른 설정을 가지는 하나 이상의 LDAP 서버를 추가하는 것도 가능하다.

유닉스 사용자/그룹 데이터베이스

이 옵션은 인증을 호스트 유닉스 시스템의 사용자 데이터베이스에 위임한다. 사용자는 유닉스 계정과 비밀번호를 통해 젠킨스에 로그인할 수 있다. 유닉스 그룹도 인증을 위해 사용할 수 있다. 사용자와 그룹의 이름이 같다면, 앞에 @를 붙여 그룹을 지칭할 수 있다. 여기에서 추가 설정을 거쳐야 이를 동작시킬 수 있는데, 젠킨스를 숨겨진 그룹의 사용자로 설정해 운영체제에 접근할 수 있게 해야 한다.

접근 제어: 권한 설정

인증이 완료되면 젠킨스는 사용자가 어떤 작업을 할 수 있게 설정됐는지 알아야 한다. 보안 영역 절과 유사하게 여기에도 여러 선택지가 있다.

Anyone can do anything(권한 설정 없음)

이 옵션을 선택하면 어떤 권한도 설정되지 않는다. 기본적으로 모든 사용자(아직 로그인하지 않은 익명 사용자 포함)가 신뢰된 사용자로 간주된다. 이는 권장되지 않는 방식이지만, 특수한 상황에서 적합할 수 있다. 확실히 신뢰되는 환경에서만 접근이 허용되는 경우, 단순함과 효율성을 위해 사용할 수 있다.

레거시 모드

이 방식은 젠킨스 1.164 버전 이전의 방식을 흉내낸다. 관리자 권한을 가진 사용자는 모든 권한을 갖고, 그 외의 사용자는 읽기 전용 권한을 갖는다.

Logged-in users can do anything(로그인한 사용자에게 모든 권한 부여)

이름에서 알 수 있듯이 사용자는 먼저 로그인을 해야 하지만, 그 이후에는 모든 권한을 갖는다. 이는 사용자에게 모든 권한을 주되 누가 어떤 작업을 했는지 추적할 때 적합하다.

하위 옵션으로는 익명 사용자에게 읽기 전용 권한을 주는 것이 있다.

메트릭 기반 보안

이 옵션은 개별 사용자와 그룹에게 메트릭의 체크박스를 통해 특정한 권한을 줄 수 있게 한다. 메트릭의 열은 Overall, Job, Run과 같은 범주로 나뉘어져 있다. 그 밑에는 해당 범주에 연관되는 더 상세한 항목이 있다.

메트릭의 행은 사용자나 그룹을 나타낸다. 기본적으로 두 개의 그룹이 자동으로 추가된다. 하나는 익명 사용자 그룹(로그인하지 않은 사용자)이고, 다른 하나는 인증된 사용자 그룹(로그인한 사용자)이다. 메트릭 하단의 텍스트 박스를 통해 새로운 사용자를 추가할 수 있다.

사용자나 그룹에게 특정 권한을 주는 것은 원하는 그룹이나 사용자에 해당되는 행에서 원하는 권한이 있는 열을 찾아 체크박스를 체크하면 된다. 체크를 해제하면 권한이 해제된다.

매 행의 가장 끝에는 모든 권한을 부여하거나 해제하는 체크박스가 있다.

그림 5-2는 메트릭의 예시다.

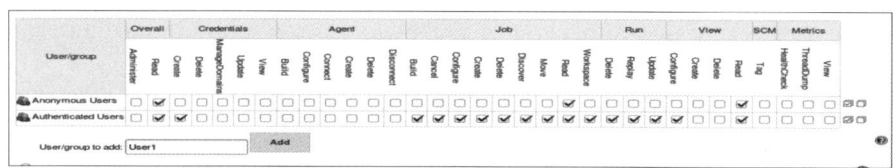

그림 5-2 메트릭 기반 권한 설정 예시

프로젝트별 메트릭 권한 설정 전략

이 옵션은 앞 절에서 설명한 '메트릭 기반 보안'의 확장된 방식이다. 이를 선택하면 각각의 프로젝트 설정 페이지에 유사한 메트릭이 추가된다. 이를 통해 프로젝트별로 사용자/그룹의 권한을 설정할 수 있어 프로젝트별로 다른 권한 설정이 가능하다.

추가로, 이 옵션이 전역 보안 페이지에서 설정되면 각 프로젝트의 설정 페이지의 일반 설정 영역에 Enable project-based security(프로젝트별 보안 활성화) 옵션이 추가된다. 이를 선택하면 전역 메트릭과 유사한 것이 프로젝트에 추가돼 프로젝트에만 적용되는 권한을 설정할 수 있다. 또한 전역으로 설정된 권한을 상속하거나 상속하지 않는 방식도 선택 가능하디.

그림 5-3은 프로젝트의 메트릭 예시다.

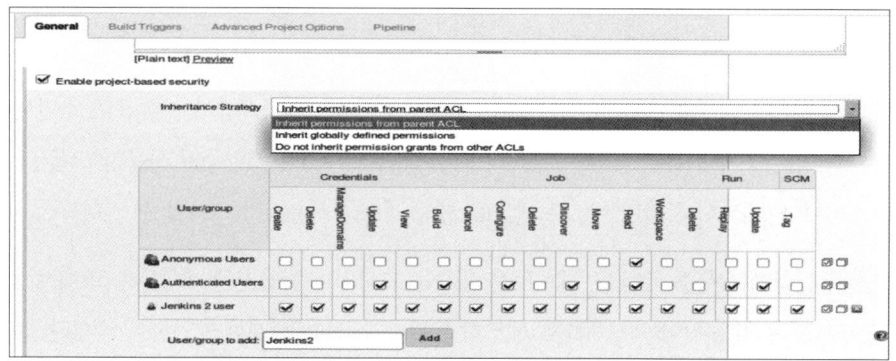

그림 5-3 프로젝트별 권한 설정 메트릭

그 외의 전역 보안 설정

인증과 권한 설정 외에도 전역 보안 설정 페이지에서 설정할 수 있는 다양한 옵션이 있다. 이는 명시적으로 권한을 설정하는 것이 아니고, 암시적으로 보안 허점을 막아 젠킨스를 안전하게 유지하는 기타 옵션이다.

마크업 포매터(Markup formatter)

젠킨스는 사용자가 잡 설명이나 빌드 설명 항목에서 사용자가 자유롭게 문자를 입력할 수 있게 허락한다. 여기서 포맷은 순수 텍스트와 HTML 중에서 선택할 수 있다. HTML을 사용하고 싶다면 이 옵션에서 Safe HTML을 선택하자. 여기서 'Safe'는 해킹의 위험(내용이 수정되어 시스템에 위협을 가할 수 있는 작업을 수행하는 것)에서 안전한 HTML 문법만 허용하는 것이다. 안전한 HTML의 예시로는 bold, italics, hyperlinks 등이 있다.

에이전트

이름이 암시하는 것과 달리, Agents 영역은 JNLP 프로세스를 통해 실행되는 에이전트의 TCP 포트 설정을 담당한다(JNLP는 Java Network Launch Protocol로 원격 서버에서 호스트된 자원을 이용해 클라이언트 데스크탑의 애플리케이션을 실행하는 방식이다).

일반적으로 이 작업에서 임의의 포트가 사용된다. 하지만 보안을 강화하기 위해 정해진 포트를 명시할 수 있다(이를 통해 해당 포트에 대해서만 방화벽을 열 수 있다). JNLP 기능을 사용하지 않는다면 비활성화 옵션을 이용해 보안을 더 강화할 수 있다.

하위 옵션에서 필요한 경우 특정 버전의 JNLP 프로토콜을 선택할 수 있다.

사이트 간 요청 위조(Cross-Site Request Forgery) 방지

CSRF는 사용자가 권한을 가진 범위에서 원하지 않는 동작을 웹 애플리케이션을 통해 실행하게 하는 공격이다. 이를 방지하기 위해서는 젠킨스의 사용자 이동 내역을 인증해야 한다.

하위 옵션은 프록시 호환성을 명시해 프록시가 이동 내역을 제외하는 것을 방지하게 한다.

CLI

'remoting'이라 불리는 모드를 command-line interface를 통해 지원하는 레거시 옵션이다. 이 모드는 HTTP나 SSH와는 다르게 보안에 취약하다 여겨진다. 보안에 취약한 자바 직렬화를 이용하는 내부 구현 방식과 연관되어 있기 때문이다. 이 레거시 프로토콜은 느리고 이해하기 어렵다고도 알려져 있어 젠킨스 2.54부터 안전한 옵션이 추가됐다.

Enable CLI over Remoting(리모팅 모드에서 CLI 활성화) 옵션은 기본적으로 꺼져 있지만, 보안 위협을 인지한 상태에서 하위 호환성을 위해 필요시 활성화시킬 수 있다.

젠킨스에서 사용 가능한 command-line interface는 15장에서 다룬다.

플러그인 관리자

Use browser for metadata download(메타데이터 다운로드를 위해 브라우저 사용) 옵션은 일반적으로 비활성화되어 있다. 이 옵션을 활성화시키면 젠킨스는 젠킨스 대신 브라우저가 플러그인의 메타데이터를 다운로드하게 한다. 활성화시킬 특별한 이유가 없다면 옵션을 끄고 젠킨스가 다운로드하게 하는 것이 좋다.

빌드를 위한 접근 설정

Authorize Project 플러그인(http://plugins.jenkins.io/authorize-project)을 설치했다면 여기에 추가 내용이 나타날 것이다. 이 플러그인은 특정한 권한에 따라 빌드를 실행할 수 있는 프로젝트별 옵션을 추가한다.

여기 나타나는 전역 환경 설정 부분은 어떤 종류의 인증된 사용자를 통해 해당 프로젝트를 빌드할지 선택할 수 있게 해준다. 그림 5-4는 이 목록으로, 각각의 명칭이 이 의미를 직관적으로 설명하고 있다.

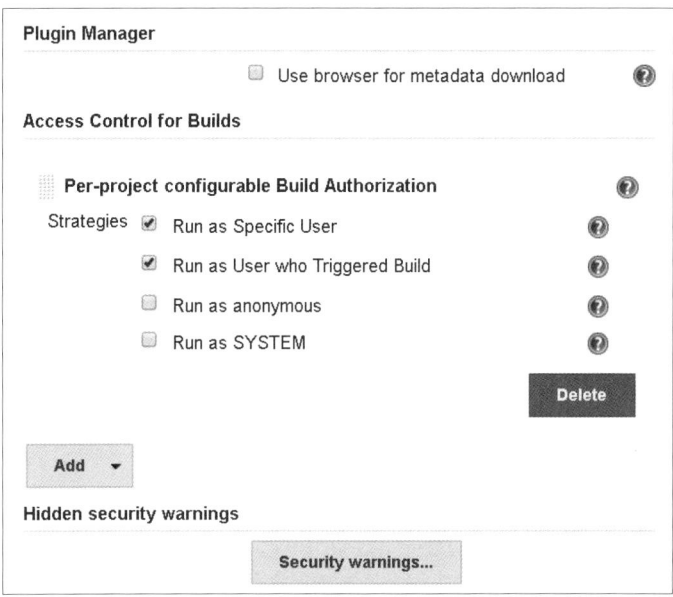

그림 5-4 Authorize Project 플러그인이 설치됐을 때 프로젝트 권한 설정에서 나타나는 선택 목록

Authorize Project 플러그인은 권한 설정 항목을 각각의 잡의 페이지에 추가한다(그림 5-5).

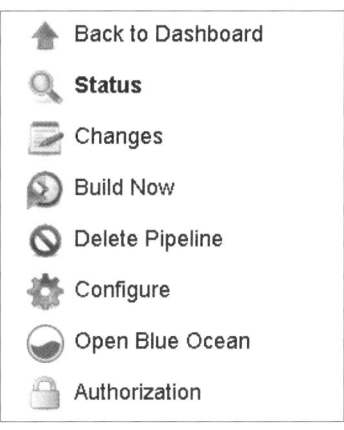

그림 5-5 잡 권한 설정 링크

링크를 클릭하면 간단한 설정 화면으로 이동하며, 플러그인의 전역 설정에서 선택된 목록에서 하나를 선택해 누가 잡을 실행할지가 결정된다(그림 5-6).

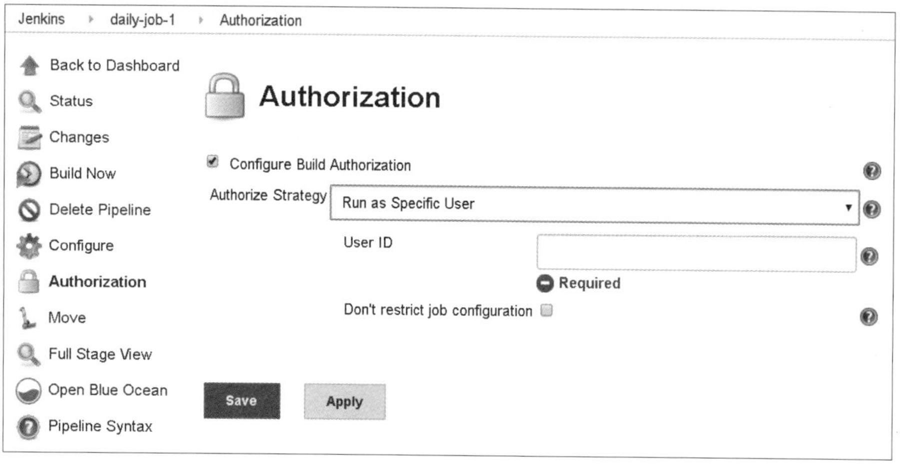

그림 5-6 개별 잡 권한 설정

숨겨진 보안 경고

여기에 연관된 옵션은 설치된 컴포넌트를 위해 업데이트 사이트로부터 오는 보안 경고를 드러내는 것과 연관되어 있다(오래된 젠킨스 버전에서는 해당 내용이 젠킨스에 직접 공유되지 않고 이메일이나 블로그 등을 통해 전달됐다. 2.40 버전부터 해당 내용이 젠킨스에 직접 표시되기 시작했다). 연관된 경고가 있다면 여기에서 선택된 경고는 표시되고 선택되지 않은 경고는 표시되지 않는다.

그림 5-7은 경고가 존재할 때 이를 설정하는 예시다. 하나는 선택되고 다른 하나는 선택되지 않은 것에 주목하자.

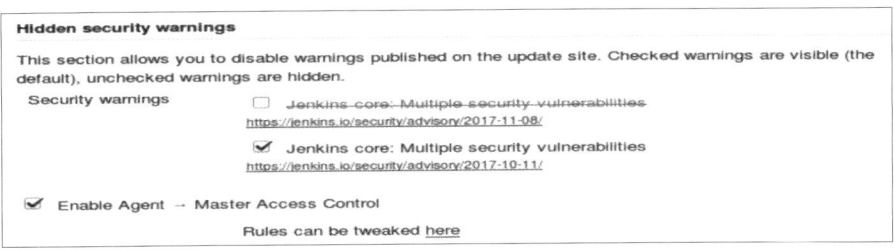

그림 5-7 숨겨진 보안 경고 설정

그림 5-8은 이러한 설정을 했을 때 경고가 나타나는 예시다. 여기에서 선택된 경고만 나타나는 것을 확인할 수 있다.

그림 5-8 보안 경고 보여주기

여기서 agent to master(에이전트에서 마스터)로의 접근 제어를 설정할 수도 있다. 이는 에이전트에서 마스터로 보낼 수 있는 명령어를 제어해 해당 작업을 좀 더 안전하게 만든다. 이에 관련된 규칙을 특정한 인스턴스나 플러그인에 대해 설정하고 싶다면, 여기에서 설정 가능한 링크를 발견할 수 있다.

SSH 서버

SSH를 통해 커맨드라인 명령어를 실행하고 싶다면 젠킨스는 SSH 서버 역할을 할 수 있다. 몇몇 플러그인은 이러한 젠킨스 기능을 이용한다. 여기서 필요시 고정된 포트를 사용해 보안을 간략화할 수 있다. 충돌을 피하기 위해 매번 임의의 포트를 사용하는 것도 가능하다. 해당 기능이 필요하지 않다면 비활성화 옵션을 이용해 이를 차단해 포트가 열려 있는 보안 위협을 피하는 게 좋다.

젠킨스에서 사용할 수 있는 커맨드라인 관련 내용은 15장에서 좀 더 자세히 다룬다. 지금까지 기본적인 보안 옵션을 다뤘으니, 이제 좀 더 구체적인 항목의 보안 강화 방법을 알아보자.

젠킨스 인증

전역 영역에서 젠킨스의 다양한 보안을 설정하는 것 외에도 보안이 강화된 인증을 사용하는 것이 젠킨스 환경을 안전하게 지키는 데 중요한 역할을 한다. 젠킨스 설치 시 포함된 Credentials(인증) 플러그인은 사용자가 인증을 생성하고 관리하는 방법을 제공하고, 이에 대한 API 또한 제공한다.

여기에서 credential이란 용어를 짚고 넘어가보자. 종종 같은 내용을 secret이라고 표현하는 경우도 있다. 일반적으로 이 용어는 제한된 자원에 접근을 제공하는 것을 인증이라 부른다. 인증의 종류는 다음과 같다.

- 사용자 이름과 암호 – 사용 시 하나로 묶이거나 분리될 수 있다.
- 도커 인증 디렉토리(현재 권장되지 않음)
- 도커 호스트 인증서 인증
- SSH 사용자 이름과 프라이빗 키
- 암호화된 ZIP 파일: 인증을 포함한 ZIP 파일
- 암호화된 파일: 인증을 포함한 일반 파일
- 암호화된 텍스트: 토큰 혹은 다른 체인
- 인증서: 자바 KeyStores와 인증서/인증서 체인

관련된 예시는 다음과 같다.

- 사용자 이름과 암호를 사용해 소스 코드 저장소의 접근 권한 획득
- 디지털 키와 인증서를 사용해 엔티티 권한 획득

- 특정한 자원에서 온 것을 증명할 수 있는 암호화된 텍스트
- 서버에 배포하기 위한 SSH 키

좀 더 간략한 방식의 다른 종류의 인증은 바이너리 데이터가 있을 수 있고, 좀 더 강한 방식으로는 OAuth 인증이 있다.

일단 인증이 생성되면 어떤 장소에도 저장할 수 있다. 인증 API는 외부의 인증 저장소(인증을 저장하고 획득할 수 있는 애플리케이션)에 접근 가능하다. 하지만 젠킨스에는 기본적으로 사용되는 내부 암호화 인증이 있다.

내부 인증 저장소 접근에 대한 보안

젠킨스 내부 인증 저장소는 JENKINS_HOME 폴더에 저장된다. 이는 JENKINS_HOME 폴더에 있는 키를 통해 암호화된다. 악의적인 사용자가 여기에, 특히 JENKINS_HOME/secrets 폴더에 접근 권한을 갖는다면 보안 위협이 생기게 된다. 따라서 강력한 보안을 원한다면 JENKINS_HOME 폴더의 접근 권한을 관리하는 것이 중요하다. 추가로 194쪽 '젠킨스 보안'에서 제시한 권장 설정을 따르는 것이 중요하다.

인증의 또 다른 근본적인 내용은 컨텍스트와 관련있다. 컨텍스트는 젠킨스 구조를 구성하는 여러 엔티티에 대한 접근을 의미한다. 가장 하위 컨텍스트는 젠킨스다. 다른 컨텍스트로는 잡, 사용자, 빌드 에이전트 혹은 폴더가 있다. 추가로 플러그인도 새로운 컨텍스트로 생각할 수 있다.

이러한 배경을 갖고 젠킨스의 인증 관리와 관련된 특징과 설정에 대해 알아보자. 가장 먼저 알아볼 내용은 인증의 범위^{scope}이다.

인증 범위

인증에는 연관된 범위가 있다. 이것은 인증을 어떻게 노출할 것인가에 대한 방법이다. 젠킨스가 사용하는 범위에는 크게 세 가지가 있다.

시스템

이름에서 알 수 있듯이 시스템^{system} 범위는 젠킨스 시스템 전체에 연관이 있다. 이 범위의 인증은 빌드 노드나 에이전트에 접근하는 것과 같은 작업에만 사용된다.

전역

전역^{Global} 범위는 기본적인 범위로, 젠킨스에서 원하는 잡을 수행할 수 있게 해주는 데 사용되는 일반적인 방식이다. 이 범위의 인증은 해당 컨텍스트와 그 하위 컨텍스트에 노출된다(여기서 인증은 연관된 컨텍스트와 젠킨스에서 해당 컨텍스트가 나타내는 구조에 적용되는 것을 기억하자).

사용자

이름에서 알 수 있듯이 사용자^{User} 범위는 사용자에게 적용된다. 이 말은 해당 인증이 젠킨스 스레드가 해당 사용자로 인증됐을 때만 적용된다는 의미다.

인증 도메인

인증 도메인은 공통의 도메인 명칭을 통해 여러 인증을 묶는 방법을 제공한다. 일반적으로, 공통된 도메인 명칭은 해당 인증이 수행할 애플리케이션의 종류나 기능을 암시한다.

인증 도메인을 정의할 때는 도메인 명칭과 호스트명 및 URL 패턴 같은 '스펙'을 제공한다.

젠킨스는 항상 최소 하나의 인증 도메인을 갖고 있는데, 전역 도메인이 그것이다. 전역 인증 도메인은 아무런 스펙이 없기에 젠킨스에서 항상 사용 가능하다.

인증 제공자

인증 제공자$^{Credential\ Providers}$는 인증이 저장되고 획득될 수 있는 장소다. 내부 인증 저장소나 외부 인증 금고가 여기에 포함된다.

다음은 일반적인 인증 제공자의 예시다.

시스템 인증 제공자 (젠킨스 인증 제공자)

루트 컨텍스트(젠킨스 자체)에 인증을 노출시킨다. 여기서 시스템과 전역 인증이 사용 가능하다. 이를 살펴보려면 Jenkins > Credentials > System으로 이동하면 된다.

사용자 인증 제공자

사용자별로 저장된 인증을 노출시킨다. 여기에서는 사용자 범위만 사용 가능하고, 사용자는 다른 사용자의 인증을 볼 수 없다. 해당 인증을 살펴보려면 Jenkins > ⟨username⟩ > Credentials > User or Jenkins > People > ⟨username⟩ > Credentials > User로 이동하면 된다.

폴더 인증 제공자

폴더 플러그인을 통해 제공된다. 폴더별 인증 저장소를 노출시키고, 폴더와 하위 폴더에 대해 전역 범위 설정을 제공한다. 이 인증을 살펴보려면 Jenkins > ⟨folder name⟩ > Credentials > Folder로 이동하면 된다.

블루 오션 인증 제공자

블루 오션 인터페이스와 항목에서 생성되거나 접근 가능한 인증의 범위이다.

이 모든 예시는 인증 도메인과 같이 사용될 수 있다.

인증 저장소

인증 저장소^{Credential Stores}는 인증 제공자가 인증을 젠킨스에게 노출시킬 수 있게 한다. 저장소는 특정 컨텍스트와 연관되어 있고, 전역 도메인이나 커스텀 도메인 중 하나와 연동된다. 이는 여러 세트의 인증 도메인을 지원 가능하다.

내부 저장소에는 실제 인증이 저장된다. 외부 저장소는 일반적으로 인증에 대한 간단한 레퍼런스나 쿼리와 같이 고급 기능과 메타데이터를 제공하는 서비스다. 이 장의 후반 부에 Vault라 불리는 외부 저장소에 대해 자세히 알아볼 것이다.

인증 관리

인증 관리는 젠킨스 관리 메뉴의 인증 설정 인터페이스를 통해 가능하다. 화면에서 설정할 수 있는 옵션은 다음과 같다.

- 가능한 인증 제공자 선택
- 획득되고 설정될 인증의 종류 선택
- 인증 제공자마다 포함하거나 제외한 인증 종류 명시

인증 제공자 선택

인증 설정 화면의 최상단에는 젠킨스에게 어떤 인증 제공자를 사용할지 알려주는 드롭다운 목록이 있다. 기본적으로 All available(사용 가능한 모든) 제공자가 선택되어 있다. 특정한 제공자를 추가하거나 제외하려면, 관련된 옵션이 있다(그림 5-9 참고).

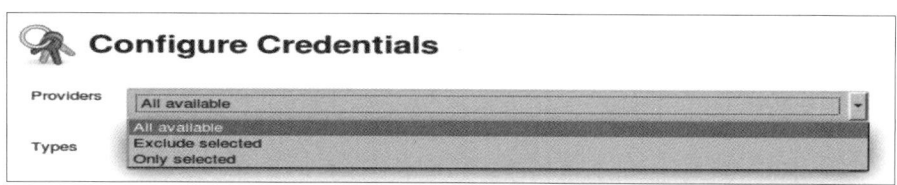

그림 5-9 인증 제공자 선택 옵션

Exclude selected(선택된 것 제외)나 Only selected(선택된 것만 포함) 옵션을 선택하면 제공자의 목록과 체크박스가 나타난다. 선택한 옵션에 따라 사용 가능한 제공자에서 체크박스와 함께 나타난 제공자를 제외하거나 추가할 수 있다(그림 5-10 참고).

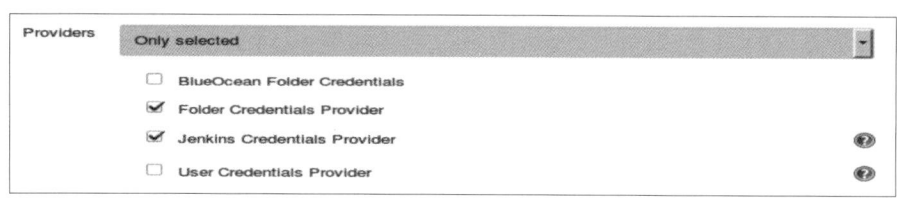

그림 5-10 사용 가능한 제공자에 추가하기 위해 특정한 제공자 선택

제공자 종류 선택

인증 제공자를 선택하는 것처럼 화면의 다음 영역에서는 젠킨스가 사용할 수 있는 인증의 종류를 선택할 수 있다. 기본 선택 값은 All available(사용 가능한 모든 종류)이다. 하지만 특정 종류를 포함하거나 제거할 수 있는 옵션이 있다(그림 5-11).

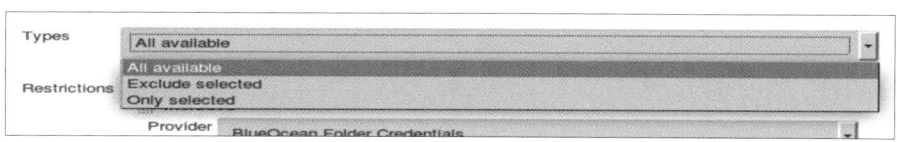

그림 5-11 젠킨스에서 사용 가능한 인증 종류 선택

Exclude selected(선택된 것 제외)나 Only selected(선택된 것만 포함)을 선택했다면 옵션 목록이 체크박스로 나타난다. 선택한 옵션에 따라 체크박스가 다르게 활성화돼 선택한 것을 제외하거나 선택한 것만 포함시킬 수 있다(그림 5-12).

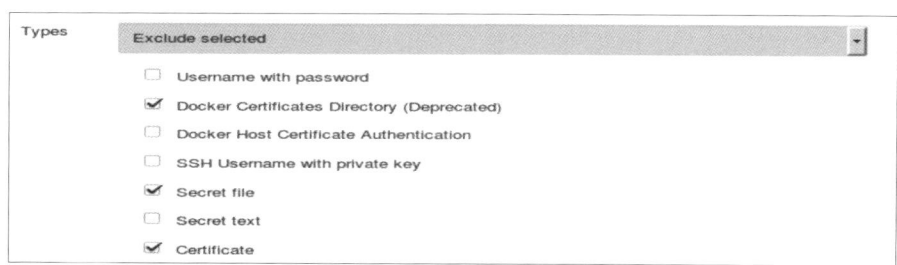

그림 5-12 제외할 인증 종류 선택

제공자별 인증 종류 설정

인증 설정 화면의 마지막은 제약 영역이다. 여기에서 특정 제공자로부터 어떤 인증을 허용하거나 제외하는지 설정할 수 있다(그림 5-13). 이 기능은 필수 설정 항목은 아니며, 제공자를 세부적으로 설정하는 장소다.

5장 접근과 보안 209

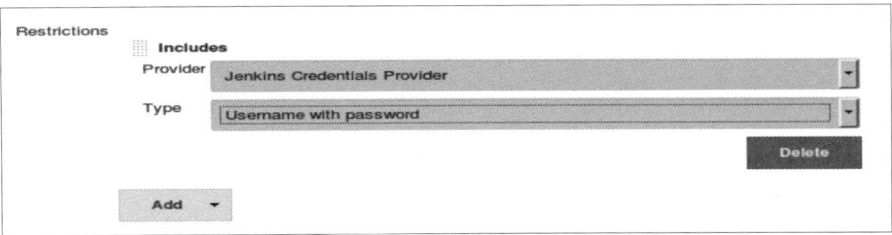

그림 5-13 제공자별 인증 종류 세부 설정

이 영역의 Add 버튼에는 두 가지 옵션이 있다(include(포함)과 exclude(제외)). 이 중 어떤 것을 선택해도 새로운 페이지 영역이 나타나 제공자를 선택한 후 인증 종류를 선택하게 된다. include(포함)을 선택했다면 선택한 종류만 포함될 것이고, exclude(제외)는 반대로 동작한다.

여러 제공자에 대해 제약을 주어야 한다면 모든 것을 추가해야 하므로 꽤 시간이 걸릴 수 있다. 하지만 이는 필수가 아님을 기억하자.

빌드 잡에 대한 접근 제한

205쪽 '인증 범위'에서 살펴봤듯이, 젠킨스 시스템 간의 가장 내부적인 연결과 작업은 시스템 레벨에서 동작한다. 이는 이러한 작업이 시스템에 대한 모든 권한을 갖는 것이다.

빌드 잡에서 이러한 권한은 권장되지 않는다. 빌드가 좀 더 낮은 권한을 통해 수행되게 하기 위해 Authorize Project 플러그인(https://plugins.jenkins.io/authorize-project)이 개발됐다.

Authorize Project 플러그인을 설치하면 전역 보안 설정 페이지에 새로운 영역이 추가돼 개별의 빌드 잡에서 사용할 인증의 종류를 특정할 수 있다. 200쪽 '빌드를 위한 접근 설정'에서 자세한 내용을 참조하자.

인증 생성 및 관리

미리 읽어두면 좋은 부분

아직 앞 절의 인증 도메인, 저장소, 제공자에 대해 읽어보지 않았다면, 이를 먼저 읽어보는 것을 권장한다.

앞에서 젠킨스 '컨텍스트'의 의미에 대해 다뤘다. 인증 저장소와 연관된 각각의 젠킨스 컨텍스트는 인증 플러그인을 통해 인증 Operation(작업) 옵션이 추가로 생긴다. 이는 시스템, 사용자, 폴더 컨텍스트에 대한 인증 메뉴가 자동으로 생긴다는 의미다.

시스템 레벨의 인증의 관리는 젠킨스 화면 최상단에서 인증을 선택하면 접근할 수 있다(그림 5-14).

그림 5-14 시스템 인증 접근

사용자 레벨의 인증은 피플 메뉴를 클릭한 후 원하는 사용자 선택 후 인증을 선택해 접근 가능하다(그림 5-15).

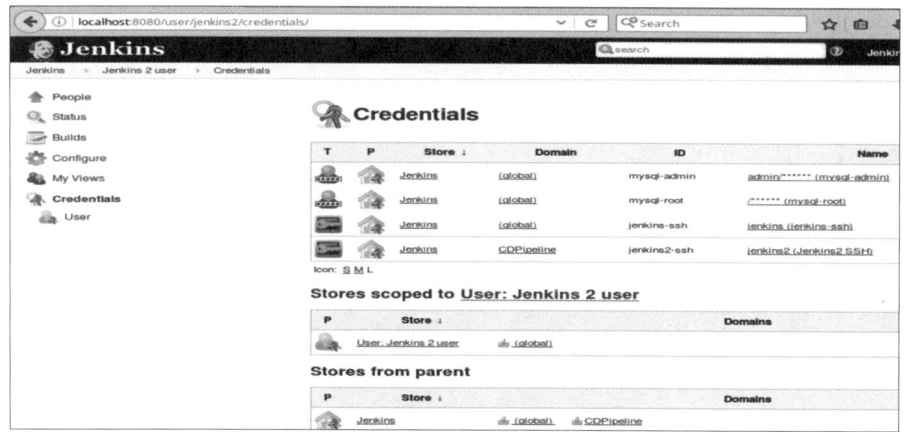

그림 5-15 사용자 인증 접근

폴더 레벨의 인증은 특정 폴더 아이템을 선택한 후 인증을 선택해 접근 가능하다(그림 5-16).

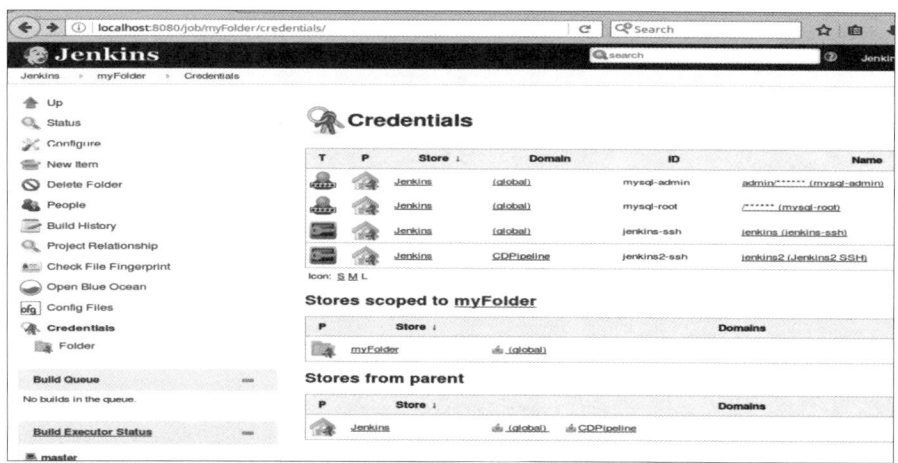

그림 5-16 폴더 인증 접근

각각의 인증 화면의 최상단 표는 현재 컨텍스트 및 부모 컨텍스트에서 사용 가능한 인증 목록을 나타낸다. 이 표에는 여섯 개의 열이 있다.

- T(종류)
- P(제공자)

- Store(저장소)
- Domain(도메인)
- ID
- Name(이름)

회색으로 처리된 인증

표에 부모 컨텍스트의 인증과 같은 ID를 가진 인증이 있게 되면, 회색으로 처리돼 사용자에게 이를 알려준다.

중간에 있는 다음 표는 현재 컨텍스트에서 사용 가능한 인증 저장소를 나열한다. 표의 열은 다음과 같다.

- Provider(제공자)
- Store(저장소)
- Domains(도메인)

가장 하단의 영역에는 부모 컨텍스트에서 사용 가능한 인증 저장소가 나타난다. 위의 표와 같은 세 개의 열이 존재한다.

컨텍스트 링크

모든 인증 페이지의 표에는 컨텍스트 링크가 있다. 이 위에 마우스를 놓으면 작은 화살표가 링크 오른쪽에 나타난다. 이를 클릭하면 작은 팝업 메뉴가 나타나 특정 행동이나 내비게이션 링크를 보여준다.

컨텍스트 링크를 클릭한 후 나타나는 팝업에 무엇이 보여질지는 저장소와 도메인, 인증의 구조에 의해 결정된다.

링크 자체를 클릭하면 다음과 같은 결과가 나타난다.

- 저장소 링크는 저장소 내의 도메인 정보를 보여주는 페이지로 이동한다.
- 도메인 링크는 도메인 내의 인증 정보를 보여주는 페이지로 이동한다.
- 인증 링크는 인증 정보를 보여주는 페이지로 이동한다(인증이 사용된 것으로 기록됐는지에 상관없이 이동한다).

링크 옆의 드롭다운 화살표를 클릭하면 다음과 같은 결과가 나타난다.

- 스토어 링크는 새로운 도메인을 만들 수 있는 메뉴 옵션을 보여준다.
- 빌트인 도메인은 새로운 인증을 만들 수 있는 메뉴 옵션을 보여준다.
- (사용자에 의해 생성된)커스텀 도메인은 새로운 인증을 만들거나, 도메인을 설정하거나 지울 수 있는 메뉴 옵션을 보여준다.
- 인증은 인증을 수정, 이동 혹은 지울 수 있는 옵션을 보여준다.

인증 이동

현재 인증은 같은 저장소에 있는 도메인 사이에서만 이동 가능하다.

이제 이러한 배경 지식을 바탕으로 새로운 도메인과 인증을 추가하고 젠킨스에서 사용하는 법에 대해 알아보자.

새로운 도메인과 인증 추가

인증 화면의 컨텍스트 링크나 인증 메뉴 아이템을 클릭하면 새로운 도메인을 추가하는 화면으로 이동한다.

그림 5-17은 새 도메인을 추가하는 화면이다. 이번 예시에서는 새로운 인증 도메인을 지리상 동쪽에 위치한 노드를 위해 추가할 것이다(아마도 해당 노드에서 특정한 시간에 작업을 실행하게 될 것이다).

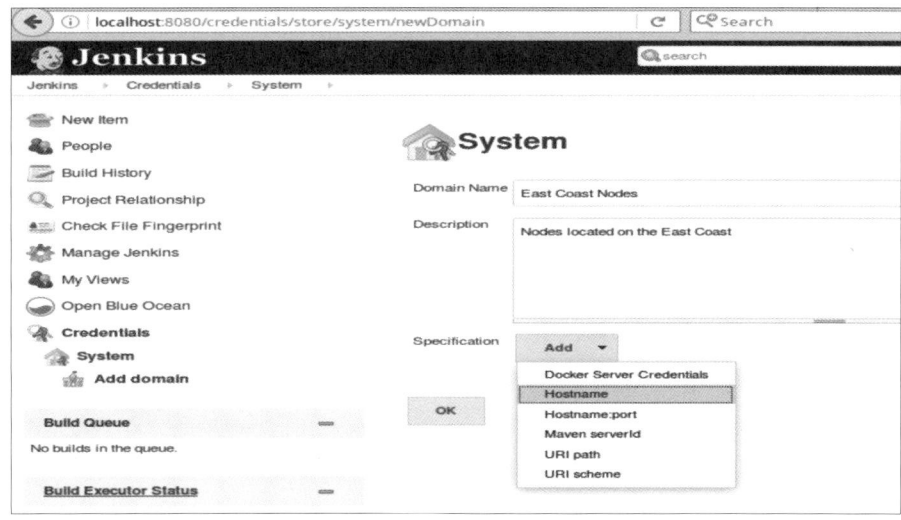

그림 5-17 새로운 인증 도메인을 추가하고 스펙 선택하기

도메인 명과 설명은 간단한 텍스트 필드다. 스펙 필드에서 도메인을 변경할 수 있다. 여기에서 패턴을 통해 필터링을 지정할 수 있다. 스펙을 생성한 후 젠킨스에서 사용할 인증을 선택하고 패턴에 맞는 값을 입력할 때 해당 도메인의 인증이 옵션으로 나타난다. 관련된 예시는 곧 알아 볼 것이다. 여기서 새로운 도메인을 위한 스펙을 제공하지 않으면 글로벌 도메인을 사용하는 것과 같아진다.

여기서는 가장 간단한 스펙인 호스트명을 이용한 예시를 사용할 것이다. 이후 그림 5-18과 같이 노드 이름 규약에 맞는 패턴을 추가할 것이다.

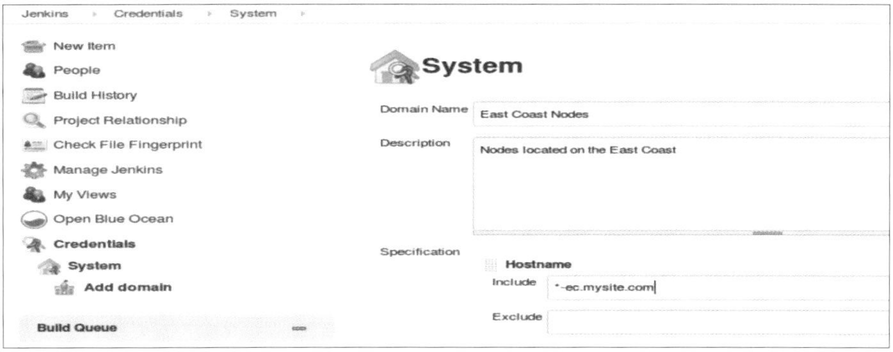

그림 5-18 호스트명 스펙 작성

도메인이 생성되면 이제 인증을 생성할 수 있다(그림 5-19).

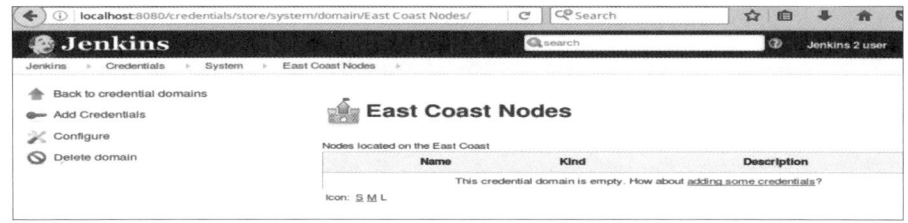

그림 5-19 인증을 위해 생성 완료된 도메인

인증을 생성하는 화면에서 Kind(사용자명, 암호, SSH 키, 암호 파일 등)를 선택할 수 있다. 이후 접근 값과 ID 및 설명을 작성한다. ID를 제공하지 않으면 임의의 긴 값이 자동으로 제공된다. 자동으로 생성된 ID는 길이와 포맷으로 인해 추후에 사용하기가 힘들다. 따라서 간단하고 의미 있는 ID를 직접 작성하는 것을 추천한다.

예시에서는 새로운 도메인에 연관된 SSH 키 인증(그림 5-20)을 추가할 것이다.

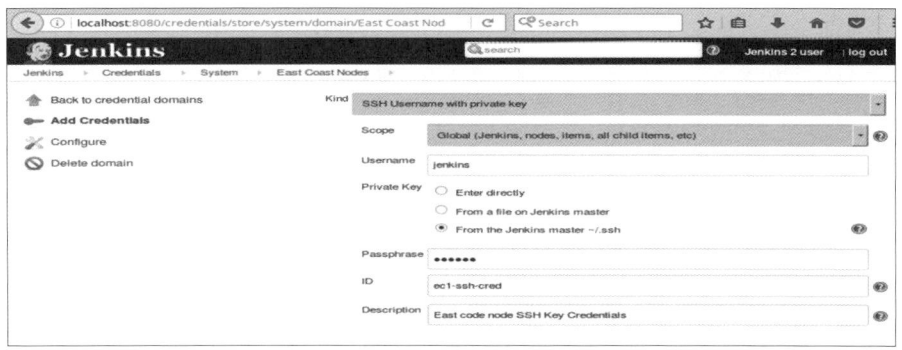

그림 5-20 SSH 인증을 새로운 도메인에 추가

인증이 추가되고 난 후 요약 화면은 다음과 같다(그림 5-21).

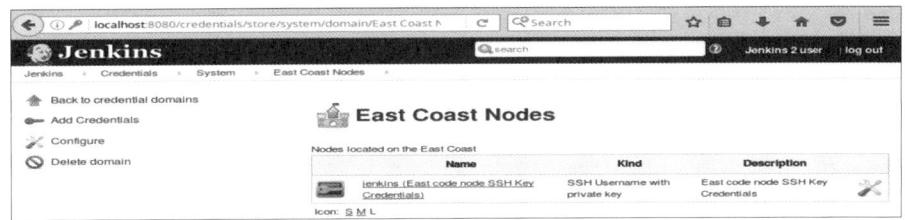

그림 5-21 인증이 추가된 후 요약 화면

이제 새로운 도메인과 인증이 준비되었으니, 이를 어떻게 사용하는지 알아보자.

새로운 도메인과 인증 사용

동부 해안의 시스템을 위한 새로운 작업 노드를 추가하는 상황을 가정해보자. Manage Jenkins(젠킨스 관리) ➤ Manage Nodes(노드 관리) ➤ New Node(새로운 노드) 메뉴로 이동하면 새로운 노드의 설정 페이지가 나타난다.

실행 방식으로 SSH를 사용할 것이기에, 이를 선택하고 호스트명을 입력한다. 그림 5-22에 입력한 패턴(primary-ec1.mysite.com)이 호스트명의 스펙(*-ec1.mysite.com)과 일치하는 것을 볼 수 있다. 따라서 이 인증을 선택하면 동부 해안 노드 도메인의 SSH 인증이 드롭다운 목록에 나타난다(위에서 세 번째 항목).

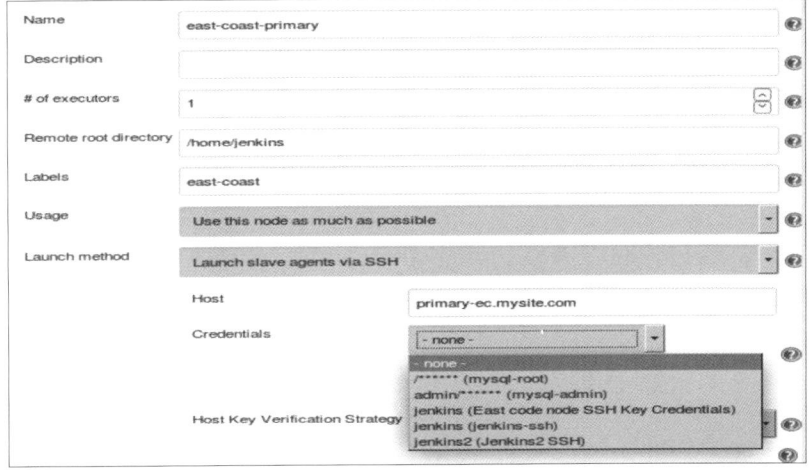

그림 5-22 호스트 패턴과 도메인의 호스트명 스펙이 부합하여 해당 도메인의 인증이 포함되는 화면

입력한 호스트명이 스펙에 부합하지 않으면 그림 5-23과 같이 도메인의 인증이 나타나지 않는다.

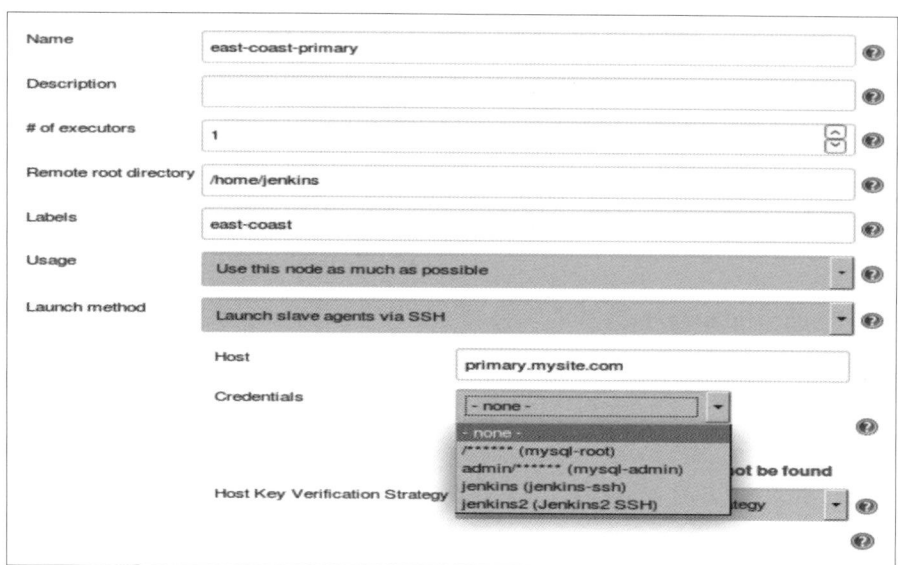

그림 5-23 호스트 패턴과 도메인의 호스트명 스펙이 맞지 않아 해당 도메인의 인증이 포함되지 않는 화면

위 두 가지 경우 모두 전역 도메인의 인증을 사용 가능한 것을 볼 수 있다.

지금까지 살펴본 기본적인 인증 설정 외에도, 특정 접근 권한을 가진 역할을 만들어 사용자를 추가할 수 있는 플러그인이 있다. 이 고급 기능에 대해 살펴보자.

고급 인증: 역할 기반 접근

일반적인 인증을 통해 대부분의 경우를 처리할 수 있지만, 종종 더 세분화된 방식을 사용해 보안과 권한을 강화해야 할 때가 있다. 이러한 예시 중 하나는 특정한 권한을 가진 새로운 역할을 만들어 이 역할을 개인에게 부여하는 것이다. Role-based Authorization Strategy 플러그인(https://plugins.jenkins.io/role-strategy)은 이러한 기능을 제공한다.

좀 더 자세히 살펴보면 플러그인은 세 가지 종류의 역할을 제공한다.

전역 역할
: 잡과 런, SCM과 같이 프로젝트에 걸쳐 동작하는 역할

프로젝트 역할
: 해당 잡이나 런과 같이 프로젝트에 국한되는 역할

슬레이브 역할
: 노드를 관리하는 역할

Role-based Authorization Strategy 플러그인은 매크로 기능을 제공해 어떤 역할을 적용시킬지를 매크로를 통해 결정할 수 있다.

기본 사용법

Role-based Authorization Strategy 플러그인을 설치하는 방법은 다른 플러그인과 비슷하다. 설치후 젠킨스의 보안이 활성화되어 있으면 전역 보안 설정 페이지의 접근 제어 영역에 새로운 옵션인 **Role-Base Strategy**(역할 기반 전략)가 권한 설정 밑에 나타날 것이다.

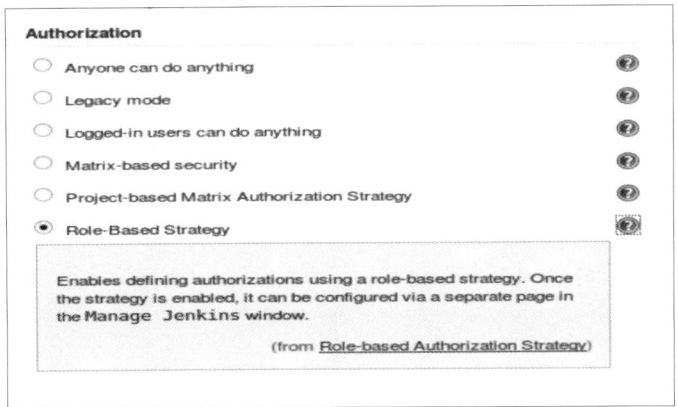

그림 5-24 Role-Based Strategy 권한 설정이 선택된 화면

이 옵션을 선택한 후 저장하면 젠킨스 관리 페이지에 새로운 Manage and Assign Roles(역할 부여 및 관리) 영역이 나타난다(그림 5-25). 이를 통해 플러그인의 기능에 접근할 수 있다.

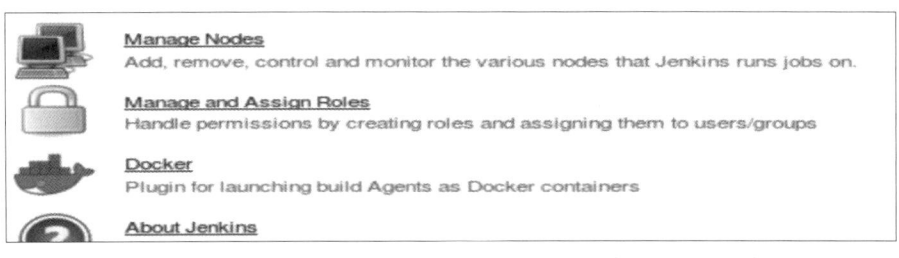

그림 5-25 젠킨스 관리 페이지의 Manage and Assign Roles(역할 부여 및 관리)

역할 부여 및 관리 페이지에는 주요한 기능을 위한 세 가지 선택 옵션으로 역할 관리, 역할 부여, 역할 전략 매크로가 있다(그림 5-26). 다음 절에서 자세히 알아본다.

그림 5-26 Manage and Assign Roles(역할 관리 및 부여) 선택 화면

역할 관리

이름에서 알 수 있듯이 이 화면에서는 역할을 생성 및 삭제할 수 있고, 역할에 권한을 부여할 수 있다. 위에서 언급한 세 가지 역할 전역, 프로젝트, 슬레이브 영역이 존재한다.

각 영역을 사용하는 방식은 젠킨스의 메트릭 기반 권한 설정 모델과 유사하다. 권한을 위한 메트릭이 존재하여 각 행은 새로운 역할에 대응되고, 각 열은 젠킨스 객체(일반, 인증, 에이전트 등)의 권한에 대응된다. 특정 역할에 권한을 부여하려면 해당 열과 행을 찾아 체크박스를 선택하면 된다. 체크를 해제하여 부여된 권한을 제거할 수 있다.

새로운 역할을 Role to add(추가할 역할) 박스에 입력하여 추가할 수 있다. 프로젝트와 슬레이브에는 특정한 패턴이 요구되는데, 특정 패턴이란 프로젝트나 노드의 이름을 역할로 사용하는 것이다. 전역 영역은 이런 패턴이 요구되지 않는데, 사용자 ID를 이용하는 대신 특정한 사용자들을 해당 역할에 할당하는 방식 때문이다. 다음 노트에서 패턴의 문법을 자세히 다룬다.

역할 패턴 정의

역할 패턴은 오브젝트의 이름을 찾기 위해 설계된 정규 표현식이다. 각 프로젝트나 노드는 역할의 종류에 의존한다. 프로젝트의 이름은 전체 경로에 존재하는 모든 명칭을 포함한다.

다른 정규 표현식처럼 사용할 수 있다. 예를 들어 Daily로 시작하는 프로젝트가 있다면 Daily-*를 사용하면 된다. 패턴은 (?i)Daily-*와 같이 대소문자에 상관 없는 검색을 명시하지 않는 경우 대소문자를 구분한다.

이제 각각의 역할을 설정하는 방법을 알아보자.

전역 역할 예시

기본적으로 모든 권한을 가진 관리자admin 역할이 있다. 새로운 역할을 추가하려면 원하는 역할 이름을 Role to add(추가할 역할) 필드에 입력한 후 Add 버튼만 누르면 된다. 이 경우 잡을 관리하는 새로운 잡 관리자 역할을 추가한다고 가정해보자. 잡 관리자 역할은 일반적인 관리자가 가진 권한을 가질 필요도 없고 가져서도 안 된다. 그림 5-27은 잡 관리자 역할을 추가하는 기본 방법이다.

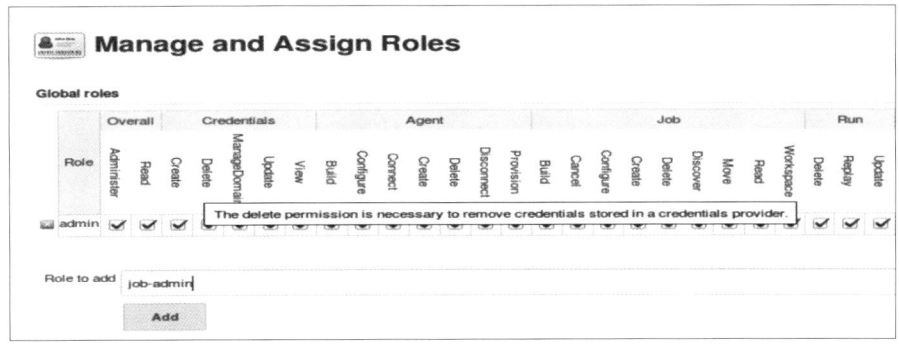

그림 5-27 전역 역할 설정

확장된 설명

그림 5-27은 해당 페이지의 다른 요소를 보여준다. 권한이 어떤 일을 하는지 알고 싶다면 권한 명칭 위에 마우스를 올려놓으면 된다. 팝업 창이 나타나 해당 권한이 하는 역할을 알려줄 것이다.

역할을 추가한 후 적절한 박스를 선택해 그림 5-28과 같이 원하는 권한을 부여한다.

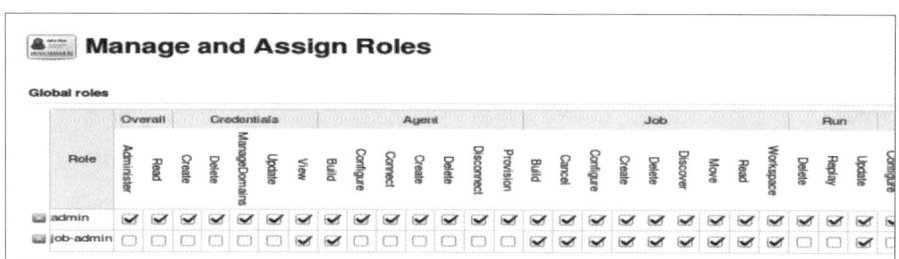

그림 5-28 전역 역할의 권한 선택

새롭게 추가를 고려해야 할 또 하나는 인증된 사용자에게 부여할 권한을 가진 전역 역할이다. 기본적으로 시스템에서 이미 정의된 authenticated 그룹이 있지만, 먼저 이를 나타낼 수 있는 역할을 만들어야 한다. 간략하게 authenticated 역할을 만들어 전체 및 읽기 권한을 줄 수 있다.

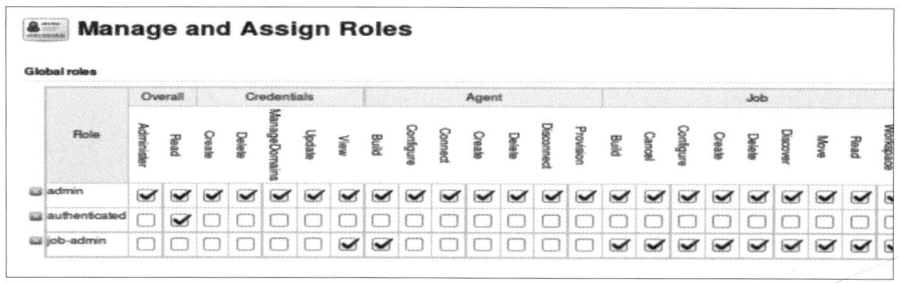

그림 5-29 authenticated 역할 생성

프로젝트 예시

예시를 좀 더 발전시켜 젠킨스 인스턴스에서 실행시키는 일간 및 주간 두 가지 종류의 잡이 있다고 생각해보자. 여기에 **daily-job-admin**(일간 잡 관리) 역할을 만들어 주간 잡이 아닌 일간 잡만 관리하는 사용자를 할당하려 한다. 모든 일간 잡은 **daily**로 시작하는 이름이나 폴더 경로를 갖고 있고, 따라서 이를 패턴으로 사용할 수 있다. 그림 5-30은 이를 설정하는 최초 화면이다.

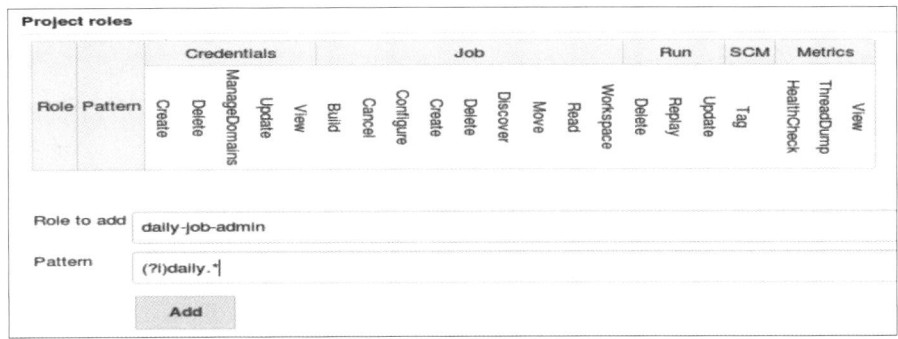

그림 5-30 새로운 일간 프로젝트 역할 정의

새로운 프로젝트 역할을 패턴을 사용해 생성하고 나면, 전역에서 한 것처럼 역할의 권한을 선택할 수 있다(그림 5-31). 하지만 패턴을 사용했기 때문에 해당 역할을 가진 사용자는 패턴에 해당하는 잡에 대해서만 선택된 권한을 갖게 된다.

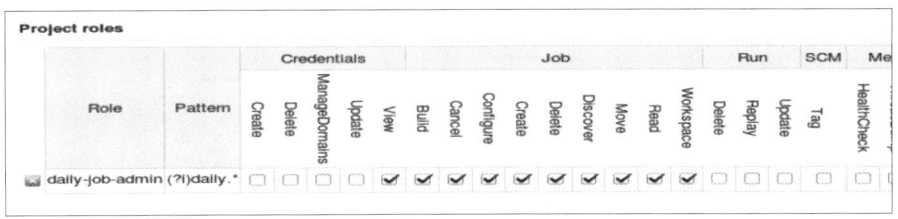

그림 5-31 프로젝트 역할에 권한 부여

이제 예제를 마무리하기 위해 **weekly-job-admins**(주간 잡 관리) 역할과 관리자가 아닌 일간 및 주간 사용자에게 역할을 추가해보자. 전체 목록은 그림 5-32에 나와 있다.

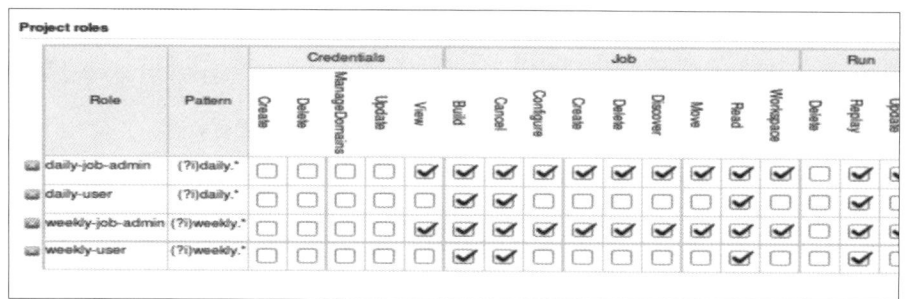

그림 5-32 주간 및 주간 역할을 프로젝트에 추가

우선순위

전역 역할에 설정된 권한은 프로젝트 역할의 권한을 덮어쓴다. 따라서 사용자가 전역 역할에서 특정 권한을 부여받고 로컬 역할에서 권한을 부여받지 못하는 상황이 되면, 전역 스펙에 따라 권한을 부여받게 된다.

프로젝트의 역할을 전역 역할을 보완하는 방식으로 설정하려면, 전역 역할에 최소한의 일반 권한만 부여한 후 프로젝트에서 세부적인 권한을 추가하면 된다. 반대로 전역 역할을 권한을 다루는 용도로 사용하고자 하면 전역 역할에 넓은 범위의 권한을 부여하면 된다.

슬레이브 역할 예시

전역과 프로젝트별 권한 외에도 노드의 관리를 위한 권한을 정의할 수 있다. 이는 화면의 마지막에서 설정할 수 있다. 그림 5-33은 노드 관리자를 위해 **node-day**로 시작하는 새로운 역할을 추가하는 예시다(이 패턴은 일간 잡을 실행하는 노드의 구분자다).

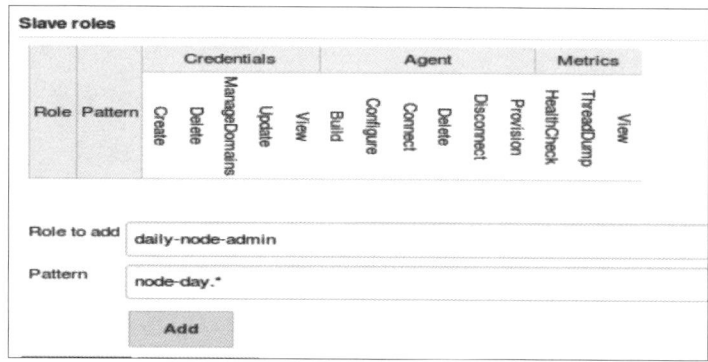

그림 5-33 새로운 노드 역할 정의

이를 추가한 후 앞 절의 전역 및 프로젝트 역할처럼 권한을 역할에 부여할 수 있다(그림 5-34).

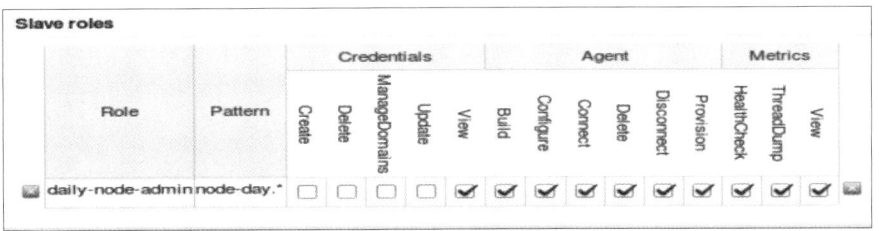

그림 5-34 노드 역할에 권한 추가

예시 모델을 완성하기 위해 잡을 위해 주간으로 실행되는 프로젝트 역할과, 주간으로 실행되는 잡의 노드를 관리하는 사용자를 위한 슬레이브 역할을 추가할 수 있다(그림 5-35).

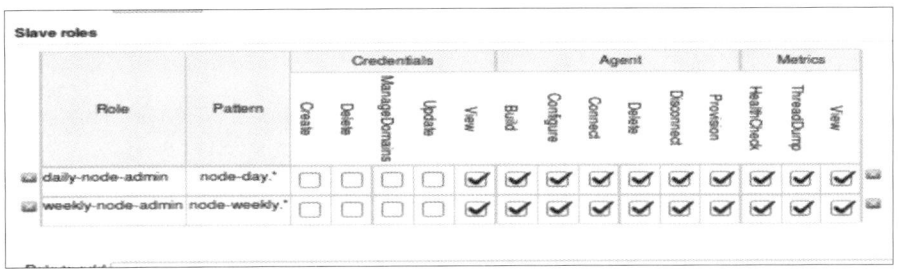

그림 5-35 주간 노드 역할 추가

역할 할당

필요한 역할을 생성한 후 Manage and Assign Roles(역할 관리 및 할당) 페이지의 역할 할당 화면에서 사용자나 그룹을 특정한 역할에 할당할 수 있다. Manage Roles(역할 관리) 페이지의 각각의 카테고리에 Assign Roles(역할 할당) 페이지에 대응되는 영역을 볼 수 있다. 하지만 (역할 할당) 페이지는 좀 더 세련된 명칭인 Item roles(아이템 역할)과 Node roles(노드 역할)을 사용한다. 여기서 Item roles(아이템 역할)은 Project roles(프로젝트 역할)에, Node roles(노드 역할)은 Slave roles(슬레이브 역할)에 대응된다. 그림 5-36은 역할 부여 페이지의 시작 화면이다.

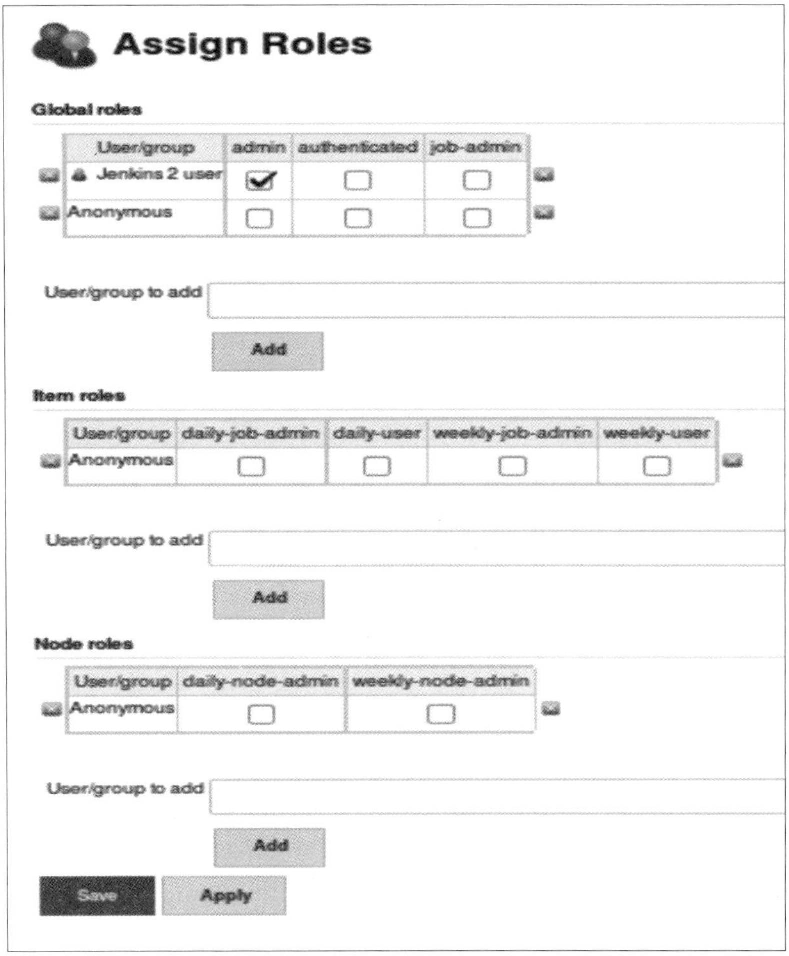

그림 5-36 역할 부여 화면

사용법은 상당히 직관적이다. 각 영역(전역, 아이템, 노드)의 행은 사용자나 그룹을 나타내고, 열은 해당 카테고리에 정의된 역할을 나타낸다. 여기서 기본 행인 익명Anonymous 사용자가 있는 것에 주목하자. 정의된 다른 사용자나 그룹도 여기에 나타날 것이다.

사용자나 그룹이 해당하는 역할에 대한 권한을 갖게 하기 위해, User/group to add(사용자/그룹 추가) 텍스트 박스에 사용자 혹은 그룹 명을 입력한 후 Add 버튼을 누르고, 마지막으로 원하는 역할에 대항하는 체크박스를 선택하면 된다.

예를 들어, all-jobs-admin, day-admin-user, day-user, weekly-admin-user, weekly-user, sysadmin-daily, sysadmin-weekly 같은 사용자 ID가 있다고 가정해보자. 여기서 admin이 들어간 사용자 ID는 해당하는 카테고리의 관리자를 위한 것이다. 원하는 카테고리에 사용자를 채우면 그림 5-37과 같은 결과가 된다.

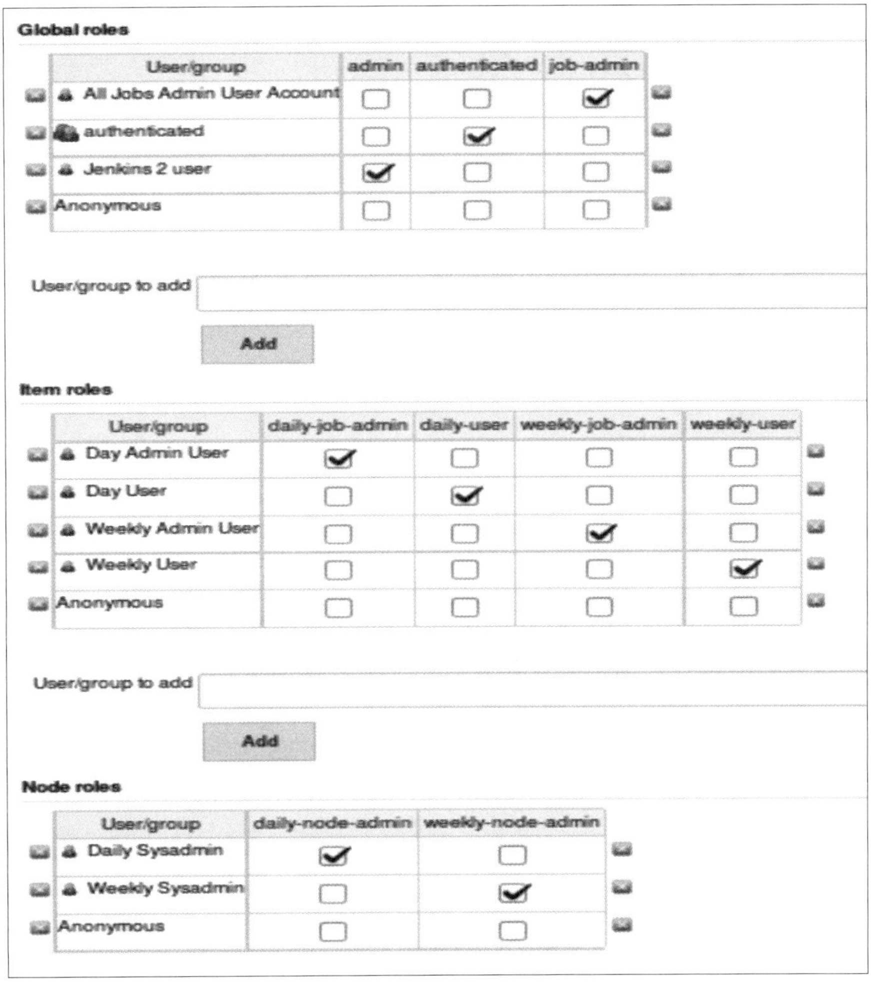

그림 5-37 역할 부여 설정 완료

authenticated 그룹 추가

authenticated(로그인한 모든 사용자)는 젠킨스의 기본 내장 그룹이다. 간단히 authenticated를 입력한 후 이를 이전에 정의한 authenticated 역할에 추가하면 된다.

부적합한 사용자 처리

사용자를 할당하는 폼을 통해 원하는 사용자나 그룹을 바로 추가할 수 있다. 변경 사항을 저장하고 나면 사용자나 그룹이 적합한지 검사가 진행된다. 부적합하다고 판단되면 역할 부여 페이지로 돌아갔을 때 사용자/그룹의 이름에 취소선이 있어 해당 사용자나 그룹이 존재하지 않거나 적합하지 않다는 것을 알려준다(그림 5-38). 여기에서 열의 양쪽에 있는 작은 붉은색 'X'를 클릭해 해당 사용자/그룹을 삭제할 수 있다.

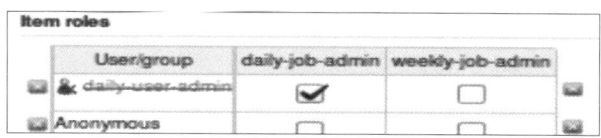

그림 5-38 부적합한 사용자 확인

역할 설정 확인

이제 역할 설정이 잘 동작하는지 확인해보자. 먼저 **all-jobs-admin** 사용자로 로그인하면 다음과 같은 잡 목록을 볼 수 있다(그림 5-39).

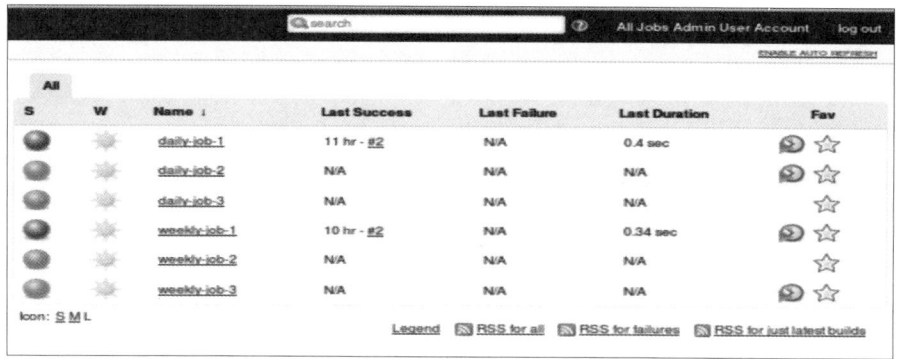

그림 5-39 역할이 모든 잡을 볼 수 있는지 확인

day-admin-user로 로그인한다면 일간 잡만 볼 수 있고 이를 수정할 수 있다(그림 5-20과 5-41). 수정은 관리자 권한의 일부다.

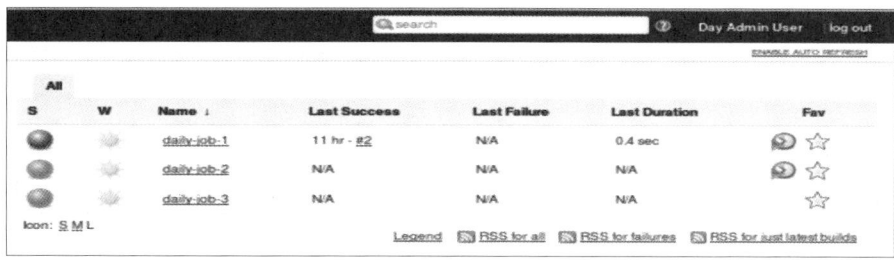

그림 5-40 day-admin-user의 제한된 화면

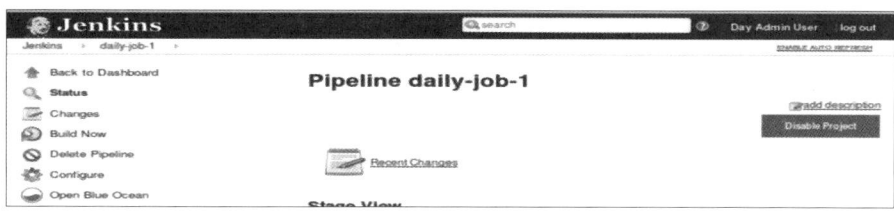

그림 5-41 day-admin-user의 수정 옵션

day-user로 로그인한다면(비관리 사용자), 일간 잡만 볼 수 있고 이에 대한 수정 권한이 없다 (그림 5-42와 5-43).

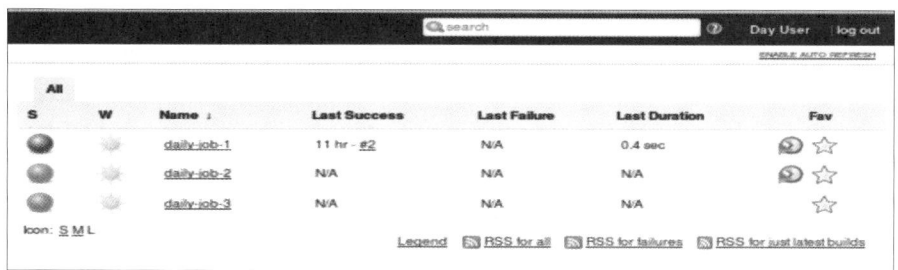

그림 5-42 day-user의 화면(비관리자)

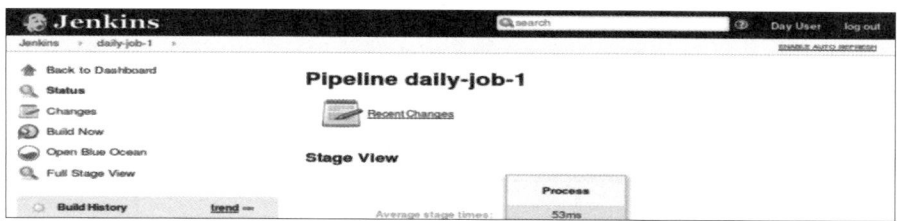

그림 5-43 day-user가 잡 수정 권한이 없는 모습

Role Strategy Macros

Role-based Authorization Strategy 플러그인을 통해 제공되는 기능 중 하나는 Role Strategy Macros를 사용할 수 있는 것이다. 이는 매크로를 이용해 아이템의 특성별로 접근 권한을 정의하는 것이다. 이 책을 집필하는 시점에는 하나의 예시 BuildableJob 매크로만 있었다. 이 매크로는 '빌드 가능한' 잡의 목록만 남기기 위해 설계됐다. 젠킨스에서 잡이 빌드 가능한 것이 아닐 때에는 몇 가지 이유가 있지만, 가장 일반적인 이유는 잡이 비활성화됐기 때문이다. 잡이 비활성화 됐는지를 알아보는 가장 쉬운 방법은 Build Now 아이콘과 메뉴 아이콘의 유무이다.

Role Strategy Macro 화면으로 이동하면 매크로의 동작 방법에 대한 정보가 있다. 여기서 중요한 문장은 Listed macros should be used in the 'Role' field of the 'Manage Roles' page(나열된 매크로는 '역할 관리' 페이지의 '역할' 필드에서 사용돼야 한다)이다. 이 이후로는 BuildableJob 매크로의 정보를 볼 수 있다(그림 5-44).

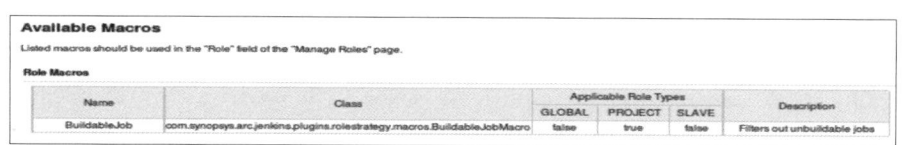

그림 5-44 역할에서 사용 가능한 매크로 목록

이 테이블에서 이름과 설명을 빼고는 사용 가능한 역할 타입이 가장 유용하다. 이는 해당 매크로에 어떤 역할 타입이 적용되는지 알려준다. 이 경우 여기 나열된 매크로는 프로젝트 역할 타입을 위한 것이다.

매크로를 역할에 추가하려면 @ 기호를 매크로 이름 앞에 사용해야 한다. 그림 5-45는 매크로를 프로젝트 역할에 추가하는 화면이다. weekly-user 역할과 같은 권한을 부여할 것이다.

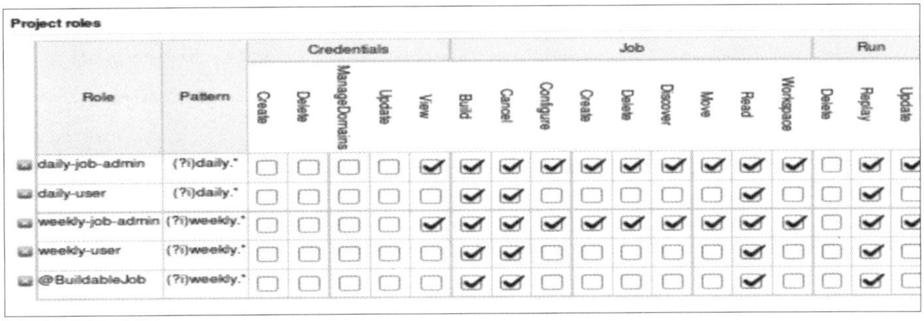

Project roles

Role	Pattern	Credentials					Job									Run		
		Create	Delete	ManageDomains	Update	View	Build	Cancel	Configure	Create	Delete	Discover	Move	Read	Workspace	Delete	Replay	Update
daily-job-admin	(?i)daily.*					✓	✓	✓	✓	✓	✓	✓	✓	✓	✓		✓	✓
daily-user	(?i)daily.*						✓	✓						✓			✓	
weekly-job-admin	(?i)weekly.*					✓	✓	✓	✓	✓	✓	✓	✓	✓	✓		✓	✓
weekly-user	(?i)weekly.*						✓	✓						✓			✓	
@BuildableJob	(?i)weekly.*						✓	✓						✓			✓	

그림 5-45 역할 정의에 매크로를 사용

여기에서 새로운 사용자 Weekly User 2를 추가했다고 가정해보자. `@BuildableJob` 역할을 추가한 후 역할 부여 페이지에서 새로운 사용자를 `@BuildableJob` 역할에 할당할 수 있다(그림 5-46).

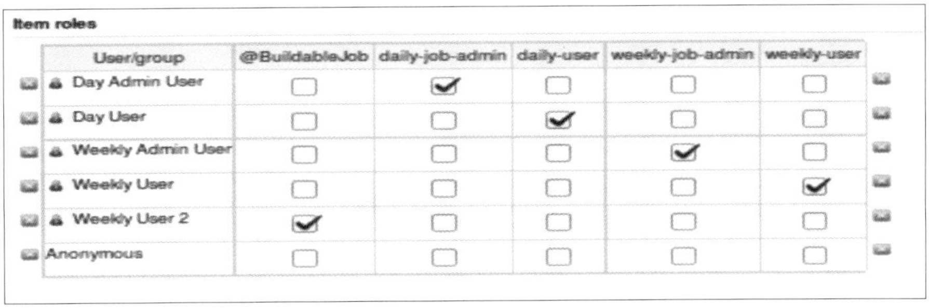

Item roles

User/group	@BuildableJob	daily-job-admin	daily-user	weekly-job-admin	weekly-user
Day Admin User		✓			
Day User			✓		
Weekly Admin User				✓	
Weekly User					✓
Weekly User 2	✓				
Anonymous					

그림 5-46 새로운 사용자를 매크로에 의해 정의된 역할에 추가

이제 매크로를 실제 상황에서 사용하는 것을 살펴보자. 먼저 weekly-user 역할을 가진 Weekly User로 로그인하면 weekly-job-2를 비롯한 모든 주간 잡의 목록을 볼 수 있다. 여기서 weekly-job-2는 Build Now 아이콘이 없는 것에서 알 수 있듯이 빌드 가능하지 않다(그림 5-47).

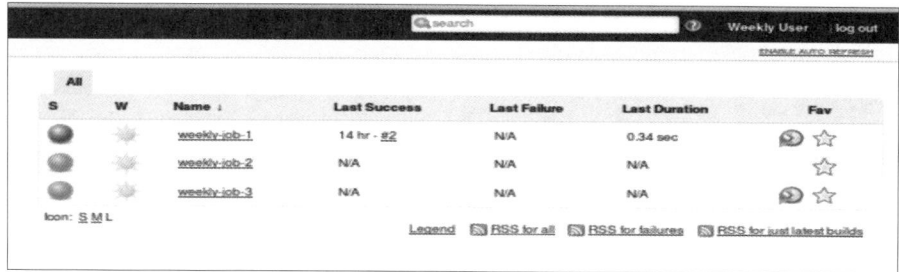

그림 5-47 @BuildableJob 역할에 의해 걸러지지 않은 사용자 화면

여기에서 @BuildableJob 역할을 가진 Weekly User 2로 로그인하면 실제로 빌드 가능한 주간 잡을 볼 수 있다(그림 5-48).

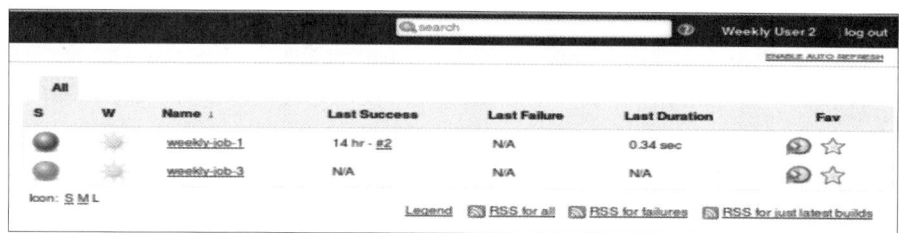

그림 5-48 @BuildableJob 역할에 의해 걸러진 사용자 화면

여기에서 볼 수 있듯이 고급 인증 기능을 통해 더 유연한 방식으로 역할을 정의할 수 있다.

다음은 파이프라인에서 인증을 사용하는 기초 방법을 알아보자.

파이프라인에서 인증 사용

파이프라인 스텝을 위해 인증을 제공해야 하는 경우가 많다. 이번 절에서는 기본 인증 종류를 사용하는 파이프라인 문법을 알아보자.

계정과 암호

먼저 Credentials Binding 플러그인(https://plugins.jenkins.io/credentials-binding)이 설치되어 있는지 확인하자. 이후 젠킨스의 계정과 암호를 사용해 인증을 만들 것이다(그림 5-49).

그림 5-49 젠킨스의 계정/암호 인증

이제 파이프라인에서 withCredentials 블록을 이용해 특정 인증을 사용할 수 있다. 이 블록의 문법은 다음과 같이 시작한다.

```
withCredentials([usernamePassword(credentialsId: '<ID>',
  passwordVariable: '<variable to hold password>',
  usernameVariable: '<variable to hold username>')])
```

여기서 usernameVariable과 passwordVariable에 사용된 변수는 credentialsId에 명시된 인증의 계정과 암호로 채워진다.

SSH 키

SSH 인증을 파이프라인에서 사용하려면 다음과 같이 withCredentials 블록을 다시 사용해야 한다.

```
withCredentials([sshUserPrivateKey(credentialsId: '<credentials-id>',
    keyFileVariable: 'MYKEYFILE',
    passphraseVariable: 'PASSPHRASE',
    usernameVariable: 'USERNAME')])
    {
        // 특정 블록
    }
```

대안으로, **sshagent** 블록을 사용할 수 있다. 이를 위해 먼저 SSH Agent 플러그인(https://plugins.jenkins.io/ssh-agent)이 설치되어 있어야 한다.

이제 접근과 인증 ID를 넘기기 위해 **sshagent** 블록을 사용할 수 있다.

```
sshagent([<credentials id>]) { }
```

그림 5-50은 파이프라인 스크립트에서 이를 사용하는 예시다.

```
node {
    def sshRepodef = "git@diyvb:repos/shared_libraries.git"

    stage ("Get Source") {
        git url: sshRepodef
    }

    stage ("Update Source") {

        sh "git config user.name diyuser"
        sh "git config user.email diyuser@localhost"

        sshagent(['03463f1a-bddd-48cc-b1e0-575bfa9b721f']) {
            sh "git tag -a ${env.BUILD_TAG} -m 'demostrate push of tags'"
            sh "git push ${sshRepodef} --tags"
        }
    }
}
```

그림 5-50 파이프라인 스크립트에서 SSH 인증 사용

토큰 인증

다른 종류의 인증을 활용할 때에도 같은 방식(withCredential 블록 사용)이 적용된다. 다음은 젠킨스 문서의 토큰 인증을 사용하는 예시다.

```
node {
    withCredentials([string(credentialsId: '<token>', variable: 'TOKEN')])
    {
        sh '''
            set +x
            curl -H "Token: $TOKEN" https://some.api/
        '''
    }
}
```

여기서 주요한 내용은 다음과 같다.

- 세 개의 따옴표를 사용한 셸스크립트는 다중 라인 스크립트를 위해 사용됐다(sh 스텝을 사용하는 자세한 내용은 11장에서 다룬다).
- set +x는 스크립트 실행 시 인증이 출력되는 것을 방지한다.

다른 종류의 인증은 스니펫 생성기를 통해 withCredentials 스텝을 만들고 채우면 된다.

파이프라인에 인증을 도입했으니 스크립트에서 무엇을 할 수 있고 할 수 없는지를 이해하고, 젠킨스가 허용되지 않는 작업을 시도할 때 어떻게 처리하는지 알아보자.

스크립트 보안 관리

파이프라인의 기능은 임의의 스크립트의 실행을 가능케 한다. 이렇게 명령어를 실행하는 데 도입된 유연성은 스크립트 보안 관리가 중요해지는 결과를 낳았다. 젠킨스 2에서는 Script

Security(스크립트 보안) 플러그인(https://plugins.jenkins.io/script-security)을 통해 보안을 관리할 수 있다.

서술적 파이프라인으로 작성된 스크립트

어느 정도까지는 서술적 파이프라인이 스크립트를 보안 위협으로부터 지켜준다. 제한된 구조와 문법은 그루비와 달리 프로그램을 작성할 수 있는 여지를 좁히고, 따라서 최선의 예시에 가까운 파이프라인을 작성할 수 있게 도와준다.

기본적으로 Overall/Administer 권한을 가진 사용자는 원하는 스크립트를 실행하거나 작성할 수 있다. 이러한 수준의 권한은 젠킨스 인스턴스의 관리자 권한과 동일하기에, 모든 사용자에게 적합하지는 않다. 따라서 젠킨스 2는 스크립트 보안을 위한 두 가지 매커니즘인 스크립트 승인과 그루비 샌드박싱sandboxing을 제공한다.

더이상 권장되지 않는 권한

이전 버전의 역할 기반 접근/메트릭 플러그인에서는 다음과 같이 추가로 설정할 수 있는 권한이 있었다.

- Overall/Run Scripts
- Overall/Upload Plugins
- Overall/Configure Update Center

이런 권한은 종종 Overall/Administer 권한과 비슷하게 강력해 보안 위협으로 평가됐다. 따라서 승인 없이 스크립트를 실행시키려면 Overall/Administer 권한이 필요하다.

어떤 이유로 과거의 안전하지 않은 권한으로 돌아가야 한다면 시스템 속성인 org.jenkinsci. plugins.rolestrategy.permissions.DangerousPermissionHandlingMode. enableDangerousPermissions를 true로 설정해야 한다.

스크립트 검사

젠킨스 관리자가 스크립트를 생성하거나 설정에서 포함하여 저장할 때 이 스크립트는 자동으로 승인되어 승인 목록에 추가된다. 이 목록의 스크립트는 모든 사용자가 실행할 수 있다.

관리자가 아닌 사용자가 이 목록에 있지 않은 스크립트를 실행하려고 하면 관리자가 승인할 때까지 실행이 제한된다.

이러한 동작의 이유는 웹 폼을 작성하는 것과 달리 스크립트를 실행하는 것은 젠킨스 내부의 객체를 참조할 수 있기 때문이다. 이는 스크립트의 동작에 따라 심각한 보안 위협을 가하거나 기술적 위험이 존재한다.

승인이 필요한 스크립트 목록의 예시는 그림 5-51에 나와 있다. 이 스크립트는 내부의 rawBuild 객체를 사용해 정보를 얻으려 했기 때문에 여기에 표시됐다. 또한 이 스크립트를 실행했을 때의 결과인 에러 메시지도 표시된다.

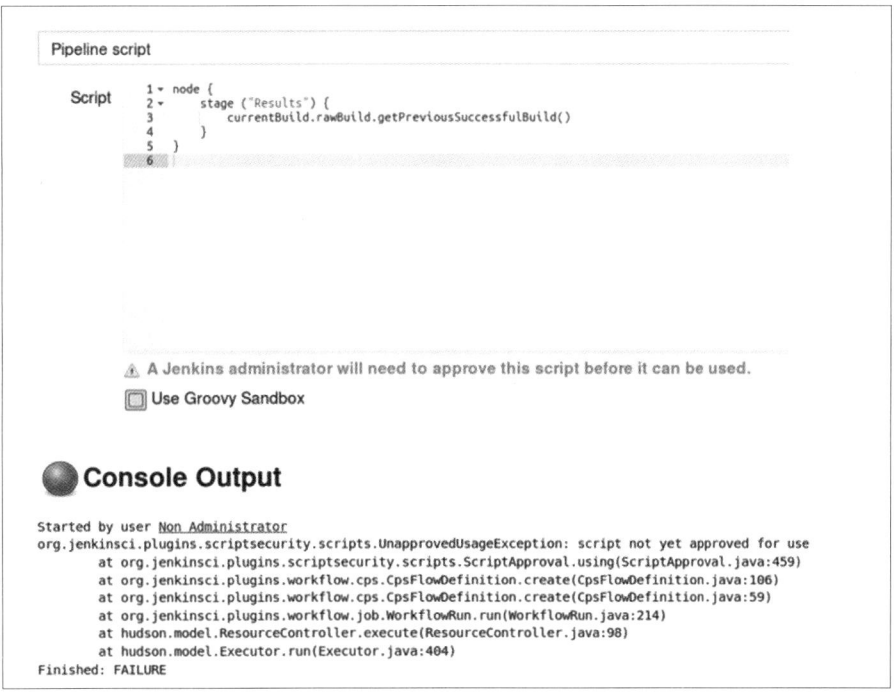

그림 5-51 승인되지 않은 스크립트

스크립트 승인

관리자가 아닌 사용자가 승인이 필요한 스크립트를 실행하려고 하면 젠킨스는 이 실행을 막는다. 또한 승인이 필요한 큐에 관리자의 리뷰가 필요하다는 알림이 추가된다. 관리자는 로그인하여 Manage Jenkins > In-process Script Approval로 이동해 1 scripts pending approval(1개의 스크립트가 승인을 기다립니다)라는 알림을 볼 수 있다(그림 5-52).

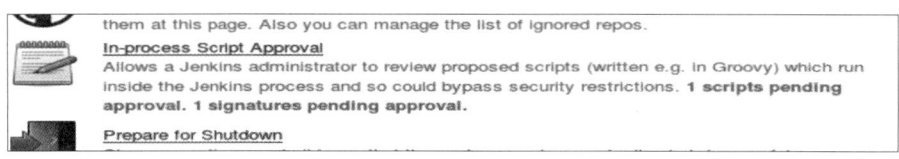

그림 5-52 승인 보류된 스크립트

관리자가 스크립트 승인 영역으로 이동하면 스크립트를 승인하거나 거절할 수 있는 옵션이 나타난다. 그림 5-53의 윗부분의 이 일부를 보여준다.

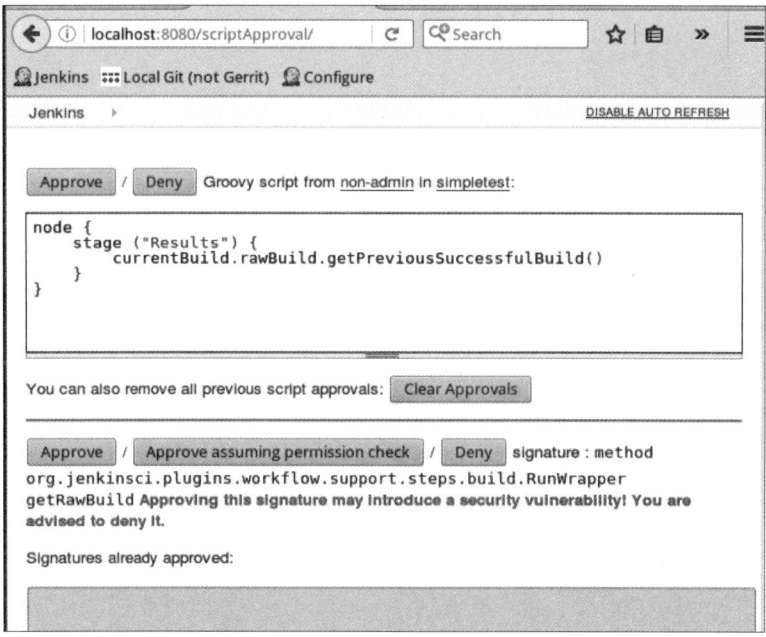

그림 5-53 관리자의 스크립트 승인 인터페이스

그루비 샌드박싱

스크립트 승인 메커니즘이 스크립트를 확인하는 좋은 방식이지만, 비관리자로부터 요청된 모든 스크립트를 확인하는 것은 엄청난 시간이 걸릴 수 있다. 이를 쉽게 만들기 위해 젠킨스 2는 그루비 샌드박스에서 스크립트를 실행할 수 있는 기능을 제공한다. 그루비 샌드박스 사용 옵션을 파이프라인 스크립트 텍스트 윈도우 하단에서 체크해 이를 활성화시킬 수 있다.

그림 5-54 그루비 샌드박스에서 실행

기본 개념은 젠킨스로부터 관리되는 '허용된' 함수들이 있는 것이다. 이는 허용된 함수들은 어떤 스크립트에서 사용하기에도 안전하다는 의미다. 그루비 샌드박스를 이용하는 옵션이 선택되고 안전하다고 허용된 함수만 사용됐다면, 스크립트는 승인 없이 실행이 허용된다. 그러면 관리자가 승인하는 추가 단계를 건너뛸 수 있다.

하지만 하나의 함수라도 허용된 목록에 포함되어 있지 않다면 스크립트의 실행은 제한되고 에러가 표시된다(그림 5-55). 이 경우 함수는 일반적인 스크립트 승인 프로세스처럼 관리자의 승인 목록에 들어간다.

```
[Pipeline] node
Running on master in /var/lib/jenkins/jobs/simpletest/workspace
[Pipeline] {
[Pipeline] stage
[Pipeline] { (Results)
[Pipeline] }
[Pipeline] // stage
[Pipeline] }
[Pipeline] // node
[Pipeline] End of Pipeline
org.jenkinsci.plugins.scriptsecurity.sandbox.RejectedAccessException: Scripts not permitted to
use method org.jenkinsci.plugins.workflow.support.steps.build.RunWrapper getRawBuild
        at
org.jenkinsci.plugins.scriptsecurity.sandbox.whitelists.StaticWhitelist.rejectMethod(StaticWhiteli
st.java:176)
        at
org.jenkinsci.plugins.scriptsecurity.sandbox.groovy.SandboxInterceptor$6.reject(SandboxInterceptor
.java:243)
        at
org.jenkinsci.plugins.scriptsecurity.sandbox.groovy.SandboxInterceptor.onGetProperty(SandboxInterc
eptor.java:363)
        at org.kohsuke.groovy.sandbox.impl.Checker$4.call(Checker.java:241)
```

그림 5-55 샌드박스에서 허용되지 않은 함수 표시

여기서 관리자가 로그인한 후 젠킨스 관리 페이지로 이동하면 승인을 기다리고 있는 함수가 있다는 알림을 보게 된다.

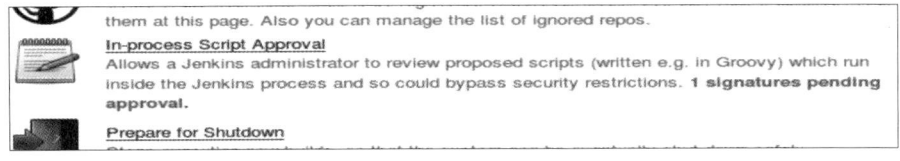

그림 5-56 승인 대기중인 함수

In-process Script Approval 페이지에서 관리자는 Approve(승인), Approve assuming permission check(권한 확인 가정 후 승인), Deny(거절) 옵션을 보게 된다. 승인과 거절은 그 자체로 의미가 명확하다. 권한 확인 가정 후 승인은 실제로 이를 사용하는 사용자가 시스템이 아닐 때 사용자가 권한이 있다고 가정하여 이 작업을 허용한다. 허용되면 해당 함수는 내부의 허용된 목록에 추가된다.

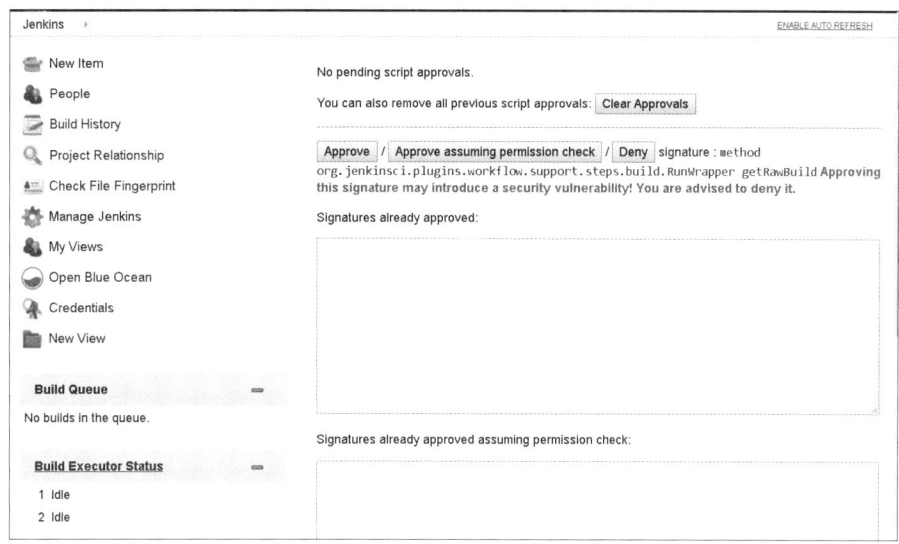

그림 5-57 함수 사용을 승인하는 관리자 옵션

Vault를 이용한 젠킨스 인증 사용

해시코프HashiCorp의 Vault 애플리케이션(https://www.hashicorp.com/products/vault)은 스스로를 보안을 관리하는 도구라고 설명한다. 기본적으로 올바른 설명이지만, 이 애플리케이션은 그 이상을 관리한다. 대여 제공, 키 재발급, 토큰 생성 및 감사가 여기에 해당된다. 또한 외부 '인증 백앤드'를 제공해 다양한 사용자나 시스템의 인증과 접근을 지원한다.

젠킨스에서 Vault는 (Vault의 인증 백앤드를 통해) 젠킨스가 인증 검사를 요청하는 외부 인증 저장소로 사용될 수 있다. 여기에서 임시 토큰을 얻어 파이프라인에서 인증을 가져올 수 있다. 이번 절에서는 인증에 대한 마지막 작업으로 젠킨스에서 Vault를 사용하는 간단한 예시를 살펴볼 것이다.

접근

Vault는 사용할 수 있는 여러 인터페이스를 제공한다. 여기에는 커맨드라인 인터페이스와 REST API가 포함된다. 예상한 바와 같이 Vault를 사용하기 위한 젠킨스 플러그인(https://plugins.jenkins.io/hashicorp-vault-plugin)이 있다.

이번 절에서는 Vault에 가입하는 방법 및 커맨드라인 인터페이스를 통한 최초 설정 방법을 알아볼 것이다. 또한 Vault에서 간단한 사용을 위해 제공하는 dev 모드도 이용할 것이다. 젠킨스에서는 Vault를 위한 플러그인을 사용하지만, 실제 프로덕션 환경에서는 dev 모드를 사용하지 않을 수 있기 때문에 같은 작업을 다른 방식(REST API와 셸 명령어)으로도 사용 가능하다.

설정

Vault 서버를 dev 모드로 시작하려면 간단히 다음과 같이 실행하면 된다.

```
vault server -dev
```

Vault와 dev 모드

dev 모드로 시작시키는 이유 중 하나는 이 방식이 Vault를 봉인되지 않은 상태로 실행해 정보가 해독되는 방식을 알 수 있게 하기 때문이다. 기본 모드는 Vault를 봉인된 상태로 실행해 정보의 접근은 가능하지만 해독이 불가능하다. 이런 경우에는 해독 목적을 위해 마스터 키를 재생성하는 긴 프로세스가 요구된다.

Vault 서버가 돌아가면 URL을 `VAULT_ADDR` 환경 변수로 추출해 기본 설정을 완료한다.

```
export VAULT_ADDR='http://127.0.0.1:8200'
```

정책 생성

Vault를 사용하는 관점에서 보면, 간략히 최상위 폴더가 secret인 파일 시스템으로 생각하면 된다. 이 하위에 다양한 보안을 위한 하위 경로를 정의한 후 여기에 키/값 쌍을 이용해 정보를 저장하게 된다.

정책은 사용자가 해당 경로에 접근할 때 어떤 권한을 주는지를 정의하는 것이다. 여기서 권한이란 이 경로에 저장된 인증에 대한 '목록' 및 '읽기'와 같은 작업을 의미한다. 이것은 읽기, 쓰기 등과 같은 폴더 경로에 대한 권한으로 생각하면 쉽다. 먼저 젠킨스가 사용할 간단한 정책을 만들어보자. 정책을 만들려면 Vault의 경로와 권한을 설정하고 Vault의 policy-write 명령어를 이용해 새로운 정책을 저장한다. 이를 파일로 저장하거나 echo를 사용해 설정한다.

```
echo 'path "secret/example" {
    capabilities = ["read", "list"]
}' | vault policy-write jenkins-example -
```

Vault는 다음과 같은 결과를 보여줄 것이다.

```
Policy 'jenkins-example' written.
```

이를 설정하면 젠킨스가 권한을 갖고 있는 곳에는 해당 경로에 저장된 인증을 읽거나 목록을 조회할 수 있게 되고, 인증 값을 가져올 수 있다.

인증

좀 더 명확하게 젠킨스 자체는 이 경로에 직접 접근하지 않는다. 대신, 해당 정책에 할당된 토큰을 받은 후 이 토큰이 설명한 권한을 갖게 된다. 토큰은 시스템에 로그인한 후 얻게 되는 세션이라 생각하면 된다. 세션이 아직 활성화돼 있을 때 시스템에 저장된 것에 특정한 행동을 수행할 권한이 생긴다.

계속 비교해보면 세션을 얻으려면 로그인, 혹은 시스템에 인증을 진행해야 한다. 즉 로그인 과정에서 인증을 제공해 세션을 받아와야만 한다.

Vault는 다양한 방식의 인증을 제공한다. 각각의 인증 방식은 Vault가 참조하는 인증 백앤드 auth backend 인터페이스를 통해 구현된다.

인증 백앤드는 다음 두 가지를 수행한다.

- 다양한 방식의 인증 처리
- 사용자에게 정책과 신원 할당

Vault를 사용하는 유명한 서비스나 애플리케이션에는 다양한 방식의 인증 백앤드가 존재한다. 여기에는 깃허브, 구글 클라우드, 쿠버네티스, AWS, LDAP 등이 있다. 잘 알려지지 않은 것으로는 앱롤이 있다. 앱롤은 젠킨스에서 주로 사용하는 것으로, 좀 더 자세히 알아보자.

앱롤

앱롤AppRole 백앤드의 개념은 서비스나 시스템이 Vault와 정해진 역할을 통해 소통하는 것이다(즉 'App'은 서비스를 의미하고 여기에 'Role'이 추가된다). 이는 개별 시스템, 다중 시스템에 존재하는 서비스, 혹은 특정 시스템의 특정 사용자 등 다양한 범위에서 사용될 수 있다.

앱롤과 같은 인증 백앤드를 사용하려면 Vault의 authenable 기능을 이용해 앱롤부터 활성화시켜야 한다. 다음은 커맨드라인 방식의 예시다.

```
vault auth-enable approle
```

Vault는 다음과 같이 반응할 것이다.

```
Successfully enabled 'approle' at 'approle'!
```

이를 동작하게 하려면 두 가지의 정보를 전달해야 한다. 하나는 사용할 역할을 구분하기 위한 role-id이고, 다른 하나는 인증을 확인하기 위한 secret-id이다. 여기서 secret-id는 Vault에 저장되어 있는 인증 '토큰'에 대한 임시 접근이다. 일반적으로 secret-id는 생성 후 짧은 시간 동안만 존재한다.

role-id를 만들려면 Vault의 write 명령어를 사용해 이전에 설정한 정책에 연결할 새로운 역할을 만들어야 한다. 여기에서 다양한 방법으로 유효기간$^{\text{time-to-live}}$(ttl)을 설정할 수 있다. 문법의 예시는 다음과 같다.

```
vault write auth/approle/role/jenkins-example
  secret_id_ttl=200m token_ttl=20m token_max_tll=40m
  policies=jenkins-example
```

Vault는 다음과 같이 반응할 것이다.

```
Success! Data written to: auth/approle/role/jenkins-example
```

이 작업을 완료하면 role-id 토큰을 얻을 수 있다.

```
vault read auth/approle/role/jenkins-example/role-id
```

Vault는 정보를 보여줄 것이다.

```
Key      Value
---      -----
role_id  5e50c99a-1b96-e747-f310-81451b78977c
```

이제 role-id를 사용해 secret-id를 생성할 정책을 만들어야 한다. 이는 이전에 정책을 만들던 예제와 유사하다. 다음 명령어는 이 예시다.

```
echo 'path "auth/approle/role/jenkins-example" {
  capabilities = ["read", "create", "update"]
}' | vault policy-write jenkins -
```

Vault는 다음과 같이 반응할 것이다.

```
Policy 'jenkins' written.
```

이제 Vault에 데이터에 대해 접근해 정보를 가져올 때 사용할 secret-id를 요청할 수 있다. secret-id를 설정할 때 대여 타임아웃 값도 ttl(time-to-live)을 통해 설정한다.

```
vault write auth/approle/role/jenkins-example
  secret_id_ttl=100m
  token_ttl=200m token_max_ttl=300m
  policies=jenkins-example

vault write -f auth/approle/role/jenkins-example/secret-id
```

Vault는 다음을 보여줄 것이다.

Key	Value
secret_id	eba9887f-afa7-5e0a-9b55-5cfbf1668a6d
secret_id_accessor	2323f05f-5312-895a-3902-46250cbed6a4

secret_id_accessor

secret_id_accessor 값을 사용해 secret_id 자체를 공유하지 않고 secret_id의 설정 값을 얻을 수 있다. 이것은 앱롤에서 secret_id를 지울 때도 사용할 수 있다.

Vault 쪽에서 기본 설정과 인증이 완료됐으니, 이제 Vault에 젠킨스를 설정하고 이를 파이프라인에 포함시킬 준비가 됐다.

젠킨스에서 Vault 사용

이제 젠킨스에서 Vault를 사용해보자. 첫 전제 조건은 Vault 플러그인이 설치되어 있는지 확인하는 것이다(그림 5-58).

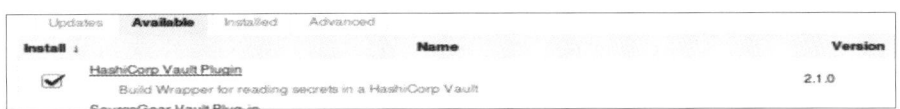

그림 5-58 Vault 플러그인 설치

이를 완료한 후 Vault 사용을 위한 인증을 정의한다.

Vault를 위한 젠킨스 인증

Vault 플러그인은 다양한 방식의 인증을 선택할 수 있게 한다.

Vault AppRole 인증

    앞에서 다룬 것처럼 `role-id`와 `secret-id` 제공을 위해 사용한다.

Vault GitHub Token 인증

    개인 접근 토큰을 통해 깃허브에 인증하기 위해 사용한다(이 책을 집필하는 시점에서 Vault는 깃허브의 OAuth를 사용하지 않기 때문에 개인 접근 토큰이 필요하다).

Vault Token 인증

사용자 제공 토큰을 사용한 기본 인증 방식이다.

Vault Token File 인증

Vault Token 인증과 같지만, 토큰이 젠킨스 시스템의 파일에서 읽혀진다.

지금까지 앱롤을 설명했는데, 앱롤을 사용하는 것이 일반적으로 Vault에 접근하는 방식으로 권장되기에 이를 사용할 것이다. 먼저 role-id와 secret-id를 선택해야 한다(그림 5-59).

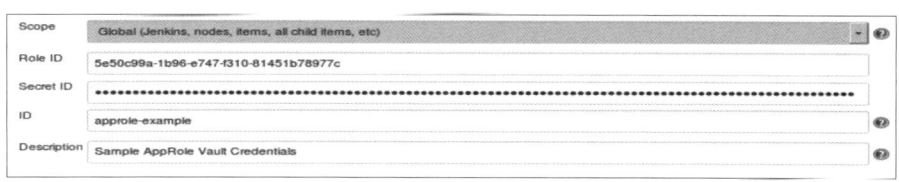

그림 5-59 앱롤 인증 선택

 **인증 수명**

여기서 인증은 한정된 수명을 갖기에, 정적인 secret-id를 앱롤 인증에서 사용하는 것은 secret-id가 긴 시간의 수명을 갖지 않는 이상 적합한 방법이 아닐 수 있다.

이런 경우, 젠킨스가 인증을 파일에서 읽는 Vault Token File 인증을 사용할 수 있다. 대체로 인증이 노출된 파일이 있는 것은 안전한 방식이 아니지만, 이 방식을 통해 토큰의 수명이 다해 가는 것을 다른 프로세스가 관찰해 Vault로부터 다른 토큰을 받아 수명 연장을 수월하게 처리할 수 있다.

인증이 설정되면 플러그인을 위한 시스템 설정을 진행할 수 있다. **Manage Jenkins**(젠킨스 관리) ➤ **Configure System**(시스템 설정) 페이지에서 이를 쉽게 진행할 수 있다. 간단히 Vault URL과 설정한 인증을 선택하면 된다(그림 5-60).

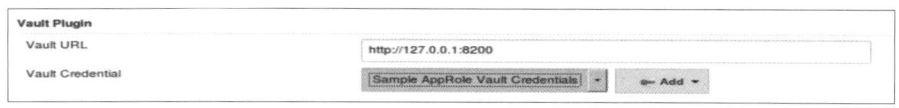

그림 5-60 젠킨스에서 Vault 전역 설정

폴더와 Vault

폴더 레벨에서 하는 Vault 설정은 의미가 없다. 'Vault 플러그인' 절의 폴더 설정 부분을 참고하자.

기본 젠킨스 설정이 완료됐으니, 이제 Vault를 파이프라인에서 사용해보자.

파이프라인에서 Vault 사용

파이프라인에서 Vault를 사용하려면 몇 가지 단계를 거쳐야 한다.

먼저 어떤 인증과 값에 접근할지 나타내는 객체를 정의해야 하고, 파이프라인에서 사용하는 환경 변수도 정의해야 한다. 스크립트 방식 파이프라인의 예시는 다음과 같다(이 책을 집필하는 시점에서 Vault 통합은 서술적 파이프라인을 지원하지 않는다).

```
// 접근할 인증과 가져온 값을 할당할 환경 변수 정의
def secrets = [
  [$class: 'VaultSecret', path: 'secret/example', secretValues:
    [[$class: 'VaultSecretValue', envVar: 'msg', vaultKey: 'value']]
]]
```

여기서 secret/example은 경로이고 value는 Vault에 저장된 키/값의 키다. msg는 스크립트에서 접근할 환경 변수다.

이를 설정하면, 파이프라인 DSL 스텝/명령어 wrap을 사용해 인증에 접근할 수 있다.

```
// 이 블록 안에서 환경 변수를 통해 인증에 접근할 수 있다.
wrap([$class: 'VaultBuildWrapper', vaultSecrets: secrets]) {
  def myMsg = "The message is $msg"
  ...
}
```

wrap 스텝에 대해

wrap 스텝은 특별한 스텝으로, 파이프라인이 build wrappers를 호출할 수 있게 한다(이는 프리스타일 잡의 environment configuration으로 알려져 있다). 이는 블록 스텝/명령어로, 해당 블록 내의 모든 라인에 영향을 미치는 설정을 정의한다.

이를 Vault 통합을 위해 사용할 때 추후 플러그인이 Vault만을 위한 DSL 빌드 스텝을 사용하는 방식으로 변경될 수 있음에 유의하자.

여기서 알아두면 좋은 또 하나의 설정이 있다. 파이프라인 내에서 Vault를 위한 사용자만의 로컬 설정을 정의하는 것이 가능하다. 다음과 같은 코드를 사용할 수 있다(이전에 사용한 설정 값을 적용한다).

```
def configuration = [$class: 'VaultConfiguration',
    vaultUrl: 'http://127.0.0.1:8200',
    vaultCredentialId: 'approle-example']
```

이 설정을 로컬에서 사용하려면 다음과 같이 이를 wrap 스텝에 포함시켜야 한다.

```
// 이 블록 내부에서 인증이 환경 변수로 접근 가능하다.
wrap([$class: 'VaultBuildWrapper', configuration: configuration,
vaultSecrets: secrets]) {
    def myMsg = "The message is $msg"
    ...
}
```

Vault의 사용법과 젠킨스에서 이를 사용하는 방식을 아주 간략히 알아봤다. 자동으로 데이터베이스 인증을 초기화하는 등 다양한 방식으로 Vault를 파이프라인에서 사용할 수 있다. 자세한 활용 방식은 Vault 웹사이트(https://www.vaultproject.io/intro/index.html)에서 다양한 문서와 예시를 살펴볼 것을 강력히 추천한다.

요약

5장에서는 젠킨스에 접근하고 보안을 유지하기 위한 요소를 몇 가지 살펴봤다. 사용자 권한을 설정하는 법과 전역 태스크와 프로젝트 및 노드에 역할 기반 권한을 설정하는 확장된 기능도 살펴봤다. 또한 젠킨스에서 인증을 사용하는 법과 제공자, 저장소, 범위와 같이 이에 관련된 다양한 엔티티도 알아봤다.

이후 파이프라인의 작성자나 사용자가 추가 승인이 필요한 스크립트, 작업, 함수를 실행할 때 겪을 수 있는 일반적인 문제도 다뤘다.

마지막으로 새로운 보안 관리 애플리케이션인 Vault와 젠킨스를 같이 사용하는 방법을 알아봤다.

보안과 접근 설정은 젠킨스 같은 애플리케이션에서 계속해서 진화하고 있는 주제다. 보안을 관리하고 권한을 제어하는 것은 좋은 방법일 뿐만 아니라 보안 및 공공에 노출된 다중 사용자 인스턴스에서 안전을 위해 필요한 절차다. 사용자의 젠킨스의 보안을 최대로 유지하기 위해 플러그인과 젠킨스의 보안 공지 및 업데이트를 최대한 자주 살펴보자.

6장에서는 젠킨스와 파이프라인을 공유 라이브러리와 다른 방식을 통해 외부 코드를 가져와 확장하는 방법을 알아본다.

6장
파이프라인 확장

여타 프로그램 환경과 마찬가지로 젠킨스 파이프라인에서도 기능에 집중하고, 같은 코드를 공유하며, 코드 재사용을 하는 것이 개발을 빠르고 효과적으로 하는 중요한 방식이다. 이런 방식에서는 기능을 호출하는 방식을 통일하고, 더 복잡한 작업을 위해 블록을 생성하고, 복잡도를 감추는 것이 권장된다. 또한 일관된 개념을 제공하고, 설정 대신 관습을 사용해 작업을 단순화하는 것을 권장한다.

젠킨스가 사용자에게 이런 작업을 허용하는 주요 방식 중 하나는 공유 파이프라인 라이브러리의 사용이다. 공유 파이프라인 라이브러리는 젠킨스가 자동으로 다운로드하는 소스 코드 저장소에 저장된 코드로, 파이프라인에서 사용 가능하다.

6장에서는 파이프라인 라이브러리의 구조, 구현, 사용에 대해 알아보고, 자신만의 전역 함수를 만드는 방법과 그루비나 자바가 아닌 코드와 연동하는 방법을 알아볼 것이다. 이해를 돕기 위해 먼저 젠킨스에서 사용 가능한 다양한 공유 라이브러리에 대해 살펴보자.

신뢰할 수 있는 라이브러리와 신뢰할 수 없는 라이브러리

젠킨스의 공유 라이브러리는 신뢰할 수 있는 상태거나 신뢰할 수 없는 상태다.

신뢰할 수 있는 라이브러리는 자바, 젠킨스 API, 젠킨스 플러그인, 그루비 언어 등의 함수에서 호출할 수 있다. 신뢰할 수 있는 라이브러리가 호출되고 사용될 수 있는 관점에서 상당히 자유롭기 때문에, 신뢰된 목록에 무언가를 추가하는 작업 자체가 관리되는 것이 중요하다. 이 작업은 적합한 수준의 소스 관리 및 확인 권한이 있어야 한다. 같은 이유로, 공유 라이브러리에 있는 코드 중 잠재적인 해를 가할 수 있는 것은 항상 관리가 가능해야 한다.

신뢰할 수 없는 코드는 사용과 호출 장소에 제약이 있다. 이는 앞에서 나열한 만큼의 호출 장소가 자유롭지 않고, 신뢰된 코드만큼 내부 객체에 접근할 수 없다.

신뢰할 수 없는 코드는 호출하기에 안전한 코드의 집합인 그루비 샌드박스 안에서 호출된다. 샌드박스를 실행할 때 젠킨스는 라이브러리 코드가 안전하지 않은 목록에 있는 함수를 호출하는지 감시한다. 호출이 감지되면 코드의 실행은 중지되고 관리자의 승인이 반드시 필요해진다(5장의 그루비 샌드박스와 관련된 함수 승인 과정 부분을 참고하자).

신뢰의 범위

이 장의 후반부에서 설명하겠지만, 공유 라이브러리는 연관된 '범위'를 갖고 있다. 젠킨스의 '루트' 레벨에 있는 것은 전역(모든 잡에서 사용 가능)이다. 루트 레벨에 있다는 것은 즉 신뢰할 수 있다는 의미다. 특정한 잡(예를 들어, 폴더 안의 잡)이 명시된 것은 신뢰할 수 없는 것으로 분류된다(8장에서 폴더 프로젝트에 대해 참고하자).

내부 라이브러리와 외부 라이브러리

공유 라이브러리는 소스 관리 저장소의 위치에 따라 구분하기도 한다. 저장소는 젠킨스 인스턴스 내부에 있거나, 외부의 소스 관리 시스템에 존재할 수 있다. 내부에 존재하는 방식은 대부분의 경우 레거시 방식으로 분류되지만, 책의 완성도를 위해 이에 대해서도 다룬다.

내부 라이브러리

내부 라이브러리는 라이브러리를 관리하는 오래된 방식이지만, 여전히 사용 가능하다. 젠킨스 2에는 내부 라이브러리를 저장하거나 테스트 목적의 내부 깃 저장소가 있다. 내부 라이브러리의 내용은 모든 스크립트에서 신뢰할 수 있지만, 수정하려면 적절한 관리자 권한이 필요하다.

클라우드비스 젠킨스에서 내부 라이브러리 사용

내부 깃 저장소는 내부 클라우드비스(CloudBees) 젠킨스 시스템에서 시스템 레벨의 변경 사항을 적용하기 전에 코드 리뷰를 목적으로 하여 많이 사용된다.

내부 깃 저장소는 특별한 이름인 `workflowLibs.git`이 있다. 이름에 대소문자가 섞여 있는 것에 주목하자. 이는 깃의 SSH 접근이나 HTTP 접근을 통해 사용될 수 있다. 각 프로토콜을 사용하는 방법에 대해 알아보자.

SSH 접근

SSH 접근 기능을 사용하려면 몇 가지 작업을 먼저 해야 한다.

1. SSHD 포트를 Manage Jenkins(젠킨스 관리) > Configure Global Security(전역 보안 설정)에서 지정한다. 권한이 필요한 포트의 사용을 피하기 위해 높은 숫자를 사용하자(그림 6-1 참고).

그림 6-1 내부 라이브러리 사용을 위한 SSHD 포트 설정

2. http://⟨jenkins-url⟩/user/⟨userid⟩/configure 페이지에서 사용자의 public SSH 키를 SSH Public Keys 필드에 추가하자(그림 6-2 참고).

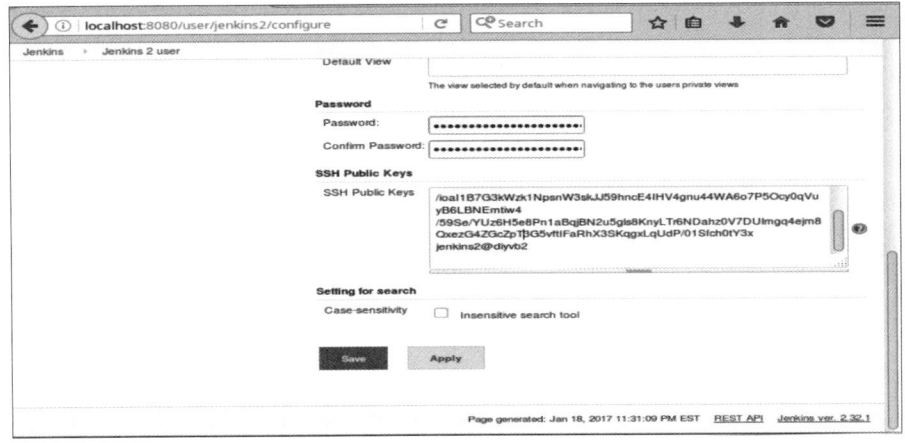

그림 6-2 public SSH 키 추가

이를 설정하고 나면 내부 깃 저장소 workflowLibs.git을 클론할 수 있다. clone 명령어는 다음과 같다.

```
git clone ssh://<userid>@<system-name>:<port>/workflowLibs.git
```

예시에서는 다음과 같다.

```
git clone ssh://jenkins2@localhost:22222/workflowLibs.git
```

HTTP 접근

HTTP 접근은 직관적이다. 로컬 젠킨스 시스템이 localhost의 8080 포트에서 돌아간다고 가정했을 때 clone 명령어는 다음과 같다.

```
git clone http://localhost:8080/workflowLibs.git
```

 **내부 깃 저장소에 HTTP 접근을 사용할 때 발생할 수 있는 잠재적 이슈**

때때로 다음과 같은 에러 메시지를 볼 수 있을 것이다.

```
Error: RPC failed; HTTP 403 curl 22 The requested URL
returned error: 403 No valid crumb was included in the request
fatal: The remote end hung up unexpectedly
```

이 상황이 발생하면, 젠킨스에서 로그아웃된 것이 원인일 수 있다. 따라서 로그인을 다시 시도해보자. 문제가 지속되거나 문제 발생 시 로그인되어 있는 상태였다면, 젠킨스 보안 설정에서 (한시적으로) CSRF 공격을 막는 옵션을 비활성화해야 할 수 있다. 비활성화할 설정은 그림 6-3에 나와 있다.

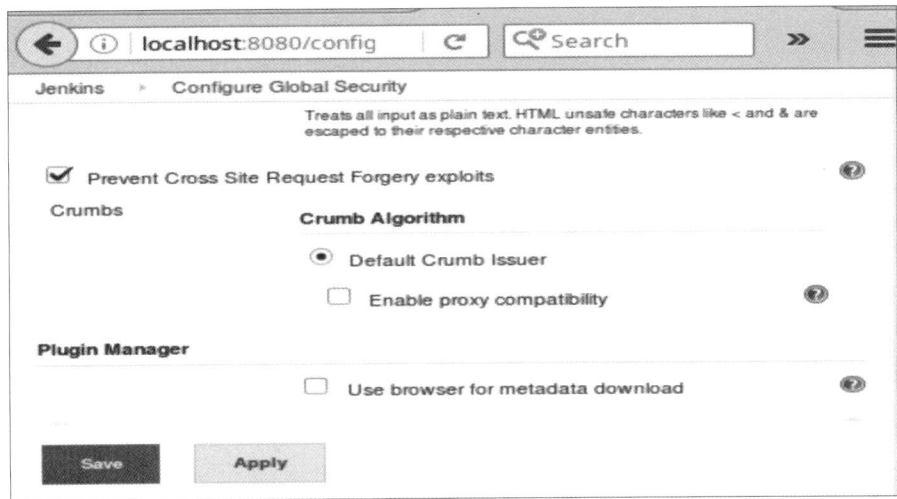

그림 6-3 HTTP를 통해 내부 깃 저장소를 클론할 때 발생하는 문제를 위해 한시적으로 'CSRF 악용 방지' 설정을 비활성화

내부 저장소를 클론하면, 초기에는 내용이 비어 있을 것이다. 이를 작업하려면 작업 폴더로 경로를 변경한 후 마스터 브랜치를 만들어야 한다.

```
cd workflowLibs
git checkout -b master
```

외부 라이브러리

외부 라이브러리(젠킨스가 아닌 소스 저장소에 저장된 것)를 정의하려면 몇 가지 정보를 제공해야 한다.

- 라이브러리 이름(스크립트에서 접근을 위해 사용됨)
- 소스 저장소에서 이를 받아오는 방법
- 버전(옵션)

그림 6-4는 이 예시다.

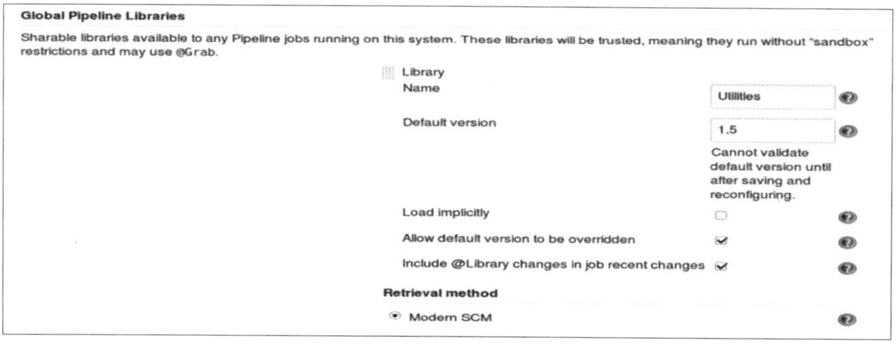

그림 6-4 외부 라이브러리 정의

Default version(기본 버전)은 브랜치나 태그가 될 수 있다. 이 필드 밑에 나오는 정보는 입력한 값이 어떤 깃 참조에 대응되는지 보여준다. 이 정보는 라이브러리 스펙을 저장한 후 사용 가능한데, 젠킨스가 저장소의 리비전을 확인해야 하기 때문이다.

Load implicitly(암시적 로드) 옵션은 사용자가 외부 라이브러리를 자동으로 로드하기 위해 존재한다.

Allow default version to be overridden(기본 버전 오버라이드 허용) 옵션을 선택하면 스크립트는 여기 설정된 기본 버전을 덮어쓸 수 있다. 이는 @version을 @Library 애노테이션에 명시하여 달성할 수 있고, 다음은 그 예시다.

```
@Library('libname@version')_
```

Include @Library changes in recent job changes(잡 변경에 @Library 변경을 포함) 옵션은 라이브러리 코드 변경이 빌드에 포함될지에 대한 옵션으로, 이를 선택하면 포함된다. 이 옵션은 다음과 같이 changelog=<boolean> 매개 변수를 실제 애노테이션에 설정하는 방식으로 사용된다.

```
@Library(value="libname[@version]", changelog=true|false)
```

파이프라인 스크립트에 라이브러리를 포함시키는 더 자세한 방법은 189쪽 '파이프라인 스크립트에서 라이브러리 사용'에서 볼 수 있다.

이렇게 라이브러리 설정을 완료한 후 소스 저장소에서 라이브러리를 받아오는 방식을 정의해야 한다.

소스 저장소에서 라이브러리 가져오기

라이브러리 코드를 소스 코드 저장소에서 가져오는 방식은 두 가지로, 최신 SCM과 레거시 SCM이다.

최신 SCM

대부분의 젠킨스 SCM 플러그인에는 특정 버전을 가져오는 새로운 API가 포함돼 있다. 현재 대부분의 플러그인이 이 범주에 포함된다. 그림 6-5는 이를 위한 설정의 예시다. 맨 위에 이름과 버전이 있고, 가져오는 방식으로 최신 SCM이 있는 것을 볼 수 있다.

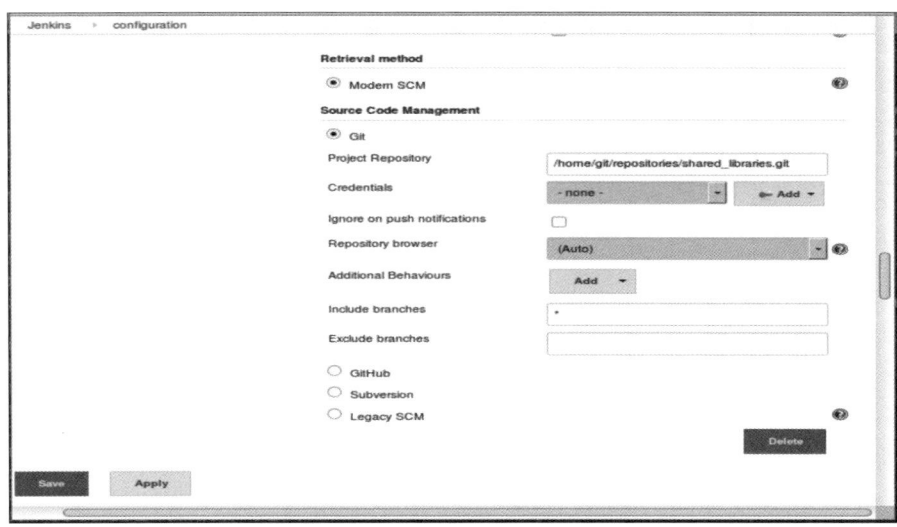

그림 6-5 최신 SCM을 가져오기 방식으로 사용

레거시 SCM

사용자의 특정 젠킨스 플러그인이 최신 SCM을 지원하는 목록에 없다면, 그림 6-6과 같이 레거시 SCM 옵션을 사용할 수 있다. 이 옵션을 사용할 때 젠킨스 문서는 `${library.<your library name>.version}`을 스펙 어딘가에 포함하는 것을 권장한다. 여기서 `<your library name>`은 라이브러리의 실제 이름으로 치환돼야 한다. 다른 부분은 문자열이다.

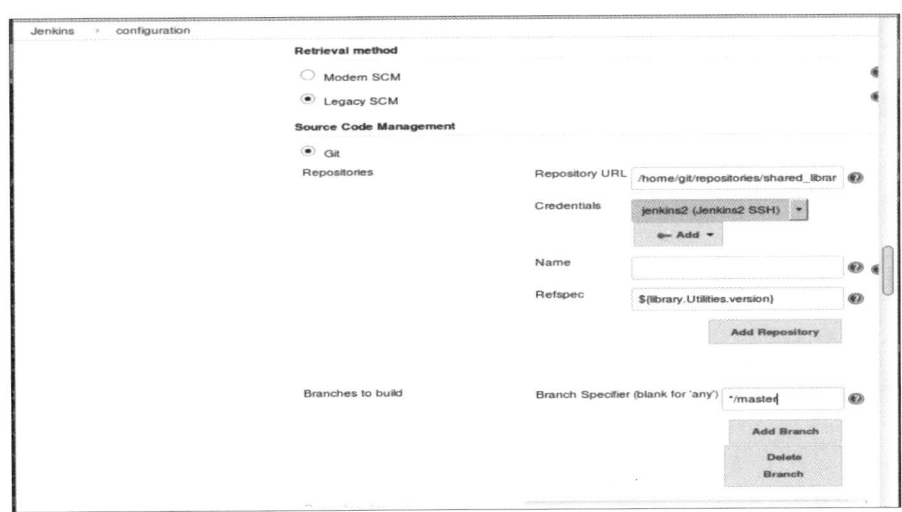

그림 6-6 레거시 SCM을 가져오는 방식으로 사용

이 동작 방식은 문자열이 확장돼 젠킨스가 필요한 특정 버전을 가져오게 허락하는 것이다. 위의 깃 예시에서는 Refspec 영역에 이를 작성했다. SVN의 경우 URL의 마지막에 이를 포함할 수 있다. 일반적으로, 특정 브랜치의 최신 내용을 항상 가져오고 싶다면 이 전체를 생략할 수도 있다.

브랜치를 작성하는 필드에는 브랜치나 태그를 입력하면 된다. 라이브러리의 특정 버전을 포함하고 싶다면(그리고 스크립트에서 해당 버전을 덮어쓰지 않는다면), 코드에 태그를 달고 해당 태그를 여기에 작성하면 된다. 깃 태그를 포함하는 경우라면 refs/tag/<tag>처럼 완전한 태그를 추가하는 것이 좋다. Add Branch(브랜치 추가) 버튼을 눌러 여러 브랜치를 추가할 수도 있다. 여러 브랜치를 선택했다면 모두가 내려받아질 것이다. default version(기본 버전) 설정을 이용해 기본값을 정의할 수 있다.

최신 SCM 방식을 권장

몇몇의 경우 특정 소스 관리 도구는 레거시와 최신 SCM 방식을 모두 나타낼 수 있다. 이 경우 최신 SCM 방식을 선택하는 것을 추천한다.

파이프라인 스크립트에서 라이브러리 사용

이제 젠킨스에서 라이브러리를 정의하고 설정하는 방법을 알아봤으니, 이를 파이프라인에서 사용하는 방법을 살펴볼 차례다. 가장 먼저 젠킨스가 파이프라인에서 라이브러리를 사용 가능하게 만드는 방법부터 알아야 한다.

소스 저장소에서 라이브러리 자동 다운로드

젠킨스에서 사용하고 싶은 내부나 외부 라이브러리가 있을 때 젠킨스는 각 잡을 시작할 시점에서 이를 관리한다.

내부 저장소 workflowLibs.git와 외부 저장소 /home/git/repositories/shared-libraries에 내용을 추가했다고 가정해보자. 그림 6-7은 잡을 실행할 때 어떤 일이 벌어지는지를 보여준다. 외부와 내부 저장소가 모두 다운로드돼 사용 가능해지는 것을 알 수 있다.

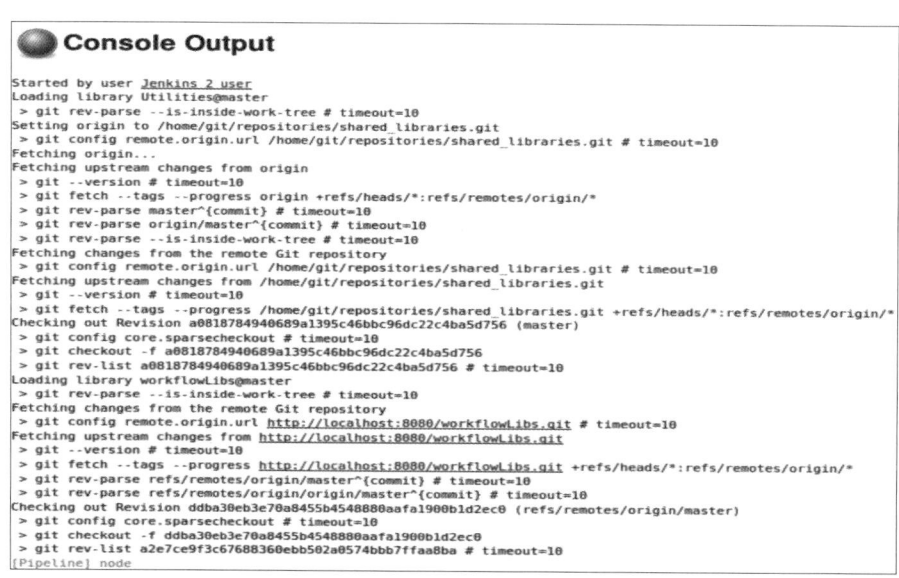

그림 6-7 잡 시작 시점에 공유 전역 라이브러리 다운로드

라이브러리를 스크립트에 불러오기

해당 저장소에 내용이 존재하면, 전역 내부 저장소 workflowLibs이 자동으로 불러와질 것이다. Load implicitly(암시적 로드) 옵션을 파이프라인에서 사용해 외부 라이브러리도 자동으로 불러오게 설정할 수 있다.

암시적으로 라이브러리를 불러오게 선택했다면, 다음과 같이 import 문장을 사용해 함수를 명시할 수 있다.

```
// 여러 함수의 임포트
import static org.demo.Utilities.*
```

라이브러리를 자동으로 불러오게 설정하지 않았다면, 파이프라인 스크립트에서 명시적으로 라이브러리를 로드해 사용 가능하게 만들어야 한다. 이를 위한 여러 방법을 살펴보자.

@Library 애노테이션

자바 기반 언어에서 애노테이션은 코드 위에 추가되는 메타데이터로, 다른 코드(혹은 설명)를 추가하는 역할을 한다. 젠킨스 파이프라인 문법에서 애노테이션 문법은 설명보다는 문법을 위한 용도로 많이 사용된다.

구체적으로, @Library 애노테이션을 파이프라인 스크립트에 사용해 라이브러리를 로드할 수 있다. 로드할 라이브러리의 이름과 버전이 매개 변수로 명시된다. 다음은 기본적인 문법이다.

```
@Library('<libname>[@<version>]')_ [<import statement>]
```

문법에 대해 짚고 넘어갈 만한 점은 다음과 같다.

- 라이브러리 이름은 필수다.
- 버전은 @ 기호가 먼저 나와야 한다.
- 버전은 태그, 브랜치 명, 혹은 리비전을 명시하는 소스 코드 저장소의 문법이다.
- import 문장을 애노테이션의 끝이나 다음 줄에 작성해 특정한 함수들을 불러올 수 있다.
- import 문장은 필수가 아니다. 명시되지 않으면 모든 함수를 불러온다.
- import 문장이 명시되면 언더스코어(_) 기호가 애노테이션 끝에 반드시 있어야 한다. 이는 닫는 괄호에 붙어서 존재해야 한다(애노테이션 문법에서 무엇을 설명하는지를 위한 자리가 필요한데, 여기서 _가 그 역할을 한다).
- 다중 라이브러리 명칭(필요시 각각의 버전)은 같은 애노테이션 문법을 사용하고 쉼표로 구분하는 방식으로 명시할 수 있다.

다음은 몇 가지 예시다.

```
// 라이브러리 기본 버전 로드
@Library('myLib')_

// 기본 버전 대신 명시한 버전의 라이브러리 로드
@Library('yourLib@2.0')_

// 하나의 문장으로 여러 라이브러리 로드
@Library(['myLib', 'yourLib@master'])_

// 임포트와 함께 사용하는 애노테이션
@Library('myLib@1.0') import static org.demo.Utilities.*
```

애노테이션은 일반적으로 스크립트의 시작 지점에 표시되는데, 스크립트 방식의 파이프라인에서는 node 라인 위에, 서술적 파이프라인에서는 pipeline 라인 위에 표시된다.

 **@Library를 서술적 파이프라인에서 사용하기**

@Library를 서술적 파이프라인에서 사용할 수 있지만, 파이프라인 클로저 밖에 위치시켜야 한다. 일반적으로 코드를 메인 클로저 밖에 위치시키는 것은 혼란을 야기시킬 수 있기 때문에 권장되지 않는다. 따라서 라이브러리를 불러오는 좀 더 좋은 방식은 다음에 다룰 다른 방식을 이용하는 것이다.

library 스텝

젠킨스 2.7부터 library 스텝을 파이프라인에서 사용할 수 있게 됐다. 문법은 애노테이션과 비슷하다.

```
library "<libname>[@<version>]"
```

library는 실제 파이프라인 스텝이기 때문에, 파이프라인의 어떤 장소에도 위치할 수 있다. 또한 매개 변수 자리에 변수를 사용할 수도 있다. 예를 들어, 특정 버전에서 공유 라이브러리를 가져오고자 한다면 다음 예시와 같이 BRANCH_NAME에 원하는 버전을 명시하면 된다.

```
library "<libname>@$<BRANCH_NAME>"
```

스크립트 방식의 파이프라인에서는 자체 변수를 만들어 여기서 사용하면 된다. 그 외에 버전을 매개 변수로 전달하고 이를 스텝에서 사용하는 방법도 있다.

libraries 디렉티브

선언적 파이프라인에서 라이브러리를 가져오는 하나의 방식이 하나 더 있다. libraries 디렉티브를 사용해 라이브러리를 로드할 수 있다. 이 명령어 안에서 lib 문장을 사용해 원하는 라이브러리를 나열할 수 있다. 각 lib 문장의 문법은 여타 접근 방식의 문법과 유사하게 <libname>@<version>이다. 다음은 예시다.

```
pipeline {
    agent any
    libraries {
        lib("mylib@master")
        lib("alib")
    }
    stages {
        ...
```

서술적 파이프라인은 7장에서 자세히 다룬다.

젠킨스 항목의 라이브러리 범위

지금까지 모든 프로젝트에서 사용할 수 있는 전역 컨텍스트에서의 파이프라인 라이브러리에 대해 다뤘다. 하지만 젠킨스 2는 다양한 종류의 항목을 생성할 수 있고, 이러한 항목의 하위 개념으로 해당 항목에서만 사용할 수 있는 공유 라이브러리를 정의할 수 있다.

구체적으로 폴더, 멀티브랜치 파이프라인, 깃허브 조직, 빗버킷 팀/프로젝트 타입 등이 각자의 내부 공유 파이프라인 라이브러리를 가질 수 있다. 범위를 제한하면 해당 범위만을 위해 특화된 기능을 만들 수 있다.

예를 들어, 젠킨스 전역/루트 레벨에 Load implicitly(암시적으로 불러오기)를 명시할 경우, 모든 잡은 라이브러리를 자동으로 다운로드할 것이다. 하지만 폴더를 설정해 공유 라이브러리가 암시적으로 다운로드되게 한다면, 해당 폴더의 잡만 라이브러리를 자동으로 다운로드할 것이다.

이러한 로컬 범위의 공유 라이브러리에서 언급해야 할 다른 개념은 이 라이브러리들이 신뢰할 수 없는 것으로 판단되고, 그루비 샌드박스에서 돌아간다는 점이다.

그림 6-8은 젠킨스에서 사용 가능한 공유 라이브러리의 세분화된 범위를 나타낸다. 여기에 나타나 있지는 않지만, 모든 파이프라인 잡은 전역 라이브러리에 접근 가능하다.

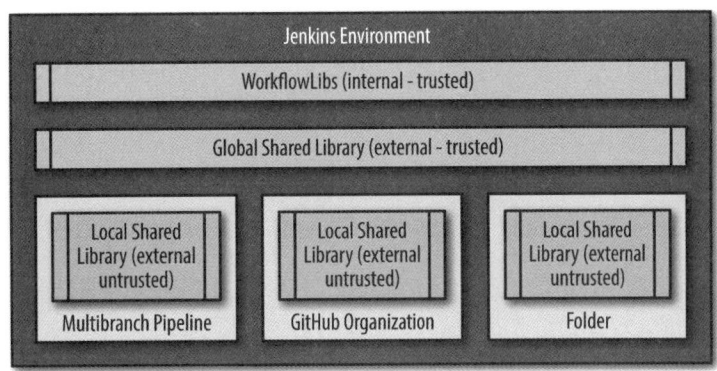

그림 6-8 젠킨스 항목의 공유 라이브러리 범위

라이브러리 구조

공유 라이브러리의 설정을 알아봤으니, 이제 이를 작성하고 생성하는 방법과 젠킨스가 이를 위해 제공하는 구조에 대해 알아보자. 먼저 앞으로 나올 예시에서 사용할 간단한 루틴에 대해 알아본다.

샘플 라이브러리 루틴

파이프라인 라이브러리를 살펴볼 동안 사용할 예시를 위해, 그레이들 빌드를 호출해 타임스탬프를 남기는 간단한 루틴을 생성할 것이다.

가장 간단한 루틴은 다음과 같다.

```
timestamps {
    <path-to-gradle-home>/bin/gradle <tasks>
}
```

timestamps는 젠킨스 파이프라인 DSL 스텝이다. 여기서 timestamps 클로저는 젠킨스에게 이 파이프라인의 타임스탬프를 콘솔 결과에 출력하게 한다(그레이들 빌드 스텝).

<path-to-gradle-home> 값을 호출할 때마다 제공할 필요는 없지만, 하드코딩하고 싶지도 않다. 그레이들이 젠킨스 전역에 설정됐다면, 그레이들의 전역 버전의 값을 자동으로 사용하게 설정할 수 있다. 여기서 /usr/share/gradle 경로에 3.2 버전을 사용한다 가정하고, 이를 그림 6-9에서 보여지는 것처럼 전역 도구 설정에서 gradle3.2라는 이름으로 설정했다고 가정하자.

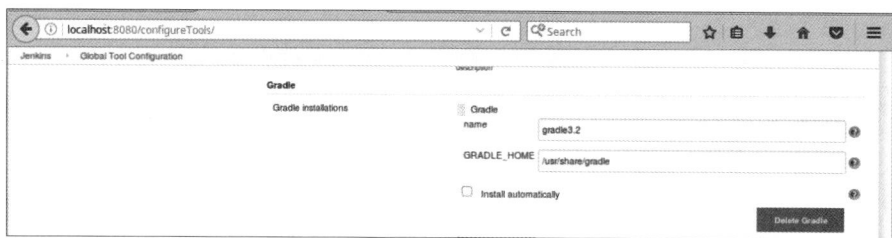

그림 6-9 그레이들의 로컬 설치

이렇게 설정돼 있다고 가정할 때 라이브러리 루틴에서 그레이들의 전역 도구 위치를 참조할 수 있다.

앞서 살펴본 공유 라이브러리의 두 번째 예시는 셸 명령어를 실행해 타임스탬프를 출력하는 것이다.

```
def commandOutput
timestamps {
    commandOutput = sh(script: "${<command-to-run>}",
    returnStdout: true).trim()
```

```
    }
    echo commandOutput
```

여기서 `<command-to-run>`는 우리가 전달하여 실행할 셸 명령어를 의미한다. 세 번째 줄에 파이프라인 DSL의 sh 명령어를 호출한다. 앞에서 논의했듯이 DSL 명령에서 하나 이상의 매개 변수가 필요할 경우 맵을 이용해 이를 전달한다. 여기서 첫 번째 매개 변수는 우리가 실행하길 원하는 '스크립트'이고, 두 번째 매개 변수는 실행 결과를 stdout에 출력하라는 명령이다. 마지막의 trim( ) 명령어는 단순히 결과를 깨끗히 만드는 목적이다.

파이프라인 라이브러리를 만들고 사용하는 것을 알아보면서, 이 기본적인 모습에서 코드를 변경할 것이다. 이제 파이프라인 라이브러리에서 예상되는 구조를 알아보자.

공유 라이브러리 코드의 구조

공유 라이브러리는 미리 정의된 구조를 필요로 한다. 상위 레벨에서 보면 공유 라이브러리 트리에는 세 개의 서브트리 src, vars, resources가 있다. 각각에 대해 자세히 알아보자.

src

src 영역은 일반적인 자바 폴더 구조의 그루비 파일을 설정하기 위해 존재한다(예: src/org/foo/bar.groovy). 이는 파이프라인이 실행될 때 클래스패스에 추가된다.

모든 그루비 코드는 여기에서 사용 가능하다. 하지만 대부분의 경우 실제 파이프라인 스텝을 사용해 특정 파이프라인 처리를 호출하게 될 것이다. 라이브러리에서 스텝을 호출하는 것과 스크립트에서 스텝을 호출하는 방법은 여러 가지가 있다.

다음은 src 영역에 설정할 수 있는 것의 예시다.

- 클래스로 묶이지 않은 함수를 추가할 수 있다. 이에 대한 예시는 다음과 같다.

```
// org.demo.buildUtils

package org.demo

def timedGradleBuild(tasks) {
    timestamps {
        sh "${tool 'gradle3.2'}/bin/gradle ${tasks}"
    }
}
```

이는 파이프라인에서 호출될 수 있다.

```
def myUtils = new org.demo.buildUtils()
git "<gradle project to clone>"
myUtils.timedGradleBuild("clean build")
```

- 슈퍼클래스 정의 등을 위해 활용할 수 있는 클래스도 생성 가능하다. 이 클래스 내부에서 모든 DSL 스텝에 접근 가능하다. 이는 steps 객체를 함수나 생성자에 전달함으로 달성된다.

```
// org.demo.buildUtils
package org.demo

class buildUtils implements Serializable {
    def steps
    buildUtils(steps) { this.steps = steps}
        def timedGradleBuild(tasks) {
        def gradleHome = steps.tool 'gradle3.2'
        steps.timestamps {
            steps.sh "${gradleHome}/bin/gradle ${tasks}"
        }
    }
}
```

여기서 steps.tool의 tool 스텝은 전역 도구 설정에서 설정한 그레이들 설치 버전을 참조한다. 이는 해당 도구의 이름에 관련된 경로를 반환한다. 이 방식이 앞의 예시에서 사용한 방식보다 더 깔끔하다.

위 예시에서 내용을 클래스로 감쌌기 때문에 해당 클래스는 Serializable을 구현해 파이프라인이 멈추거나 재시작됐을 때 상태를 저장하는 것을 지원해야 한다.

라이브러리를 로드한 후 이런 방식으로 정의된 라이브러리는 메인 스크립트에서 다음과 같은 호출을 통해 사용할 수 있다.

```
@Library('bldtools') import org.conf.buildUtils.*
def bldtools = new buildUtils(steps)

node {
    git "<gradle project to clone>"
    bldtools.timedGradleBuild 'clean build'
}
```

환경 변수와 같은 항목은 스텝과 같은 방식으로 전달된다. 다음 코드는 env 객체를 전달해 코드에서 사용하는 예시다.

```
// org.demo.buildUtils
package org.demo

class buildUtils implements Serializable {
    def env
    def steps
    buildUtils(env,steps) {
        this.env = env
        this.steps = steps
    }
    def timedGradleBuild(tasks) {
```

```
        def gradleHome = steps.tool 'gradle3.2'
        steps.sh "echo Building for ${env.BUILD_TAG}"
        steps.timestamps {
            steps.sh "${gradleHome}/bin/gradle ${tasks}"
        }
    }
}
```

- 간단한 상황에서는 모든 것에 접근 가능한 script 객체를 전달할 수도 있다. 이 경우 이를 정적 함수에 전달한다.

```
// org.demo.buildUtils
package org.demo

class buildUtils {
    static def timedGradleBuild(script,tasks) {
        def gradleHome = script.tool 'gradle3.2'
        script.sh "echo Building for ${script.env.BUILD_TAG}"
        script.timestamps {
            script.sh "${gradleHome}/bin/gradle ${tasks}"
        }
    }
}
```

이 버전은 이전 예시와 같은 행동을 위해 스크립트에서 sh 스텝과 env 값을 사용한다.

```
@Library('<library-name>') import static org.demo.buildUtils.*
node {
    git "<gradle project to clone>"
    timedGradleBuild this, 'clean build'
}
```

vars

vars 영역은 파이프라인에서 사용하고 싶은 변수와 연관된 함수를 정의하는 장소다. 스크립트의 기본 명칭은 그루비에서 사용 가능한 식별자여야 한다. 해당 변수에 대한 설명이나 문서가 포함된 <basename>.txt 파일을 만들 수 있다. 이 문서 파일은 HTML이나 Markdown 형태가 가능하다.

해당 변수를 위해 사용하기를 원하는 함수를 여기 파이프라인 안 그루비 파일의 vars 영역에 정의할 수 있다. 예를 들어, 이 절을 시작할 때 사용했던 시간 출력 명령어를 생각해보자. 이 명령어는 명령어를 매개 변수로 받아 DSL sh 함수를 호출하고 이를 셸 스크립트로 실행하여, 결과를 받아들여 타임스탬프를 출력하는 것이었다. 먼저 timedCommand.groovy 파일을 기본 함수들을 포함해 vars 영역에 만들어보자.

```
// vars/timedCommand.groovy
def setCommand(commandToRun) {
    cmd = commandToRun
}

def getCommand() {
    cmd
}

def runCommand() {
    timestamps {
        cmdOut = sh (script:"${cmd}", returnStdout:true).trim()
    }
}

def getOutput() {
    cmdOut
}
```

여기서 cmd와 cmdOut은 변수가 아니다. 이는 실시간으로 생성되는 객체다. 이제 timedCommand 객체를 다음과 같이 파이프라인 스크립트에서 사용할 수 있다.

```
node {
    timedCommand.cmd = 'ls -la'
    echo timedCommand.cmd
    timedCommand.runCommand()
    echo timedCommand.getOutput()
}
```

vars를 클래스와 같이 사용하기

코드를 src에서 생성한 것처럼 클래스를 생성해 vars 명령어를 감쌀 수 있다. 하지만 이렇게 하는 것은 대체로 에러를 유발하고 특별한 이득이 없다.

전역 변수를 위한 자동 문서 참조

앞에서 언급한 것처럼 vars 영역에 있는 파일 타입 중 하나는 코드를 담고 있는 .groovy 파일과 같은 이름을 가진 .txt 파일이다. 이 .txt 파일은 운영을 위한 문서를 위해 사용될 수 있고, Markdown이나 HTML을 사용 가능하다. 그림 6-10은 timedCommand.txt 파일의 예시다. 이 파일은 이에 대응하는 timedCommand.groovy 파일에 정의된 사용자를 위한 문서가 포함돼 있다. 이 파일에는 필수는 아니지만, 생성되고 나면 공유 라이브러리 구조의 .groovy 파일과 같은 vars 폴더 안에 저장되고 커밋돼야 한다.

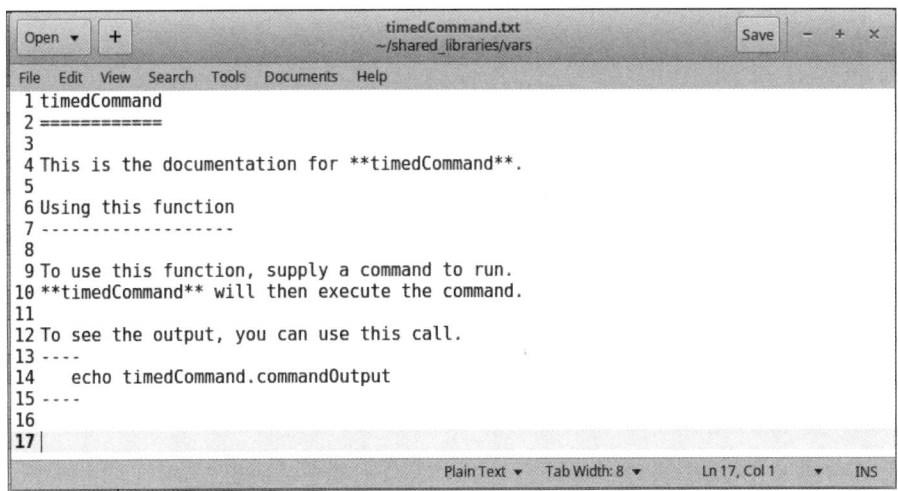

그림 6-10 timedCommand.txt 파일을 해당하는 구현 파일에 대응해 생성

파이프라인 스크립트의 성공적인 런이 변수를 가진 코드를 로드하고 실행되고 나면, 변수에 접근하는 링크가 파이프라인 문법 영역의 전역 변수 목록에 추가된다(파이프라인 문법 화면을 통해 접근 가능). 그림 6-11은 인터페이스에서 여기에 접근하는 방법이다.

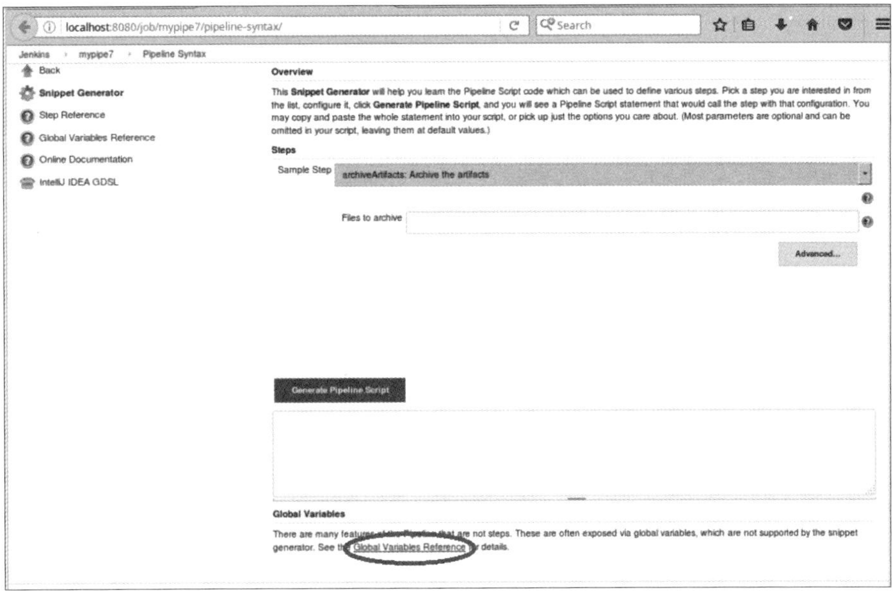

그림 6-11 전역 변수 참조에 접근

전역 변수 참조 페이지의 목적은 변수와 연관된 함수에 대한 문서를 제공하는 것이다(그림 6-12 참고).

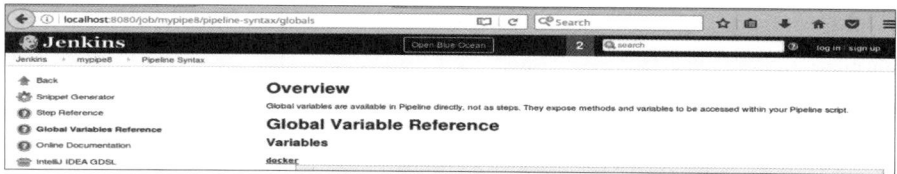

그림 6-12 전역 변수 참조 페이지

timedCommand 변수를 포함한 잡을 성공적으로 실행하고 나면 timedCommand.txt 파일의 내용이 이 페이지에 포함될 것이다(그림 6-13). 이는 애플리케이션에 추가하는 변수의 문서를 추가하는 유용한 방법이다.

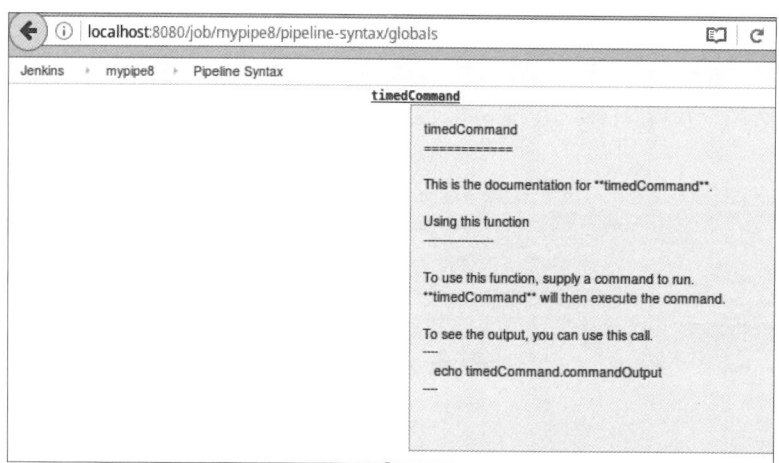

그림 6-13 timedCommand 변수가 전역 변수 참조에 추가된 모습

전역 변수를 스텝처럼 사용하기

파이프라인 스크립트의 스텝처럼 동작하는 전역 변수를 생성할 수 있다. 이것은 일반적인 파이프라인에서 호출할 수 있다는 의미다. 이를 위한 트릭은 call 함수를 전역 변수의 정의에 선언하는 것이다. 우리의 timedCommand 코드에서 이를 어떻게 구현하는지 알아보자. 앞의 예제와 약간 다르기 때문에 timedCommand2라 부르겠다.

```
// vars/timedCommand2

def call (String cmd) {
    timestamps {
        cmdOutput = echo sh (script:"${cmd}", returnStdout:true).trim()
    }
    echo cmdOutput
    writeFile
}
```

문법에 맞는 모든 DSL 코드를 call의 내부에 사용할 수 있다. 결과를 로그에 저장하고 콘솔에 출력하는 코드를 작성하는 상황을 가정해보자. 이를 위해 writeFile DSL 문장을 사용해야 한다. 문법을 정확히 모른다면 파이프라인 문법 생성기(스니펫 생성기)를 사용해 도움을 받을 수 있다. 그림 6-14는 스니펫 생성기를 사용해 우리의 목적에 맞는 정확한 포맷을 결정하는 과정이다(여기에서 우리가 사용할 변수의 이름을 각 필드에 적용한 것에 주목하자).

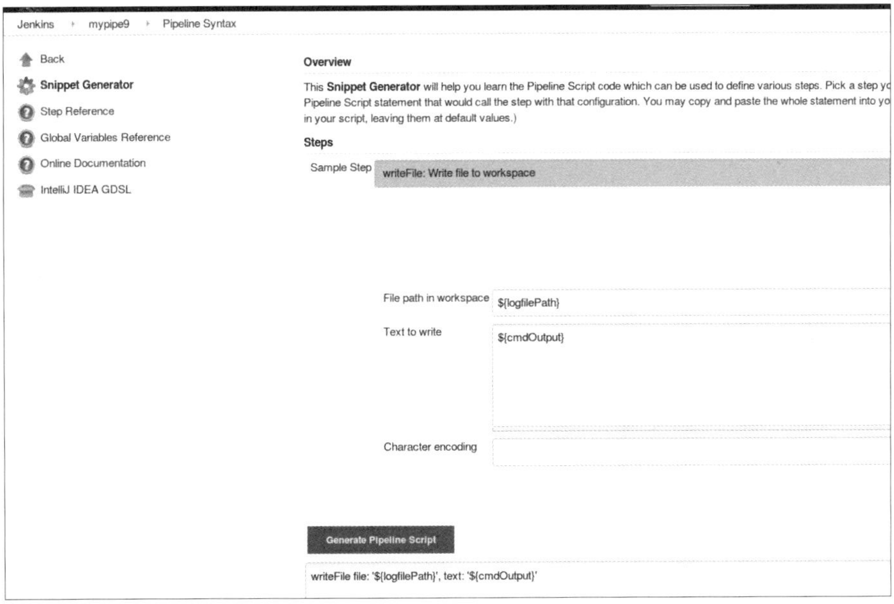

그림 6-14 writeFile DSL 호출을 위한 정확한 문법을 위해 스니펫 생성기 사용

이제 writeFile 명령어를 함수에 추가하고 위치에 대한 값을 전달할 수 있다.

```
// vars/timedCommand2

def call (String cmd, String logFilePath) {
    timestamps {
        cmdOutput = sh (script:"${cmd}", returnStdout:true).trim()
    }
    echo cmdOutput
    writeFile file: "${logFilePath}", text: "${cmdOutput}"
}
```

위 예시에서 사용한 호출 방식이 파이프라인 스텝과 유사한 것에 주목하자.

```
timedCommand2 'ls -la', 'listing.log'
```

라이브러리 '스텝'에 코드 블록을 전달하고 싶은 상황이라고 가정해보자. 이 일이 발생할 때 우리의 라이브러리 스텝은 그루비 클로저를 전달받을 것이다. 이러한 상황을 다루기 위해 우리의 스텝이 클로저를 받아 실행하게 정의해보자.

```
// vars/timedCommand3

def call(Closure commands) {
    timestamps {
        commands()
    }
}
```

혹은 파일을 읽는 데 걸리는 시간을 측정하고, 이를 변환하고, 이 데이터를 다른 장소에 저장하고 싶다고 가정해보자. 예시는 다음과 같다.

```
timedCommand3 {
    def content = readFile file: '<path to huge datafile>'
    sh "<some processing on content>"
    writeFile file: '<path to transformed file>', text: content echo "Done"
}
```

이런 방식은 루틴을 특정한 노드와 같이 특별한 환경으로 제한하고 싶을 때 더욱 유용하다. 예를 들어, 윈도우와 리눅스에서 돌아가는 두 개의 노드를 설정하고, 두 개의 분리된 루틴은 vars에 정의한 후 타이밍에 관련된 명령을 각각 윈도우와 리눅스에서 실행하게 작성한다. 코드는 다음과 같다.

```
// vars/timedCommandWindows.groovy

def call(Closure commands) {
    node('windows') {
        timestamps {
            commands()
        }
    }
}

// vars/timedCommandLinux.groovy

def call(Closure commands) {
    node('linux') {
        timestamps {
            commands()
        }
    }
}
```

마지막으로, 같은 범주에서 호출 매커니즘을 확장해 간단한 프레임워크를 만들 수 있다. 이 프레임워크는 스크립트의 '스텝'을 활용해 다중 값에 대한 DSL 호출처럼 동작한다.

이는 전달된 값을 맵에 저장한 후 이를 활용해 추가 작업을 스텝에서 진행하는 방식으로 동작한다. 다음은 예시다.

```groovy
// vars/timedCommand4.groovy

def call(body) {
    // 매핑을 통해 전달된 할당 수집
    def settings = [:]
    body.resolveStrategy = Closure.DELEGATE_FIRST
    body.delegate = settings
    body()

    // 명령어의 타임스탬프 추가
    timestamps {
        cmdOutput = echo sh (script:"${settings.cmd}", returnStdout:true).trim()
    }
    echo cmdOutput
    writeFile file: '${settings.logFilePath}', text: '${cmdOutput}'
}
```

이 방식에서, 우리는 그루비 맵을 `def settings = [:]` 문법을 통해 선언했다. 이후 전달한 값이 맵에 저장되고 그 이후 원하는 스텝을 진행할 수 있다. `delegate`의 참조는 그루비 기능과 연관되어 있다. 위임에 대한 자세한 논의는 이 절의 범주에서 벗어나지만, 간단히 설명하면 이 함수에서 작업하는 맵을 활용해 그루비에게 전달된 값을 언제나 사용할 수 있게 하는 것이다.

여기에서 다른 vars 스텝에 문법에 맞는 파이프라인 스텝만 사용할 수 있는 것에 주목하자. 스텝이 아닌 그루비 코드는 제대로 동작하지 않을 수 있다.

이를 활용해 다음과 같이 파이프라인 스크립트에서 코드를 쉽게 호출할 수 있다.

```
node {
    timedCommand4 {
        cmd = 'sleep 5'
        logfilePath = 'log.out'
    }
}
```

여기서 중요한 점은 이름이 정해진 매개 변수를 순서에 상관없이 전달해 함수를 호출할 수 있다는 점이다. 이는 파이프라인 스크립트 코드를 더 간단하고 도와주고, 이해 및 유지보수가 쉽게 만들어준다.

resources

그루비가 아닌 파일은 폴더에 저장할 수 있다. 이는 추후 외부 라이브러리의 library Resource 스텝을 이용해 불려질 수 있다.

이는 사용자의 외부 라이브러리가 그루비가 아닌 어떤 파일도 필요시 호출할 수 있게 하기 위해 설계됐다. 여기에 해당하는 경우는 XML이나 JSON과 같은 데이터 파일이나 라이브러리가 필요로 하는 다른 파일이다. 로드된 파일은 스트링 형태로 처리된다.

문법은 매우 직관적이다. 라이브러리 코드에서 다음과 같은 문법을 사용한다.

```
def datafile = libraryResource 'org/conf/data/lib/datafile.ext'
```

libraryResource의 다른 사용

libraryResource는 보통 공유 라이브러리에서 외부 자원을 불러오는 용도로 사용되지만, 스크립트에 필요한 자원을 불러오는 용도로도 사용 가능하다. 다음은 예시다.

```
def myExternalScript = libraryResource 'externalCommands.sh'
sh myLatestScript
```

물론, 이 방식을 잠재적 위협이 있는 코드를 숨기는 방식으로 사용하면 안 된다. 하지만 파이프라인이 아닌 코드를 분리하거나, 다른 파일을 조건에 따라 불러오는 경우에 유용하다.

라이브러리 스텝 호출을 src와 vars에 매핑하기

이 장의 앞부분에서 본 library 스텝의 형태는 전역 변수(vars 구조에서 사용 가능한 항목)에 동작한다. 이것은 라이브러리의 모든 전역 변수가 스크립트에서 사용 가능하다는 의미다.

하지만 src 영역에서 library 스텝을 이용해 클래스를 참조하고 싶다면, 이 과정은 조금 복잡하다. @Library 애노테이션은 스크립트의 클래스패스를 컴파일 전에 업데이트하지만, library가 스텝이기 때문에 컴파일이 이미 발생해버린다. 이는 라이브러리에서 원하는 항목을 임포트하지 못한다는 의미다.

하지만 library 스텝의 반환 값에 기반해 개별 클래스의 전체 경로를 사용해 이에 접근할 수 있다. 다음은 예시다.

```
library('<libname>').com.mypipe.demo.Utilities.myStaticMethod
```

다음은 이런 문법을 사용하는 간단한 스크립트다.

```
node ('worker_node1') {
    stage('Source') { // Get code
        // Get code from the source repository
        git url: 'http://github.com/brentlaster/greetings.git',
            branch: 'demo'
    }
    stage('Compile') { // Compile and do unit testing
        // Run Gradle
        library('Utilities').org.demo.BuildUtils3.timedGradleBuild this, 'clean build'
    }
}
```

서드파티 라이브러리 사용

공유 라이브러리는 @Grab 애노테이션을 활용해 서드파티 라이브러리를 활용할 수도 있다. @Grab 애노테이션은 그루비의 Grape 의존성 관리자를 통해 제공된다. 이것은 사용자가 Maven Central 같은 메이븐 저장소에서 다운로드하게 해준다. 이는 신뢰할 수 있는 라이브러리에는 동작하지만, 그루비 샌드박스에서는 동작하지 않는다.

다음은 @Grab을 사용해 Apache Commons 의존성을 내려받는 예시다. 다른 예시와 같이 stopwatch 함수를 이용해 명령어의 실행이 얼마나 걸렸는지 측정하다. 이 루틴은 그루비 코드로만 작성됐다(앞에서 언급했듯이 라이브러리는 모든 그루비 명령어에 접근할 수 있다).

```
// vars/timedCommand5

@Grab('org.apache.commons:commons-lang3:3.4+')
import org.apache.commons.lang.time.StopWatch

def call(String cmdToRun) {
    def sw = new StopWatch()
    def proc = "$cmdToRun".execute()
    sw.start()
    proc.waitFor()
    sw.stop()
    println("The process took ${(sw.getTime()/1000).toString()} seconds.\n")
}
```

이 코드가 공유 라이브러리 영역에 저장되어 암시적으로 불려지는 것을 가정해보자. 이 코드는 다음과 같은 형태로 파이프라인 스크립트에서 호출된다.

```
node {
    timedCommand5("sleep 10")
}
```

라이브러리 다운로드를 위한 것 외의 출력은 다음과 같다.

```
[Pipeline] node
Running on worker in /home/jenkins2/worker_node1/workspace/mypipe11
[Pipeline] {
[Pipeline] echo
The process took 10.009 seconds.

[Pipeline] }
[Pipeline] // node
[Pipeline] End of Pipeline
Finished: SUCCESS
```

코드 직접 로드

load 명령을 통해 코드를 직접 불러올 수도 있다. 이는 문법 측면에서 공유 라이브러리와 유사하다. 하지만 소스 코드 저장소에서 가져오지 않는다는 점은 다르다. 이를 활용하기 위해 접근 가능한 장소에 함수를 저장하면 된다. 다음은 timedCommand 구현을 활용한 예시다.

```
def call(String cmd, String logFilePath) {
    timestamps {
        cmdOutput = sh (script:"${cmd}", returnStdout:true).trim()
    }
    echo cmdOutput
    writeFile file: "${logFilePath}", text: "${cmdOutput}"
}
return this;
```

여기에서 def는 public이다. 함수에 하나의 변경을 가했는데, return this 라인을 정의의 마지막 부분에 추가했다. 이 라인은 원하는 범위가 반환되어 load 기능이 동작하게 하는데 꼭 필요하다.

이를 작성한 후 다음 예시처럼 파이프라인 스크립트에서 로드 및 호출할 수 있다.

```
node {
    def myProc = load '/home/diyuser2/timedCommand2.groovy'
    myProc 'ls -la', 'command.log'
}
```

함수가 call과 함께 정의됐기 때문에 myProc(...) 문법을 호출할 수 있다. call 대신 공식 명칭을 사용했다면 파이프라인에서 함수 호출은 myProc.<name>(...) 형태로 작성해야 한다. 예를 들어, 함수 정의의 첫 라인이 아래와 같다면,

```
def timedCommmand(String cmd, String logFilePath) {
```

이를 파이프라인에서 호출하는 방식은 다음과 같다.

```
myProc.timedCommand("sleep 5","command.log")
```

외부 SCM에서 코드 로드

지금까지 어떻게 외부 공유 라이브러리를 정의하고 이 코드를 파일 시스템에서 불러오는지를 알아봤다. 여기에 공유 라이브러리의 일부로 포함하지 않고 외부 SCM에서 코드를 직접 불러오는 하이브리드 방식이 한 가지 더 있다.

파이프라인 원격 로더$^{Pipeline\ Remote\ Loader}$ 플러그인부터 설치해야 한다. 그림 6-15는 이 과정을 보여준다.

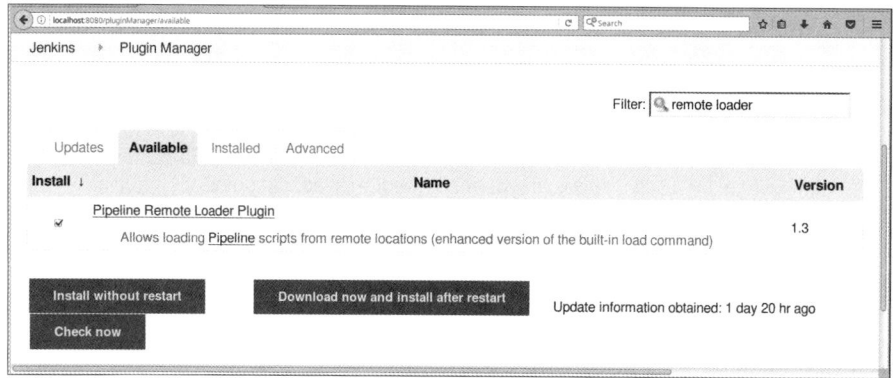

그림 6-15 원격 로더 플러그인 설치

이 플러그인은 fileLoader DSL 함수가 코드를 깃, 깃허브, 혹은 SVN 저장소에서 불러올 수 있게 한다(깃이나 SVN을 위한 플러그인은 이미 설치됐다고 가정한다). 설치 후 이를 위한 전역 변수 참조 위치가 생겨 자세한 사항을 알아볼 수 있다(그림 6-16).

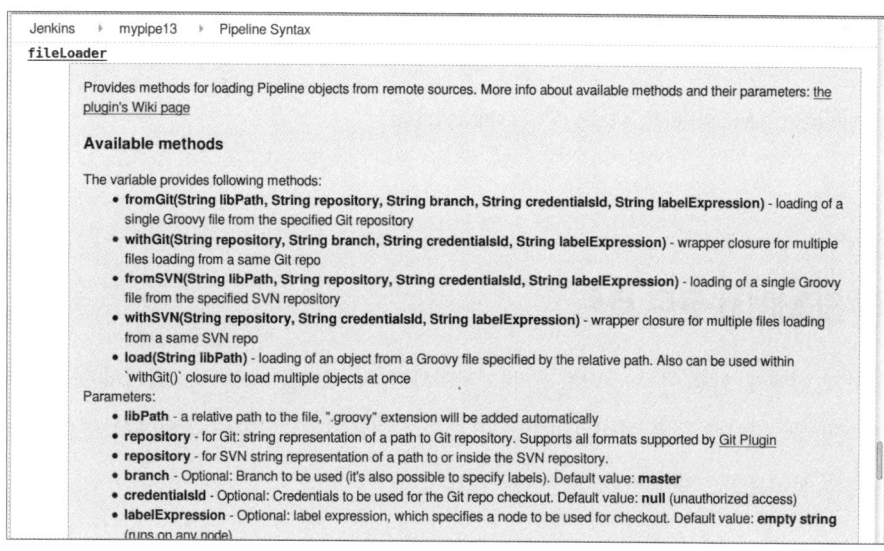

그림 6-16 fileLoader 명령어를 위한 전역 변수 파이프라인 문법 참조

간단한 예시를 살펴보자. 나의 깃허브 사이트 중 하나에 앞 절에서 사용한 것과 같은 timeCommand 코드가 있다.

파이프라인 스크립트에서 이 코드를 실행하는 예시는 다음과 같다.

```
def timestampProc = fileLoader.fromGit('jenkins/pipeline/timedCommand',
    'https://github.com/brentlaster/utilities.git', 'master', null, '')

timestampProc.timedCommand("ls -la","command.log")
```

Remote Loader 플러그인 지원

아직 해당 기능이 동작하긴 하지만, 더 이상 지원되거나 업데이트되지 않고 있다. Remote Loader 플러그인은 공유 파이프라인 라이브러리가 아닌 더 중요한 목적을 위해 사용된다.

외부 코드와 라이브러리 리플레이

2장에서 젠킨스 파이프라인의 리플레이 기능에 대해 알아봤다. 파이프라인에 대해 성공적인 실행 이후 사용자는 내용을 변경한 후 이를 적용해 실행하기 위해 잡 화면에서 실행 및 변경을 선택할 수 있다. 이 변경 사항은 다른 런을 유발시키지만 원래의 잡을 변경시키지는 않는다. 이를 통해 수정을 하거나 코드 변경을 원래 설정을 변경하지 않고 수행할 수 있다.

기본 잡에 리플레이 기능을 제공하는 것 외에도, 젠킨스는 앞에서 살펴본 load와 fileLoader 문장을 통해 가져오는 코드와 신뢰할 수 없는 코드를 가져오는 방법을 제공한다.

신뢰할 수 없는 라이브러리

앞 절에서 신뢰할 수 없는 라이브러리는 샌드박스에서 돌아가야 하고 그루비 명령어나 젠킨스 객체 등에 제한된 접근 권한을 갖는다는 내용을 다뤘다. 이는 폴더, 멀티브랜치 파이프라인, 깃허브 조직 저장소, 빗버킷 팀/프로젝트를 통해 공유되는 라이브러리에도 동일하게 적용된다.

이 경우에 해당하는 리플레이를 살펴보기 전에 간단한 예제부터 둘러보자. 먼저, 그림 6-17에서 앞 절에서 살펴본 fileLoader DSL 함수를 통해 깃허브에서 코드를 직접 불러오는 리플레이 화면을 볼 수 있다. 이 경우 잡이 성공적으로 실행됐고, 리플레이를 선택하기 위해 해당 런의 잡 결과 화면으로 이동했다.

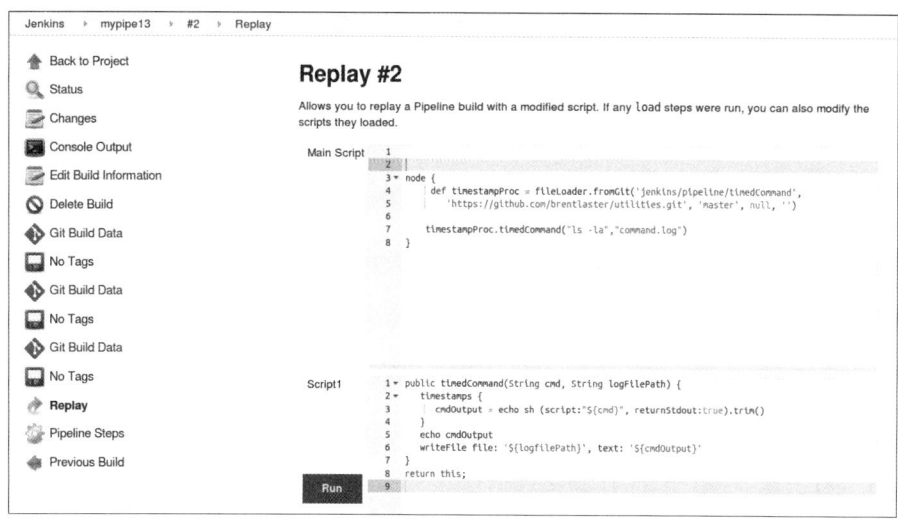

그림 6-17 깃허브 사이트를 통한 스크립트 로드와 파이프라인 스크립트 리플레이

다른 잡의 리플레이 화면과 유사하지만, 리플레이 영역이 두 가지인 점이 다르다. 하나는 메인 파이프라인 스크립트이고, 다른 하나는 깃허브에서 불러온 코드다. 이 중에서 하나 혹은 둘 모두 수정할 수 있고, 이후 Run 버튼을 눌러 결과를 확인할 수 있다. 다시 한번 말하지만 이는 원본 스크립트를 변경하지 않는다(메인 혹은 깃허브에서 불러온 것 모두 동일하다). 이 동작은 원본 스크립트를 변경하지 않고 수정 사항을 테스트하므로 시간과 노력을 아껴준다.

예시를 위해 폴더 프로젝트를 생성하고 공유 파이프라인 라이브러리를 만든 상황을 생각해 보자(그림 6-18).

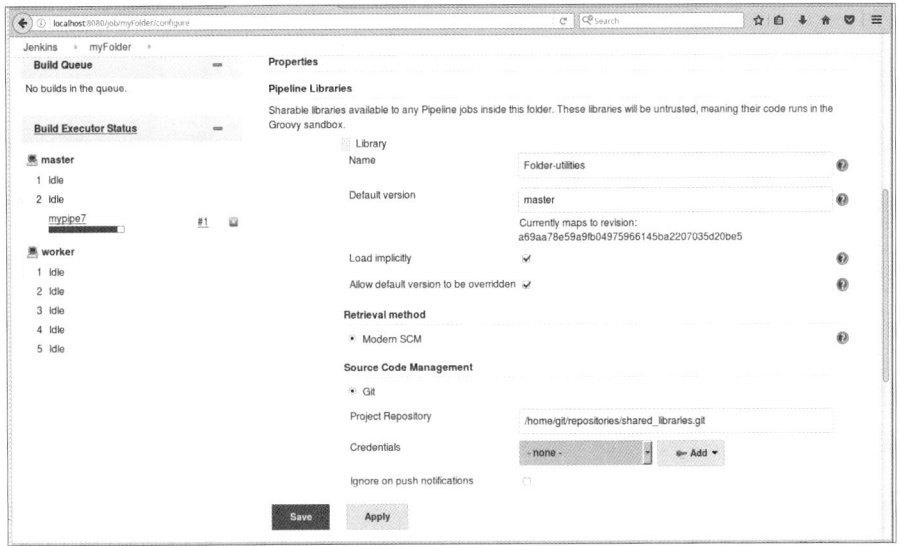

그림 6-18 폴더를 위한 공유 파이프라인 라이브러리 설정

폴더를 위한 공유 파이프라인 라이브러리이기 때문에 신뢰할 수 없다고 간주된다. 로드된 신뢰할 수 없는 라이브러리는 리플레이 작업에 포함되므로, 폴더에 항목을 만들고 이를 성공적으로 실행하고 나면 리플레이 작업을 사용할 수 있다. 리플레이 명령어를 호출하면 젠킨스는 모든 공유 라이브러리의 영역을 보여준다(그림 6-19). 이 방식으로 라이브러리의 기능을 수정할 수 있다.

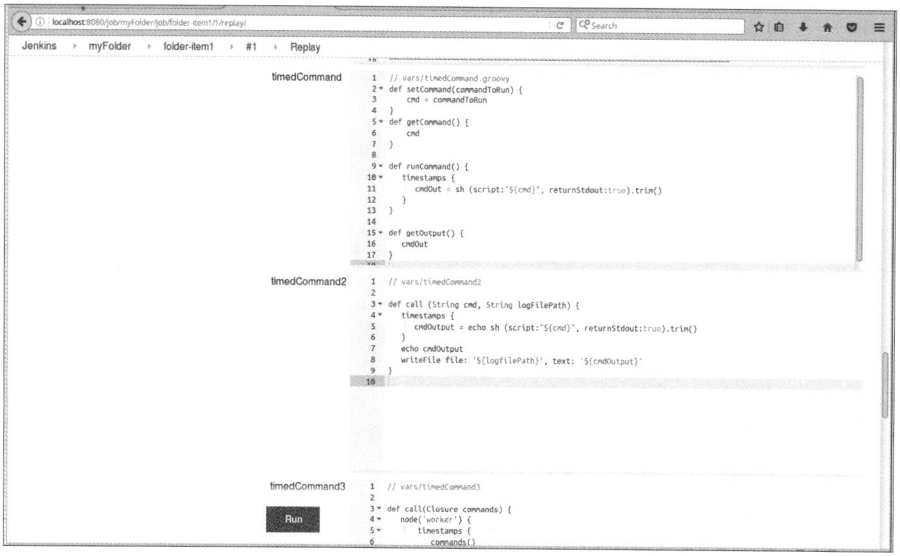

그림 6-19 신뢰할 수 없는 라이브러리에 대한 리플레이

신뢰할 수 있는 코드와 신뢰할 수 없는 코드의 분석

앞에서 신뢰할 수 있는 코드와 신뢰할 수 없는 코드를 이미 살펴봤다. 여기서 제한된 젠킨스 객체를 참조하려는 시도를 통해 둘의 차이를 간단히 구별할 수 있다. 지금까지 사용한 예제를 유지한 채 빌드가 시작된 후 소요된 시간을 알려주는 젠킨스 내부 객체를 사용할 것이다. 이는 currentBuild의 rawBuild 객체의 getTimestampString 함수다. 이를 println에 넣으면 다음과 같다.

```
println "ELAPSED TIME: ${currentBuild.rawBuild.getTimestampString()}"
```

먼저 그림 6-20처럼 이를 우리의 파이프라인 스크립트에 추가해 볼 것이다.

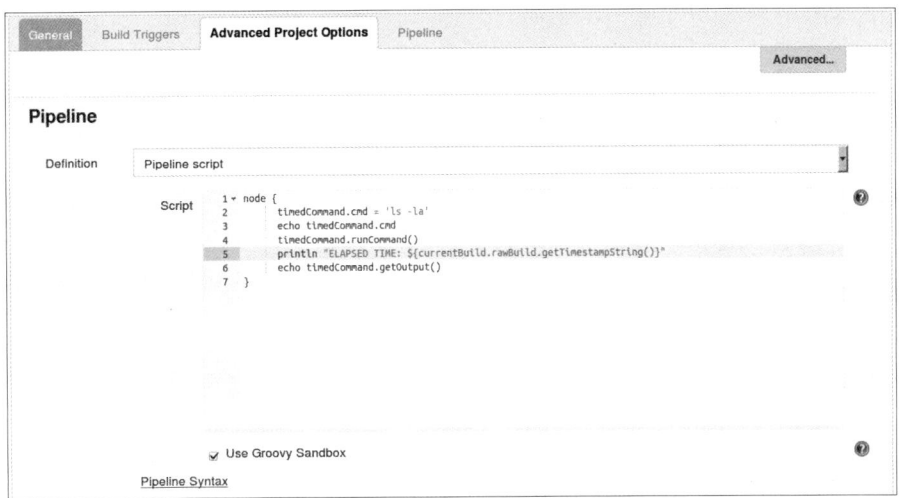

그림 6-20 getTimestampString 호출을 메인 스크립트에 추가

이 코드를 그루비 샌드박스에서 실행하는 것에 주목하자. 이 코드를 실행하려 하면 그림 6-21과 같이 RejectedAccessException 에러가 나타날 것이다. 샌드박스에서 신뢰할 수 없는 라이브러리를 실행했기 때문에 폴더나 깃허브 조직 저장소, 빗버킷 팀/프로젝트, 혹은 멀티브랜치 파이프라인 프로젝트에서 해당 라이브러리에 접근할 때와 같은 예외가 발생한다.

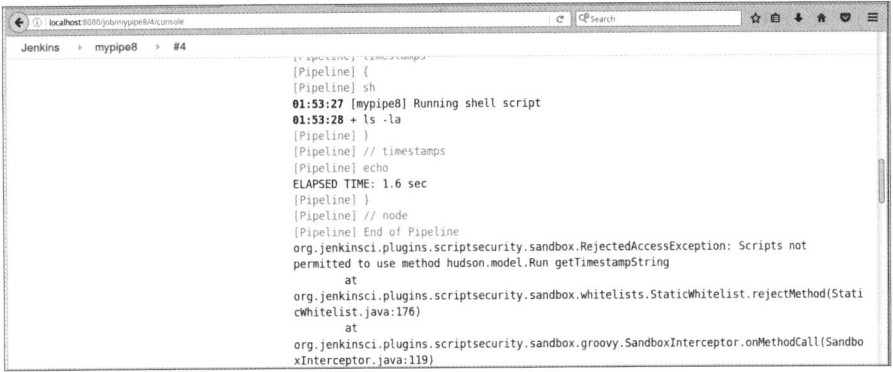

그림 6-21 스크립트에서 내부 함수를 사용하려할 때 발생한 접근 에러

하지만 이 함수를 전역 공유 라이브러리와 같이 신뢰할 수 있는 라이브러리에 추가하고 이를 파이프라인 스크립트에서 제거하면, 이는 잘 동작할 것이다. 그림 6-22는 이를 적절한 runCommand 라이브러리 루틴에 추가한 변경 버전이다.

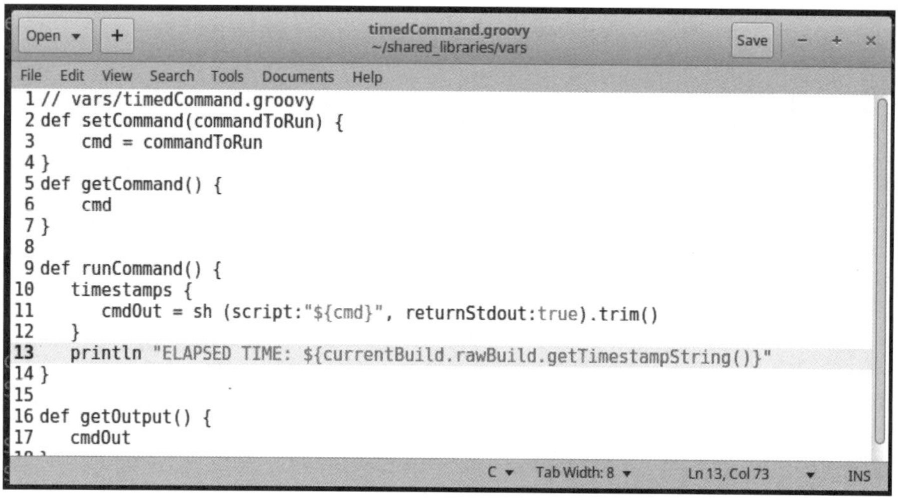
Open
timedCommand.groovy
~/shared_libraries/vars
Save
File Edit View Search Tools Documents Help
// vars/timedCommand.groovy
def setCommand(commandToRun) {
    cmd = commandToRun
}
def getCommand() {
    cmd
}

def runCommand() {
   timestamps {
      cmdOut = sh (script:"${cmd}", returnStdout:true).trim()
   }
   println "ELAPSED TIME: ${currentBuild.rawBuild.getTimestampString()}"
}

def getOutput() {
   cmdOut
C Tab Width: 8 Ln 13, Col 73 INS

그림 6-22 getTimestampString 명령어를 신뢰할 수 있는 파이프라인 라이브러리에 추가

실제로, (호출이 없는) 원래 스크립트를 지금 실행시켜 보면, 메인 스크립트가 샌드박스에서 동작하고 있는데도 신뢰할 수 있는 라이브러리에서 성공적으로 호출되는 것을 볼 수 있다(그림 6-23).

```
Jenkins    mypipe8    #3
                    > git fetch --tags --progress http://localhost:8080/workflowLibs.git +refs/heads/*:refs/remotes
                    > git rev-parse refs/remotes/origin/master^{commit} # timeout=10
                    > git rev-parse refs/remotes/origin/origin/master^{commit} # timeout=10
                    Checking out Revision 32e6db1af710aefb4f726ee873282d65a518dcbb (refs/remotes/origin/master)
                    > git config core.sparsecheckout # timeout=10
                    > git checkout -f 32e6db1af710aefb4f726ee873282d65a518dcbb
                    > git rev-list 32e6db1af710aefb4f726ee873282d65a518dcbb # timeout=10
                    [Pipeline] node
                    Running on worker in /home/jenkins2/worker_node1/workspace/mypipe8
                    [Pipeline] {
                    [Pipeline] echo
                    ls -la
                    [Pipeline] timestamps
                    [Pipeline] {
                    [Pipeline] sh
                    01:37:51 [mypipe8] Running shell script
                    01:37:51 + ls -la
                    [Pipeline] }
                    [Pipeline] // timestamps
                    [Pipeline] echo
                    ELAPSED TIME: 3 sec
                    [Pipeline] echo
                    total 8
                    drwxrwxr-x   2 jenkins2 jenkins2 4096 Feb 12 01:35 .
                    drwxrwxr-x  25 jenkins2 jenkins2 4096 Feb 12 01:35 ..
                    [Pipeline] }
                    [Pipeline] // node
                    [Pipeline] End of Pipeline
                    Finished: SUCCESS
```

그림 6-23 제약이 있는 파이프라인 스크립트가 아닌 신뢰할 수 있는 라이브러리를 통해 성공적으로 명령어를 수행

요약

6장에서는 젠킨스 파이프라인에서 외부 라이브러리 루틴을 활용하는 다양한 방법을 알아봤다. 먼저 공유 파이프라인 라이브러리가 가질 수 있는 다양한 분류(신뢰할 수 있는, 신뢰할 수 없는, 내부, 외부)를 살펴봤고, 이후에는 젠킨스에서 해당 코드를 내부 라이브러리나 외부 라이브러리로부터 로드하게 하는 명령을 알아봤다. 또한 외부 라이브러리의 구조와, 각 영역으로 예상되는 내용에 대해서도 살펴봤다.

vars를 다룬 절에서는 파이프라인에서 사용할 수 있는 전역 변수와 함수를 만드는 방법을 다뤘다. 또한 DSL 스텝처럼 호출될 수 있는 코드를 만드는 방법과 이름이 있는 매개 변수를 전달받아 코드를 깔끔히 만드는 데 도움을 주는 코드의 생성을 살펴봤다. 마지막으로 사용자가 전역 변수를 위해 생성한 문서를 자동으로 통합하는 방법을 알아봤다.

그리고 젠킨스가 지원하는 최신 타입의 프로젝트와 이 구조에 공유 라이브러리가 연동되는지 배웠다. 여기에는 멀티브랜치 파이프라인, 깃허브 조직 저장소, 빗버킷 팀/프로젝트 타입이 있다.

마지막으로, 리플레이 기능을 신뢰할 수 없는 라이브러리와 연동하는 방법과, 신뢰할 수 있는 라이브러리와 없는 라이브러리를 사용하는 예시를 살펴봤다.

이런 정보를 통해 파이프라인을 위한 일반적인 라이브러리 코드를 생성하고 활용하는 법과 깃허브 프로젝트와 같은 외부 소스 관리 시스템에서 이를 호출하고 참조하는 법을 예시를 통해 살펴봤다.

7장에서는 서술적 파이프라인에 대해 자세히 알아볼 것이다.

7장
서술적 파이프라인

7장에서는 젠킨스 파이프라인이 새롭게 진화한 서술적 파이프라인을 다룬다. 서술적 파이프라인은 사용자가 파이프라인을 기존 젠킨스 웹 폼과 유사한 방식으로 정의할 수 있게 도와준다. 이는 다음을 의미한다.

- 잘 정의되고 필수적인 구조가 존재한다(젠킨스 웹 폼의 각 영역과 유사하다).
- 파이프라인 영역을 정의하는 것이 목표를 위한 로직을 작성하는 것보다 추상 수준이 높은 스텝/골을 정의하는 것에 가깝다(젠킨스 웹 폼에서 필드를 채우는 것과 유사하다).
- 익숙한 젠킨스 명령어가 제공되고 프로그래밍을 흉내낼 필요가 없다(예를 들어, 빌드 후처리와 알림을 보내는 것이 지원되므로 그루비 try-catch-finally 문법을 사용할 필요가 없다).
- 위의 모든 사항으로 인해 더 적합한 검증과 에러 확인이 가능하다(에러는 그루비 트레이스백뿐만 아니라 예상된 구조와 키워드를 통해 확인된다).

이런 기능때문에 서술적 파이프라인이 DSL 스텝과 프로그래밍 명령어(할당, 조건 및 기타)와 강력히 묶이는 방식과 비교해서 프로그램을 작성하는 방식의 차이를 만든다. 자유로운 코딩 스타일로 작성하는 파이프라인을 '스크립트 방식의 파이프라인'이라 부른다.

두 종류의 파이프라인 모두 각각의 쓰임새와 장단점이 있다. 일반적으로 서술적 파이프라인은 파이프라인 기능을 처음 사용하는 사용자에게 쉽다. 웹 폼에서 동작하는 방식과 비슷하고, 에러 확인 및 검증이 좀 더 깔끔하기 때문이다.

스크립트 방식의 파이프라인은 좀 더 유연하고, 서술적 파이프라인에서 불가능한 프로그래밍 요소뿐 아니라 흐름 제어 및 할당 등을 사용하기에 용이하다. 숙련된 사용자나 복잡한 애플리케이션에는 스크립트 방식의 파이프라인이 더 적합하다.

스크립트 방식의 파이프라인을 지원하는 모든 플러그인이 서술적 파이프라인을 지원하지 않는 사실도 중요하다.

마지막으로 서술적 파이프라인에 대해 언급할 점은 젠킨스와 통합되는 방법이다. 여타 젠킨스 추가 기능과 유사하게 서술적 파이프라인도 플러그인을 통해 지원된다. 서술적 파이프라인을 지원하는 플러그인과 새로운 블루 오션 인터페이스(9장에서 자세히 다룬다)는 밀접하게 연동된다.

서술적 파이프라인이 생겨난 동기를 살펴보면서 더 자세하게 알아보자.

동기

젠킨스에서 파이프라인을 구성하는 새로운 방식이 어떤 도움을 주는지를 알려면 전통적인 스크립트 방식의 파이프라인의 생성과 모델의 단점을 알아야 한다.

직관적이지 않은 특성

앞에서 살펴봤듯이 웹 인터페이스(특정한 폼, 도움말 버튼, 잡 설정을 도와주는 UI 요소)에서 스크립트를 직접 만드는 방식으로 넘어가는 것은 직관적이지 않다. 원래의 UI 잡 페이지가 중요한 이유 중 하나는 화면이 빌드 후처리 등 여러 영역으로 나눠져 사용자를 다양한 단계로 인도하는 것이다. 스크립트로 넘어갈 때에도 다양한 단계에 해당하는 요소들을 사용할 있지만, 이를 구성하고 순서를 정하는 것은 명확하지 않다. 더군다나 몇몇 익숙한 단계는 서술적이지 않은 DSL에 해당하는 명령어가 존재하지 않는다.

그루비

그루비로 프로그램을 작성할 수 있어야만 DSL 스크립트를 생성할 수 있는 것은 아니지만 사용자에게는 그렇게 느껴진다. 누락된 몇 가지의 기능을 해결하는 방법은 그루비 명령어가 유일하다. 문법 확인은 그루비 레벨에서 동작한다. 또한 사용자가 마주하는 에러는 그루비 에러(트레이스백)이고 DSL에 연관된 것이 아니다.

추가 조립의 필요성

앞에서 언급한 것에 대해 좀 더 부연 설명을 하면, 웹 폼 버전에서 사용한 익숙한 젠킨스에 다가가려면 추가 코드가 필요하다. 예를 들어, 빌드 실패 이후 메일을 보내는 간단한 작업은 익숙한 내장 빌드 후처리 기능이 아닌 `try-catch-finally` 문법과 같은 것으로 구현해야 한다.

다음 코드는 빌드 실패 이후 메일을 보내는 작업을 스크립트 방식의 파이프라인과 기존 젠킨스에서 처리하는 방식을 비교한 것이다(그림 7-1).

```
node {
    try {
        sendEmailStarted()
        stage('Source') {...}
        stage('Build')  {...}
        ...
        sendEmailSuccess()
    } catch (err) {
```

```
        currentBuild.result = "FAILED"
        sendEmailFail()
        throw err
    }
}
```

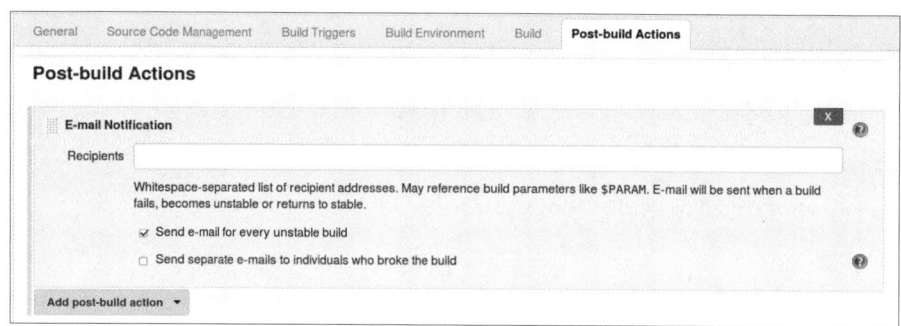

그림 7-1 젠킨스 프리스타일 프로젝트의 빌드 후처리 작업

이런 이유로 젠킨스 커뮤니티의 일원인 클라우드비스 직원들은 파이프라인 프로그래밍을 위해 쉬운 버전의 확장된 DSL을 만들었다. 서술적 파이프라인은 지금도 pipelines-as-code이다. 우리는 같은 환경에서 파이프라인 코딩을 한다. 다른 파이프라인 코드에 하는 것처럼 서술적 파이프라인의 문법을 파이프라인 탭 스크립트 화면이나 Jenkinsfiles에 입력한다. 하지만 앞에서 살펴봤듯이 서술적 파이프라인 문법이 좀 더 구조적이고 DSL에 특화된 검증과 에러 확인이 지원된다. 다음 절에서는 서술적 파이프라인의 구조에 대해 자세히 다룰 것이고, 스크립트 검증과 에러 리포트는 7장의 후반부에서 다룬다.

구조

서술적 파이프라인은 디렉티브와 섹션을 포함하는 블록으로 구성되어 있다. 각 섹션에는 다른 섹션, 디렉티브, 그리고 스텝이 있고, 때때로 조건문[conditionals]도 있다. 블록, 섹션, 디렉티브의 구분은 조금 모호한데, 세 용어는 공식 문서에도 사용되므로 좀 더 명확하게 정의해보려 한다.

블록

블록은 시작과 끝이 있는 코드의 묶음이다. 그루비에서는 클로저(시작과 끝이 {}로 묶인 코드의 영역)라고 불린다.

대부분의 파이프라인이 기술적으로 블록이지만, 이 말은 전체 `pipeline` 블록을 지칭하는 데 사용된다. 서술적 파이프라인에 연관된 모든 코드가 블록이다.

예시는 다음과 같다.

```
pipeline {
    // 서술적 문법의 코드
}
```

섹션

섹션은 서술적 파이프라인에서 전체 파이프라인의 흐름 내에서 특정한 시점에 실행이 필요한 아이템을 묶는 방법이다. 묶인 아이템에는 디렉티브, 스텝, 그리고 조건문(다음 절에 설명 예정)을 포함시킬 수 있다. 파이프라인이 실행되면 다양한 그룹과 단계를 정의한 섹션을 찾게 된다.

현재 섹션이라고 불릴 수 있는 세 가지 영역이 있다.

스테이지(stages)
    이 섹션은 파이프라인의 중심 로직을 정의하는 개별 스테이지 정의를 묶는다.

스텝(steps)

이 섹션은 스테이지 정의의 DSL 스텝을 묶는다. 환경 변수와 같이 스테이지의 다른 아이템으로부터 스텝을 분리하는 역할을 한다.

포스트(posts)

이 섹션은 스테이지의 끝이나 파이프라인 실행의 마지막에 실행되거나 확인돼야 할 스텝과 조건 값을 묶는다.

섹션을 나타내는 문법은 아래 예시에서 굵은 글씨로 표시했다.

```
pipeline {
    agent any
    stages {
        stage('name1') {
            steps {
                ...
            }
            post {
                ...
            }
        }
        stage('name2') {
            steps {
                ...
            }
        }
    }
    post {
        ...
    }
}
```

디렉티브

디렉티브^{Directive}는 파이프라인에서 다음의 역할을 하는 문장이나 코드 블록이라고 할 수 있다.

값 정의

값 정의^{Defines values} 범주에 들어가는 예시는 `agent` 디렉티브다. 이는 전체 파이프라인이나 스테이지를 실행할 노드나 컨테이너를 정할 수 있게 한다. 파이프라인을 worker라는 노드에서 실행하고 싶다면 `agent ('worker')`를 사용하면 된다.

행동 설정

행동 설정^{Configures behavior} 범주에 들어가는 예시는 `triggers` 디렉티브로, 어떤 주기로 젠킨스가 소스 코드 변경 사항을 확인하고 파이프라인을 트리거하는지 설정하게 해준다. 매 월요일부터 금요일 아침 7시에 파이프라인을 트리거하고 싶다면 `triggers { cron ('0 7 0 0 1-5') }`를 사용하면 된다.

수행될 작업 명시

수행될 작업 명시^{Specifies actions to be done} 범주에 들어가는 예시는 `stage` 디렉티브로, 내부에 실행될 DSL 스텝을 포함하고 있는 `steps`를 하위 요소로 가진다.

스텝

스텝 레이블 자체는 파이프라인 스테이지의 타이틀이다. 하지만 스텝 섹션 내부에 `git`, `sh`, `echo` 같은 DSL 문장을 넣을 수 있다. 스텝을 이 문장 중 하나라고 생각해도 무방하다.

조건문

조건문은 특정한 행동이 일어나게 하는 조건이나 기준을 제공한다. 이는 필수는 아니며, 다음 두 상황에서 조건문을 보게 될 것이다.

- `When`: 엄격하게 말하면 이것은 디렉티브다. 스테이지 정의 안에 존재하고 해당 스테이지가 실행돼야 하는지를 조건으로 정의한다. 예시는 다음과 같다.

```
stage ('build') {
    when {
        branch 'foo'
    }
    <steps>
}
```

- `post` 섹션의 `Conditions` 블록은 후처리를 실행할 조건을 정의한다. 여기서 조건은 성공이나 실패와 같은 빌드의 상태를 의미한다.

이제 기본 용어를 알아봤으니, 여러 가지 빌딩 블록에 대해 자세히 알아보자.

빌딩 블록

이번 절에서는 서술적 파이프라인에서 사용할 수 있는 섹션과 디렉티브의 문법, 매개 변수, 예시를 알아볼 것이다.

개념적으로 블록은 그림 7-2와 같이 쌓인다. 여기에서 각 박스는 내용에 따라 특정한 섹션 혹은 디렉티브를 나타내고, 위치는 해당 내용이 서술적 파이프라인 구조의 어디에 위치할 수 있는지를 나타낸다. 예를 들어, `pipeline`은 가장 바깥쪽에 있는 블록으로, 모든 섹션과 디렉티브가 이 안에 있어야 한다.

점선으로 된 박스는 구조에서 필수가 아닌 요소를 의미한다. 실선으로 된 박스는 해당 구조의 필수 요소다. 파이프라인과 스테이지 레벨에서 모두 사용될 수 있는 디렉티브도 있음에 주목하자. 이는 어떤 곳에서는 필수이지만 다른 곳에서는 필수가 아닐 수 있다.

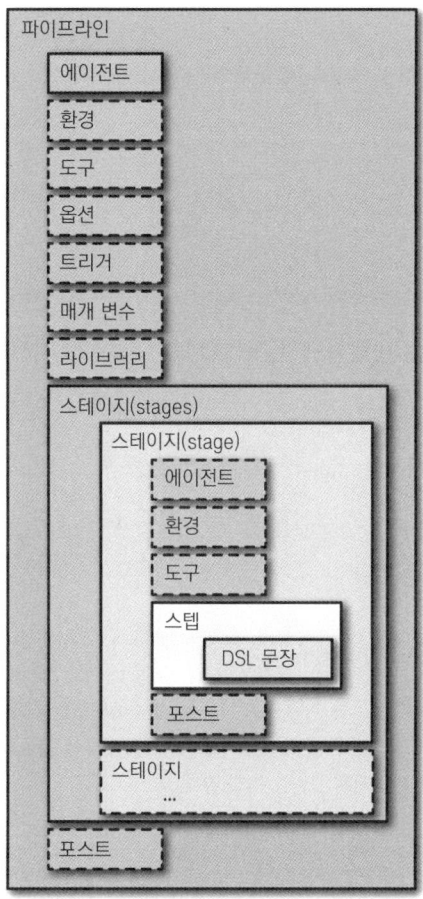

그림 7-2 서술적 파이프라인 구조의 개요

물론 여기서 다루지 않은 디렉티브도 있다. 이제부터 서술적 파이프라인 구조를 이루고 있는 각 영역에 대해 자세히 알아보자.

pipeline

`pipeline` 블록은 젠킨스 서술적 파이프라인의 필수 요소다. 가장 바깥쪽에 있고 파이프라인 프로젝트를 의미한다는 것을 알 수 있다. 문법은 간단히 `pipeline {}`으로 이 안에 나머지 코드가 존재하게 된다.

```
pipeline {
    // 파이프라인 코드
}
```

agent

agent 디렉티브는 전체 파이프라인 혹은 특정 스테이지가 실행될 장소를 명시한다. 스크립트 방식 파이프라인의 node 디렉티브의 사용법과 유사하다. 실제로, 마스터 노드가 에이전트가 아니라는 사실을 제외하고는 에이전트를 노드와 같다고 생각해도 된다.

위의 pipeline 블록 근처에 있는 agent 디렉티브는 실행을 위한 '기본' 장소로 필수 요소다. 하지만 개별 agent 디렉티브는 스테이지 시작에 선택 요소로 명시돼 해당 스테이지의 코드가 실행될 장소를 나타낼 수 있다.

레이블에 대해 다시 알아보기

레이블은 노드에 붙는 고유 식별자다. 노드당 여러 레이블을 가질 수 있고, 하나의 레이블을 여러 노드에 사용해 노드의 '종류'를 지정할 수도 있다. 레이블을 설정하는 것은 노드 관리 하위의 노드 설정에서 이뤄진다. 예시는 그림 7-3과 같다.

그림 7-3 노드를 위한 레이블 지정

agent 디렉티브가 실제로 하는 일은 파이프라인 혹은 스테이지를 실행하기 위해 사용할 노드를 지정하는 것이다. 이는 여기에 전달된 매개 변수를 젠킨스 시스템의 노드에 할당된 레이블과 연결함으로 이뤄진다. 매개 변수의 형태는 미리 정의된 하나의 타입이거나, 특정한 레이블의 식별자이거나, 혹은 도커 컨테이너 같은 특정 성질의 레이블 블록일 수 있다. 사용 가능한 옵션은 다음에 요약되어 있다.

agent any

이 문법은 젠킨스에게 해당 파이프라인이나 스테이지는 레이블과 상관없이 어떤 에이전트에서도 실행될 수 있다는 것을 알려준다.

agent none

이것이 최상위 레벨에서 사용되면 파이프라인을 위해 전역 범주에서 에이전트의 지정을 무효화한다. 이것은 필요시 개별 스테이지에서 에이전트를 지정할 수 있다는 의미다.

agent { label "<label>"}

이 문법은 파이프라인이나 스테이지가 <label>이라는 레이블을 가진 에이전트에서는 모두 실행될 수 있다는 의미다.

레이블에 대한 추가 사항

〈label〉은 정규 표현식이나 와일드카드 문자가 될 수 없음에 주목하자. 하지만 여러 개의 노드나 에이전트가 같은 레이블을 가질 수 있다. 이런 방식을 통해 〈label〉이 여러 시스템의 레이블에 매칭되어 여러 가지 선택권을 주게 된다.

레이블과 커스텀 워크스페이스

최근에 추가된 에이전트를 위한 레이블 문법은 사용자가 커스텀 워크스페이스를 파이프라인이나 스테이지에 추가할 수 있게 해준다. 에이전트가 정의되어 있다면 customWorkspace 디렉티브를 추가해 해당 에이전트가 사용할 워크스페이스를 지정할 수 있다. 문법은 다음과 같다.

```
agent {
    label {
        label "<labelname>"
        customWorkspace "<desired directory>"
    }
}
```

노드와 레이블

레이블 클로저의 자리에 노드를 대신 사용할 수 있는 사실은 알아둘 만 하다. 이는 다음 절에서 다룰 도커 에이전트를 위해 레이블을 사용해야 하는 모호함을 해결하기 위해 설계됐다. 문법은 다음과 같다.

```
agent {
    node {
        label "<labelname>"
        ...
```

에이전트와 도커

마지막으로 살펴볼 에이전트 옵션은 도커 컨테이너다. 에이전트 선언 부분에서 도커 이미지를 얻는 간단한 방식이 두 가지 있다. 하나는 기존 이미지를 지정하는 것이고, 다른 하나는 Dockerfile로부터 새로운 이미지를 만드는 것이다. 더 긴 선언 방식을 사용해 컨테이너를 위해 사용할 노드나 매개 변수를 추가 요소로 전달할 수도 있다.

먼저 기존 도커 이미지를 사용하는 형태를 알아보자.

`agent { docker '<image>' }`

이 간단한 방식의 문법은 젠킨스가 해당 이미지를 도커 허브에서 내려받아 파이프라인이나 스테이지를 해당 이미지로부터 실시간으로 생성된 노드에서 실행하게 한다.

`agent { docker { <elements> } }`

이 긴 버전의 문법은 도커 에이전트를 더 자세히 정의한다. 선언에서 추가할 수 있는 세 가지 요소가 있다(각각은 {} 블록 안에 추가된다).

`image '<image>'`

간략한 버전과 유사하게 이는 젠킨스가 이미지를 내려받아 파이프라인 코드 실행을 위해 사용하게 한다.

label '<label>'

이 부분이 선언에 포함되면 젠킨스는 컨테이너를 초기화해 <label>과 매칭되는 노드에 제공한다.

args '<string>'

이 요소가 선언에 포함되면 젠킨스는 이 매개 변수를 도커 컨테이너에 전달한다. 문법은 도커 컨테이너에 전달하는 다른 문법과 같다.

다음은 긴 방식의 예시다.

```
agent {
    docker {
        image "image-name"
        label "worker-node"
        args "-v /dir:dir"
    }
}
```

Dockerfile을 사용하는 문법도 위와 유사하다. 여기에서도 간단한 방식과 긴 방식이 존재한다.

agent { dockerfile true }

이 간단한 방식의 문법은 Dockerfile을 최상단에 소스 코드 저장소가 있을 때 사용된다. 여기서 dockerfile은 단순 문자다. 이 경우 젠킨스는 해당 Dockerfile을 사용해 도커 이미지를 빌드하고, 컨테이너를 초기화한 후 파이프라인(스테이지를 실행하는 경우라면 스테이지 코드)을 해당 컨테이너에서 실행하게 된다.

agent { dockerfile { <elements> } }

이 긴 버전의 문법은 Dockerfile로부터 생성하려 하는 도커 에이전트의 옵션을 자세히 제공할 수 있다. 선언에서 추가할 수 있는 세 가지 요소가 있다(각각은 {} 블록 안에 추가된다).

```
filename '<path to dockerfile>'
```
Dockerfile의 다른 경로나 다른 이름을 지정할 수 있게 해준다. 젠킨스는 Dockerfile에서 이미지를 빌드하고, 컨테이너를 초기화한 후 파이프라인 코드를 실행하게 된다.

```
label '<label>'
```
이 요소가 선언에 포함되면 젠킨스는 컨테이너를 초기화해 이를 <label>과 매칭되는 노드에 제공한다.

```
args '<string>'
```
이 요소가 선언에 포함되면 젠킨스는 이 매개 변수를 도커 컨테이너에 전달한다. 문법은 도커 컨테이너에 전달하는 다른 문법과 같다.

도커 에이전트를 Dockerfile을 통해 정의하는 긴 방식의 문법 예시는 다음과 같다.

```
agent {
    dockerfile {
        filename "<subdir/dockerfile name>"
        label "<agent label>"
        args "-v /dir:dir"
    }
}
```

도커와 도커가 아닌 스테이지에서 같은 노드 사용

도커 에이전트에 연관된 요소가 하나 더 있다. 파이프라인의 최상단에 도커가 아닌 에이전트를 정의했다고 생각해보자.

```
pipeline {
    agent {label 'linux'}
```

이후 특정 스테이지의 코드를 도커 컨테이너에서 실행하고 싶다고 생각해보자. 하지만 파이프라인을 위해 정의한 노드와 워크스페이스를 공유하고 싶다면 파이프라인에서 사용할 수 있는 디렉티브 reuseNode가 있다. 예시는 다음과 같다.

```
stage 'abc' {
    agent {
        docker {
            image 'ubuntu:16.6'
            reuseNode true
```

이는 젠킨스에게 원래 파이프라인 에이전트에서 지정한 도커 컨테이너를 다시 불러와 같은 노드와 워크스페이스를 사용할 수 있게 한다.

이제 파이프라인의 environment를 설정하는 방법을 알아보자.

environment

environment는 서술적 파이프라인에 꼭 있어야 하는 디렉티브는 아니다. 이름에서 알 수 있듯이 이 디렉티브는 파이프라인 코드가 접근할 수 있는 환경 변수에 이름과 값을 추가할 수 있게 해준다. agent와 유사하게 메인 파이프라인 정의 혹은 개별 스테이지에서 environment 블록을 가질 수 있다.

최상단에서 지정한 environment의 정의는 파이프라인의 모든 스텝에서 접근 가능하다. 스테이지에서 정의된 environment는 해당 스테이지에서만 접근 가능하다.

다음은 이 방식을 이용해 환경 변수를 지정하는 예시다.

```
environment {
    TIMEZONE = "eastern"
}
```

환경 변수는 이미 정의된 변수를 사용해 정의할 수도 있다. 이를 위한 문법을 기존에 정의된 변수를 사용할 때 ${<variable>}을 사용하는 것이다.

```
environment {
    TIMEZONE = "eastern"
    TIMEZONE_DS = "${TIMEZONE}_daylight_savings"
}
```

인증과 환경 변수

5장에서 파이프라인에서 사용할 수 있는 다양한 종류의 인증에 대해 살펴봤다. 각 방식은 젠킨스에서 정의된 인증에 대한 식별자를 필요로 한다. environment 블록에서 특정 인증 ID에 전역 변수를 지정할 수 있다. 이후 이 변수를 파이프라인에서 ID 자리에 사용할 수 있다. 이런 방법은 ID를 여러 곳에서 사용해야 할 때 도움이 된다. 문법은 변수의 이름을 문자열 credentials('<credentials-id>')에 할당하는 것이다. 예시는 다음과 같다.

```
environment {
    ADMIN_USER = credentials('admin-user')
}
```

이 경우 특정 인증을 위한 ID로 기존에 정의된 admin-user가 있다고 가정했다. 여기에서 이름(admin-user)을 ID로 명시하지 않으면, 젠킨스가 인증을 생성할 때 자동으로 생성하는 식별 문자를 사용하게 된다.

사용자가 원하는 것을 위해 환경 변수를 정의할 수 있지만, 젠킨스는 전역에서 정의된 도구에 접근하는 특별한 디렉티브 tools를 제공한다.

tools

젠킨스 사용자는 전역 도구 설정 화면에서 도구의 버전, 경로, 설치를 설정하는 일에 익숙하다. 여기서 설정되고 나면 tools 디렉티브를 통해 자동으로 설치할지와 우리가 선택한 에이전트의 경로에서 사용할 도구를 명시할 수 있다.

에이전트가 없는 tools 디렉티브

파이프라인 최상단에 agent none을 사용하는 것처럼 에이전트를 명시하지 않으면 tools 디렉티브는 아무런 영향도 받지 않는다. 이는 도구를 활성화시킬 노드나 에이전트가 없기 때문이다.

예를 들어, 그림 7-4와 같이 설정했다고 가정해보자.

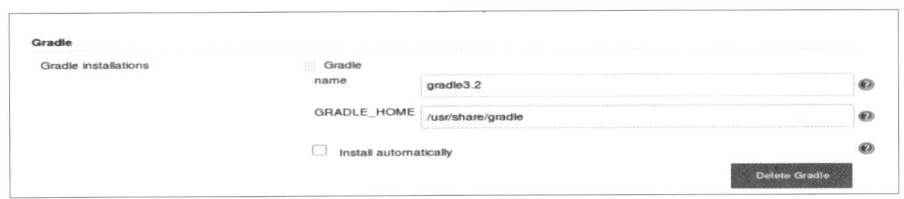

그림 7-4 그레이들 버전을 위한 전역 설정

이후 tools 블록에서 그레이들을 참조할 수 있다.

```
tools {
    gradle "gradle3.2"
}
```

여기서 이 선언의 왼쪽은 파이프라인 모델에서 정의된 특정한 문자열이다. 이 책을 집필하는 시점에서 서술적 문법에서 명시할 수 있는 도구의 종류는 다음과 같다.

- ant
- git
- gradle

- jdk
- jgit
- jgitapache (아파치 HTTP 클라이언트가 있는 JGit)
- maven

다른 종류를 사용하려는 시도는 Invalid tool type 에러를 발생시킬 것이다.

스크립트 방식의 파이프라인을 위한 확장된 도구의 종류

(서술적 섹션이 아닌) tool DSL 스텝은 추가 매개 변수인 type을 전달받을 수 있다. 서술적 tools 섹션에서 사용할 수 있는 것과 동일한 것도 있지만, tools 섹션에서 사용할 수 없고 클래스 명칭으로만 명시할 수 있는 것도 있다.

젠킨스가 현재 지원하는 타입은 다음과 같다.

- ant, hudson.tasks.Ant$AntInstallation
- org.jenkinsci.plugins.docker.commons.tools.DockerTool
- git
- hudson.plugins.git.GitTool
- gradle
- hudson.plugins.gradle.GradleInstallation
- hudson.plugins.groovy.GroovyInstallation
- jdk
- hudson.model.JDK
- jgit
- org.jenkinsci.plugins.gitclient.JGitTool
- jgitapache
- org.jenkinsci.plugins.gitclient.JGitApacheTool
- maven

- hudson.tasks.Maven$MavenInstallation
- hudson.plugins.mercurial.MercurialInstallation
- hudson.plugins.sonar.SonarRunnerInstallation
- hudson.plugins.sonar.MsBuildSQRunnerInstallation

스니펫 생성기를 사용한다면 좀 더 사용자 친화적인 드롭다운에 툴 타입 매개 변수가 나열된 것을 볼 수 있다. 이후 타입을 선택하면 필요시 클래스 명칭이 삽입된다. 예를 들어, SonarQube Scanner를 툴 타입으로 선택하면 sq-scanner라 이름지어진 스캐너가 전역 환경에 설정된 것을 볼 수 있고 다음과 같이 스텝이 생성될 것이다.

```
tool name: 'sq-scanner',
    type: 'hudson.plugins.sonar.SonarRunnerInstallation'
```

대부분의 경우 tool 스텝을 사용할 때 종류를 지정할 필요가 없다. 현재 유일한 예외는 전역 환경 설정에서 같은 이름으로 두 종류의 도구가 설정됐을 경우다. 이러한 경우 type 값을 통해 구분할 수 있다.

오른쪽 부분은 전역 도구 설정의 이름 필드와 일치해야 한다. 이를 설정하고 나면, 도구는 자동으로 설치되어 경로에 놓여진다. 이후 사용자는 간단히 gradle 문자열을 사용해 파이프라인 스텝에서 GRADLE_HOME 경로를 대신할 수 있다. 이후 젠킨스는 시스템에 설치되어 있는 그레이들을 찾아간다. 예시는 다음과 같다.

```
steps {
    sh 'gradle clean compile'
}
```

또한 특정한 버전을 사용해야 할 때 tools 디렉티브도 매개 변수를 이용할 수 있다. 다음은 예시다.

```
pipeline {
    agent any
    parameters {
        string(name: 'gradleTool', defaultValue: 'gradle3',
            description: 'Gradle Version')
    }
    tools {
        gradle  "${params.gradleTool}"
    }
```

서술적 문법에 한 가지 제약이 있는데, 젠킨스가 파이프라인이 처음 실행될 때 매개 변수를 필요로 한다는 사실을 알지 못하는 점이다.

tools는 pipeline 블록이나 스테이지에서 사용될 수 있는 디렉티브 중 하나다.

도커와 tools 디렉티브

tools 디렉티브는 도커나 Dockerfile 에이전트에서 동작하지 않는다. 추천하고 싶은 방법은 도구가 이미 설치된 이미지를 사용하는 것이다.

tools 디렉티브를 사용해 전역에 정의된 도구에 접근하는 것 외에도 options 디렉티브를 사용해 프로젝트 레벨의 옵션을 정의할 수 있다.

options

options 디렉티브는 파이프라인에 적용돼야 할 미리 정의된 옵션의 속성과 값을 정의하는 데 사용된다. 이는 젠킨스 웹 폼 프로젝트의 General 탭에 정의될 만한 내용이다(매개 변수 외에도 고유의 영역이 있다). 젠킨스에서 정의하는 잡의 옵션으로 생각해도 무방하다.

옵션의 간단한 예시는 오래된 빌드를 삭제하는 것이다. 그림 7-5처럼 젠킨스 잡을 설정했다고 가정해보자.

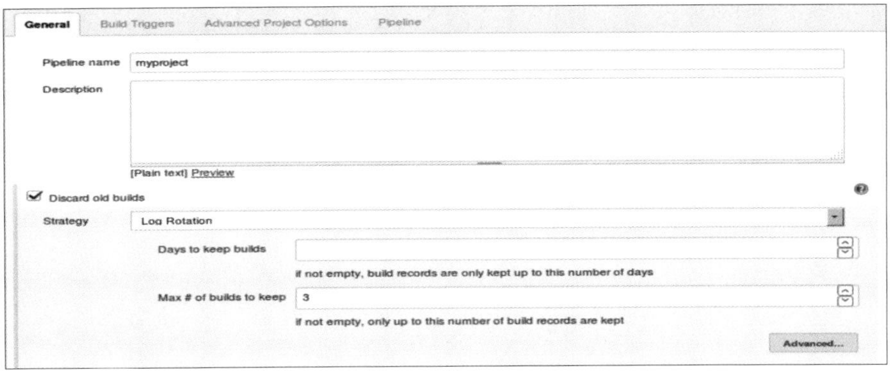

그림 7-5 오래된 빌드 삭제 설정의 예시

다음 코드를 통해 서술적 파이프라인에서 같은 동작을 수행할 수 있다.

```
options {
    buildDiscarder(logRotator(numToKeepStr:'3'))
}
```

또한 서술적 구조를 위한 옵션도 존재한다. 다음은 이 예시 중 하나다.

```
options {
    skipDefaultCheckout()
}
```

skipDefaultCheckout()

이 옵션을 예시로 들었으니, 이 문장이 실행하는 것에 대해 좀 더 살펴보자. 서술적 파이프라인의 에이전트를 명시하면 젠킨스는 노드를 할당하고, Jenkinsfile이 있다면 전역 checkout scm을 수행한다. 여기서 checkout scm 문법은 소스 코드를 내려받는 것의 간략한 버전이다. 이렇게 간략한 버전으로 동작할 수 있는 이유는 Jenkinsfile이 소스에 같이 저장되어 있어 저장소의 위치와 브랜치를 알 수 있기 때문이다.

> 하지만 이 전역에서 소스를 내려받는 것을 동작하지 않게 하고 싶은 경우도 있다. 이 경우에는 위 옵션을 사용해 이를 방지할 수 있다. 이 옵션을 사용했을 땐 필요시 스크립트에서 스스로 checkout scm을 수행해야 한다는 점을 잊지 말자.

옵션 요약

다음 목록은 사용 가능한 옵션과 간략한 설명이다.

buildDiscarder

지정된 파이프라인의 실행 수만큼 콘솔 결과와 아티팩트를 보존한다.

logRotator

logRotator에 대해 궁금할 수 있는데, 사실 이를 사용하는 특별한 기능적 이유는 없다. 단지 여러 가지 과거의 이력에 의해 존재할 뿐이다.

```
options { buildDiscarder(logRotator(numToKeepStr: '10')) }
```

disableConcurrentBuilds

젠킨스가 같은 파이프라인을 동시에 수행하지 못하게 막는다. 이를 사용할 만한 상황은 공유 자원에 대한 동시 접근을 막아야 하거나, 더 빨리 수행되는 잡이 느린 잡을 역전하는 것을 방지하고 싶은 경우다(이 옵션은 3장에서도 설명했다).

retry

파이프라인의 수행이 실패했을 때 지정된 숫자만큼 전체 파이프라인을 재실행한다.

```
options { retry(2) }
```

skipDefaultCheckout

315쪽 skipDefaultCheckout( )에서 설명한 것처럼, 이 옵션은 암시적 checkout scm을 막아 자동으로 Jenkinsfile에 지정된 소스 코드를 내려받지 못하게 한다.

skipStagesAfterUnstable

파이프라인의 스테이지 중 하나가 파이프라인을 불안정 상태로 만들 때 나머지 스테이지의 실행을 막는다.

```
options { skipStagesAfterUnstable() }
```

Timeout

파이프라인 실행의 타임아웃을 정한다. 이 값보다 오래 걸리면 파이프라인은 멈춘다.

```
options { timeout(time: 15, unit: 'MINUTES') }
```

스크립트 방식과 서술적 방식의 예시

여기서 timeout 옵션은 서술적 방식과 스크립트 방식의 차이를 잘 강조한다. 스크립트 방식의 파이프라인(전역 옵션 영역이 없다고 가정한다)에서 같은 기능을 수행하려면 전체 코드를 timeout 블록으로 감싸야 한다.

```
timeout(time: 2, unit: 'MINUTES') {
    // pipeline processing
}
```

timestamps

콘솔 결과에 타임스탬프를 추가한다. 이 옵션을 사용하려면 Timestamper 플러그인이 필요하다. 여기서 이 옵션은 전체 파이프라인 실행에 영향을 주는 전역 옵션으로 적용된다.

```
options { timestamps() }
```

triggers

triggers 디렉티브는 어떤 종류의 트리거가 파이프라인의 빌드를 시작시킬 수 있는지 지정하게 한다. 여기서 Jenkinsfile을 통해 지정된 멀티브랜치 파이프라인, 깃허브 조직 저장소, 빗버킷 팀/프로젝트 잡은 해당되지 않는다. 이런 것은 젠킨스에 변경 사항이 생겼을 때 알려주는 웹훅을 통해 시작된다.

현재 SCM 종류와 상관없이 사용 가능한 네 가지 트리거 cron, pollSCM, upstream, githubPush가 있다.

cron

지정된 주기를 참조해 파이프라인을 실행한다. 여기서 pollSCM은 소스 코드 업데이트(소스 코드 관리 시스템에서 소스 코드를 내려받는 것)를 위해 존재한다. 소스 코드 변경이 확인되면 파이프라인이 실행된다.

upstream

쉼표로 구분된 젠킨스 잡의 이름과 조건을 사용한다. 수행이 완료된 잡의 이름이 지정된 명칭과 일치하면 현재 파이프라인이 다시 시작된다. 예시는 다음과 같다.

```
triggers {
    upstream(upstreamProjects: 'jobA,jobB', threshold:
        hudson.model.Result.SUCCESS)
}
```

githubPush

젠킨스 애플리케이션 프로젝트의 빌드 트리거 영역에서 GitHub hook trigger for GitSCM polling을 참조해 같은 방식으로 동작한다. 즉 깃허브에 깃허브 저장소와 연관된 웹훅이 설정되어 있으면 젠킨스에 페이로드가 전송되고, 젠킨스 잡에 지정된 SCM polling을 참조해 변경 사항을 내려받는다. 문법은 간단히 다음과 같다.

```
triggers { githubPush() }
```

빗버킷 프로젝트 트리거
특정 뉴스에 따르면 githubPush 트리거와 같이 동작하는 bitbucketPush 트리거도 있다고 한다. 하지만 이 책을 집필하는 시점에서 이 옵션은 아직 나타나지 않았다. 이 기능이 필요하다면 플러그인 페이지를 확인해 추가해서 실험해보자.

pollSCM과 cron은 모두 크론 문법을 사용할 수 있다. 이는 6장에서 다뤘는데, 여기에서는 편의를 위해 한 번 더 설명한다.

크론 문법

젠킨스에서 사용되는 크론 문법은 스페이스로 구분된 다섯 가지 속성에 따라 언제 작업을 실행할지 결정하는 방식이다. 각 속성은 다른 단위의 시간을 나타낸다.

MINUTES
    한 시간 내의 분을 의미한다(0-59).

HOURS
    하루 내의 시를 의미한다(0-23).

DAYMONTH
    한 달 내의 일을 의미한다(1-31).

MONTH
    일 년 내의 월을 의미한다(1-12).

DAYWEEK
    일주일 내의 일을 의미한다(0-7). 0과 7은 일요일을 의미한다.

또한 */<value> 문법을 사용해 "매 <value>"를 나타낼 수 있다(*/5는 매 5분을 의미한다).

추가로, H 기호를 모든 속성에 사용 가능하다. 이 기호는 젠킨스에 특별한 의미가 있다. 이는 젠킨스가 특정 범위 안에서 프로젝트 명을 해시 값으로 사용해 특정한 값을 뽑아내게 한다. 이 후 이 값을 범위의 가장 낮은 값에 더해 실제로 잡이 실행되는지 시점을 결정한다.

해당 기호를 사용하는 것은 같은 크론 값을 갖는 프로젝트가 같은 시간에 시작되지 않게 하기 위해서다. 해시 값에서 추출된 차이가 같은 크론 설정을 가진 프로젝트들이 동시에 실행되는 것을 막아준다.

H 기호를 사용해 동시에 프로젝트가 실행되는 것을 막는 방법을 권장한다. 여기서 해당 값은 프로젝트 명에 대한 해시 값으로, 프로젝트별로는 값이 다르지만 같은 프로젝트 내에서는 같은 값으로 유지되는 것에 주목하자.

또한 H 기호에는 범위를 추가해 값이 해당 범위 안에서 결정되게 설정할 수도 있다. 문법은 H (〈시작 범위〉, 〈끝 범위〉)이다.

좀 더 확실히 이해하기 위해 다음 예시를 살펴보자.

```
// 매시 10분마다 파이프라인 실행
triggers { cron(10 * * * *) }

// 10분 간격으로 SCM 변경 추적
triggers { pollSCM(*/10 * * * *) }

// 매시 0-30분 사이에 파이프라인 실행
triggers { cron(H(0,30) * * * *) }

// 월요일-금요일 오전 8시마다 파이프라인 실행
triggers { cron(0 8 * * 1-5) }
```

이제 서술적 파이프라인에 `parameters` 디렉티브를 통해 매개 변수를 전달하는 방법을 살펴보자.

parameters

이 디렉티브는 서술적 파이프라인에서 프로젝트 매개 변수를 지정하게 해준다. 이 매개 변수의 입력값은 사용자나 API 호출을 통해 입력된다. 이 매개 변수를 웹 폼의 This build is parameterized 옵션과 같다고 생각하면 된다.

이에 해당하는 문법은 스니펫 생성기를 통해서 생성할 수 있다. input 스텝을 선택한 후 원하는 매개 변수와 입력값을 선택하면 된다.

유효한 매개 변수의 목록과 설명은 아래 나와 있다(이는 3장의 input 스텝에서 논의한 것과 같은 종류다).

booleanParam

기본적인 true/false 매개 변수다. 하위 매개 변수로는 name과 defaultValue, description이 있다.

```
parameters { booleanParam(defaultValue: false,
    description: 'test run?', name: 'testRun')}
```

choice

목록에서 값을 선택하게 해준다. 하위 매개 변수로는 name, choices, description이 있다. 여기서 choices는 줄바꿈 문자로 구분되는 문자열로, 이후 사용자에게 표시된다. 목록의 첫 번째 값이 기본값이 된다.

```
parameters{ choice(choices: 'Windows-1\nLinux-2', description:
    'Which platform?', name: 'platform')}
```

file

파이프라인에서 사용할 파일을 선택하게 한다. 하위 매개 변수로는 fileLocation과 description이 있다.

선택된 파일의 위치는 업로드를 위해 선택된 파일을 저장할 위치를 의미한다. 여기서 경로는 워크스페이스의 상대 경로다.

```
parameters{ file(fileLocation: '', description: 'Select the file to upload')}
```

text

이 매개 변수는 사용자가 다중 라인의 문자를 입력하게 해준다. 하위 매개 변수로는 name, defaultValue, description이 있다.

```
parameters{ text(defaultValue: 'No message', description:
    'Enter your message', name: 'userMsg')
```

password

이 매개 변수는 사용자가 암호를 입력하게 해준다. 암호로 입력된 문자는 숨겨진다. 가능한 하위 매개 변수로는 name, defaultValue, description이 있다.

```
parameters{ password(defaultValue: "userpass1", description:
    'User password?', name: 'userPW')}
```

run

이 매개 변수는 사용자가 잡에서 특정한 런을 선택할 수 있게 해준다. 이는 테스트 환경 같은 곳에서 사용될 수 있다. 하위 매개 변수로는 name, project, description, filter 가 있다.

프로젝트 하위 매개 변수는 사용자가 런을 선택할 잡을 의미한다. 기본값은 가장 마지막 런이다. 여기서 선택한 프로젝트의 스크립트에서 특정한 환경 변수에 접근할 수 있다. 해당하는 것은 다음과 같다.

- PARAMETER_NAME=<jenkins_url>/job/<job_name>/<run_number>/
- PARAMETER_NAME_JOBNAME=<job_name>
- PARAMETER_NAME_NUMBER=<run_number>
- PARAMETER_NAME_NAME=<display_name>
- PARAMETER_NAME_RESULT=<run_result>

하위 매개 변수 filter는 전체적인 빌드 상태에 따라 제외하고 싶은 종류의 런을 지정하게 한다. 예시는 다음과 같다.

- All Builds: 진행 중인 빌드 포함
- Completed Builds
- Successful Builds: 안정, 그리고 불안정 빌드를 포함
- Stable Builds Only

```
parameters{ run(name: "Last success", description:
    'Last successful project', project: 'project1',
    filter: 'Successful Builds')}
```

string

문자열을 입력하게 해준다(password 매개 변수와 달리 숨김 처리되지 않는다). 하위 매개 변수로는 description, defaultValue, name이 있다.

```
parameters{ string(defaultValue: "Linux",
    description: 'What platform?', name: 'platform')}
```

파이프라인에서 매개 변수 사용

매개 변수를 parameters 블록에 정의하고 나면 파이프라인에서 params 네임스페이스를 통해 params.<매개 변수명>의 형태로 참조할 수 있다. 다음은 string 매개 변수를 서술적 파이프라인에서 사용하는 예시다.

```
pipeline {
    agent any
    parameters{
        string(defaultValue: "maintainer",
            description: 'Enter user role:', name: 'userRole')
    } stages {
        stage('listVals') {
            steps {
                echo "User's role = ${params.userRole}"
            }
        }
    }
}
```

첫 실행에서 매개 변수의 문제점

이 책을 집필하는 시점에서, 파이프라인 스크립트를 처음 실행할 때 매개 변수 값이 나타나지 않는 문제점이 있었다. 두 번째 실행부터는 문제가 없다.

이는 catch-22 종류 때문이다. 매개 변수는 파이프라인 스크립트에 정의되므로 스크립트가 실행될 때까지 젠킨스가 이 존재를 알지 못한다. 하지만 스크립트가 처음 실행되고 나면, 그 이후부터는 매개 변수를 사용할 수 있다. 이 책을 집필하는 시점까지는 이를 우회할 방법이 없고, 젠킨스 프로젝트가 이를 해결하고 있다.

추천할 수 있는 방법은 params.〈매개 변수명〉 문법을 사용하는 것이다. 이를 통해 최소한 첫 번째 실행에서 기본값(기본값이 있다고 가정)을 사용할 수 있다.

libraries

젠킨스의 서술적 파이프라인에 새로 도입된 디렉티브 중 하나는 `libraries`이다. 이 디렉티브를 통해 서술적 파이프라인이 공유 라이브러리를 불러와 코드가 이를 호출하고 사용할 수 있다. 6장에서 살펴봤듯이 공유 라이브러리는 젠킨스 파이프라인에서 동작하게 하기 위해 빌드한 코드의 묶음으로, 파이프라인 밖의 소스 코드 저장소에서 저장되고 내려받아진다.

공용 코드를 공유하고 포함할 수 있게 하는 것 외에도, 공유 라이브러리는 서술적 파이프라인에서 유용하게 사용될 수 있다. 이는 서술적이지 않은 코드를 캡슐화하고 파이프라인에서 직접 사용하지 않는 것이다(자세한 내용은 이 장의 마지막에서 설명한다).

여기서 문법은 상당히 직관적이며 다음과 같다. 여기서 @ 기호로 사용할 공유 라이브러리의 버전을 지정할 수 있다. 처음 lib 문장은 마스터 브랜치에서 최신 버전의 라이브러리를 불러오라는 의미다.

```
pipeline {
    agent any
    libraries {
        lib("mylib@master")
        lib("alib")
    } stages {
    ...
```

공유 라이브러리에 대해 자세한 내용은 6장에서 다뤘다.

이제 서술적 파이프라인에서 사용할 수 있는 디렉티브를 살펴봤으니, 디렉티브와 DSL 문장을 사용해 원하는 파이프라인의 동작을 작성하는 코드에 대해 알아보자. 먼저 stages 섹션부터 시작해보자.

stages

스크립트 방식이나 서술적 방식 모두에서 젠킨스는 코드의 스텝이 하나 이상의 스테이지에 포함되기를 기대한다. 서술적 파이프라인에서는 각 스테이지의 모음이 stages 섹션에 의해 묶인다. 이는 기존에 살펴본 파이프라인 레벨의 디렉티브와 달리 서술적 파이프라인을 더 구조적으로 만들어 젠킨스에게 스테이지의 시작과 끝을 알려준다. stages는 필수 섹션으로, 내부에 최소한 하나의 스테이지가 있어야 한다. 예시는 다음과 같다.

```
pipeline {
    agent any
    stages {
        stage('name1') {
            steps {
                ...
            }
```

stage

stages 섹션 안에는 각각의 스테이지가 있다. 각 스테이지에는 최소한 이름과 하나 이상의 DSL 스텝이 들어 있다. 또한 필수는 아니지만 로컬 레벨의 environment, tools, agent 디렉티브를 포함할 수 있다. 여기에 정의된 것과 같은 이름의 전역 디렉티브가 있다면, 이는 로컬 값이 덮어쓰게 된다.

이에 해당하는 예시는 파이프라인 레벨과 스테이지 레벨에서 각각 environment 디렉티브를 정의한 경우가 있다.

다른 이름의 추가 값이 파이프라인 레벨과 스테이지 레벨에서 디렉티브로 정의되면, 스테이지에서 추가된 설정이 전역에서 파이프라인을 위해 정의된 것에 추가된다.

stage 클로저 자신을 제외하고 (서술적 파이프라인의) 유일한 필수 항목은 steps 섹션이다.

steps

steps 블록은 필수 항목으로 스테이지에서 실제로 일어날 작업을 정의한다. 문법은 다음과 같다.

```
steps {
    <individual steps - i.e., DSL statements>
}
```

각 스텝에는 echo, archiveArtifacts, git, mail과 같은 유효한 DSL 문장이어야 한다. 이 레벨에서 문법은 스크립트 방식이나 서술적 방식의 파이프라인 모두 동일하다. 하지만 if-then이나 할당과 같은 DSL 문장이 아닌 그루비 명령어는 사용할 수 없다.

스니펫 생성기

특정 DSL 문장에 대한 더 많은 정보나 문법이 알고 싶을 때 스니펫 생성기를 사용할 수 있다는 것을 기억하자. 젠킨스의 파이프라인 문법의 젠킨스 스니펫 생성기에서 접근 가능하다.

steps 섹션의 실행은 스테이지 실행 시점에서 파이프라인의 조건에 따라 정해진다. 이것이 어떻게 동작하는지 알아보자.

스테이지의 조건부 실행

모든 스테이지에서 조건부 실행이 가능하다. 즉 젠킨스가 하나 이상의 조건이 만족됨에 따라 스테이지의 스텝을 실행할지 결정할 수 있게 설정할 수 있다. 이는 조건부 명령어로 스크립트의 최상위에서는 사용할 수 없다.

사용할 수 있는 여러 가지 조건에 대해 알아보자.

branch "<name>"

    브랜치 명이 <name>과 같거나 앤트 스타일의 조건에 일치할 때에만 실행한다.

```
stage('debug_build') {
    when {
        branch 'test'
    }
    ...
}
```

environment name: <name>, value: <value>

    지정된 환경 변수 <name>이 value에 지정된 값과 일치할 때에만 실행된다.

```
stage('debug_build') {
    when {
        environment name: "BUILD_CONFIG", value: "DEBUG"
    }
    ...
}
```

expression <valid Groovy expression>

    지정된 그루비 표현식이 true일 때에만 실행된다(false나 null이 아닌 것을 의미한다).

```
stage('debug_build') {
    when {
    expression {
        echo "Checking for debug build parameter..."
        expression { return params.DEBUG_BUILD }
    }
    ...
}
```

and, or, not을 이용한 조건부 실행

위 조건을 하나씩만 사용해 참일 때에 나머지를 실행하는 방법 외에도, 다중 조건을 사용하는 방법도 있다. 서술적 파이프라인 문법은 위에서 논의한 조건에 대해 and, or, not에 해당하는 논리 연산자를 제공한다. 이 키워드는 다음과 같다.

allOf

    when 문장에서 스테이지의 조건부 실행을 위해 사용되면 allOf 키워드는 and와 같이 동작한다. 스테이지가 실행되려면 모든 조건이 true여야 한다.

```
when {
    allOf {
        environment name: "BUILD_CONFIG", value: "DEBUG"
        branch 'test'
    }
}
```

anyOf

when 문장에서 스테이지의 조건부 실행을 위해 사용되면 anyOf 키워드는 or와 같이 동작한다. 스테이지가 실행되려면 최소 조건 중 하나는 참이어야 한다.

```
when {
    anyOf {
        environment name: "BUILD_CONFIG", value: "DEBUG"
        branch 'test'
    }
}
```

not

when 문장에서 스테이지의 조건부 실행을 위해 사용되면 not 키워드는 이름이 의미하는 것과 동일하게 동작한다. 스테이지가 실행되려면 조건이 true가 아니어야 한다.

```
when {
    not {
        branch 'prod'
    }
}
```

스테이지에서 조건부 실행을 할 수 있는 방법이 하나 더 있다. 이는 post로, 스테이지의 마지막에서 작동한다. 이는 전통적인 빌드 후처리 형태의 동작을 스테이지에서 구현하는 유용한 방식이다.

post 서브섹션

스테이지에는 post라 불리는 서브섹션이 있다. 이에 대해 자세한 정보가 궁금하다면 다음 절을 참조하면 된다. post는 파이프라인 레벨에서 가장 많이 사용되므로 다음 절에서 다룬다.

post

post는 파이프라인이나 스테이지에서 사용할 수 있는 하나의 섹션이다. 두 곳 모두에서 필수는 아니다. post는 전통적인 젠킨스 프리스타일 잡의 빌드 후처리 동작과 비슷하게 생각하면 된다.

post 블록의 조건은 빌드의 상태와 연관된다. 문법은 다음과 같다.

```
post {
    <condition name> {
        <valid DSL statements>
    }
    <condition name> {
        <valid DSL statements
    }
    ...
```

가능한 조건은 다음과 같다.

always

    항상 블록의 스텝을 실행한다.

changed

    현재 빌드의 상태가 이전 빌드의 상태와 달라졌다면 블록의 스텝을 실행한다.

success

    현재 빌드가 성공했다면 블록의 스텝을 실행한다.

failure

현재 빌드가 실패했다면 블록의 스텝을 실행한다.

unstable

현재 빌드의 상태가 불안정하다면 블록의 스텝을 실행한다.

이상한 상태

'중단(aborted)'된 빌드 상태도 있는데, 이는 (특정 클라우드비스 직원에 의하면) 조금 이상하다고 표현되며 사용이 권장되지 않는다.

다음은 스테이지에서 알림을 사용하는 예시다.

```
stage('Build') {
    steps {
        gradle 'clean build'
        ...
    }
    post {
        always {
            echo "Build stage complete"
        }
        failure{
            echo "Build failed"
            mail body: <some text>, subject: 'Build failed!',
                to: 'devops@mycompany.com'
        }
        success {
            echo "Build succeeded"
            archiveArtifacts '**/*'
        }
    }
}
```

서술적이지 않은 코드 처리

서술적 파이프라인 문법은 파이프라인을 정의할 때 작업을 단순하게 하는 상당히 유용한 방법이다. 하지만 서술적으로 표현할 수 없는 것이 생기면, 서술적 구조에서 해결하기 어렵다. 예를 들어, 간단히 값을 할당하거나 곱해야 하는 경우를 생각해보자. 다음은 스크립트 방식의 파이프라인 코드에서 그레이들을 이용해 아티팩토리를 사용하는 할당 예시다.

```
def server = Artifactory.server 'my-server-id'
def rtGradle = Artifactory.newGradleBuild()
rtGradle.tool = 'gradle tool name'
```

이를 스테이지 내부의 steps 섹션에 놓아 실행하려고 하면 다음과 같은 빌드 에러가 나타난다.

```
org.codehaus.groovy.control.MultipleCompilationErrorsException:
startup failed:
WorkflowScript: 15: Expected a step @ line 15, column 16.
               def server = Artifactory.server 'my-server-id'
               ^

WorkflowScript: 17: Expected a step @ line 17, column 1.
   def rtGradle = Artifactory.newGradleBuild()
   ^
WorkflowScript: 19: Expected a step @ line 19, column 1.
   rtGradle.tool = 'gradle3'
   ^
3 errors
```

여기서 문제는 이 할당 문장이 DSL을 통해 직접 값을 바꾸려 하는데, 이것은 서술적이지 않기 때문이다. 이 문장이 스크립트 방식의 파이프라인에서는 올바르지만 서술적 파이프라인에서는 그렇지 않다.

그럼 이 문제를 어떻게 해결할까? 여기에는 각각 장단점을 가진 몇 가지 방법이 있다. 다음은 이에 대해 알아볼 것이다.

플러그인 확인

플러그인을 이용해 동작할 수 있는 코드를 작성한다면, 서술적 문법을 지원하는 플러그인 버전이 있는지 확인해보자. 현재 없더라도 작업 중일 수 있으니 주기적으로 확인해보는 것이 도움이 된다.

공유 라이브러리 생성

이번 장의 앞부분에서 libraries 디렉티브를 사용해 공유 라이브러리를 서술적 파이프라인에 불러오는 방법을 살펴봤다. 코드를 직접 파이프라인에 작성하는 대신 이를 공유 라이브러리에 작성하여 불러온 후 서술적으로 호출할 수 있다. 이 작업을 위해서는 라이브러리를 서술적 문법을 통해 호출할 수 있도록 생성하는 지식이 필요하지만, 권장되는 방식이다. 공유 라이브러리와 이를 이용해 파이프라인을 확장하는 방법은 6장에서 자세히 다뤘다.

코드를 파이프라인 블록 밖에 위치시키기

다른 방법은 코드를 전체 pipeline 블록 밖에 위치시키는 것이다. 예를 들어, 이를 pipeline { 으로 시작하는 곳 이전에 위치시킬 수 있다. 스크립트 방식의 파이프라인에서 동작한 모든 코드는 파이프라인 블록 안에 존재하지 않는다면 동일하게 동작할 것이다.

코드를 파이프라인 블록 밖에 위치시킬 때 문제점

이 방법은 현재 유효하지만, 이상적인 옵션은 아니다. 두 가지 방식을 섞어 파서를 혼란시키기 때문에 파이프라인 코드를 읽고 관리하는 데 어려움을 가져온다. 더군다나, 10장에서 다룰 블루 오션 파이프라인 편집기를 사용하면 pipeline 블록 밖에 있는 모든 코드를 지워버린다. 이 편집기는 pipeline 블록 안의 코드만 인식한다.

script 문장

script DSL 문장은 서술적 파이프라인에서만 사용되는 특별한 문장이다. 서술적이지 않은 블록/클로저를 정의할 수 있게 한다. 예측할 수 있듯이 이 명칭은 스크립트 방식의 파이프라인에서 따왔다.

script 문장은 원한다면 서술적 파이프라인 안에 들어가 서술적이지 않은 코드를 작성할 수 있게 해준다. 서술적이지 않은 코드를 사용해야 하고 공유 라이브러리를 만들고 싶지 않다면 이 방식이 이 경우를 해결하는 가장 적합한 방식일 것이다.

원래의 할당 예시로 돌아와 이를 script 문장으로 감싸보자.

```
stage('stage1') {
    <declarative code>
    script {
        def server = Artifactory.server 'my-server-id'
        def rtGradle = Artifactory.newGradleBuild()
        rtGradle.tool = 'gradle tool name'
    }
    <declarative code>
```

이는 문제없이 동작할 것이다(필수적인 아티팩토리 통합 설정은 완료됐다고 가정한다).

스테이지에서 parallel 사용

3장에서 서술적 문법의 병렬 문법을 다뤘다. 서술적 파이프라인에서 스테이지에 단 하나의 스텝만 있다면 parallel을 사용할 수 있다. 여기서 parallel 정의 자체는 전통적인 방식(다른 병렬 "브랜치"를 정의하기 위해 맵을 사용)이나 브랜치를 스테이지에 지정하는 새로운 방식(서술적 파이프라인 1.2버전 이후) 모두 가능하다. 두 방식의 예시는 다음과 같다(3장에서 더 자세한 내용과 완전한 예시를 참고하자).

```
stage ('Unit Test') {
    steps  {
        parallel(
            set1:{
                ...

stage('Unit Test') {
    parallel{
        stage ('set1') {
            agent { label 'worker_node2' }
            steps {
```

스크립트 확인과 에러 리포트

이 장의 시작에서 언급했던 것처럼, 서술적 파이프라인의 장점 중 하나는 더 정규적인 구조를 이용해 스크립트 확인과 정교한 에러 리포트가 가능한 점이다. 즉 확인과 리포트는 그루비 코드의 스택트레이스가 아니라 DSL로 표시된다.

검증은 시작하는 시점에 완료되고, 에러는 명확하게 확인되며, 라인 넘버가 포함된다. 매개변수의 종류도 검증되고, 필수 도구가 설치돼 있는지도 확인된다. 원하는 도구가 설치되어 있지 않거나 버전이 맞지 않다면 스크립트는 에러와 함께 중단된다.

다음 코드는 문법 에러가 포함된 스크립트 방식의 파이프라인이다(stage 대신 stae가 사용됐다). 그림 7-6은 에러 확인을 위한 그루비 스택트레이스다.

```
@Library('Utilities') import static org.foo.Utilities.*
node ('worker_node1') {
    stae('Source') { // 화면 표시 목적
        // 깃 저장소에서 코드 가져오기
        git 'git@diyvb:repos/gradle-greetings.git'
```

```
    }
    stage('Build') {
...
```

```
First time build. Skipping changelog.
[Pipeline] node
Running on worker_node1 in /home/jenkins/worker_node1/workspace/simple
[Pipeline] {
[Pipeline] }
[Pipeline] // node
[Pipeline] End of Pipeline
java.lang.NoSuchMethodError: No such DSL method 'stae' found among ste
artifactoryUpload, bat, build, catchError, checkout, collectEnv, delet
fileExists, findFiles, getArtifactoryServer, git, input, isUnix, libra
properties, publishBuildInfo, pwd, readFile, readManifest, readMavenPo
unarchive, unstash, unzip, waitUntil, withDockerContainer, withDockerR
architecture, archiveArtifacts, artifactManager, batchFile, booleanPar
choiceParam, clock, cloud, command, commentAdded, commentAddedContains
draftPublished, dumb, envVars, file, fileParam, filePath, fingerprint,
jnlp, jobName, lastDuration, lastFailure, lastGrantedAuthorities, last
maven3Mojos, mavenErrors, mavenMojos, mavenWarnings, myView, nodePrope
pipelineTriggers, plainText, plugin, pollSCM, projectNamingStrategy, p
slave, stackTrace, standard, status, string, stringParam, swapSpace, t
currentBuild, docker, env, mailStatus, mailUser, manager, params, pipe
        at org.jenkinsci.plugins.workflow.cps.DSL.invokeMethod(DSL.java
        at org.jenkinsci.plugins.workflow.cps.CpsScript.invokeMethod(C
        at groovy.lang.MetaClassImpl.invokeMethodOnGroovyObject(MetaCl
        at groovy.lang.MetaClassImpl.invokeMethod(MetaClassImpl.java:1
        at groovy.lang.MetaClassImpl.invokeMethod(MetaClassImpl.java:1
        at org.codehaus.groovy.runtime.callsite.PogoMetaClassSite.call
        at org.codehaus.groovy.runtime.callsite.CallSiteArray.defaultC
        at org.codehaus.groovy.runtime.callsite.AbstractCallSite.call(
        at com.cloudbees.groovy.cps.sandbox.DefaultInvoker.methodCall(
        at WorkflowScript.run(WorkflowScript:3)
        at ___cps.transform___(Native Method)
        at com.cloudbees.groovy.cps.impl.ContinuationGroup.methodCall(
        at com.cloudbees.groovy.cps.impl.FunctionCallBlock$Continuatio
        at com.cloudbees.groovy.cps.impl.FunctionCallBlock$Continuatio
        at sun.reflect.GeneratedMethodAccessor721.invoke(Unknown Sourc
```

그림 7-6 스크립트 방식 파이프라인 문법 에러에 대한 에러 리포트

다음 코드는 이에 해당하는 서술적 파이프라인이다. 그림 7-7은 잘못된 곳을 나타내주는 더 명확한 에러를 보여준다.

```
pipeline {
    // 필요한 도구가 설치되어 있는지 확인

    // 실행 노드 1에서 수행
```

```
agent label:''

stages {

    stae('Source') {
        git branch: 'test', url: 'git@diyvb:repos/gradle-greetings.git'
        stash name: 'test-sources', includes: 'build.gradle,src/test/'
    }
    stage('Build')
    ...
```

```
Checking out Revision bdcb5a023d11c812c6b6f533e48632edfa316bee (origin/master)
 > git config core.sparsecheckout # timeout=10
 > git checkout -f bdcb5a023d11c812c6b6f533e48632edfa316bee
 > git rev-list bdcb5a023d11c812c6b6f533e48632edfa316bee # timeout=10
org.codehaus.groovy.control.MultipleCompilationErrorsException: startup failed:
WorkflowScript: 9: Expected a stage @ line 9, column 7.
         stae('Source') {
         ^

WorkflowScript: 9: Stage does not have a name @ line 9, column 7.
         stae('Source') {
         ^

WorkflowScript: 9: Nothing to execute within stage 'null' @ line 9, column 7.
         stae('Source') {
         ^

3 errors

        at org.codehaus.groovy.control.ErrorCollector.failIfErrors(ErrorCollecto
        at org.codehaus.groovy.control.CompilationUnit.applyToPrimaryClassNodes(
        at org.codehaus.groovy.control.CompilationUnit.doPhaseOperation(Compilat
        at org.codehaus.groovy.control.CompilationUnit.processPhaseOperations(Co
        at org.codehaus.groovy.control.CompilationUnit.compile(CompilationUnit.j
        at groovy.lang.GroovyClassLoader.doParseClass(GroovyClassLoader.java:298
        at groovy.lang.GroovyClassLoader.parseClass(GroovyClassLoader.java:268)
        at groovy.lang.GroovyShell.parseClass(GroovyShell.java:688)
        at groovy.lang.GroovyShell.parse(GroovyShell.java:700)
        at org.jenkinsci.plugins.workflow.cps.CpsGroovyShell.reparse(CpsGroovySh
        at org.jenkinsci.plugins.workflow.cps.CpsFlowExecution.parseScript(CpsFl
        at org.jenkinsci.plugins.workflow.cps.CpsFlowExecution.start(CpsFlowExec
        at org.jenkinsci.plugins.workflow.job.WorkflowRun.run(WorkflowRun.java:2
        at hudson.model.ResourceController.execute(ResourceController.java:98)
        at hudson.model.Executor.run(Executor.java:404)
Finished: FAILURE
```

그림 7-7 서술적 문법 에러에 대한 에러 리포트

여기서 젠킨스 파이프라인 DSL 관점에서 두 번째 예시의 에러 메시지가 얼마나 정확하고 깔끔한지 느껴보자.

서술적이지 않은 코드를 서술적 파이프라인에 넣으려 하는 경우에 대해 다룬 332쪽 '서술적이지 않은 코드 처리' 절에서 보았던 에러 메시지를 떠올려보자.

```
org.codehaus.groovy.control.MultipleCompilationErrorsException:
startup failed:
WorkflowScript: 15: Expected a step @ line 15, column 16.
               def server = Artifactory.server 'my-server-id'
                ^
WorkflowScript: 17: Expected a step @ line 17, column 1.
   def rtGradle = Artifactory.newGradleBuild()
   ^
WorkflowScript: 19: Expected a step @ line 19, column 1.
   rtGradle.tool = 'gradle3'
   ^
3 errors
```

여기에서도 DSL에 주안점을 둔 에러 메시지(Expected a step)가 정확한 라인 넘버 및 위치와 함께 표시되는 것을 볼 수 있다.

서술적 파이프라인과 블루 오션 인터페이스

서술적 파이프라인에 대한 설명을 마치기 전에 한 가지 더 다뤄야 할 것이 있다. 서술적 파이프라인이 새로운 젠킨스 블루 오션 인터페이스 및 연관된 비주얼 파이프라인 편집기와 잘 맞는다는 점이다. 비주얼 인터페이스는 클라우드비스와 젠킨스 커뮤니티에 의해 정기적으로 업데이트되고, 파이프라인을 생성하고 관리하는 새롭고 흥미로운 방식을 제공한다.

블루 오션 플러그인과 서술적 파이프라인 플러그인은 서로 궁합이 잘 맞는다. 잘 정의된 서술적 파이프라인은 비주얼 형태로 쉽게 표시된다. 제한적인 구조는 반대도 가능케한다. 먼저 간단한 비주얼 인터페이스에서 선택을 한 후 이를 파이프라인으로 변환할 수 있다.

이것이 스크립트 방식의 파이프라인을 블루 오션 인터페이스에서 사용할 수 없다는 것을 의미하지는 않는다. 여기에서도 각 스테이지의 비주얼 표시가 가능하고, 로그와 에러를 간단한 클릭을 통해 확인 가능하다. 하지만 비주얼 인터페이스에서 더 깊게 파고 들어갈 때 에러가 발생한다. 이는 스크립트 방식의 파이프라인에 DSL 문장이 있는 '스텝' 섹션이 없기 때문이다. 마찬가지로 스크립트 방식의 파이프라인이 에디터를 통해 생성되거나 편집될 수도 없다. 이는 모든 파이프라인 코드가 있는 `pipeline` 블록(클로저)이 필요하기 때문이다.

블루 오션 인터페이스와 이와 연동되는 편집기 등은 9장에서 알아볼 것이다.

요약

7장에서는 pipeline-as-code를 젠킨스에서 생성하는 다른 문법에 대해 알아봤다. 이를 '서술적' 방식이라고 부르는 이유는 우리가 인스턴스를 만들고 동작시키길 원하는 작업을 선언하는 방식으로 동작하기 때문이다.

다른 종류의 파이프라인에서는 그루비 명령어인 할당, 조건문 및 예외 처리 등을 통해 좀 더 많은 '프로그래밍'을 했다. 이는 우리가 전통적인 젠킨스의 프리스타일 잡에서 사용할 수 있었던 내장 기능을 대체하기도 했다. 이러한 종류의 파이프라인(그루비 프로그램과 유사)은 스크립트 방식의 파이프라인이라 불린다.

서술적 파이프라인에는 전통적인 프리스타일 잡의 웹 인터페이스의 요소와 유사한 잘 정의된 구조, 코드 블록, 섹션, 디렉티브가 있다. 이런 요소는 에러가 발생했을 때 좀 더 명확하게 에러를 알려준다. 스크립트 방식의 파이프라인에서는 에러 발생 시 그루비 트레이스백을 보여준다.

잘 정의된 구조, 전통적 프리스타일 잡과 유사한 느낌, 더 나은 에러 확인 같은 요소로 인해 서술적 파이프라인은 프리스타일 잡과 웹 인터페이스에서 pipelines-as-code로 쉽고 수월하게 넘어갈 수 있는 길을 제공한다.

하지만 할당과 같은 특정 작업은 서술적 방식과 맞지 않아 이를 사용해야 할 필요가 있을 때 어려움이 있다. 이를 우회하는 방법은 16장에서 다룬다. 이 중 어떤 것도 가능하지 않거나 사용하기 어렵다면, 이는 스크립트 방식의 파이프라인이 더 나은 선택이라는 것을 의미한다.

8장에서는 젠킨스 2에서 추가된 프로젝트뿐만 아니라 젠킨스에서 사용 가능한 종류의 프로젝트를 알아볼 것이다.

8장
프로젝트 타입의 이해

젠킨스 2 환경에서 몇몇의 새로운 프로젝트 타입이 확장 기능을 위해 추가됐다. 이 중에서 많은 수는 사용자의 잡을 자동으로 생성하는 데 Jenkinsfiles를 이용한다. 8장에서는 새로운 것과 전통적인 것(프리스타일과 메이븐 프로젝트)뿐만 아니라 젠킨스의 가장 흔한 프로젝트 타입을 살펴볼 것이다.

대부분의 프로젝트 타입은 설정 화면에 공통 옵션이 있다. 이는 일반(General), 빌드, 소스 코드 관리 등의 영역이다. 이 장의 첫 번째 절에서는 공통 옵션에 대해 살펴본다. 또한 젠킨스 2를 배우는 데 집중하고 있기 때문에, 이를 동일하게 구현하는 파이프라인 기능도 살펴볼 것이다.

공통 프로젝트 옵션

젠킨스에 있는 다수의 프로젝트 타입은 설정 화면이 다양한 영역으로 나눠져 있다. 각 영역은 스크롤이나 탭을 선택하여 접근할 수 있다. 여기에서는 주요 영역을 살펴보고, 옵션의 의미를 다루며, 이에 해당하는 기능을 파이프라인에서 구현하는 법을 알아볼 것이다. 먼저 프리스타일 프로젝트의 탭 위치를 이용해 살펴볼 것이다. 다른 종류의 프로젝트는 다른 위치의 탭에 옵션을 가질 수도 있다.

일반

일반(General) 영역은 설명과 같이 프로젝트의 고유 식별 정보를 설정하는 장소다(프로젝트의 명칭은 프로젝트 종류를 선택할 때 이미 지정됐다). 그림 8-1은 이를 보여준다.

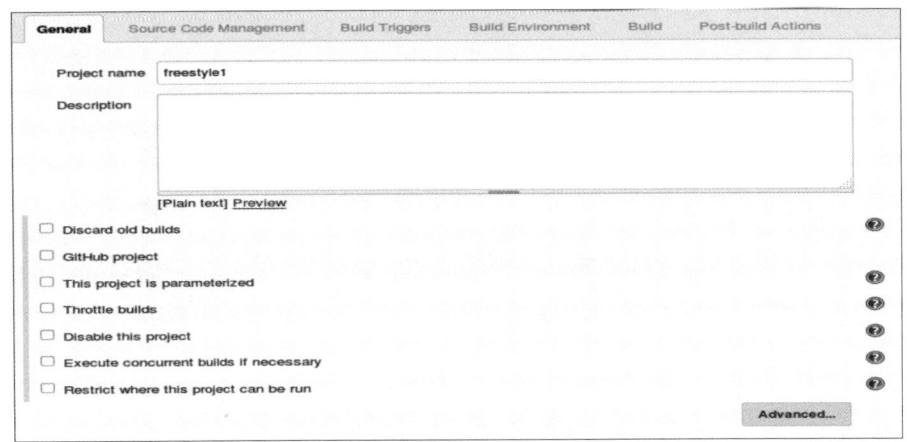

그림 8-1 프리스타일 프로젝트의 일반 설정 영역

여기는 프로젝트의 전역 옵션을 설정할 수 있는 장소로, 잡 레벨의 설정이 가능하다. 이에 대해 자세한 내용을 살펴보자.

오래된 빌드 삭제

Discard old builds(오래된 빌드 삭제) 옵션은 젠킨스가 프로젝트의 이전 빌드를 다루는 방식을 정의한다. 필수 옵션은 아니지만 디스크 용량을 관리하는 측면에서 유용하다(이는 프로젝트의 매 실행이 워크스페이스 영역을 차지하기 때문이다).

그림 8-2에서 보이는 것과 같이, 이 옵션을 선택하면 보관할 빌드의 수를 선택할 수 있다. Strategy(전략) 드롭다운이 있긴 하지만 현재 선택 가능한 옵션은 Log Rotation 하나 뿐이다.

실제로 영향을 미치는 것은 이 아래에 위치한다. 두 가지 필수 옵션이 있고, 각각 몇 개의 아이템을 보존할지와 얼마나 오래된 빌드까지 보존할지 결정한다.

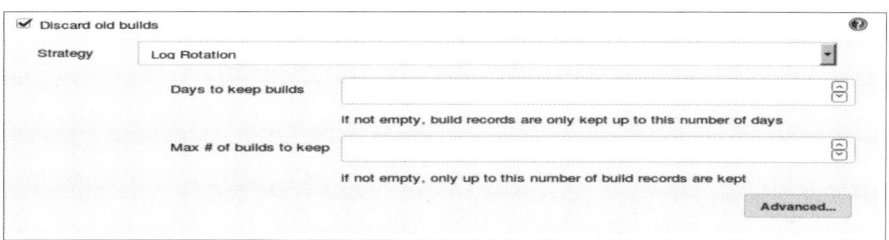

그림 8-2 오래된 빌드를 지우는 옵션

Advanced(고급) 버튼을 누르면 아티팩트만 지울 수 있는 옵션이 나타난다(그림 8-3).

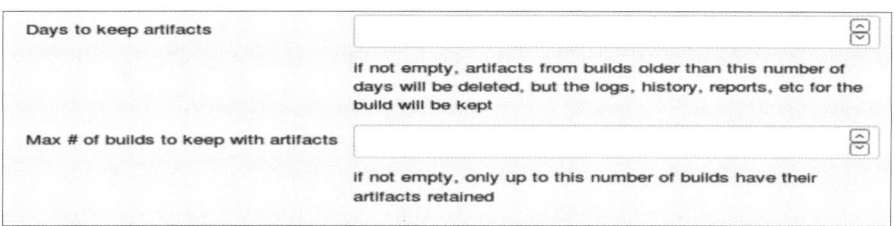

그림 8-3 아티팩트만 지우는 고급 옵션

파이프라인 프로젝트에서 빌드 지우기

파이프라인 프로젝트에서는 buildDiscarder 옵션을 설정하면 된다. 스크립트 방식의 파이프라인에서는 properties 스텝을 이용해 빌드를 지울 수 있다. 다음은 스니펫 생성기를 통해 구성한 예시다.

```
properties([buildDiscarder(logRotator(artifactDaysToKeepStr: '',
    artifactNumToKeepStr: '', daysToKeepStr: '3', numToKeepStr: '5')),
    pipelineTriggers([])])
```

서술적 파이프라인에서는 options 섹션을 통해 비슷한 작업이 가능하다.

```
options {
    buildDiscarder(logRotator(numToKeepStr:'5'))
}
```

깃허브 프로젝트

깃허브 플러그인이 설치돼 있다면, **GitHub project** 옵션을 통해 깃허브 URL을 지정하여 통합할 수 있다. URL을 통합하면 깃허브 프로젝트를 젠킨스에서 볼 수 있고(예: 변경내역 페이지), 깃허브 저장소의 변경 사항에 기반해 통합 빌드를 수행할 수 있다(깃허브에서 변경 사항의 알람을 받으려면 추가 설정이 필요하다. 355쪽 '깃허브 polling을 위한 깃허브 훅 트리거'를 참고하자).

여기서 가장 중요한 매개 변수는 프로젝트 URL이다. 고급 옵션도 있지만 단순히 깃허브에 보낼 정보의 이름을 지정하는 것이다.

이 기능을 사용하려면 젠킨스 URL이 인터넷에서 접근 가능해야 하고, 또한 몇 가지 설정이 필요하다. 자세한 정보는 깃허브 플러그인 페이지(https://plugins.jenkins.io/github)를 참고하자.

파이프라인 프로젝트에서 깃허브 프로젝트 설정하기

스크립트 방식의 파이프라인에서는 GithubProjectProperty 값을 properties 스텝에 사용하면 된다. 예시는 다음과 같다.

```
properties([[$class: 'GithubProjectProperty',
    displayName: '',
    projectUrlStr: 'http://github.com/brentlaster/sampleproject/'],
    pipelineTriggers([])])
```

매개 변수를 필요로 하는 빌드

This project is parameterized 옵션은 다양한 종류의 인풋 매개 변수를 잡에 전달할 수 있게 한다. Add Parameter 버튼을 클릭하면 매개 변수의 이름, 기본값, 실제 값 등을 채울 수 있는 필드가 나타난다.

매개 변수의 종류와 파이프라인 프로젝트에서 이를 사용하는 방법은 3장에서 자세히 다뤘다.

빌드 숫자 제한

Throttle builds 옵션은 정해진 시간 동안 최대로 수행할 수 있는 빌드의 개수를 지정한다. 필드 하나는 최대 빌드의 숫자이고, 나머지 하나는 시간(시, 일 등)이다.

파이프라인에서 빌드 제한

properties 스텝에는 빌드 제한 기능을 호출하는 방법이 있다. 하지만 이 책을 집필하는 시점에서 이 기능은 동작하지 않는 듯하다. 또한 서술적 파이프라인의 options 섹션에서도 해당 기능이 없다. 다음은 스니펫 생성기가 이를 위해 생성한 코드의 예시다.

```
properties([[$class: 'JobPropertyImpl',
    throttle: [count: 1, durationName: 'hour']], pipelineTriggers([])])
```

프로젝트 비활성화

이름에서 알 수 있듯이 Disable this project를 선택하면 해당 프로젝트를 비활성화시킨다(실행되지 못하게 막는다). 선택을 해지하면 다시 빌드를 활성화시킨다.

파이프라인 프로젝트 비활성화

파이프라인 프로젝트는 젠킨스 인터페이스의 Build Triggers 탭을 통해 프로젝트를 비활성화시킬 수 있다. 그림 8-4를 참고하자.

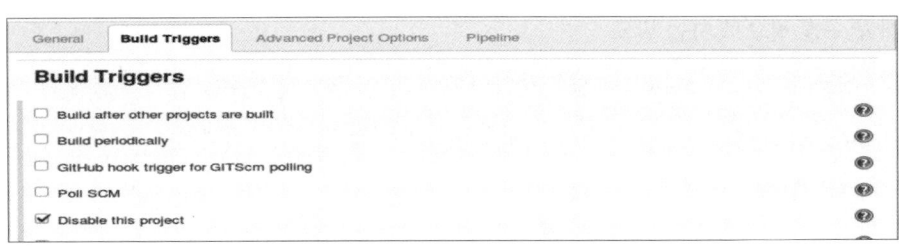

그림 8-4 파이프라인 프로젝트 비활성화

필요시 동시 빌드 실행

기본적으로 같은 프로젝트의 동시 빌드는 허용되지 않는다. Execute concurrent builds if necessary 옵션을 선택하면 충분한 수의 엑시큐터가 있을 시 동시 빌드가 허용된다. 크고 오래 걸리는 프로젝트의 빌드나, 다양한 종류의 매개 변수를 받아 빌드하는 경우(테스트 시나리오기 여기에 해당한다) 유용할 수 있다.

동시 빌드가 발생하면 워크스페이스의 이름의 앞에 @#(#는 숫자를 의미)가 붙어 구분된다. 하지만 커스텀 워크스페이스를 사용하는 경우 모든 동시 빌드는 그 경로에서 수행된다.

파이프라인에서 동시 빌드

파이프라인의 경우 옵션을 설정하는 방식이 반대다. 즉 동시 빌드를 비활성화시키고 싶을 때 옵션을 사용한다. 문법은 다음과 같다.

```
properties([disableConcurrentBuilds()])
```

또는 다음과 같이 사용할 수 있다.

```
options { disableConcurrentBuilds() }
```

프로젝트 실행 레이블 지정

Restrict where this project can be run 옵션은 하나 이상의 '레이블'을 지정해 어떤 노드가 이 프로젝트를 실행할 수 있는지 지정한다. 레이블은 노드에 지정한 식별자로 이용할 수 있다.

이 옵션을 선택하면 레이블을 입력할 수 있는 추가 박스가 나타난다.

파이프라인과 노드

node 블록과 agent 스텝(각각 스크립트 방식과 서술적 파이프라인에 해당된다)은 전체 혹은 파이프라인의 일부분이 실행돼야 하는 장소를 지정한다. 이와 관련된 스크립트 방식의 파이프라인은 2장에서, 서술적 파이프라인은 7장에서 다뤘다.

이에 대한 추가 설정을 General 탭에서 Advanced 버튼을 눌러 Restrict where this project can be run 옵션을 통해 지정할 수 있다. 이에 대해 알아보자.

대기 시간

Quiet period 옵션을 선택하면 해당 프로젝트의 빌드를 시작하기 전에 대기 시간을 초단위로 입력할 수 있는 필드가 나타난다. 빌드가 트리거되면 이는 큐에 추가된 후 지정된 시간만큼 대기한다. 이 값이 입력되지 않으면 기본적인 전역 대기 시간 값이 시스템 설정에 정의됐을 경우 이 값만큼 대기한다(그림 8-5).

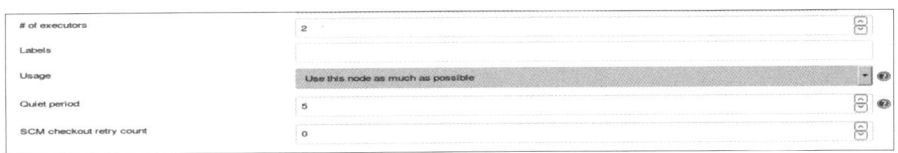

그림 8-5 기본 Quiet period가 포함된 전역 옵션

이 옵션은 초기 CVS와 같은 시스템을 사용할 때의 흔적이다. 이때는 시스템이 첫 번째 파일 변화를 감지했을 때 바로 빌드를 시작하기보단 모든 파일이 커밋되길 기다린 후 빌드를 시작해야 했다. 지금도 비슷한 목적으로 사용할 수 있다.

파이프라인에서의 quiet period

파이프라인의 build 스텝에서 다른 프로젝트의 빌드를 시작시킬 수 있다. build 스텝 안에서 원하는 잡의 대기 시간을 설정할 수 있다. 문법은 다음과 같다.

```
build job: 'myJob', quietPeriod: 5
```

Retry count

Retry count 설정은 SCM 체크아웃을 다시 시도하기 위한 것이다. 옵션을 클릭하면 소스 코드 체크아웃 재시도 횟수를 적을 수 있는 필드가 나타난다. 시도할 때마다 10초가 지연된다. 값이 입력되지 않으면 시스템 설정 페이지에 설정되어 있는 전역의 재시도 값을 이용한다(그림 8-5에서 SCM checkout retry count 참고). 여기에서 재시도를 트리거하는 실패 조건을 정하는 것은 각 SCM 플러그인이 정의한다.

파이프라인에서 재시도 횟수

현재 파이프라인은 (시스템 설정 페이지에서 지정되어 있을 수 있는) 전역 재시도 횟수를 이용한다. 파이프라인은 또한 일반적인 retry 스텝을 이용해 재시도를 수행할 수 있다. 이는 3장에서 다뤘다.

Block build when upstream project is building

Block build when upstream project is building 옵션을 선택하면 프로젝트의 상위 프로젝트가 빌드 중이거나 빌드 대기 중일 때 해당 프로젝트의 빌드를 막는다.

Block build when downstream project is building

Block build when downstream project is building 옵션을 선택하면 프로젝트의 하위 프로젝트가 빌드 중이거나 빌드 대기 중일 때 해당 프로젝트의 빌드를 막는다.

파이프라인에서 하위 프로젝트 완료 대기

파이프라인에서는 build 스텝에 하위 프로젝트의 빌드를 기다릴 수 있는 옵션이 있고, 기본값은 true이다. 대기하고 싶지 않다면 이 값을 다음 예시와 같이 false로 지정해야 한다.

```
build job: 'declar2', wait: false
```

여기서 기본값인 true를 사용하면 해당 스텝의 반환 값은 빌드의 결과 및 다른 속성을 조사할 수 있는 객체가 된다. 더 자세한 내용은 스니펫 생성기의 도움말을 참조하자.

Use custom workspace

이름에서 알 수 있듯이 Use custom workspace 옵션을 선택하면 워크스페이스로 특정 폴더를 지정할 수 있다(위치는 해당 옵션을 체크하면 나타나는 독립된 필드에 입력한다). 경로는 절대 경로 혹은 상대 경로가 될 수 있다. 상대 경로를 사용하면 노드의 최상위 폴더의 상대 경로가 된다.

일반적으로, 젠킨스가 워크스페이스를 관리하게 하는 것이 가장 좋다. 하지만 잡이 소스 코드의 다운로드나 빌드가 특정 위치에서 실행돼야 하는 이유가 있다면, 이 방법을 통해 원하는 것을 달성할 수 있다.

파이프라인과 커스텀 워크스페이스

서술적 파이프라인에서는 customWorkspace 옵션이 있어 에이전트가 이를 사용할 수 있다(7장 참고). 또한 파이프라인은 dir과 ws 스텝을 사용해 커스텀 장소를 지정한다. 이 스텝은 11장에서 자세히 다룬다.

Display name

Display name 필드에 입력된 값은 젠킨스 웹 인터페이스에서 프로젝트의 이름으로 표시된다. 이는 단지 화면에 표시되는 이름이기에 중복이 허용된다. 예를 들어, 프로젝트에 추가로 표시되기를 원하는 내용을 여기에 입력할 수 있다.

파이프라인과 화면상 이름

파이프라인에서 화면상 이름과 이에 대한 설명을 설정하려면 다음 코드를 사용한다.

```
currentBuild.displayName = <project name>
currentBuild.description = <project description>
```

Keep the build logs of dependencies

Keep the build logs of dependencies 옵션은 해당 프로젝트의 하위 프로젝트의 로그 삭제 정책을 덮어쓴다. 이는 해당 프로젝트 로그에 대응되는 로그를 보존하는 방법으로 유용하다.

다음은 소스 코드 관리 영역이다.

소스 코드 관리

설치한 소스 코드 관리 플러그인에 따라 다른 종류의 옵션을 Source Code Management 탭에서 선택하고 설정하게 된다. 선택된 시스템에 따라 몇몇 옵션은 다르겠지만, 일부 공통적인 기능도 있다.

Repository URL

Repository URL 설정은 해당 프로젝트를 위해 접근하기 원하는 저장소의 위치를 지정하는 곳이다. 여기에서 HTTPS나 SSH처럼 다른 종류의 프로토콜이 사용될 수 있다.

Credentials

Credentials 단순히 젠킨스에서 SCM에 접근하기 위해 설정한 인증이다.

Revision

Revision을 지정하는 것은 사용하기를 원하는 코드의 특정 버전을 지정하는 방법이다(일반적으로 브랜치를 사용하지만, tag나 특정 SCM에서 특정 버전을 지칭하는 것을 사용할 수도 있다).

그림 8-6은 깃 저장소에 접근하기 위한 설정이다.

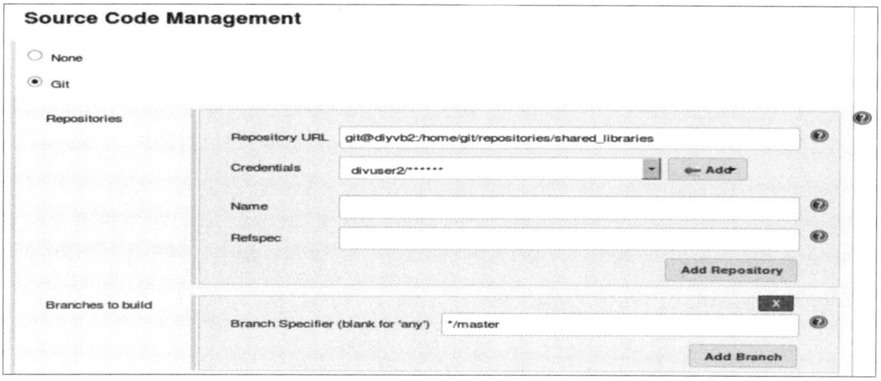

그림 8-6 일반적인 깃 설정

파이프라인에서 소스 코드 관리

파이프라인은 여기에 대응되는 checkout 스텝이 있어 소스 코드 관리에 대한 내용을 설정할 수 있다. 가장 쉬운 방식은 파이프라인 문법의 스니펫 생성기를 사용하는 것이다. 그림 8-7은 스니펫 생성기를 사용해 앞 절에서 설정한 것과 동일한 설정을 생성해내는 예시다.

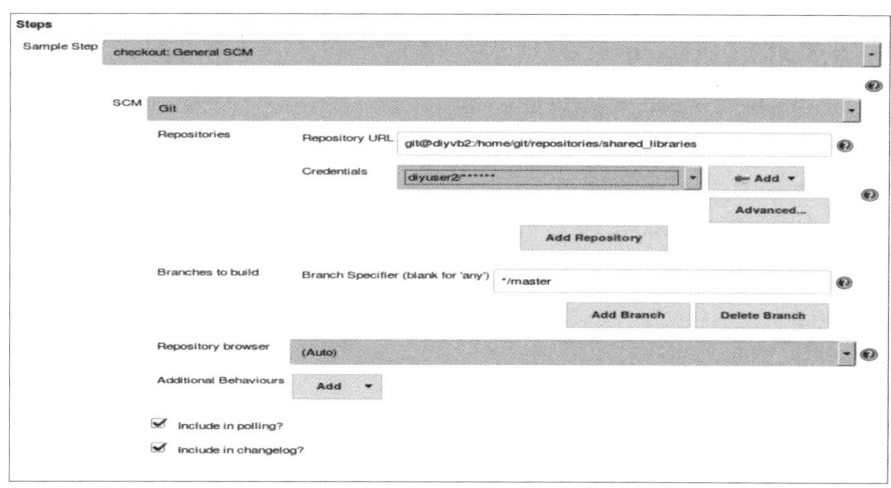

그림 8-7 GitSCM 작업을 위해 파이프라인 checkout 스텝 설정

이는 아래와 같은 코드를 만들어낼 것이다.

```
checkout([$class: 'GitSCM', branches: [[name: '*/master']],
 doGenerateSubmoduleConfigurations: false, extensions: [],
 submoduleCfg: [], userRemoteConfigs: [[credentialsId: 'localUser',
 url:'git@diyvb2:/home/git/repositories/shared_libraries']]])
```

SCM에 따라 해당 SCM에 특화된 파이프라인 스텝이 있을 수 있다. 예를 들어, 깃에는 git 스텝이 있다. 이 문법은 다음과 같다.

```
git credentialsId: 'localUser', url:
 'git@diyvb2:/home/git/repositories/shared_libraries'
```

여기서 해당 SCM에 특화된 스텝은 생각보다 간단한 것을 볼 수 있다(물론 모든 옵션이 나타난 것은 아니다). 이러한 이유로 인해 특화된 스텝이 있을 때 이를 최대한 이용하는 것이 좋다. 하지만 특화된 스텝이 없다면 checkout 스텝을 이용하면 된다.

소스 관리에 대해 설정했으니, 이제 빌드를 시작시키는 이벤트나 프로세스를 정의하는 것에 대해 알아보자. 이는 Build Triggers라고 불린다.

빌드 트리거

프로젝트 설정의 Build Triggers(빌드 트리거) 영역에서는 프로젝트를 시작시킬 수 있는 이벤트나 프로세스를 정의할 수 있다. 기본적인 옵션은 다음 절에 나와있다.

Trigger builds remotely

Trigger builds remotely 옵션을 선택하면, 젠킨스는 특정 URL을 제공해 이를 통해 빌드를 시작시킬 수 있게 한다(그림 8-8 참고). 젠킨스는 또한 URL에서 인증 토큰으로 사용할 수 있는 문자열을 제공한다. 빌드를 시작시키는 사람 혹은 시스템이 이 토큰을 알아야 하기 때문에, 이는 보안을 강화하는 역할을 한다.

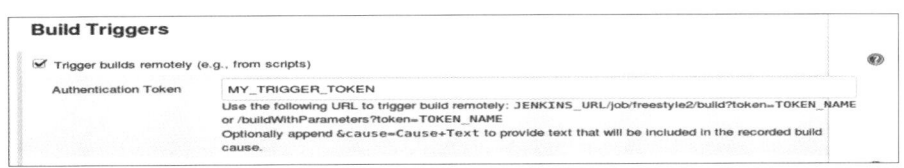

그림 8-8 원격 트리거 설정

이 URL을 통해 wget이나 curl과 같은 도구, 혹은 웹 페이지를 통해 빌드를 트리거할 수 있다. 다음은 예시다.

```
curl http://localhost:8080/job/freestyle2/build?token =MY_TRIGGER_TOKEN
```

여기서 `localhost:8080`은 이 예시의 젠킨스 URL이다.

토큰과 접근

익명의 사용자가 읽기 권한이 없게 젠킨스 보안이 설정되어 있다면, 빌드 트리거를 위해 특정 인증이 필요하다. 이는 젠킨스가 경로에 대해 URL을 확인하기 때문이다. 접근 권한을 설정하지 않았다면 Build Token Root 플러그인이 익명 사용자가 접근해 빌드를 트리거할 수 있는 대체 URL을 제공한다.

파이프라인에서 원격으로 빌드 트리거하기

사용자는 원격으로 빌드를 트리거하기 위해 sh, curl, wget 등을 파이프라인에서 사용할 수 있다. 빌드가 같은 젠킨스 인스턴스에서 일어나면 build 파이프라인 스텝을 사용해 원하는 프로젝트를 빌드할 수 있다.

Building after other projects are built

Building after other projects are built 옵션은 사용자가 현재 프로젝트의 빌드를 다른 프로젝트의 빌드 결과에 따라 시작하게 해준다. 여기에는 다른 프로젝트의 빌드 결과가 안정적일 때(성공했을 때), 불안정할 때 혹은 실패했을 때마다 빌드하는 것이 가능하다.

파이프라인에서 다른 프로젝트 빌드 이후 빌드

파이프라인에서 같은 기능을 하는 것은 properties 스텝이다. 상위 프로젝트를 위한 매개변수는 upstremProjects로, threshold에 의해 설정된다. 예시는 다음과 같다.

```
properties([pipelineTriggers([upstream
  (threshold: 'SUCCESS', upstreamProjects: 'upstream-project')])])
```

Build periodically

Build periodically 옵션을 선택하면 빌드의 주기를 설정할 수 있는 크론 문법을 작성할 수 있는 스케줄러가 나타난다(다섯 개의 스페이스로 구분된 필드로, 각각 분, 시, 일, 월, 그리고 요일을 의미한다). 크론 문법에 대한 자세한 설명은 105쪽 '주기적 빌드'나 이 옵션의 도움말을 참고하자.

파이프라인에서 주기적 빌드

이전 옵션처럼 properties 스텝을 이용해 파이프라인 프로젝트의 주기적 빌드를 설정할 수 있다. 문법은 다른 크론 문법과 동일하다.

예를 들어, 15분마다 빌드하는 스텝은 다음과 같다.

```
properties([pipelineTriggers([cron('H/15 * * * *')])])
```

깃 polling을 위한 깃허브 훅 트리거

이 방식의 빌드 트리거는 깃허브 서비스가 저장소에 이벤트가 발생할 때 젠킨스에게 알람을 전송하게 한다. 따라서 저장소에서 변경 사항을 확인하는 것이 아니라, 젠킨스가 깃허브에 의해 변경 사항을 전달받는 구조다.

이를 사용하려면 GitHub Integration 플러그인부터 설치해야 한다. 그 이후 깃허브 접근을 위해 전역 설정을 해야 한다.

시스템 설정 화면에서 깃허브 설정 영역이 있을 것이다(그림 8-9). 기본적으로 설정이 필요한 두 개의 필드 URL과 인증이 있다. `public` 깃허브를 사용해야 한다면, API URL 필드를 기본값인 https://api.github.com으로 두면 된다. 기업용 깃허브를 사용한다면 해당하는 URL을 입력하면 된다. 비슷한 방식으로, 다중 기업용 깃허브를 사용하고 각각을 구분해야 하는 경우가 아니라면 이름 필드도 공백으로 두면 된다.

그림 8-9 시스템 설정의 기본 깃허브 설정

인증을 위해서는 깃허브에서 사용할 토큰이 필요하다. 일반적인 방식 중 하나는 개인 접근 토큰이다. 토큰은 깃허브의 개인 설정 영역에서 설정한 후 젠킨스의 인증 부분에서 선택할 수 있다.

다른 방법으로는, 깃허브의 사용자 ID와 암호가 있다면 젠킨스가 자동으로 토큰을 생성하게 할 수 있다. 이를 위해서는 먼저 깃허브 영역의 화면의 **Advanced** 버튼을 누른다. 이후 추가 깃허브 액션 관리를 누른 후 **Convert login and password to token** 버튼을 클릭한다. 여기에서 기존의 사용자 ID와 암호를 포함한 인증이나, 기본적인 사용자 ID와 암호 자체를 토큰으로 변경할 수 있다. 그림 8-10을 참조하자.

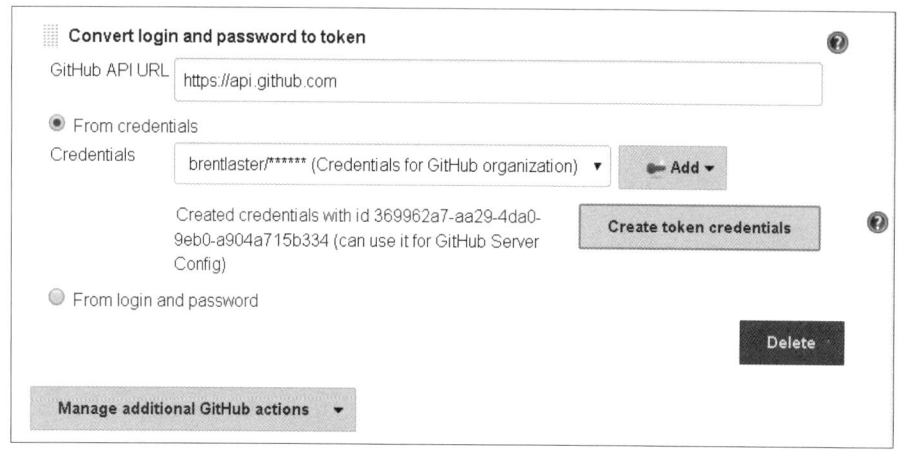

그림 8-10 기존 인증에서 깃허브 토큰 생성

이후 젠킨스에 존재하고 깃허브에서 사용할 수 있는 인증의 목록이 나타날 것이다.

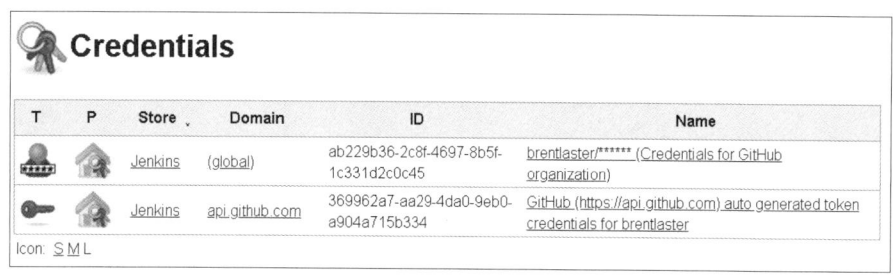

그림 8-11 깃허브를 위한 인증 토큰

이제 젠킨스에게 깃허브 알람에 대한 관리를 지정할 차례다. 알람은 웹훅을 통해 보내진다. 여기에는 '자동'과 '수동' 두 가지 방식이 있다.

자동 방식에서는 젠킨스가 자동으로 깃허브 사이트에 대한 웹훅을 생성하고 설정한다. 자동 방식을 사용하려면 깃허브 사이트에서 admin:repo_hook 범위의 접근 토큰을 만들어야 한다. 이 토큰이 존재하지 않는다면 깃허브에 로그인해 개인 설정으로 이동해 이를 만들자. 그림 8-12는 적절한 범위에 설정된 토큰의 캡처 화면이다.

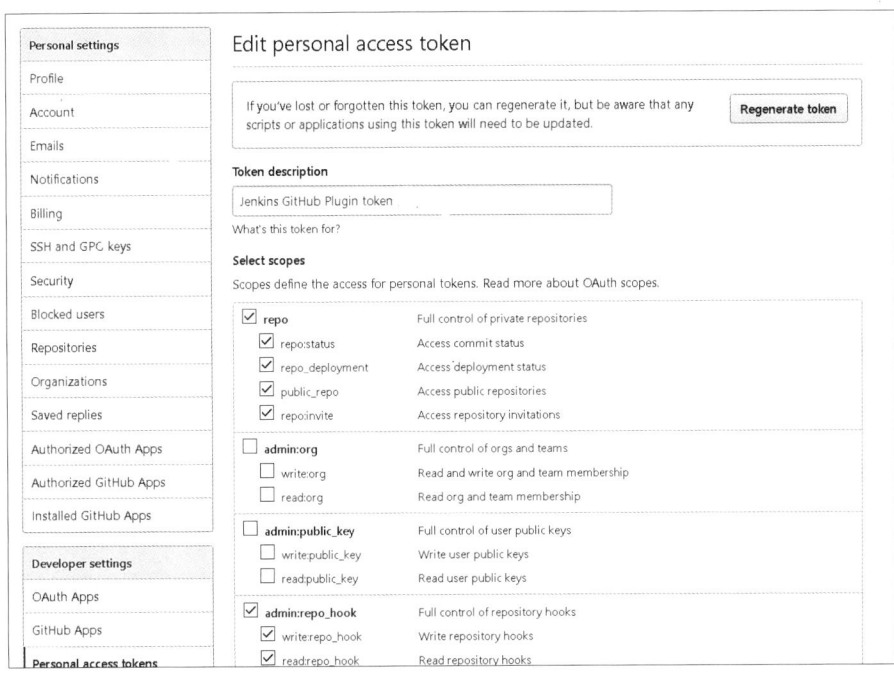

그림 8-12 젠킨스가 자동 웹훅 설정을 하기 위해 필요한 깃허브 접근 토큰의 범위

이 토큰을 이용해 젠킨스의 인증을 만든 후 시스템 설정 화면의 깃허브 영역에서 Manage hooks 체크박스를 선택한 후 해당 토큰을 인증 방식으로 선택하자(그림 8-13).

그림 8-13 깃허브 토큰과 훅 설정

앞에서 언급했듯이 이런 방식으로 웹훅을 사용하는 것은 젠킨스가 외부에서 접근 가능하다는 사실을 전제로 하고 있다. 최소한 웹훅에 의해 사용될 특정 URL은 외부에서 접근 가능해야 한다. 젠킨스가 URL을 알려주긴 하지만 직접적으로 알려주지는 않는다.

웹훅이 사용할 해당 URL을 찾기 위해서는 먼저 Manage hooks 체크박스 오른쪽의 Test Connection 버튼 옆의 파란색 도움말 아이콘을 클릭하자. 새로운 도움말이 나타날 것이다. 도움말에 젠킨스 시스템의 URL이 들어 있을 것이다. 이 URL을 사용해 웹훅이 정보를 보낼 것이다. 그림 8-14는 클릭해야 할 도움말 버튼과 URL이 포함돼 나타난 화면이다.

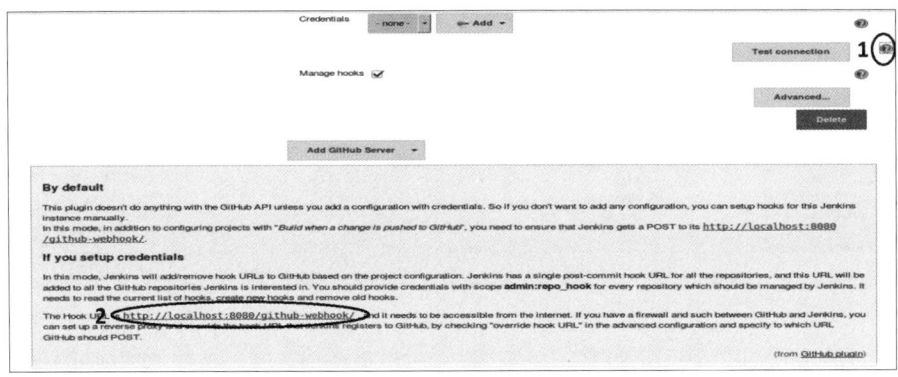

그림 8-14 웹훅을 위한 URL 표시

이제 프로젝트에서 간단한 설정만 추가하면 된다.

- 프로젝트가 깃허브 프로젝트라는 것을 알리기 위해 옵션을 선택하고, 깃허브 URL을 프로젝트 General 탭의 Project URL에 입력한다.
- 빌드 트리거 영역에서 GitHub hook trigger for Git SCM polling 옵션을 선택한다.

모두 잘 설정됐다면 이후 저장을 눌렀을 때 젠킨스는 깃허브와 연동해 웹훅을 만들 것이다. 변경 사항이 프로젝트에 발생하면 웹훅 알람이 보내져 젠킨스가 적절히 반응하게 된다. 일반적으로 이는 깃허브에 있는 프로젝트에 푸시가 발생해 프로젝트의 빌드를 시작시키게 된다(그림 8-15).

그림 8-15 깃허브 프로젝트의 푸시와 이에 따른 웹훅에 의해 젠킨스 빌드가 시작된 화면

수동 방식에서의 주요 차이점은 웹훅을 수동으로 만들기 위해 깃허브의 프로젝트 화면의 Integrations and Services로 직접 가야 한다. 이는 어렵지 않으며, 그림 8-16은 설정 화면이다.

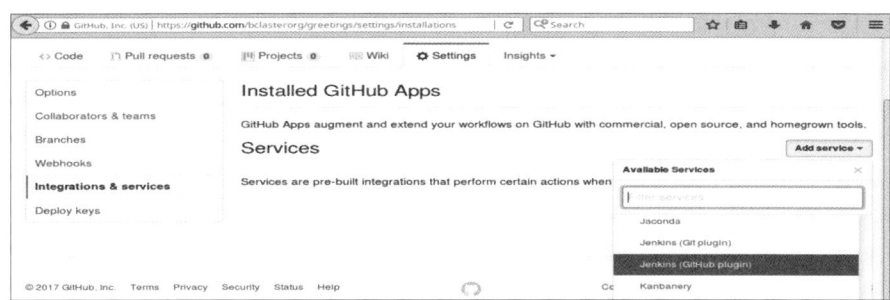

그림 8-16 웹훅을 생성하고 알람을 보내기 위해 수동으로 깃허브의 서비스를 추가하는 모습

웹훅이 설정되고 나면 프로젝트의 깃허브 페이지에서 목록을 볼 수 있다(그림 8-17).

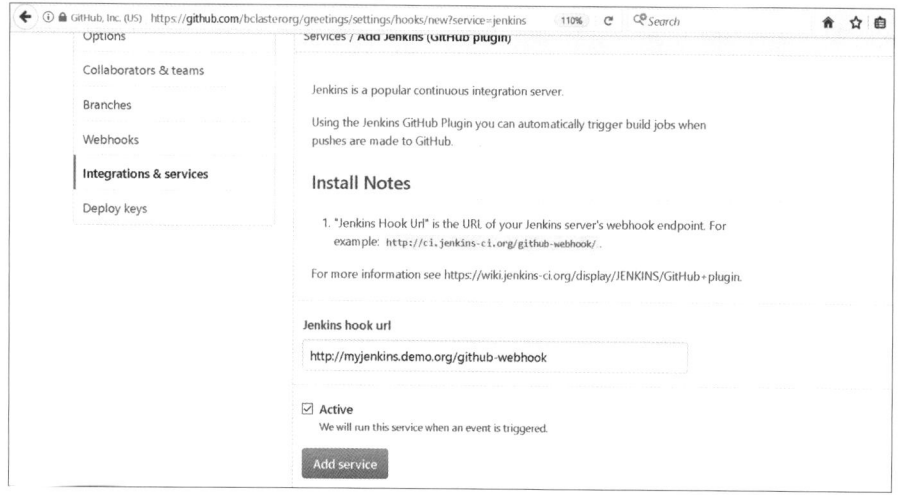

그림 8-17 웹훅 수동 설정 이후 화면

이제 앞에서 설명한 것처럼 시스템 설정 화면에서 깃허브를 설정하자. Manage hooks 체크 박스를 선택한 후 젠킨스가 아는 인증을 사용해 적절한 인증 권한을 부여하자.

이후 자동 방식에서 논의한 것과 같이 프로젝트를 같은 방식으로 설정하면 된다. 이는 General 영역의 GitHub project를 선택한 후 URL을 입력하는 것이다(그림 8-18). 이후 GitHub hook trigger for Git SCM polling 옵션을 빌드 트리거 영역에서 선택하면 된다. 이후 깃허브 프로젝트에 푸시가 발생하면 새로운 빌드를 트리거할 것이다.

그림 8-18 깃허브를 위한 프로젝트 일반 설정

파이프라인 프로젝트에서 깃허브 트리거

다른 빌드 트리거와 유사하게 properties 스텝을 사용하게 된다.

```
properties([pipelineTriggers([githubPush()])])
```

다음은 코드의 예시다. 여기에서 전역 설정과 깃허브 웹훅의 설정은 완료했다고 가정한다.

```
properties([[$class: 'GithubProjectProperty',
    displayName: '',
    projectUrlStr:
        'http://github.com/bclasterorg/greetings.git/'],
    pipelineTriggers([githubPush()])])
git url: 'https://github.com/bclasterorg/greetings.git',
    branch: 'master'
```

여기에서 자동 알람의 동작을 위해 한 번은 수동으로 빌드를 수행시킬 필요도 있다.

빗버킷 프로젝트 트리거

특정 소스에 따르면 githubPush 트리거처럼 동작하는 bitbucketPush 트리거도 존재한다고 한다. 하지만 이 책을 집필하는 시점에는 아직 지원되지 않는 것처럼 보인다. 이 기능이 필요하다면 파이프라인에서 이를 실험해보고, 빗버킷 소스 플러그인의 최신 문서를 확인해보자.

Poll SCM

Poll SCM 옵션은 앞에서 살펴본 Build periodically 옵션과 유사하다. 실제로 이 옵션도 같은 크론 문법을 사용한다. 차이점은 젠킨스에게 언제 빌드를 시작할지 알려주는 것이 아니라, 언제 저장소의 변경 사항을 확인하는지 알려준다는 점이다. 자세한 내용은 319쪽 '크론 문법' 절을 확인하자.

이 옵션에는 추가 Ignore post-commit hooks 옵션이 있다. 기본적으로 젠킨스에게 훅 자체의 변경 사항은 무시하고 SCM의 변경 사항에만 반응하라는 옵션이다. 이는 작업을 두 번 시작하는 것을 방지한다.

파이프라인에서 Polling

여기에서도 properties 스텝과 크론 문법을 사용한다. 다음은 젠킨스에게 15분마다 저장소의 변경 사항을 체크하고, post-commit hooks는 무시하라는 예시다.

```
properties([pipelineTriggers
 ([[pollSCM(ignorePostCommitHooks: true, scmpoll_spec:
 'H/15 * * * *')]])])
```

다음은 빌드 환경 영역이다.

빌드 환경

Build Environment 영역은 프로젝트 전체의 동작과 통합 설정을 지정할 수 있다. 설치한 플러그인에 따라 종류가 다양해진다(예를 들어, 아티팩토리 플러그인을 설치했다면 아티팩토리 통합 항목이 보일 것이다). 여기에서는 공통 항목에 대해 알아보자.

Delete workspace before build starts

Delete workspace before build starts 옵션은 직관적이다. 빌드가 시작하기 전에 워크스페이스가 삭제된다.

파이프라인에서 워크스페이스 삭제

젠킨스 파이프라인 DSL은 deleteDir 스텝을 제공해 워크스페이스의 폴더를 삭제하게 한다. 또한 cleanWs (clean workspace) 스텝도 있어 워크스페이스를 지울 수 있다. 이 스텝은 11장에서 자세히 다룬다.

Provide configuration files

Provide configuration files 옵션은 특정한 종류의 파일을 선택해 모든 노드에 복사하고 젠킨스 UI를 통해 수정할 수 있는 방법을 제공한다. 이 옵션을 사용하려면 전역 설정이 필요하다.

웹 예제

몇몇 이유로 인해 이 책을 집필하는 시점에서 Config File Provider 플러그인(프리스타일 및 파이프라인 잡 모두)의 온라인 문서와 예시들이 정확하지 않거나 최신의 내용이 아니다. 신뢰할 수 없는 내용일 수도 있으므로 주의하자.

Manage Jenkins ➤ Managed files 메뉴 아이템을 통해 원하는 파일을 선택하고 설정할 수 있다(그림 8-19).

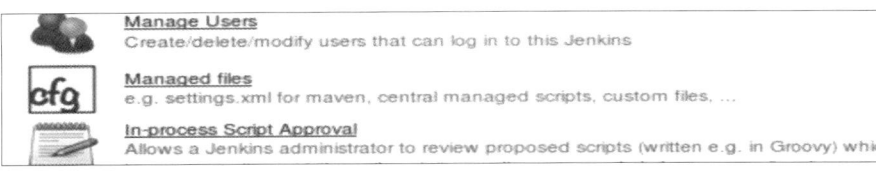

그림 8-19 전역 Managed files 항목

여기서 포함하고 싶은 파일을 선택하고 작업할 ID를 받는다.

설정 파일의 ID

젠킨스는 자동으로 config 파일을 생성하면 이에 대한 기본 ID를 생성한다. 하지만 이 아이디는 긴 16진수 값이다. 사용자 친화적인 ID를 사용하고자 한다면 Type 화면의 파일 설정에서 원하는 이름과 타입을 지정할 수 있다. 이를 이후에 수정하는 것은 불가능하다.

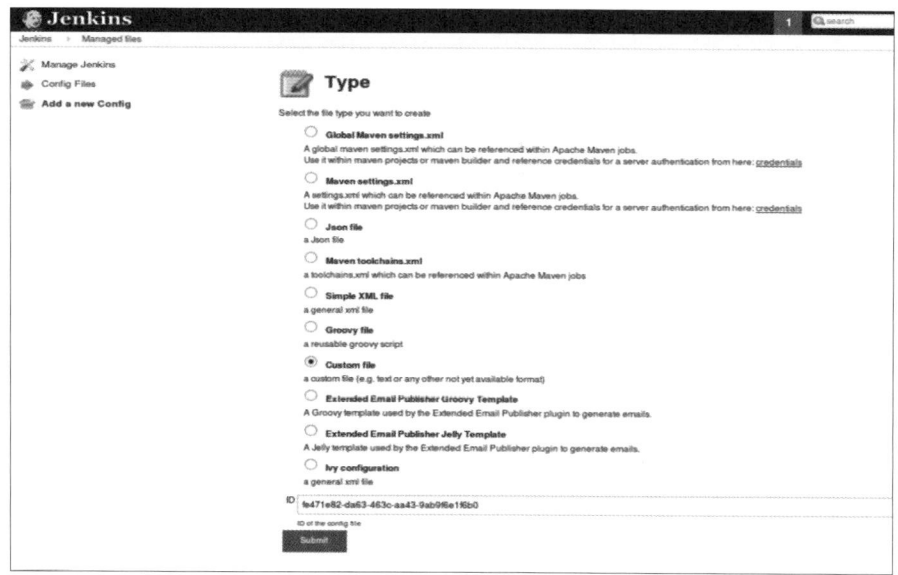

그림 8-20 관리되는 파일 타입 선택(하단의 자동으로 생성된 ID에 주목)

Submit 버튼을 누르면 실제 파일의 내용을 채우는 화면으로 이동한다.

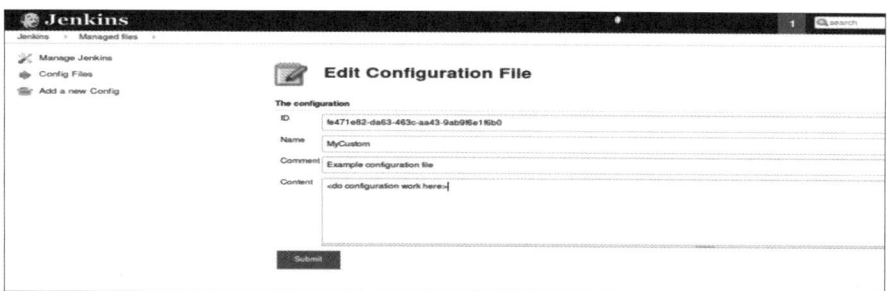

그림 8-21 관리되는 파일의 내용 설정

이를 완료하면 파일을 수정하거나 삭제할 수 있는 화면으로 이동한다(그림 8-22). 추가 파일을 지정할 수 있는 메뉴가 왼쪽에 있다.

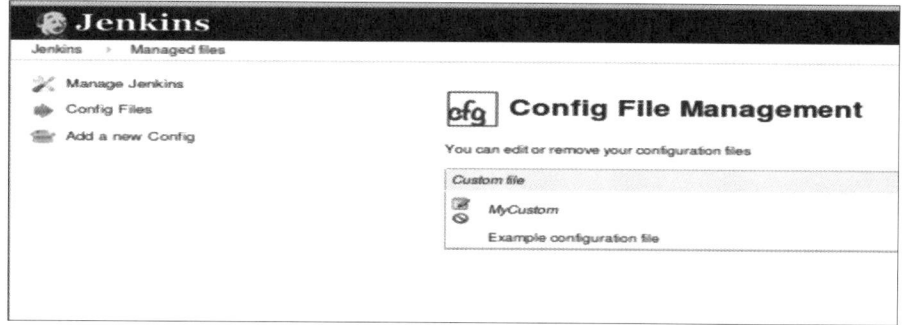

그림 8-22 Config 파일에서 할 수 있는 옵션

이제 전역 설정을 완료했으니, 이 파일을 프로젝트에서 사용할 수 있다. Provide Configuration files를 프로젝트 옵션에서 선택하면 그림 8-23과 같은 화면이 나타날 것이다.

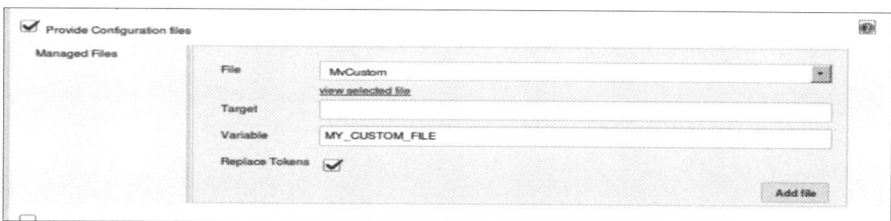

그림 8-23 프로젝트에서 config 파일 선택

File 필드는 우리가 지금까지 알아본 방식으로 전역에서 설정한 파일을 선택하게 해준다.

Target 필드는 파일이 노드의 어떤 장소에 생성돼야 하는지 설정하는 곳이다. 공백으로 두면 파일은 임시 장소에 생성된다.

Variable 필드는 잡의 스텝에서 파일을 참조할 환경 변수 이름을 정의하게 한다. 이는 타겟 필드를 공백으로 놓았을 시 해당 파일에 접근하게 해주는 역할도 한다.

마지막으로, Replace Tokens 옵션은 젠킨스와 설정 파일에서 지정된 환경 변수를 치환하게 해준다(이는 Token Macro 플러그인을 필요로 한다). token replacement의 문법은 다음과 같다.

```
${ENV, var="<변수 이름>"}
```

여기서 <변수 이름>은 원하는 변수의 이름으로 치환된다(예: JOB_NAME).

Config Files과 인증

특정 종류의 설정 파일(예: 메이븐)을 사용하는 것에 추가 인증 설정이 필요할 수 있다. 자세한 내용은 Config File Provider 플러그인 페이지(https://plugins.jenkins.io/config-file-provider)를 참조하자.

파이프라인에서 설정 파일 관리

파이프라인 코드에서 사용할 수 있는 `configFileProvider` 스텝이 있다. 이는 블록 스텝으로, 특정한 컨텍스트에서 호출하면 코드를 실행할 수 있는 클로저가 제공된다. 예를 들어, 이 기능으로 속성 파일이나 커스텀 XML 파일에 접근하려면, 먼저 파일을 전역에서 설정해야 한다(앞 절에서 다뤘다). 이후 파이프라인 코드에서 스텝을 호출하고, 파일 ID와 연관된 정보를 전달한다. 이후 블록 스텝에서 이 속성 파일 혹은 XML 파일을 사용하는 다른 파이프라인 코드를 호출할 수 있다.

예를 들어, 그림 8-24와 같이 설정 파일을 설정했다고 가정하자.

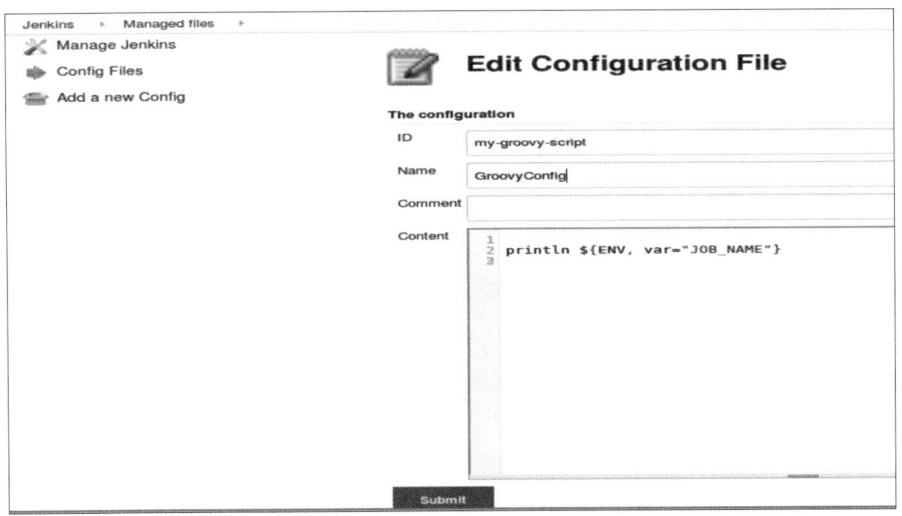

그림 8-24 그루비 설정 파일 예시

그런 다음 이를 사용하는 파이프라인 스텝을 추가할 수 있다.

```
configFileProvider(
    [configFile(fileId: 'my-groovy-script',
    variable: 'MY_GROOVY_SCRIPT',
    replaceTokens:true)]) {
        sh "cat ${MY_GROOVY_SCRIPT}"
    }
```

여기에서 문법에 주목하자. 먼저 configFile 매개 변수를 통해 프리스타일 잡에 해당하는 값을 받는다.

fileId

    이는 전역에서 해당 파일에 설정한 파일 ID이다.

의미있는 파일 식별자

앞에서 언급한 것과 같이 젠킨스가 config file을 위해 생성한 기본 16진수 ID를 변경할 수 있다. 파이프라인 코드에서 사용할 파일에 대해 이러한 작업을 하는 것을 추천하는데, 이는 configFileProvider 스텝에서 파일은 ID 스트링을 fileId 매개 변수에 전달해서 파일을 구별해야 하기 때문이다.

variable

    노드에서 파일 자체에 접근하는 변수다.

replaceTokens

    true로 설정하면, 젠킨스는 설정 파일에 있는 값으로 환경 변수를 치환한다(앞 절의 프리스타일 잡에서 사용법을 참조하자).

파이프라인에서 이 스텝을 실행하면 다음과 같은 결과가 나온다.

```
[Pipeline] node
Running on worker_node2 in
  /home/jenkins2/worker_node2/workspace/config-file1
[Pipeline] {
[Pipeline] configFileProvider
provisioning config files...
copy managed file [GroovyConfig] to
file:/home/jenkins2/worker_node2/workspace/
config-file1@tmp/config2453863098810806031tmp
[Pipeline] {
[Pipeline] sh
[config-file1] Running shell script
+ cat /home/jenkins2/worker_node2/workspace/
config-file1@tmp/config2453863098810806031tmp
println config-file1
[Pipeline] }
Deleting 1 temporary files
[Pipeline] // configFileProvider
[Pipeline] }
[Pipeline] // node
[Pipeline] End of Pipeline
Finished: SUCCESS
```

블록에서 cat 명령어를 실행시켰을 때 스텝의 호출에서 정의한 변수를 사용한 것에 주목하자. 콘텐츠가 프린트될 때 replaceTokens가 true로 설정됐기 때문에 설정 파일 안에 있는 환경 변수가 사용됐다. 여기서는 잡의 이름이 치환된 것을 확인할 수 있다.

이 스텝에서 또 하나 중요한 점은 다음 예시처럼 다중 설정 파일을 배열 문법을 이용해 지정할 수 있는 점이다.

```
configFileProvider(
    [configFile(fileId: 'my-custom-file',
    variable: 'MY_CUSTOM_FILE',
    replaceTokens:true),
```

```
configFile(fileId: 'my-groovy-script',
variable: 'MY_GROOVY_SCRIPT',
replaceTokens:true)]) {
    sh "cat ${MY_GROOVY_SCRIPT}"
}
```

Abort the build if it's stuck

Abort the build if it's stuck 옵션은 타임아웃 전략과 관련된 값을 지정해 빌드가 예정보다 오래 걸릴 때 이를 취소할 수 있게 해준다. 주요 매개 변수는 분으로 표시되는 타임아웃 값과 언제 빌드가 멈췄다고 간주할지에 대한 전략이다.

이 설정의 도움말에서 정의된 것처럼 다음 전략을 선택할 수 있다.

Absolute
고정된 타임아웃 시간을 이용해 빌드를 취소시킨다.

Deadline
HH:MM:SS나 HH:MM(24시간 기준) 형태의 데드라인으로 지정된 시간을 기점으로 빌드를 취소시킨다.

Elastic
마지막 n번의 성공적인 빌드에서 걸린 시간을 기준으로 특정 퍼센티지를 지정해 이를 기준으로 빌드를 취소시킨다.

Likely stuck
잡이 이전 실행보다 오래 걸릴 시 빌드를 취소시킨다.

No Activity
마지막 로그 출력 이후 정해진 시간만큼 동작이 없을 때 빌드를 취소시킨다.

추가로, 자동으로 타임아웃 값(1000분의 1초 기준)이 채워지는 환경 변수를 지정해 잡에서 참조할 수 있다. 마지막으로, 타임아웃이 발생했을 때 젠킨스가 취해야 할 동작을 지정할 수 있다. 가능한 옵션은 빌드를 실패시키는 것, 빌드를 취소시키는 것, 그리고 실행의 설명에 정보를 작성하는 것이 있다. 설명에 들어갈 정보에는 특별한 값 {0}이 타임아웃 값(분 단위)으로 채워진다.

예를 들어, 그림 8-25와 같이 설정한 잡이 있다고 가정해보자.

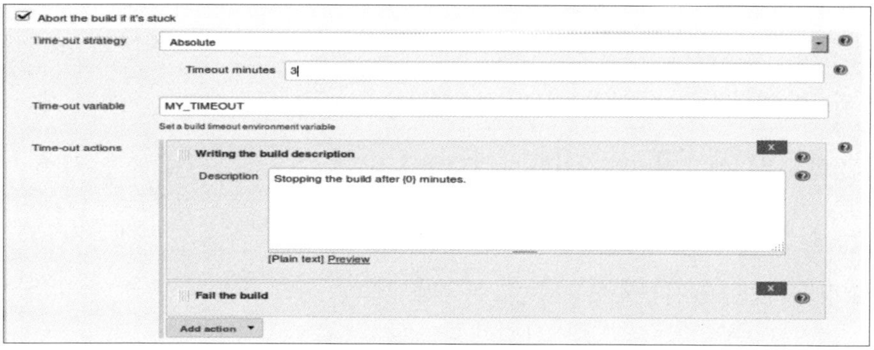

그림 8-25 잡을 위한 타임아웃 설정

여기에서는 잡이 시작된 이후 absolute 타임아웃 3분을 설정했다. MY_TIMEOUT 환경 변수를 정의해 추후 참조할 수 있게 했고, 타임아웃 시 실행할 동작도 정의했다. 타임아웃 발생 시 문자열 Stopping the build after {0} minutes를 출력할 것이다.

타임아웃을 테스트하는 가장 간단한 잡은 다음과 같은 셸 명령어다.

```
echo $MY_TIMEOUT
sleep 4m
```

위 코드를 실행한 후 타임아웃이 발생하면 콘솔 로그의 마지막 부분은 다음과 같을 것이다.

```
+ echo 180000
180000
+ sleep 4m
Build timed out (after 3 minutes). Marking the build as failed.
Build was aborted
Finished: FAILURE
```

그리고 최신 실행에는 우리가 설정한 설명이 포함될 것이다(그림 8-26).

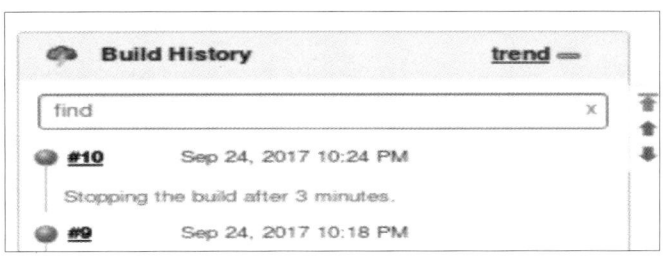

그림 8-26 설명에 작성된 커스텀 타임아웃 메시지

파이프라인에서 타임아웃

파이프라인 DSL은 간단하게 timeout 스텝을 통해 비슷한 기능을 지원한다. 이 스텝은 블록 스텝으로 여러 코드를 감쌀 수 있다. 기본 매개 변수로 해당 블록의 코드 실행을 기다릴 시간(분 단위)을 받는다. 다른 단위의 시간을 사용하고 싶다면 추가 매개 변수를 통해 지정해야 한다. 다음은 간단한 예시다(3장에서 관련 예시와 자세한 설명을 참조하자).

```
timeout(time: 1, unit: 'HOURS') {
    // 코드 블록
}
```

Add timestamps to console output

이름에서 알 수 있듯이 Add timestamps to console output 잡을 실행했을 때 콘솔 로그에 타임스탬프를 추가한다. 그림 8-27은 기본적인 결과다.

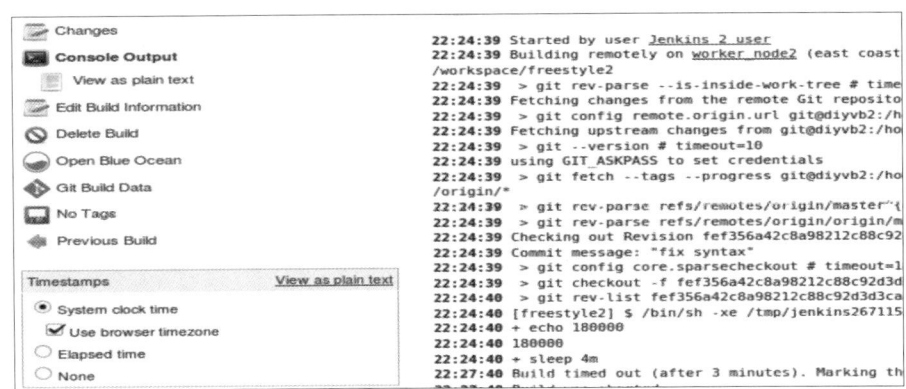

그림 8-27 타임스탬프를 포함하는 콘솔 로그

여기서 이 옵션은 콘솔 로그 스크린에 다이얼로그 창을 왼쪽 하단에 추가해 사용자가 시간 대신 소요 시간을 표시하거나 타임스탬프의 표시를 숨길 수 있게 해준다.

파이프라인에서 타임스탬프 추가

파이프라인의 `timestamps` 스텝이 비슷한 기능을 제공한다. 이는 또 하나의 블록 스텝으로, 코드 블록을 감싸 해당 블록의 콘솔 로그에 타임스탬프를 추가한다. 문법은 다음과 같다.

```
timestamps {
    // 코드 블록
}
```

Use secret text(s) or file(s)

Use secret text(s) or file(s) 옵션은 Credentials Binding 플러그인(https://jenkins.io/doc/pipeline/steps/credentials-binding/)을 설치하면 나타난다. 이 옵션을 활성화시키면 젠킨스에

정의된 인증과 환경 변수를 묶을 수 있게 해준다. 기본적으로 젠킨스에 이미 지정된 인증을 선택하고, 이를 위한 환경 변수 이름을 지정한다. 이후 잡에서 환경 변수를 사용해 인증의 민감한 정보를 대신할 수 있다. 빌드를 실행하면 환경 변수는 인증의 실제 값으로 치환된다.

옵션을 선택하면 다른 창이 나타나 추가하고 싶은 인증의 종류, 실제 사용할 인증 및 이를 대표할 환경 변수를 선택할 수 있다. 그림 8-28을 참조하자.

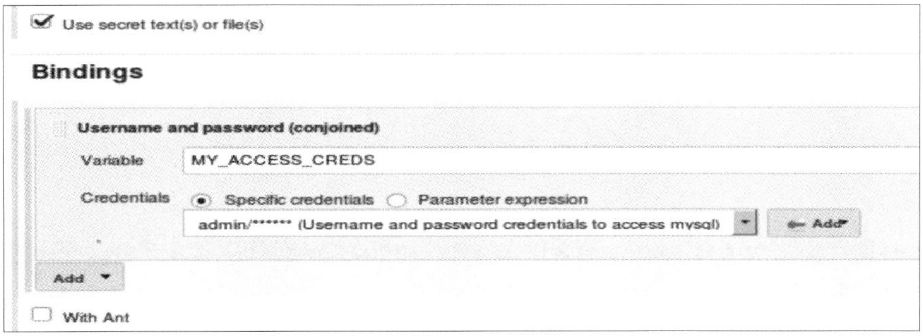

그림 8-28 인증 바인딩 설정

With Ant 옵션은 아파치 앤트를 위한 옵션(설정 및 앤트 출력 등)이다.

파이프라인에서 인증 사용

`withCredentials` 블록 스텝을 파이프라인에서 사용할 수 있다. 위 설정에 해당하는 파이프라인 코드는 다음과 같다.

```
withCredentials([usernameColonPassword(credentialsId:
    'mysql-access', variable: 'MY_ACCESS_CREDS')]) {
    // 변수를 사용할 수 있는 코드 블록
}
```

앤트에 해당하는 옵션으로 `withAnt` 블록 스텝도 존재한다. 젠킨스와 파이프라인에서 인증 사용에 관한 자세한 정보는 5장을 참고하자.

다른 빌드 환경 옵션

설치한 플러그인과 어떤 애플리케이션을 실행하냐에 따라 여기에 더 많은 옵션이 나타날 수 있다. 예를 들어, 아티팩토리 플러그인을 사용한다면 아티팩토리와 앤트, 그레이들, 메이븐을 통합하는 옵션이 나타날 것이다.

다양한 상황이 발생할 수 있기에 이 모두를 다루지는 않을 것이다. 하지만 사용자 스스로 도움말을 클릭하거나 플러그인 페이지를 방문하면 자세한 내용을 볼 수 있다.

이에 대응되는 파이프라인 스텝 중 대부분은 이 책의 관련 장에서 다뤄지고 있다.

빌드

빌드 영역은 잡의 주요 로직을 설정하는 장소다. 젠킨스가 지원하는 전통적인 잡 타입을 위해 이 부분이 각 프로젝트마다 크게 달라지는 장소다. 예를 들어, 프리스타일 잡은 거의 공백에 가깝고, 메이븐이나 아이비[iv] 잡은 상당히 특화되어 있다. 프로젝트의 타입과 설치된 플러그인, 그리고 사용하는 애플리케이션에 따라 이 페이지에서 다른 옵션을 볼 수 있을 것이다. 이 모두를 다루기보다는 각각의 프로젝트 타입에서 가장 중요한 내용만 다음 절에서 다룬다. 다음 절에서 다루지 않는 항목은 각 스텝의 도움말을 참고하자(파란색 도움말 버튼과 플러그인의 웹 페이지에서 참고).

이에 해당하는 파이프라인 기능은 이 책의 다른 장을 참고하자.

빌드 후처리

사용자가 설정할 수 있는 마지막 영역은 잡의 빌드 후처리다. 이것은 잡이 완료되면 항상 실행되는 동작으로, 특정 경우 잡의 성공 여부와 상관없이 실행된다.

다시 한번 강조하지만, 여기에는 플러그인이나 통합에 따라 모두 다루기에 너무 많은 옵션이 존재한다. 특정 옵션의 도움말이나 플러그인 웹 페이지를 참조해 도움말을 살펴보자.

파이프라인에서 빌드 후처리

빌드 후처리는 스크립트 방식의 파이프라인에서는 존재하지 않는다. 3장에서 살펴봤듯이 자바/그루비의 try-catch를 사용해 비슷한 동작을 구현할 수 있다.

서술적 파이프라인에서는 post 섹션을 이용해 비슷한 기능을 구현할 수 있다. 자세한 내용은 7장을 참고하자.

프로젝트 타입

지금까지 다양한 젠킨스 프로젝트에서 공통적으로 사용되는 영역과 옵션에 대해 알아봤으니, 이제 프로젝트별로 다른 부분에 대해 살펴보자.

프로젝트 타입별 차이는 다음과 같이 여러 분야에서 발생한다.

- **모든 작업을 위한 자유로운 설정**: 프리스타일, 파이프라인 프로젝트
- **애플리케이션 직렬화**: 메이븐 및 아이비 프로젝트
- **고급 및 복잡한 상황을 위한 특화**: Multiconfiguration, External Job 프로젝트
- **조직에 부합하는 상황**: 폴더, 멀티브랜치 파이프라인, 깃허브 조직 저장소, 빗버킷 팀/프로젝트
- **자동화된 설정과 빌드**: 멀티브랜치 파이프라인, 깃허브 조직 저장소, 빗버킷 팀/프로젝트

다음 절에서는 각 젠킨스 프로젝트 타입의 주요 목적과 의도를 알아볼 것이다. 우리가 다루는 내용보다 더 많은 내용이 있다는 사실을 잊지 말자. 또한 이전에 다룬 공통 옵션이 프로젝트 설정의 주요한 부분을 차지한다.

프리스타일 프로젝트

프리스타일 프로젝트는 대부분 젠킨스 잡의 전통적인 기반이다. '프리스타일'이란 명칭은 다양한 목적을 위해 상대적으로 자유롭게 구성될 수 있는 것에서 유래했다. 파이프라인 프로젝트가 생기기 전에 프리스타일 프로젝트가 가장 유연한 프로젝트라고 여겨졌다. 또한 이 타입이 개별 프로젝트로는 가장 설정하기 쉽다고 여겨졌다.

이 장의 도입부에서 이야기한 것처럼 전통적인 젠킨스 프로젝트 타입을 구분짓는 것은 빌드 영역이었다. 프리스타일 프로젝트에서 빌드 영역에 가장 많이 쓰이는 방식은 셸을 호출하는 것이다. 빌드 영역은 셸뿐만 아니라 윈도우 배치 명령어도 호출할 수 있다.

이 스텝은 상당히 직관적이다. 원하는 셸의 종류를 선택한 후 해당 창에 단순히 명령어를 입력하면 된다.

프리스타일과 유사한 파이프라인 스텝

파이프라인 DSL은 유사한 스텝을 제공한다. 하나는 유닉스 스타일의 셸(sh)이고, 나머지는 윈도우 스타일의 셸(bat)이다. sh과 bat 스텝은 11장에서 자세히 다룬다.

메이븐 프로젝트 타입

프리스타일 프로젝트 타입 외에도, 젠킨스는 애플리케이션별로 특화된 프로젝트 타입을 제공한다. 아마 가장 잘 알려진 레거시 타입은 메이븐 프로젝트 타입일 것이다.

메이븐 프로젝트 타입은 하위 작업을 시작하거니, 아디펙트를 메이븐 저장소에 입로드하거나, 특정 상황에서 변경 사항이 있는 모듈만 재빌드하거나, 테스트 결과를 모듈에서 분리하는 등 공통적인 작업을 단순화하기 위해 설계됐다.

메이븐 프로젝트 타입의 프로젝트에는 추가 옵션이 몇 개 있다. 이 중 하나인 **Build Triggers**는 같은 시스템에서 의존성이 있는 모듈이 빌드됐을 때 해당 프로젝트를 빌드하기 위해 사용된다(그림 8-29 참고).

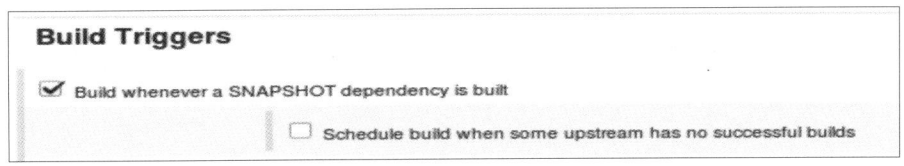

그림 8-29 의존성에 기반한 메이븐 프로젝트 빌드 트리거

몇몇 전통적인 메이븐 빌드 스텝이 아닌 옵션은 Pre Steps(그림 8-30) 영역과 Post Steps으로 옮겨졌다(두 영역 모두 같은 종류의 스텝을 포함한다).

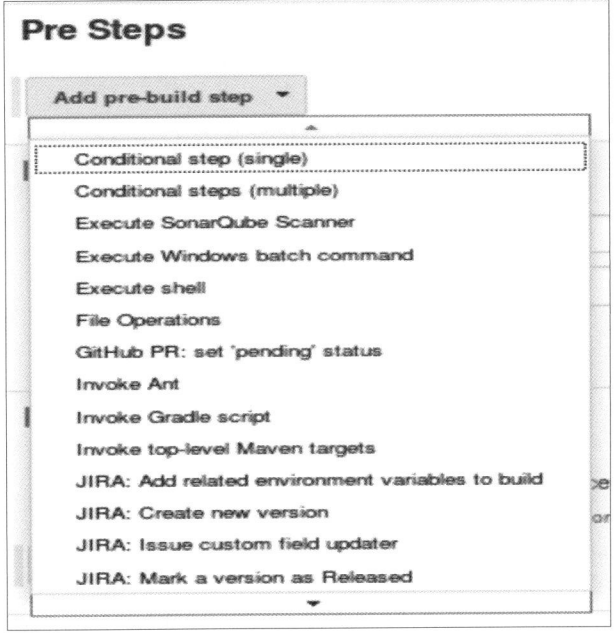

그림 8-30 메이븐 프로젝트를 위해 정의된 Pre-build 스텝

그림 8-31과 같이 이 Pre Steps와 Post Steps 영역은 최상위 POM 파일명을 입력하고(이름이 pom.xml과 다를 경우에만 해당), 메이븐 빌드 골을 지정하고, 메이븐 옵션을 설정(Advanced 버튼을 통해 설정)할 수 있는 중심 빌드 영역을 감싼다.

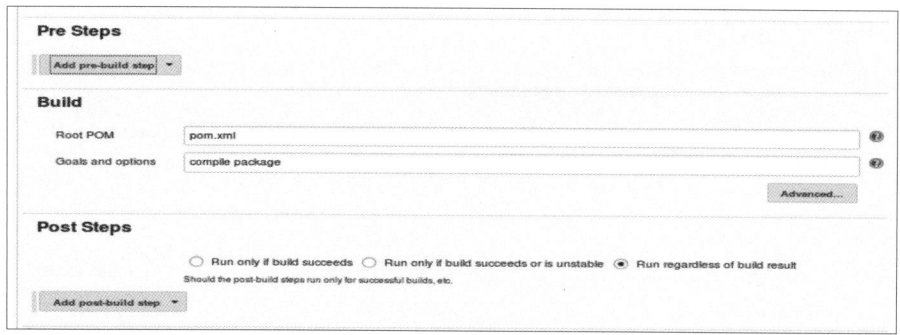

그림 8-31 메이븐 프로젝트의 주요 옵션

Advanced 버튼을 클릭하면 빌드를 위해 설정할 수 있는 옵션이 나타난다.

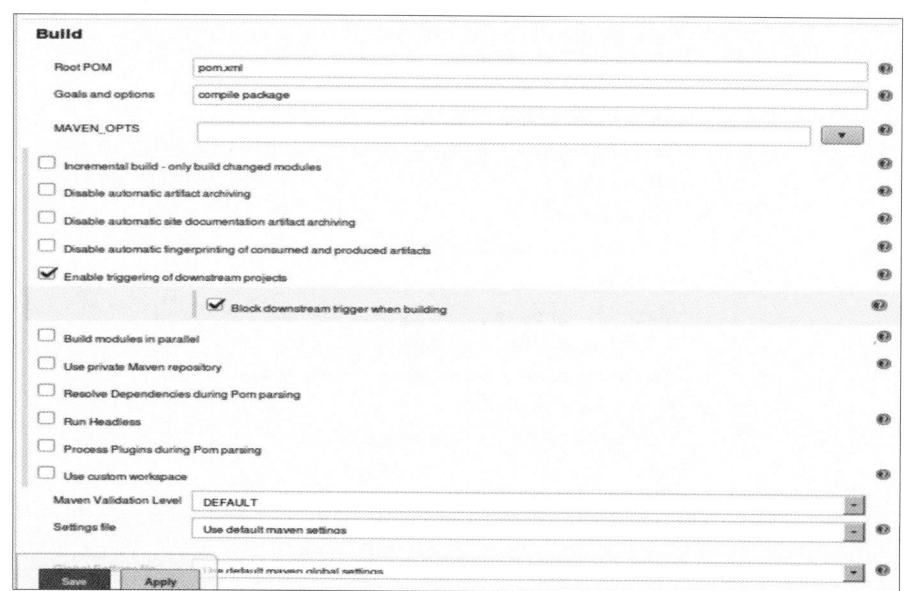

그림 8-32 메이븐 프로젝트 고급 옵션

성공적인 빌드 이후 젠킨스는 메이븐 아티팩트를 보존할 수 있다(그림 8-33).

```
[INFO] Downloaded: https://repo.maven.apache.org/maven2/org/codehaus/plexus/plexus-archiver
/2.8.1/plexus-archiver-2.8.1.jar (140 KB at 139.5 KB/sec)
[INFO] Downloaded: https://repo.maven.apache.org/maven2/com/google/guava/guava/18.0/guava-
18.0.jar (2204 KB at 2057.3 KB/sec)
[INFO]
[INFO] --- maven-source-plugin:3.0.1:jar-no-fork (default) @ MavenTestApp ---
[INFO] Building jar: /home/jenkins2/worker_node2/workspace/maven1/target/MavenTestApp-
sources.jar
[INFO] ------------------------------------------------------------------------
[INFO] BUILD SUCCESS
[INFO] ------------------------------------------------------------------------
[INFO] Total time: 27.346 s
[INFO] Finished at: 2017-09-25T19:34:53-05:00
[INFO] Final Memory: 43M/177M
[INFO] ------------------------------------------------------------------------
[JENKINS] Archiving /home/jenkins2/worker_node2/workspace/maven1/pom.xml to
org.demo.mavenapp/MavenTestApp/1.0-SNAPSHOT/MavenTestApp-1.0-SNAPSHOT.pom
[JENKINS] Archiving /home/jenkins2/worker_node2/workspace/maven1/target/MavenTestApp.jar to
org.demo.mavenapp/MavenTestApp/1.0-SNAPSHOT/MavenTestApp-1.0-SNAPSHOT.jar
[JENKINS] Archiving /home/jenkins2/worker_node2/workspace/maven1/target/MavenTestApp-sources.jar
to org.demo.mavenapp/MavenTestApp/1.0-SNAPSHOT/MavenTestApp-1.0-SNAPSHOT-sources.jar
channel stopped
Finished: SUCCESS
```

그림 8-33 메이븐 빌드로부터 자동으로 아티팩트를 보존하는 화면

잡 결과 화면에서 사용자는 아티팩트에 쉽게 접근하거나 필요시 재배포할 수 있다. 간단히 빌드 결과 화면의 왼쪽 메뉴에서 Module 항목을 클릭한 후 다양한 아티팩트나 모듈을 클릭하면 된다(그림 8-34).

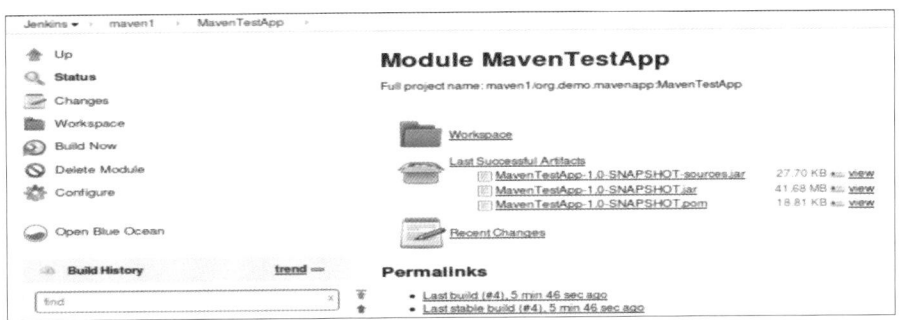

그림 8-34 빌드 후 모듈 확인

파이프라인 프로젝트 타입

파이프라인 프로젝트는 이 책의 주요 관심사이기에 여기에서 자세히 다루지는 않을 것이다. 파이프라인 프로젝트를 구분하는 간단한 방법은 스텝과 로직이 웹 폼이 아닌 구조적인 그루비 스크립트라는 것이다. 이 스크립트는 서술적 방식이나 스크립트 방식으로 구성될 수 있다. 또한 젠킨스 파이프라인 프로젝트에 입력하거나, 외부의 Jenkinsfile로 분리할 수 있다.

여기서 우리가 다루는 것은 다양한 프로젝트 타입별 설정이기에 파이프라인 프로젝트의 설성 중 일부는 파이프라인 스크립트 자체와 겹치는 경향이 있다.

파이프라인 프로젝트의 설정 페이지에서 파이프라인 스크립트를 입력할 수 있는 영역은 Pipeline이라는 탭/섹션에 위치해 있다(다른 탭이나 섹션의 일반 혹은 빌드 트리거와 유사하다).

이 영역의 상단에 설정 옵션인 Definition 필드가 있다. 여기서 선택 가능한 것은 Pipeline script나 Pipeline script from SCM이다(그림 8-35).

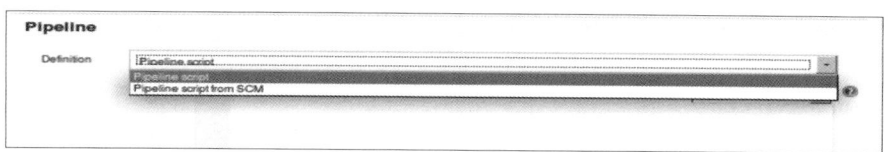

그림 8-35 파이프라인 정의 옵션

Pipeline script 옵션은 기본값으로, 스크립트를 정의 필드 하위의 텍스트 입력 박스에 입력하는 것이다. 텍스트 입력 박스 밑에 나타나는 옵션인 Use Groovy Sandbox(그루비 샌드박스 사용)은 3장에서 설명했다.

Pipeline script from SCM 옵션을 선택하면 텍스트 입력 영역의 스크립트 대신 사용할 Jenkinsfile을 갖고 있는 소스 관리 시스템의 위치를 지정할 수 있다.

Pipeline script from SCM 옵션을 선택하면 스크립트를 가져올 장소의 추가 필드가 나타난다. 이 필드는 일반적인 SCM의 장소, 리비전 등에 대한 것이다(그림 8-36).

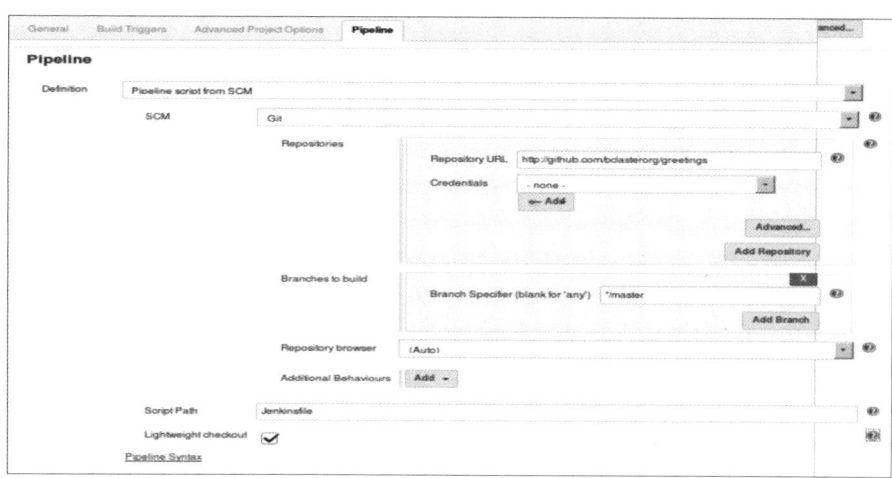

그림 8-36 파이프라인 스크립트를 직접 입력하는 대신 SCM에서 불러오기 위해 필드를 채우는 화면

여기에서 스크립트 경로 필드는 수정 가능하지만, 특별한 이유가 있지 않는 이상 프로젝트 최상위의 Jenkinsfile을 사용하는 것을 권장한다.

Lightweight checkout 옵션은 SCM 플러그인이 전체 프로젝트 대신 Jenkinsfile만 체크아웃 하게 한다. 이는 효율성을 위해 전체 프로젝트를 두 번 내려받는 것을 방지한다. 첫 번째는 Jenkinsfile만 내려받고, Jenkinsfile이 checkout scm 문장을 실행할 때 나머지를 내려받는다. 이 옵션은 모든 SCM 플러그인에서 지원되지 않고 특정 SCM에서만 나타날 수 있다.

Read-Only 파이프라인 정의 옵션

정의 필드에서 볼 수 있는 한 가지의 다른 값인 Pipeline from multibranch configuration이 있다(그림 8-37). 이 선택창은 이후 논의할 멀티브랜치 파이프라인, 깃허브 조직 저장소, 빗버킷 팀/프로젝트 타입의 프로젝트에 적용된다.

이러한 종류의 프로젝트 타입에서 이 창을 선택할 수 있는 것처럼 나타나지만, 값이 자동으로 설정되고, 고의로 변경 사항을 저장할 수 없게 설계됐다.

그림 8-37 멀티브랜치 타입의 프로젝트의 파이프라인 정의 필드

젠킨스 파이프라인 프로젝트의 설정 페이지와 젠킨스 파이프라인을 정의한 스크립트 사이의 통합에 대해 하나 더 알고 갈 것은 젠킨스 설정 화면의 옵션이다. 많은 경우, 이 옵션은 설정 웹 인터페이스에서 지정되고, 실제 스크립트에서 해당 옵션을 정의하지 않더라도 스크립트의 동작을 정의한다.

예를 들어, 설정 페이지에서 This project is parameterized 옵션을 선택하면 인터페이스를 통해 매개 변수를 정의할 수 있다. 이 매개 변수는 파이프라인 영역에서 정의할 파이프라인 스크립트에서 접근 가능하다.

이러한 동작은 편리하기도 하고 불편하기도 하다. 젠킨스 애플리케이션 자체에서 파이프라인 프로젝트를 실행시킬 때는 편리하다. 사용자는 파이프라인에 매개 변수를 위한 코드를 추가할 필요가 없기 때문이다. 하지만 Jenkinsfile을 사용해 젠킨스 애플리케이션과 분리된 채 파이프라인 스크립트를 사용할 때는 불편해진다. 이때는 스크립트 코드로 돌아가 명확하게 매개 변수를 정의해야 한다.

외부 잡 프로젝트 타입

외부 잡 프로젝트 타입의 잡은 젠킨스 프로세스를 통해 실행되는 외부 잡을 쉽게 모니터하기 위해 설계됐다. 불행히 이를 위한 문서화가 명확하게 되어 있지 않다. 여기서는 간단한 단계에 대해서만 알아보자.

외부 잡 프로젝트를 만들면 다음과 같은 간단한 설정 화면이 나타날 것이다. 기본적으로 필요한 것은 이름이다(그림 8-38).

그림 8-38 외부 잡 설정

여기에서 개념은 이 이름이 젠킨스 GUI 외부 프로세스에서 실행되는 외부 잡과 매핑되는 것이다. 물론 모니터하길 원하는 외부 잡이 있다고 가정한다. 간단한 예시로, 디렉토리 목록을 나열하는 lish.sh이라 불리는 작은 파일이 있다고 생각해보자(ls -lstr 명령어를 포함).

젠킨스에서 이를 모니터하려면 외부 모니터링을 지원하기 위해 몇 가지 JAR를 필요로 한다. 데비안 시스템에서는 다음과 같은 표준 명령어를 사용하면 된다.

```
sudo apt-get install jenkins-external-tool-monitor
```

위 명령어가 동작하지 않으면 개별 JAR를 젠킨스 WAR 파일로부터 추출해야 한다. 외부 잡을 실행하는 곳으로 이동해 jenkins.war 파일을 획득한 후 다음 JAR 파일을 WEB-INF/Lib 폴더에서 추출한다.

- jenkins-core-*.jar
- remoting-*.jar
- ant-*.jar
- commons-io-*.jar
- commons-lang-*.jar
- jna-posix-*.jar
- xstream-*.jar

설정을 완료하면 사용자의 명령어를 감싸는 파일을 만들 수 있다. 간단히 두 줄만 작성하면 된다. 첫 번째는 JENKINS_HOME 변수의 위치를 지정하는 것이다(이미 환경에서 설정되지 않았을 경우에 해당).

다음은 명령어를 실행하기 위해 WAR를 이용하는 java를 호출하는 것이다. 문법은 다음과 같다.

```
java -jar jenkins-core-<version-#>.jar <jenkins project name>\
 <shell executable> <command or file to monitor>
```

이제 외부 잡을 실행해 결과를 젠킨스로 보내는 명령어는 다음과 같다.

```
export JENKINS_HOME=http://localhost:8080
java -jar jenkins-core-2.46.2.jar extern1 sh list.sh
```

여기서 extern1은 젠킨스에서 만든 잡 이름이고 list.sh은 실행할 명령어다. JENKINS_HOME 과 매칭되는 잡 이름이 젠킨스와 연동을 구성한다. sh은 시스템의 셸 명령어다. 윈도우에서는 cmd와 a.bat을 볼 수 있을 것이다.

위 예시 코드를 demo.sh라는 이름의 파일에 작성했다고 생각해보자. demo.sh을 실행하면 list.sh을 실행한 후 결과를 젠킨스 외부 잡에 보낼 것이다. 잡의 런은 외부 모니터링 잡의 결과를 보여준다(그림 8-39와 8-40).

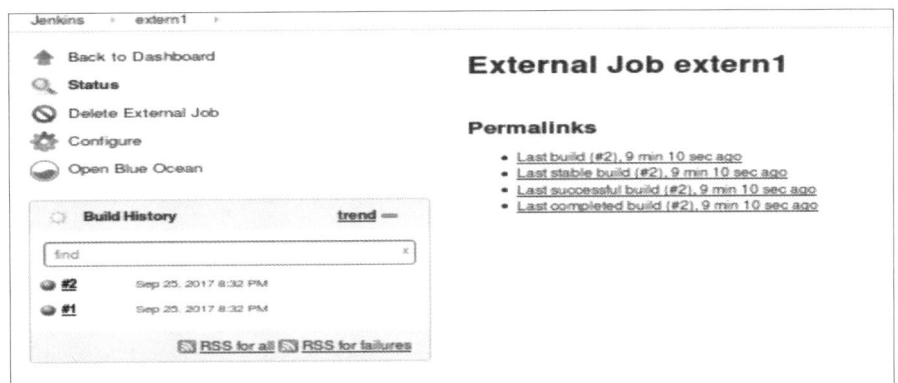

그림 8-39 외부 모니터링 잡 결과

그림 8-40 외부 모니터링 콘솔 결과

외부 잡 실행 시 자바 문제

최신 버전의 외부 잡 기능에서 java를 호출해 외부 잡을 수행할 때 아래와 같은 에러를 볼 수도 있다.

```
Exception in thread "main"
java.lang.NoClassDefFoundError:
    javax/servlet/ServletContextListener
        at java.lang.ClassLoader.defineClass1(Native Method)
        at java.lang.ClassLoader.defineClass
            (ClassLoader.java:763)
        at java.security.SecureClassLoader.defineClass
            (SecureClassLoader.java:142)
```

이를 발견하면 임시방편이 하나 있다. javax.servlet-api-〈버전 명〉.jar 파일을 찾아 이를 JRE의 lib/ext 폴더에 복사하는 것이다. 이는 좋은 방법은 아니지만 문제를 해결한다.

다중설정 파이프라인 타입

다중설정(Multiconfiguration) 파이프라인 타입의 프로젝트는 매개 변수만 다른 프로젝트를 실행하기 위해 설계됐다. 예를 들어, 다섯 개의 브라우저(IE, 파이어폭스, 사파리 등)에 대해 다섯 개의 운영체제(데비안, Centos, 윈도우 등)에서 테스트 빌드를 수행해야 하는 상황을 생각해보자.

다중설정 프로젝트 종류가 없다면 25개의 잡(5개의 브라우저와 5개의 운영체제의 곱)을 만들어야한다. 다중설정 타입을 사용하면 하나의 잡을 통해 다양한 조합을 실행하게 할 수 있다.

이 타입이 동작하는 방식은 다음과 같다. 하나의 '축'을 나타내는 매개 변수에 기반해 원하는 동작을 수행하는 잡을 정의하면 된다. 예를 들어, 축 중 하나는 브라우저가 되고, 다른 축은 운영체제가 될 수 있다.

우리가 논의했던 다른 프로젝트 타입과 같이 다중설정 프로젝트도 일반적인 설정, 환경, 빌드, 빌드 후처리 및 설정 영역이 존재한다. 하지만 여기에만 특별히 설정 매트릭스 영역이 존재한다. 여기에서 잡에 포함시키고 싶은 여러 축을 지정할 수 있다. 만들 수 있는 축에는 세 가지 종류가 있다. 각 축에는 환경 변수로 지정될 이름(추후 빌드 스텝에서 사용)과 정의가 있다. 설정 매트릭스에 추가될 수 있는 축의 종류는 다음과 같다.

Slaves
    이 종류의 축은 노드의 이름이나 레이블을 지정해 반복 실행할 노드를 정의하게 한다(이 책의 다른 부분에서 논의했듯이 레이블은 하나 이상의 노드에 붙일 수 있는 태그다. 레이블을 이용해 추후에 하나 혹은 여러 노드를 선택할 수 있다).

Label expression
    이 종류의 축은 고급 옵션을 통해 선택할 수 있는 노드 종류를 제공한다. 예를 들어, 노드 레이블과 오퍼레이터를 `lable1&&label2`와 같이 조합해 두 개의 레이블을 모두 가진 노드만 포함시킬 수 있다.

User-defined axis

이 종류의 축은 잡을 구성할 때 사용할 여러 항목의 값을 지정하게 한다.

다중설정 예시

이제 이 프로젝트의 실제 사용법을 생각해보자. 여러 지역에 걸쳐 몇 가지 세트의 회사 일에 관련된 웹 페이지를 만들어야 하는 잡이 있다고 가정해보자(각 지역에는 할당된 노드가 존재한다).

설정에서 표 8-1과 같이 정의된 다양한 레이블을 가진 세 개의 노드가 있다.

표 8-1 사용 가능한 워커 노드

이름	레이블
worker_node1	northwest open region1
worker_node2	northeast open region2
worker_node3	northwest restricted region3

여기서 지역(region, 여기서는 노드와 일대일 관계다)은 우리의 잡이 사용할 하나의 축이 된다. 다른 축은 회사 일의 종류로 `development`, `infrastructure`, `management`, `testing`을 사용할 것이다. 이제 그림 8-41처럼 두 축을 다중설정 프로젝트 설정할 때 정의할 수 있다.

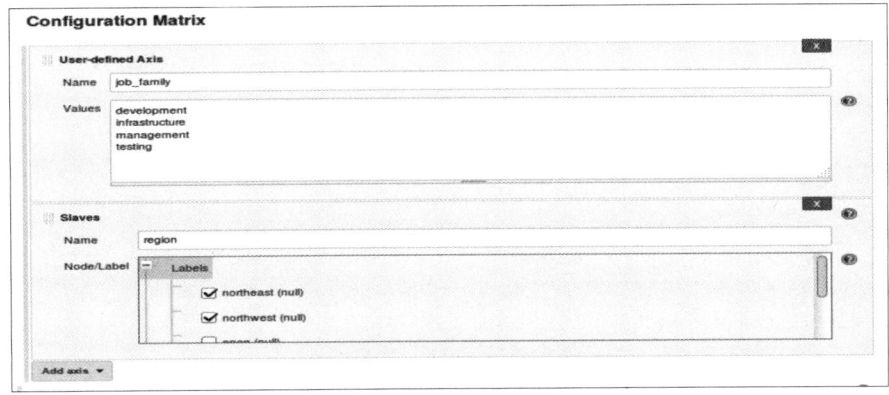

그림 8-41 프로젝트 설정에 축 정의

여기서 Slaves 목록에서 레이블이나 노드에 기반해 시스템을 선택할 수 있다. 여기서 노드에 기반한다는 것은 노드 이름을 이용한다는 의미다(예: worker_node1).

축을 설정했다면 이제 축을 사용할 빌드 스텝을 설정할 차례다. 축을 설정할 때 환경 변수로 지정했던 것이 빌드 스텝에서 참조할 수 있는 이름이 된다. 예를 들어, 빌드를 실행했을 때 각 조합을 출력하고 싶다면, 간단한 echo 문장을 그림 8-42와 같이 빌드 스텝에서 사용할 수 있다.

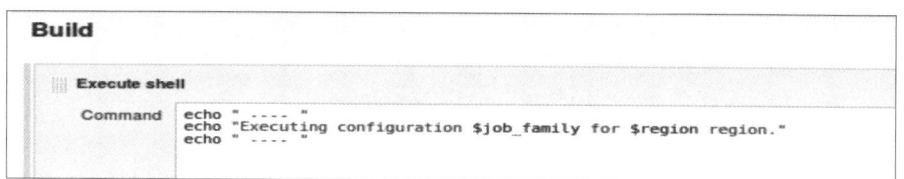

그림 8-42 환경 변수를 통해 축의 이름을 사용하는 빌드 스텝

이제 빌드를 실행하면 젠킨스는 자동으로 축의 조합에 맞게 적절한 잡을 생성한다(그림 8-43).

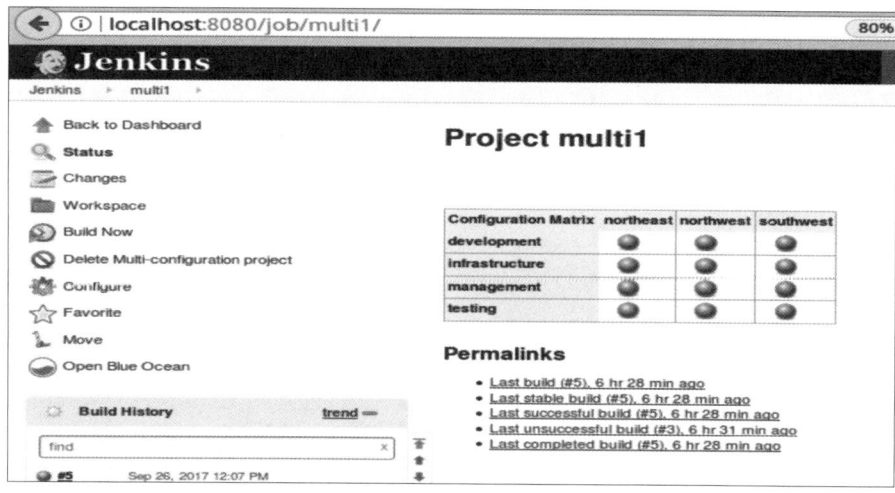

그림 8-43 축에 기반한 잡 매트릭스

매트릭스에서 원하는 행과 열을 찾아 파란색 공을 클릭해 원하는 조합에 대해 알아볼 수 있다. 그림 8-44는 이 예시다.

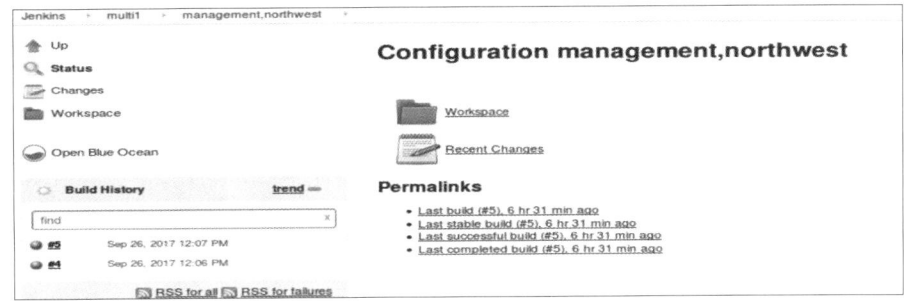

그림 8-44 특정 잡의 결과 확인

여기서 그림 8-45처럼 원하는 잡의 콘솔 결과도 볼 수 있다.

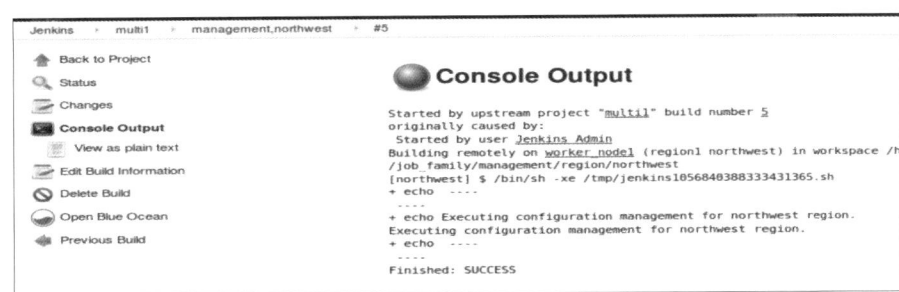

그림 8-45 다중설정 매트릭스의 특정 잡의 콘솔 결과

두 개 이상의 축도 가질 수 있지만, 이는 추후 결과를 살펴보는 데 어려움으로 작용한다.

매트릭스 설정 영역에는 도움이 될만한 추가 옵션을 갖고 있다.

Combination filter

다중설정 프로젝트의 기본은 젠킨스가 축에 정의된 모든 조합을 빌드하는 것이다. 이것이 너무 많거나 몇 개를 제한하고 싶다면, Combination filter 영역을 사용해 빌드할 조합을 제한할 수 있다. 예시는 다음과 같다.

```
!(job_family=="management" && region=="northwest")
```

이는 Northwest 지역의 management의 실행을 막는다. 여기서 ==를 사용해 비교를 진행했다. 더 많은 예시는 도움말을 살펴보자.

Run each configuration sequentially

Run each configuration sequentially 옵션은 젠킨스가 각각의 조합을 (병렬 실행이 아닌)한 시점에 하나씩 빌드하게 한다. 이는 공유 자원을 사용하는 경우 여러 개의 잡이 이를 침범하는 것을 방지한다.

Execute touchstone builds first

Execute touchstone builds first 옵션은 '환경 점검'을 위해 먼저 실행할 빌드를 지정하게 한다. 이 옵션을 선택하면 필드 두 개가 더 나타난다. 하나는 앞에서 논의한 Combination filter로 어떤 잡을 먼저 실행할지 지정하는 것이다. 다른 하나는 이 빌드가 나머지 빌드를 시작시키기 위해 충족해야 하는 조건이다(그림 8-46). 여기에 선택 가능한 옵션은 안정과 불안정이다.

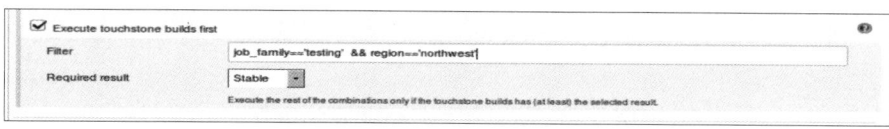

그림 8-46 환경 점검 빌드 설정

환경 점검 빌드를 설정한 후 전체적인 콘솔 결과는 그림 8-47과 같다.

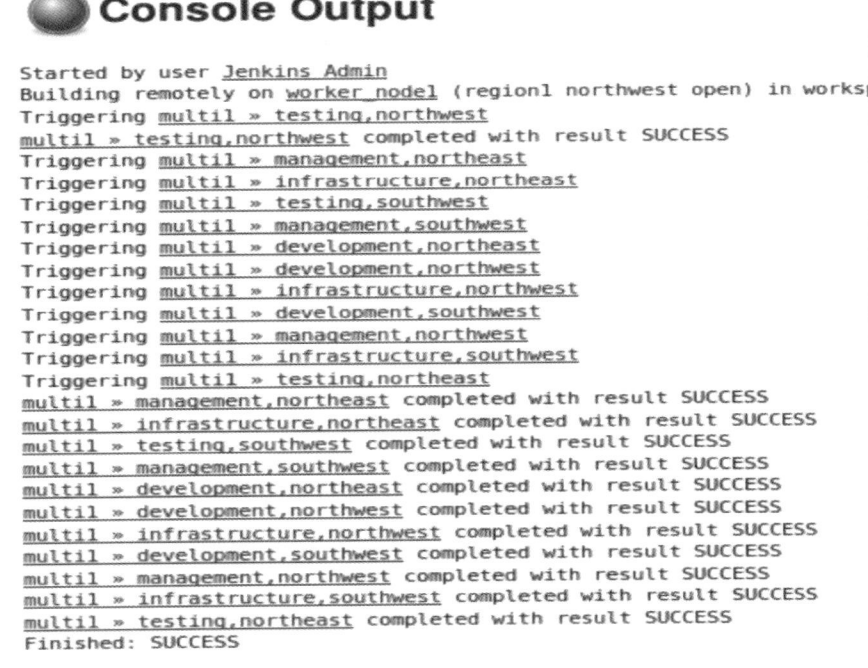

그림 8-47 다중설정 잡의 전체적인 콘솔 결과(환경 점검 빌드 포함)

콘솔 결과에 다양한 링크가 존재해 각 조합을 자세히 살펴볼 수 있다.

파이프라인 호환성

다중설정 프로젝트가 하나의 파이프라인 스텝으로 치환되지는 않는다. 하지만 스크립트 방식의 파이프라인을 사용한다면 정의된 '축'을 기준으로 그루비 루프 문법을 사용해 동시에 실행될 작업을 정의할 수 있다. 클라우드비의 예시에 따르면 다음이 위 절에 대응되는 파이프라인 코드다.

```
    def axisRegions = ["northwest","northeast","southwest"]
    def axisJobFamilies = ["developers","infrastructure",
        "management","testing"]
    def myTasks = [:]

    for(int i=0; i< axisRegions.size(); i++) {
        def axisRegionSetting = axisRegions[i]
        for(int j=0; j< axisJobFamilies.size(); j++) {
            def axisJobFamilySetting = axisJobFamilies[j]
            myTasks["${axisRegionSetting}/${axisJobFamilySetting}"] = {
                node(axisRegionSetting) {
                    println "Running task on job family ${axisJobFamilySetting}
                        for region ${axisRegionSetting}"
                }
            }
        }
    }

    stage ("BuildMatrix") {
        parallel myTasks
    }
```

parallel 스텝의 동작에 대한 더 자세한 내용은 3장을 참고하자.

아이비 프로젝트

아이비 프로젝트에서 젠킨스는 아이비와 관련된 파일을 사용해 간소화된 빌드 명령과 기능을 제공한다. 아이비에 익숙하다면 설정은 상당히 직관적이다. 이 장의 앞부분에서 다룬 공통적인 옵션과 영역이 있고, ivy.xml, build.xml 및 다른 파일을 통해 아이비 빌드를 설정할 수 있는 Ivy Module Configuration 영역이 있다(그림 8-48).

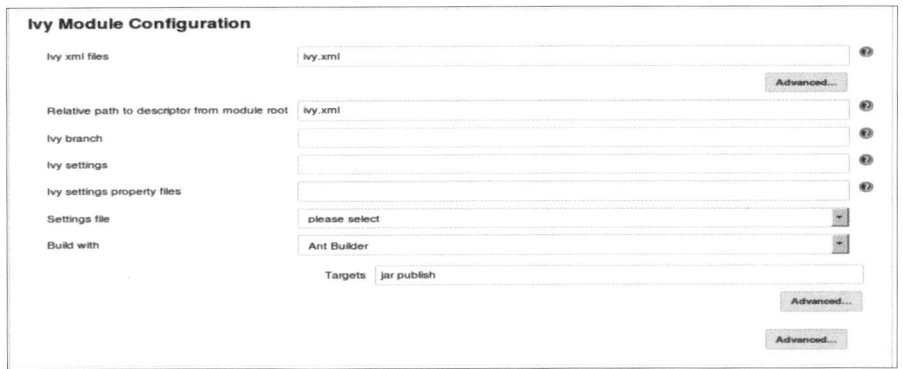

그림 8-48 기본 설정 옵션

장소를 필요로 하는 필드는 워크스페이스의 상대 경로를 사용한다. 사용자가 일반적인 구조의 직관적인 빌드를 사용하고 있다면, 대부분의 필드에서 기본값을 선택하면 된다. 물론 실제 타겟은 정의해야 한다.

타겟 필드 밑에 두 개의 Advanced 버튼이 있다. 상단의 버튼은 Build with 영역의 옵션을 펼친다. 여기에는 다른 이름의 빌드 파일을 지정하는 것 등이 해당된다.

하단의 버튼은 아이비 모듈 설정 영역과 build modules as separate jobs와 같은 옵션을 보여준다. 그림 8-49는 두 개의 고급 버튼을 모두 펼친 화면이다.

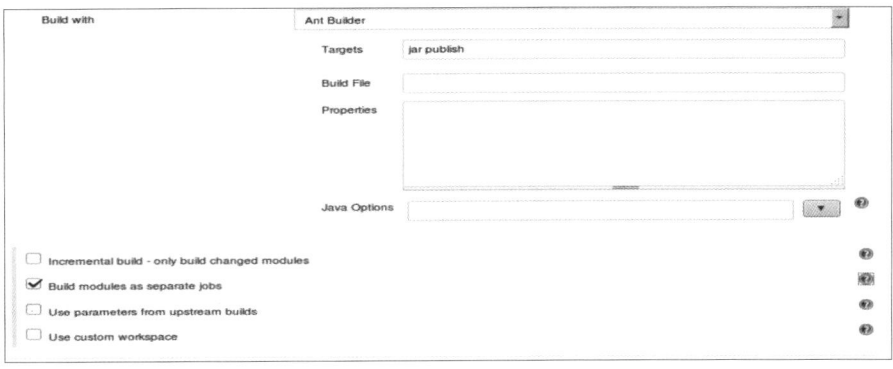

그림 8-49 고급 설정 옵션

빌드를 실행하면 젠킨스는 타겟을 실행한 후 적절한 아티팩트를 생성할 것이다. 그림 8-50은 이 콘솔 결과다.

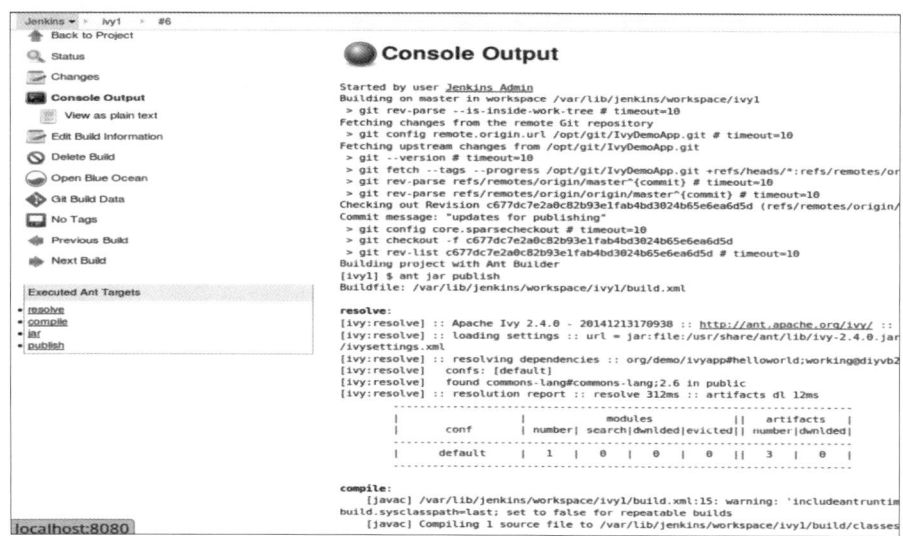

그림 8-50 아이비 빌드 콘솔 결과

여기서 왼쪽에 실행된 앤트 타겟에 대한 목록과 링크에 주목하자.

모듈을 분리된 잡으로 빌드하면 아이비 잡의 결과 페이지의 왼쪽에 모듈 메뉴를 이용해 각각의 모듈의 빌드 정보로 이동할 수 있다. 그림 8-51은 이 예시다.

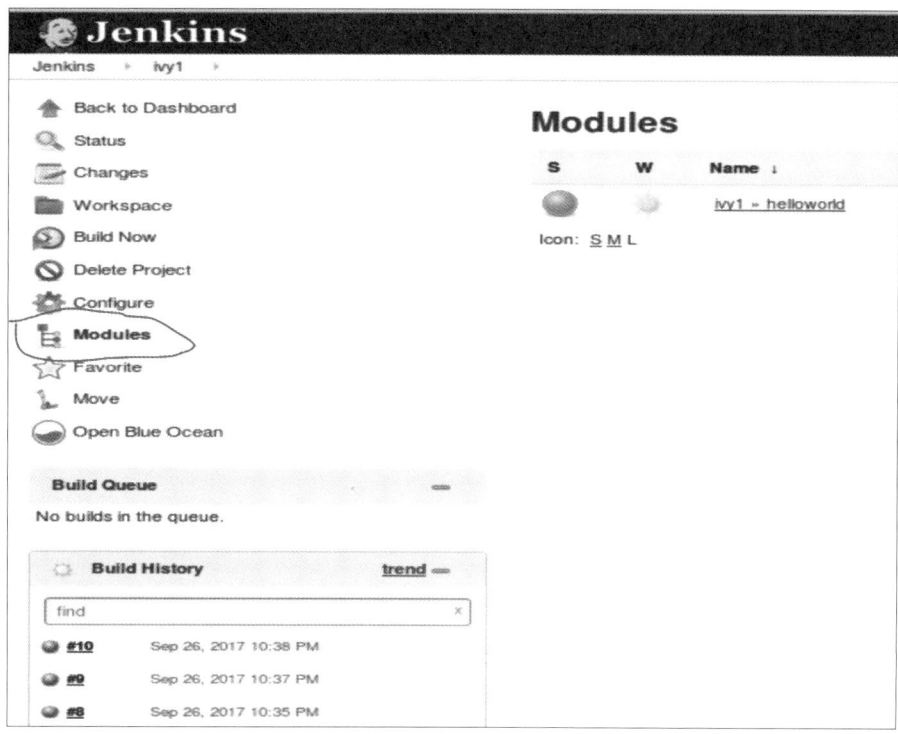

그림 8-51 아이비 프로젝트의 개별 모듈의 빌드에 접근하는 화면

폴더

젠킨스 2에서 새로 생성된 항목 중 하나는 폴더다. 이름에서 알 수 있듯이 잡이나 프로젝트보다는 잘 정의된 구조에 가깝다. 전통적으로 젠킨스는 뷰views를 사용해 대시보드에서 여러 항목을 묶었다. 뷰는 설정(메인 프로젝트 목록의 상단의 +를 클릭해 접근)을 통해 특정 잡만 목록에 포함하는 기능을 제공했다. 그림 8-52는 일반적인 목록 뷰를 위한 설정 화면이다.

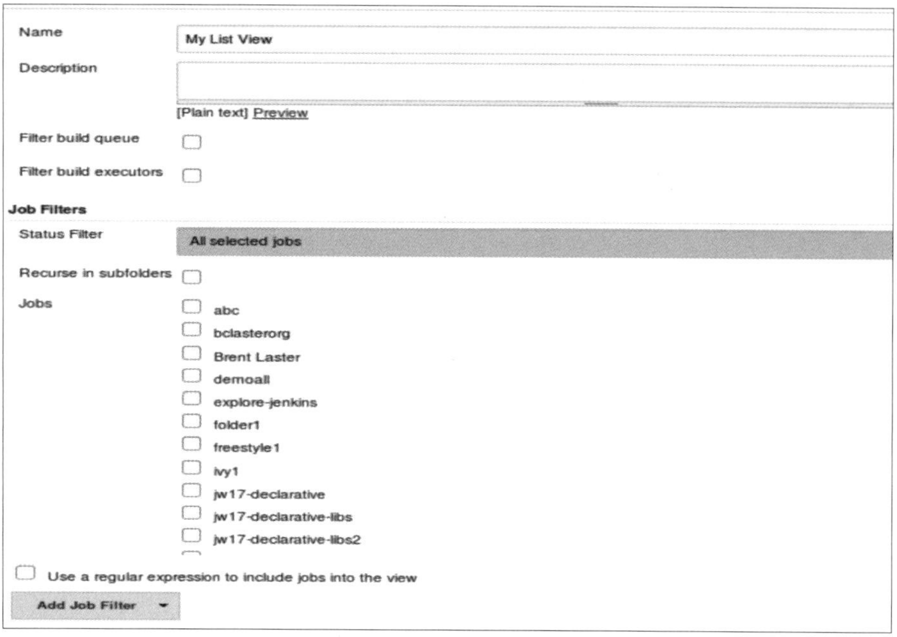

그림 8-52 일반적인 젠킨스 목록 뷰 설정

뷰와 달리 폴더는 여러 항목을 공통 네임스페이스, 구조, 환경으로 묶는 기능을 제공한다. 특별히 폴더는 잡이 다음을 공유할 수 있게 해준다.

A container

    폴더를 생성하는 것은 여러 잡을 포함한 컨테이너를 생성하는 것과 같다. 앞에서 언급한 것처럼, 이는 잡이 표시되는지에 대해서만 결정했던 전통적인 젠킨스 뷰와 다르다.

A namespace

    이 네임스페이스는 잡 경로의 일부가 된다.

Shared libraries

    폴더는 해당 폴더에 속하는 프로젝트만을 위한 공유 라이브러리를 가질 수 있다.

Separate permissions

이는 Role-Based Authorization Strategy 플러그인이 설치되어 있고 롤 기반 권한이 설정됐을 경우 사용 가능하다. 더 자세한 내용은 이 절의 후반에 다룬다.

이 모든 요소는 젠킨스가 잡을 구조화하고 잡이 실행되는 환경을 제어하는 새로운 방식을 제공한다. 예를 들어, 부서별로 프로젝트를 분리하거나 더 큰 목적을 위해 프로젝트를 묶는 상황에서 사용될 수 있다.

다음 절에서는 젠킨스 폴더 사용과 속성에 대해 다룬다.

폴더 생성

폴더를 생성하려면 먼저 젠킨스 대시보드에서 폴더 항목을 선택한 후(그림 8-53), 폴더의 이름을 지정해야 한다.

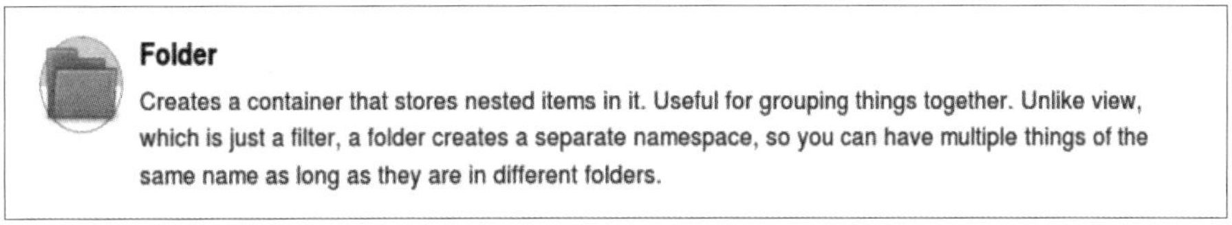

그림 8-53 폴더 항목

이후 폴더의 설정 페이지로 이동할 것이다. 이 화면은 그림 8-54와 같다.

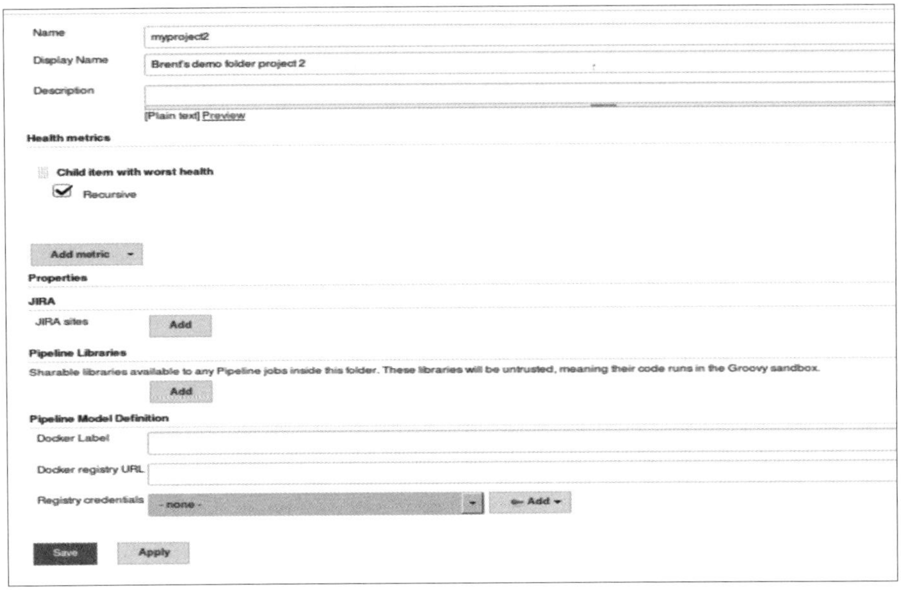

그림 8-54 폴더 설정 페이지

상단에 화면상 이름이나 설명과 같이 사용자에게 보여지는 세부 사항을 정할 수 있다.

하단에는 health metrics를 추가할 수 있다. 이는 전체 상태(폴더에 포함된 항목의 빌드 성공 여부)에 영향을 미치는 폴더 내의 각 항목을 확인하는 것이다. 이 책을 집필하는 시점에서 현재 사용 가능한 health metric은 Child item with worst health이다. 여기에는 하위 폴더의 상태가 이 상태에 영향을 미치는지 정할 수 있는 Recursive 옵션도 있다.

다음은 Properties 영역이다. 설치한 플러그인에 따라 이 영역에 내용이 존재하거나 하지 않을 수 있다. Properties 영역은 이 폴더나 하위 폴더에만 적용되는 항목이나 도구를 위한 장소를 제공한다. 관련 예시는 폴더의 항목으로 설정된 JIRA 프로젝트가 있다.

페이지 하단으로 내려가면 해당 폴더 및 하위 폴더의 모든 잡에서 사용할 수 있는 공유 라이브러리 설정 영역이 있다. 같은 설정이 전역 공유 라이브러리를 위해서도 가능하다(자세한 예시는 6장을 참고). 유일한 차이점은 여기서 설정되는 라이브러리는 신뢰할 수 없는 라이브러리라는 점이다(따라서 전역 공유 라이브러리와 달리 승인되지 않은 호출을 할 수 없다). 따라서 이 폴더 구조에 해당하는 항목에서만 사용 가능하다.

마지막은 Pipeline Model Definitions(파이프라인 모델 정의) 영역이다. 이 영역의 몇몇 필드는 추가 설명을 필요로한다(공유 라이브러리와 유사하게, 이에 대한 영역이 전역 젠킨스 설정 화면에 존재한다. 따라서 다른 레벨에서 설정하는 것도 가능하다).

기본적으로 젠킨스 파이프라인은 모든 에이전트가 도커 파이프라인을 실행할 수 있다고 가정한다(14장에서 도커와 도커 기반 에이전트에 대해 다룬다). 하지만 도커 데몬을 직접 실행할 수 없는 윈도우에서 실행하는 경우에는 이 가정이 틀릴 수 있다. 따라서 파이프라인에서 도커를 실행할 수 있는 노드를 명확하게 지정하지 않은 상황에서 실제로 에이전트가 도커를 실행하지 못한다면 파이프라인이 동작하지 않을 수 있다.

하나 이상의 에이전트가 도커를 실행할 수 있고 이에 대해 적합한 레이블을 지정했다고 가정하면, 여기에서 그 레이블을 사용할 수 있다. 이는 젠킨스가 도커를 필요로 하는 폴더 아이템을 위해 해당 에이전트를 사용하게 한다. 이는 에이전트를 직접 명시하는 것과는 다르다.

같은 방식으로, 여기에 도커 레지스트리를 사용해 폴더의 아이템에만 해당하는 범위를 갖게 지정할 수도 있다.

폴더에서 아이템 생성

젠킨스 2에서 새로운 폴더를 생성하면, 지금까지 해왔던 것처럼 새로운 아이템을 만들 수 있다. 폴더 프로젝트로 변경하면 페이지의 중간에 위치한 create new jobs 링크와 왼쪽 메뉴에 위치한 새 아이템 링크를 볼 수 있을 것이다(그림 8-55)(여기서 폴더 삭제 아이템도 왼쪽 메뉴에 있다).

그림 8-55 폴더 링크

폴더 내의 뷰

폴더의 메인 페이지에 All과 + 기호의 작은 탭을 볼 수 있다. 이 탭들은 폴더에서 동작하는 뷰와 연관이 있다. 대시보드의 뷰와 마찬가지로 All 탭은 폴더 내의 모든 잡을 보여준다. + 탭은 해당 폴더의 커스텀 목록 뷰를 만들 수 있는 화면으로 이동시킨다.

이 두 아이템 중 하나를 클릭하면 항상 봐왔던 아이템 생성 화면으로 이동한다. 유일한 차이점은 이를 통해 만든 잡은 폴더의 네임스페이스 하위에 존재하고, 해당 아이템의 전체 이름에 이 네임스페이스가 포함된다는 점이다.

이는 운영체제에서 특정 폴더 내에서 파일을 만들고, 폴더를 만드는 것과 유사하다. 젠킨스에서도 폴더 내부에 폴더를 만들 수 있다.

기존 아이템을 폴더로 이동

폴더에서 새로운 아이템을 만들 수 있는 것 외에도 기존 아이템을 폴더로 이동시킬 수 있다. 여기서 중요한 것은 아이템의 메인 페이지의 왼쪽 메뉴에 있는 move 아이콘이다. 이는 카트처럼 생겼다(해당 잡의 URL의 뒤에 'move'를 붙이는 방법도 가능하다). 아이콘을 선택하면 드롭다운 목록에서 아이템을 이동시킬 폴더를 선택할 수 있다(그림 8-56). 간단히 목적지를 선택한 후 move 버튼을 클릭하면 된다.

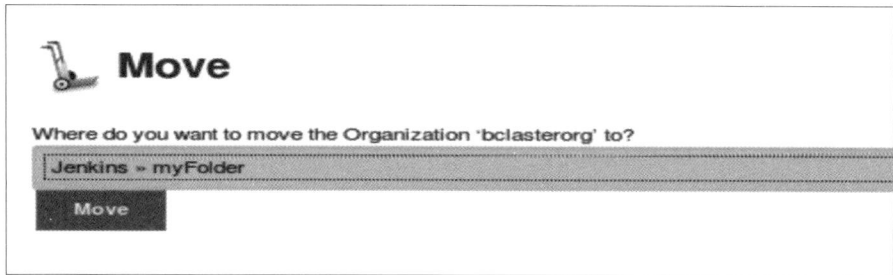

그림 8-56 아이템을 폴더로 이동

또한 아이템을 폴더 내에서 젠킨스 최상단으로 이동시킬 수도 있다. 이는 목록에서 Jenkins를 클릭하면 된다.

폴더 권한 관리

폴더 내의 아이템별로 다르게 권한을 관리해야 한다면 Role-based Authorization Strategy 플러그인을 살펴보자. 이 플러그인을 이용하면 젠킨스의 아이템별로 역할과 그룹을 지정할 수 있다. 여러 팀에서 젠킨스 인스턴스를 사용할 때 특히 유용하다.

관리자는 폴더 내에서 사용자가 갖고 있는 역할 별로 그룹을 만들 수 있다. 이후 팀 리더에게 폴더 내의 그룹에 대해 관리할 수 있는 권한을 부여할 수 있다.

Role-based Authorization Strategy 플러그인은 5장에서 자세히 다뤘다.

멀티브랜치 파이프라인 프로젝트

젠킨스 2의 새로운 프로젝트 타입 중 하나는 멀티브랜치 파이프라인 프로젝트다. 이 프로젝트 타입의 주요 기능은 젠킨스가 자동으로 소스 코드 관리 시스템에서 젠킨스 프로젝트로 인식되는 프로젝트의 브랜치를 관리하고 빌드하는 것이다.

이 종류의 프로젝트를 소스 프로젝트의 브랜치별로 잡이 폴더 프로젝트에 존재하는 것으로 생각하면 된다. 이 잡을 생성하고 자동으로 실행하는 것은 Jenkinsfile의 존재와 branch indexing이라고 알려진 방식을 통해 이뤄진다.

설정

멀티브랜치 파이프라인 프로젝트를 생성할 때 잡의 SCM 저장소를 특정 브랜치가 아닌 저장소 자체로 지정하는 것이 흔한 경우다. 그림 8-57은 이러한 타입의 프로젝트의 설정 예시다.

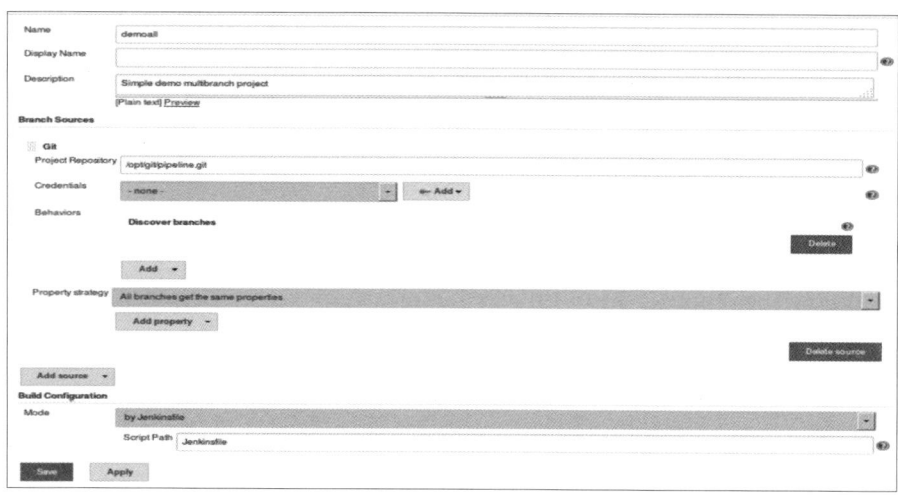

그림 8-57 멀티브랜치 파이프라인 프로젝트 설정 화면 예시

처음 몇몇 설정은 표준과 유사하다. 하지만 브랜치 소스 하위의 Behaviors(행동) 영역을 보면, 기본 행동으로 Discover branches(브랜치 발견)이 있다. 이는 멀티브랜치 파이프라인의 주요 기능 중 하나로, SCM 저장소를 조사해 여기 존재하는 브랜치를 알아내 잡을 설정하는 것이다. 다른 일반적인 행동(SCM 플러그인에 따라 다르게 제공된다)도 Add 버튼을 통해 추가할 수 있다. 깃의 경우 패턴에 따라 브랜치 제외, 클론 옵션 지정, 그리고 워크스페이스 정리 등이 있다.

아래에는 Property strategy(설정 전략) 영역이 있다. 멀티브랜치 파이프라인 프로젝트에서는 All branches get the same properties(모든 브랜치가 같은 설정 사용)이나 Named branches get different properties(이름 있는 브랜치는 다른 설정 사용) 두 가지가 선택 가능하다. 여기서 후자를 선택하면 Branch name(브랜치 이름) 필드에서 하나 이상의 브랜치 이름을 입력한 후 적용한 설정을 선택하게 된다. 현재 유일한 설정 값은 Suppress SCM triggering(SCM 트리거 무시)로 해당 브랜치의 젠킨스 커밋 트리거를 무시하게 된다.

빌드 설정 영역에는 현재 by Jenkinsfile 하나의 옵션만 존재한다. 이는 앞에서 다뤘듯이 젠킨스가 체크아웃한 프로젝트의 최상위 경로에서 Jenkinsfile이라는 이름을 가진 파일을 찾아 프로젝트 브랜치의 자동 빌드를 실행한다. 스크립트 경로 필드를 통해 Jenkinsfile의 경로를 바꿀 수는 있지만, 기본값으로 두는 것이 가장 좋다.

다음은 멀티브랜치 파이프라인 트리거 스캔 설정이다. 이는 원하면 Periodically if not otherwise run(다른 방식으로 실행되지 않으면 주기적으로 설정)으로 설정할 수 있다. 기본적으로 이는 일반적인 알람 메커니즘(커밋 트리거 등)이 동작하지 않을 경우의 예비 대책이다. 여기에 새로운 변화를 감지할 최대 대기 시간을 지정해 이벤트가 젠킨스를 자동으로 트리거하지 않았을 때 이 기준으로 실행하게 된다.

설정 페이지의 나머지 영역은 폴더 프로젝트와 같다. 여기에는 'Health 메트릭', 파이프라인 라이브러리 및 파이프라인 모델 정의가 있다. 이는 395쪽 '폴더' 절에서 다뤘다.

Branch indexing

초기 설정 이후 젠킨스는 branch indexing 기능을 실행해 프로젝트의 브랜치에 Jenkinsfile이 있는지 찾게 된다. 이를 특정 브랜치에서 찾으면 자동으로 해당 브랜치의 잡을 만들고 빌드한다. 그림 8-58은 이에 대한 전체적인 잡의 콘솔 로그이다. 젠킨스가 Jenkinsfile에 대한 브랜치 조건이 맞는지 찾아보고 빌드를 실행하는 장소에 대한 로그는 빌드 영역의 왼쪽 하단에 있다.

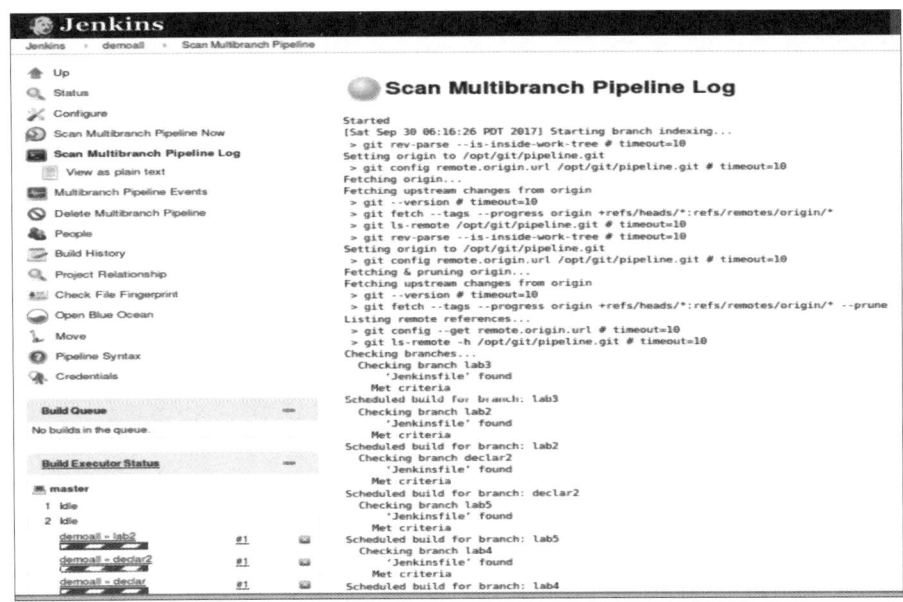

그림 8-58 초기 설정 이후 자동 브랜치 스캔

branch indexing이 완료된 후 각각의 브랜치에 대한 잡을 멀티브랜치 파이프라인 프로젝트 안에 갖게 될 것이다(그림 8-59).

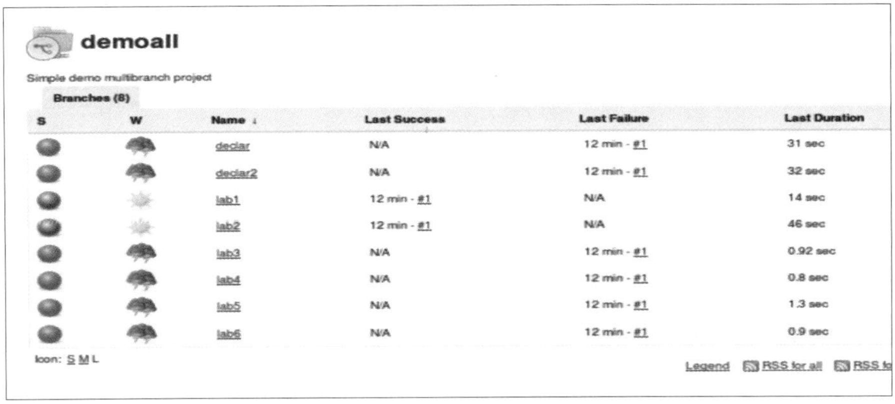

그림 8-59 Jenkinsfiles에 대응되는 브랜치에 대한 멀티브랜치 파이프라인 잡

개별 잡의 결과와 설정

자동으로 생성된 프로젝트의 개별 잡의 빌드 결과와 콘솔 아웃풋을 스테이지 뷰 폼에서 자세히 살펴볼 수 있다.

스테이지 뷰 페이지에는 뷰 설정 링크도 있다. 이 링크를 클릭하면 개별 잡의 설정 페이지로 이동한다. 잡 설정 페이지에는 앞에서 다룬 일반 혹은 빌드 트리거와 같은 공통 영역이 있다. 이 영역에 옵션을 선택하거나 원하는 값을 입력할 수 있다. 하지만 이 페이지의 하단에 저장이나 Apply 버튼이 없어 의미가 헷갈린다. 메뉴가 의미하듯이 이 페이지에서는 설정을 확인만 할 수 있고(이 경우에는 유용하지 않다) 변경을 할 수는 없다. 이는 상위 레벨의 멀티브랜치 파이프라인 프로젝트의 branch indexing 기능에 의해 생성된다.

여기에서 개별 잡의 설정을 변경할 수 없는 것이 단점으로 보일 수도 있다. 하지만 잡의 설정이 아닌 Jenkinsfile을 통해 설정을 관리할 수 있다.

새로운 브랜치와 연동

멀티브랜치 파이프라인 프로젝트를 설정하고 나면, 젠킨스는 자동으로 새 브랜치를 찾아 브랜치의 잡을 생성한다. 이에 대한 예시를 살펴보자.

로컬 깃의 멀티브랜치 파이프라인 프로젝트를 설정했다고 가정해보자. 이 저장소에서 Jenkinsfile을 갖고 있지 않은 master 브랜치가 있고, Jenkinsfile을 갖고 있는 test 브랜치가 있다고 생각해보자. 멀티브랜치 파이프라인 프로젝트를 설정했기 때문에, 젠킨스에 test 라는 이름의 잡이 자동으로 생성될 것이다. master 브랜치의 잡은 Jenkinsfile의 부재로 생성되지 않는다.

이제 이 저장소에 새로운 브랜치 newbranch를 test로부터 만든다. newbranch는 test 브랜치로부터 모든 파일을 전달받고, Jenkinsfile도 여기에 포함된다.

다음으로 이를 원격 저장소에 푸시해보자. 이 시점에서 젠킨스로 돌아가 branch indexing을 실행하면, 젠킨스는 저장소에서 모든 브랜치를 확인한다. 그림 8-60은 branch indexing 결과를 보여준다.

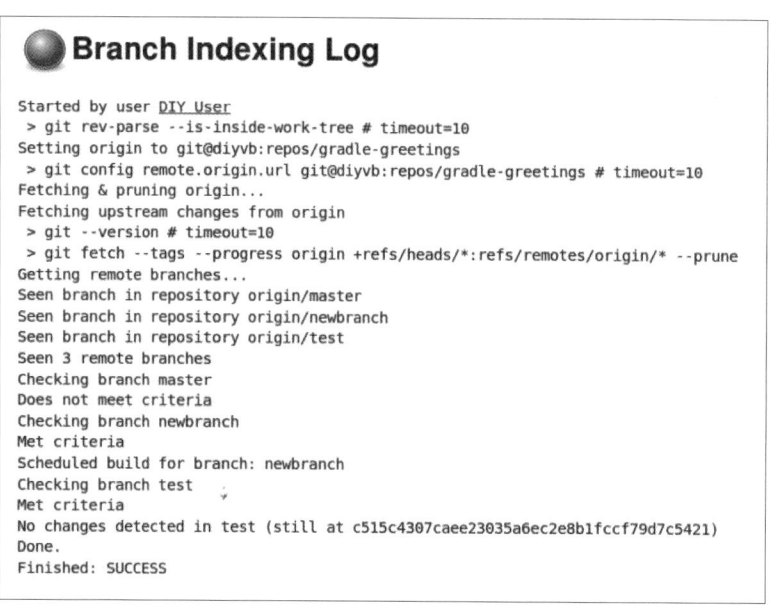

그림 8-60 newbranch가 생성된 이후 branch indexing

젠킨스는 새로운 브랜가 조건을 만족했다는 것을 감지한다. 이는 이 브랜치에 Jenkinsfile이 있다는 의미다. 따라서 젠킨스는 새로운 잡을 만들고(그림 8-61), 새 잡을 빌드한다(그림 8-62).

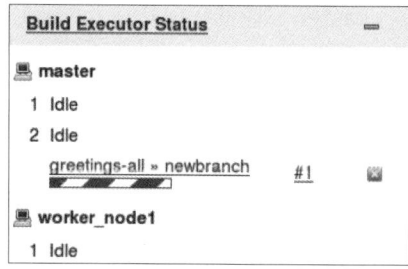

그림 8-61 newbranch를 위한 빌드 시작

그림 8-62 멀티브랜치 파이프라인 프로젝트의 newbranch를 위한 새로운 잡

이 설정의 장점은 필요시 깃에서 브랜치를 만들면(예: 실험 브랜치) 이에 해당하는 젠킨스 잡이 생성되고 실행되는 것이다.

BrancBranch Indexing과 Build Now

마지막으로 짚고 넘어갈 점은 branch indexing과 멀티브랜치 파이프라인 프로젝트의 잡이다. 멀티브랜치 파이프라인 프로젝트의 잡을 수동으로 빌드 시작시키는 것에는 두 가지 방식이 있다. 하나는 왼쪽 메뉴에서 Scan Multibranch Pipeline Now를 클릭해 branch indexing 기능을 시작시키는 것이다.

다른 하나는 개별 잡을 위해 해당 잡의 페이지로 이동한 후 Build Now(빌드 바로 시작) 클릭하는 것이다. 하지만 이미 이를 통해 새로운 변경 사항을 받아와 빌드를 진행했다고 하더라도, branch indexing을 다시 동작시키면 프로젝트는 변경 사항이 같아도 다시 빌드를 진행한다.

깃허브 조직 저장소 프로젝트

깃허브는 깃으로 진행되는 오픈소스 프로젝트에서 유명한 호스팅 사이트다. 깃허브 조직 저장소Organization는 이러한 프로젝트의 모음으로, 조직을 위한 설정을 통해 프로젝트에 다양한 권한을 설정할 수 있다. 깃허브 조직 저장소를 사용하는 일반적인 상황은 회사의 프로젝트를 하나로 묶는 것이다. 이 깃허브 조직 저장소 프로젝트와 젠킨스의 연동을 위해 젠킨스에서는 깃허브 조직 저장소 프로젝트 타입을 제공한다.

 **조직 저장소 프로젝트 종류**
조직 저장소 프로젝트의 예시로 깃허브를 사용하지만, 빗버킷 저장소에도 '조직 저장소' 프로젝트가 있다(추후에 다른 종류도 추가될 수 있다). 설정이 완료된 이후 빗버킷 팀/프로젝트 프로젝트도 다룬다. 깃허브 조직 저장소 프로젝트의 일반적인 개념과 방식이 다른 종류의 프로젝트에도 적용된다.

구조적인 측면을 보면 깃허브 조직 저장소 프로젝트는 멀티브랜치 파이프라인 프로젝트의 집합으로, 각각의 멀티브랜치가 깃허브 조직 저장소의 하나의 저장소에 해당한다.

멀티브랜치 파이프라인과 같이 젠킨스는 깃허브 조직 저장소 각각의 브렌치의 Jenkinsfile의 존재를 사용한다. 조직 저장소의 각각의 저장소에 대해 젠킨스는 해당하는 멀티브랜치 파이프라인 프로젝트를 해당하는 브랜치별로 만든다(Jenkinsfile은 존재한다고 가정한다).

깃허브 조직 저장소 프로젝트 생성

깃허브 조직 저장소 프로젝트를 생성하기 전에, 먼저 깃허브 플러그인이 설치되어 있고 시스템 설정에 깃허브 서버가 설정되어 있는지 확인하자. 이 설정은 상당히 직관적이다(344쪽 '깃허브 프로젝트' 참고).

위 설정이 완료됐다 가정하고, 깃허브 조직 저장소 프로젝트를 생성하려면 먼저 프로젝트 명과 엔트리부터 새 항목 화면에서 입력해야 한다(그림 8-63).

그림 8-63 깃허브 조직 저장소 프로젝트 생성을 위한 아이템

젠킨스가 깃허브 조직 저장소 프로젝트의 위치를 인지하고 연동하려면 사용자는 조직의 이름과 접근을 위한 인증을 제공해야 한다(그림 8-64).

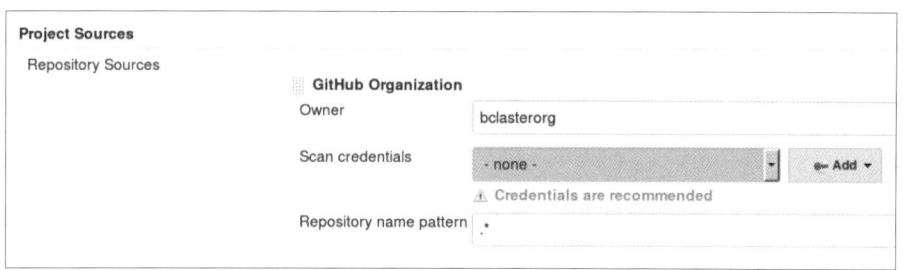

그림 8-64 젠킨스에 깃허브 조직 저장소에 대한 위치 제공

깃허브를 위한 인증

젠킨스는 깃허브의 사용자명과 암호를 이용해 토큰을 생성할 수 있다. 이에 대한 자세한 내용은 355쪽 '깃 polling을 위한 깃허브 훅 트리거'에서 다뤘다.

기본적인 소스 설정 외에도 추가 동작을 설정할 수 있다. 이 중에서 많은 부분이 자동 발견, 프로젝트, 브랜치, pull request 포함/제외다. 대부분의 필드에는 Help 버튼이 있다. 젠킨스가 Jenkinsfile을 가진 모든 프로젝트나 브랜치에 대해 작업하는 것을 원한다면, 이를 변경할 필요는 없을 것이다.

깃허브 조직 저장소 프로젝트를 위한 나머지 설정은 이 장의 앞 절에서 다룬 것과 유사하다. 프로젝트의 공유 라이브러리 설정, health 메트릭, 그리고 (도커 에이전트를 위한) 파이프라인 모델 설정 등이다. 관련된 자세한 내용은 해당 절을 살펴보자.

설정 페이지의 마지막 옵션은 설명이 조금 필요하다. **Automatic branch project triggering**(자동 브랜치 프로젝트 트리거) 제목 아래에 **Branch names to build automatically**(자동으로 빌드할 브랜치 명) 옵션이 있다. 이 필드는 정규 표현식을 인자로 받아 실제로 어떤 브랜치를 빌드할지 정의한다. 이는 젠킨스가 잡을 자동으로 생성하는 것에는 영향을 미치지 않고, 변경 사항이 생겼을 때 빌드할 브랜치만 정의한다. 기본적으로 정규 표현식은 모든 브랜치를 빌드하게 설정되어 있다.

웹훅

깃허브 조직 저장소 프로젝트의 다른 중요한 요소 중 하나는 깃허브 조직 저장소에서 보내지는 웹훅을 이용할 수 있다는 점이다. 웹훅은 애플리케이션이 깃허브에서 벌어지는 이벤트를 '구독'할 수 있게 해준다. 이벤트 하나가 발생하면 HTTP POST가 특정 외부 URL에 대해 발생해 이벤트를 알려준다. 깃허브는 웹훅의 페이로드로 추가 설정 정보도 알려준다.

적절한 권한이 있으면 젠킨스는 웹훅을 자동으로 설정할 수도 있다. 여기서 젠킨스가 반드시 깃허브 조직 저장소에 접근 권한이 있어야 하고, POST 전송을 위한 깃허브에 대한 권한도 있어야 한다. 예를 들어, 이는 젠킨스의 URL이 방화벽 뒤에 있으면 안 된다는 의미이다.

그림 8-65는 깃허브 설정의 예시다. 그림 8-66은 웹훅 페이로드의 예시다.

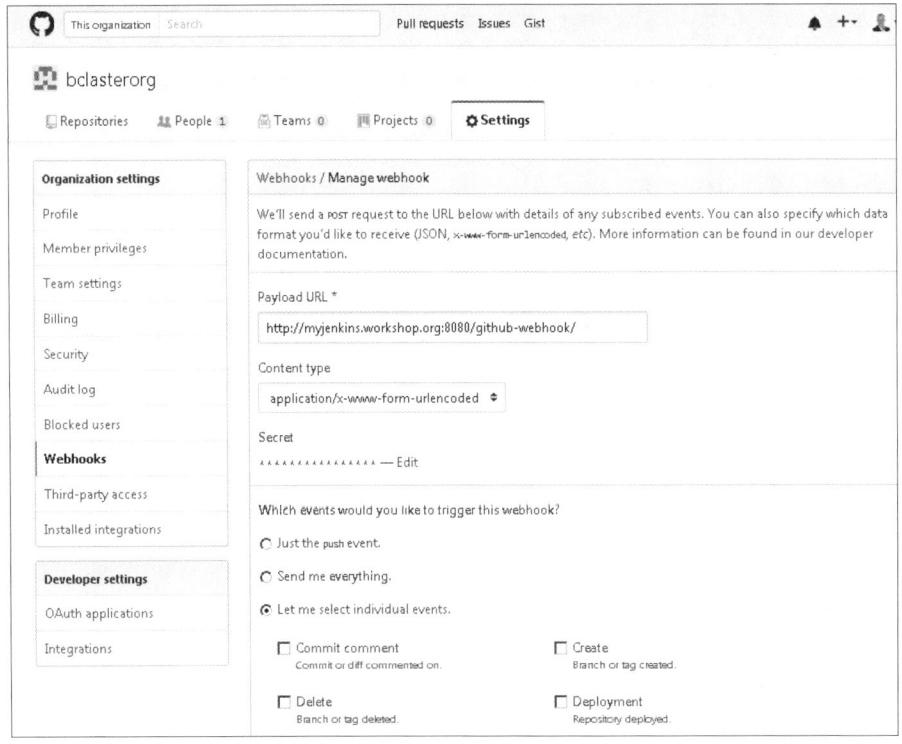

그림 8-65 깃허브 웹훅 설정 예시

```
Payload

{
  "ref": "refs/heads/master",
  "before": "cce532c6b3813eea37707d6a600dabc5c403959b",
  "after": "923f56aee10e5e0941c913fb7ae989f6fc60b4b7",
  "created": false,
  "deleted": false,
  "forced": false,
  "base_ref": null,
  "compare": "https://github.com/bclasterorg/greetings/compare/cce532c6b381...923f56aee10e",
  "commits": [
    {
      "id": "923f56aee10e5e0941c913fb7ae989f6fc60b4b7",
      "tree_id": "35d8462f385fdb599ed5f10c3d71f2ba32eac862",
      "distinct": true,
      "message": "update for testing",
      "timestamp": "2017-10-01T08:47:17-04:00",
      "url": "https://github.com/bclasterorg/greetings/commit/923f56aee10e5e0941c913fb7ae989f6fc60b4
      "author": {
        "name": "Brent Laster",
        "email": "bcl@nclasters.org"
      },
      "committer": {
        "name": "Brent Laster",
        "email": "bcl@nclasters.org"
      },
      "added": [

      ],
      "removed": [

      ],
      "modified": [
        "helloWorkshop.java"
      ]
    }
  ],
  "head_commit": {
    "id": "923f56aee10e5e0941c913fb7ae989f6fc60b4b7",
    "tree_id": "35d8462f385fdb599ed5f10c3d71f2ba32eac862",
    "distinct": true,
    "message": "update for testing",
    "timestamp": "2017-10-01T08:47:17-04:00",
    "url": "https://github.com/bclasterorg/greetings/commit/923f56aee10e5e0941c913fb7ae989f6fc60b4b7
    "author": {
      "name": "Brent Laster",
```

그림 8-66 웹훅 페이로드 예시

웹훅의 push 기술 외에도 깃허브 조직 저장소 프로젝트는 pull requests나 변경 사항을 확인할 수 있는 방식이 있다. Scan Organization 메뉴 항목을 왼쪽 상단에서 선택하면 된다. 이를 조직 저장소 프로젝트의 branch indexing이라고 생각해도 된다. 그림 8-67은 이 예시다.

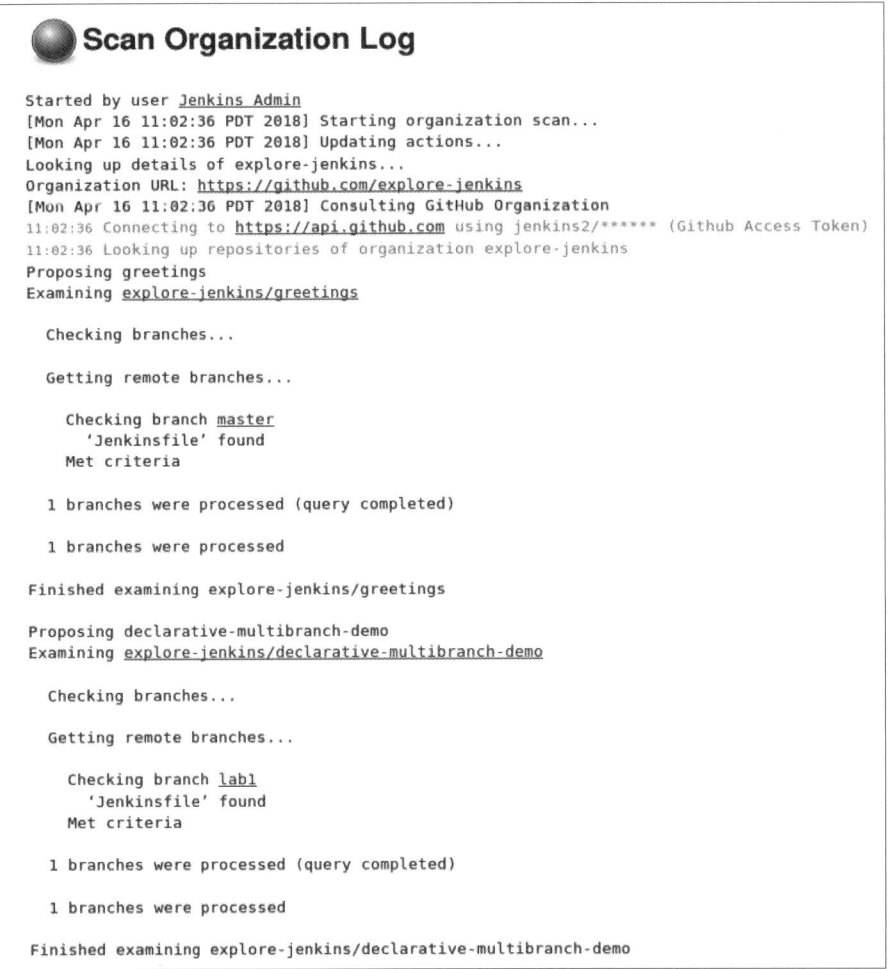

그림 8-67 변경 사항 확인을 위해 깃허브 조직 저장소 재검색

빗버킷 팀/프로젝트 프로젝트

'조직 저장소' 프로젝트에는 한 가지 타입이 더 있다. 여기서 '빗버킷 팀'은 퍼블릭 빗버킷 사이트에 있는 특정 팀과 관련된 프로젝트의 묶음이다. '빗버킷 프로젝트'는 상업 장소에 설치된 빗버킷 서버 인스턴스다. 앞으로 이용할 예시는 팀 설정이다.

Bitbucket Team/Project 기능은 Bitbucket Branch Source 플러그인(https://plugins.jenkins.io/cloudbees-bitbucket-branch-source)을 통해 제공된다. 새로운 빗버킷 팀/프로젝트를 설정하려면, 이 종류를 프로젝트 목록에서 선택하면 된다(그림 8-68).

그림 8-68 빗버킷 팀/프로젝트 종류 선택

빗버킷 팀/프로젝트 프로젝트를 설정하는 방법은 깃허브 조직 저장소 프로젝트와 유사하다(그림 8-69). 전제 조건은 젠킨스에 사용자명과 암호를 빗버킷 로그인에서 사용할 이메일 주소와 암호와 함께 설정해 놓는 것이다. 여기서 다른 한 가지 트릭은 Owner 필드에 빗버킷에서 설정한 팀 명칭(사용자명이 아니다)을 채워야 하고, 대시나 공백 같은 특수 문자가 들어가면 안 된다는 점이다(이는 화면에서 다르게 표시되더라도 실제 빗버킷이 정보를 저장하는 방식이다).

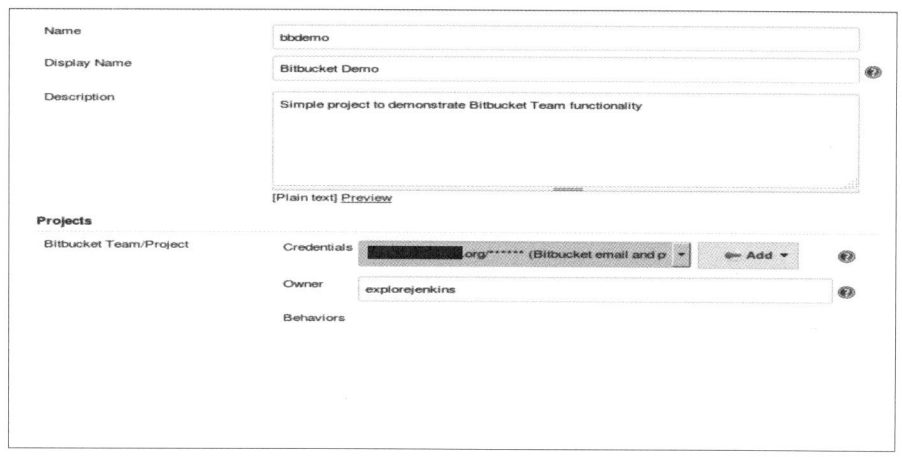

그림 8-69 빗버킷 팀/프로젝트 프로젝트 설정

여기서부터의 작업은 앞 절의 깃허브 조직 저장소에서 다뤘던 것과 유사하다. 빗버킷은 제공된 인증을 통해 서버와 연결하고, Owner 필드에 지정된 팀과 관련된 프로젝트를 찾고, 찾은 적합한 저장소마다 멀티브랜치 파이프라인 프로젝트를 생성한다(그림 8-70).

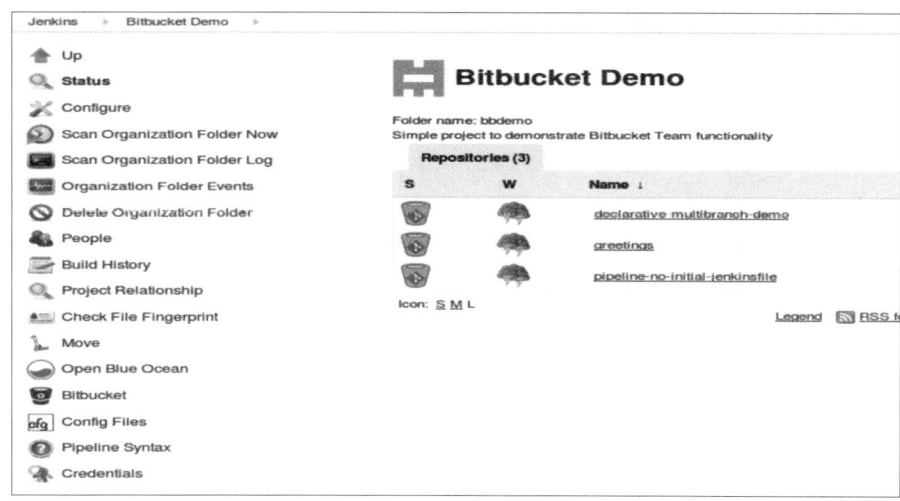

그림 8-70 젠킨스에서 조직 저장소 스캔을 통해 생성된 빗버킷 팀/프로젝트 프로젝트

이후 각각의 저장소의 브랜치 중 Jenkinsfiles가 있는 장소가 빌드된다(그림 8-71).

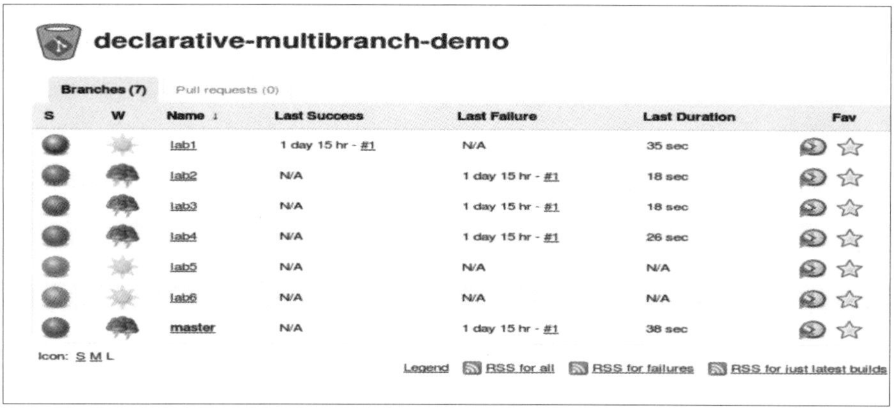

그림 8-71 빗버킷 팀의 저장소 내 빌드

프로젝트 아이콘

목록 뷰에서 프로젝트의 종류를 화면에서 더 쉽게 구분하기 위해 젠킨스 2는 추가 아이콘을 도입했다. 샘플은 그림 8-72와 같다(S열에 아이콘이 있다).

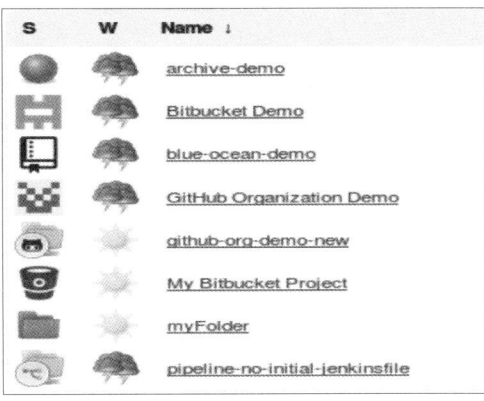

그림 8-72 다양한 프로젝트 타입의 샘플 아이콘

상단의 첫 아이콘은 전통적인 아이콘으로 일반 젠킨스 잡을 나타낸다.

두 번째와 네 번째는 조직 저장소 프로젝트(각각 빗버킷과 깃허브)로, 설정이 모두 완료돼 각 사이트에서 아이콘을 가져와서 보여준다.

세 번째는 깃허브의 간단한 프로젝트 아이콘이다.

다섯 번째는 아직 설정 중인 깃허브 조직 저장소 프로젝트의 아이콘이다.

일곱 번째는 멀티브랜치 파이프라인 프로젝트의 아이콘이다.

추가 종류의 아이콘 하나가 그림 8-70에 있다. 각각의 프로젝트의 아이콘은 빗버킷에 저장된 깃 프로젝트를 의미한다.

요약

8장에서는 젠킨스에서 사용할 수 있는 일반적인 프로젝트 타입에 대해 자세히 알아봤다. 이 책에서 중점으로 다루는 것은 파이프라인 프로젝트지만, 젠킨스는 아직 활발히 사용되고 있는 레거시 프로젝트도 지원한다. 또한 젠킨스 2에는 프로젝트 타입이 몇 가지 추가됐다.

새로운 프로젝트 타입은 젠킨스가 자동으로 프로젝트를 감지해 소스 저장소와 연동된다. 이 내부에는 Jenkinsfile을 기준으로 사용해 자동으로 해당 브랜치의 잡을 프로젝트에 생성한다. 추가로, 새로운 폴더 타입은 멀티브랜치 파이프라인을 통해 여러 잡을 하나의 프로젝트로 묶게 해준다. 또한 여러 프로젝트가 깃허브 조직 저장소와 빗버킷 팀/프로젝트 프로젝트를 통해 하나로 묶일 수 있다.

전체적으로 프로젝트의 타입을 살펴본 것 외에도, 프로젝트에서 설정할 수 있는 일반적인 설정 옵션과 이에 대응되는 파이프라인 문장을 살펴봤다. 이러한 지식을 바탕으로 사용자는 상황에 가장 적합한 프로젝트 타입을 고를 수 있을 뿐만 아니라 기존 기능을 파이프라인 형태로 바꿀 수 있을 것이다.

9장에서는 젠킨스의 새로운 사용자 인터페이스 블루 오션에 대해 알아보고, 앞에서 살펴본 파이프라인에 기반한 프로젝트 타입이 블루 오션 인터페이스 표시되는 방식을 알아본다.

9장
블루 오션 인터페이스

서술적 파이프라인 문법 외에 젠킨스 2의 주요 혁신 중 하나는 새로운 그래픽 인터페이스인 블루 오션이다. 블루 오션의 개념부터 정리해보면 다음과 같다.

- 파이프라인 진척 상황을 그래프로 표현
- 새로운 서술적 파이프라인을 생성하는 그래픽 인터페이스 제공
- 파이프라인의 스테이지 레벨에서 로그 확인 및 파이프라인의 진척 상황 표현
- 멀티브랜치 파이프라인 프로젝트의 브랜치별 뷰 제공
- 멀티브랜치 파이프라인 프로젝트의 풀 리퀘스트 지원
- 소스 코드 저장소로부터 새로운 파이프라인을 생성하는 가이드 제공
- 클릭 위주의 인터페이스와 입력을 지원하는 스테이지, 스텝, 기타 항목을 추가할 수 있는 파이프라인 편집기 제공
- 스테이지 뷰 아웃풋에 비해 병렬 스테이지를 이해하기 쉬운 화면 제공
- 블루 오션 화면이 없는 항목이나 해당 항목을 '클래식(레거시)' 젠킨스 뷰로 돌아갈 수 있는 링크 제공

이 인터페이스는 파이프라인의 스테이지 정의를 이용하고 각 스테이지를 나타나는 그래픽 요소를 추가한다. 진척 사항과 성공 및 실패를 보여주는 아이콘과 색상도 그래픽 요소에 포함된다.

또한 사용자는 스텝별로 로그를 확인할 수 있고, 클릭을 통해 자세한 상황도 확인 가능하다.

이는 새 인터페이스의 개념적인 부분이다. 전통적 젠킨스처럼 예제 잡을 통해 다양한 화면과 옵션을 실제로 클릭하는 것이 가장 쉽게 이해할 수 있는 방법이다.

이 장의 나머지 부분은 두 파트로 나뉘어 있다. 첫 번째 파트에서는 실행되고 있는 기존 파이프라인을 관리하는 다양한 화면, 페이지, 뷰를 살펴본다. 두 번째 파트에서는 파이프라인을 생성, 수정, 디버깅을 위한 파이프라인 편집기를 다룬다. 이 두 파트를 통해 블루 오션을 좀 더 이해할 수 있을 것이다.

알려진 이슈

블루 오션이 상당한 기능을 제공하지만, 이 책을 집필하는 시점의 블루 오션은 아직 공식 릴리스의 초기인 점을 고려해야 한다. 기본적이고 중심적인 기능 외에 다른 것을 사용할 때 다양한 이슈를 만날 수도 있다. 특히 파이프라인 편집기를 사용할 때 서술적 파이프라인에서 사용 가능한 특정 문법이 편집기에서는 입력되지 않을 수 있다.

이러한 이슈가 발생하는 곳에는 노트를 남기고 우회할 수 있는 방법을 제공할 것이다.

또한 항상 블루 오션과 젠킨스의 최신 버전을 확인해 이슈가 해결됐는지 점검하자.

파트 1: 기존 파이프라인 관리

이번 절에서는 블루 오션 인터페이스를 사용해 기존 파이프라인의 실행 및 결과를 관리하는지 알아볼 것이다. 이를 위한 가장 쉬운 방법은 사용자에게 보이는 다양한 화면을 사용해보고, 각각의 기능을 설명하는 것이다.

먼저 젠킨스 대시보드부터 시작해보자.

대시보드

젠킨스 대시보드의 왼쪽 메인 메뉴에는 블루 오션 인터페이스를 실행할 수 있는 옵션이 있다 (그림 9-1).

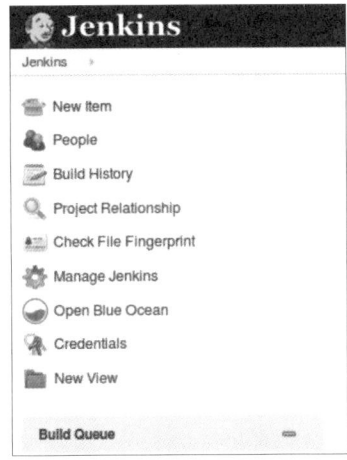

그림 9-1 블루 오션을 여는 메뉴 옵션

브라우저에서 직접 URL을 입력해 해당 인터페이스를 열 수도 있다. 가장 짧은 버전은 <젠킨스 URL>/blue이다. 두 가지 방법 중 하나를 통해 그림 9-2와 같이 블루 오션 대시보드로 이동할 수 있다.

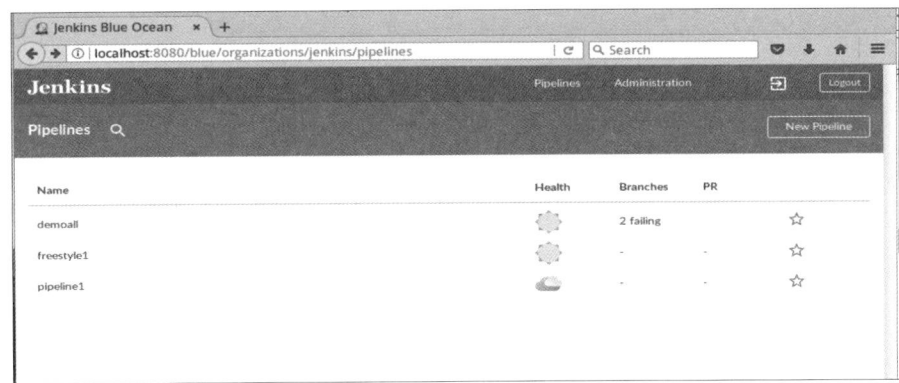

그림 9-2 블루 오션 대시보드

파이프라인 페이지

여기서 대시보드는 좀 더 세부적인 '파이프라인' URL로 연결된다. 실제로, 대시보드 페이지를 '파이프라인' 페이지라고 생각할 수 있다.

전통적인 젠킨스 대시보드와 같이, 이 페이지도 젠킨스의 잡 목록을 보여준다. 파이프라인 프로젝트가 중점적인 관리 대상이긴 하지만, 사용자의 모든 잡이 보일 것이다.

이 페이지를 완전히 이해하려면 다양한 내비게이션 링크와 항목부터 살펴봐야 한다.

상단의 파란색 바의 '젠킨스'와 '파이프라인'은 같은 페이지로 이동하는 링크다. 이는 득정 상황에서 꽤 유용하다. 예를 들어, 잡 목록의 필터에서 검색했을 경우, 위 링크를 통해 다시 전체 목록으로 돌아올 수 있다.

같은 줄에 있는 관리자 아이템은 젠킨스 인스턴스의 관리자 설정을 위한 전통적인 젠킨스 관리 페이지로 이동시킨다.

화살표가 오른쪽을 가리키고 있는 사각형 아이콘은 클래식 젠킨스 대시보드로 이동시켜주고, Logout 버튼은 로그아웃을 실행한다.

다음 줄에서 파이프라인 링크는 윗줄의 파이프라인과 같은 역할을 한다.

그 옆의 돋보기는 검색 기능이다. 돋보기 아이콘을 클릭하면 파이프라인의 이름 같은 검색어를 입력할 수 있다. 예를 들어, 그림 9-3과 같이 검색 영역을 클릭한 후 o를 입력하면, 목록은 잡 이름에 o가 들어 있는 것만 보여준다.

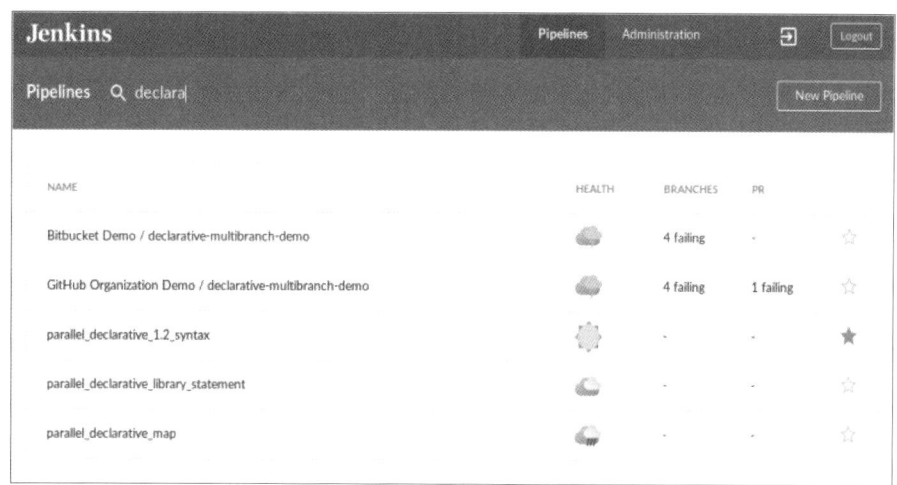

그림 9-3 블루 오션 대시보드의 검색 기능 사용

New Pipeline 버튼은 새 파이프라인을 생성하기 위해 사용된다. New Pipeline 버튼을 이 장의 다른 절에서 살펴볼 것이다.

상단의 파란 영역 아래에는 젠킨스 인스턴스에 정의된 프로젝트나 잡의 목록을 보여주는 이 페이지의 메인 영역이 있다. 각 필드에 대한 설명은 표 9-1에 나와 있다.

표 9-1 대시보드 필드 설명

필드	설명
Name	프로젝트 명칭
Health	젠킨스 상태 표시자(최근 몇 개의 실행에 대한 성공 및 실패)
Branches	멀티브랜치 파이프라인의 경우 최신 브랜치 빌드의 상태
PR	마지막 pull request에 대한 빌드의 상태
Star icon	해당 프로젝트의 즐겨찾기 토글

Name과 Health 지시자는 전통 젠킨스 뷰와 동일하다.

Branches 열은 새로운 멀티브랜치 파이프라인 프로젝트 종류에만 적용된다. 이는 브랜치에 대한 마지막 빌드의 요약 정보를 제공한다(멀티브랜치 파이프라인은 8장에서 자세히 다뤘다).

PR 열은 깃허브 프로젝트와 같은 곳에서 활성화된 pull request가 존재할 때만 적용된다. 아직 처리되지 않은 PR이 있다면 여기에 보여진다(PR은 이 장의 후반부에서 다시 자세히 다룬다).

제목이 없는 마지막 열은 사용자가 해당 프로젝트를 '즐겨찾기'에 추가할 수 있게 해준다. 이 경우 페이지 최상단 Favorites(즐겨찾기) 영역에 바로가기를 만들어준다.

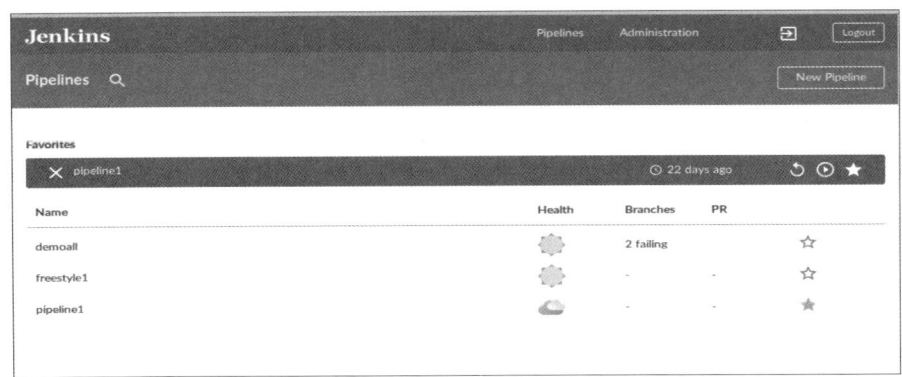

그림 9-4 즐겨찾기 추가

별표를 통해 프로젝트를 즐겨찾기에 추가하면, 화면 상단의 바로가기의 오른쪽에 몇 가지 옵션이 생긴다. 각각에 대해서는 이 장의 후반부에 다룬다. 이런 방식으로 별 아이콘이 특정 프로젝트의 바로가기를 추가하는 역할을 한다.

 **즐겨찾기**

별 아이콘이 나타나는 장소(열 혹은 헤더)에 상관없이 이것은 프로젝트의 '즐겨찾기' 상태를 변경하는 역할을 한다. 하지만 이 엔트리가 다른 엔트리의 컨테이너라면(예를 들어, 멀티브랜치 파이프라인은 다른 잡을 내부에 포함한다), 즐겨찾기는 기본 객체가 무엇인지 정의할 수 있을 때에만 동작한다. 예를 들어, 멀티브랜치 파이프라이 프로젝트를 즐겨찾기로 선택하면 master 브랜치가 존재할 때 이를 즐겨찾기에 추가한다. 기본값에 적합한 것이 없다면, 다음과 같은 에러를 표시한다.

```
Favoriting Error

No default branch (e.g. "master") to favorite.
```

마지막으로 대시보드 화면의 하단 근처에는 어떤 버전의 블루 오션과 젠킨스 버전이 동작할지 알려주는 문자가 있다.

대시보드에 보이는 프로젝트를 클릭하면 해당 프로젝트의 페이지로 이동한다. 이 페이지의 내용에 대해 살펴보자.

프로젝트 연관 페이지

블루 오션 대시보드에서 상태, 커밋 등 특정 파이프라인의 정보를 자세히 살펴볼 수 있다. 대시보드의 항목을 클릭하면 해당 잡의 페이지로 이동한다.

이 페이지에는 대시보드의 항목과 비슷한 내용이 들어 있다. 상단에는 블루 오션에서 항상 보이는 헤더가 있고, 여기에는 젠킨스, 파이프라인, 관리자, 클래식으로 이동 및 로그아웃 링크가 있다.

다음 파란색 행에는 프로젝트의 최근 실행 상태를 나타내는 아이콘(예: 태양)과 파이프라인 이름(파이프라인의 최근 Activity 페이지에 대한 링크), 별 아이콘(즐겨찾기 추가 역할)이 있다. 기어 모양 아이콘은 해당 파이프라인 잡의 클래식 설정으로 바로 이동하는 링크다.

각 페이지에는 Activity, Branches, Pull Request 세 가지 뷰가 있다. 각각의 단일 브랜치와 멀티브랜치 파이프라인 잡의 해당 뷰에서 할 수 있는 기능에 대해 알아볼 것이다.

일반 파이프라인 Activity 뷰

이름에서 알 수 있듯이 Activity 뷰는 선택된 파이프라인의 모든 동작(실행)을 보여주는 데 목적이 있다. 페이지의 기본 뷰다. Activity 뷰 페이지는 해당 파이프라인 모든 브랜치의 실행 결과를 보여준다. 아직 실행된 적이 없는 잡을 블루 오션 대시보드에서 선택하면 그림 9-5와 같은 화면이 나타난다.

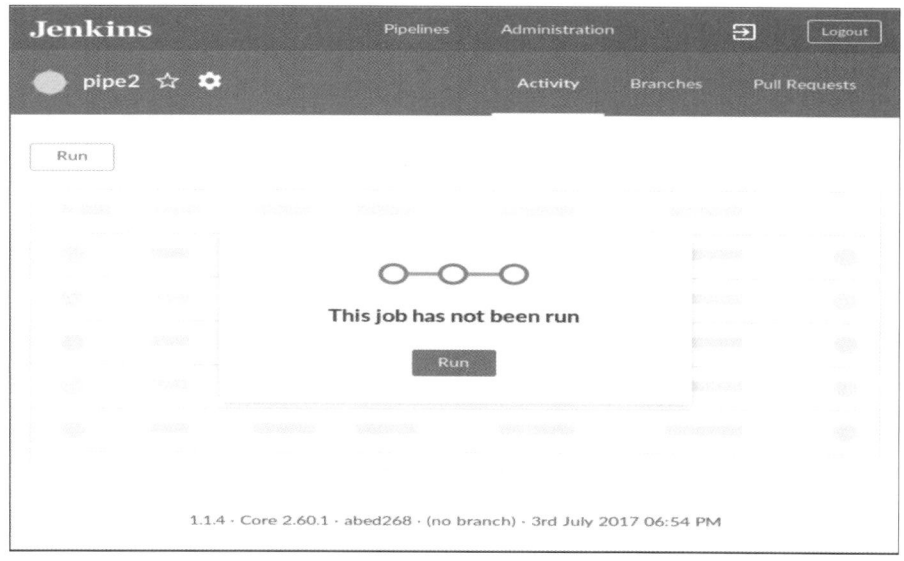

그림 9-5 아직 실행되지 않은 잡에 대한 블루 오션 화면

Run 버튼(왼쪽 상단과 창 내부)을 이용해 잡을 실행시킬 수 있다. 잡이 실행되고 있으면 왼쪽의 원형 아이콘이 잡의 진척에 따라 점차 채워진다. 가장 오른쪽의 아이콘은 필요시 빌드를 중지시키는 역할을 한다(그림 9-6).

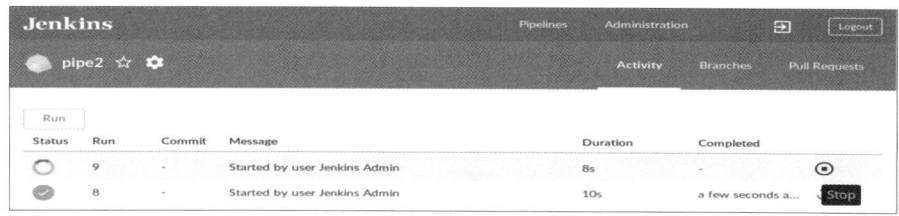

그림 9-6 실행 중인 블루 오션과 중지 아이콘

블루 오션 색상과 기호

블루 오션에서 상태 아이콘(그리고 개별 잡과 연관된 기호)은 상태를 표시하기 위한 의미 있는 색상과 기호를 갖고 있다. 특정 페이지에서 상단의 배너에 색상이 나타날 수 있다. 상태와 색상, 그리고 기호의 관계는 표 9-2와 같다.

표 9-2 블루 오션 상태 시각적 매핑

상태	색상	기호
성공	초록	체크 마크
불안정	노랑	느낌표
실패	빨강	X 표시
실행중	파랑	없음
미실행	회색	없음

헤일로

앞에서 언급했듯이 블루 오션에서 실행되고 있는 잡에는 진척 상황에 따라 점차 채워지는 원이 있다. 이와 같은 기호가 블루 오션 잡의 개별 스테이지를 볼 때에도 나타난다. 이러한 기호를 간단히 지칭하기 위해, 이 장에서 앞으로 이를 '헤일로(Halos)'라고 부른다.

잡이나 스테이지가 실행된 후 헤일로는 점점 채워지고, 색상이 나타나며, 상태를 위한 기호가 표시된다(이전 사이드바의 그림 9-6 참고).

새로운 실행을 (Run 버튼을 통해) 트리거하는 것 외에도 열 끝에 있는 리플레이 아이콘(원형 화살표)을 클릭해 목록에 있는 잡의 이전 실행을 리플레이할 수 있다. 그림 9-7은 새로운 잡을 실행하고 이전 실행했던 잡을 리플레이한 화면이다.

그림 9-7 새로운 실행과 리플레이

리플레이

젠킨스 2의 리플레이는 현재 시점의 특정 코드를 다시 실행하는 것이다. 자세한 사항은 2장에서 다뤘다.

이 화면에서 주목할 만한 요소로는 '클래식으로 이동' 아이콘이다(오른쪽 상단의 오른쪽 화살표가 있는 네모 아이콘). 이는 블루 오션에서 화면에서 공통적으로 나타나는 아이콘이다. 이 아이콘을 간단한 파이프라인 잡의 Activity 뷰에서 클릭하면 그림 9-8과 같이 해당 잡의 스테이지 뷰로 이동한다.

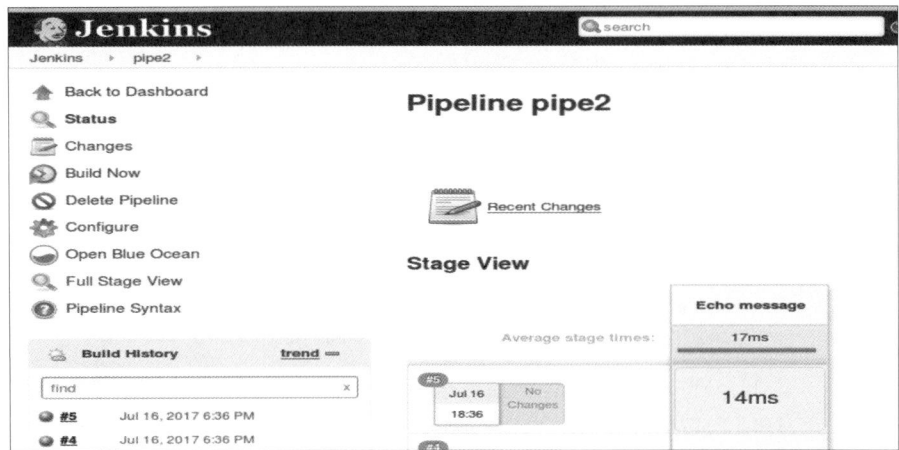

그림 9-8 간단한 파이프라인의 클래식 뷰

간단한 파이프라인 브랜치와 Pull Requests 뷰

Activity 탭과 같은 라인에 Branches와 Pull Requests 탭이 있다. 이 탭은 모든 파이프라인에서 나타나지만, 멀티브랜치 파이프라인에만 적용된다.

멀티브랜치 파이프라인이 아닌 잡에서 이 탭 중 하나를 클릭하면 더 많은 정보로 향하는 링크가 있는 에러 창이 나타나 적용되지 않는 기능임을 알려준다.

멀티브랜치 파이프라인 Activity 뷰

이제 간단한 파이프라인의 블루 오션 인터페이스를 알아봤으니, 멀티브랜치 파이프라인에 대해서도 살펴보자. 여기에서도 유사한 인터페이스가 나타난다.

그림 9-9는 멀티브랜치 파이프라인 잡의 Activity 화면이다. 여기서 간단한 파이프라인 페이지의 블루 오션 대시보드처럼 링크, 아이콘, 제목이 모두 같은 것을 볼 수 있다.

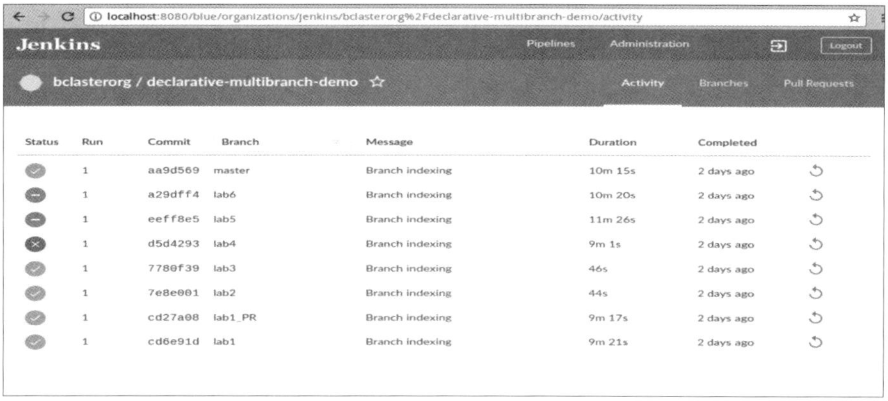

그림 9-9 멀티브랜치 파이프라인 Activity 뷰

여기에서 각 행은 개별 브랜치에 대한 잡의 실행을 의미한다. 행에서 아이콘을 제외한 곳을 클릭하면 특정 실행에 대한 상세 화면이 나타난다. 실행의 상세 화면은 이 장의 후반부에서 다룬다.

각 행의 이름과 값은 마지막 것을 제외하고는 직관적이다. 원형의 화살표를 클릭하면 특정 실행을 리플레이한다(이전 실행의 리플레이를 진행한다. 리플레이 기능은 2장에서 자세히 다뤘다). 간단한 파이프라인과 같이 아이콘을 클릭해 실행하면 왼쪽 상태 열의 아이콘이 헤일로 변한다. 행의 마지막 아이콘은 클릭을 통해 빌드를 중지시킬 수 있는 것으로 변한다.

또한, 여러 커밋이 발생한 경우 'n개의 커밋' 알림을 '최신 메시지' 옆에서 발견할 수 있을 것이다(그림 9-10). 이를 클릭하면 해당 실행의 상세 화면으로 이동한다.

그림 9-10 브랜치의 최신 커밋 알림

멀티브랜치 파이프라인 프로젝트의 경우 해당 화면의 브랜치 열의 제목이 필터 역할을 한다. 이를 클릭하면 수정할 수 있는 필드가 나타난다. 드롭다운에서 원하는 브랜치를 선택하거나, 브랜치 이름을 입력하면 된다(그림 9-11). 선별된 화면을 종료하려면 브랜치 명 오른쪽 X를 누른다.

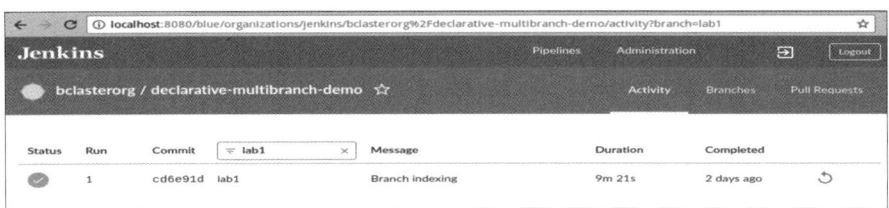

그림 9-11 선별된 Activity 뷰

마지막으로, 페이지의 제목에서 네모 안에 오른쪽을 가리키고 있는 화살표 아이콘을 Logout 버튼 옆에서 찾을 수 있다. 이전과 마찬가지로, 이는 '클래식으로 이동'하는 단축키다. 역시 이전과 마찬가지로, 현재 페이지에 따라 동작이 달라지는데, 이 경우 이를 클릭하면 멀티브랜치 파이프라인 프로젝트의 클래식 페이지로 이동한다(그림 9-12).

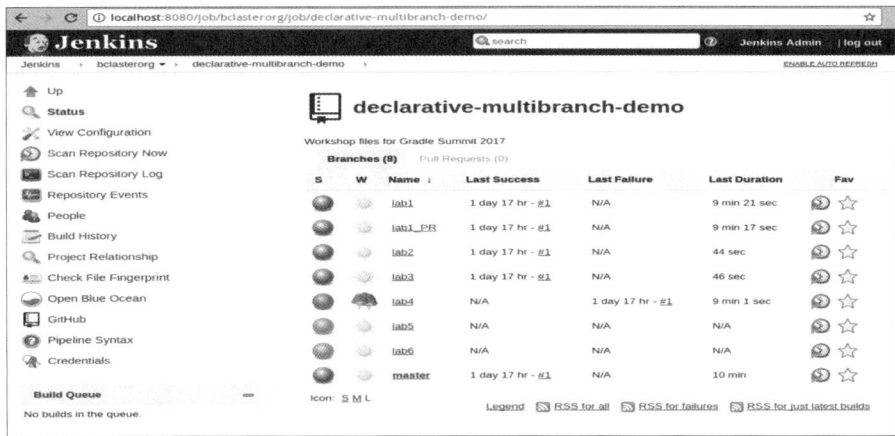

그림 9-12 멀티브랜치 파이프라인 클래식 뷰

멀티브랜치 파이프라인 프로젝트에서 Branches와 Pull Requests 탭은 유효하며, 추가 기능을 제공한다. 이를 잠시 살펴보자.

멀티브랜치 파이프라인 Branches 뷰

멀티브랜치 파이프라인 프로젝트의 Activity 뷰가 모든 브랜치의 실행을 모두 나타내는 반면, Branches 탭은 각 잡의 브랜치에 대해 동작한다. 그림 9-13은 우리가 살펴보던 파이프라인에 대한 해당 뷰의 예시다.

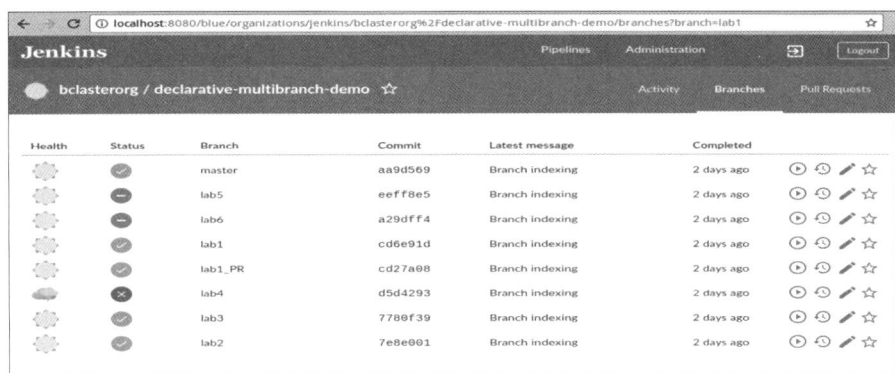

그림 9-13 멀티브랜치 파이프라인 브랜치 뷰

각각의 행은 멀티브랜치 파이프라인의 브랜치를 의미한다. 개별 브랜치의 전체적인 상태와 마지막 실행의 결과는 왼쪽에 있고, 브랜치 이름과 커밋의 SHA1 해시가 따라서 표시된다. 대부분의 경우 Latest message(최신 메시지) 필드는 Branch indexing일 것이다. 젠킨스가 변경 사항을 발견했을 때의 프로세스이기 때문이다. (네 개의 아이콘을 제외하고) 행 중에서 하나를 클릭하면 해당 브랜치의 가장 최신 실행 상세 화면으로 이동한다.

각 행의 끝에 있는 네 개의 아이콘은 클릭 가능하며, 표 9-3에 나타난 것처럼 각각 다른 기능을 한다.

표 9-3 브랜치 뷰 아이콘

아이콘	목적
실행(재생 버튼)	해당 브랜치의 파이프라인을 새로 시작한다.
Activity(시계)	해당 브랜치의 선별된 Activity 뷰로 이동한다.
파이프라인 편집기(연필)	브랜치의 파이프라인 편집기를 연다(파이프라인이 선언되어 있지 않으면 에러 발생).
즐겨찾기(별)	인터페이스에서 브랜치의 즐겨찾기를 토글한다.

멀티브랜치 파이프라인 Pull Request 뷰

깃허브와 같이 pull request를 지원하는 저장소에 기반한 파이프라인은 이 뷰를 이용해 아직 처리되지 않은 pull request를 볼 수 있다. 처리되지 않은 pull request가 존재하지 않으면, 이 뷰로 이동하는 것은 단순히 pull request가 없다는 팝업으로 대체된다.

> **Pull Request**
>
> pull request를 잘 모른다면 좀 더 자세히 알아보자(여기에서는 깃허브를 이용한다).
>
> pull request는 깃허브에서 새로운 코드를 기존 저장소에 반영하기 위한 메커니즘이다. 이 메커니즘을 유발시키는 두 가지 방법이 있다.

- 사용자가 깃허브 저장소를 fork한 후 여기에 변경 사항을 반영한 후 이 변경 사항을 원래 프로젝트에 반영하는 경우
- 사용자가 기존 프로젝트에 새 브랜치를 만든 후 여기서 코드 변경을 반영한 후 다른 브랜치에 반영하는 경우

두 가지 방법 모두 사용자가 소스 및 코드가 반영될 목적지를 포함한 깃허브 인터페이스를 통해 정식 PR을 생성할 수 있다. 머지가 발생할 프로젝트나 브랜치의 주인은 이 요청 사항을 검토하게 된다. 이를 적절하다 판단하면 PR을 받아들여 머지를 진행한다.

젠킨스는 프로젝트의 fork에서 유발된 PR을 보여주고, 이 PR이 머지되기에 안전한지 검증하기 위해 빌드를 시도한다.

하나 이상의 pull request가 깃허브 프로젝트에 있다면 그림 9-14와 같이 **Pull request** 뷰를 나타낸다.

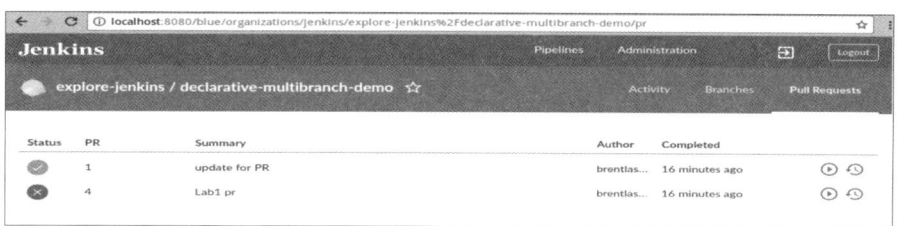

그림 9-14 멀티브랜치 파이프라인 pull request 뷰

여기서 젠킨스가 이를 빌드하려 함에 주목하자. 이에 따라 상태, 완료 시간, 재시도를 위한 내용이 나타난다.

이 경우 젠킨스가 PR 4가 빌드하려 할 때 충돌이 발생했다. 이미 설정된 젠킨스와 깃허브 사이의 연결을 통해 젠킨스가 이를 빌드할 수 없다는 사실을 깃허브에 알린다(그림 9-15).

그림 9-15 깃허브에서 PR 4 충돌 화면

이제 PR을 거절하거나 충돌을 해결할 수 있다(로컬에서 코드를 변경한 후 업데이트하거나, 깃허브에서 직접 수정할 수 있다). 이 경우 깃허브에서 충돌을 수정한 후 머지했다(그림 9-16).

그림 9-16 깃허브에서 충돌을 수정해 커밋 준비된 상태

충돌을 해결한 후 이를 깃허브에 머지하면 젠킨스는 자동으로 이를 감지해 해당 PR을 재빌드한다. 그림 9-17과 같이 충돌이 해결됐기에 PR 빌드는 성공적으로 마쳐진다.

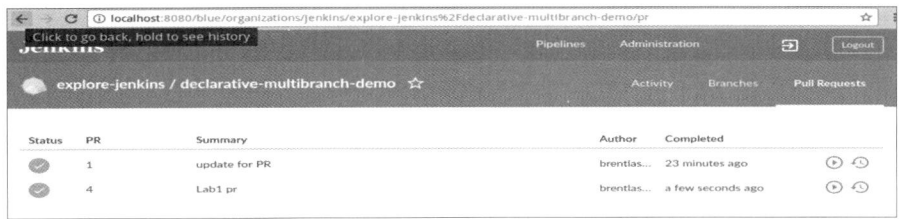

그림 9-17 충돌 해결 및 자동 빌드 이후 pull request 뷰

이는 깃허브에도 알려지게 된다. 그림 9-18의 All checks have passed 영역을 참조하자.

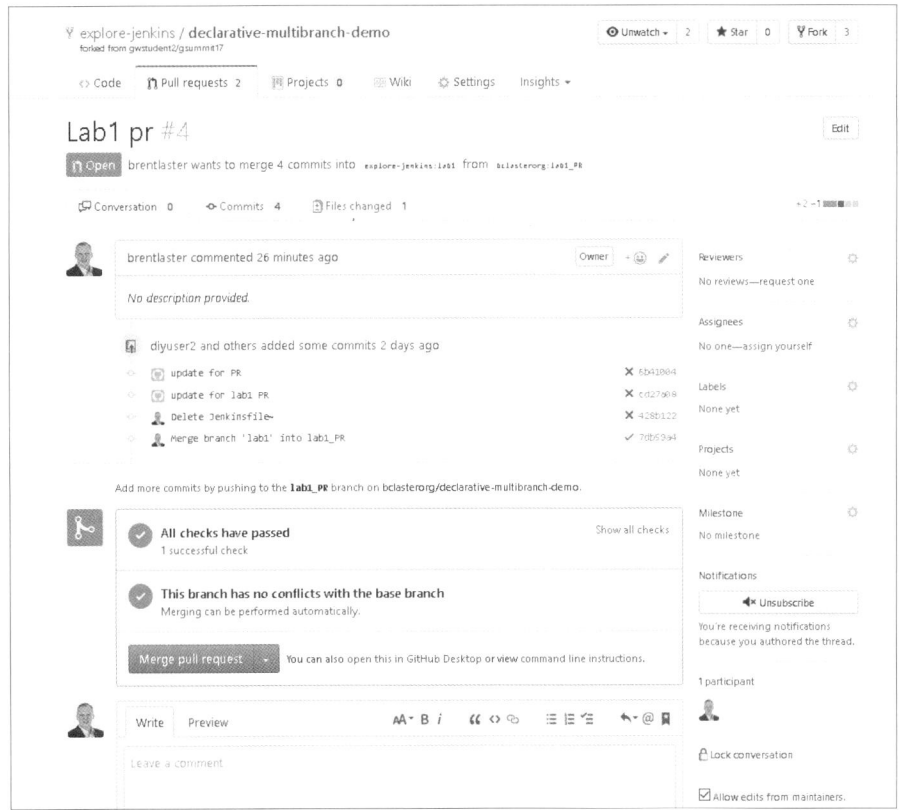

그림 9-18 모든 젠킨스 PR 빌드가 통과됐다는 깃허브 pull request 상세 화면

다음 스텝은 깃허브에서 Merge pull request 버튼을 통해 깨끗하게 빌드된 PR을 머지하는 것이다. 이후 깃허브 인터페이스는 PR이 성공적으로 머지됐음을 알려준다(그림 9-19).

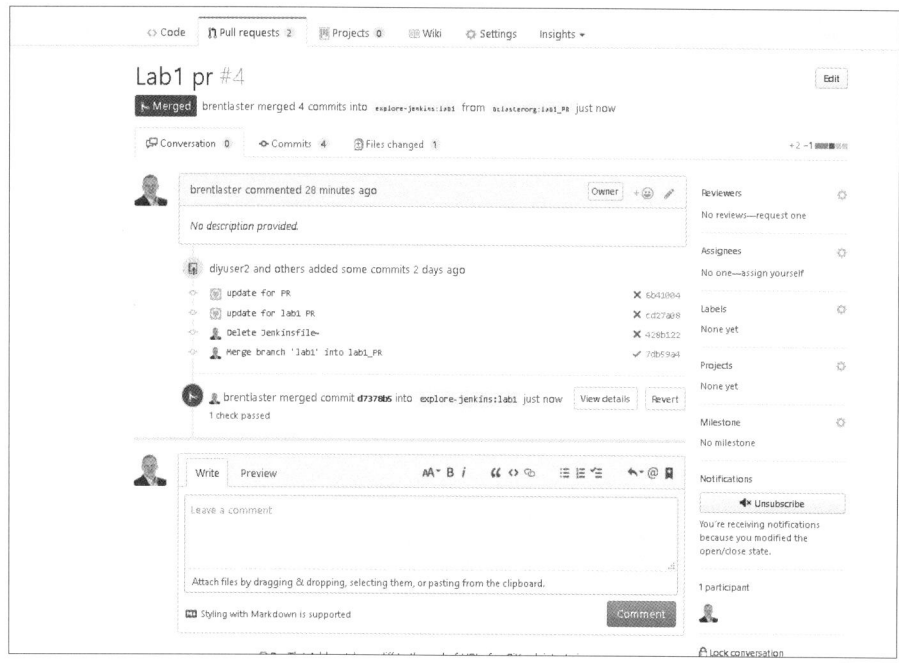

그림 9-19 PR 머지 이후 깃허브 pull request 상세 페이지

여기까지 진행된 이후 젠킨스의 자동 새로 고침 주기가 지나면 branch indexing이 발생하고, 브랜치에 새로운 변경 사항(머지된 PR)이 있는 것을 감지한 후 브랜치를 재빌드한다(그림 9-20). 또한 여러 커밋이 이 빌드에 연관됐다는 태그도 추가된다.

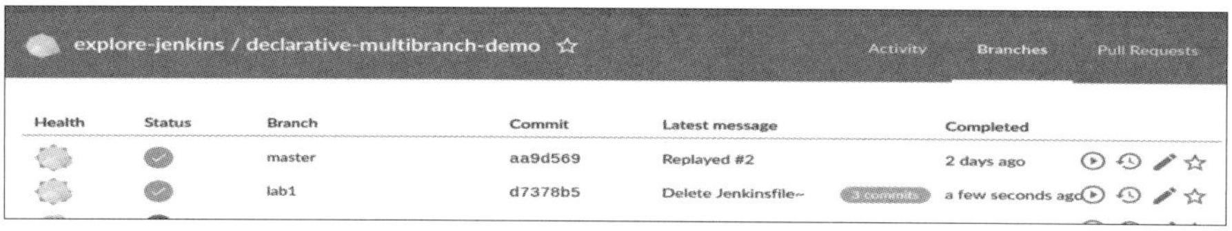

그림 9-20 PR 머지 이후 자동으로 재빌드된 브랜치

PR이 머지됐으므로 pull request 뷰에서 사라진다.

인터페이스의 여러 화면에서 보았듯이 파이프라인 실행에 대한 자세한 화면으로 이동할 수 있다(이미 발생하였거나, 진행 중인 것 모두 해당된다). 이제 파이프라인의 실행에 대해 자세히 알려주는 블루 오션 화면을 알아보자.

실행 페이지

그림 9-21은 블루 오션 인터페이스에서 실행 중인 파이프라인 잡을 보여준다. 우리가 살펴본 페이지처럼 이 페이지에도 일반적인 그래픽 요소와 특정 실행의 다양한 요소를 볼 수 있는 탭이 있다. 어떤 탭을 선택하더라도 상단의 큰 배너(상태 배너라 지칭한다)는 화면에 남는다. 배너에 있는 정보와 각각의 탭에 대해서 살펴보자.

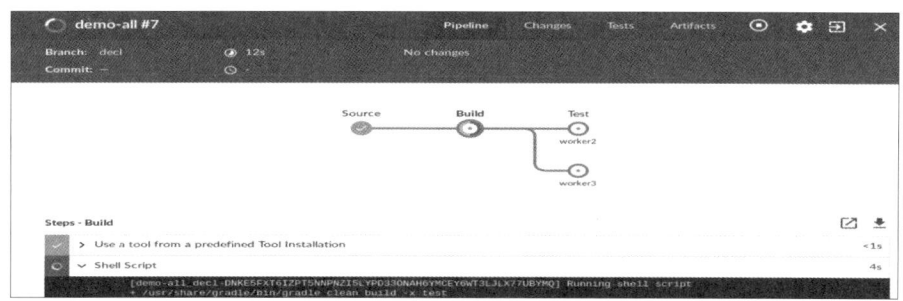

그림 9-21 블루 오션에서 진행 중인 개별 잡의

상태 배너

런이 진행 중일 때 상태 배너의 배경은 파란색이다(잡이 진행 중임을 의미한다). 왼쪽 상단의 헤일로는 전체 잡이 얼마나 진행됐는지 알려준다. 옆에는 잡의 이름과 런의 넘버, 네 개의 탭(곧 다룰 것이다), 그리고 이미 다룬 아이콘이 나타난다. 여기에는 진행 중인 빌드를 멈추는 버튼도 있다(실행 중이 아니라면 시작 버튼이 포함된다). 다음 줄에는 가장 왼쪽에 브랜치 명과 마지막 커밋의 SHA1 해시 값이 나타난다. 같은 줄에 '시간' 열이 있다. 상단의 시간은 런이 얼마나 오래 실행중인지 알려준다(실행 중이 아니라면 과거 실행에 걸린 시간을 알려준다). 하단에는 잡이 마지막으로 실행된 시간이 표시된다. 마지막으로, 행의 중간에 이 실행에 연관된 변경 사항에 대한 정보가 나타날 수 있다.

메인 페이지에는 파이프라인, 변경 사항, 테스트, 아티팩트 탭이 있어서 뷰를 변경할 수 있다. 각각에 대해 알아보자.

파이프라인

그림 9-22는 Pipeline 탭을 선택했을 때의 런 페이지의 예시다.

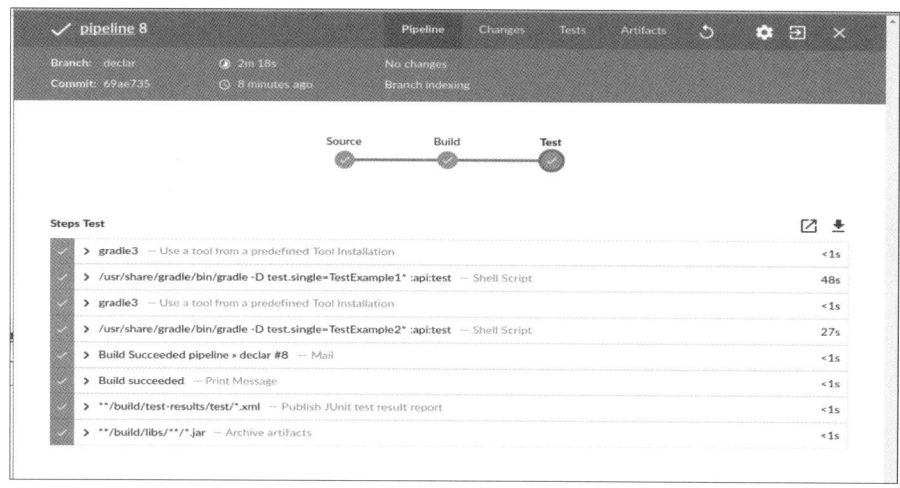

그림 9-22 런 화면의 파이프라인 탭

Pipeline 탭을 선택하면 하단에 해당 파이프라인을 그래픽으로 표시하는 배너가 나타난다. 파이프라인이 스테이지 단위로 쪼개져 각각의 스테이지가 헤일로와 함께 표시된다. 스테이지나 코드가 병렬로 실행된다면 헤일로는 같은 열에 여러 개가 나타난다.

병렬 스테이지

스테이지 내부에서 parallel 스텝을 사용하면 블루 오션은 각각의 브랜치를 다른 스테이지로 표시한다. 표시된 문자에서는 차이를 구분할 수 없다. 간단히 말해, 각각의 헤일로를 '스테이지'로 표시하게 된다.

서술적 파이프라인 1.2 문법(7장에서 다뤘다)에서는 각 병렬 브랜치가 실제로 분리된 스테이지다.

각 스테이지가 실행될 때 스테이지의 헤일로가 변경된다. 스테이지가 완료되면 헤일로의 색상이 변경되고 기호가 성공, 실패 혹은 불안정 상태에 맞게 변경된다(425쪽 '블루 오션 색상과 기호'에서 다뤘다). 아직 다 채워지지 않은 헤일로는 해당 스테이지의 작업이 진행 중인 것을 의미하고, 회색 혹은 빈 헤일로는 파이프라인에서 해당 스테이지가 아직 실행되지 않았음을 알려준다.

파이프라인을 그래픽으로 표현한 배너 아래에는 각각의 스텝의 로그를 표시하는 영역이 있다. 그래픽으로 표현한 기능 중 하나는 화면의 다른 부분이 스테이지의 현재 상태에 따라 선별될 수 있다는 것이다. 실행 후 스테이지를 활성화하려면 특정 스테이지의 헤일로를 클릭하면 된다. 여기서 단 하나의 스테이지만 활성화될 것이다(병렬 빌드는 제외).

건너뛴 스테이지

블루 오션의 화면은 '건너뛴' 스테이지를 표시할 수 있다. 이는 서술적 파이프라인에서 when 문장에 의해 조건이 맞지 않아 실행되지 않은 스테이지다(서술적 파이프라인의 조건부 문장은 7장에서 다뤘다).

파이프라인을 그래픽으로 표현한 부분 밑에 있는 각 스텝의 로그는 현재 선택한 스테이지에 따라 선별된다. 이에 대해 살펴보자.

스테이지 로그

파이프라인 뷰의 하단에 있는 영역은 사용자가 원하는 스테이지의 로그를 스텝별로 볼 수 있게 해준다. 여기서 나타난 스텝은 현재 선택한 스테이지에 포함된 스텝이다.

하나의 스텝당 하나의 줄이 생긴다. 표 9-4는 스텝 로그에서 볼 수 있는 필드다.

표 9-4 스텝 로그 항목의 필드

이름	표현	목적
Status	색상 표시와 기호(이전에 다뤘던 것과 동일)	파이프라인 스텝의 상태 표시(성공, 실패 등)
Show log	숨겼을 시에는 오른쪽 화살표/확장했을 때에는 아래를 가리키는 화살표	스텝의 상세 로그를 보여주는 토글
Description	실제 스텝과 설명	스텝의 명령어와 설명(스니펫 생성기와 동일)을 표시
Duration	시간(일반적으로 초 단위)	이번 실행에서 소요된 실행 시간 표시

조합된 스텝

두 개의 이상의 스텝이 하나의 명령어로 조합됐다면, 이 영역에서 스텝들은 하나씩 분리된다. 예를 들어, 파이프라인에 다음과 같은 명령어가 있다 생각해보자.

```
sh "${tool 'gradle32'}/bin/gradle build"
```

여기서 tool과 sh 스텝의 각각 하나의 행으로 나타난다. 하지만 tool 스텝이 sh 스텝 내부에 포함되기 때문에, 분리된 로그를 갖지는 않는다. 따라서 tool 스텝의 확장하면 아무런 추가 정보도 나타나지 않을 것이다.

추가로, 몇몇 스텝(예: mail 스텝)의 로그에는 아무 정보도 없거나 '빌드 성공' 같은 결과만 표시될 수도 있다.

여기서 가장 중요한 장점은 스테이지를 클릭해 내부의 스텝을 선택해 스텝의 로그를 보는 것이다. 두 번째 줄의 > 기호를 클릭하면 로그가 표시되고, 기호가 V로 변경된다. 해당 필드를 다시 클릭하면 로그는 사라진다.

그림 9-23은 파이프라인의 특정 스테이지 내의 스텝(Test)에 대해 로그를 펼친 화면이다. 스테이지의 실패 상태에도 주목하자.

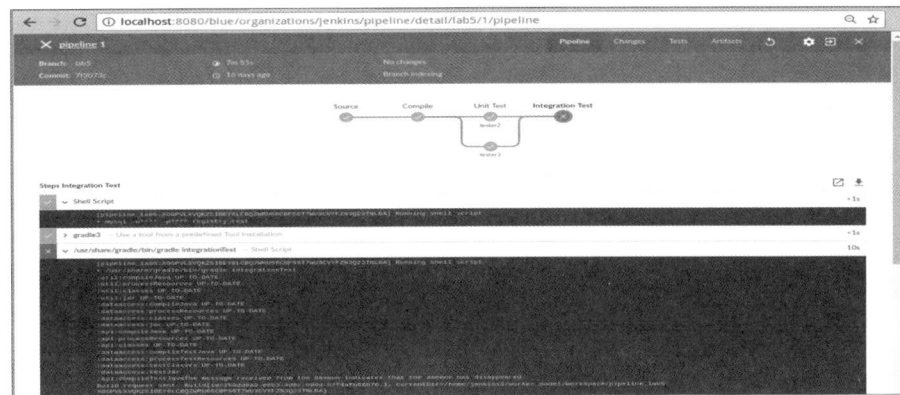

그림 9-23 파이프라인 뷰의 펼쳐진 스텝 로그

이 뷰에 주목할 점 중에 또 하나는 가장 오른쪽의 스텝을 나타내는 행 위에 로그를 자세히 살펴볼 수 있는 두 개의 아이콘이 있는 것이다. 대각선 화살표가 있는 네모 모양 아이콘을 클릭하면 선택한 스텝의 로그를 새로운 창에서 크게 볼 수 있다. 그 옆에 있는 아래로 가리키는 화살표 아이콘을 클릭하면 로그를 내려받을 수 있다.

변경 사항

다음에 살펴볼 뷰는 Changes 탭이다. 이름에서 알 수 있듯이 Changes 뷰는 이번 실행에서 변경된 소스 코드를 보여준다.

그림 9-24는 특정 파이프라인의 실행에 대한 변경 사항이다.

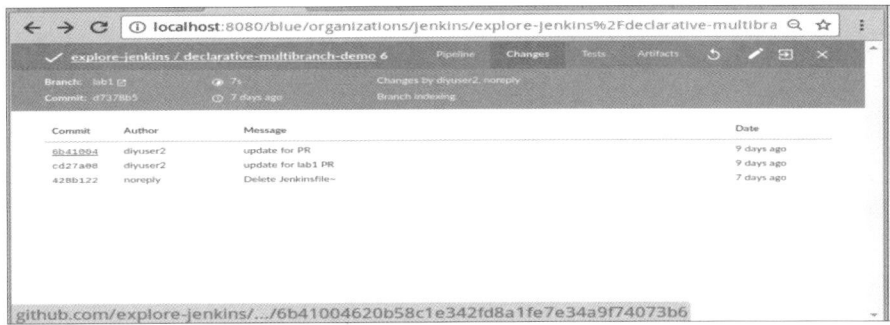

그림 9-24 파이프라인 런에 대한 변경 사항 뷰

여기에 있는 필드는 깃에 익숙하다면 이해하기 어렵지 않을 것이다. 하지만 자세히 알아보고 넘어가자(표 9-5).

표 9-5 뷰 필드 설명

이름	설명
Commit	깃 커밋 SHA1 해시의 일부(유일성을 보장하기 위한 자리수)
Author	커밋을 만든 사용자의 ID
Message	커밋 메시지
Date	마지막 실행 시각(마지막 실행으로부터 24시간이 지나지 않았다면, 시간)

블루 오션 화면의 유용한 기능 중 하나는 특정 커밋을 선택할 수 있다는 점이다. 이 동작은 사용자를 소스 코드 관리 시스템으로 이동시킨다. 예를 들어, 이전 그림에서 강조된 커밋을 클릭하면 깃허브 페이지의 해당 상세 화면으로 이동한다(그림 9-25).

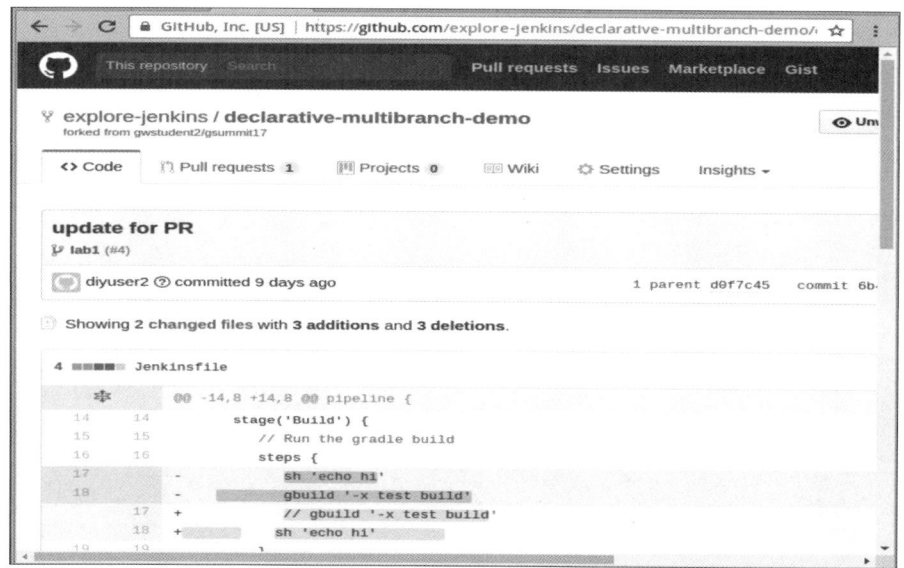

그림 9-25 변경 사항 뷰와 연결된 깃허브 변경 사항 페이지

변경 사항 화면에서 나타나는 내용은 클래식 뷰의 빌드 결과 페이지의 내용의 일부다.

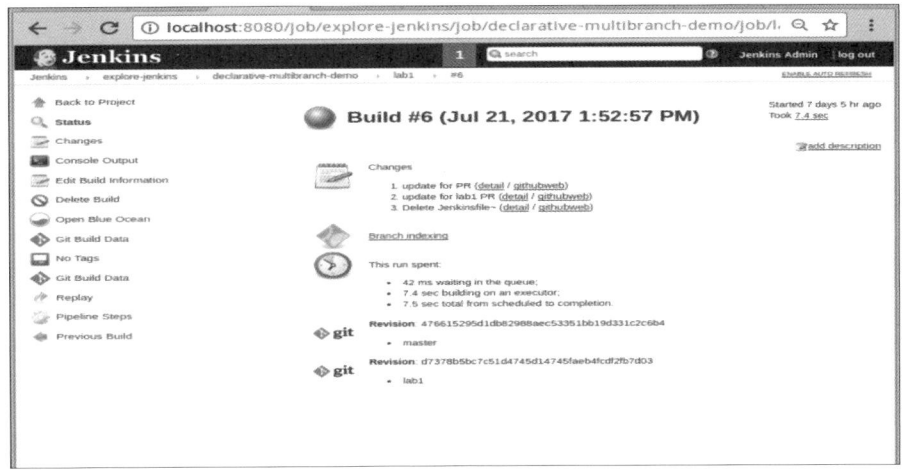

그림 9-26 대응되는 클래식 뷰의 빌드 결과 페이지

테스트

JUnit 같은 플러그인은 테스트 결과를 묶어 젠킨스가 리포트하게 해준다. 파이프라인에 실제 테스트 스텝이 있다면 다음과 같은 코드를 사용해 테스트 결과를 묶을 수 있다.

```
junit '**/build/reports/**/*.xml'
```

이러한 코드는 일반적으로 파이프라인의 실행 이후에 항상 실행하게 되는 빌드 후처리에 포함된다. 서술적 파이프라인의 경우 다음과 같다.

```
post {
    always {
        junit '**/build/reports/**/*.xml'
    }
```

스크립트 방식의 파이프라인에서는 try-catch-finally 구조를 사용해 finally 블록에 포함시키면 된다.

```
finally {
    junit 'build/reports/**/*.xml'
}
```

이러한 스텝을 이용해 클래식 뷰에서 젠킨스는 테스트의 성공/실패에 대한 트렌드 리포트와 실패한 테스트의 상세 페이지를 그림 9-27과 같이 만든다.

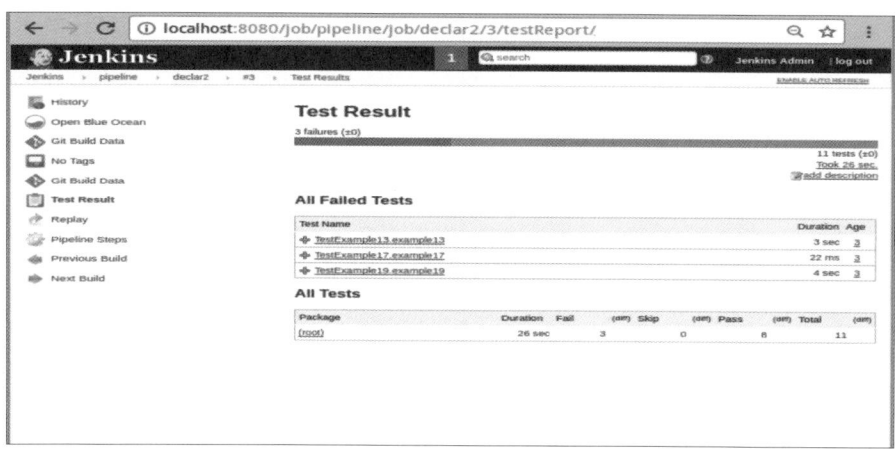

그림 9-27 클래식 뷰의 실패한 테스트 상세 화면

블루 오션에서 실행 화면의 테스트 뷰는 클래식 뷰의 실패한 테스트 화면과 유사한 화면을 제공한다. 테스트 결과를 묶기 위한 스텝이 포함되지 않았다면, 화면에서는 There are no tests archived for this run(이 실행을 위해 묶인 테스트 결과 없음) 메시지를 보여줄 것이다. 모든 테스트가 통과하면 화면은 그림 9-28과 같은 메시지를 보여줄 것이다.

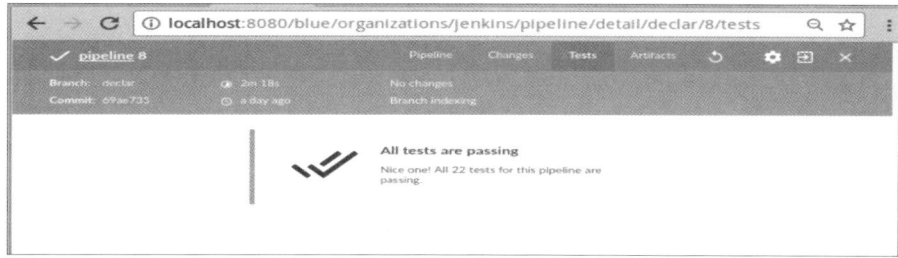

그림 9-28 모든 테스트 통과

파이프라인은 보통 실패한 테스트가 빌드 결과를 '불안정unstable'하게 지정하게 한다. 이는 블루 오션의 인터페이스에서 노란색과 느낌표를 통해 나타난다. 따라서 실패한 테스트의 상세 화면을 포함한 불안정한 테스트 뷰는 그림 9-29와 유사할 것이다.

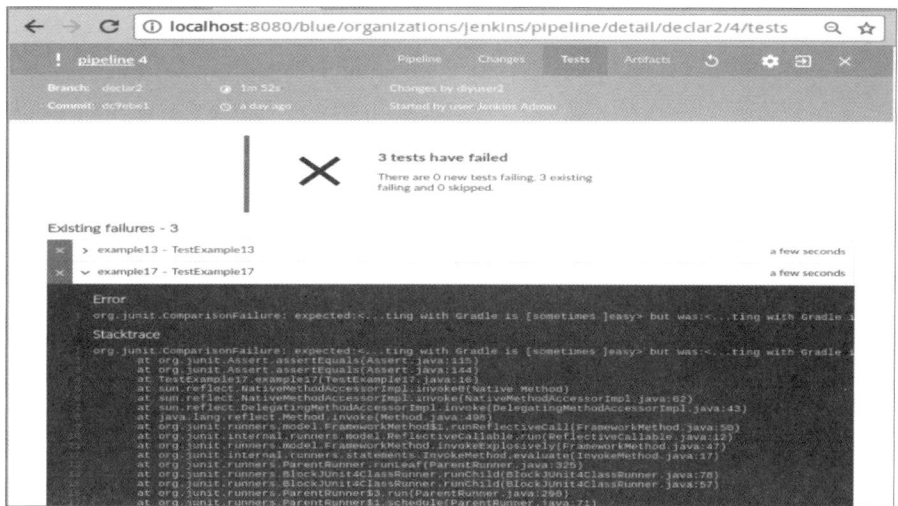

그림 9-29 실패한 테스트를 보여주는 테스트 탭

여기서 Pipeline 탭의 스텝 로그와 유사하게 관련된 로그를 얻기 위해 실패한 테스트의 행을 펼칠 수 있다.

아티팩트

파이프라인이 아티팩트를 묶게 설정됐다면 Artifacts 페이지에서 해당 내용을 보거나 다운로드할 수 있다. Artifacts 탭에는 그림 9-30에 나타난 클래식 뷰의 빌드 아티팩트 화면의 일부 정보가 포함돼 있다.

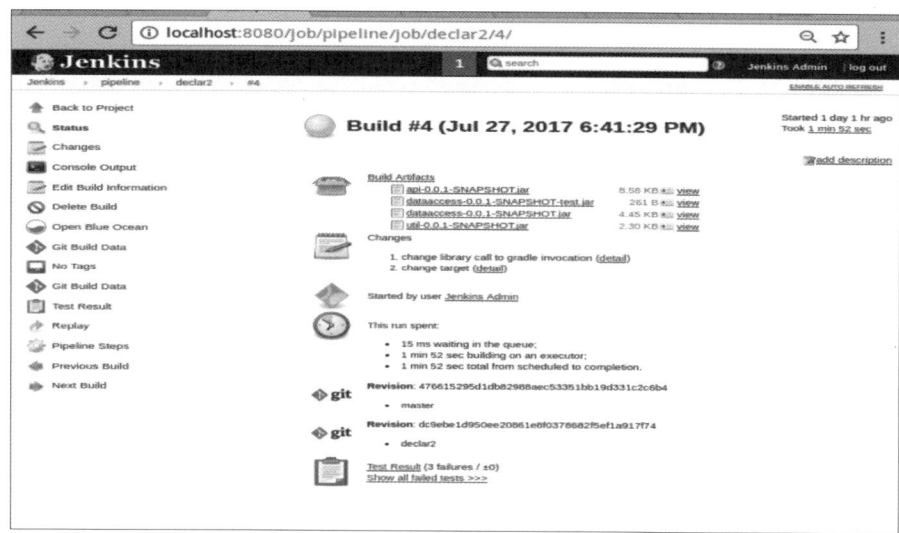

그림 9-30 빌드에서 생성된 아티팩트를 보여주는 클래식 뷰

archive 파이프라인 스텝은 아티팩트를 묶게 해준다. 다음은 예시다.

```
archive 'build/libs/**/*.jar'
```

테스트 결과를 묶는 코드와 유사하게, 이와 같은 코드는 주로 파이프라인에서 항상 실행되는 장소인 빌드 후처리 영역에 포함된다. 서술적 파이프라인의 경우 다음과 같다.

```
post {
    always {
        archive 'build/libs/**/*.jar'
    }
```

스크립트 방식의 파이프라인에서는 try-catch-finally 구조를 사용해 finally 블록에 코드를 포함한다.

```
finally {
    archive 'build/libs/**/*.jar'
}
```

그림 9-31은 블루 오션 인터페이스의 아티팩트 뷰의 예시다.

그림 9-31 아티팩트 뷰

여기서 목록의 첫 번째 항목은 pipeline.log이다. 이것은 파이프라인의 실행 로그로, 아티팩트가 없어도 항상 존재한다.

각 행의 오른쪽에 개별 아티팩트를 다운로드할 수 있는 아이콘이 있고, 아티팩트 이름을 클릭해 이를 열 수 있다(파이프라인 로그를 제외하면, 여는 행동은 대개 아티팩트를 다운로드하는 행동으로 대체된다).

마지막으로 하단에 Download All(전체 다운로드) 버튼이 있다. 이름에서 알 수 있듯이 Download All 버튼은 목록의 모든 아티팩트를 ZIP 파일로 내려받게 한다(그림 9-32).

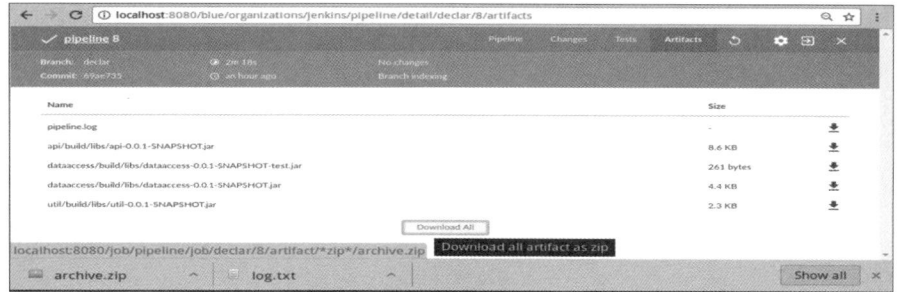

그림 9-32 전체 아티팩트를 ZIP 파일로 다운로드

또 하나 살펴볼 점은 아티팩트와 테스트 결과다. 두 개의 인터페이스(블루 오션과 클래식 뷰)를 살펴봤지만, 이 항목은 젠킨스의 스테이지 뷰에서도 접근 가능하다. 그림 9-33은 불안정한 실패한 빌드의 예시다. 상단에서 접근 가능한 아티팩트와 오른쪽 상단의 테스트 추세 그래프에 주목하자.

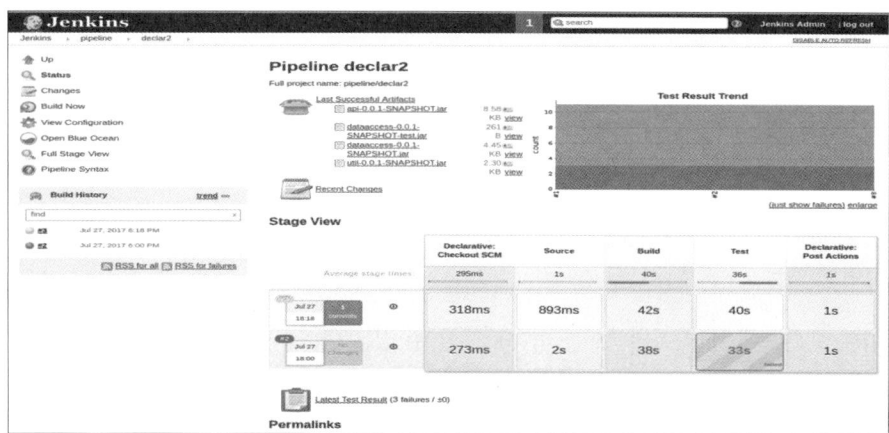

그림 9-33 마지막으로 성공한 아티팩트와 테스트 결과 추세 그래프를 보여주는 스테이지 뷰

파트 2: 블루 오션 편집기 사용하기

이번 절에서는 블루 오션의 주요 요소 중에서 파이프라인 편집기를 다룬다. 파이프라인 편집기는 사용자가 파이프라인이나 파이프라인의 일부를 그래픽 인터페이스를 이용해 생성 및 수정할 수 있게 해준다.

Jenkinsfile이 없는 파이프라인 프로젝트 생성하고 기존 파이프라인의 내용을 추가 및 수정하는 내용을 다룬다.

Jenkinsfile이 없는 새로운 파이프라인 프로젝트 생성

파이프라인을 정의하는 Jenkinsfile이 있다면, 이것은 파이프라인 편집기를 통해 기능을 변경하거나 추가하는 기준이 된다. 하지만 완전히 새로운 프로젝트를 파이프라인 편집기를 통해 생성할 수도 있다. 실제로, 이것이 블루 오션 인터페이스를 통해 새로운 파이프라인을 생성하는 기본 워크플로우다. 어떻게 동작하는지 살펴보자.

파이프라인이 하나도 없는 젠킨스 인스턴스를 시작하고 블루 오션을 열면, 그림 9-34와 같은 화면이 나타날 것이다. 대화상자의 Creat a new Pipeline 버튼을 누르기만 하면 새로운 파이프라인이 생성된다.

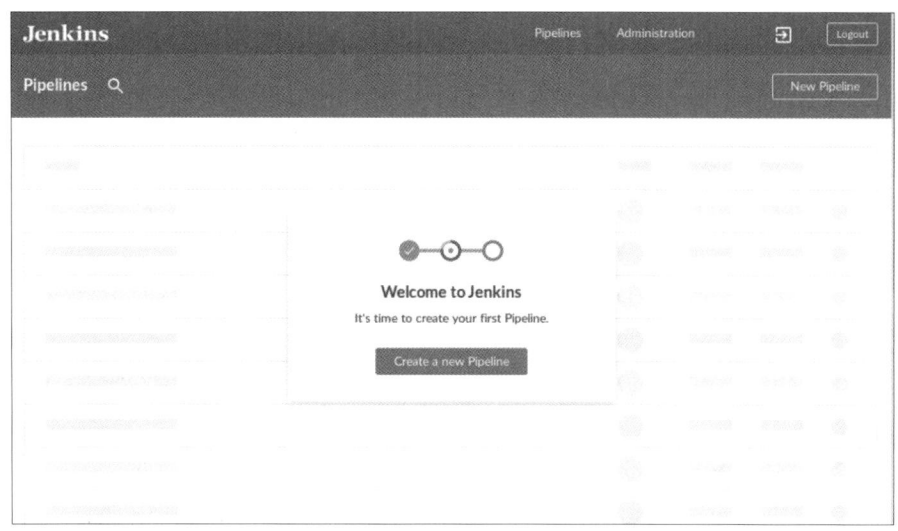

그림 9-34 파이프라인이 없는 젠킨스의 블루 오션 시작

젠킨스에 파이프라인 프로젝트가 있다면 대시보드에 파이프라인 목록이 나타날 것이다(앞에서 설명했다). 그러면 블루 오션 대시보드에서 New Pipeline 버튼을 클릭해 새로운 파이프라인을 생성할 수 있다(그림 9-34의 오른쪽 상단).

이제 블루 오션은 사용하고자 하는 소스 저장소를 선택하는 화면을 보여준다(그림 9-35). 현재 가능한 옵션으로는 깃(접근 가능한 깃 저장소), 깃허브(퍼블릭 깃 호스팅 서비스), 상용 깃허브, 빗버킷 클라우드, 빗버킷 서버가 있다. 예를 들어, 깃허브를 사용하려면 GitHub 버튼을 누르면 된다.

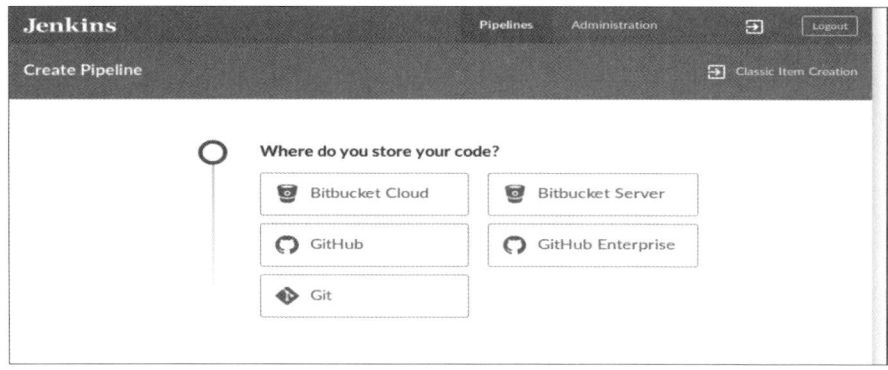

그림 9-35 파이프라인 코드 저장을 위한 장소 선택

깃허브와 연결하려면 젠킨스는 접근 토큰이 필요하다(그림 9-36). 이 토큰은 깃허브에서 생성한 것이다.

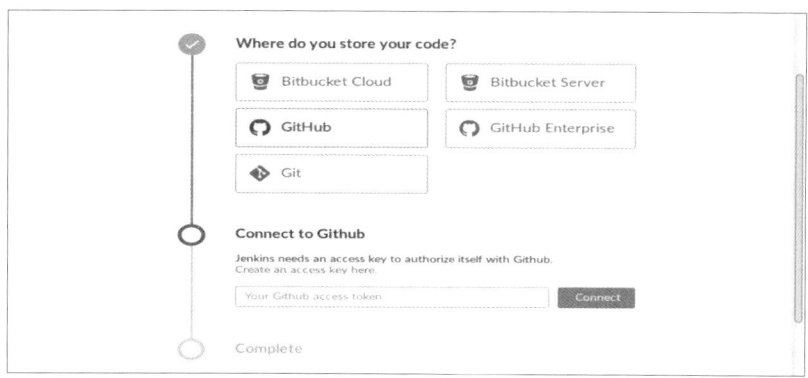

그림 9-36 인증에 관한 질문 화면

토큰을 갖고 있다면, 여기에 복사하면 된다. 아직 토큰이 없다면 Create an access key here(여기서 접근 키 생성) 링크를 클릭해 깃허브로 이동해 토큰을 생성하면 된다. 링크를 클릭했다면, 깃허브 로그인 정보 창이 나타나 토큰 생성 화면으로 이동할 것이다(그림 9-37).

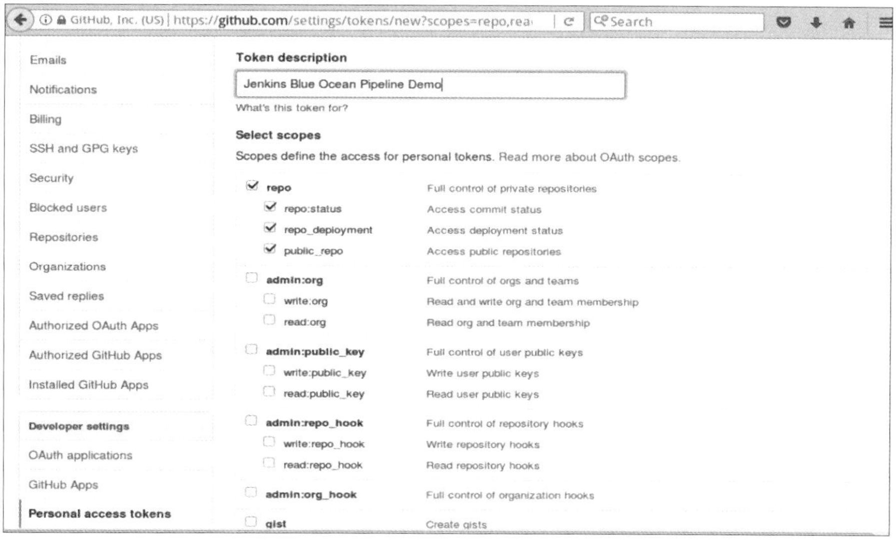

그림 9-37 깃허브에서 토큰 생성

여기서 좋은 점은 젠킨스가 필요한 권한이 이미 선택되는 것이다. 이 과정을 완료하기 위해 Token description(토큰 설명) 필드에 값을 입력한 후 하단으로 내려가 Generate token(토큰 생성) 버튼을 눌러야 한다. 이렇게 하면 토큰이 생성될 것이다(그림 9-38).

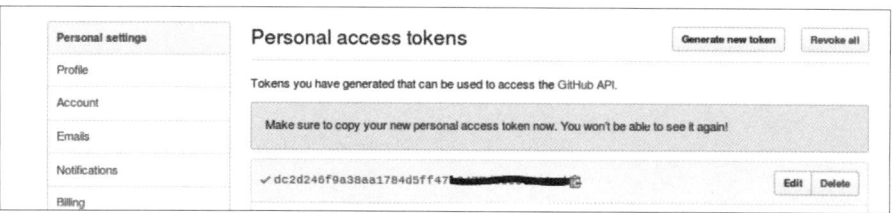

그림 9-38 생성된 깃허브 토큰

이 토큰을 복사한 후 젠킨스 화면에 붙여넣자. Connect(연결) 버튼을 클릭하면 젠킨스는 깃허브 계정에 접근해 선택할 수 있는 조직 목록을 보여줄 것이다(그림 9-39).

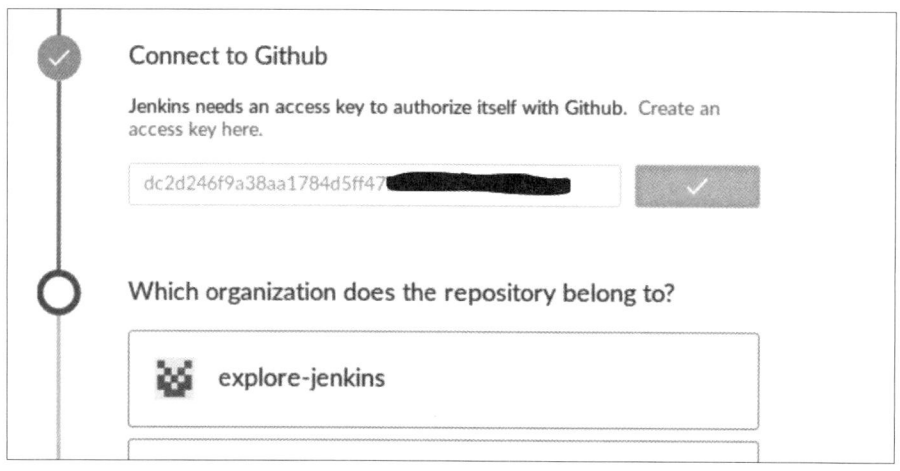

그림 9-39 깃허브 조직 선택

진척 사항 지시자

이 스텝을 진행하면서 익숙한 헤일로(원형 아이콘)와 함께 진척 사항이 사이드에 나타나는 것을 볼 수 있을 것이다. 진행 중인 스텝의 헤일로는 내부가 빈 파란색이다. 완료된 스텝은 꽉 찬 녹색으로 체크표시 된다. 이는 의도된 것으로, 블루 오션의 파이프라인 스테이지와 동일한 표현을 사용한다.

조직을 선택하면 해당 조직의 저장소 목록이 나타난다(그림 9-40). 필요시 사용할 수 있는 검색 필터가 있다. 목록에서 저장소를 선택한 후 Create Pipeline 버튼을 클릭하면 검색 필터가 실행된다.

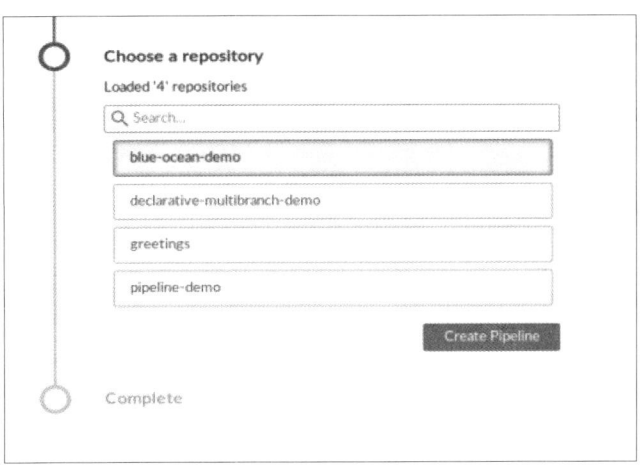

그림 9-40 깃허브 조직에서 저장소 선택

예시에서 blue-ocean-demo 저장소를 선택할 것이다. 선택한 저장소에 Jenkinsfile이 있다면 젠킨스는 자동으로 Jenkinsfile에 정의된 파이프라인 인스턴스를 생성한 후 실행할 것이다. 이 경우 Jenkinsfile이 프로젝트에 없기 때문에 젠킨스는 이를 알려주고 새 파이프라인 생성 버튼을 표시한다(그림 9-41).

그림 9-41 Jenkinsfile이 발견되지 않은 화면

Create Pipeline(파이프라인 생성) 버튼을 누르면 우리가 살펴볼 블루 오션 파이프라인 편집기 화면으로 이동한다.

편집기 사용

새로운 파이프라인의 깃허브 프로젝트 저장소를 선택하면, 젠킨스는 블루 오션 편집기 화면으로 이동한다. 최초 화면은 그림 9-42와 같다. 여기서 기본 개념은 서술적 파이프라인 코드를 입력하는 대신 GUI 요소(예: 목록에서 항목 선택)를 사용해 파이프라인의 주요 부분을 생성하는 것이다. 이후 변경 사항을 저장하면 젠킨스는 변경 사항에 맞는 문법을 서술적 파이프라인의 Jenkinsfile에 채운다. 이 Jenkinsfile은 커밋되어 프로젝트 저장소에 보내진다.

다음 화면을 간략히 살펴보자. 상단 행에는 이 장의 초반에 다룬 기본적인 젠킨스의 '주요' 링크가 있다. 다음 줄에는 저장소 이름(링크는 아니다), 편집기에서 나갈 수 있는 Cancel 버튼, 그리고 변경 사항 저장을 위한 Save 버튼이 있다.

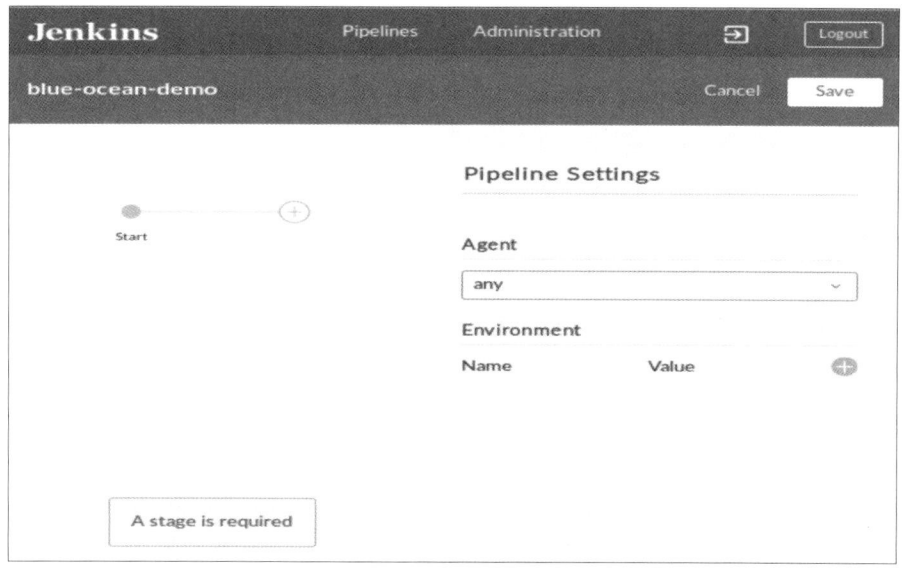

그림 9-42 편집기의 최초 화면

메인 화면의 왼쪽에는 시작 헤일로가 빈 헤일로와 연결되어 있다. 두 번째 헤일로의 + 기호를 클릭하면 파이프라인에 새 스테이지를 추가할 수 있다.

메인 화면의 오른쪽에는 파이프라인 요소를 지정할 수 있는 화면이 있다. 추가로, 각 항목의 값을 입력 및 선택하여 파이프라인의 구성을 채울 수 있다.

이제 예제를 통해 편집기 사용법을 살펴보자.

파이프라인의 전역 요소 지정

이제 편집기를 사용해 파이프라인을 생성할 것이다. 먼저 파이프라인의 메인 부분을 실행할 특정 에이전트(agent 레이블 사용)를 지정한다. **Pipeline Settings**(파이프라인 설정) 영역의 에이전트 필드에, 에이전트를 선택할 수 있는 드롭다운 목록이 나타난다(그림 9-43).

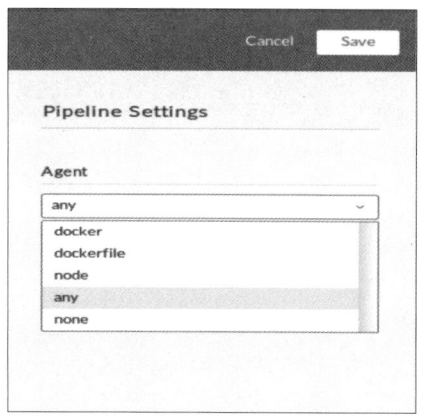

그림 9-43 에이전트 종류 선택 목록

사용 가능한 일반 노드를 사용할 것이기에 node를 선택한다. 레이블을 입력할 수 있는 새로운 Label* 문자 박스가 나타날 것이다. 여기에서는 worker_node1 노드 레이블을 사용한다(그림 9-44).

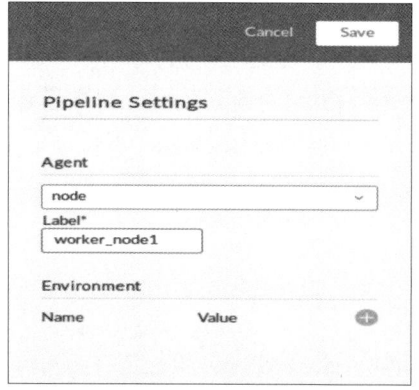

그림 9-44 편집기에서 에이전트 추가

이것은 Jenkinsfile의 다음 코드와 동일하다.

```
pipeline {
    agent{label 'worker_node1'}
```

그 다음에 환경 변수를 추가할 수 있는 옵션이 있다. 화면에 보여줄 목적으로 COMPLETED_MSG 변수의 값을 Build done!으로 설정할 것이다. 이를 위해 먼저 + 기호를 이름 및 값 레이블 옆에서 클릭한다. 나타난 텍스트 필드에 환경 변수의 이름과 값을 그림 9-45와 같이 입력한다.

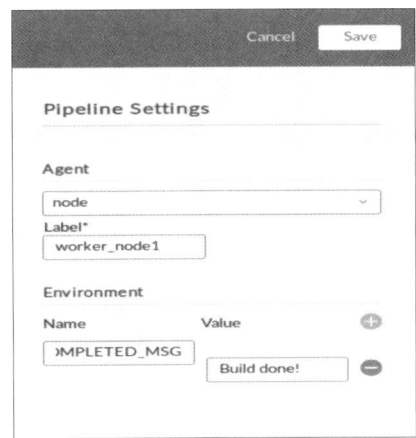

그림 9-45 편집기에서 환경 변수 추가

그러면 다음 파이프라인 코드가 생성될 것이다.

```
pipeline {
    agent{label 'worker_node1'}
    environment {
        COMPLETED_MSG = "Build done!"
    }
```

다른 전역 영역

environment가 서술적 파이프라인 구조에서 사용 가능한 전역 영역 중 하나에 불과하다는 사실을 7장에서 다룬 것을 기억해보자. 현재 다른 영역에는 파이프라인 편집기에 GUI 인터페이스가 없다. 하지만 시간이 흐름에 따라 점차 추가될 것이다.

입력 에러

파이프라인 편집기에 유효하지 않은 값을 입력하면 어떻게 될까? 편집기는 틀린 부분을 팝업으로 보여줄 것이다.

예를 들어, 환경 변수의 이름을 COMPLETED-MSG라 입력하면, 편집기는 대시가 환경 변수를 위한 문자가 아니기 때문에 그림 9-46과 같이 이를 지적한다.

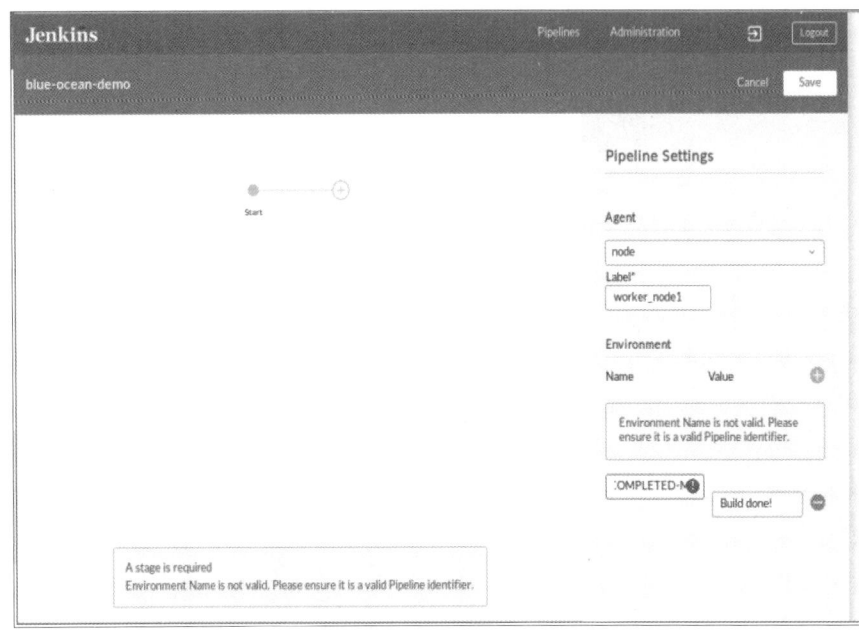

그림 9-46 팝업 에러 알림

여기서 A stage is required(스테이지가 필요함) 메시지가 있는 것에 주목하자. 이는 아직 파이프라인에 스테이지를 추가하지 않았기 때문이다. 스테이지를 추가했는데 유효하지 않은 스테이지거나 에러 코드가 포함된 스테이지라면, 그림 9-47과 같은 화면이 나타날 것이다.

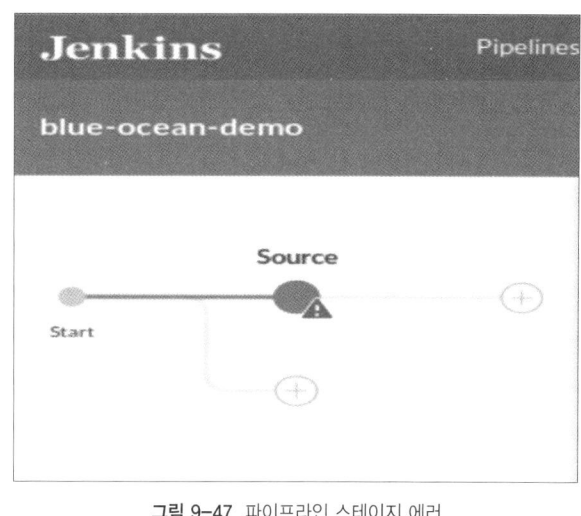

그림 9-47 파이프라인 스테이지 에러

이제 최초 스테이지를 파이프라인에 추가해보자.

진척 사항 저장

편집기에서 혼동할 수 있는 것 중 하나는 오른쪽에 있는 필드에 값을 입력한 후 무엇을 해야 하는지다. 상단의 행에 있는 Save 버튼은 전체 파이프라인의 내용을 저장해 소스 코드 저장소에 반영한다. 따로 사용자가 추가한 개별적인 요소를 저장하거나 적용하는 버튼은 없다. 즉 사용자가 변경한 사항은 자동으로 편집기에 저장되고, 화면의 다른 부분을 눌러 계속 진행할 수 있다.

새로운 스테이지 추가

파이프라인에 새 스테이지를 추가하려면 메인 화면의 왼쪽 영역의 + 표시가 있는 헤일로를 클릭만 하면 된다. 그러면 그림 9-48과 같은 화면이 나타날 것이다.

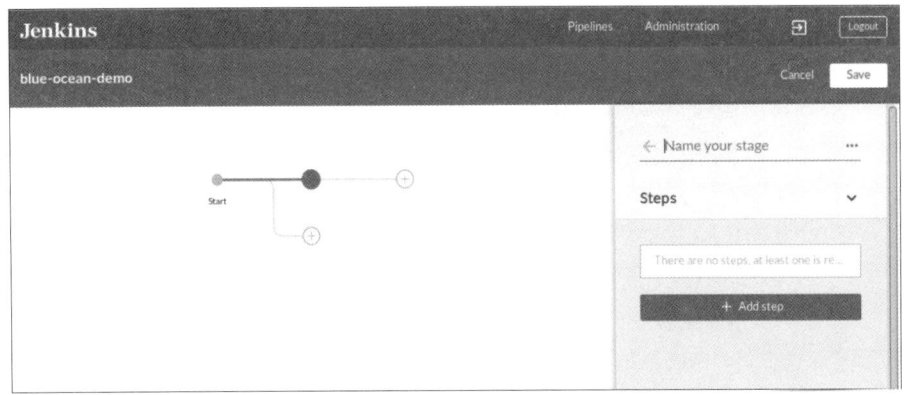

그림 9-48 새 스테이지 추가

헤일로를 클릭했을 때의 결과를 알아보자.

화면 왼쪽은 다음과 같다.

- 우리가 클릭한 헤일로의 색을 파랑으로 채워 이를 알려준다. 이것은 선택한 스테이지가 편집 중임을 나타낸다.
- 새로운 + 기호가 포함된 헤일로가 이 밑에 나타난다. 필요시 병렬로 실행할 스텝을 추가하는 역할을 한다.
- 새로운 + 기호가 포함된 헤일로가 선택한 스테이지의 오른쪽에 나타난다. 필요시 새 파이프라인을 추가하는 기능을 제공한다.

화면 오른쪽은 다음과 같다.

- 스테이지의 이름을 위한 새로운 입력 영역이 나타난다.
- 스텝을 추가할 수 있는 버튼이 추가된다.

우리의 목적을 위해 소스를 가져오는 간단한 스테이지를 추가할 것이다. 따라서 간단히 **Source**를 이름으로 입력한다(그림 9-49).

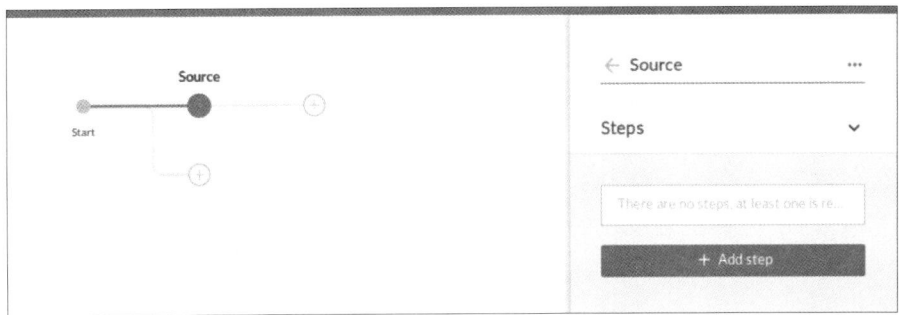

그림 9-49 스테이지 명명

추가 명령어

스테이지의 이름을 입력한 옆에 말줄임표(...)가 나타난 것에 주목하자. 파이프라인 편집기에서 이를 클릭하면 추가 명령어가 나타난다. 이 경우 Delete 옵션 하나만 가능하다. 이를 클릭하면 (이름만이 아닌) 전체 스테이지가 삭제된다. 따라서 Delete 옵션을 사용하기 전에는 다시 한번 생각해보자.

이제 스테이지에 하나 이상의 스텝을 추가할 준비가 됐다.

스테이지에 스텝 추가

젠킨스 파이프라인의 각 스테이지에는 최소 하나의 스텝이 있어야 한다. 스테이지 정의 화면에서 스텝을 추가하지 않고 넘어가려 하면 파이프라인 편집기 에러가 표시될 것이다.

스테이지에 새 스텝을 추가하려면 **+ Add step** 버튼을 클릭한다. 이 버튼을 클릭하면 오른쪽의 선택 영역에 선택할 수 있는 스텝 목록이 나타난다(그림 9-50). 목록을 스크롤해 원하는 스텝을 찾거나, 검색 영역에 입력할 수 있다.

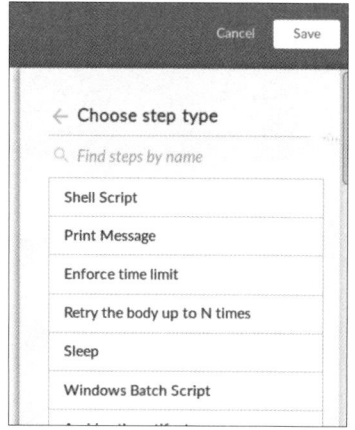

그림 9-50 스텝 종류 선택

여기서 GitSCM 스텝을 사용해 Source 스테이지가 소스 코드를 내려받게 할 것이다. 검색 영역에 git을 입력하면 쉽게 해당 스텝을 찾을 수 있다(그림 9-51).

그림 9-51 스텝 검색

이 스텝을 선택하면 매개 변수를 입력할 수 있는 텍스트 필드가 나타날 것이다. 여기서 Url 필드 옆의 * 표시는 이 필드가 필수임을 의미한다. 우리가 입력해야 할 주요 정보는 저장소 경로다(그림 9-52).

그림 9-52 스텝의 매개 변수 추가

원하는 스테이지에 스텝 추가

스테이지에 스텝을 추가할 때 화면 왼쪽에서 정확한 스테이지(헤일로)를 선택하는 것이 중요하다.

여기서 작업을 저장하여 저장소에 커밋하자.

파이프라인 변경 사항 저장 및 커밋

파이프라인 편집기의 **Save** 버튼을 클릭하면 그림 9-53과 같은 창이 나타난다.

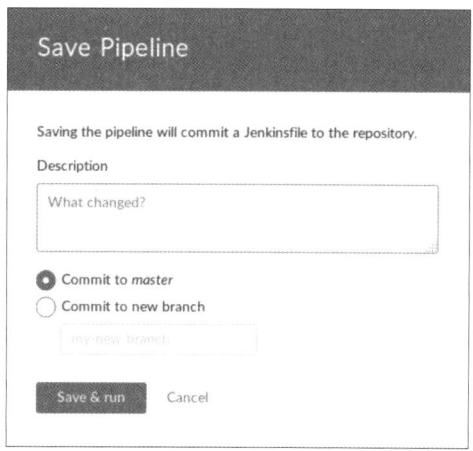

그림 9-53 초기 파이프라인 저장

여기의 필드는 직관적이다. 간단한 설명을 입력한 후 아직 개발 중이기에 새 브랜치에 커밋하는 것을 선택하자. 추후 이를 master에 머지할 수도 있다.

이 필드를 입력한 후 저장 창은 그림 9-54와 같다.

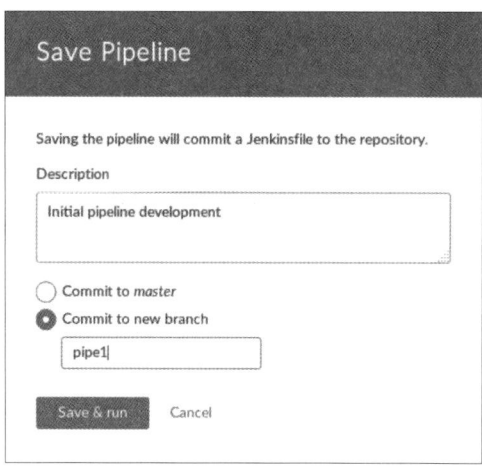

그림 9-54 새 브랜치에 저장

Save & run 버튼을 클릭한 후 젠킨스는 코드의 수정 및 커밋과 깃허브에 푸시하기 위해 잠시 대기할 것이다. 저장 이후 깃허브를 살펴보면 새로운 Jenkinsfile이 있는 새 브랜치를 확인할 수 있다(그림 9-55).

그림 9-55 깃허브에 나타난 새로운 브랜치

깃허브에서 Jenkinsfile을 열면 파이프라인 편집기에서 생성된 코드를 볼 수 있다(그림 9-56).

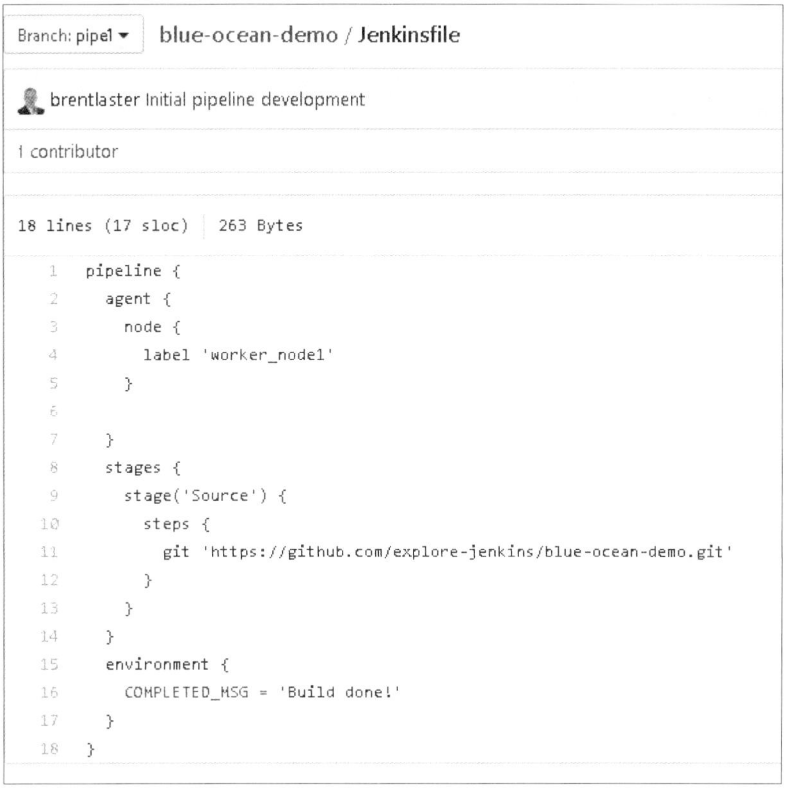

Branch: pipe1
blue-ocean-demo / Jenkinsfile
brentlaster Initial pipeline development
1 contributor
18 lines (17 sloc) | 263 Bytes
pipeline {
agent {
node {
label 'worker_node1'
}
}
stages {
stage('Source') {
steps {
git 'https://github.com/explore-jenkins/blue-ocean-demo.git'
}
}
}
environment {
COMPLETED_MSG = 'Build done!'
}
}

그림 9-56 깃허브에서 생성된 Jenkinsfile 내용 확인

코드가 변경되면 젠킨스는 빌드를 진행한다. 빌드가 진행 중일 때는 그림 9-57과 같이 표현된다. 여기서 가장 왼쪽에는 빌드의 진행에 따라 채워지는 헤일로가 있고, 가장 오른쪽에는 필요시 빌드를 멈출 수 있는 버튼이 있다.

Status
Run
Commit
Branch
Message
Duration
Completed
1
9924c2c
pipe1
Branch indexing
6s
-

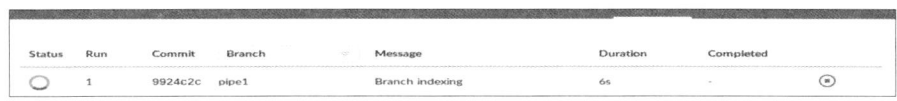

그림 9-57 진행 중인 빌드

빌드가 완료되면 화면은 그림 9-58과 같이 변경된다. 왼쪽의 헤일로는 체크 표시가 있는 녹색으로 채워져 성공적인 완료를 알려준다. 또한 가장 오른쪽의 아이콘도 원형 화살표로 변경돼 재시작을 할 수 있음을 알려준다.

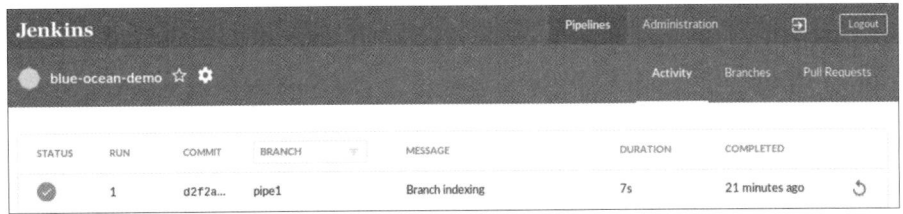

그림 9-58 완료된 빌드

우리의 간단한 파이프라인이 이제 동작한다. 하지만 하나의 스테이지로는 중요한 작업을 할 수 없다. 이제 빌드를 위해 다른 스테이지를 추가해보자.

기존 파이프라인 수정

멀티브랜치 파이프라인의 기존 파이프라인을 수정하려면, 브랜치 뷰로 이동해 마지막에서 두 번째 아이콘(연필 아이콘)을 수정하고자 하는 브랜치에서 선택한다. 그림 9-59는 프로젝트의 브랜치 뷰를 나타낸다.

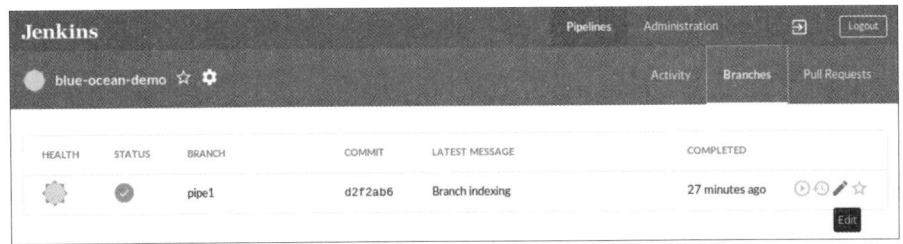

그림 9-59 브랜치 뷰에서 파이프라인 수정 선택

파이프라인 수정 아이콘을 클릭하면 파이프라인 편집기 화면으로 다시 이동한다. 새로운 스테이지를 Source 스테이지 이후에(병렬이 아니다) 추가하려면, Source 스테이지 오른쪽에 있는 + 기호를 클릭한다. 이후 오른쪽의 화면에서 이름에 Build를 입력하자(그림 9-60).

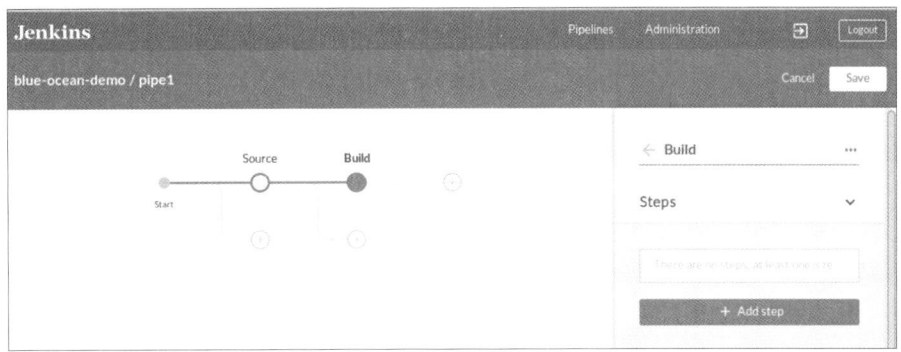

그림 9-60 빌드를 위한 스테이지 추가

이 스텝에서는 그레이들 빌드 인스턴스를 호출할 것이다. 먼저 environment 영역을 추가해 우리가 원하는 그레이들 버전이 경로에 있는지 확인할 것이다. 젠킨스 전역 설정에서 gradle4라는 이름으로 그레이들을 설정해놓았다(그림 9-61).

그림 9-61 그레이들 전역 설정

파이프라인에서 서술적 파이프라인의 tool 스텝을 사용해 원하는 버전과 이것이 경로에 있는지 지정할 수 있다. 스텝 영역에서 'tool'을 찾아 이름에 gradle4를 입력하자(그림 9-62)(여기서 타입 필드는 공백으로 둘 수 있다).

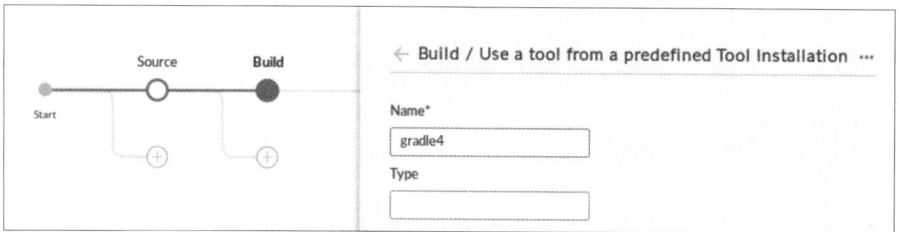

그림 9-62 gradle4를 도구로 사용한다고 지정

이 스텝을 추가하면 스테이지 정의는 그림 9-63과 같을 것이다.

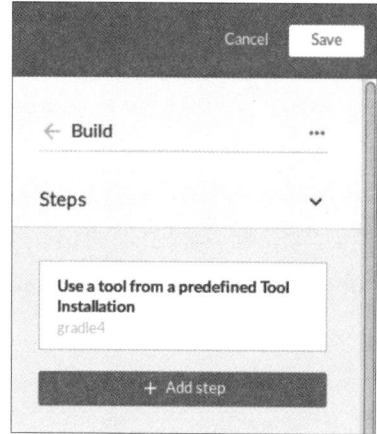

그림 9-63 추가된 tool 스텝

다음으로 빌드를 위해 그레이들을 호출해보자. gradle 스텝이 존재하지 않기 때문에 셸 스텝(sh)을 이용해 이를 실행해야 한다. 그레이들을 통해 할 일은 build 태스크를 호출하는 것이다. tool 스텝을 사용해 이를 파이프라인의 코드로 작성하면 명령어는 다음과 같다.

```
tool 'gradle4'
sh 'gradle build'
```

여기서 셸 호출이 필요하기 때문에, 목록에서 셸 스크립트를 선택하고 나머지 명령어를 인자로 입력한다. 그림 9-64는 편집기의 화면을 보여준다.

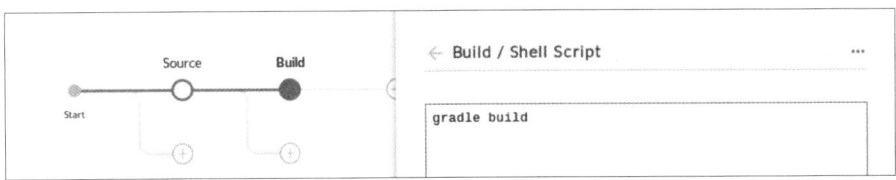

그림 9-64 그레이들 빌드를 위한 셸 스텝 추가

따옴표

스텝 창에서 명령어를 입력할 때 이름 감싸는 따옴표를 입력하지 않은 것에 주목하자. 이를 입력하면 젠킨스는 정확히 해석하지 못한다.

이제 Build 헤일로를 선택하면, Build 스테이지에는 그림 9-65와 같이 여러 개의 스텝이 포함될 것이다.

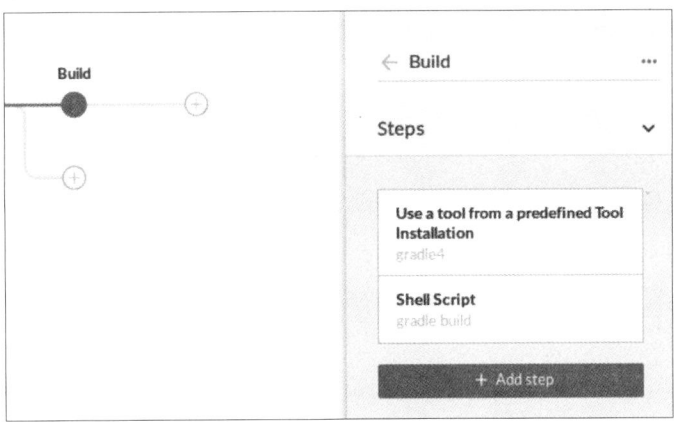

그림 9-65 여러 개의 스텝이 포함된 Build 스테이지

이제 파이프라인을 저장해 커밋한 후 pipe1 브랜치에 다시 푸시한다(그림 9-66).

9장 블루 오션 인터페이스 467

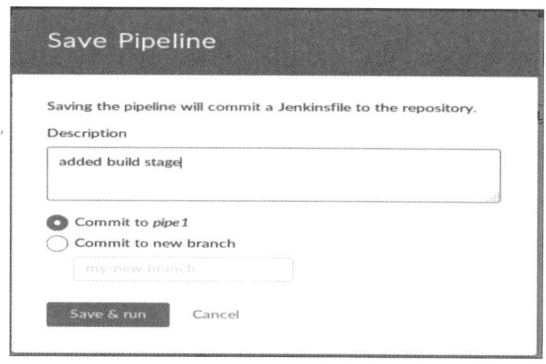

그림 9-66 파이프라인 커밋 및 저장

기존 파이프라인 불러오기 및 내보내기

이전에 블루 오션을 기존 깃허브 조직 저장소와 이에 연결에 특정 저장소에 새로운 파이프라인을 생성하는 것에 대해 알아봤다. 또한 조직 저장소의 브랜치에 존재하는 Jenkinsfile을 자동으로 탐지하는 것도 가능하다는 것을 살펴봤다.

Jenkinsfile을 찾을 수 있다면 간단히 이를 불러와 해당 브랜치를 위한 잡을 생성하고 실행할 수 있다.

물론, 깃허브에서 기존 파이프라인을 불러올 때 동일한 시스템에서 불러오지 않는다면 파이프라인이 필요로 하는 환경이 모두 준비되어 있지 않을 수 있다. 예를 들어, 우리가 방금 생성한 파이프라인을 다른 젠킨스 인스턴스로 불러오는 것은 특정 잡이 Jenkinsfile을 포함한 브랜치에 설정되는 동작을 한다. 하지만 이전에 성공한 잡이 실패하는 결과를 볼 것이다(그림 9-67).

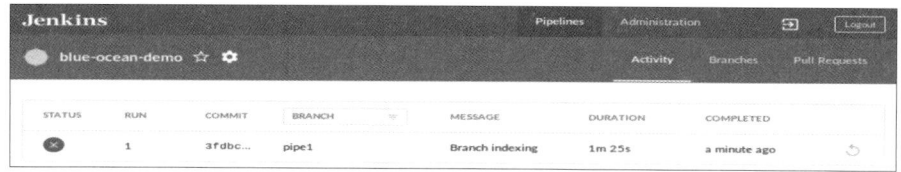

그림 9-67 다른 젠킨스 시스템으로 불러오기를 실행한 후 실패한 잡

이를 이해하고 수정해 오면 블루 오션을 좀 더 자세히 알 수 있을 것이다.

기존 파이프라인의 간단한 디버깅과 수정

이 장의 초반에 언급한 것처럼, 블루 오션 인터페이스의 장점 중 하나는 파이프라인의 로그가 스테이지와 스텝별로 분리되는 것이다. 우리의 잡 오류를 찾기 위해 실패한 잡의 실행에 대해 자세히 살펴보자. Activity 뷰에서 실패한 잡의 행을 클릭하자. 여기서 실패한 것이 Build 스테이지라는 것을 알 수 있다(그림 9-68).

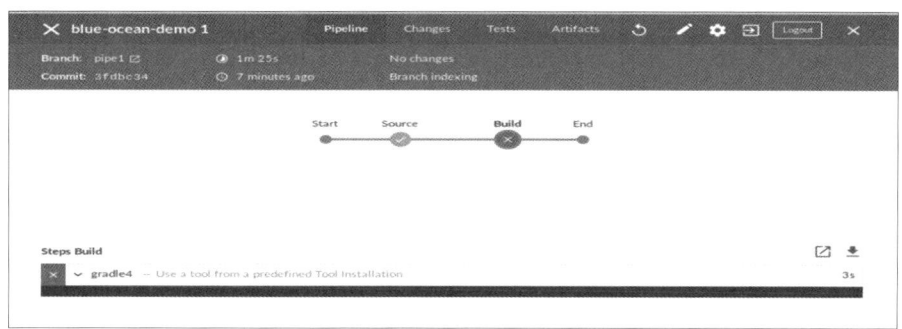

그림 9-68 실패한 스테이지에 대한 분석

파이프라인 표시 밑의 해당 스테이지의 스텝의 로그를 확인하여 실패의 원인을 찾을 수 있다(그림 9-69). 이 경우 파이프라인이 gradle4를 호출하려 했지만, 이 시스템의 전역에 정의된 도구에 없었다.

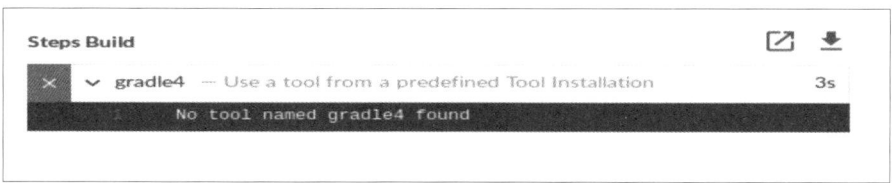

그림 9-69 에러를 보여주는 스텝 로그

로그 확인

여기에서 다룰 팁 중 일부는 이 장의 앞부분에서 다뤘다. 하지만 스텝 로그를 확인하는 몇 가지 팁을 다시 나열한다.

- 예시에서는 스텝이 하나뿐이다. 스텝이 여러 개 있다면, 이 중에서 실패한 스텝이 표시될 것이다.
- 스텝의 '헤더' 행(X 표시가 있다)의 아무 곳을 클릭하면, 해당 스텝의 로그를 펼치고 접는다.
- 이를 접었을 경우 헤더 행의 기호가 >로 변한다. 펼쳤을 경우에는 기호가 V로 변한다.
- 대각선으로 오른쪽 상단을 향한 화살표를 스텝 로그 상단에서 클릭하면 콘솔 결과를 확인하는 것과 유사하게 해당 로그를 새 창에서 보여준다.
- 밑줄이 있는 아래를 향한 화살표를 클릭하면 로그를 다운로드한다.

시스템의 전역 도구 설정으로 이동하면 실패의 원인을 찾을 수 있다(블루 오션 스크린에서 우상단의 'X'를 클릭하고 대시보드의 관리자 링크를 클릭해 젠킨스 관리로 이동할 수 있다). 해당 시스템의 그레이들 설치를 살펴보면(그림 9-70) 그레이들이 gradle4가 아닌 gradle32로 정의된 것을 확인할 수 있다.

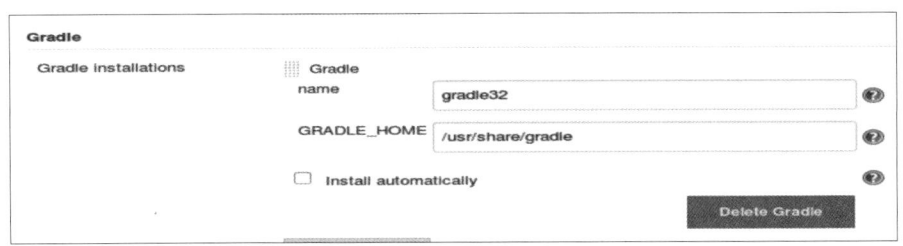

그림 9-70 다른 그레이들 버전

물론, 전역 그레이들 설정을 이에 맞게 바꿀 수도 있지만, 그러면 이 이름을 사용하는 다른 잡을 망가뜨릴 수 있다. 새로운 두 번째 참조 이름을 사용하는 것도 가능하다. 하지만 블루 오션에서 시스템 설정에 맞게 이를 수정하는 방법을 알아보자.

Branches 뷰로 돌아가면 pipe1 브랜치를 수정할 수 있는 연필 아이콘이 보일 것이다(그림 9-71).

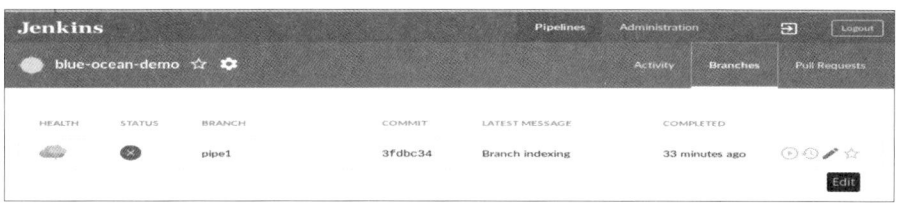

그림 9-71 브랜치 뷰의 수정 가능한 브랜치

연필 아이콘을 클릭하면 파이프라인 편집기가 열 것이다. 여기서 어떤 스테이지나 스텝을 작업하는지 모르기 때문에, 인터페이스의 첫 파이프라인 설정 화면이 나타난다(그림 9-72).

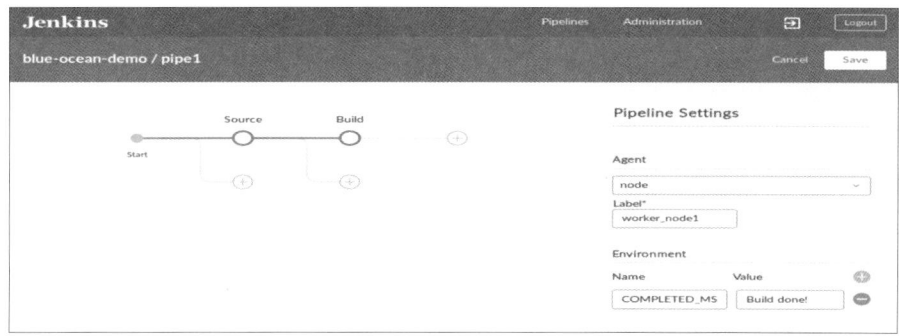

그림 9-72 기본 수정 화면

Build 스테이지를 수정할 것이므로 Build 스테이지 헤일로를 클릭한다. 편집기 오른쪽의 내용이 Build 스테이지의 이에 연관된 스텝으로 변경될 것이다(그림 9-73).

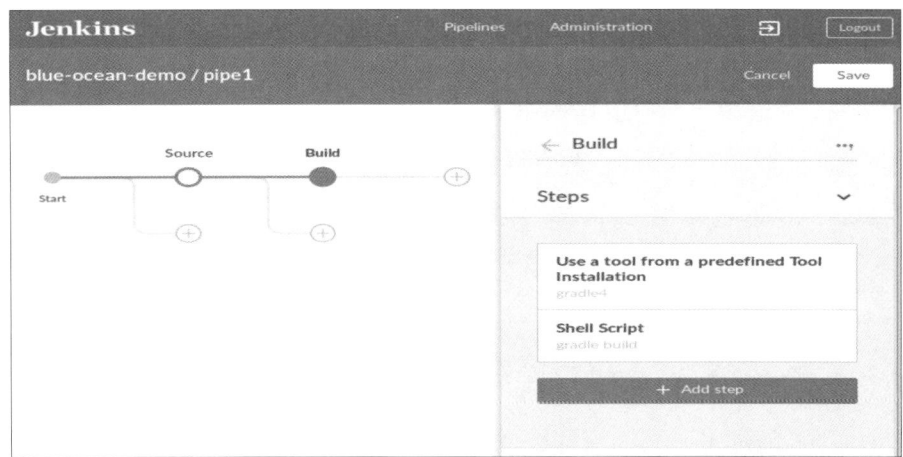

그림 9-73 선택된 Build 스테이지

이제 Use a tool from a predefined Tool Installation(툴 설치에서 정의된 도구 사용) 스텝이 있는 블록을 클릭해 원하는 값으로 수정한다. 그림 9-74는 수정 후 변경된 편집기 화면이다.

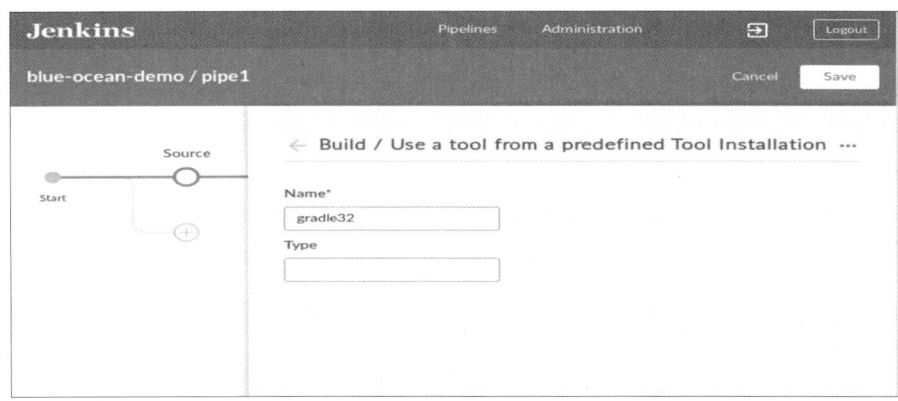

그림 9-74 변경된 스텝

이후 변경 사항을 저장하고 저장소에 커밋할 수 있다. 그림 9-75는 파이프라인 저장 창을 보여준다. 여기서 다른 브랜치를 지정할 수 있음에 주목하자. pipe2를 브랜치 명에 입력해 다른 브랜치에 커밋해보자. 이렇게 하는 이유는 다른 시스템을한 변경해 혹시 모를 이슈가 발생하는 것을 방지하기 위함이다.

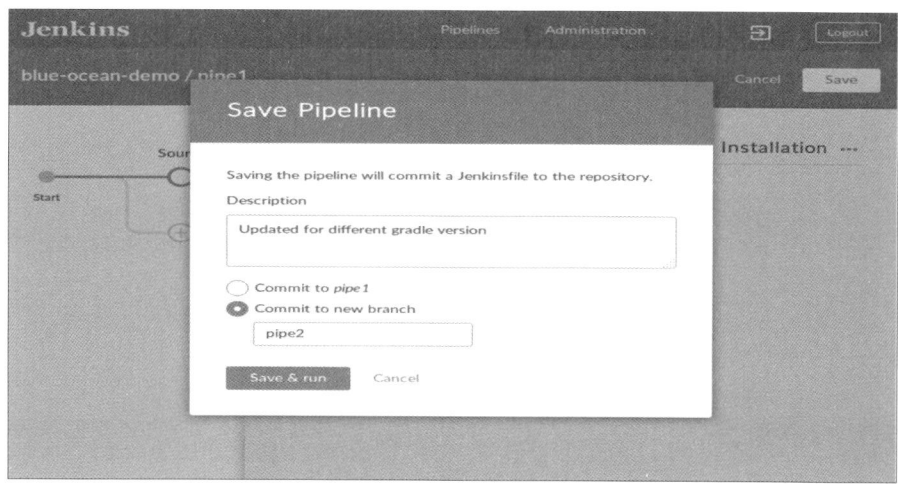

그림 9-75 수정된 파이프라인 저장 및 새 브랜치에 커밋/푸시

변경 사항을 저장하고 블루 오션에서 pipe2 브랜치로 커밋/푸시하면 변경된 내용이 빌드될 것이다.

편집기 이슈 디버깅

좀 더 복잡한 예시도 살펴보자. 그레이들을 호출하기 위해 두 개의 문장 대신 이미 보았던 것처럼 조합된 하나의 문장을 사용한다고 가정해보자. 이는 아래 코드 대신,

```
stage('Build') {
    steps {
        tool 'gradle32'
        sh 'gradle build'
    }
}
```

다음 코드를 사용한다는 의미다.

```
stage('Build') {
    steps {
        sh "${tool 'gradle32'}/bin/gradle build"
    }
}
```

먼저 불필요한 tool 스텝을 삭제한다. 이렇게 수정을 하면 블루 오션에서 상대적으로 작업하기가 쉬워진다. 파이프라인의 메인 페이지에서 먼저 Build 스테이지 헤일로를 선택한다. 이후 오른쪽 화면에 스테이지에 포함된 스텝이 나타날 것이다(그림 9-76).

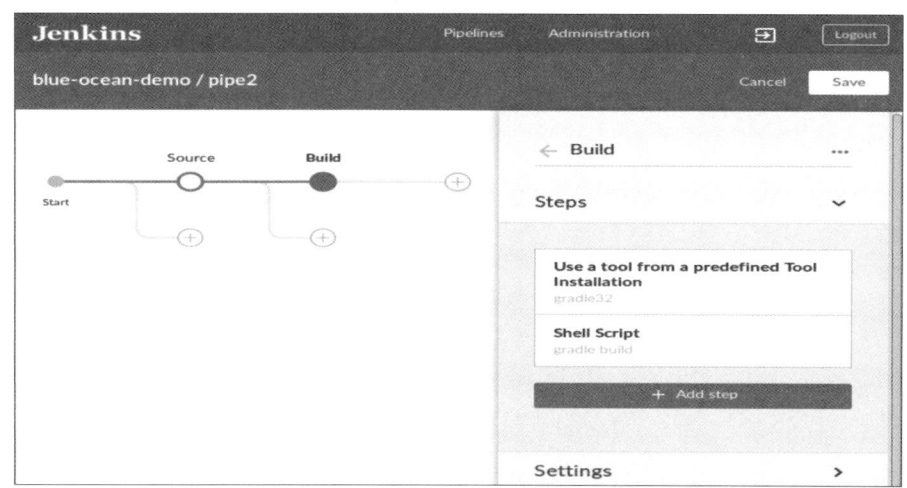

그림 9-76 수정할 스테이지 선택

스텝 영역에서 tool 스텝을 선택하고(Use a tool from a predefined Tool Installation 레이블이 있다) 이를 클릭해 상세 화면으로 이동한다. 개별 스텝까지 도달하면 "…" 기호를 오른쪽 상단에서 클릭해 이 스텝을 지우는 삭제 액션을 선택한다(그림 9-77).

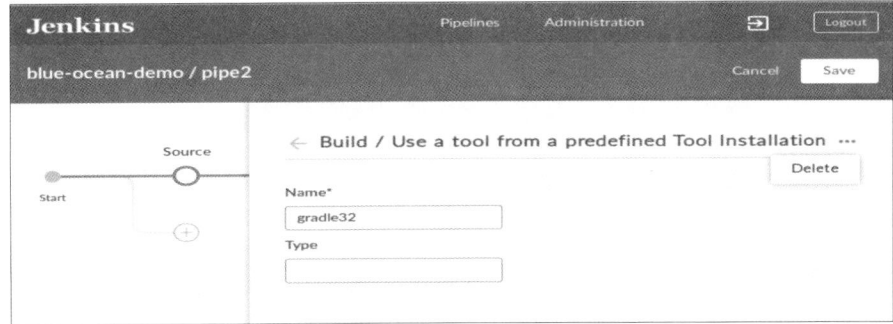

그림 9-77 블루 오션의 스테이지에서 스텝 삭제

이제 스테이지의 나머지 스텝(셸 스크립트를 호출하는 것)을 선택해 조합된 명령어를 갖게 수정한다(그림 9-78).

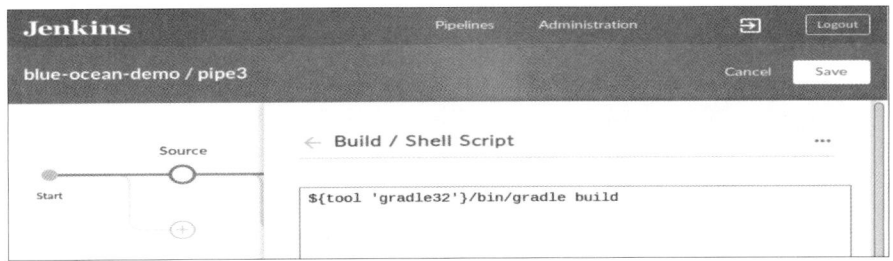

그림 9-78 조합된 명령어를 갖게 셸 스텝 수정

이제 수정된 파이프라인을 저장 및 커밋할 수 있다(그림 9-79). 다른 변경 사항과 마찬가지로, 새로운 브랜치에 저장하자(pipe3).

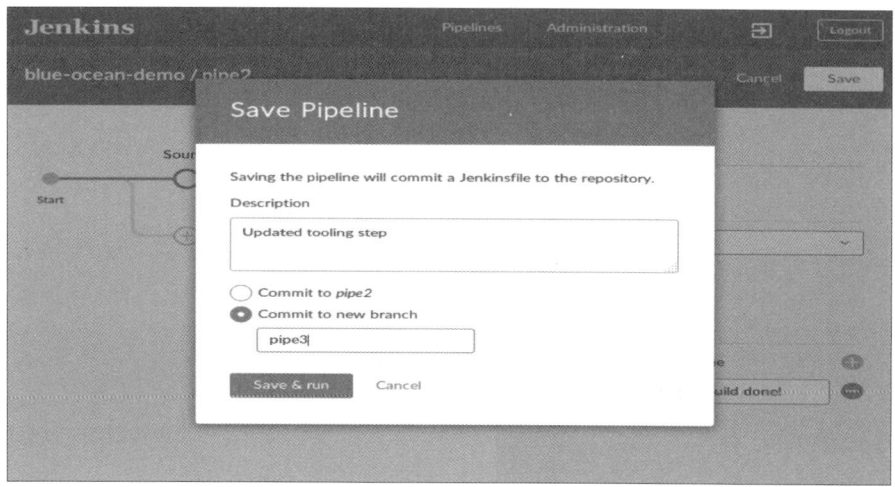

그림 9-79 수정된 파이프라인 저장

불행히도, 저장 및 커밋 후 파이프라인 빌드가 실패하였다(그림 9-80).

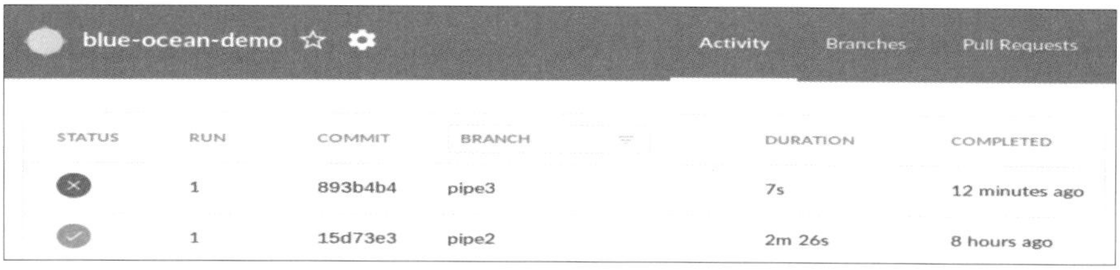

그림 9-80 새로운 브랜치의 실패한 실행

유일한 변경점은 tool 스텝을 삭제하고 조합된 스텝을 만드는 것이었기에, 문제는 분명 이 근처에 있을 것이다. 흥미롭게도, 편집기의 명령어를 보면 여전히 틀리지 않은 것처럼 보인다(이전 그림과 같기에 화면은 생략한다). 하지만 실행으로 들어가 스텝의 로그를 살펴보면, 라인 2에 다음과 같이 끝나는 흥미로운 메시지(그림 9-81)를 볼 수 있을 것이다.

```
.../script.sh: Bad substitution
```

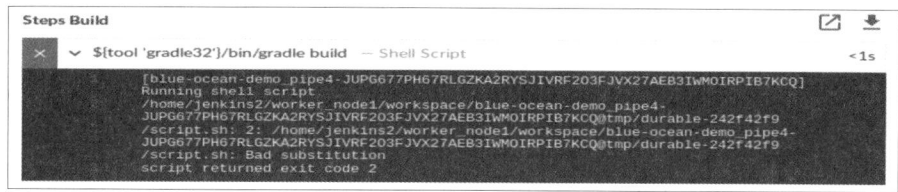

그림 9-81 편집기의 이상한 에러 메시지

여기서, 확장된 로그에서 보이듯 완벽히 유효해 보이는 스텝이 실패한 이유를 찾기 힘들 것이다. 관련된 것을 확인할 수 있는 한 가지 장소가 더 있다. 이는 깃허브 저장소에 저장 및 커밋/푸시된 Jenkinsfile이다. 그림 9-82는 이를 보여준다.

그림 9-82 잘못된 따옴표가 있는 스텝을 포함한 Jenkinsfile

여기서 16번째 줄에 주목하자.

```
sh '${tool \'gradle32\'}/bin/gradle build'
```

이는 우리가 입력한 따옴표가 아니다. 블루 오션 편집기는 전체 명령어를 하나의 따옴표로 묶는 과정 중 gradle32를 감싸는 따옴표 앞에 이스케이프 문자(\)를 추가하는데 이것이 문제를 일으킨다. 여기서 문제는 우리가 명령어 내부에 따옴표를 사용해야 한다는 것이다. 실제로, 이 명령어를 동작하게 하기 위해 스텝을 큰따옴표로 묶어 tool 호출로부터 받아오는 값이 유효하게 해야 한다. 하지만 편집기 엔진이 이런 요구 사항을 무시한 채 단순히 전체 문장을 작은따옴표로 감싸고 내부에 있는 따옴표에는 이스케이프 문자를 추가했다. 이는 편집기에서 아직 정확히 동작하지 않는 기능의 예시다.

편집기 개발

이 책의 집필하는 시점에서, 여기 언급한 따옴표 문제는 중요하지만, 독자가 이 책을 읽는 시점에는 이미 해결됐을 수 있다. 여기서 한 것과 비슷한 작업을 인터페이스에서 실험해볼 수 있다.

하지만, 생성된 Jenkinsfile을 조사하여 디버깅하는 것은 다른 상황에서도 유용할 것이다.

그럼 이를 어떻게 수정할까? 아마도 편집기에서 스텝을 큰따옴표로 묶으면 이를 해결할 수 있지 않을까 생각할 수 있다. 불행히도, 이는 동일한 결과로 귀결된다. 이 경우 에러 메시지는 같지만 Jenkinsfile의 생성된 스텝은 다음과 같을 것이다.

```
sh '"${tool \'gradle32\'}/bin/gradle build"'
```

이것도 문제를 해결하지는 못한다.

편집기 바깥에서 Jenkinsfile을 내려받아 이를 수작업으로 수정해 따옴표 문제를 해결한 후 다시 푸시할 수 있다. 하지만 편집기에서 이를 수정하고자 한다면, 이 스텝을 위해 따옴표를 쓰지 않는 다른 문법을 사용해야 한다.

하나의 '꼼수'는 전역 설정에서 그레이들의 전체 경로를 GRADLE_HOME에서 얻어내 입력하는 것이다.

```
/usr/share/gradle/bin/gradle build
```

하지만, 좀 더 깔끔한 방식은 두 개의 tool과 sh 스텝으로 분리해 이를 저장하는 것이다.

편집기에서 지원되지 않는 코드 추가

블루 오션 편집기가 계속 진화하고 발전하고 있지만, 몇몇 명령어가 지원되지 않는 상황에 마주칠 수 있다. 이는 서술절 문법에도 마찬가지다.

이러한 예시 중 하나는 항상 '빌드 완료' 메시지를 출력하는 post 섹션을 서술적 문법에서 사용하는 것이다.

우리는 이미 출력하고자 하는 간단한 문자열을 환경 변수에 정의했다. 따라서 간단히 메시지를 출력(echo)하는 스텝을 편집기를 통해 추가할 수 있어야 한다. 하지만(최소 이 책을 집필하는 시점에서) 편집기를 통해 post 섹션을 추가하는 쉬운 방법이 없다.

이런 경우 젠킨스 바깥으로 나가 최신 Jenkinsfile을 내려받아서 원하는 코드에 맞게 수정한 후 다시 푸시하면 된다. 다음 코드는 post 섹션을 이런 방식으로 수정한 파이프라인 코드의 일부다.

```
...
    stage('Build') {
        steps {
            sh "${tool 'gradle32'}/bin/gradle build"
        }
    }
}
environment {
    COMPLETED_MSG = 'Build done!'
```

```
        }
        post {
            always {
                sh 'echo $COMPLETED_MSG'
            }
        }
    }
```

이 코드를 통해 파이프라인을 편집기에서 다시 실행할 수 있다. 이 경우 추가된 코드가 새로운 스테이지가 아니기 때문에, 새로운 헤일로가 존재하지는 않는다. 하지만 스텝 로그는 실행된 코드를 표시해, 로그에서 다른 스텝과 마찬가지로 자세한 상황을 볼 수 있다.

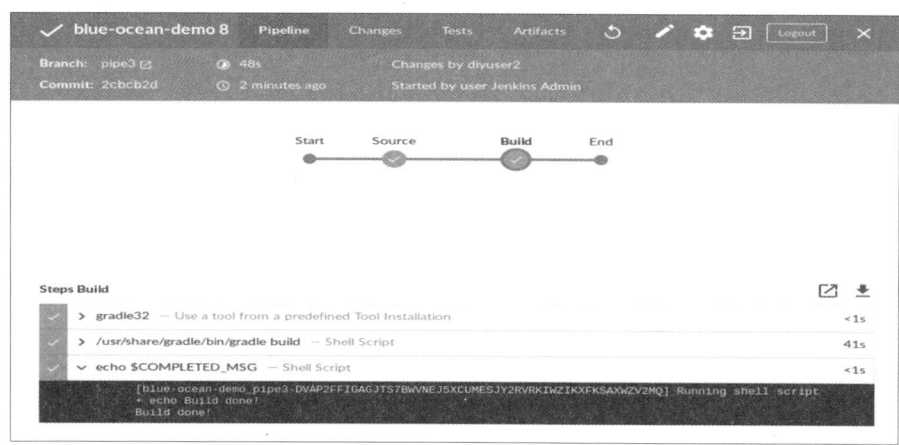

그림 9-83 새로운 post 섹션을 포함한 외부에서 수정된 Jenkinsfile의 실행

이런 워크플로우를 보면 깃허브가 파이프라인의 생성과 수정에 어떻게 연동되는지 알 수 있다. 하지만 이전 화면에서 살펴봤듯이, 깃허브는 유일한 소스 코드 저장소가 아니다. 깃허브가 아닌 저장소를 사용할 때 블루 오션이 상호작용하는 방법을 살펴보면서 이 장을 마무리하자.

깃허브가 아닌 저장소와 파이프라인의 작업

편집기에서 깃허브가 아닌 저장소와 작업할 때 가장 큰 차이점은 저장소에 연결하는 방법이다.

예를 들어, 로컬 깃 저장소에 접근하고 싶다면 SSH 방식의 URL을 제공하면 된다. 블루 오션은 이를 감지해 접근을 위한 퍼블릭 SSH 키를 생성한다. 사용자는 이 퍼블릭 키를 깃 서버에 입력해야 한다. 셸 접근 권한이 있다면 서버의 authorized_keys 파일에 이를 추가해야 할 수도 있다.

그림 9-84는 이 예시다. 이 그림은 파이프라인의 기본 이름이 젠킨스에 이미 존재하는 경우에도 나타난다. 이 경우 젠킨스는 여기서 생성되는 파이프라인의 복사본을 위해 다른 이름을 입력하라고 지시한다.

그림 9-84 로컬 깃에서 새로운 파이프라인 생성

빗버킷 클라우드의 경우 빗버킷 사용자 ID(이메일 주소)와 암호를 입력해야 한다(그림 9-85). 깃허브 엔터프라이즈나 빗버킷 서버의 경우 먼저 젠킨스에서 서버의 위치를 알려줘야 한다.

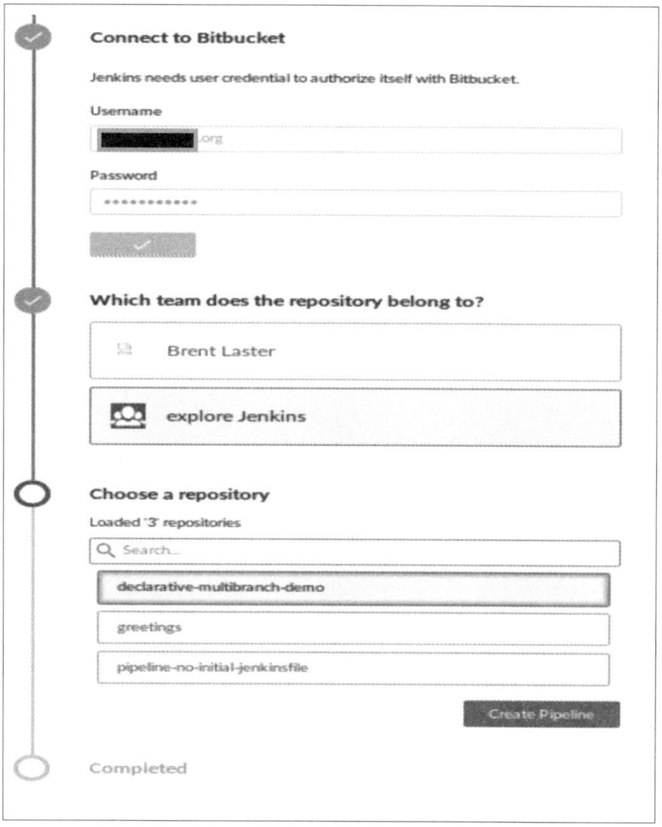

그림 9-85 빗버킷 클라우드로부터 새로운 파이프라인 생성

지금까지 블루 오션 편집기의 사용 방법을 알아봤다. 살펴본 바와 같이 깃허브를 사용하는 파이프라인을 위해 많은 것을 갖고 있지만 전부를 포함하지는 않는다. 아직 일부는 수작업으로 입력 및 수정해야 한다.

요약

9장은 젠킨스의 새로운 인터페이스인 블루 오션을 소개했다. 블루 오션은 사용자가 기존 파이프라인의 익숙한 화면(대시보드, 실행 상세 화면 등)을 젠킨스 '클래식' 뷰와 유사하게 그래픽 표현을 볼 수 있게 한다.

또한 블루 오션은 Jenkinsfile이 없는 저장소에 새로운 파이프라인을 생성 및 수정할 수 있게 해준다.

블루 오션은 서술적 파이프라인과 잘 맞는다. 사실 서술적 파이프라인은 블루 오션이 생성 및 수정할 수 있는 유일한 파이프라인이다. 멀티브랜치를 가진 프로젝트나 공용 혹은 로컬의 깃, 깃허브, 빗버킷과도 연동된다.

파이프라인을 보여줄 때 블루 오션은 현재 선택된 스테이지의 빌드 스텝별로 분리된 로그를 보여준다. 또한 파이프라인을 수정하는 변경 사항, 완료/실패한 테스트, 파이프라인으로부터 생성된 아티팩트를 보여준다. 그리고 깃허브 프로젝트에 대한 pull request도 있다면 보여준다(fork된 경우에만 해당된다).

블루 오션 인터페이스는 파이프라인을 만드는 것에 익숙해지고자 할 때 간단한 방법을 제공한다. 블루 오션의 그래픽 인터페이스와 간단한 클릭 옵션(예: 새로운 스테이지와 스텝 생성)은 워크플로우에 익숙해지면 상당히 편리하다. 하지만 좀 더 복잡한 파이프라인의 경우(혹은 아직 블루 오션이 문법을 지원하지 않는 경우) Jenkinsfile을 인터페이스 밖에서 수정하는 것이 더 나을 수 있다.

10장에서는 젠킨스 2를 사용하면서 마주칠 수 있는 다양한 종류의 변환을 살펴볼 것이다.

10장

변환

젠킨스 2의 도입으로 젠킨스 사용자는 다양한 방법으로 파이프라인을 생성 및 표현할 수 있게 됐다. 전통적인 프리스타일 잡, 젠킨스 애플리케이션 자체의 파이프라인 코드, Jenkinsfile에 저장된 파이프라인 코드도 포함된다. 게다가 파이프라인 코드는 스크립트 방식의 파이프라인 문법이나 서술적 파이프라인 문법으로 작성할 수도 있다. 이렇게 여러 가지 방식으로 파이프라인을 정의하게 되면 형식을 변환해야 하는 상황이나 다른 형식으로 바꾸고 싶어지는 때가 발생할 것이다. 10장에서는 파이프라인 정의 방식을 전환할 때 알아 두어야 할 사항을 다룬다.

특별히 다음 세 가지 변환에 집중할 것이다.

- 프리스타일 잡에서 파이프라인으로 변환
- 스크립트 방식의 파이프라인에서 Jenkinsfile로 변환
- 스크립트 방식의 파이프라인에서 서술적 파이프라인으로 변환

프리스타일

여기서 '프리스타일'이란 용어를 웹 폼에서 사용된 젠킨스 잡을 모두 포함할 수 있게 느슨한 정의로 사용하고 있다. 가장 일반적으로는 프리스타일 잡 자체를 의미하지만, 다른 종류도 사용될 수 있다. 다른 종류의 잡에도 전체적인 개념과 논의 내용이 동일하게 적용된다.

변환 방법을 상세히 제공하기보다는 각 카테고리에 접근하는 방식과 관련 있는 원칙을 보여주기 위해 지침과 몇 가지 예제를 중심으로 설명한다. 모든 경우를 다룰 수는 없지만 여기서 다루지 않는 경우도 잘 해결할 수 있을 만큼 충분히 설명한다.

10장을 읽기 위한 준비

이 장은 독자가 다른 장을 모두 읽었고, 여기서 다뤘던 개념과 스니펫 생성기 같은 도구에 익숙하다고 가정한다. 그렇지 않다면 목차나 찾아보기에서 필요한 참조 내용을 찾아보자.

일반적인 준비

자세하게 살펴보기 전에 우선 일반적인 내용을 알아보자. 이 내용이 항상 필요한 것은 아니지만, 추후 작업 시간을 단축하는 데 도움이 될 수 있다. 여기에서 다룰 대부분의 아이템은 질문 형태로 되어 있으며, 기존 파이프라인을 위해 필요한 정보를 알려주는 데 목적이 있다.

로직과 정확도

기존 파이프라인을 다른 형태로 바꾸기 전에 파이프라인이 의도된 대로 동작하고 성공하는지부터 확인하고 싶을 것이다. 그것이 파이프라인을 변환할 때 파이프라인의 일부를 변경할 수 없다는 의미가 아니라, 동작하는 파이프라인이라야 결과를 비교하고 테스트하는 데 도움이 된다는 뜻이다.

프로젝트 타입

젠킨스 2는 이전에 지원되지 않던 다양한 종류의 프로젝트를 도입했다. 여기서 변환하고자 하는 파이프라인이 젠킨스 폴더 구조, 멀티브랜치 파이프라인(Jenkinsfile과 멀티브랜치를 지원할 경우에 해당), 혹은 깃허브 조직 저장소나 빗버킷 팀/프로젝트 프로젝트(이미 관련된 타입의 잡이 존재하는 경우) 중 어떤 것에 가장 잘 맞는지를 파악하는 것이 중요하다.

젠킨스 2에서 사용 가능한 다양한 종류의 새 프로젝트는 8장에서 다뤘다.

시스템

다음으로, 파이프라인이 현재 어떤 노드를 사용하는지 살펴보자. 새 파이프라인이 기존 노드와 새 노드 중 어디에 연동될 것인지 고려해보자. 각 시스템이 사용하고 있는 레이블과 마스터 노드에서 돌아가는 것이 있는지도 확인해보자. 그렇다면 경량화 엑시큐터에서 이를 수행하는 것이 좋을까? 혹은 새 파이프라인을 위해 노드에 레이블을 추가해야 할까?

접근

파이프라인을 실행하는 데 어떤 자원과 사용자 권한이 필요할까? 특정 인증이 필요할까? 혹은 새로운 것이 정의돼야 할까?

또 다른 경우로는 프리스타일 프로젝트에서 멀티브랜치나 깃허브 조직/빗버킷 팀 프로젝트로의 변환이다. 이 경우 외부 저장소에 접근 권한이 있는지 확인해야 하고, 깃허브 프로젝트를 위한 웹훅을 설정해야 하는 경우도 있다(8장에서 다뤘다).

또한 공유 라이브러리를 생성하거나 사용하는 경우 전역에 정의해야 하는지, 누가 수정 권한을 가져야 하는지도 고려해야 한다(6장에서 공유 라이브러리를 자세히 다뤘다).

전역 설정

다행히, 젠킨스 전역 도구의 위치를 알아내는 것은 같은 방법을 통해 이뤄진다. 전역 도구 설정(도구에 따라 시스템 설정일 수도 있다)에서 도구의 이름과 설치 경로를 추가할 수 있다. 이 부분은 크게 변경되지 않았다. 하지만 새로운 버전(혹은 다른 버전)이 나왔는지 확인하는 것이 좋다. 도구와 접근 방법을 최신 내용으로 유지하는 데 도움이 될 것이다.

플러그인

젠킨스는 대부분의 기능을 플러그인으로 구현하기 때문에 정확한 플러그인을 설치해야 한다. 플러그인에 업데이트해야 하는 것이 있는가? 프리스타일을 파이프라인으로 변환한다면 프리스타일 잡에서 진행된 작업이 해당하는 파이프라인 DSL 문장이 있을까?

플러그인이 새로운 젠킨스 2 기능에 호환되려면 반드시 기존 버전에서 업그레이드시켜야 한다. 다음 두 기준이 중요하다.

- 플러그인이 재시작을 지원해야 한다(직렬화 지원).
- 파이프라인 DSL 코드와 통합되는 스텝을 지원해야 한다.

따라서 젠킨스 파이프라인의 특정 기능을 변환할 때는 파이프라인 DSL과 호환되는 업데이트된 버전의 플러그인부터 확인해야 한다. 업데이트하려는 기능의 호환성을 확인하려면 '파이프라인 스텝 레퍼런스(https://jenkins.io/doc/pipeline/steps/)'와 '깃허브 플러그인 호환성 (http://bit.ly/2qQ3gT5)' 사이트를 참조하자.

공유 라이브러리

공유 라이브러리는 재사용이 필요하거나, 복잡한 내용을 갖거나, 혹은 보안 문제로 인해 분리해야 하는 코드를 격리하는 데 유용한 방법을 제공한다. 기존 파이프라인에 공유 라이브러리로 옮기고 싶은 내용이 있는지 확인해보자. 존재한다면 공유 라이브러리 작업을 빨리 시작해 생각대로 동작하는지 확인할 것을 권한다.

여기서 이러한 내용은 공유 라이브러리의 사용 대신 외부의 코드를 불러올 때(6장에서 다뤘다)도 적용된다.

프리스타일 파이프라인을 스크립트 방식의 파이프라인으로 변환

전제 조건과 전환 시 고려할 점을 살펴봤으니, 이제 개념적인 레벨에서 프리스타일 파이프라인을 스크립트 방식의 파이프라인으로 변환하는 작업을 살펴보자. 그림 10-1은 파이프라인 배포와 관련된 작업의 전형적인 예시다.

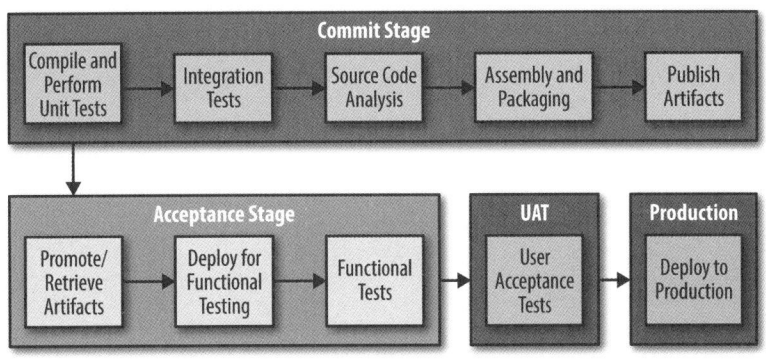

그림 10-1 전형적인 파이프라인 배포

스테이지

그림 10-1에서 '스테이지(Stage)'는 젠킨스 파이프라인의 스테이지가 아닌 파이프라인의 작업을 구분하는 일반적인 용어다.

나는 트레이닝 코스에서 젠킨스의 이러한 종류의 프리스타일 잡을 구현했다. 특히, 각 블록은 단일 젠킨스 잡으로 구성해 성공 시 다음 잡을 호출한다.

그림 10-2는 프리스타일 잡이 일반 젠킨스 목록 뷰에 나타난 화면이다. 각각의 잡에 파이프라인의 구조에 맞는 설명이 있는 것에 주목하자.

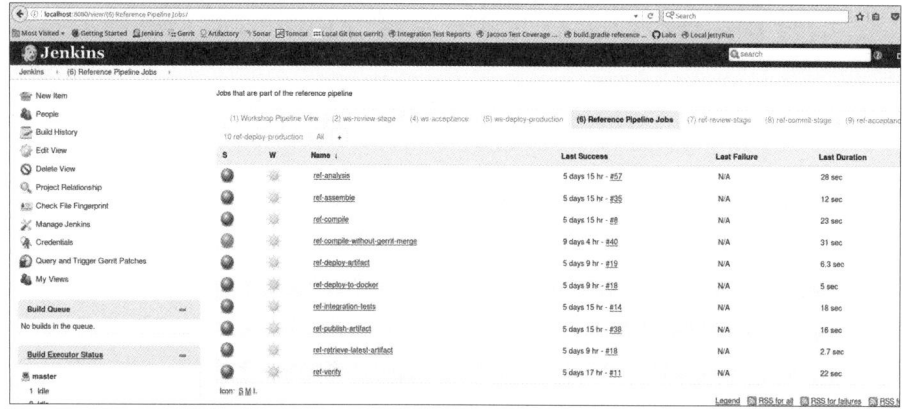

그림 10-2 전통적인 젠킨스 프리스타일 잡으로 표현된 파이프라인

위 파이프라인은 다양한 오픈소스 기술로 구현했다. 독자가 익숙하지 않을 경우를 위해 각각의 목적을 표 10-1에 기술했다.

표 10-1 배포 파이프라인 예제에 사용된 기술

이름	목적
젠킨스	워크플로우 관리/지휘
깃	소스 관리
그레이들	빌드 자동화
소나큐브	코드 분석과 메트릭
JaCoCo	코드 커버리지
아티팩토리	바이너리 아티팩트 저장 및 관리
도커	컨테이너와 이미지 생성

파이프라인은 다음 태스크를 수행한다.

- 원하는 소스 코드 다운로드
- 소스 코드 컴파일 및 단위테스트 수행
- 간략한 통합 테스트 수행(테스트 데이터베이스 사용)
- 소나 큐브(메트릭) 및 JaCoCo(코드 커버리지) 코드 분석

- 아티팩트 조립
- 아티팩트 저장소(아티팩토리)에 아티팩트 업로드
- 최신 아티팩트 다운로드
- 기능 테스트를 위해 도커 컨테이너에 배포
- 일반 사용을 위해 배포

애플리케이션 자체는 간단한 웹 앱으로 내부의 MySQL 데이터베이스를 이용해 간단한 REST API를 제공한다. 그림 10-3은 동작하는 웹 앱의 예시다.

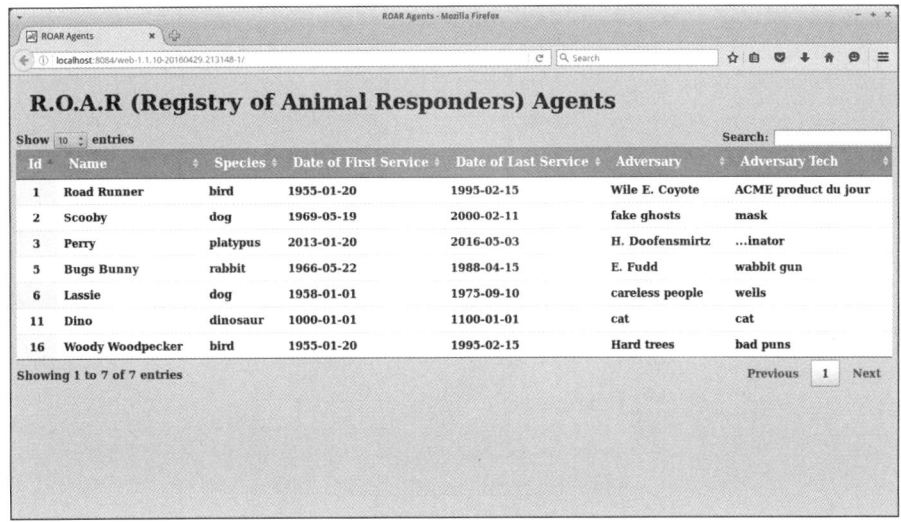

그림 10-3 간단한 웹 앱

내부의 그레이들 프로젝트는 네 개의 하위 프로젝트로 구성된다. 각각 API, 데이터 접근, 공용 코드, 웹 관련 코드다.

아주 간단하고 일반적이지 않은 파이프라인 예시이지만, 지속적 배포 파이프라인 및 워크플로우의 주요 부분을 잘 표현한다.

이제 이 프리스타일 잡을 여기에 대응되는 스크립트 방식의 파이프라인으로 변환하는 것을 알아보자.

스크립트 방식과 서술적 방식

전통적인 프리스타일 잡을 파이프라인으로 변환할 때 스크립트 방식과 서술적 방식 둘 중 하나를 선택해야 하는 중대한 결정을 해야 한다. 여기서 가장 중요하게 고려할 점은 파이프라인의 복잡도다. 서술적 파이프라인은 사용자가 프리스타일 젠킨스 프로젝트를 파이프라인으로 변환하기 쉽게 하기 위해 개발됐다. 이 중 하나는 프리스타일 잡에서 사용 가능한 섹션과 유사한 것을 제공하는 점이다.

그림 10-4의 서술적 파이프라인 구조를 살펴보자. 서술적 파이프라인(7장에서 다뤘다)에 익숙치 않더라도, 전통적인 프리스타일 잡에 대응되는 섹션을 알아볼 수 있을 것이다.

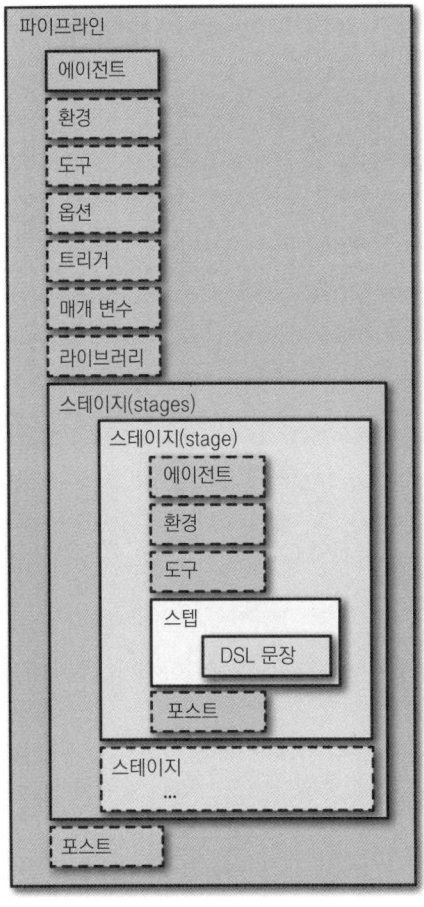

그림 10-4 서술적 파이프라인 구조

서술적 파이프라인의 일부와 프리스타일 잡의 일부가 일치하게 되면 모든 구조를 서술적 형태로 표현할 수 있는 간단한 파이프라인에서 서술적 파이프라인으로 변경을 고려하게 한다. 하지만 현재 일부 명령어와 플러그인을 서술적 파이프라인에서 사용할 수 없으므로 초기 변환이 어렵다. 따라서 여기서는 전통적인 파이프라인을 스크립트 방식의 파이프라인으로 변환하고, 그런 다음 스크립트 방식의 파이프라인을 서술적 파이프라인으로 변경하는 방법을 다룬다.

소스

프리스타일 파이프라인의 변환을 처음 살펴볼 때 파이프라인 스테이지에 대응되어 새롭게 만들고 싶은 영역을 찾을 수 있을 것이다. 예를 들어, 파이프라인의 소스 코드를 내려받는 Source 스테이지를 만든다면, 프리스타일 프로젝트의 SCM 영역부터 찾을 것이다(예시의 간단한 프로젝트에서는 소스 코드를 내려받는 것이 다른 잡과 같이 묶여 있지만, 독립된 스테이지를 만드는 것은 문제없이 동작할 것이다).

기존 잡에 맞는 파이프라인 스테이지 선택 방법

개념적으로 각각의 프리스타일 잡은 하나의 파이프라인 스테이지로 변환 가능하다. 예를 들어, 그림 10-5의 전통적인 스타일로 연결된 프리스타일 잡이 있다면, 젠킨스 2 파이프라인의 스테이지 뷰 표현과 비슷하다는 것을 알 수 있다.

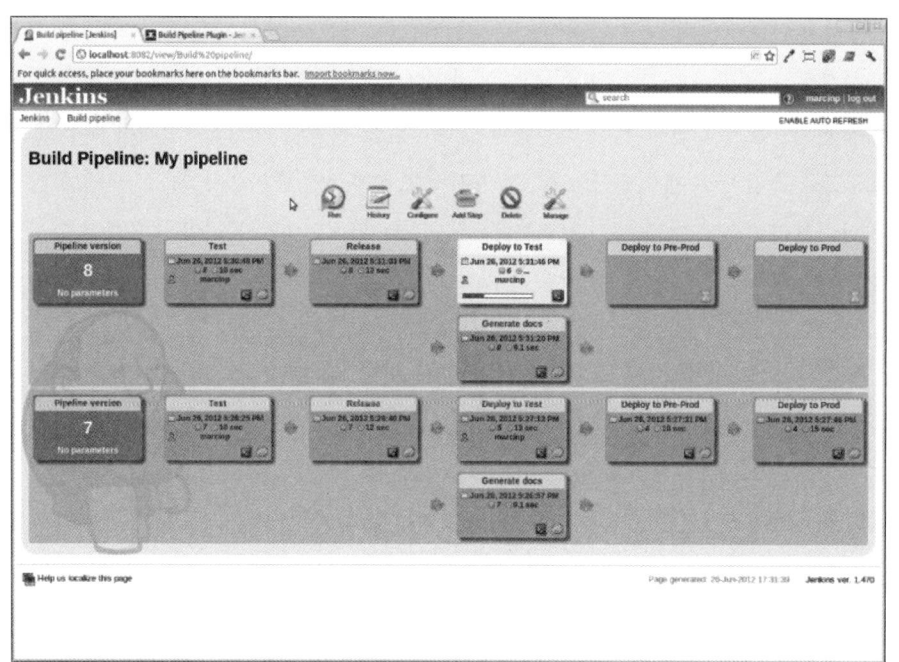

그림 10-5 파이프라인의 빌드 파이프라인 플러그인 표현

일반적으로, 여러 개의 프리스타일 잡이 연동될 때 가장 좋은 방법은 개별 프리스타일 잡에 해당되는 스테이지를 만드는 것이다.

하지만 여기에는 프리스타일 잡이 각각 하나의 역할을 하게 되어 있다는 가정이 깔려 있다. 하지만 항상 그런 것은 아니다. 예를 들어, 소스를 내려받고, 빌드 및 단위 테스트를 진행하는 잡이 있을 수 있다. 또한 같은 작업을 위한 세 개의 연동된 프리스타일 잡을 가질 수도 있다. 둘 모두 있을 수 있는 상황으로, 각각이 특정 상황에 가장 적합할 수 있다.

두 상황 모두 파이프라인으로 구성할 수 있다. 소스 코드를 내려받고, 빌드를 하고, 단위 테스트를 하나의 스테이지로 구성하거나, 각각을 하나의 스테이지로 만들 수 있다.

파이프라인을 배우고 시작할 때는 여러 작업을 하나의 스테이지에서 하게 만드는 것보다 각각의 작업이나 기능을 분리해 많은 수의 스테이지를 만드는 방식이 권장된다. 왜냐하면 다른 작업들과 섞이지 않고 하나의 작업을 파이프라인 코드로 정확히 구현하는 데 집중하기 위함이다. 사용자는 웹 기반의 인터페이스를 통해 프로그래밍 인터페이스로 안내되어, 간단하게 전환할 수 있게 프로세스를 작은 단위의 작업으로 나누게 될 것이다.

여기서 서술적 파이프라인은 젠킨스 웹 폼과 닮은 장점이 있다. 하지만 이 장의 다른 곳에서 언급했듯, 이 장점에는 유연성이 떨어진다는 단점도 있다. 기능을 작은 단위로 나눌수록 스테이지가 실패했을 때 문제를 분리시키기 쉽다.

불행히도, 아직 젠킨스에는 리플레이에서 스테이지를 비활성화시키고, 특정 코드를 주석처리하거나 지우는 기능이 없다(리플레이에 대한 자세한 내용은 2장을 참고하자). 에러 리포트와 트레이스백을 따라가는 것도 꽤 어렵다. 따라서 스테이지의 기능을 분리시키면 디버깅 시간을 줄일 수 있다.

이 방식은 자체의 어려운 점이 있다. 특히 도구가 여러 기능을 자동으로 실행하려 할 때 이런 어려움은 배가된다. 때때로 스테이지에서 도구를 덮어쓰거나 더 적은 기능을 하게 만들어야 할 수도 있다. 예를 들어, 그레이들 빌드 도구와 이의 유용한 관용적 사용에 대해 생각해보자. 자바 프로젝트의 경우, 자바 소스 파일이 일반적인 메이븐 스타일의 폴더 구조를 따른다면, 그레이들은 사용자가 이를 알려주지 않아도 위치를 감지해 자동으로 빌드한다.

유사하게, 그레이들이 테스트 파일을 찾으면 단위 테스트로 간주해 빌드 및 실행하게 된다. 따라서 그레이들의 빌드 태스크는 예상된 구조에서 테스트 파일을 찾을 수 있는 경우 단위 테스트의 빌드와 실행이 자동으로 포함된다. 이러한 결과는 애플리케이션을 통해 제어할 수 있다. 예를 들어, a -x 옵션을 그레이들에 전달해 그레이들이 이를 실행해야 한다 간주할 때에도 특정 태스크를 실행하지 않게 할 수 있다.

그림 10-6은 프리스타일 프로젝트의 GitSCM 설정 영역이다(다른 SCM에도 비슷한 설정이 있을 것이다).

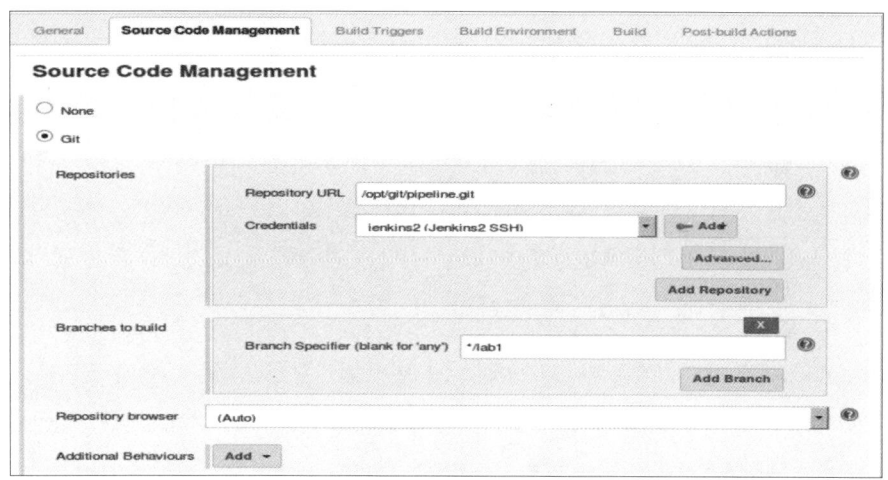

그림 10-6 프리스타일 프로젝트 SCM 폼

여기서 우리가 필요로 하는 매개 변수를 찾을 수 있다. 이를 새로운 파이프라인 프로젝트로 변환하려면 먼저 파이프라인에서 사용할 수 있는 기능 중에 같은 기능의 DSL 스텝이 있는지부터 물어봐야 한다.

웹 필드와 파이프라인 스텝 매칭

대부분의 경우, 전통적인 젠킨스의 폼에 존재하는 옵션과 해당 값은 파이프라인 코드의 스텝에 매개 변수로 전달된다. 때때로 웹 폼과 필드나 옵션의 이름을 통해 스텝의 매개 변수 이름을 유추할 수도 있다.

이 질문에 답을 하려면 스니펫 생성기(파이프라인 잡 화면의 왼쪽 메뉴의 파이프라인 문법 링크)로 이동해 연관된 이름의 스텝을 본다. 이 경우 그럴싸한 이름인 git을 보게 될 것이다. git 스텝을 선택하면 우리가 사용하는 것과 유사한 필드의 폼을 보여준다(그림 10-7). 여기서 값을 입력하고 **Generate Pipeline Script**(파이프라인 스크립트 생성) 버튼을 클릭해 파이프라인의 스텝을 얻어낼 수 있다.

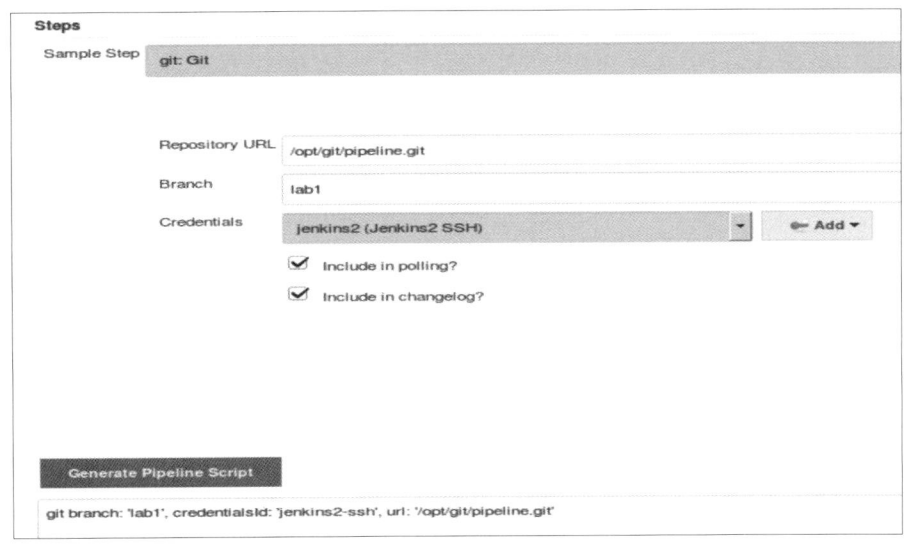

그림 10-7 스니펫 생성기의 git 스텝

이제 스니펫 생성기에서 코드를 복사해 stage 클로저로 감싼 후 실행하고자 하는 파이프라인 잡의 node 스텝으로 감싼다. 코드는 다음과 같을 것이다(이를 새롭게 만든 파이프라인에 넣는다고 가정한다).

```
node ('worker_node1'){
    stage('Source'){
        git branch: 'lab1', credentialsId: 'jenkins2-ssh',
        url: '/opt/git/pipeline.git'
    }
}
```

이 코드를 직접 파이프라인 프로젝트에 입력한다면, 저장해서 젠킨스가 빌드를 시도하게 할 수 있다. 젠킨스는 즉시 문법 에러를 확인하고, 에러가 없다면 스테이지의 빌드를 진행한다.

스테이지 뷰(그림 10-8)나 좀 더 자세한 내용을 원하는 경우 콘솔 로그를 통해 코드가 동작하는지 확인할 수 있다.

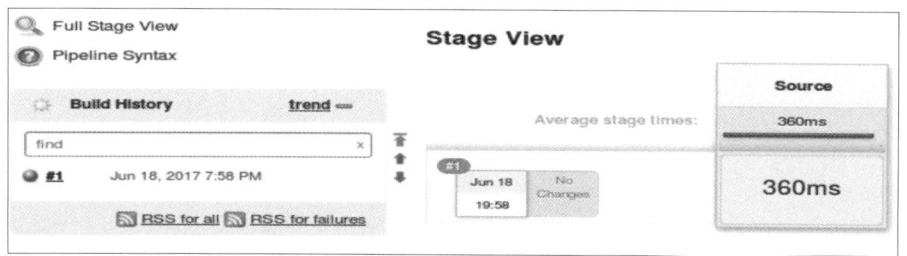

그림 10-8 간단한 Source 스테이지를 위한 초기 빌드

젠킨스에서 직접 작업과 Jenkinsfile 사용

이 장의 후반부에서 Jenkinsfile을 좀 더 다룬다. 하지만 사용자가 Jenkinsfile을 이해하고 언제 사용하는지 안다고 하더라도, 변환하는 시점에서는 젠킨스 애플리케이션에서 생성하고자 하는 파이프라인에 직접 코드를 입력하는 것이 더 간단하다. Jenkinsfile을 사용하려면 참조할 프로젝트나 Jenkinsfile을 찾아서 편집기를 통해 업데이트하고 소스 코드 저장소에 다시 커밋 및 푸시하는 작업을 거쳐야 한다.

파이프라인 프로젝트에서 바로 작업하면 사용자가 코드를 직접 입력 및 저장한 다음 외부 소스 코드 저장소에서 수정 및 업데이트하지 않고 빌드를 시도할 수 있으므로 시간과 작업을 단축시켜 준다.

따라서 젠킨스에서 직접 작업한 후 잘 동작하는 시점에서 Jenkinsfile로 변환하는 것을 추천한다.

이미 예상했듯이, 프리스타일 잡에서 매개 변수를 받아서 스니펫 생성기에 넣고, 이 결과를 stage 클로저에 복사한 후 실행하는 방식으로 작업하는 것은 상당히 직관적이다. 항상 간단하지는 않겠지만, 간단한 DSL 스텝을 제공하는 플러그인(스니펫 생성기 또한 지원)의 경우 이런 방식이 전환을 도울 것이다.

추가 설정이나 작업이 복잡한 경우에는 스텝이 많아질 수 밖에 없다. 이러한 경우 with... DSL 블록을 사용할 수 있다. 복잡한 경우는 차차 살펴볼 것이다.

일반적인 SCM 스텝

아마도 여기서 사용하는 git DSL 스텝이 파이프라인의 일반적인 DSL 스텝과 달리 특화된 것인지 궁금할 수 있다. 일반적인 DSL 스텝을 사용한다면 다음과 같을 것이다.

```
checkout([$class: 'GitSCM', branches: [[name: '*/lab1']],
    userRemoteConfigs: [[url: '/opt/git/pipeline.git']]])
```

컴파일

소스 코드를 내려받을 후 대부분의 파이프라인은 build 스테이지를 진행할 것이다. 단순 컴파일 이상의 동작이 포함될 수도 있다. 또한 실행 파일을 생성하거나 단위 테스트를 수행할 수도 있다.

그림 10-9는 그레이들 빌드 도구를 호출해 여러 '태스크(그레이들의 잡)'를 수행하는 프리스타일 잡의 일부다. 여기서 몇 가지를 자세히 살펴보자. 먼저, 특정 그레이들 버전 gradle3을 지정한 것을 볼 수 있다.

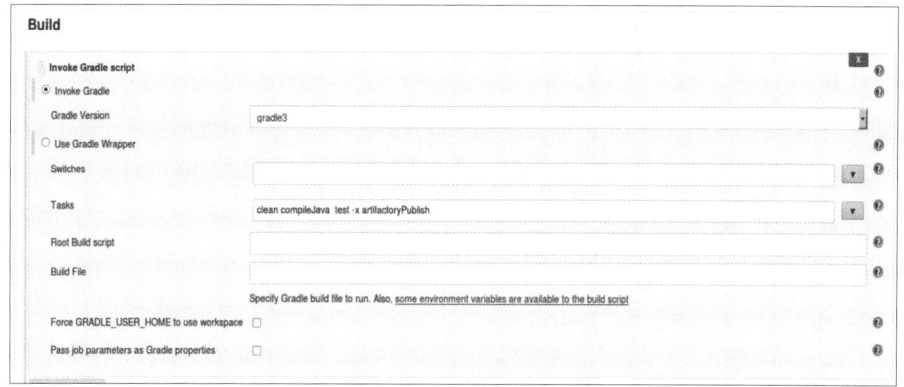

그림 10-9 프리스타일 빌드 호출

이는 시스템에 설치된 특정 그레이들 버전을 gradle3라는 이름을 통해 전역 도구 설정에서 찾는다. 일반적인 젠킨스 설치 방식인 플러그인 설치 후 전역 설정에 그 설치 버전의 이름을 지정하는 방식을 따른다. 그림 10-10은 젠킨스 전역 설정 예시다.

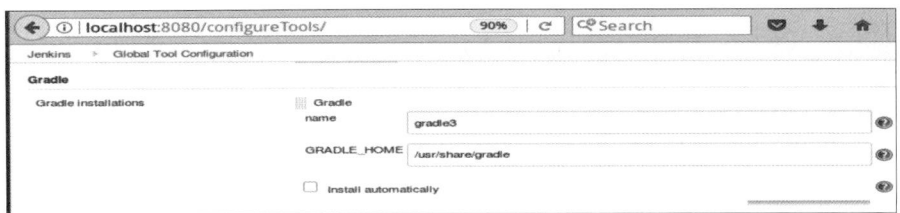

그림 10-10 설치된 그레이들 버전의 전역 설정

도구 기본 버전

젠킨스 프리스타일 잡에서 이름이 아닌 기본값을 통해 특정 버전을 선택할 수도 있다. 이는 젠킨스가 찾아보는 경로에 사용 가능한 버전이 존재할 때만 동작한다.

하지만 외부 경로를 통해 도구를 찾는 것은 좋은 방법이 아니다. 여기에 해당할 수 있는 예외는 아마도 깃과 같이 하나의 버전만 사용되고 자주 업데이트되지 않는 도구가 있다. 이런 경우라도 모호함을 줄이고 명확함을 높이기 위해 젠킨스에 특정 버전을 설정하는 것을 권장한다.

여기서 여러 그레이들 태스크(clean, compileJava, test, artifactoryPublish)를 참조하고 있다. 이것에 대한 설명은 이 책의 범위를 넘어서지만 이름을 통해 동작을 추측할 수 있다. 다음은 간략한 설명이다.

- clean은 빌드 결과를 지운다.
- compileJava는 자바 소스를 컴파일한다.
- test는 찾을 수 있는 테스트 케이스를 컴파일한 후 실행한다.
- artifactoryPublish는 지정된 빌드 타입(JAR 혹은 WAR)을 아티팩토리 같은 '아카이브 저장소'에 업로드한다.

-x 옵션은 그레이들이 이 태스크를 수행하지 않게 하는 스위치다. artifactoryPublish 앞에 이 옵션을 붙인 것은 그레이들이 기본적으로 빌드에 통합된 아티팩토리에 이를 수행하려 하기 때문이다. 아티팩토리 통합은 13장에서 더 자세히 다루는데 예시를 간단하게 만들기 위해 파이프라인 스텝에서는 다루지 않을 것이다.

따라서 이 영역을 파이프라인 스크립트로 변경하기 위해서, 먼저 스테이지에서 정확히 같은 동작들을 할지 결정해야 한다. 복잡함을 피하기 위해 clean과 compileJava 태스크만 Compile 파이프라인 스테이지에서 수행해보자. test 태스크(다른 스테이지에서 수행할 것이다)나 artifactoryPublish 태스크는 포함되지 않는다.

스테이지에서 무엇을 할지 결정하기

test 태스크를 남겨둔 이유가 궁금할 것이다. 여기에는 몇 가지 이유가 있다. 일반적으로, 파이프라인의 기능을 분리해 각 스테이지의 성공과 실패를 쉽게 감지하려는 데 있다. 또 작업(혹은 여러 작업)을 다양한 노드에서 다루거나(병렬 빌드에 해당), 일반적인 노드가 아닌 컨테이너에서 다루고 싶은 경우도 해당된다. 마지막으로, 특정 기능을 실행하기 전에 수작업으로 이를 확인하고 싶은 경우도 있다.

이 모든 것을 고려해 실제 그레이들 호출은 다음과 같이 변경됐다.

```
gradle clean compileJava -x test
```

여기서 -x 옵션을 사용해 테스트를 수행하지 않게 했다. 이는 추후 다른 스테이지에서 실행할 것이다. 일반적으로 그레이들은 지정된 위치에서 테스트 파일을 찾으면 자동으로 실행한다(이는 그레이들이 일반적으로 '설정 대신 관례'를 따라 도움이 되는 경우다). 테스트 케이스는 소스와 함께 포함됐을 경우 git 스텝이 내려받게 된다.

이는 우리의 파이프라인 스크립트에서 상당히 직관적인 명령어(스텝)로, 그레이들 플러그인을 통해 제공되는 gradle DSL이 있다는 것을 가정한다. 이를 확인하기 위해, 스니펫 생성기에 다시 한번 접근해 사용 가능한 스텝 목록을 확인할 수 있다.

이 책을 집필하는 시점에서 gradle이라는 이름의 스텝은 존재하지 않는다. 하지만 상당히 괜찮아 보이는 build라는 이름의 스텝이 있다. 사용할 수 있어 보이는 스텝을 찾으면 우리가 생각하는 동작을 하는지 확인하는 것이 중요하다. 가장 쉬운 방법은 스텝 아래에 있는 도움말 아이콘(물음표가 있는 파란색 아이콘)을 클릭하는 것이다. 그러면 그림 10-11과 같이 스텝의 설명을 보여줄 것이다.

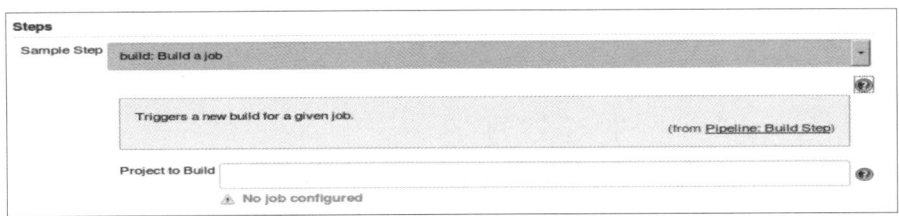

그림 10-11 빌드 스텝의 도움말

위 그림을 살펴보면, 빌드 도구를 호출하는 일반적인 스텝이 아님을 알 수 있다. 전체 젠킨스 잡의 빌드를 수행하는 스텝이므로, 우리가 원하는 동작이 아니다.

그러면 어떻게 그레이들 명령어를 DSL 스텝 없이 호출할 수 있을까? 대부분의 경우 실행 파일(여기서는 그레이들이 해당된다)이 있으면 셸을 호출해 실행한다. 다행히 셸 스텝을 호출하는 두 가지 DSL 명령어가 있다.

sh
    유닉스 시스템에서 셸 호출을 수행하는 명령이다.

bat
    윈도우 시스템에서 셸 호출을 수행하는 명령이다.

두 명령어에 대해서는 스니펫 생성기(11장에서 더 자세히 다룬다)에서 더 많은 정보를 찾을 수 있다. 우리는 sh DSL 스텝을 사용할 것이다. 스니펫 생성기에 접근해 sh 스텝을 찾고, 실행하고자 하는 명령어를 입력하면 다음과 같은 그루비 스크립트 명령어가 생성된다.

```
sh 'gradle clean compileJava -x test'
```

젠킨스가 찾을 수 있는 경로에 그레이들이 있다면 이 명령어는 동작한다. 하지만 우리가 참조하고 있는 프리스타일 잡에 특정 그레이들 설치 버전(젠킨스 시스템 전역에 설치되어 있었다)이 있었던 것을 기억해보자.

변환 과정에서 같은 설치 버전을 사용하고 싶다면 어떻게 해야 할까? 젠킨스 DSL에는 이런 목적의 스텝이 포함돼 있다. 책의 앞부분에서 다뤘지만 아직 익숙하지 않을 것이므로 다시 한번 설명한다. 이 스텝은 tool로, 도움말은 다음과 같다.

> 도구의 설치를 변수에 연동한다(도구의 홈 경로가 반환된다). 시스템 설정에서 설정된 도구만 해당된다. 원래의 도구 설치 관리자가 auto-provision 기능을 제공하면 도구는 여기에 설명한대로 설치된다.

특별히 전역 도구 설정의 도구 이름이 있기에, tool 스텝은 해당하는 <tool>_NAME 값을 반환한다. 그림 10-10과 그레이들 전역 설정을 다시 참조해 다음 명령어를 사용한다.

```
tool 'gradle3'
```

이는 다음을 반환할 것이다.

```
/usr/share/gradle
```

한 가지 팁은 이를 그레이들을 호출하는 셸 명령어에서 이용하는 방법이다. 파이프라인 스크립트서 변수를 정의하는 방법 중 하나는 값을 저장한 후 셸에서 사용하는 것이다. 예시는 다음과 같다.

```
def gradleHome = tool 'gradle3'
sh "${gradleHome}/bin/gradle clean compileJava -x test"
```

 **값 해석과 참조**
여기서 특별한 문법 $(〈이름〉)을 사용해 그루비가 이를 〈이름〉에 할당된 값으로 치환하게 하는 것을 볼 수 있다. 이를 사용할 때 큰따옴표를 사용해야 한다.

이런 방식은 def gradleHome 라인을 스크립트 방식의 파이프라인의 전역(node 내부이지만 스테이지의 외부에 존재)에 설정해 필요할 경우 어디서나 참조할 수 있는 장점이 있다. 하지만 이 방식은 서술적 파이프라인에서는 동작하지 않는다. 게다가 이 두 라인을 하나의 라인으로 합칠 수도 있다. 이렇게 한다면 tool과 셸 스텝을 연동하는 명령어는 다음과 같다(stage 클로저 내부에 존재한다).

```
stage('Compile') {
    sh "'${tool 'gradle3'}/bin/gradle' clean compileJava -x test"
}
```

sh 스텝의 동작 방식을 간단히 살펴보자.

- sh은 내장 DSL 스텝으로 유닉스 셸을 실행시킨다.
- 큰따옴표는 ${tool 'gradle3'}를 동작시키기 위해 필수이다.
- '${tool 'gradle3'}/bin/gradle' 영역은 다음 동작을 한다.
  - 'gradle3' 인자를 사용해 tool DSL 스텝을 호출한다. 전역 도구 설정에서 'gradle3'를 찾아 해당 값의 GRADLE_HOME을 찾는다.
  - 반환된 값의 문자열을 치환해 /usr/share/gradle/bin/gradle과 같은 그레이들 실행 경로를 반환한다.
  - 이 경로를 이용해 특정 그레이들 태스크를 실행한다. 셸 명령어는 /usr/share/gradle/bin/gradle clean compileJava -x test가 된다.

다음 절에서는 다양한 아이템을 한 번에 실행하는 방법(파이프라인 병렬화 이용)을 단위 테스트를 예시로 알아볼 것이다.

단위 테스트

지금까지 젠킨스에서는 여러 프로젝트를 병렬로 실행하기 어려웠다. Join and Build Flow 같은 플러그인에 병렬 실행을 지원하는 메커니즘이 있지만, 설정이 직관적이지 않았다. 파이프라인 환경에서 작업하는 장점 중 하나는 parallel DSL 스텝을 이용해 쉽게 병렬 작업을 할 수 있다는 것이다.

이에 해당하는 예시 중 하나는 개별 세트로 분리되는 많은 수의 단위 테스트를 수행하는 경우다.

135쪽 '동시성 다루기'에서 병렬 작업을 설정하는 방법을 알아봤다. 여기에서는 주요 내용과 간단하지만 다수의 테스트를 병렬로 실행하는지 살펴볼 것이다.

전통적 vs 대안의 병렬 문법

젠킨스 파이프라인 스크립트에 서 병렬 처리를 구현하는 전통적인 방식은 parallel 스텝을 이용해 맵을 인자로 사용하는 것이었다. 서술적 파이프라인 1.2가 릴리스되면서 서술적 파이프라인을 위한 대체 문법이 추가됐는데, 맵 요소 대신 스테이지를 정의해 각각의 병렬 경로를 다룰 수 있게 된 것이다. 이는 (맵 요소 대신) 각각의 병렬 경로를 다루는 스테이지의 정의를 지원한다.

이 절의 예시에서는 전통적은 맵 기반의 접근을 예시에서 사용할 것이다. 이는 이 방식이 스크립트나 서술적 방식 모두에서 동작하기 때문이다. 서술적 파이프라인을 사용하고 새로운 문법을 사용하고 싶다면 3장과 7장에서 다룬 대안의 병렬 문법을 참조하자.

전통적인 parallel DSL 스텝 사용의 핵심은 맵을 인자로 받는 것을 이해하는 데 있다. 맵의 키는 각 브랜치의 식별자로, 맵의 값은 실행할 코드 블록을 포함한다. 부하를 분산시키는 방법으로 node 블록으로 각각의 코드 블록을 감싸 개별 브랜치가 다른 노드에서 실행되는 것을 보장할 수 있다.

예를 들어, 그레이들 프로젝트 예시에서 하위 프로젝트 api의 테스트 세트를 생각해보자. 복잡함을 피하기 위해 이 단위 테스트는 Test1.java, Test2.java, …, Test29.java와 같은 형태로 작성된 자바 프로그램이라 가정하자. 정의된 노드 두 개(node1, node2)가 있다면, 모든 Test1*는 node1에, 모든 Test2*는 node2에서 실행하게 선택할 수 있다. 그레이들을 사용해,

시스템 매개 변수를 -D test.single=<패턴> 형태로 전달해 실행할 테스트를 지정할 수도 있다.

parallel 스텝을 스테이지로 감싸면(현재 parallel을 사용하면, 이는 해당 스테이지의 유일한 스텝이어야만 한다) 다음과 같은 코드가 나온다.

```
stage('Unit Test') {
    parallel (
        tester1: { node ('worker_node1'){
            sh "'${tool 'gradle3'}/bin/gradle' -D test.single=Test1*:api:test"
        }},
        tester2: { node ('worker_node2'){
            sh "'${tool 'gradle3'}/bin/gradle' -D test.single=Test2*:api:test"
        }},
    )
}
```

여기서 간단히 parallel DSL 스텝을 호출하면서 맵을 전달한 것에 주목하자. 이 맵은 두 개의 브랜치를 키 tester1과 tester2와 이에 해당하는 코드 블록으로 포함하고 있다. 각각의 코드 블록에는 노드 정의와 특정 그레이들 명령어를 수행하는 셸 호출이 있다. 그레이들 명령어는 테스트 중 일부를 식별해 api 하위 프로젝트의 test 태스크를 호출한다.

같은 동작을 하는 코드를 작성하는 다른 방식은 맵을 선언해 이를 채우는 코드를 실행하는 것이다. 이후 parallel 스텝을 호출해 같은 맵을 전달한다(3장에서 이런 방식의 예시를 참조하자).

노드로 내용 분산

병렬로 실행되는 코드를 작성할 때 브랜치별로 다양한 노드(혹은 노드 종류)를 사용해 부하를 분산하는 것이 종종 유용하다. 하지만 이것은 같은 내용을 다양한 노드로 분산해 모든 코드가 각 노드에 존재하는 추가 요구 사항을 충족해야 한다. 물론, 각각의 노드에 코드를 내려받는 Source 스텝을 두어 충족시키는 방법도 있다. 하지만 이 방법은 자원 측면에서 중복이 발생하는 비싼 작업이다.

다행히, stash와 unstash DSL 스텝이 간단한 해결책을 제공한다(3장에서 이에 대해 살펴봤지만, 참조의 불편함을 줄이기 위해 여기에서 다시 다룬다). 이름에서 알 수 있듯이 이 명령어를 사용해 하나의 노드에서 내용의 stash[1]를 생성해 다른 노드에 unstash할 수 있다. stash 스텝의 문법은 상당히 직관적인데, 쉼표로 구분된 includes(혹은 excludes)와 이름이다.

```
stash name: "<name>" [includes: "<pattern>" excludes: "<pattern>"]
```

여기서 주요한 개념은 이름과 패턴을 통해 파일의 포함이나 제외를 지정하는 것이다. stash 자체는 이를 포함하는 이름으로 지정된다. 간단히 Source 스테이지에서 소스 코드를 내려받은 후 이를 stash 스텝으로 추가할 수 있다.

```
stage('Source'){
    git branch: 'lab1', credentialsId: 'jenkins2-ssh',
        url: '/opt/git/pipeline.git'
    stash includes: 'api/**, dataaccess/**, util/**, build.gradle,
        settings.gradle', name: 'testreqs'
}
```

이후 파이프라인의 다른 부분에서 이 파일이 필요할 때 stash의 이름을 unstash 명령어에 전달하면 된다. 이는 다른 스테이지, 노드, 혹은 parallel 문장의 브랜치에서 호출된다. 문법은 다음과 같다.

```
unstash "<name>"
```

---

[1] 임시 저장 콘텐츠 - 옮긴이

stash의 적절한 사용

젠킨스의 stash 명령어는 깃의 명령과는 다르다. 깃의 stash는 아직 커밋되지 않은 내용(작업 폴더와 스테이징 에어리어가 해당된다)을 임시 저장하는 것이다.

젠킨스에서 stash에 포함될 수 있는 범위는 상당히 넓지만, 대용량 콘텐츠의 장기적인 저장 및 호출은 아티팩트 저장소인 아티팩토리(13장에서 다룬다)의 사용을 권장한다.

워크스페이스 삭제

stash 같은 명령어를 여러 노드에 걸쳐 사용할 때 시작할 때마다 워크스페이스를 지우는 것이 좋다. 젠킨스는 워크스페이스가 지워지거나 유지되는 것을 기본적으로 보장하지 않는다.

Workspace Cleanup 플러그인(https://plugins.jenkins.io/ws-cleanup)을 설치했다면 cleanWs 스텝을 사용해 이를 달성할 수 있다.

워크스페이스 삭제를 위한 대안

cleanWs( )을 호출하는 것이 젠킨스 워크스페이스 삭제를 위해 권장되는 방식이다. deleteDir( )을 호출하는 방법도 있지만, 현재 노드에 국한되고 관련 폴더를 지정하고 있어야만 동작하기 때문에 사용이 제한된다(11장에서 각각에 대해 자세히 살펴볼 것이다).

젠킨스 2의 초기 버전에는 cleanWs DSL 스텝이 없었다. 따라서 해당 플러그인 기능을 호출하는 것은 일반적인 step DSL을 클래스를 통해 호출하는 방법밖에 없었다. 이는 다음과 같다.

```
step([$class: 'WsCleanup'])
```

아마 오래된 파이프라인에서 이를 발견할 수 있을 것이다. 이 책을 집필하는 시점에는 아직 유효한 문법이다. 하지만 cleanWs( ) 호출이 더 선호되는 방식이다.

워크스페이스를 삭제하는 것과 필요한 내용을 unstash하는 병렬 단위 테스트 스테이지는 다음과 같다.

```
stage('Unit Test') {
    parallel (
        tester1: { node ('worker_node1'){
```

```
                cleanWs()
                unstash 'testreqs'
                sh "'${tool 'gradle3'}/bin/gradle' -D test.single=Test1*:api:test"
            }},
            tester2: { node ('worker_node2'){
                cleanWs()
                unstash 'testreqs'
                sh "'${tool 'gradle3'}/bin/gradle' -D test.single=Test2*:api:test"
            }},
        )
    }
```

이 파이프라인을 실행할 때 콘솔 로그를 살펴보면 tester1과 tester2 브랜치의 로그가 서로 섞이는 것을 발견할 수 있다(3장에서 예시를 확인하자).

Parallel Test Executor 플러그인

이 절을 끝내기 전에 Parallel Test Executor 플러그인(http://bit.ly/2HufJWD)에 대해 살펴보자. 단위 테스트 실행을 처음 성공하면, 플러그인이 테스트 실행을 평가하는 도구를 추가한다. 이후 include와 exclude 파일을 추가해 테스트를 적절한 그룹으로 나눠 더 효율적인 병렬화를 위해 노드에 분산하게 된다.

하지만 이 책을 집필하는 시점에서, 이 플러그인에는 몇 가지 이슈가 있다.

- 단위 테스트의 마지막 실행이 성공적인 실행이어야만 한다.
- 실행 시 파일의 포함 및 제외를 지원하는 빌드 도구(현재 메이븐이 이를 지원한다)가 필요하다.

다음 절에서는 또 다른 파이프라인 스테이지인 통합 테스트에서 인증을 사용하는 방법에 대해 알아볼 것이다.

통합 테스트

통합 테스트에는 여러 형태가 있다. 프리스타일 파이프라인 예제에는 그레이들 SourceSets을 이용해 자바 플러그인에서 제공되는 그레이들의 기본 test 태스크(앞 절에서 test 태스크를 단위 테스트를 위해 사용했다)와 유사한 integrationTest 태스크가 있다.

그레이들 SourceSets은 이후에 자세히 살펴볼 것이다. 대신 여기에서는 웹 애플리케이션이 수행될 테스트 데이터베이스를 사용하는 기술을 살펴볼 것이다(이는 더 널리 사용되는 방식이다). 특별히 외부 SQL 파일에서 테스트 데이터베이스인 MySQL로 내용을 전달하는 한 줄짜리 명령어를 사용한다. 프리스타일 잡에서 이에 해당하는 명령어의 기본 형태는 다음과 같은 셸 스텝이 된다.

```
mysql -u<username> -p<password> registry_test < registry_test.sql
```

여기서 재미있는 점은 사용자 이름과 암호를 명령어에 전달하는 방식이다. 전통적으로 몇 가지가 선택 가능하다.

- 사용자 이름과 암호를 하드코딩
- 수작업으로 이 둘을 환경 변수로 설정
- 매개 변수를 통해 전달
- 외부 파일에서 읽기
- Credentials Binding과 같은 플러그인(https://plugins.jenkins.io/credentials-binding)을 통해 주입

첫 번째 방식은 확실히 보안에 취약하고 좋은 방식이 아니다. 두 번째 방식은 조금 더 낫지만 너무 많은 정보를 노출한다. 세 번째 방식은 매번 인자에 의존하므로 자동화된 빌드에 적합하지 않다. 네 번째 옵션은 적절한 고립을 제공하지만 젠킨스 외부에서 데이터를 관리해야 한다.

마지막 방식이 젠킨스에서 정의된 접근방식에 가장 직접적이고 안전한 방식이다.

Credentials Binding 플러그인이 인증(사용자 이름과 암호)을 우리가 이미 젠킨스에서 빌드 스텝에 전달할 변수에 묶어준다. 예시는 그림 10-12와 같다.

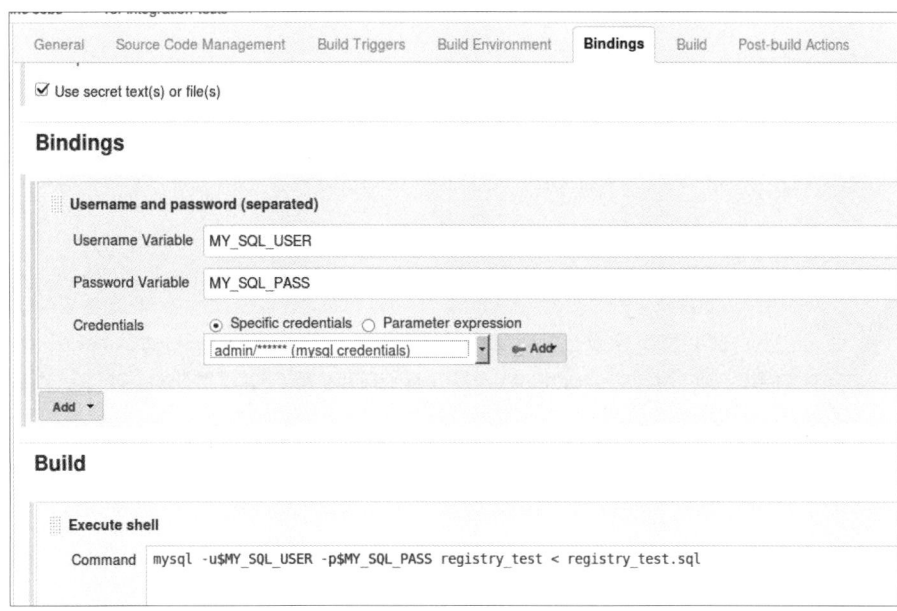

그림 10-12 Credentials Binding 플러그인을 전통적인 프리스타일 잡에서 사용하는 예시

젠킨스 파이프라인 DSL은 Credentials Binding 플러그인을 파이프라인에서 사용하는 것도 지원한다. 이는 `withCredentials` 스텝을 통해 이뤄진다. 이 스텝은 프리스타일과 유사하고, 바인딩된 인증을 인자로 받아 사용자가 실제 인증 값을 명시할 수 있게 한다. 변수는 이후 인증 블록에서 사용되어 인증 값이 노출되는 것을 막는다(5장에서 인증의 생성과 사용을 참조하자).

여기에서는 `mysql_credentials`라는 이름의 MySQL 데이터베이스에 접근하려면 사용자명과 암호를 인증하도록 설정했다고 가정한다. 이후 이 바인딩을 이용하는 스텝을 인스턴스화해 두 개의 환경 변수로 정의한 후 인증이 필요한 문장에서 사용할 수 있다.

프리스타일 프로젝트의 파이프라인은 다음과 같다.

```
withCredentials([usernamePassword(credentialsId: 'mysql_credentials',
    passwordVariable: 'MY_SQL_USER', usernameVariable: 'MY_SQL_PASS')])
{
    sh "mysql -u$MY_SQL_USER -p$MY_SQL_PASS registry_test < registry_test.sql"
}

withCredentials(...) {
    sh "..."
}
```

with*스텝

with로 시작하는 스텝은 종종 전역 엔티티를 참조해 내부 동작에 환경 변수를 적용하는 방식으로 사용된다. 전역 엔티티에는 인증(withCredentials), 서버(12장에서 withSonarQubeEnv 블록을 다룬다), 일반 환경 변수(withEnv), 혹은 도커 컨테이너 등이 있다. 11장에서 더 많은 정보와 예시를 확인하자.

통합 테스트의 나머지 부분은 그레이들 빌드 도구가 지원하는 SourceSets을 사용한다. 그레이들의 SourceSets은 소스 파일을 고유의 환경과 구조로 지정한다. 자바 파일(그리고 그레이들을 위한 자바 플러그인)을 사용할 때 그레이들은 관례적으로 두 가지 기본 SourceSets을 설정한다. 하나는 메인 프로젝트 소스(main)이고, 다른 하나는 연관된 자바 테스트 케이스(test SourceSets)다. 이 장 앞부분의 병렬 단위 테스트를 위한 그레이들 호출에 test SourceSets의 기본 기능을 사용할 것이다.

그레이들에서는 SourceSets을 위해 클래스패스, 아웃풋 경로, 폴더 구조 등을 정의할 수 있다. 이런 정의를 통해 그레이들이 해당 내용을 정확히 참조하여 빌드하게 된다. 그레이들 SourceSets의 기능 중에는 이미 있던 것을 조금 수정해 새로운 SourceSets을 만드는 방법도 있는데, SourceSets '상속'과 유사한 기능이다. 우리의 그레이들 파이프라인에서는 새로운 integrationTest SourceSets을 기본 test SourceSets에서 만들고, functionalTest SourceSets을 새로운 integrationTest SourceSets에 기반해 만들었다. 이것은 그레이들 문법이 아니기 때문에 자세히 다루지는 않지만, 통합 테스트를 위한 데이터베이스가 준비됐고, 그레이들을 호출해 새로운 integrationTest 태스크를 실행해 통합 테스트를 수행할 수 있다. 이에 해당하는 셸 호출은 다음과 같다.

```
sh "'${tool 'gradle3'}/bin/gradle' integrationTest"
```

여기서 tool 스텝을 사용해 Gradle_Home 경로를 얻어내는 것과 큰따옴표와 작은따옴표를 섞어 사용한 방식에 주목하자.

지금까지 파이프라인 전환의 주요 부분을 담당하는 스테이지를 완성했다. 이 파이프라인은 소스 코드를 내려받아 빌드한 후 다양한 레벨에서 테스트를 진행한다. 남은 파이프라인 중 중요한 부분은 관련된 외부 애플리케이션과 세세하게 통합을 해야 한다. 이 장의 내용을 적절한 범위로 유지하기 위해, 해당 애플리케이션과의 통합과 변환은 다른 장에서 다룬다. 다음 절에서는 개략적인 접근 방식만 설명할 것이다.

파이프라인의 다음 부분 변환

지금까지 통합의 두 가지 주요 개념인 소스 코드 관리(깃)와 빌드와 테스트(그레이들)를 다뤘다. 이 두 스테이지는 문법적으로 유효하고 독립된 테스트에 기능적으로 동작하는 파이프라인의 최소 코드였다.

이제 소스 코드 분석 등의 도구(소나큐브를 통합 메트릭 수집) 도구를 통합하고, 복잡한 환경(예. 도커)에 배포해 테스트할 수 있을 정도로 코드를 완성해 나가는 방법을 알아볼 것이다. 이 과정에서 파이프라인이 생성한 특정 버전의 아티팩트를 저장하고 사용하는 방법도 살펴볼 것이다.

이 작업과 젠킨스와의 통합을 위해 사용할 기술은 한 장에서 다루기에는 너무 방대하기에 내용을 분리해 별도의 장에서 다룬다. 따라서 여기에서는 해당 내용의 개념정도만 알아볼 것이다. 소나큐브 통합은 12장, 아티팩토리 통합은 13장에서 자세히 설명한다.

소스 코드 분석

테스트를 통해 우리가 작성한 코드가 제대로 동작하는지 확인할 수는 있지만 소스 코드의 품질을 알 수는 없다. 파이프라인 코드의 품질은 소스 코드 분석을 통해 알 수 있다.

소스 코드 분석은 일반적으로 모범 사례의 사용, 알려진 실패 조건을 피해 격리된 코드의 생산, 기술적 부채 분석, 테스트를 통해 코드 커버리지의 결정 등의 품질 메트릭과 관련 있다.

여기서 사용되는 메트릭은 매우 다양하다. 메트릭의 점수는 코드와 해당 규칙의 부합성을 통해 산출된다. 각각의 기준에 최소 점수를 정의할 수도 있다. 최소 점수의 모임은 '퀄리티 게이트'라고 불리는데, 이를 통해 파이프라인 코드 분석의 성공과 실패의 기준을 정하게 된다.

소나큐브는 이러한 분석을 제공하는 도구 중 하나다. 젠킨스와 통합하기 위해서 먼저 소나큐브 서버를 설정하고, 젠킨스에 소나큐브 플러그인을 설치한 후 스탠드얼론 프로그램인 '스캐너' 혹은 '러너'를 설치하고 설정한다.

소나큐브에 웹훅을 정의해 분석이 완료되면 젠킨스에게 코드가 퀄리티 게이트를 통화했는지 실패해는지를 알람으로 알려준다.

12장에서는 소나큐브와 통합하는 방법을 다룬다. 또한 코드 커버리지 도구인 자코코$^{Jacoco,\ Java\ Code\ Coverage}$를 사용해 젠킨스에 프로젝트의 테스트 코드가 소스 코드를 얼마나 잘 테스트하는지에 대한 정보를 전달하는 방법도 살펴볼 것이다.

아티팩토리 저장소 사용

아티팩토리 저장소는 소스 코드 저장소가 소스 코드를 다루 듯 바이너리 아티팩트의 저장, 관리, 추적을 하는 도구다. 이 도구는 사용자나 자동화된 프로세스(젠킨스의 잡 혹은 젠킨스 파이프라인의 스테이지)가 특정 버전의 아티팩트를 사용할 수 있게 한다.

여기서 아티팩트는 특정 작업에 필요한 의존성이나, 현재 프로세스에서 추후 사용을 위해 생성한 결과물을 의미한다. 의존성을 보관하는 저장소는 resolution 혹은 resolver 저장소라 불린다. 추후 사용이나 분산을 위해 사용되는 저장소는 distribution 저장소라 불린다. 저장소는 메이븐, 아이비 혹은 그레이들 같은 규격을 사용하며, 중요한 목표는 버전을 관리하는 것이다. 이것이 파이프라인 변환 시 유용한 기술을 포함하기에 여기서 자세한 내용을 살펴보자.

매개 변수로 버전 정보 설정

프리스타일 잡인 기존 파이프라인에서 기본 버전 정보를 덮어 쓰는 용도로 매개 변수를 사용했다.

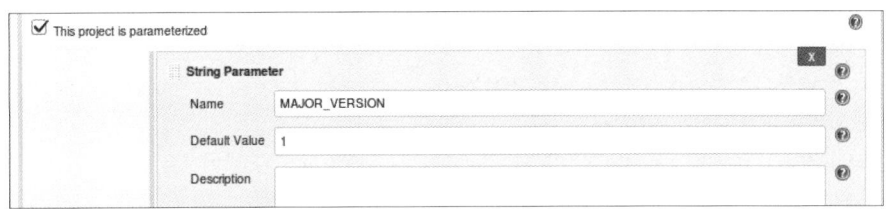

그림 10-13 프리스타일 프로젝트의 매개 변수 정의 예시

이후 이 값(덮어 써지지 않는다면 기존 값)을 사용해 아티팩트 저장소에 저장한 WAR 파일의 버전을 설정했다. 그레이들에는 gradle.properties 파일을 조작해 버전을 설명했다. 이상적인 방식은 이 값을 웹 폼의 깔끔한 통합을 통해 그레이들의 속성으로 전달하는 것이다. 하지만 프리스타일 프로젝트와 그레이들을 통합하는 깔끔한 방식은 제공되지 않는다. 따라서 유닉스 sed 도구를 사용하는 셸 명령어를 사용한다. 기본적으로 이 명령어는 원하는 값을 속성 파일에 전달하기 위해 문자열을 치환한다. 전통적인 젠킨스에서 이 잡은 그림 10-14와 같다.

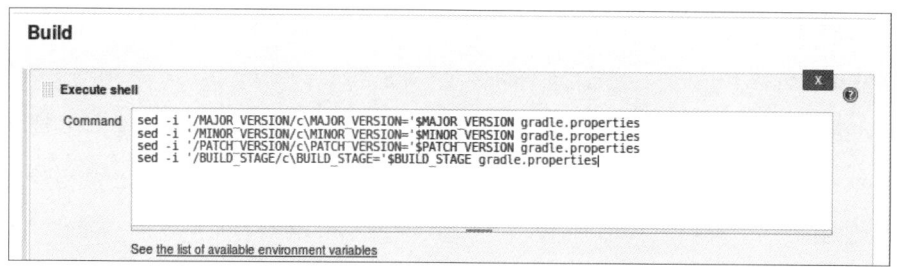

그림 10-14 그레이들 속성 파일을 변경시키는 셸 스텝

스크립트 방식의 파이프라인에서 직접적인 셸 명령어를 sh 스텝을 통해 사용할 수 있다. 하지만 변환을 위해 이 명령어를 별도의 스크립트에 넣어 다른 소스 코드 저장소에 보관할 것이다. 이는 명령어가 어떻게 외부에 저장되고 불러와 지는지 알 수 있게 한다.

그림 10-15는 깃허브에 독립적으로 저장된 셸 스텝을 나타낸다.

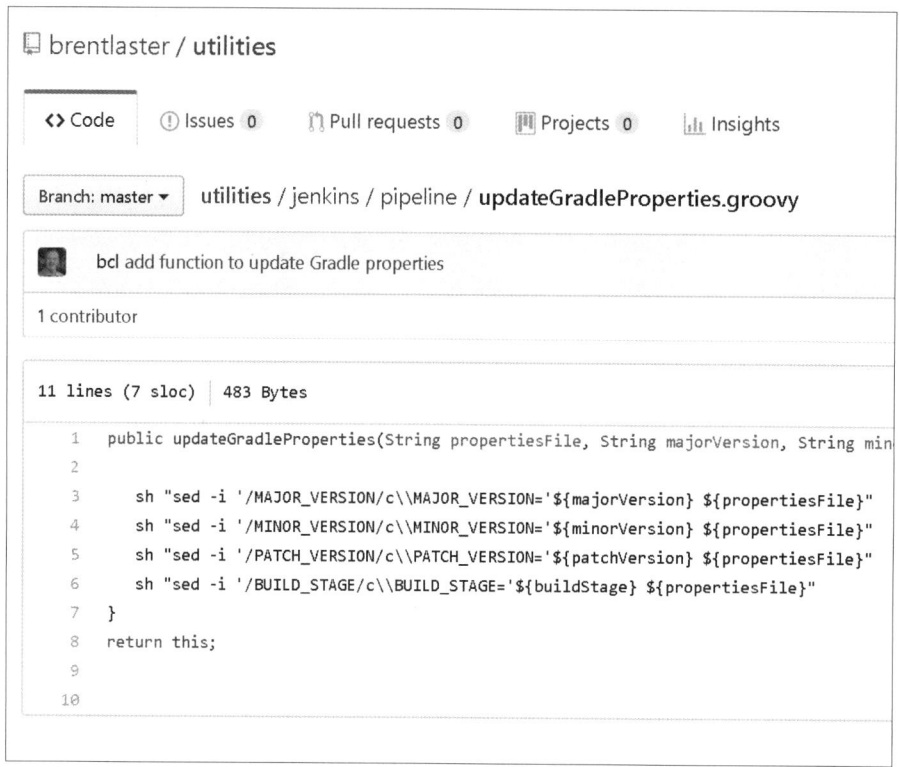

그림 10-15 다른 SCM 저장소에 독립적으로 분리되어 저장된 셸 스텝

이는 추후 구현을 변경하고 싶을 경우를 대비해 작업을 추상화한다. 또한 파이프라인의 하드 코딩을 피하고 코드를 공유하는 방법도 된다.

새로운 파이프라인 내부에서 Pipeline Remote Loader 플러그인을 통해 이 스크립트를 외부 장소에서 불러올 수 있다. 이 플러그인이 설치되어 있다면 fromGit DSL을 사용해 깃 저장소에 저장된 내용을 불러올 수 있다(다른 SCM을 위한 함수도 존재한다). 따라서 해당 함수를 불러와 파이프라인에서 호출할 수 있다. 이를 Assemble 스테이지의 시작 부분에 넣으면 코드는 다음과 같다.

```
stage('Assemble') { // WAR 파일 취합
    def workspace = env.WORKSPACE
    def setPropertiesProc = fileLoader.fromGit('jenkins/pipeline/
updateGradleProperties','https://github.com/brentlaster/utilities.git',
'master', null, '')

    setPropertiesProc.updateGradleProperties(
        "${workspace}/gradle.properties",
        "${params.MAJOR_VERSION}",
        "${params.MINOR_VERSION}",
        "${params.PATCH_VERSION}",
        "${params.BUILD_STAGE}")
```

Pipeline Remote Loader 플러그인

여기서 관련 기술을 설명하기 위해 Pipeline Remote Loader를 사용하지만, 이는 공유 라이브러리 기능이 완전히 구현되기 전에 생성됐다. 아마도 특정 시점에 이 기능은 권장되지 않을지도 모른다. 공유 라이브러리가 코드를 분리하는 대안적 방법을 제공한다.

버전이 명시된 아티팩트를 전달하는 것은 아티팩트 저장소와의 통합에서 중요한 부분이다. 그 외에는 사용할 애플리케이션과 전반적인 통합만 남는다.

13장의 파이프라인 예시에서는 가장 일반적인 아티팩트 관리 도구의 무료 버전인 아티팩토리 커뮤니티 에디션과의 통합을 다룬다. 또한 젠킨스 전역에 설정해 resolution 및 deployment 저장소를 설정하고 무엇을 어떤 저장소에 배포할지를 설정함녀서 전통적인 프리스타일 잡의 웹 폼과 통합하는 방법도 살펴본다.

이를 파이프라인 환경으로 변환하기 위해 원하는 서버와 저장소를 가리키는 변수를 정의할 것이다. 또한 통합의 종류에 따라 프로젝트를 빌드하고 다양한 아티팩토리의 기능을 표현하는 복합 객체를 갖게 된다. 복합 객체를 통해 빌드 애플리케이션에서 아티팩토리 기능을 직접 호출할 수 있다.

아티팩토리 통합에 대한 내용은 13장에서 자세히 설명한다. 지금 간단히 살펴볼 파이프라인의 주요한 부분인 도커는 14장에서 다룬다.

파이프라인에서 컨테이너 사용

컨테이너는 파이프라인 관점에서 점점 널리 쓰이고 있다. 여기서 '컨테이너'는 리눅스 컨테이너(LXC)를 위한 상위 레벨의 관리 애플리케이션을 의미한다. 이를 통해 VM이 하는 일을 적은 자원을 사용하는 여러 독립된 리눅스 시스템을 통해 정의할 수 있다.

물론, 컨테이너를 정의하고 사용하는 가장 일반적인 애플리케이션은 도커다. 실제로, 도커 컨테이너만 사용하는 애플리케이션도 많다.

지금까지 프리스타일 프로젝트에서 도커와의 통합은 도커 클라우드 플러그인을 통해 컨테이너를 에이전트로 사용하거나, 셸 명령어를 통해 이를 직접 호출하는 방식이 주로 사용됐다. 젠킨스 2의 파이프라인에서는 도커와 통합하는 네 가지 방법이 있다.

- 도커 플러그인을 통해 스탠드얼론 젠킨스 에이전트인 '클라우드'로 설정
- 서술적 파이프라인에 의해 제공되는 명령어를 통해 에이전트로 실행
- 파이프라인 내부에서 **docker** 전역 변수 사용(도커 파이프라인 플러그인을 통해 제공)
- 셸 호출을 통해 도커를 직접 호출

도커 (클라우드) 플러그인은 아직은 파이프라인 생성에 사용 가능하지만, 파이프라인 내부에서 새로운 도커 컨테이너를 이미지로 생성해 손쉽게 명령어를 실행할 수 있다.

우리가 이전하려는 전통적인 젠킨스 파이프라인은, 기능 테스트를 위해 아티팩트를 배포하는 데 도커를 사용했다. 도커는 고립되고 반복적인 환경을 제공해 줬다. 스크립트 방식의 파이프라인으로의 이전은 더 큰 변화를 겪는다. 14장에서는 전역에서 정의한 것과 다른 버전의 도구를 사용하는 이미지 제작 방법을 알아본다. 또한 명령을 수행할 수 있는 고립된 환경을 제공하는 컨테이너에 쉽게 파이프라인 명령어를 전달하는 방법도 살펴본다.

이러한 것은 `withDockerContainer` 블록을 호출하는 DSL을 통해 쉽게 달성될 수 있다. 하지만 젠킨스 2와 도커의 통합은 `inside` 함수를 가진 내장 전역 도커 변수를 제공한다. 새로운 젠킨스 DSL 명령어 두 가지의 좋은 점은 도커를 사용할 때 필요한 부분을 알아서 처리한다는 점이다. 예를 들어, 이미지가 아직 준비되지 않았을 때 자동으로 내려받아 컨테이너를 시작하고, 젠킨스 워크스페이스를 컨테이너의 볼륨으로 마운트한다(파일 시스템 접근을 생각하면 된다).

젠킨스 2에서 도커를 사용하는 주요 요소는 서술적 파이프라인을 사용할 때 나타난다. 해당 DSL은 도커 컨테이너에 기반한 에이전트를 손쉽게 정의할 수 있게 도와준다. 도커 이미지를 통하거나 Dockerfile을 통해 에이전트를 만드는 방법이 있다. 이러한 메커니즘을 통해 파이프라인에서 컨테이너의 사용을 좀 더 쉽게 구현할 수 있다.

도커 컨테이너를 사용하는 자세한 내용과 예시는 14장 컨테이너 통합을 참고하자.

Output과 통합

전통적으로 젠킨스 잡 빌드 히스토리에 '뱃지(애플리케이션에 대한 바로가기)'가 있는 도구(아티팩토리 혹은 소나큐브)는 잡이 파이프라인으로 변경되어도 계속해서 이 뱃지가 유지된다. 하지만 콘솔 로그의 결과(output)는 파이프라인에 통합된 후 조금 다르게 표현될 수 있다.

지금까지 전통적인 파이프라인 잡을 스크립트 방식의 파이프라인으로 변경하는 방법을 살펴봤다. 이제 스크립트 방식의 파이프라인을 Jenkinsfile로 변경하는 방법을 알아보자.

젠킨스 파이프라인 프로젝트를 Jenkinsfile로 변경

이 절에서는 젠킨스 애플리케이션에서 생성된 파이프라인을 외부 Jenkinsfile로 변환하는 방법을 살펴볼 것이다. 다시 말하지만, Jenkinsfile은 젠킨스와 분리된 소스 관리 저장소(보통 소스 코드를 위한 곳과 같은 저장소를 사용)에 저장된 파이프라인(약간의 변경이 있을 수 있다)이다.

젠킨스 애플리케이션의 프로젝트는 소스 코드 저장소의 위치를 기억해 Jenkinsfile의 존재를 감지해 해당 파일의 파이프라인에 따라 빌드를 수행한다.

파이프라인을 외부 파일로 저장하면 좋은 점은 다음과 같다.

- 파이프라인의 스펙이 소스 저장소에 저장된다(일반 프로젝트 소스와 비슷하다). 이는 추적 및 검토가 가능하다는 뜻이다.
- Jenkinsfile이 있는 브랜치에서 새로운 브랜치가 생기면 새로운 Jenkinsfile을 부모 브랜치로부터 상속받는다.
- 젠킨스가 Jenkinsfile의 존재를 감지해 새로운 잡을 자동으로 생성한다.

역사적으로, 파이프라인을 젠킨스에서 직접 생성하는 대신 Jenkinsfile을 사용하면 피드백이 조금 지연된다는 단점이 있었다. 이는 사용자의 파이프라인이 문법적으로 올바르게 잘 동작할지를 알려면 Jenkinsfile을 소스 코드 저장소에 커밋 및 푸시한 후 젠킨스에서 잡을 실행하는 과정이 필요하다는 의미다.

스크립트 문법으로 작성한 Jenkinsfile에는 아직도 이런 방법이 필요하다. 하지만 서술적 문법으로 작성된 Jenkinsfile의 유효성을 커맨드라인 호출로 검사하는 Pipeline Linter 도구가 나왔다. 따라서 문법 오류를 소스 저장소에 커밋하기 전에 알아챌 수 있다. 다음 사이드바에서 Pipeline Linter의 사용 방법을 알아본다.

서술적 Jenkinsfile을 위해 Pipeline Linter 사용

Pipeline Linter 도구를 사용하면 서술적 문법으로 작성한 Jenkinsfile을 소스 저장소에 커밋하기 전에 오류 검사를 할 수 있다. Pipeline Linter를 사용하지 않고 코드를 검사하려면 젠킨스를 실행해야 한다. Pipeline Linter를 사용하면 젠킨스와 소스 저장소를 통하지 않고도 문법을 검사할 수 있어서 시간이 많이 절약된다.

이 도구는 보통 젠킨스에 빌드된 명령어를 실행하면 수행된다. 따라서 SSH이나 CLI 인터페이스(더 이상 권장되지 않는다), 혹은 HTTP POST의 젠킨스 REST API를 통해 수행된다. 세 가지 방식 모두 살펴볼 것이다. 파이프라인 스텝으로 실행하는 예시도 살펴볼 것이다.

전제 조건

이 도구를 커맨드라인 인터페이스에서 사용하려면 젠킨스가 SSH나 CLI를 처리할 수 있게 설정해야 한다. 이를 위한 젠킨스 설정 방법은 15장에서 더 자세히 살펴볼 것이다. 또한 REST API 호출을 위해 Cross-Site Request Forgery 보호가 설정되어 있다면(5장 참고), 리퀘스트를 보내기 전에 젠킨스로부터 작은 조각을 받아와야 한다. 해당 호출을 위해 젠킨스에서 조각을 받아오는 방법도 15장에서 설명한다.

SSH로 실행

ssh로 실행 옵션을 사용하려면 젠킨스에서 SSH 접근이 허용돼야 한다. 접근이 허용되면 서술적 linter를 다음과 같은 일반 커맨드라인 명령어로 호출할 수 있다.

```
ssh [-l <username>] -p <jenkins ssh port> <hostname or localhost>
    declarative-linter < Jenkinsfile
```

여기서 명령어에 인자가 없는 것에 주목하자. 대신 Jenkinsfile을 명령어로 전달한다.

검사가 성공적으로 완료되면 다음과 같은 메시지를 보게 될 것이다.

```
Jenkinsfile successfully validated.
```

Jenkinsfile에 문법 오류가 존재한다면 다음과 같은 결과를 보게 된다.

```
Errors encountered validating Jenkinsfile:
WorkflowScript: 2: Undefined section "agnt" @ line 2, column 3.
   agnt {
   ^

WorkflowScript: 20: Undefined section "environ" @ line 20, column 3.
   environ {
   ^

WorkflowScript: 1: Missing required section "agent" @ line 1, column 1.
   pipeline {
   ^
```

CLI를 통해 실행(권장되지 않음)

CLI 커맨드를 동작시키려면 먼저 deprecated CLI Remoting 모드를 활성화한 후 jenkins-cli.jar 파일에 대한 접근을 확보해야 한다(15장에서 설정하는 방법과 이 프로토콜이 권장되지 않는 이유를 설명한다).

설정이 완료되면 CLI 명령어를 .jar 파일과 함께 호출할 수 있다.

```
java -jar [<path to jar>/]jenkins-cli.jar -s <hostname such as
http://localhost:8080> -auth <username>:<password or token>
   declarative-linter < Jenkinsfile
```

-auth 옵션은 15장에서 자세히 설명한다. 사용자 이름과 암호를 대신 사용할 수도 있다.

REST API를 통해 실행

REST API에서 linter를 실행하려면 CSRF가 설정되어 있는 경우(이는 항상 설정되어 있어야 한다) 조각부터 획득해야 한다(15장 참고). 이후 다음과 같이 검증을 호출할 수 있다.

```
curl --user <username>:<password> -X POST -H <Jenkins crumb value>
 -F "jenkinsfile=<Jenkinsfile"
<jenkins url>/pipeline-model-converter/validate
```

"jenkinsfile=<Jenkinsfile"에 부등호 기호가 사용된 것에 주목하자.

> **파이프라인 스텝으로 실행**
>
> linter는 validateDeclarativePipeline 파이프라인 스텝으로 실행될 수도 있다. 이 스텝의 실행 결과는 다른 함수의 호출과 같다. 이 방식의 장점은 (특별한 설정을 위한 스크립트를 작성하지 않는 이상) 특별한 설정이 필요치 않다는 것이다.
>
> 이 스텝을 실행하는 잡의 예시는 다음과 같다.
>
> ```
> node {
>     def valid = validateDeclarativePipeline("<path to file>")
>     echo "result = ${valid}"
> }
> ```

Jenkinsfile 개발

파이프라인을 Jenkinsfile로 생성하는 일반적인 방식은 먼저 파이프라인 코드를 젠킨스 자체에서 파이프라인 프로젝트로 생성하는 것이다. 그러면 빠르게 피드백을 받아 코드를 개발할 수 있게 된다. 파이프라인이 원하는 만큼 동작하면 이 절의 절차에 따라 이를 Jenkinsfile로 변경할 수 있다.

일반적으로, 파이프라인을 Jenkinsfile로 변환하는 것은 몇 가지 절차만이 필요한 간단한 작업이다. 이 방식에 대한 개요를 다음 절에서 살펴보자.

접근

Jenkinsfile이 소스와 같이 소스 코드 저장소에 존재하기 때문에, 프로젝트의 소스 코드를 내려받았는지부터 확인해야 한다. 이후 적합한 브랜치에서 Jenkinsfile이라는 이름으로 새 파일을 생성한다.

그다음, 동작하는 파이프라인 코드를 젠킨스에서 복사해 Jenkinsfile에 붙여넣는다(아직 젠킨스에 파이프라인 프로젝트가 없다면 새로 작성한다).

가장 권장하는 방법은 스크립트 최상단에 이것이 그루비 스크립트라는 식별자를 추가하는 것이다. 일반적으로 이는 #!groovy를 첫 라인에 추가하는 방식으로 이뤄진다.

스크립트에 소스 코드 저장소에서 소스를 내려받는 라인이 있다면 이를 Jenkinsfile이 checkout scm되는 것과 동일한 주소로 변경하자. 간단함을 위한 것으로, 젠킨스가 이미 저장소의 위치를 Jenkinsfile을 찾을 곳으로 간주하고 있기 때문이다. 또한 같은 Jenkinsfile을 갖는 브랜치를 생성했을 때 소스 코드에 필요한 변경을 자동으로 만들어준다. checkout scm 스텝은 거기에 존재하는 Jenkinsfile을 통해 소스 코드를 정확한 브랜치로부터 가져오게 된다.

그림 10-16은 젠킨스 애플리케이션에서 생성된 파이프라인의 일부다.

```
1    @Library('Utilities2') _
2    node('worker_node1') {
3        stage('Source') {
4            // always run with a new workspace
5            step([$class: 'WsCleanup'])
6            // Get code from our git repository
7            git 'git@diyvb2:/home/git/repositories/workshop.git'
8            stash includes: 'api/**, dataaccess/**, util/**, build
9        }
10       stage('Compile') {   // Compile and do unit testing
11           // Run gradle to execute compile and unit testing
12           gbuild3 "clean compileJava -x test"
13       }
14       stage('Unit Test') {
15           parallel (
16               tester1: { node ('worker_node2') {
17
```

그림 10-16 Jenkinsfile로 변경되기 전 젠킨스 애플리케이션에서 생성된 파이프라인 코드

그림 10-17은 Jenkinsfile로 변경된 코드다.

```
1 #!groovy
2 @Library('Utilities2') _
3 node('worker_node1') {
4     stage('Source') {
5         // always run with a new workspace
6         step([$class: 'WsCleanup'])
7         // Get code from our git repository
8         checkout scm
9         stash includes: 'api/**, dataaccess/**, util/**, build.gradle, settings.gradle', name: 'ws-src'
10    }
11    stage('Compile') {  // Compile and do unit testing
12        // Run gradle to execute compile and unit testing
13        gbuild3 "clean compileJava -x test"
14    }
15    stage('Unit Test') {
16        parallel (
```

그림 10-17 Jenkinsfile로 변경된 파이프라인 코드

리플레이와 checkout scm 스텝 vs 특정 SCM 스텝

2장에서 논의했듯이 젠킨스에는 '리플레이' 기능이 있어서 사용자가 이미 실행된(성공 및 실패 모두 가능) 런을 수정해 실행할 수 있다. 특정 실행의 화면의 왼쪽에 있는 리플레이 메뉴를 선택만 하면 수행된다. 리플레이 기능의 주요 목적은 수정 사항이나 간단한 프로토타입을 검증하는 것이다. 이를 통해 사용자가 해당 버전의 코드 변경이 잡에 어떤 영향을 주는지 알 수 있다. 수정이 발생하면 다른 실행이 수행되지만, 코드의 수정 사항이 반영되지는 않는다(리플레이되는 실행이 현재 런이어도 동일하다). 이런 기능은 수정이나 프로토타입을 할 때 유용하다.

하지만 git과 같은 특정 SCM 스텝을 사용하는 코드를 리플레이할 때 주의해야 할 점이 있다. 원래의 런이 어떤 코드를 내려받았는지와 상관없이 해당 스텝이 사용하는 브랜치가 최소 실행 이후 변경됐다면 리플레이는 최신 소스 코드를 내려받는다.

예를 들어, 소스 코드를 내려받기 위해 git 스텝을 사용하는 간단한 프로젝트가 있다고 가정해보자.

```
stages {
    stage('Source') {
        steps {
            // 항상 새로운 워크 스페이스에서 실행
            cleanWs()
            git branch: 'decl', url: 'git@diyvb2:/opt/git/gradle-demo'
```

여기서 이 코드를 최초 실행했을 때 저장소가 다음 리비전이라고 가정하자.

```
commit 3235c1f8e141e9f1c02b42b51d782aa4f738e4b8
Author: diyuser2 <diyuser2@diyvb2>
Date: Sat Nov 4 15:22:32 2017 -0400

    Add declarative Jenkinsfile
```

이 잡을 실행한 후 런 #1의 결과 페이지에서 깃 리비전을 살펴보면 다음과 같은 결과를 볼 수 있다.

```
Success Build #1 (Feb 8, 2018 3:17:36 PM)
Started by user Jenkins Admin
  Revision: 3235c1f8e141e9f1c02b42b51d782aa4f738e4b8
```

여기서 잡이 실행한 리비전이 현재의 리비전과 동일하다.

이제 저장소에 다른 커밋을 푸시해 새로운 리비전이 생겼다.

```
git log -2
commit 6c75694b8770705b3a27f7c512766e0e3ab0a7d0
Author: diyuser2 <diyuser2@diyvb2>
Date: Thu Feb 8 14:49:53 2018 -0500

    updated Jenkinsfile
```

```
commit 3235c1f8e141e9f1c02b42b51d782aa4f738e4b8
Author: diyuser2 <diyuser2@diyvb2>
Date: Sat Nov 4 15:22:32 2017 -0400
```

잡을 다시 실행해 깃 리비전을 보면 다음을 확인할 수 있다.

```
Success Build #2 (Feb 8, 2018 3:37:01 PM)
Started by user Jenkins Admin
 Revision: 6c75694b8770705b3a27f7c512766e0e3ab0a7d0
```

아직까지는 모든 것이 잘 동작하고 있다.

하지만 #1 런을 리플레이하면 결과는 다음과 같다.

```
Success Build #5 (Feb 8, 2018 3:39:46 PM)
Started by user Jenkins Admin

Replayed #1 (diff)

 Revision: 6c75694b8770705b3a27f7c512766e0e3ab0a7d0
```

여기서 Replayed #1 라인과 이때 내려받은 리비전이 런 #1에서 내려받은 것이 아닌 새로운 리비전임을 확인할 수 있다.

리플레이에 장점 중 하나는 Jenkinsfile을 젠킨스 애플리케이션에서 개발한 파이프라인처럼 간주해 리플레이할 수 있다는 점이다.

또한 checkout scm 스텝을 사용하는 Jenkinsfile에 대해서 리플레이는 예상한 방식으로 동작한다. 이번 런의 Jenkinsfile의 파이프라인 코드가 다음과 같다고 가정하자.

```
stages {
    stage('Source') {
        steps {
            // 항상 새로운 워크스페이스에서 실행
            cleanWs()
            checkout scm
```

깃 리비전이 같기 때문에 최신 빌드는 다음 결과를 출력할 것이다.

```
Success Build #2 (Feb 8, 2018 4:20:21 PM)
Started by user Jenkins Admin
 Revision: 6c75694b8770705b3a27f7c512766e0e3ab0a7d0
```

여기서 #1의 리플레이는 다음을 출력한다.

```
Success Build #3 (Feb 8, 2018 4:53:05 PM)
Started by user Jenkins Admin

Replayed #1 (diff)

 Revision: 3235c1f8e141e9f1c02b42b51d782aa4f738e4b8
```

따라서 checkout scm 스텝은 해당 런과 연관된 리비전을 내려받는다. 특정 SCM 스텝을 사용하고, 리플레이할 코드가 원래의 실행 이후 코드가 변경됐다면 신경을 써야 한다.

대부분의 경우 기본적인 변환 스텝을 통해 Jenkinsfile로 변환할 수 있지만, 매개 변수의 기능을 변환해야 하는 경우도 있다. 다음 절에서 살펴보자.

Jenkinsfile로 매개 변수 기능 전환

이 책을 집필하는 시점에서 젠킨스 애플리케이션에서 직접 파이프라인 프로젝트를 생성한다면, 파이프라인 잡 인터페이스에서 전통적인 방식으로 매개 변수를 정의하고(This project is parameterized 옵션 사용) 이를 파이프라인 코드에서 참조할 수 있다. 예를 들어, 그림 10-18과 같이 몇 가지 매개 변수를 버전 정보를 위해 정의했다고 가정하자.

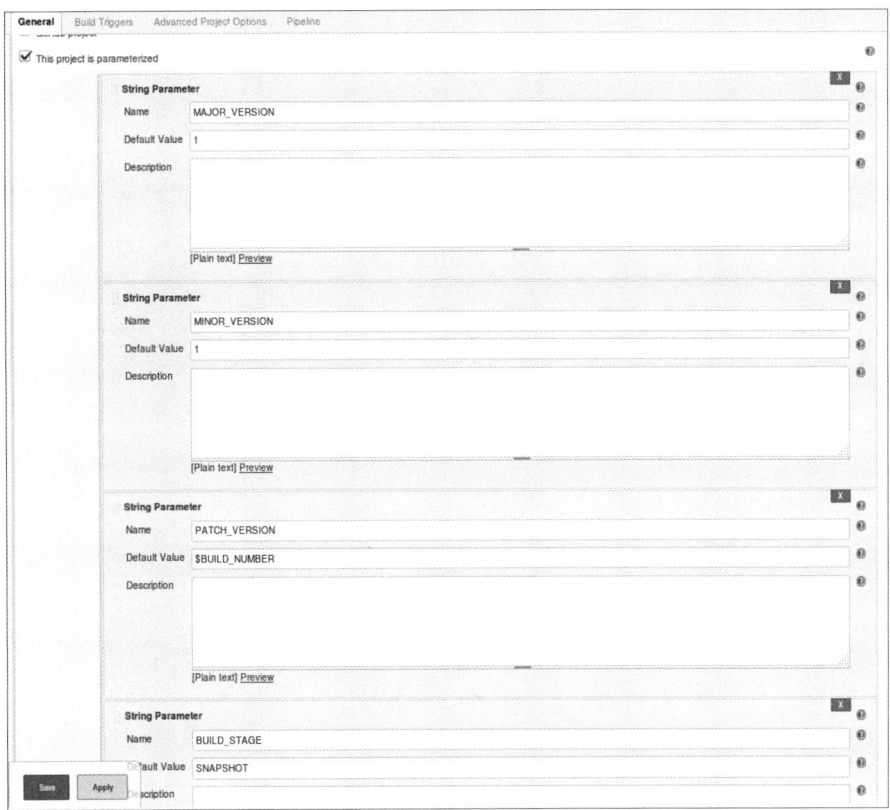

그림 10-18 전통적인 젠킨스 파이프라인 잡에서 매개 변수 정의

파이프라인 스크립트에서 이 매개 변수를 다음과 같이 참조할 수 있다(다음 예제 코드에서 설정 파일을 변경하기 위해 매개 변수가 함수에 전달됐다).

```
setPropertiesProc.updateGradleProperties(
    "${workspace}/gradle.properties",
    "${params.MAJOR_VERSION}",
    "${params.MINOR_VERSION}",
    "${params.PATCH_VERSION}",
    "${params.BUILD_STAGE}")
```

여기서 매개 변수가 젠킨스의 잡에서 정의됐기 때문에 파이프라인에서 따로 정의할 필요가 없다. 하지만 Jenkinsfile로 전환하면 더 이상 젠킨스의 잡에서 정의된 매개 변수를 사용할 수 없으므로 매개 변수를 파이프라인 코드 자체에서 정의해야 한다.

가장 쉬운 문법은 스니펫 생성기를 사용하는 것이다. input 스텝을 선택한 후 매개 변수 영역에서 젠킨스 잡에서 매개 변수를 정의할 때와 같은 정보를 입력한다(그림 10-19).

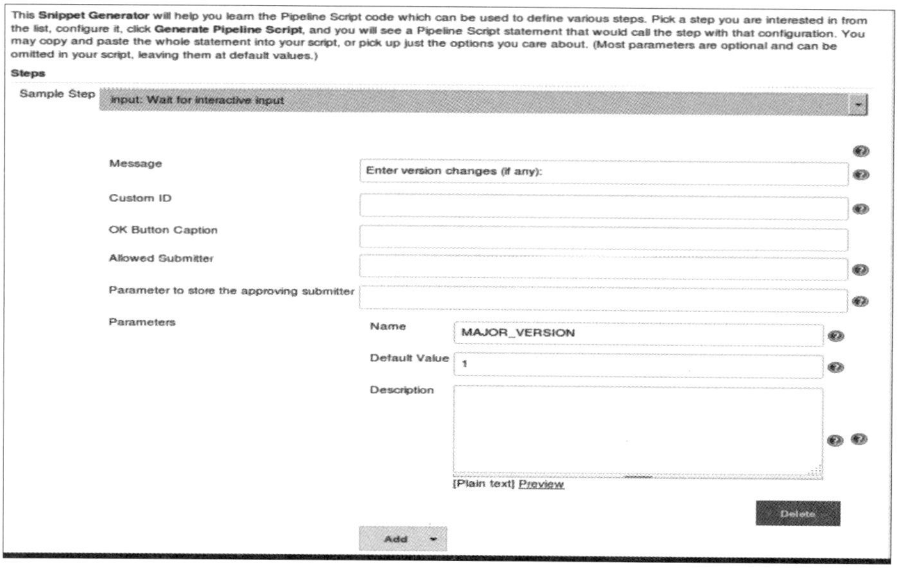

그림 10-19 파이프라인 매개 변수를 위한 코드를 알아내기 위해 스니펫 생성기 사용

이후 Jenkinsfile로 복사할 수 있는 그루비 문법/코드를 얻게 될 것이다.

```
def userInput
stage('Parameters') {
    userInput = input message:
'Enter version changes (if any):',
    parameters: [
        string(defaultValue: '1', description: '',
            name: 'MAJOR_VERSION'),
        string(defaultValue: '1', description: '',
```

```
                name: 'MINOR_VERSION'),
            string(defaultValue: env.BUILD_NUMBER, description: '',
                name: 'PATCH_VERSION'),
            string(defaultValue: 'SNAPSHOT', description: '',
                name: 'BUILD_STAGE')]
                major_version = userInput.MAJOR_VERSION
                minor_version = userInput.MINOR_VERSION
                patch_version = userInput.PATCH_VERSION
                build_stage = userInput.BUILD_STAGE
}
```

그림 10-20은 매개 변수를 정의하는 새로운 코드가 추가된 Jenkinsfile이다. 여기서 global 변수를 파이프라인 스테이지 바깥에 정의하여 다양한 스테이지에서 참조할 수 있게 한 것에 주목하자. 또한 매개 변수를 통해 정보를 취합하는 여러 스테이지를 정의했다. 필수적인 절차는 아니지만, 논리적이고 보기 좋은 분리를 제공한다.

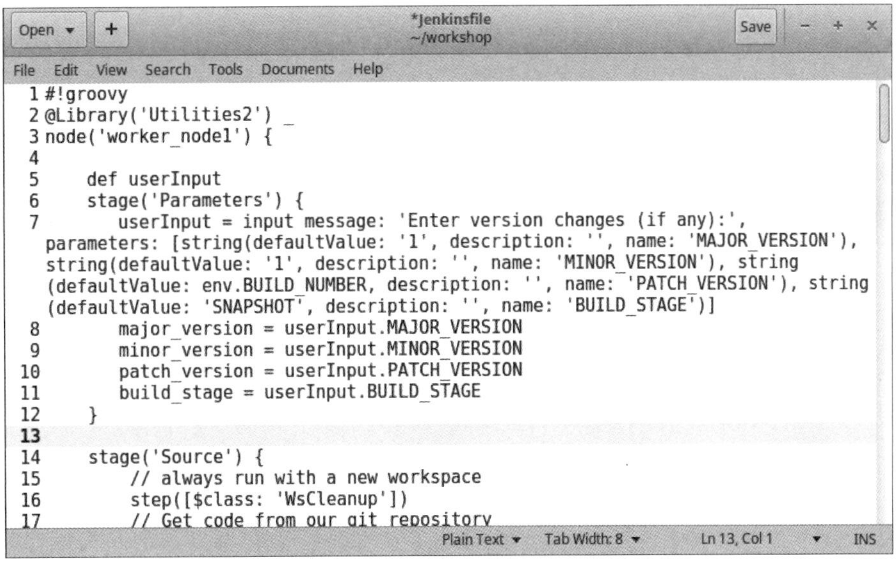

그림 10-20 입력된 매개 변수를 다루는 코드가 포함된 Jenkinsfile

이 부분을 설정한 이후에는 Jenkinsfile의 코드에서 해당 매개 변수를 참조하는 부분을 params 대신 userInput을 사용하게 변경하기만 하면 된다. 이를 완료한 후 코드는 다음과 같다.

```
setPropertiesProc.updateGradleProperties(
    "${workspace}/gradle.properties",
    "${userInput.MAJOR_VERSION}",
    "${userInput.MINOR_VERSION}",
    "${userInput.PATCH_VERSION}",
    "${userInput.BUILD_STAGE}")
```

입력과 매개 변수를 다루는 방밥은 3장에서 좀 더 자세히 설명한다.

최종 스텝

Jenkinsfile의 변환(혹은 생성)을 완료한 후에는 소스 저장소에 변경 사항을 적용해야 한다. 특별한 것은 없고, 원래 파이프라인 소스 코드를 위해 사용하는 방식을 사용하면 된다.

Validation of Declarative Jenkinsfiles

소스 저장소에 내용을 푸시하기 전에 521쪽 '서술적 Jenkinsfile을 위해 Pipeline Linter 사용'에서 다룬 것처럼 declarative-linter 명령어를 이용해 서술적 문법을 점검하는 것이 좋다.

이제 남은 것은 젠킨스 애플리케이션에서 Jenkinsfile을 사용할 프로젝트를 설정하고, 해당 프로젝트를 Jenkinsfile의 위치를 바라보게 하여 파이프라인 코드를 찾아 실행하게 하는 것이다. 멀티브랜치 파이프라인과 같이 새로운 프로젝트를 위한 절차는 8장에서 다뤘다.

하지만, 젠킨스에 존재하는 프로젝트에 대한 새로운 방법이 있다. 이는 같은 동작을 해결하는 새로운 해결 방식이기에 알아두면 좋다. 또한 Jenkinsfile을 테스트하고 멀티브랜치 파이프라인 프로젝트를 만들고 싶지 않은 경우에도 유용하다.

Jenkinsfile을 네이티브 젠킨스 프로젝트에 포함시키기

젠킨스 애플리케이션에서 Jenkinsfile을 참조하는 다른 방식을 사용하면 사용자가 단일 파이프라인 프로젝트를 Jenkinsfile을 바라보게 해준다. 이것은 멀티브랜치 파이프라인 프로젝트의 부하를 줄이고, 젠킨스에서 일부 설정을 가능하게 해준다. 예를 들어, 보관 정책이나 잡에서 매개 변수를 추가하는 등 일반적인 잡 항목을 설정할 수 있다.

이런 접근 방식을 사용하려면 파이프라인 타입의 잡이 필요하다. 해당 잡의 설정 페이지에서 스크롤을 내려 파이프라인 영역을 선택하자.

이 페이지의 파이프라인 영역에는 정의 필드가 있다. 정의 필드의 기본값에는 Pipeline script가 있다. 필드의 끝에 있는 화살표를 눌러 항목을 열어 Pipeline script from SCM을 선택하자 (그림 10-21).

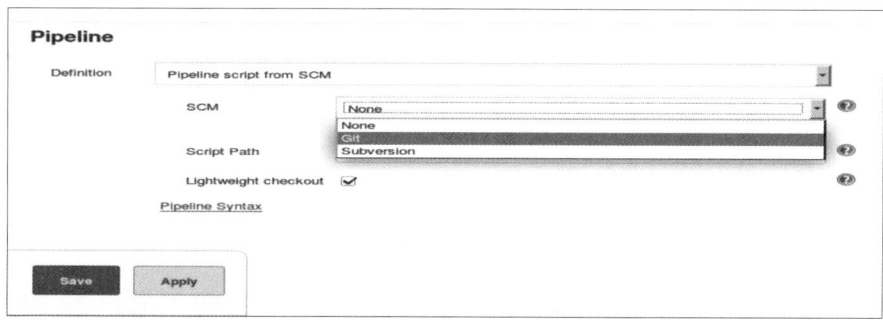

그림 10-21 Jenkinsfile을 사용하기 위해 파이프라인 잡 수정

이제 SCM 필드를 볼 수 있을 것이다. 해당 필드에 사용하는 SCM을 목록에서 선택하자.

SCM을 선택하면 추가 필드가 화면에 나타나 SCM 저장소의 위치를 지정할 수 있다.

예를 들어, 깃을 선택했다면 저장소 URL과 브랜치 필드에 사용하고자 하는 Jenkinsfile이 포함된 소스 저장소를 지정하게 된다.

나머지는 그대로 두면 된다. 필드의 입력을 완료한 후 변경 사항을 저장하고 Build Now를 선택해 Jenkinsfile에 있는 코드에 기반하여 파이프라인을 빌드할 수 있다.

> **리플레이 스크린에서 Jenkinsfile을 복사해서 붙여넣기**
>
> Jenkinsfile에서 코드를 파이프라인 프로젝트로 가져오는 두 번째 방법은 리플레이 스크린에서 복사해 붙여넣는 것이다. 비록 덜 깔끔하지만, 리플레이 명령어(2장에서 소개)는 사용자가 리플레이되는 시점에서 해당 잡의 파이프라인 코드를 임시로 수정할 수 있게 해준다.
>
> 일반적으로, 외부 저장소의 Jenkinsfile에 기반한 멀티브랜치나 조직 프로젝트에서는 젠킨스에서 Jenkinsfile의 코드에 직접 접근할 수 없다.
>
> 하지만 젠킨스에서 완료된 실행의 리플레이를 호출하면 Jenkinsfile의 코드를 리플레이 화면에 불러온다. 이것을 복사해 파이프라인 타입의 새 프로젝트에 붙여넣고 실험을 진행할 수 있다.

이 장에서 살펴볼 마지막 변환 종류는 스크립트 방식의 파이프라인을 서술적 파이프라인으로 변환하는 것이다. 서술적 파이프라인은 스크립트 방식의 파이프라인을 사용할 수 있는 모든 곳에서 사용 가능하다. 여기에는 젠킨스 애플리케이션과 Jenkinsfile도 포함된다.

스크립트 방식의 파이프라인을 서술적 파이프라인으로 변환

프로그래밍이나 그루비 명령어를 파이프라인에서 사용하는 것에 익숙한 사용자에게는 스크립트 방식의 파이프라인이 가장 많은 유연성을 제공한다. 하지만 좀 더 구조적인 서술적 문법으로 넘어가고 싶을 수 있다. 여기에는 다음과 같은 이유가 있다.

- 블루 오션 인터페이스와 좀 더 밀접한 통합
- 구조적인 문법 확인과 젠킨스 DSL에 기반한 에러 리포트
- 전통적인 젠킨스 웹 폼과 유사한 흐름과 구조
- 젠킨스에는 익숙하나 그루비에 익숙치 않은 사용자에게 더 쉬운 유지보수

스크립트 방식의 파이프라인을 서술적 파이프라인으로 변환하는 과정에서 발생할 수 있는 모든 예시와 가이드를 제공하는 것은 불가능하다. 따라서 기본적인 기술을 표현할 수 있는 작은 예시만 살펴볼 것이다. 이 예시를 통해 더 큰 파이프라인을 다루는 방법을 알게 될 것이다.

변환의 다른 방법

물론, 특정 시점에 서술적 파이프라인을 스크립트 방식의 파이프라인으로 변경하고 싶을 수도 있다. 일반적으로, 이것은 구조적이고 제한적인 문법에서 유연한 것으로 넘어가는 것이기 때문에 좀 더 쉽다. 이 책에서는 예시를 다루지 않지만, 여기서 하는 변환을 반대로 작업하면 된다.

샘플 파이프라인

우리의 샘플 파이프라인은 Jenkinsfile 형태로 되어 있다(파이프라인을 Jenkinsfile로 변경하는 것은 앞 절에서 다뤘다).

```groovy
#!groovy
@Library('Utilities@1.5')_
node ('worker_node1') {
    try {
        stage('Source') {
            // 항상 새로운 워크스페이스에서 실행
            cleanWs()
            checkout scm
            stash name: 'test-sources', includes: 'build.gradle,src/test/'
        }
        stage('Build') {
            // 그레이들 빌드 실행
            gbuild2 'clean build -x test'
        }
        stage ('Test') {
            // 필요한 단위 테스트를 병렬로 수행
            parallel (
```

```
                worker2: { node ('worker_node2'){
                    // 항상 새로운 워크스페이스에서 실행
                    cleanWs()
                    unstash 'test-sources'
                    gbuild2 '-D test.single=TestExample1 test'
                }},
                worker3: { node ('worker_node3'){
                    // 항상 새로운 워크스페이스에서 실행
                    cleanWs()
                    unstash 'test-sources'
                    gbuild2 '-D tcst.single=TestExample2 test'
                }},
            )
        }
    }
    catch (err) {
        echo "Caught: ${err}"
    }
    stage ('Notify') {
        mailUser('<email address>', "Finished")
    }
}
```

위 샘플 파이프라인을 간단히 살펴보자.

먼저, 상단에서 그루비 지정자를 볼 수 있다. 공유 라이브러리 Utilities를 불러오기 이전에 나온다. 이 라이브러리에는 그레이들 빌드 호출을 캡슐화한 gbuild2라는 빌드 루틴이 포함된다.

Source 스테이지는 워크스페이스를 정리한 후 소스 코드를 내려받는다. 여기서 checkout scm 스텝이 사용된다(535쪽 예시처럼 Jenkinsfile이 소스 코드와 함께 프로젝트에 저장되기 때문에 체크아웃할 SCM 위치만 있으면 이를 통해 그 외의 작업을 자동으로 진행할 수 있다). 마지막으로, Source 스테이지는 추후 Test 스테이지에서 사용할 것 stash를 생성한다.

Build 스테이지는 단순히 공유 라이브러리의 루틴을 호출해 그레이들 타겟을 빌드하고, 여기서 test 타겟은 다음 스테이지에서 처리되기 때문에 생략한다.

Test 스테이지는 parallel DSL 스텝을 활용해 병렬로 실행될 두 개의 브랜치를 만들어 각각의 노드에서 실행한다. 각 브랜치의 코드에서 워크스페이스가 정리되고, stash된 내용이 노드에 unstash되어 테스트에 필요한 내용을 불러오고, 마지막으로 공유 라이브러리의 루틴을 호출해 테스트 세트의 빌드와 수행을 시작한다.

마지막으로, 파이프라인의 끝에 Notify 스테이지를 포함시키면 공유 라이브러리 루틴을 호출해 사용자에게 파이프라인의 종료를 알린다. try-catch 이후에 포함시켜서 다른 스테이지에서 예외가 발생하더라도 항상 수행되게 했다. 이는 전통적인 젠킨스 프리스타일 잡의 '빌드 후처리'와 유사하게 빌드에서 무엇이 진행됐는지와 상관없이 실행된다.

변환

이제 스크립트 방식의 파이프라인의 구조를 알아봤으니, 서술적 방식으로 바꾸는 방법을 살펴보자. 여기서 취할 접근 방식은 전체적인 파이프라인의 구조를 변경하는 것이지만, 몇몇 명령어를 서술적 명령어로 변환할 것이다.

분리된 브랜치로 변환

Jenkinsfile에 있는 것을 변환할 때 유용한 전략은 먼저 각각의 브랜치에 새 브랜치를 생성하는 것이다. 그러면 이전 파이프라인을 참조 목적과 프로덕션용으로 유지한 채 새 브랜치에서 파이프라인을 수정할 수 있다. 이 전략은 브랜치를 가리키는 새로운 젠킨스 잡을 만들어 프로덕션에 반영되기 전 변환된 파이프라인을 테스트할 때에도 유용하다.

멀티브랜치 파이프라인이 있다면 젠킨스는 자동으로 변환된 Jenkinsfile이 있는 새 브랜치를 감지해 빌드할 잡을 만들 것이다.

변환과 테스트가 끝난 후 변환된 Jenkinsfile은 원 브랜치에 다시 머지되어 기존 것을 대체할 수 있다.

기초부터 시작하기

파이프라인 스크립트의 시작 부분부터 변경해야 한다. 젠킨스 스크립트임을 알리기 위해 #!groov는 남겨놓을 것이다. 하지만 나머지 모든 부분을 pipeline 클로저로 감쌀 것이다. 이후 node 정의 대신 agent를 사용한다. 또한 서술적 모델에서는 다른 방식을 사용하기에 Library 블록을 삭제한다.

여기까지의 변환은 다음과 같다.

```
@Library('Utilities@1.5') _
node ('worker_node1') {
```

위의 내용을 다음과 같이 바꾼다.

```
pipeline {
    agent{ label 'worker_node1'}
```

이제 새로운 섹션(혹은 '디렉티브')를 추가해 서술적 방식으로 라이브러리를 호출할 것이다.

라이브러리 디렉티브 추가

서술적 파이프라인에는 directives라는 특정 정보를 적을 수 있는 미리 준비된 특별한 섹션이 있다. 디렉티브의 이름에 따라 젠킨스는 클로저 내부에서 해야 할 선언을 진행한다.

서술적 파이프라인은 libraries 디렉티브를 통해 불러올 공유 라이브러리를 지정한다. 문법적으로, 이 디렉티브는 앞에 agent 선언 바로 밑에 선언될 수 있다(agent { 라인 뒤, try { 라인 앞). 이는 다음과 같다.

```
libraries {
    lib('Utilities@1.5')
}
```

디렉티브 외에도 서술적 파이프라인에는 **stages**가 있다. 서술적 파이프라인의 **stages**는 스크립트 방식의 파이프라인의 것과 유사하지만 상위 클로저 내부에 존재한다.

Stages

서술적 파이프라인에서 스테이지는 **stages** 클로저로 묶어야 한다. 이전에 그루비의 **try-catch** 매커니즘을 통해 스크립트 방식의 파이프라인의 스테이지를 묶었기 때문에, 이를 단순 **stages** 클로저로 대체하면 된다(여기서 이 변환은 기능의 변환을 의미하지는 않는다. 단지 파일의 라인 기준의 변환을 나타낸다).

이는 아래 문장을

```
try {
```

다음과 같이 변경하는 것이다.

```
stages {
```

이제 파이프라인의 상단은 다음과 같다.

```
#!groovy
pipeline {
    agent{ label 'worker_node1'}
    libraries {
        lib('Utilities@1.5')
    }
    stages {
        stage('Source') {
```

이제 **stage** 블록에서 **steps** 블록을 추가해 문장을 포함시킬 것이다.

Steps

서술적 구조에서 스테이지 내부의 각각의 스텝은 steps 클로저 내부에 존재해야 한다. 따라서 파이프라인 스크립트의 개별 stage 섹션 안에(Notify는 예외다) steps 클로저를 반드시 추가해야 한다. 이 예시에서 스테이지에 다른 디렉티브를 추가하지는 않기 때문에 단순히 steps {를 모든 stages (...) { 라인 뒤에 추가하고 }를 스테이지의 끝에 추가하면 된다.

예를 들어, 이 변경 사항을 적용한 Source 스테이지는 다음과 같다.

```
stage('Source') {
    steps {
        cleanWs()
        checkout scm
        stash name: 'test-sources', includes: 'build.gradle,src/test/'
    }
}
```

이제 steps {}를 Build와 Test 스테이지에도 추가해야 한다.

여기서 빌드 후처리 부분을 변경하는 중요한 부분이 남아 있다.

빌드 후처리

서술적 파이프라인에서 post 섹션을 이용해 프리스타일 잡의 빌드 후처리를 동일하게 구현할 수 있다. 따라서 catch 섹션을 서술적 post 섹션으로 바꾸자(여기서 마지막 닫는 괄호는 node 클로저를 위해 필요하다). 여러 단계를 거쳐야 한다.

Jenkinsfile의 파이프라인에서 catch와 Notify 블록부터 삭제하자(원래의 node 클로저에서 온 닫는 괄호가 남아 있음에 주목하자). 다음은 삭제해야 할 라인이다.

```
catch (err) {
    echo "Caught: ${err}"
}
```

```
stage ('Notify') {
    mailUser('<email address>', "Finished")
}
```

이제 삭제된 라인이 있던 장소의 마지막 pipeline 블록을 닫는 괄호 앞에 post 섹션을 추가하자.

```
post {
    always {
        echo "Build stage complete"
    }
    failure {
        echo "Build failed"
        mail body: 'build failed', subject: 'Build failed!',
            to: '<email address>'
    }
    success {
        echo "Build succeeded"
        mail body: 'build succeeded', subject: 'Build Succeeded',
            to: '<email address>'
    }
}
```

여기서 조건문(always, failure, success)을 사용해 빌드 결과에 따라 다르게 동작시킬 수 있다. 이 조건문은 3장에서 자세히 다뤘다.

변환 완료

이제 간단한 스크립트 방식의 파이프라인을 서술적 파이프라인으로 변환하는 것이 종료됐다. 완료된 모습은 다음과 같다.

```groovy
#!groovy
pipeline {
    agent{ label 'worker_node1'}
    libraries {
        lib('Utilities@1.5')
    }
    stages {
        stage('Source') {
            steps {
                cleanWs()
                checkout scm
                stash name: 'test-sources',
                    includes: 'build.gradle, src/test/'
            }
        }
        stage('Build') {
            // 그레이들 빌드 실행
            steps {
                gbuild2 'clean build -x test'
            }
        }
        stage ('Test') {
            // 필요한 단위 테스트를 병렬로 수행
            steps {
                parallel (
                    worker2: { node ('worker_node2'){
                        // 항상 새로운 워크스페이스에서 실행
                        cleanWs()
                        unstash 'test-sources'
                        gbuild2 '-D test.single=TestExample1 test'
                    }},
                    worker3: { node ('worker_node3'){
                        // 항상 새로운 워크스페이스에서 실행
                        cleanWs()
                        unstash 'test-sources'
                        gbuild2 '-D test.single=TestExample3 test'
```

```
                        }},
                    )
                }
            }
        } // 스테이지 끝
        post {
            always {
                echo "Build stage complete"
            }
            failure {
                echo "Build failed"
                mail body: 'build failed', subject: 'Build failed!',
                    to: '<your email address>'
            }
            success {
                echo "Build succeeded"
                mail body: 'build succeeded', subject: 'Build Succeeded',
                    to: '<your email address>'
            }
        }
    } // 파이프라인 끝
```

여기서 Jenkinsfile을 저장하고 소스 저장소에 올린 후 젠킨스 잡을 새로운 서술적 파이프라인 Jenkinsfile을 바라보게 설정하자(이 장 초반의 Jenkinsfile로 변환 부분의 마지막을 참고).

변환을 위한 일반적 가이드라인

이번 장에서는 기존의 프리스타일 프로젝트를 스크립트 방식의 파이프라인으로 변경하는 방법과, 파이프라인을 Jenkinsfile로 변경하는 방법, 그리고 스크립트 방식의 파이프라인을 서술적 파이프라인으로 변경하는 방법의 기본 개념을 살펴봤다. 모든 경우를 다루지는 않았지만, 여기서 살펴본 내용이 여러 상황에 적용될 수 있을 것이다.

전통적인 프리스타일 프로젝트를 젠킨스 파이프라인으로 변경하는 방법을 간단히 요약하면 다음과 같다.

- 동작하고 있는 참조할 수 있는 파이프라인이 있는지 확인한다.
- 프로젝트 그룹에 대해서는 젠킨스의 폴더 구조가 적합한지 확인한다.
- 깃허브 조직 조장소나 빗버킷 팀 프로젝트가 있다면 이것이 적합한지 확인한다. 그렇다면 해당하는 아이템을 젠킨스에 생성한다.
- 멀티브랜치 프로젝트의 경우 멀티브랜치 파이프라인 프로젝트 타입이 적합한지 확인한다. 적합하다면 해당하는 아이템을 젠킨스에 생성한다.
- 접근할 서버의 버전과 도구가 잘 설치되어 있는지 확인한다.
- 이것이 젠킨스 전역에 설정됐는지 확인한다.
- 최신 젠킨스 통합 플러그인이 설치되어 파이프라인에서 사용할 수 있는 최신 DSL이 있는지 확인한다.
- 필요한 인증이 젠킨스에 설정됐는지 확인한다. 특별히 젠킨스 환경에서 젠킨스로 옮길 경우 이를 각별히 확인한다.
- 필요한 노드와 에이전트가 적합한 레이블로 설정됐는지 확인한다.
- 각 잡에 대해 작업할 때 다음을 검토하고 기록한다.
    - 잡이 실행되는 장소(노드, 컨테이너 등)
    - 접근하는 서버와 인증
    - 사용하는 도구/애플리케이션과 인증
    - 접근하는 파일 시스템과 이를 호출하는 방법
- 위 정보를 이용해 공유 라이브러리를 생성해 정보를 캡슐화해야 할지를 검토한다. 필요하다면, 공유 라이브러리를 생성해 라이브러리 호출이 가능하고 잘 동작하는지부터 확인한다.
- 결과에 상관없이 메일을 보내는 동작처럼 마무리 작업이 필요한지 확인한다. 필요하다면 try-catch의 사용을 검토한다.

- 스테이지를 정의한다. 서버에 접근하고, 도구를 실행하고, 특정 성공/실패에 연관되는 작업을 하는 파이프라인 잡의 각 섹션에 대해 적합한 파이프라인 스테이지를 검토하고, 전체 잡이 하나의 스테이지가 될 수 있는지 혹은 분리돼야 하는지 살펴본다. 이는 이전 파이프라인이 얼마나 잘 분리되었는지에 의존하며, 기능의 분리 정도에 따라 달라진다. 일반적인 규칙은 특정 애플리케이션, 서버, 혹은 저장소와 작업하는 부분마다 스테이지를 만드는 것이다. 해당 기능의 성공/실패가 전체 파이프라인 관점에서 중요하다면 독립된 스테이지를 가져야 한다. 일단 파이프라인을 작은 스테이지로 분리하는 것이 중요하다. 이는 파이프라인 DSL과 문법을 알아가는 과정에서 특히 더 중요하다. 이를 통해 작업과 코딩/디버깅을 단순화하고, 이슈를 고립시킨다.
- 파이프라인의 기본 셸의 코딩을 진행한다. 이것은 빈 `node` 블록과 `stage` 블록을 만든다는 의미다. 여기서 item ('Name) {}과 같이 전체적인 구조와 흐름을 잡는다. 각 스테이지에 추가 스텝의 구조를 추가할 수도 있다(예: echo '여기에 이후 stage <name> 추가'). 이후 파이프라인을 실행해 구조와 노드가 예상대로 동작하는지 확인한다.
- 각 스테이지에 필요한 인풋과 아웃풋을 정의한다. 매개 변수가 인풋으로 필요한지와 환경 변수의 설정이 필요한지 확인한다. 다른 스테이지에서 객체를 전달받아야 하는지, 객체를 다른 스테이지로 전달해야 하는지를 점검한다. 이 경우에 해당하면 `stash/unstash` 기능이나 아티팩트 저장소를 고려한다. 파이프라인을 무기한으로 멈출 수 있는 인풋에는 타임아웃을 추가하는 것을 고려하자.
- 스테이지에서 병렬 작업이 필요한지 고려한다. 그렇다면 `parallel` 스텝에 해당하는 브랜치를 정의하고, 각각이 실행될 노드를 정의한다.
- 스테이지에서 처리되지 않은 셸 스텝이 있는지 확인한다(예: 공유 라이브러리나 외부 파일로 이전된 것). 이를 `sh`이나 `bat` 명령어를 통해 셸 스텝으로 호출할 것인지, 혹은 외부 파일이나 공유 라이브러리로 분리해 불러내어 실행할 것인지 확인한다.

- 모든 정보를 종합해 스테이지에서 호출할 DSL 스텝을 찾는다. 그루비 스크립트가 필요한지도 알아본다(예: 인스턴스 변수 정의). 필요한 기능에 대한 스텝이 있는지 확실치 않다면 젠킨스와 통합되는 플러그인의 문서를 참조한다. 특정 스텝의 문법이 궁금할 땐 스니펫 생성기를 사용한다.
- 원하는 기능의 DSL 스텝을 찾을 수 없다면 애플리케이션을 호출하는 셸 스크립트의 작성을 고려한다. sh이 일반적으로 반환하는 것보다 더 많은 정보를 반환할 수 있는 옵션도 살핀다. 프로그래밍에 익숙하고 더 깊이 들어가고자 한다면 플러그인 내의 특정 클래스를 찾아 step 스텝에서 직접 호출할 수도 있다.
- 파이프라인 코드를 작성하고, 이전에 생성한 각 스테이지의 내용을 채운다. 이를 실행하고 필요시 디버깅한다. 스테이지를 채우면서 다음으로 넘어가기 전에 파이프라인을 실행하고 검증할 수 있다. 다시 한번 강조하지만 이 장에서 설명한 것처럼 젠킨스 파이프라인 프로젝트에서 직접 작성한 후 Jenkinsfile로 변환하는 것이 더 수월하다.
- 예외가 발생한 상황이나 파이프라인 종료 후 필요한 코드도 작성한다. 여기에는 적당한 알람을 포함한 메일을 보내는 경우가 해당한다.

요약

10장의 예시와 가이드라인 및 연관된 애플리케이션과의 통합을 통해 원하는 변환을 계획하고 실행할 수 있을 것이다.

11장에서는 sh과 bat DSL 스텝을 OS와의 통합 측면에서 더 잘 활용하는 방법을 살펴볼 것이다.

11장

OS와 통합
(셸, 워크스페이스, 환경, 파일)

젠킨스의 기능에 대한 애플리케이션과 파이프라인 스텝에 대해 플러그인이 있는 것처럼 보이지만, 스텝이 존재하지 않는 작업을 해야 할 때도 있다. 운영체제의 셸 스크립트를 통해 작업이 가능하다면, 내장 스텝을 사용해 실행할 수 있다. 내장 스텝은 파이프라인에서 다음 동작에 대한 결정에 활용할 수 있는 반환 값의 통합이 지원된다.

그 외의 통합 포인트는 환경 변수다. 여기에는 젠킨스가 실행되는 외부 환경과 스크립트의 로컬 환경이 포함된다. 또한 환경 변수를 읽고 설정하는 것 외에도 젠킨스는 block 스텝을 포함해 고립된 환경 변수를 사용할 수 있는 클로저를 만들 수 있다.

워크스페이스는 파이프라인 환경 중 하나다. 젠킨스에는 워크스페이스와 관련된 몇몇 스텝이 포함돼 있다. 프로젝트에 특화된 워크스페이스를 관리하고자 한다면 이를 알아볼 가치가 있다.

마지막으로, 프로젝트에서 파일 혹은 폴더를 관리하고자 할 때가 생길 것이다. 파이프라인에는 일반적인 종류의 파일과 폴더를 다루는 몇몇 스텝이 있다. 플러그인은 이 목록을 확장시킨다.

11장에서는 파이프라인과 OS를 통합하는 방법을 알아보기 위해 위의 내용을 모두 살펴볼 것이다.

셸 스크립트 사용

먼저 명령어를 운영체제에서 실행하기 위해 전달하는 스텝부터 알아보자. 예상하듯이 리눅스/유닉스와 윈도우의 스텝이 다르다. 하지만 제공하는 옵션은 거의 비슷하다.

셸 실행 파일 설정

대부분의 경우 젠킨스가 기본값을 통해 셸 실행 파일을 설정하게 할 수 있다. 하지만 다른 셸 실행 파일을 선택하고 싶다면 시스템 설정 화면에서 진행할 수 있다(그림 11-1).

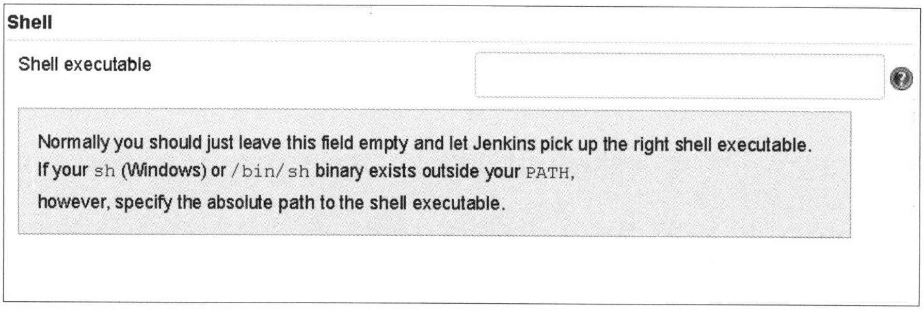

Shell

Shell executable

Normally you should just leave this field empty and let Jenkins pick up the right shell executable. If your sh (Windows) or /bin/sh binary exists outside your PATH, however, specify the absolute path to the shell executable.

그림 11-1 다른 셸 실행 파일 설정

---

sh 스텝

아마도 가장 일반적인 스텝은 sh 스텝일 것이다. 필요한 특정 스텝이나 애플리케이션에 대한 통합 스텝이 없다면, 간단히 셸 명령어와 인자를 활용할 수 있다. sh 스텝은 이 명령어를 실행하기 위해 사용된다.

기본 문법은 직관적이다.

```
sh '<shell command string>'
```

기본 형태는 반환 값 측면에서 파이프라인과의 통합을 크게 제공하지는 않는다. 유용한 옵션을 살펴볼 것이다. 이후 명령어에 컨텍스트를 설정하고 다른 프로그래밍 언어로 스크립트를 실행하는 방법을 알아볼 것이다. 먼저 스텝의 옵션을 살펴보자.

script
: 실행될 명령어가 문자열로 표현된다. 이는 기본 인자이기에, 이것이 사용하는 유일한 매개 변수라면 script를 명시할 필요가 없다. 다중 라인도 지원되지만 따옴표 세 개로 이를 감싸야 한다.

encoding
: 문자열로 표현된 출력의 인코딩이다. UTF-8 외의 것을 사용할 때만 설정하면 된다.

returnStdout
: 불리언 값이다. 기본값인 false로 설정하면 stdout은 콘솔 로그만 출력한다. true로 설정하면 stdout은 스텝에서 문자열로 반환된다(여기서 trim( )을 활용해 필요시 맨 뒤의 라인 변경 문자를 제거할 수 있다).

returnStatus

불리언 값이다. 기본값인 false로 설정하면 0이 아닌 상태 코드는 스텝을 실패로 지정해 예외를 호출하게 한다. true로 설정하면 상태 코드가 스텝으로부터 반환된다. 이 반환된 코드를 이용해 동작을 결정할 수 있다.

반환 값

returnStdout이나 returnStatus 둘 중 하나만 셸 스텝의 호출에서 사용될 수 있다. 또한 returnStdout 옵션의 경우 stderr 결과가 있다면 이것도 콘솔 로그에 출력된다.

다음은 sh 스텝을 사용해 결과를 변수로 redirecting하는 예시다.

```
def listing = sh script: 'ls -la /', returnStdout:true
```

sh 스텝의 동작을 변경하는 여러 방법이 있다. 어떻게 무엇을 실행할지 변경할 수 있는 방법도 있다. 이어지는 절에서 이 외의 흥미로운 내용을 더 알아볼 것이다.

옵션 설정

기본적으로 셸은 스크립트에 에러가 있더라도 멈추지 않는다. 대신 모든 라인을 실행한다. 하지만 셸 명령어를 파이프라인 스크립트의 일부로 사용할 때 이는 사용자가 일반적으로 원하는 동작이 아니다.

따라서 젠킨스의 sh 스텝에는 set -e 옵션이 있다. 이 옵션은 에러가 발생했을 때 실행을 멈추고 나머지 라인의 실행도 금지시킨다.

set

set에 익숙치 않다면 이는 OS 내장 명령어로 옵션과 매개 변수를 설정하고 해제하기 위해 사용된다.

예를 들어, 다음과 같은 스크립트가 있다고 가정하자.

```
sh '''ech LINE1
      echo LINE2'''
```

여기서 첫 번째 줄의 echo 명령어에 오타가 있다. 이를 젠킨스에서 실행하면 다음과 같은 결과가 나타날 것이다.

```
[Pipeline] {
[Pipeline] sh
[sh-test2] Running shell script
+ ech LINE1
/home/jenkins2/worker_node3/workspace/sh-test2@tmp ... ech: not found
[Pipeline] }
[Pipeline] // node
[Pipeline] End of Pipeline
ERROR: script returned exit code 127
Finished: FAILURE
```

여기서 젠킨스가 첫 번째 잘못된 줄을 만난 후 스크립트 실행이 중지된 것을 볼 수 있다.

에러에 상관없이 젠킨스가 스크립트를 실행하기를 원한다면, set +e를 맨 앞에 붙여 **stop after a bad line**(잘못된 문장 이후 중지) 기능을 끌 수 있다. 다음은 예시다.

```
[Pipeline] {
[Pipeline] sh
[sh-test2] Running shell script
+ set +e
+ ech LINE1
/home/jenkins2/worker_node3/workspace/sh-test2@tmp ... ech: not found
+ echo LINE2
LINE2
```

```
[Pipeline] }
[Pipeline] // node
[Pipeline] End of Pipeline
Finished: SUCCESS
```

여기서 스크립트에 동일한 에러가 있지만 스텝은 '실패'하지 않았다. 나머지 라인이 실행되고 젠킨스는 스크립트의 실행을 SUCCESS로 지정한다.

여기서 실행되는 셸 작업의 각 명령어의 앞에 + 기호가 출력된 것을 볼 수 있다. 이는 젠킨스가 기본적으로 다른 옵션인 -x를 지정하기 때문이다. -x 옵션은 sh 스텝이 모든 운영체제 명령어를 출력하라는 의미다. 이를 끄고 싶다면 set +x를 sh 스텝에 추가하면 된다.

둘 모두를 끄고 싶다면 다음과 같이 set 명령어를 조합하면 된다.

```
sh '''set +xe
       ech LINE1
       echo LINE2'''
```

이 코드는 라인이 실행될 때마다 이를 출력하고 에러가 발생해도 멈추지 않기에, 결과는 다음과 같다.

```
[Pipeline] {
[Pipeline] sh
[sh-test2] Running shell script
+ set +xe
/home/jenkins2/worker_node1/workspace/sh-test2@tmp ... ech: not found
LINE2
[Pipeline] }
[Pipeline] // node
[Pipeline] End of Pipeline
Finished: SUCCESS
```

여기서 + 기호가 set 라인 외의 명령어에서 사라진 것을 볼 수 있다. 옵션을 해제했기 때문이다.

언어 통역기

sh 스텝을 사용할 때 잘 알려지지 않은 트릭 중 하나는 첫 번째 줄에 통역기를 지정해 여기에 설정된 언어로 프로그램을 실행하는 것이다. 예를 들어, 다음의 간단한 스크립트는 sh 스텝을 사용해 변수를 설정하고 다양한 언어로 인사 메시지를 출력한다.

```
node {
    sh 'export NAME=Jenkins; echo Hello, $NAME from shell!'
    sh '''#!/usr/bin/perl
        my $name = "Jenkins";
        print "Hello, $name from Perl!\n";'''
    sh '''#!/usr/bin/python
name="Jenkins"
print('Hello {} from Python!'.format(name))'''
}
```

여기서 첫 번째 줄에 언어 통역기를 펄과 파이썬으로 지정했다. 또한 특정 언어의 요구 조건에도 부합해야 한다. 예를 들어, 파이썬 문장 앞에는 들여쓰기를 하지 않았다.

공유 라이브러리에서 셸 스크립트 실행

일반적으로, 공유 라이브러리는 그루비 기반의 코드로 생각한다. 확실히 그루비 기능이 파이프라인 sh 스텝을 다른 파이프라인 코드와 동일하게 호출할 수 있다. 하지만 라이브러리에서 표준 셸 스크립트를 불러오고 실행하는 방법도 있다.

여기서 트릭은 스크립트를 resources 폴더에 작성하는 것이다. resources 폴더는 일반적으로 데이터 파일과 같이 프로그래밍과 연관 없는 자원들을 위한 장소다. 여기에는 JSON이나 YAML 파일이 포함된다. 하지만 셸 스크립트를 포함하여 원하는 모든 파일을 여기에 저장할 수 있다.

여기에 저장된 셸 스크립트는 표준 libraryResource 스텝을 통해 호출할 수 있다. 스크립트를 불러오고 나면 sh 파이프라인 스텝에 직접 넘겨 실행할 수 있다.

다음은 스크립트 방식의 파이프라인의 예시다.

```
def myExternalScript = libraryResource 'externalCommands.sh'
sh myExternalScript
```

서술적 파이프라인에서는 def를 사용할 수 없기 때문에 libraryResource 명령어를 sh 명령어에 전달되는 인자 방식으로 사용한다.

```
sh "${libraryResource 'ws-get-latest.sh'}"
```

sh를 이용해 셸 스크립트를 직접 사용할 때 주의할 점

라이브러리의 resources 영역에서 스크립트를 직접 사용할 수 있다는 것이 이 방법이 안전하다는 것을 보장하지는 않는다. 6장에서 설명했듯이 라이브러리에 무언가를 보내는 작업은 반드시 제한돼야 한다. 좀 더 좋은 방식은 셸 명령어를 파이프라인 코드에서 직접 작성해 접근 권한을 깔끔하게 해결하는 것이다. 하지만 이런 방식이 유용한 경우도 있기 때문에 여기에서 소개했다.

파이프라인의 공유 라이브러리는 6장에서 자세히 다뤘다.

플랫폼 확인

몇몇 경우 사용 가능한 노드의 플랫폼이 리눅스, 맥, 윈도우처럼 다양할 수 있다. 파이프라인은 노드가 실행되는 플랫폼을 확인할 수 있는 간단한 스텝을 제공한다.

해당 스텝의 이름은 isUnix이다. 이는 인자를 받지 않는 간단한 불리언 검사다. 노드가 리눅스나 맥에서 동작하고 있다면 true를, 윈도우에서 실행되고 있다면 false를 반환한다. 이를 사용해 어떤 셸 스텝을 실행해야 할지 알 수 있다. 가장 간단한 예시는 다음과 같다.

```
if (isUnix()) {
    sh "ls -latr"
} else {
    bat "dir /o:d"
}
```

bat 스텝

리눅스 운영체제의 sh 스텝과처럼 윈도우를 위한 bat 스텝이 존재한다. sh 스텝과 같은 옵션을 갖는다.

script

실행될 명령어가 문자열로 표현된다. 기본 인자이기에, 이것이 사용하는 유일한 매개 변수라면 script를 명시할 필요가 없다. 다중 라인도 지원되지만 따옴표 세 개로 이를 감싸야 한다.

encoding

문자열로 표현된 출력의 인코딩이다. UTF-8 외의 것을 사용할 때만 설정하면 된다.

returnStdout

불리언 값이다. 기본값인 false로 설정하면 stdout은 콘솔 로그만 출력한다. true로 설정하면 stdout은 스텝에서 문자열로 반환된다(여기서 trim( )을 활용해 필요시 맨 뒤의 라인 변경 문자를 제거할 수 있다).

returnStatus

불리언 값이다. 기본값인 false로 설정하면 0이 아닌 상태 코드는 스텝을 실패로 지정해 예외를 호출하게 한다. true로 설정하면 상태 코드가 스텝으로부터 반환된다. 이 반환된 코드를 이용해 동작을 결정할 수 있다.

반환 값

returnStdout이나 returnStatus 둘 중 하나만 bat 스텝의 호출에서 사용될 수 있다. 또한 returnStdout 옵션의 경우 stderr 결과가 있다면 이또한 콘솔 로그에 출력된다.

다음은 sh 스텝을 사용하는 예시다.

```
bat returnStatus: true, script: 'echo Hello Jenkins!'
```

공유 라이브러리에서 batch 스크립트 실행

sh 스텝을 사용하는 것처럼 batch 스크립트도 공유 라이브러리의 resources 영역에 저장되고 이후 직접 호출될 수 있다. 553쪽 '공유 라이브러리에서 셸 스크립트 실행'에서 주요한 내용을 참조하자.

다음은 스크립트 방식의 파이프라인의 예시다.

```
def test = libraryResource 'test.bat'
bat test
```

서술적 파이프라인에서는 def를 사용할 수 없기 때문에 libraryResource 명령어를 bat 명령어에 전달하는 인자 방식으로 사용한다.

```
bat "${libraryResource 'test.bat'}"
```

파이프라인 공유 라이브러리에 대해서는 6장에서 자세히 다뤘다.

파워셸 스텝

파워셸PowerShell 사용자이고 해당 플러그인을 설치했다면 powershell 스텝을 윈도우 노드/에이전트의 파이프라인에서 사용할 수 있다. 이 스텝은 sh이나 bat과 같은 옵션을 갖는다.

script

실행될 명령어가 문자열로 표현된다. 이는 기본 인자이기에, 이것이 사용하는 유일한 매개 변수라면 script를 명시할 필요가 없다. 다중 라인도 지원되지만 따옴표 세 개로 이를 감싸야 한다.

encoding

문자열로 표현된 출력의 인코딩이다. UTF-8 외의 것을 사용할 때만 이를 설정하면 된다.

returnStdout

불리언 값이다. 기본값인 false로 설정하면 stdout은 콘솔 로그만 출력한다. true로 설정하면 stdout은 스텝에서 문자열로 반환된다(여기서 trim( )을 활용해 필요시 맨 뒤의 라인 변경 문자를 제거할 수 있다).

returnStatus

불리언 값이다. 기본값인 false로 설정하면 0이 아닌 상태 코드는 스텝을 실패로 지정해 예외를 호출하게 한다. true로 설정하면, 상태 코드가 스텝으로부터 반환된다. 이 반환된 코드를 이용해 동작을 결정할 수 있다.

반환 값

returnStdout이나 returnStatus 둘 중 하나만 powershell 스텝의 호출에서 사용될 수 있다. 또한 returnStdout 옵션의 경우 stderr 결과가 있다면 이것도 콘솔 로그에 출력된다.

다음은 powershell 스텝을 사용하는 예시다.

```
powershell returnStatus: true, script: 'Write-Host "Hello Jenkins!"'
```

공유 라이브러리에서 파워셸 스크립트 실행

sh이나 bat 스텝을 사용하는 것처럼 파워셸 스크립트도 공유 라이브러리의 resources 영역에 저장되고 이후 직접 호출될 수 있다. 553쪽 '공유 라이브러리에서 셸 스크립트 실행'에서 주요한 내용을 참고하자.

다음은 스크립트 방식의 파이프라인의 예시다.

```
def psscript = libraryResource 'ps-script.ps1'
powershell psscript
```

서술적 파이프라인에서는 def를 사용할 수 없기 때문에 libraryResource 명령어를 powershell 명령어에 전달되는 인자 방식으로 사용한다.

```
powershell "${libraryResource 'ps-script.ps1'}"
```

파이프라인 공유 라이브러리에 대해서는 6장에서 자세히 다뤘다.

프로토타입이나 변환을 위해 셸 스크립트 사용

셸 스텝을 다루는 이 절을 끝내기 전에 다른 장점을 하나 더 살펴보자. 셸 스텝은 다른 스텝에서 제공하지 않는 직접적인 권한을 제공할 뿐만 아니라, 스크립트를 파이프라인으로 전환하거나 프로토타이핑하는 상황에서도 사용된다. 즉 파이프라인을 개발하거나 다른 스크립트에서 파이프라인으로 전환할 때 임시 sh이나 bat 스텝을 파이프라인에 추가해 동작하게 한 후 같은 문법의 플러그인 스텝으로 바꾸는 방식이다.

다음으로 셸에서 작업하는 다른 요소인 환경 변수에 대해 알아보자.

환경 변수 사용

젠킨스 파이프라인 스크립트의 환경 변수는 다양한 방식으로 참조될 수 있다. 예를 들어, 다음 네 라인은 현재 PATH 환경 변수의 값을 출력한다.

```
echo "${env.PATH}"
echo "${PATH}"
echo env.PATH
echo PATH
```

하지만, 이는 로컬 환경 변수 PATH가 없을 때에만 동작한다. 그렇지 않다면 두 번째부터 네 번째 예시는 로컬에 존재하는 PATH의 값을 출력한다.

실제로, env 네임스페이스는 스크립트 내부에서 사용 가능한 환경을 나타낸다. 이는 스크립트에서 실행할 필요가 있는 모든 것에서 적용된다.

따라서 곧 논의할 withEnv 스텝을 제외하고 환경 변수를 사용하는 작업을 할 때 항상 env 네임스페이스를 먼저 사용하는 것을 권장한다.

스크립트 방식의 파이프라인에서는 환경 변수를 할당함으로써 설정할 수 있다. 다음 예제에서 환경 변수 USER에 값 jenkins2를 할당하고 PATH 변수에 홈 경로를 추가한다.

```
env.USER = 'jenkins2'
env.PATH = env.PATH + ':/home/diyuser2'
```

서술적 파이프라인에서는 environment 디렉티브를 사용해 환경 변수를 설정할 수 있다.

```
environment {
    USER = 'jenkins2'
    PATH = "/home/diyuser2:$PATH"
}
```

서술적 파이프라인은 7장에서 자세히 다뤘다.

서술적 파이프라인에서 환경 변수 더 활용하기

서술적 파이프라인에서 환경 변수를 사용하는 것에 대해 두 가지 사항을 더 살펴보자.

- environment 블록 내부에서 젠킨스 인증의 값에 환경 변수를 할당할 수 있다(7장 참고).
- 환경 변수가 특정한 값을 갖는다면 when 절을 사용해 조건부로 스테이지를 실행시킬 수 있다 (3장에서 다뤘다).

이제 환경 변수에 대해 기본 내용을 살펴봤으니, 환경 변수를 활용하는 특별한 방법을 알아보자.

withEnv 스텝

젠킨스는 환경 변수를 사용하는 특별한 스텝인 withEnv를 지원한다. 사실 withEnv는 블록 스텝으로, 실행될 때 내부에 존재하는 코드에서 사용할 수 있는 컨텍스트가 생긴다.

다음은 예시다.

```
withEnv(["PATH+GRADLE=${tool 'gradle3'}/bin", 'USER=Jenkins2']) {
    sh 'echo PATH = $PATH'
}
```

스텝을 호출할 때 두 가지 환경 변수 PATH와 USER를 설정한다. 여기서 PATH+는 withEnv 스텝이 경로 앞에 내용을 추가할 수 있게 해주는 특별한 문법이다. 이 경우에는 tool 파이프라인 스텝을 활용해 전역 도구 설정의 gradle3에 연관된 경로를 추가한다. 이후 USER 환경 변수를 설정한다.

PATH+... 문자열은 큰따옴표로 감싸져 있다. 이는 그루비가 ${tool 'gradle3'}를 문자열로 인식하기 위해 필요하다. 하지만 withEnv 스텝의 셸 호출(sh)에서는 $PATH가 있음에도 불구하고 작은따옴표를 사용하는 것을 볼 수 있다. $PATH가 그루비가 아닌 셸 자체에서 해석되게 하기 위함이다. 작은따옴표는 그루비에서 해석되지 않고 셸 호출로 넘어간다는 의미다.

이제 다음과 같은 결과를 볼 수 있을 것이다(gradle3가 /usr/share/gradle로 치환됐다고 가정).

```
PATH = /usr/share/gradle/bin:/usr/local/sbin:/usr/local/bin:
/usr/sbin:/usr/bin:/sbin:/bin:/usr/games:/usr/local/games:
```

여기서 볼 수 있듯이 컨텍스트에서 설정한 항목이 경로 앞에 붙었다. 이를 통해 원하는 항목이 먼저 발견되게 할 수 있다.

환경 변수 해제

환경 변수를 해제하고 싶다면 문법은 다음과 같이 빈 값을 할당한다.

```
env.<NAME> =
```

왜 일반 환경 변수가 아닌 withEnv 스텝을 사용해야 하는 이유가 궁금할 것이다. 답은 파이프라인 스크립트의 범위와 연관되어 있다. 할당을 withEnv 스텝 바깥에서 수행한다면 해당 환경 변수는 스크립트 내부의 모든 영역에 적용된다. 따라서 해당 값을 일시적으로 사용하고 싶을 때마다 초기화해야 한다. 이것은 필요할 때마다 이전 값이 무엇인지 기억해야 한다는 의미다.

withEnv 스텝을 사용하면 스텝에서 변경된 값은 해당 스텝의 블록에서만 유효하다. 블록 바깥의 파이프라인 나머지 영역에서는 환경 변수가 이전 값을 가진다.

서술적 파이프라인의 스테이지를 위한 로컬 환경 변수

서술적 파이프라인을 사용한다면, 스테이지 내부에 environment 블록을 선언할 수 있다. 이 경우 블록 내부에서 발생한 변경 사항은 해당 스테이지에만 적용된다. 전체 스테이지보다 작은 범위가 필요하다면 withEnv 스텝을 활용할 수 있다.

파이프라인의 환경과 연관된 또 하나의 요소는 젠킨스가 시스템에 생성하는 워크스페이스다. 이 장소는 젠킨스가 파이프라인을 실제로 실행하는 곳이다. 여기에 대해 설정할 수 있는 부분에 대해 다음 절에서 알아보자.

EnvInject

프리스타일 잡을 위한 유명한 플러그인은 EnvInject이다. 이 플러그인은 프리스타일 프로젝트에서 사용할 수 있는 환경 변수를 설정할 수 있는 다양한 방법을 제공한다. 불행히도, 이 책을 집필하는 시점에서 EnvInject 플러그인은 파이프라인과 호환되지 않는다.

워크스페이스 다루기

젠킨스를 다루는 대부분의 경우에는 워크스페이스를 고려하지 않아도 된다. 젠킨스가 우리를 대신해 이를 처리한다. 작업에 에러가 생기면 워크스페이스에 접근해 에러를 확인하여 문제의 원인을 찾을 수 있지만, 그런 경우가 아니라면 젠킨스가 워크스페이스를 관리하게 두는 것에 아무런 문제가 없다. 하지만 사용하는 워크스페이스를 직접 제어하고 싶은 경우가 생길 수 있다. 이런 경우를 위해 젠킨스는 몇 가지 파이프라인 스텝을 제공한다.

커스텀 워크스페이스 생성

node나 agent 디렉티브를 사용하면 워크스페이스가 자동으로 생성된다. 하지만 작업하고자 하는 커스텀 워크스페이스가 필요하다면 파이프라인의 ws 스텝을 사용할 수 있다. 이 스텝은 하나의 인자를 받는다. 이는 워크스페이스로 사용하고자 하는 폴더로, 해당 사용만을 위해 잠금을 건다. 인자로 전달된 경로는 노드의 상대 경로나 절대 경로를 선택 가능하다. 폴더가 없으면 새로 생성된다.

여기에 해당하는 문법은 다음과 같다.

```
ws ('home/diyuser2/myws') {
    // 워크스페이스에서 수행할 코드 블록
}
```

여기서 이 스텝은 블록 스텝으로, 커스텀 워크스페이스에서 실행하길 원하는 코드의 클로저가 정의된다.

@#와 @tmp 워크스페이스

젠킨스가 기본으로 생성하는 워크스페이스를 잘 살펴봤다면 project2@ 혹은 project@tmp와 같은 것을 보았을 것이다.

여러 프로세스가 같은 워크스페이스에 할당되려 한다면, 젠킨스는 새로운 워크스페이스를 이름에 @와 숫자를 붙여서 생성한다(예: home/diyuser2/myws@2).

또한 스크립트를 임시로 생성하거나 임시 작업을 해야 하는 경우 @tmp 워크스페이스가 이 목적으로 생성된다.

ws 스텝의 동작을 살펴보기 위해 간단한 샘플 프로그램을 알아보자.

```
node {
    print pwd()
    ws ('myWorkspace') {
        print pwd()
        ws ('myWorkspace') {
            print pwd()
        }
    }
}
```

위 스크립트에서는 ws 스텝을 사용해 워크스페이스를 생성했다. 이후 새로운 워크스페이스를 다시 요청했다. 각 워크스페이스에서 pwd 스텝을 사용해 현재 작업 폴더를 출력했다.

결과는 다음과 같다.

```
Started by user Jenkins 2 user
[Pipeline] node
Running on worker_node3 in
/home/jenkins2/worker_node3/workspace/ws-test
[Pipeline] {
[Pipeline] pwd
[Pipeline] echo
/home/jenkins2/worker_node3/workspace/ws-test
[Pipeline] ws
Running in /home/jenkins2/worker_node3/myWorkspace
[Pipeline] {
[Pipeline] pwd
[Pipeline] echo
/home/jenkins2/worker_node3/myWorkspace
[Pipeline] ws
Running in /home/jenkins2/worker_node3/myWorkspace@2
[Pipeline] {
[Pipeline] pwd
[Pipeline] echo
/home/jenkins2/worker_node3/myWorkspace@2
[Pipeline] }
[Pipeline] // ws
[Pipeline] }
[Pipeline] // ws
[Pipeline] }
[Pipeline] // node
[Pipeline] End of Pipeline
Finished: SUCCESS
```

여기서 볼 수 있듯이 젠킨스는 첫 요청에서 호출한 워크스페이스로 이동한다. 두 번째 호출에서는 워크스페이스의 이름에 @2를 붙인다. 대부분의 경우 이는 문제가 되지 않지만, 정확한 이름이 필요한 경우 등 문제가 생겼을 때는 pwd() 호출 결과를 확인한 후 원하는 동작에 따라 폴더에서 나가거나 기다릴 수 있다.

ws VS dir

잠금을 걱정하지 않는다면 dir 스텝을 사용해 실행하는 폴더로 이동할 수 있다.

워크스페이스 정리

젠킨스의 워크스페이스는 자동으로 정리되지 않는다. 대신, 다른 장에서 살펴봤듯이 파이프라인에서 cleanWs 스텝을 통해 워크스페이스를 정리할 수 있다. 기본적으로 이 스텝은 워크스페이스의 모든 파일을 빌드 결과에 상관없이 삭제하고, 정리가 실패로 끝나면 빌드 결과도 실패로 만든다. cleanWs 스텝의 기본 옵션을 변경하는 방법을 알아보자.

삭제할 파일 패턴

기본적으로 워크스페이스의 모든 파일이 삭제된다. 하지만 패턴을 추가해 삭제에 추가/제외할 것을 지정할 수 있다. patterns 인자와 pattern과 type 쌍이 포함된 배열을 이용해 지정된다(여기서 pattern은 파일 패턴이고 type은 include 혹은 exclude이다).

예를 들어, *.bak과 *.tmp만 워크스페이스에서 삭제하고자 한다면 다음 문법을 사용할 수 있다.

```
cleanWs patterns: [[pattern: '*.bak', type: 'INCLUDE'],
    [pattern: '*.tmp', type: 'INCLUDE']]
```

패턴 문법

여기서 패턴의 문법은 앤트 문법을 따른다. 따라서 위 예시는 최상단 폴더의 파일만 삭제한다. 모든 하위 폴더의 파일도 삭제하고 싶다면 '**/*.tmp'와 같은 문법을 사용해야 한다.

여기서 헷갈릴 수 있는 부분은 INCLUDE와 EXCLUDE를 동시에 사용할 수 있다는 점이다. 이것을 동시에 사용하는 이유가 무엇일까? 그 중 하나는 큰 범위로 새로 포함된 것에서 몇 가지를 제외하고 싶은 경우다. 즉 특정 형식의 파일을 추가하면서 같은 형식 내의 특정 이름의 항목은 유지하는 경우가 여기에 해당한다.

다음은 keep.tmp를 제외한 모든 *.tmp 파일을 삭제하는 문법이다.

```
cleanWs(patterns: [[pattern: '*.tmp', type: 'INCLUDE'],
    [pattern: 'keep.tmp', type: 'EXCLUDE']])
```

다른 삭제 프로그램 사용

cleanWs가 제공하는 다른 옵션은 다른 삭제 프로그램을 사용하는 것이다. 이는 externalDelete 매개 변수를 통해 이뤄진다. 이 매개 변수의 인자는 다른 삭제 애플리케이션의 호출이다. 문법은 다음과 같다.

```
<delete-program> [<delete-program-arguments>] %s
```

여기서 %s는 cleanWs 명령어를 실행하면서 삭제할 아이템으로 치환될 것이다. 이 문장에서 ${} 문법을 통해 환경 변수가 사용될 수 있다. 환경 변수를 <delete-program>을 위해 사용하고 여기서 환경 변수가 빈 문자열이라면, 노드의 기본 삭젝 프로그램이 사용된다.

리눅스 시스템의 shred 삭제 프로그램을 externalDelete 옵션을 호출해 사용하는 문법은 다음과 같다.

```
cleanWs externalDelete: 'shred -uf %s'
```

다른 인자

cleanWs의 나머지 인자는 모두 불리언 값이다. 여기서 이 스텝의 기본 형태가 cleanWs임을 기억하자. 따라서 인자는 기본 행동을 원하지 않을 때에만 명시하면 된다. 사용 가능한 인자는 다음과 같다.

cleanWhenAborted

기본값은 true이다. false로 설정되면 상태가 실패일 때 워크스페이스를 삭제하지 않는다.

cleanWhenFailure

기본값은 true이다. false로 설정되면 상태가 실패일 때 워크스페이스를 삭제하지 않는다.

cleanWhenNotBuilt

기본값은 true이다. false로 설정되면 프로젝트가 빌드되지 않았을 때 워크스페이스를 삭제하지 않는다.

cleanWhenSuccess

기본값은 true이다. false로 설정되면 상태가 성공이면 워크스페이스를 삭제하지 않는다.

cleanWhenUnstable

기본값은 true이다. false로 설정되면 상태가 불안정일 때 워크스페이스를 삭제하지 않는다.

deleteDirs

기본값은 false다. true으로 설정되면 폴더도 삭제한다. 여기서 패턴이 지정되면(앞의 절에서 설명하였다), 해당 패턴에 부합하는 폴더만 삭제한다.

notFailBuild

기본값은 true이다. false로 설정되면 정리 프로세스가 실패했을 때 전체 상태를 실패로 만든다.

파일과 디렉토리 스텝

이 장의 마지막 내용으로, 파일과 디렉토리에 대한 젠킨스 파이프라인 스텝을 살펴보자. 먼저 파일을 살펴볼 것이다.

파일 다루기

파일은 젠킨스와 정보를 주고받을 수 있는 또 하나의 방법이다. 파이프라인 DSL에는 파일을 다루는 가장 기본적인 작업인 읽기, 쓰기, 존재 확인을 위한 스텝이 포함된다. 이 절에서 이에 대해 살펴보자.

파일 읽기

파일을 읽는 스텝은 `readFile`이다. 이 스텝은 파일의 내용을 읽어 이를 문자열로 반환한다.

`readFile`은 두 가지 매개 변수를 받을 수 있다. 첫 번째는 `file`로, 원하는 파일의 현재 폴더 기준 상대 경로다. 대부분의 경우, 이는 워크스페이스의 상대 경로로, 이 폴더가 스크립트가 실행되는 장소로 기준 폴더가 되기 때문이다. 경로는 슬래시(/)로 구분돼야 한다. 이 매개 변수는 필수이다.

두 번째 매개 변수는 UTF-8과 같은 인코딩이다. 이 옵션은 필수가 아니다.

다음 코드는 간단한 버전과 인코딩을 포함한 버전의 예시다.

```
readFile 'dir1/dir2/filename'
readFile encoding: 'UTF-8', file: 'dir1/dir2/filename'
```

파일 쓰기

파일 읽기처럼 파일 쓰기도 상당히 직관적이다. 스텝은 `writeFile`이다. 이는 파일을 작성할 경로를 필수 매개 변수 `file`로 전달받는다. `file` 매개 변수의 경로는 `readFile`의 경우와 같이 현재 폴더의 상대 경로로, 대부분 현재 워크스페이스가 기준이 된다. 여기서도 경로는 슬래시로 구분돼야 한다.

또 하나의 필수 매개 변수는 text로, 파일에 작성할 내용이 된다.

마지막으로, 필요시 encoding 매개 변수를 지정할 수 있다.

다음은 이 스텝의 예시다.

```
writeFile encoding: 'UTF-8', file: 'dir1/dir2/file.out',
    text: 'Output from build'
```

파일 존재 확인

마지막 파일 작업은 파일의 존재를 확인하는 것이다. 당연하게도, 이 스텝의 이름은 fileExists이다. 이 스텝은 확인할 파일의 경로와 이름 하나만을 매개 변수로 전달받는다. 다른 파일 작업과 유사하게, 여기서 경로는 현재 폴더의 상대 경로이고(일반적으로 잡이 실행되는 워크스페이스 폴더이다), 슬래시로 구분된다.

예제는 다음과 같다.

```
fileExists 'build/reports/index.html'
```

이제 폴더에 대해 다루는 스텝을 살펴보자.

디렉토리 작업

파이프라인 DSL은 디렉토리에 관한 유용한 스텝을 제공한다. 대부분의 기능은 이름에서 유추할 수 있지만, 이 중 몇몇은 파이프라인 맥락에서 사용이 특화된다.

dir

이름에서 알 수 있듯이 dir 스텝은 현재 작업 폴더를 변경할 수 있게 해준다. 이 스텝은 블록 스텝으로, 경로를 제공하면 블록 안의 모든 코드는 이 경로에서 동작된다.

다음은 예시다.

```
dir('/home/user') {
    // 스텝 코드
}
```

다음은 이 명령어를 사용할 때 주의할 점이다.

- 스텝에 전달하는 경로는 절대 혹은 상대 경로 모두 가능하다.
- 폴더가 존재하지 않으면, 젠킨스가 폴더를 생성하려 시도하지만 적절한 권한이 필요할 수 있다.
- 블록 내의 스텝에서 상대 경로를 사용한다면, 이는 스텝에서 지정된 경로의 상대 경로가 된다.

dir 명령어와 ws 명령어의 차이가 궁금할 것이다. 이전에 간단히 언급한 것처럼, ws 명령어는 잠금 기능을 제공한다. 즉 여러 개의 잡이 해당 폴더를 워크스페이스로 동시에 사용할 수 없다. dir의 경우에는 잠금이 없다.

pwd

같은 이름의 운영체제 명령어와 같이, pwd 스텝을 호출하면 현재 폴더를 문자열로 반환한다. 이 스텝은 하나의 인자 tmp를 받을 수 있다. 이 값이 true으로 설정되면 현재 작업과 관련된 폴더에 @tmp를 붙여 반환한다.

현재 경로가 /home/jenkins라면 다음 코드의 tmpDir는 /home/jenkins@tmp가 된다.

```
def tmpDir = pwd tmp:true
```

> **워크스페이스의 @tmp**
>
> 워크스페이스에는 때때로 @tmp가 있다. 워크스페이스가 종종 임시 스크립트나 라이브러리처럼 소스 체크아웃이나 빌드 결과에 상관없는 장소가 필요하기 때문이다.

deleteDir

`deleteDir` 스텝은 재귀적으로 폴더를 지우기 위해 사용된다. 기본적으로 현재 폴더에 대해 동작한다. 다른 폴더를 지정하고 싶다면 `dir` 블록(앞 절의 dir 스텝에서 다뤘다)으로 감싸면 된다.

```
dir('tmpDir') { deleteDir() }
```

지금까지 살펴본 파이프라인 스텝은 파일과 폴더에 대한 작업을 할 때 필요한 기본 기능을 제공한다. 파이프라인을 위해 좀 더 확장된 기능을 제공하는 플러그인도 있다. 이에 대해 살펴보자.

파일과 폴더 심화 작업

젠킨스 내장 기능처럼 파일과 폴더에 대한 심화 작업을 위한 플러그인이 존재한다. 이 중 하나는 File Operations 플러그인이다.

이 플러그인을 설치하면 새로운 `fileOperations` 스텝이 추가돼 파일과 폴더 작업을 위한 명령어를 추가해준다. 대부분은 이름에서부터 명확하지만 자세한 정보는 플러그인 문서를 확인하자.

```
fileCreateOperation(String fileName, String fileContent)
fileCopyOperation(String includes, String excludes,
    String targetLocation, boolean flattenFiles)
fileDeleteOperation(String includes, String excludes)
fileDownloadOperation(String url, String userName,
```

```
        String password, String targetLocation, String targetFileName)
fileJoinOperation(String sourceFile, String targetFile)
filePropertiesToJsonOperation(String sourceFile,
    String targetFile)
fileTransformOperation(String includes, String excludes)
fileUnTarOperation(String filePath, String targetLocation,
    boolean isGZIP)
fileUnZipOperation(String filePath, String targetLocation)
folderCopyOperation(String sourceFolderPath,
    String destinationFolderPath)
folderCreateOperation(String folderPath)
folderDeleteOperation(String folderPath)
fileRenameOperation(String source, String destination)
folderRenameOperation(String source, String destination)
```

fileOperations 스텝은 파일 동작에 대한 배열을 인자로 받는다. 다음은 파일을 생성하고, 새로운 이름으로 복사한 후 원래 파일을 지우는 예시다.

```
fileOperations([
    fileCreateOperation(fileContent: 'This is a text file.',
        fileName: 'file1.txt'),
    fileCopyOperation(excludes: '', includes: 'file1.txt',
        targetLocation: 'file2.txt'),
    fileDeleteOperation(includes: 'file1.txt')
])
```

이 스텝의 결과는 실행 시 동작을 출력한다.

```
[Pipeline] fileOperations
File Create Operation:
Creating file: /var/lib/jenkins/workspace/file-test1/file1.txt
File Copy Operation:
/var/lib/jenkins/workspace/file-test1/file1.txt
```

```
File Delete Operation:
/var/lib/jenkins/workspace/file-test1/file1.txt deleting....
Success.
[Pipeline] }
```

기본 운영체제 호출 대신 이 스텝을 사용하는 가장 큰 장점은 운영체제에 의존하지 않는 성질이다. 이 플러그인은 유닉스 계열이나 윈도우 모두에서 사용할 수 있다.

요약

11장에서는 운영체제와 연관된 작업을 하는 파이프라인 스텝에 대해 알아봤다.

sh 스텝(윈도우의 경우 bat)은 사용자가 셸 명령어를 실행하고 파이프라인으로 반환 코드나 결과를 받아올 수 있게 하는 범용적인 기능을 제공한다. 잘 구성된 파이프라인에서 이 스텝은 파이프라인에서 특화된 스텝이 존재하지 않을 때 사용할 수 있다. 하지만 파이프라인 초기 개발에서는 이전 스크립트에서 동작했던 기능을 특정 스텝으로 변경하기 전 프로토타입을 작성하는 용도로 사용할 수 있다.

파이프라인은 환경 변수에 대한 스텝도 제공한다. 파이프라인 외부의 환경 변수를 참조해 값을 읽을 수도 있다. 파이프라인 내부에서는 환경 변수를 전체 스크립트에 대해 설정하거나, withEnv 블록 스텝을 사용해 클로저 내부에 대해서만 설정할 수 있다.

젠킨스는 ws 스텝을 통해 워크스페이스 폴더를 원하는 장소로 변경하는 기능을 제공한다. 또한 수정 가능한 cleanWs 스텝을 제공해 워크스페이스의 일부를 정리할 수 있게 한다. 하지만 같은 워크스페이스를 사용하는 다중 파이프라인 인스턴스를 고려해야 하는 상황이 아니라면 dir 스텝을 사용해 폴더를 변경할 수 있다.

dir은 폴더에 관련된 작업을 하는 스텝이다. 이에 해당하는 다른 스텝은 폴더를 삭제하거나 현재 폴더를 알려주는 것 등이 있다. 현재 폴더를 결정하는 pwd 스텝의 옵션은 사용자가 관련된 임시 폴더를 생성하게 해준다. 파일의 내장 명령어는 읽기, 쓰기, 존재 확인 기능을 제공한다. 하지만 File Operations 플러그인을 통해 파이프라인에서 사용할 수 있는 운영체제에 의존적이지 않은 기능을 사용할 수 있다.

12장에서는 도구의 통합과 매트릭과 품질을 위한 소스 코드 분석에 대해 살펴보자.

12장
분석 도구 통합

대부분의 파이프라인에는 특정 수준의 'analysis' 스테이지가 있다. analysis 스테이지에서는 코드 메트릭을 수집하고, 복잡도를 분석하고, 나쁜 코딩 스타일과 위험한 코딩을 감지하고, 기술적 부채와 같은 잠재적 소요 시간을 계산한다. 이러한 분석은 잠재적인 문제(일부는 다른 것보다 더 심각할 수 있다)를 감지하고, 이러한 '구멍'을 고치는 것이 코드의 가독성, 신뢰성, 유지보수성을 높이는 핵심이 될 수 있다.

12장에서는 가장 유명한 애플리케이션 중 하나인 소나큐브를 젠킨스와 통합하는 방법을 살펴볼 것이다. 또한 코드 커버리지의 분석 도구인 JaCoCo의 통합 방법도 알아볼 것이다. 코드 커버리지 분석은 보통 소나큐브와 같은 도구와 통합되지만, 코드 커버리지가 코드를 분석하는 데 도움을 주기 때문에 이를 분리하는 것을 알아보는 것이 중요하다.

우선 소나큐브 도구 자체를 간단히 살펴보고, 전통적 파이프라인에 통합하는 방법을 알아볼 것이다. 이후 pipeline-as-code 환경으로 변환하는 방법을 살펴볼 것이다. 이 과정에서 파이프라인에서 해당 도구를 사용하는 데 가장 중요한 요소 중 하나인 지정된 기준을 통해 파이프라인의 성공과 실패를 결정하는 것을 알아볼 것이다.

여기서 또 다시 지원 도구로 그레이들을 사용하지만, 기본 개념을 이해한다면 다른 지원 도구도 얼마든지 사용 가능할 것이다.

마찬가지로 JaCoCo도 애플리케이션 자체를 간단히 알아보고, 전통적 파이프라인과 통합하는 방법을 살펴본 후 pipeline-as-code로 전환하는 방법을 알아볼 것이다.

이제 소나큐브가 파이프라인 코드의 품질을 분석하는 기능부터 살펴보자.

소나 큐브 설문

웹사이트(https://www.sonarqube.org/)에 따르면 소나큐브(예전에는 '소나'라고 불렸다)는 다음을 포함하는 코드 품질 관리를 위한 오픈 플랫폼이다.

- 아키텍처 및 설계
- 주석
- 코딩 규칙
- 잠재적 버그
- 중복
- 단위 테스트
- 복잡도

목록에서 볼 수 있듯이 주요 기능이 대부분의 영역을 포함하고 유용한 메트릭을 제공한다. 소나큐브 애플리케이션 자체의 대시보드에서 분석된 프로젝트의 정보를 확인할 수 있다. 그림 12-1은 이 예시다.

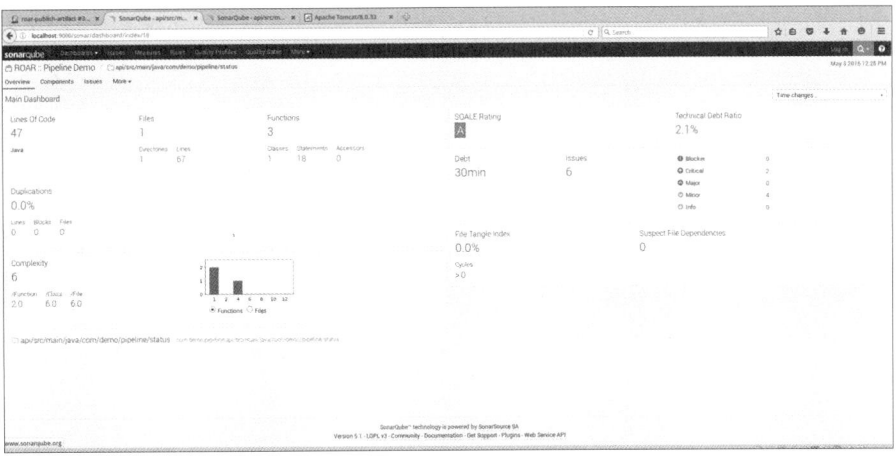

그림 12-1 소나큐브 대시보드

주요 기능 외에도 소나큐브가 오픈소스라는 점은 도구의 기능에 플러그인을 통해 추가 메트릭을 더하고 주요 기능을 상세히 조정할 수 있다는 의미다. 따라서 사용자가 원하는 파이프라인 코드 기준을 설정할 수 있다.

이를 파이프라인 설정 방법을 알아보기 위해 먼저 소나큐브에 의해 지정된 각각의 규정 위반부터 살펴보자.

개별 룰 다루기

소나큐브는 지정된 '룰'에 의거해 조건을 관리한다. 소스 코드를 분석하고 룰을 위반한 코드를 찾으면 해당 코드에 표시한 후 룰 위반을 보고한다. 그림 12-2는 감지된 룰 위반에 대한 예시다.

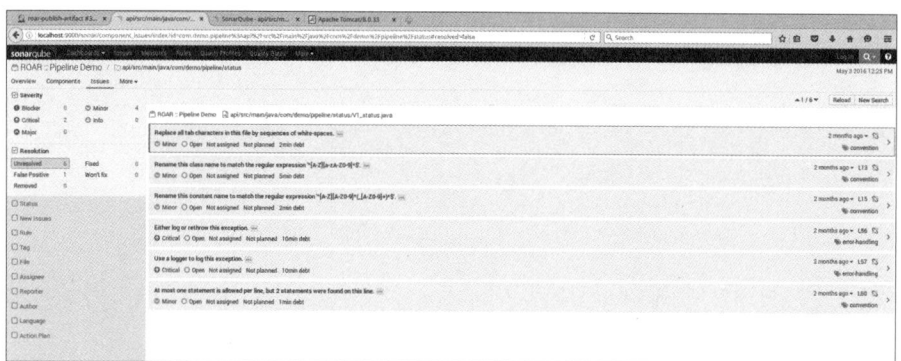

그림 12-2 소나큐브 리포트의 룰 위반

여기서 그림 12-3과 같이 개별 룰 위반을 자세히 살펴볼 수 있다.

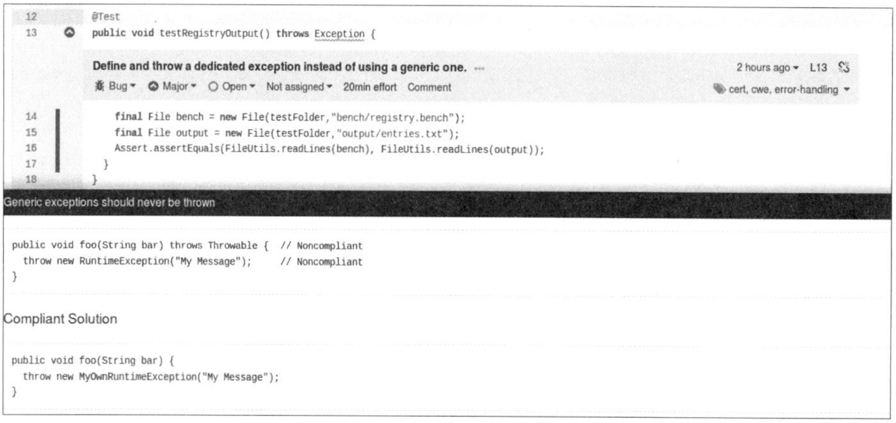

그림 12-3 상세 에러 설명

여기서 끝까지 들어가면, 소스 코드의 위치에 대한 설명과 해결 방안의 예시(룰에 부합하는 것과 부합하지 않는 예시)까지 안내해준다.

분석 결과에 동의한다면 소스 코드로 돌아가 이슈를 수정하고, 다시 파이프라인을 실행해 분석을 시작할 수 있다.

소나큐브에서 룰 위반에 대응하는 다른 방법

적당한 권한이 있다면 룰 위반을 수정하는 것 외에도 다른 방식으로 대응할 수 있다. 예를 들어, 룰 위반이 특정 상황에서 다른 방식으로 처리돼야 하는 경우에 이는 적합하다. 다음은 몇 가지 옵션이다.

- 이슈의 종류를 덜 중요한 것으로 바꾸기(그림 12-4)

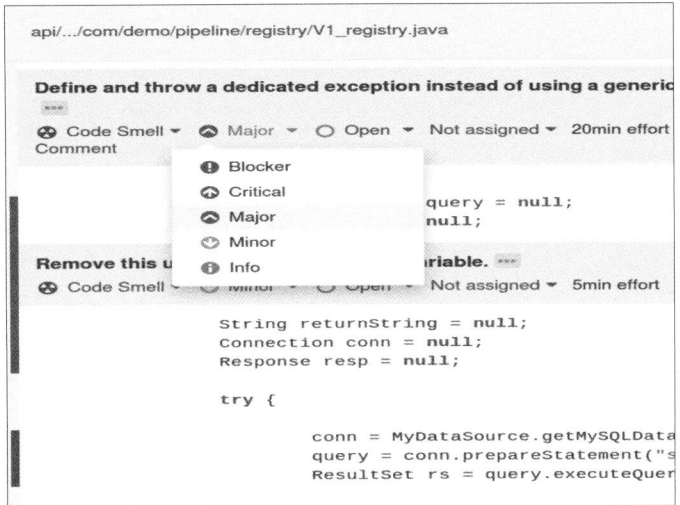

그림 12-4 이슈 종류 설정

- 이슈를 해결됨으로 지정. 예를 들어, 수정하지 않을 이슈로 설정(그림 12-5)

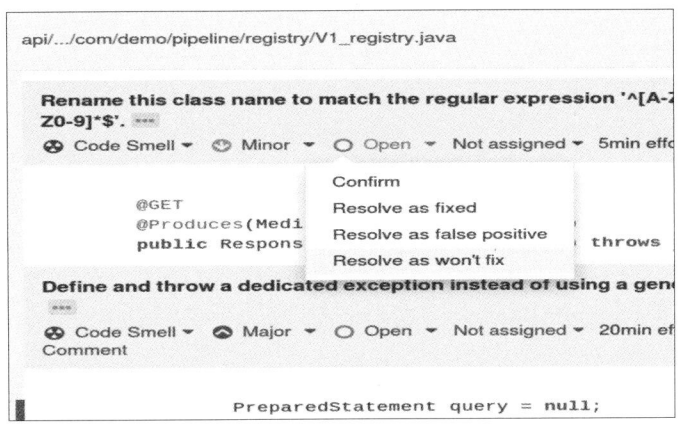

그림 12-5 이슈 해결 설정

- 특정 참여자 지정(그림 12-6)

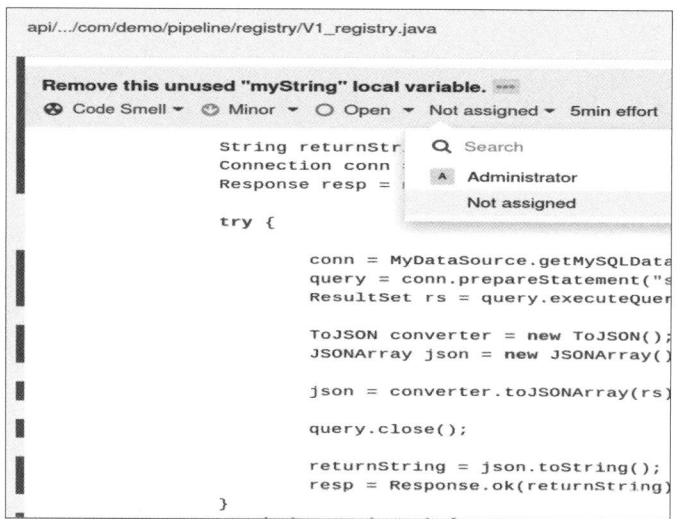

그림 12-6 이슈의 담당자 지정

- 커멘트 작성(그림 12-7)

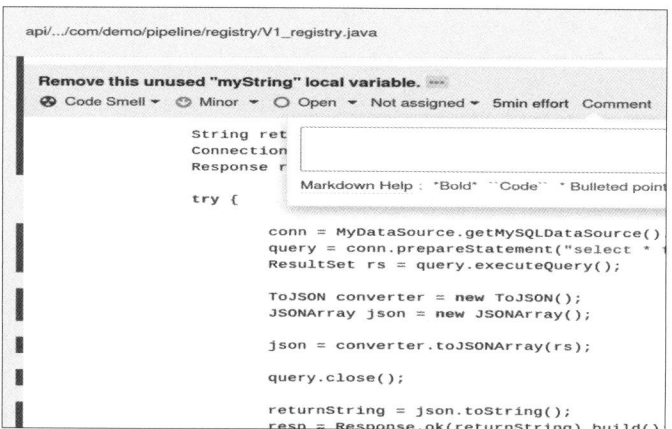

그림 12-7 코드에 커멘트 추가

- 위반의 범주 변경(그림 12-8)

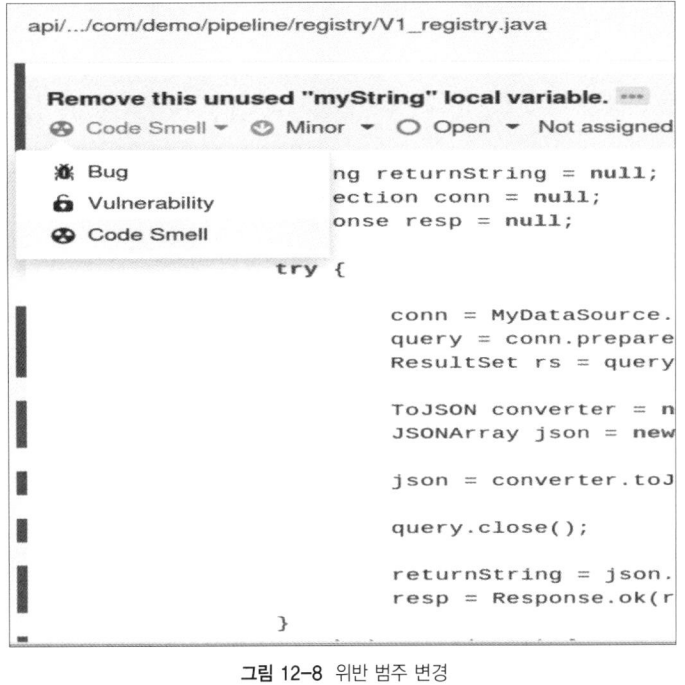

그림 12-8 위반 범주 변경

이런 분석에 의해서 발생한 정보의 양은 분석될 범위와 양에 따라 엄청나게 많을 수 있다. 대부분의 분석 도구는 특정 종류를 무시함으로써 제기된 이슈의 숫자를 줄이는 방법을 제공한다. 하지만 지속적 배포 환경에서는 궁극적으로 품질 분석의 기준을 맞추는 것이 우리가 원하는 목적이다. 여기서 목적이라 함은 릴리스된 버전이 원하는 성질의 최소 기준을 넘고, 심각한 범주에서는 설정한 특정 숫자보다 이슈가 적어 품질 기준을 통과한다는 의미다. 예를 들어, 최소 몇 퍼센트 이상이 단위 테스트로 테스트되고, 크리티컬한 범주의 룰 위반이 특정 숫자 이하인 경우다.

소나큐브에서 다양한 메트릭과 분석의 기준이 이런 방식으로 설정될 수 있다. 선택된 기준은 각각 분석될 코드의 통과/실패의 기준이 된다. 소나큐브에서 통과/실패 기준은 퀄리티 게이트라고 불리고, 퀄리티 게이트를 프로젝트에 적용하는 것은 퀄리티 프로파일을 통해 이뤄진다.

퀄리티 게이트와 프로파일

소나큐브의 퀄리티 게이트는 조건의 합으로 이뤄진다. 여기서 조건은 다음과 같다.

- 측정될 대상(예: 크리티컬 이슈의 개수 혹은 코드 커버리지의 비율)
- 측정에 소요된 시간(현재 혹은 지정된 특정 시간)
- 기준 값
- 비교 연산자('작다' 혹은 '크다')
- 필요시 에러 혹은 경고 값

'두 개를 넘는 경고 이슈가 있으면 안 된다'가 퀄리티 게이트의 조건에 해당하는 예시다. 혹은 '최소 80% 이상의 단위 테스트 커버리지'도 예가 될 수 있다. 그림 12-9는 소나큐브에서 기본적으로 제공하는 'SonarQube way' 퀄리티 게이트 조건의 일부다.

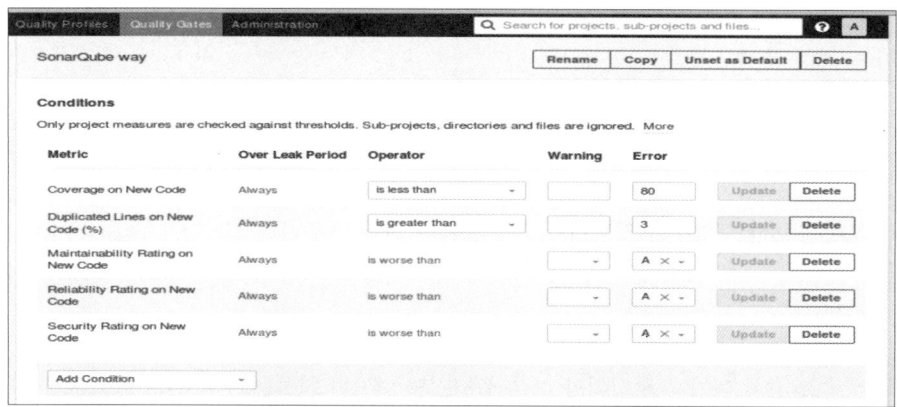

그림 12-9 기본 SonarQube way 퀄리티 게이트 설정

간단히, 다양한 범주의 품질 분석 테스트를 기준 값으로 정의하는 것이다. 이것은 코드가 품질적으로 배포할 수 있을만큼 좋은지에 대해 얼마나 많은 '위반'까지 허용 가능한지 정하는 것이다. 이러한 조건은 모여서 퀄리티 게이트가 되어 기준값은 각각의 성공/실패로 구성하게 해준다. 퀄리티 게이트는 이후 다른 프로젝트나 기술에 대해 퀄리티 프로파일을 통해 설

정된다. 예를 들어, 자바 프로젝트, 자바 스크립트 프로젝트, 파이썬 프로젝트의 퀄리티 프로파일이 있다고 가정해보자. 각각은 룰이 적용 가능한 상황에서 같은 퀄리티 게이트를 사용할 수도 있고, 각 언어에 따라 특별한 퀄리티 게이트를 사용할 수도 있다. 그림 12-10은 소나큐브에 설정된 기본 퀄리티 프로파일을 보여준다.

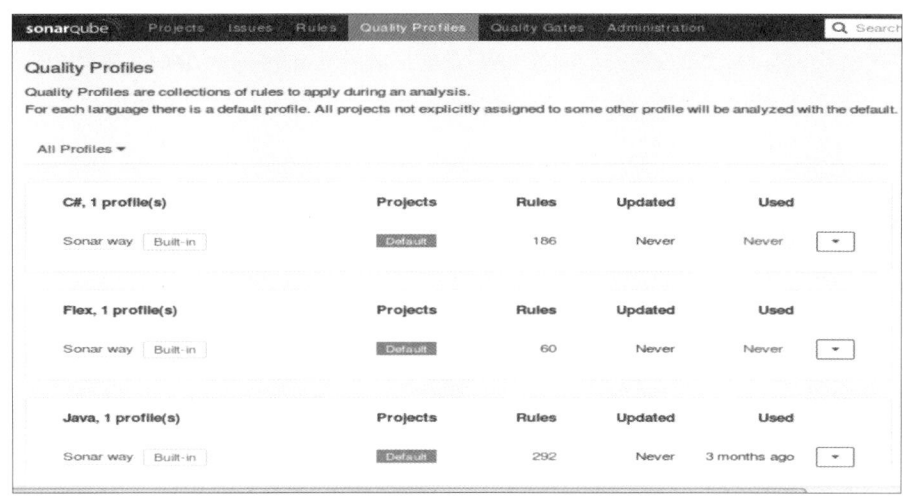

그림 12-10 기본 퀄리티 프로파일 설정

소나큐브와 퀄리티 프로파일, 퀄리티 게이트에 대한 더 자세한 설명은 이 책의 범주를 벗어난다. 하지만 앞에서 언급했듯이 퀄리티 게이트/프로파일의 기능을 이용해 파이프라인 '분석' 스테이지의 성공/실패를 정할 수 있다. 이를 알아보기 전에 소나큐브에 대해 알아볼 기능이 하나 더 있다. 바로 소나큐브 스캐너다.

스캐너

이름에서 알 수 있듯이 소나큐브 스캐너는 소스 코드를 스캔하고 이슈를 확인하는 프로그램이다. 스캐너는 결과를 저장하고 리포트를 생성하는 소나큐브의 서버 혹은 인스턴스 단위에 따라 다르다. 하지만 각 요소는 완전한 분석 메커니즘으로 구성돼야 한다.

역사적으로, 스캐너(혹은 '러너'로 알려져있기도 하다)는 스탠드얼론으로 독립적인 실행 파일이다. 스캐너와 함께 필요한 파일은 소나큐브의 주요 속성을 구분하는 설정 파일로, 여기에는 분석할 소스, 하위 프로젝트, 서버 등의 위치가 보관된다.

다른 도구의 스캔 기능

스캐닝 기능과 설정은 최신 버전에서 다른 도구들과 밀접하게 통합됐다. 이 예시 중 하나는 그레이들과의 통합으로, 설정 속성이 그레이들 빌드 파일에서 직접 작성돼 스캐닝이 플러그인에 의해 제공되는 그레이들 태스크를 통해 호출된다. 하지만 이 장의 후반에서 보겠지만 이 방식은 문제가 발생할 수 있다.

이제 기본적인 내용을 알았으니, 실제 소나큐브의 사용 방법을 살펴보자. 먼저 젠킨스 프리스타일 프로젝트의 사용법을 알아보고, 이후 스크립트 방식의 파이프라인도 살펴보자.

젠킨스에서 소나큐브 사용

다른 외부 애플리케이션처럼 소나큐브와 젠킨스를 통합하려면 몇 가지 설정이 필요하다. 여기에는 애플리케이션을 구동시키고, 플러그인을 설치하고, 서버의 전역 설정을 하고, 필요시 스캐너 설정을 하고, 잡에서 이를 호출하는 것이다. 각 영역에 대해 자세히 알아보자.

전역 설정

그림 12-11은 소나큐브 서버의 전역 설정 예시다(이는 시스템 설정 페이지에서 이뤄진다).

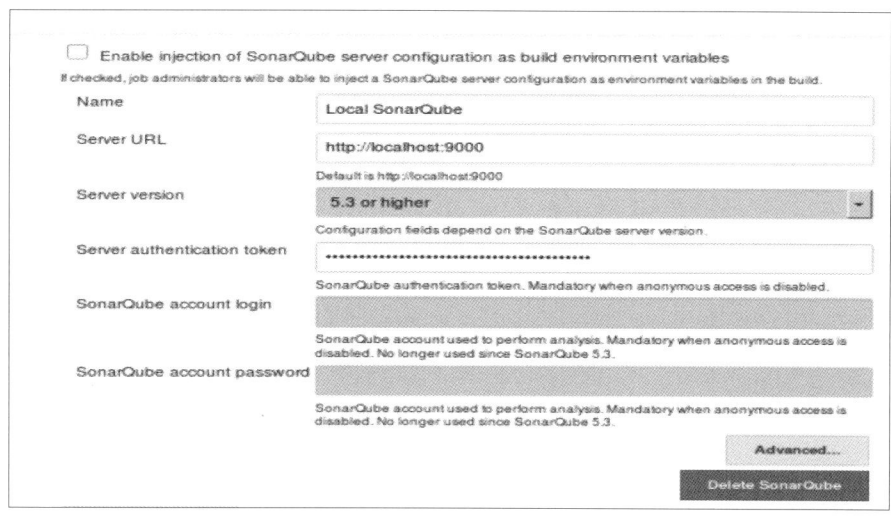

그림 12-11 젠킨스의 소나큐브 전역 설정

여기서 Enable injection of SonarQube server configuration as build environment variables(소나큐브 서버 설정을 빌드 환경 변수를 통해 주입) 옵션에 주목하자. 이 옵션은 메이븐과 같은 도구의 환경 변수를 스캐닝 명령어에 활용할 때 필요할 수도 있다. 잡 정의에서 이에 해당하는 환경을 준비하는 옵션이 있다.

소나큐브 스캐너도 설치하고 설정해야 한다. 그림 12-12는 이 예시를 보여준다(전역 도구 설정 화면에서 설정할 수 있다).

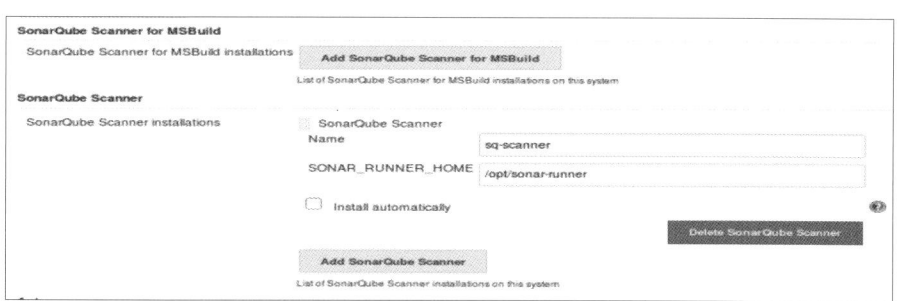

그림 12-12 소나큐브 스캐너 전역 설정

애플리케이션을 설치하고 실행하고, 젠킨스 플러그인을 설치하고, 전역 시스템과 도구 설정이 완료되면 파이프라인에서 소나큐브를 사용해 분석할 준비가 끝난 것이다. 이 책의 변환 과정과의 동일성을 위해, 먼저 프리스타일 프로젝트에서 이를 사용해볼 것이다.

프리스타일 프로젝트에서 소나큐브 사용

전통적인 프리스타일 잡 환경에서는 빌드 스텝에서 스캐너를 가장 먼저 호출하는 별도의 analysis 잡이 있을 것이다. 이 플러그인은 표준 소나큐브 스캐너나 MSBuild 스캐너를 호출하는 데 사용되는 표준 빌드 스텝을 제공한다. 다른 애플리케이션은 특정 구문을 호출하는 문법에 의존한다. 여기서 모든 방법을 살펴보지는 않겠지만, 메이븐, 그레이들 등 다양한 도구의 스캐닝 예시는 소나큐브 웹사이트에서 찾을 수 있다.

간단한 방식은 스캐너 실행 파일을 호출하는 셸 스텝을 사용하는 것이다.

모든 스캐너 호출에는 처리할 대상과 소나큐브에서 이것을 참조하는 방법이 정의된 기본 설정 값이 필요하다. 이는 텍스트 파일로 저장해 젠킨스 잡에서 이 위치를 설정할 수 있다. 혹은 좀 더 형태가 갖춰진 빌드 스텝의 경우에는 웹에서 필드에 입력할 수도 있다. 프로젝트 설정 파일의 간단한 예는 다음과 같다.

```
$ cat sonar-project.properties
# 필수 메타데이터
sonar.projectKey=workshop-com.demo.pipeline
sonar.projectName=ROAR :: (Workshop) Pipeline Demo
sonar.projectVersion=1.0

# 소스를 포함하고 있는 쉼표로 구분된 폴더 경로 (필수)
sonar.sources=api/src,dataaccess/src,util/src,web/src

# 언어
sonar.language=java
```

```
# 소스 파일의 인코딩
sonar.sourceEncoding=UTF-8
```

이제 기본 내용을 알았으니 소나큐브가 어떻게 파이프라인 프로젝트와 연동되는지 살펴보자.

파이프라인 프로젝트에서 소나큐브 사용

전통적인 파이프라인에 분석 잡이 있다면, 이를 사용해 젠킨스 2 파이프라인에서 분석 스테이지를 만들 수 있다. 우리가 해야 할 일은 서버를 선택하고, 적당한 환경 내용을 전달한 후 스캐너를 호출하는 것이다.

다행히 소나큐브 버전 5.2과 소나큐브 스캐너 버전 2.8 이후부터는 최신 소나큐브 플러그인이 설치되어 있다면, 젠킨스 파이프라인 DSL이 이 과정을 간단하게 해준다. 소나큐브 플러그인은 withSonarQubeEnv 블록을 제공해 전역에서 설정된 소나큐브 서버를 사용할 수 있게 한다. 또한 연동 정보(서버에 대한 전역 설정)를 해당 블록에서 사용할 수도 있다. 이는 스캐너 호출 시 환경 정보를 전달하는 과정을 단순화시킨다.

다음은 이 블록을 사용하는 간단한 분석 스테이지의 예시다.

```
stage('Analysis') {
    def scannerLoc = tool 'sq-scanner';
    withSonarQubeEnv('Local SonarQube') {
        sh "${scannerLoc}/bin/sonar-scanner"
    }
}
```

서술적 파이프라인에서 withSonarQubeEnv 사용

위 예시에서 스캐너의 위치 변수를 따로 정의한 것에 주목하자. 이 책의 다른 절에서 이런 방식이 서술적 파이프라인에서는 불가능하다는 내용을 다뤘었다. 하지만 문법을 축약하고 tool DSL 방식을 sh 호출에 다음과 같이 전달하면 이것도 가능해진다.

```
sh "{tool 'sq-scanner'}/bin/sonar-scanner"
```

withSonarQubeEnv 블록을 이용해 분석을 실행하고 결과를 소나큐브 애플리케이션에서 받을 수 있다. 하지만 이것이 파이프라인에서 하고자 하는 작업의 전부가 아니다. 분석 결과를 이용해 파이프라인에서 변경 사항을 분석해 코드의 품질이 다음 스테이지로 넘어갈만큼 좋은지 판단할 수 있다. 이를 수행하는 방법에 대해 알아보자.

소나큐브 분석 결과 활용

파이프라인 프로세스에서 소나큐브 분석을 이용하는 데 전통적으로 힘들었던 부분은 분석의 전반적인 결과를 받아와 코드가 파이프라인의 다음 스테이지로 넘어갈 만큼 품질이 좋은지 결정하는 것이었다.

매 해에 걸쳐 다양한 해결 방안이 도입되고 사용됐다. 예를 들면, 젠킨스 잡을 실행하고 소나큐브 서버에 REST API 호출을 통해 접근하는 그루비 스크립트가 있다. 이 특화된 스크립트는 원하는 값을 소나큐브에서 얻어 젠킨스 잡에 매개 변수로 정의된 기준치를 평가한 후 기준에 부합하는지 결정한다. 매개 변수에 정의된 것에서 벗어나는 것이 있다면, 스크립트는 젠킨스가 이후 과정을 취소하게 만든다.

이제 더 좋은 방식을 사용할 수 있다. 젠킨스와 소나큐브의 통합을 위해 소나큐브에 웹훅을 설정해 젠킨스가 이후 진행을 하기 전에 웹훅의 알람을 기다리게 할 수 있다. 이 방식에 대해 알아보자.

소나큐브 웹훅 설정

소나큐브 웹훅을 설정하려면, 먼저 소나큐브 애플리케이션에 관리자 권한으로 로그인한다. 이후 관리자 메뉴를 클릭하고 설정을 선택한 후 일반 설정에 들어간다. 여기에서 웹훅 영역까지 스크롤을 내린다. 이를 클릭해 다음과 같이 설정한다.

- 이름: jenkins_sonar
- URL: ⟨jenkins-url⟩/sonarqube-webhook/ (URL의 끝에 슬래시를 꼭 추가하자)

필드를 채우고 나면 저장 버튼을 눌러 웹훅 설정을 마친다. 그림 12-13은 완료된 웹훅 정보다.

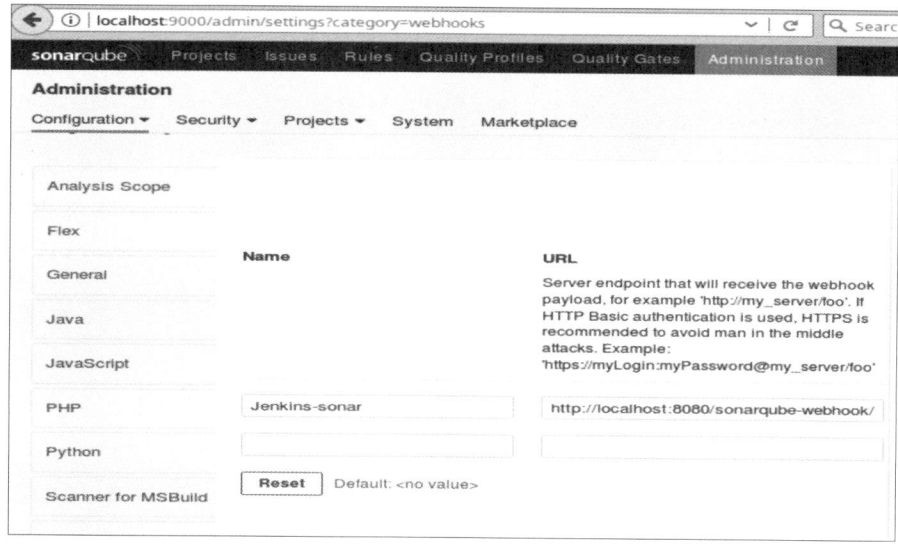

그림 12-13 완료된 웹훅에 대한 소나큐브 화면

웹훅을 설정했으니, 이제 젠킨스 파이프라인 코드의 설정을 할 차례다.

젠킨스 DSL에서 소나큐브 웹훅 처리

소나큐브 플러그인은 소나큐브의 웹훅의 처리를 기다리게 하는 waitForQualityGate DSL 함수를 제공한다. 이 함수는 파이프라인의 실행을 멈추고 이전에 실행된 소나큐브 분석이 끝나 소나큐브의 웹훅에서 정보가 오길 기다린다. 이 함수는 소나큐브에 적용된 퀄리티 게이트의 상태를 반환한다. 사용자는 이 반환 상태를 확인해 분석의 성공과 실패를 파악하고, 파이프라인을 계속 진행할지 결정할 수 있다.

스크립트 방식의 파이프라인의 예시는 다음과 같다.

```
def qg = waitForQualityGate(); if (qg.status != 'OK') {
    error "Pipeline aborted due to quality gate failure: ${qg.status}"
}
```

이 함수를 사용하는 데 고려할 중요한 사항이 있다. 이 함수를 사용해 파이프라인을 멈출 때 함수가 이를 다시 진행시킬 반환 값을 받지 못하는 상황을 고려해야 한다. 예를 들어, 소나큐브 서버가 죽어 해당 함수가 이를 기다리고 있을 때 접근 가능하지 않다면 어떻게 해야 할까? 사용자가 원하는 것은 문제를 찾아 서버를 고칠 때까지 전체 파이프라인을 멈추는 것은 아닐 것이다.

이러한 잠재적 이슈를 해결하는 좋은 방법은 해당 코드를 timeout DSL 블록(3장 참조)으로 감싸는 것이다. 문법은 다음 5분의 타임아웃 예시와 같이 직관적이다.

```
timeout(time:5, unit:'MINUTES') {
    def qg = waitForQualityGate()
    if (qg.status != 'OK') {
        error "Pipeline aborted due to quality gate failure: ${qg.status}"
    }
}
```

위 코드는 우리가 이전에 스캐너를 호출했던 analysis 스테이지에 적용되거나, 다른 스테이지에 적용될 수 있다. 퀄리티 게이트의 결과를 기다리는 독립된 스테이지를 만드는 것은 젠킨스 스테이지 뷰와 같은 인터페이스를 통해 특정 작업이 실패한 것과 스캐너가 실패한 것을 구분하는 데 도움을 준다. 그림 12-14는 결과 화면이다.

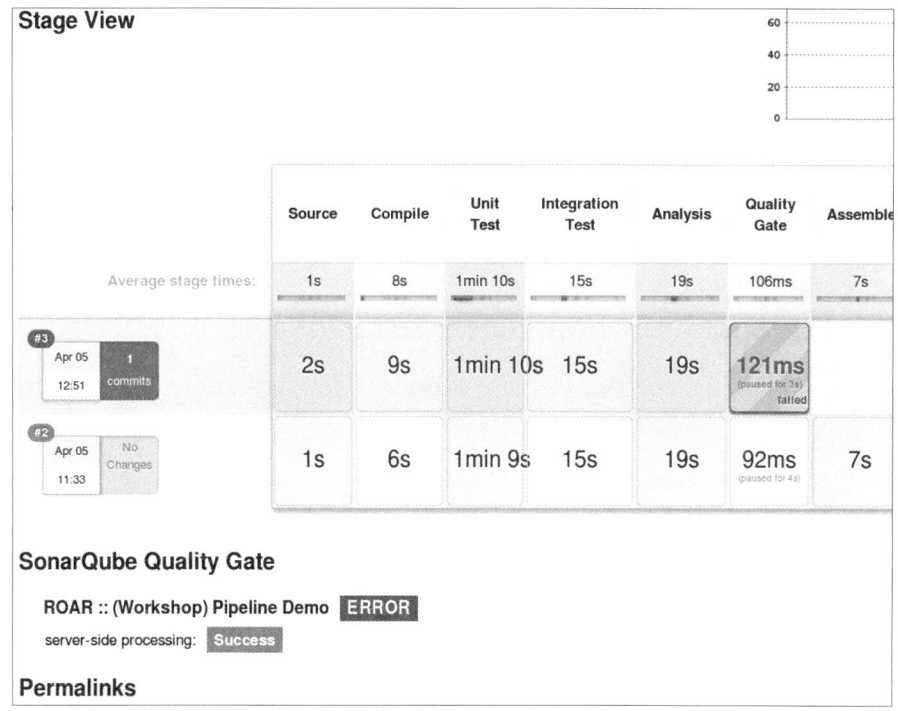

그림 12-14 퀄리티 게이트의 독립된 스테이지의 실패를 나타내는 스테이지 뷰

이것이 사용자에게 중요치 않다면 파이프라인 스테이지의 범위를 정하는 것은 사용자의 몫이다.

그레이들에서 직접 소나큐브 통합 작업 진행하기

이 장의 도입부에서 언급한 것처럼, 최근 소나큐브는 그레이들과 같은 애플리케이션에 대한 좀 더 직접적인 통합을 지원한다. 이는 독립된 스캐너 애플리케이션을 실행해야 하는 상황을 없애준다. 스캐닝 기능은 대신 애플리케이션과 호환되는 작업으로 통합된다.

예를 들어, 최신 버전의 소나큐브와 그레이들을 사용하면 간단히 소나큐브 플러그인을 포함시켜 그레이들 빌드 파일의 소나큐브 클로저에 프로젝트 속성을 정의할 수 있다.

```
plugins {
    id "org.sonarqube" version "2.4"
}

description = 'Example of SonarQube Scanner for Gradle Usage'
version = '1.0'

sonarqube {
    properties {
        property 'sonar.projectName', 'ROAR :: (Workshop) Pipeline Demo'
        property 'sonar.projectKey', 'workshop-com.demo.pipeline'
        property 'sonar.projectVersion', '1.0'
        property 'sonar.sources', 'api/src,dataaccess/src,util/src,web/src'
        property 'sonar.language', 'java'
        property 'sonar.sourceEncoding', 'UTF-8'
    }
}
```

플러그인을 포함시키면 새로운 sonarqube 태스크가 생겨 이를 통해 스캐너를 호출할 수 있다. 이 태스크를 다음과 같이 withSonarQubeEnv 호출에 추가할 수 있다.

```
stage('Analysis') {
    withSonarQubeEnv('Local SonarQube') {
        sh "/usr/share/gradle/bin/gradle sonarqube"
    }
}
```

이런 방식을 통해 분석을 실행할 수 있지만, 이 책을 집필하는 시점에서 퀄리티 게이트의 결과를 기다리는 부분은 기대한 것처럼 동작하지 않는다. 웹훅과 `waitForQualityGate` 호출을 사용하려고 하면 그림 12-15와 같은 에러가 발생할 것이다.

```
java.lang.IllegalStateException: Unable to get SonarQube task id and/or server name. Please use the 'withSonarQubeEnv' wrapper to run your analysis.
```

그림 12-15 직접적인 그레이들-소나큐브 통합에서 퀄리티 게이트를 기다리는 문법을 사용할 때의 에러

이를 우회하는 방법이 웹에 많이 있지만, 완벽히 해결하는 방법은 아직 보이지 않는다. 아마도 추후에 이 문제가 해결될 것이라 생각한다.

소나큐브 통합 결과와 젠킨스

소나큐브는 젠킨스 아웃풋 자체를 소나큐브 분석 결과와 연동하는 여러 방식을 제공한다. 이는 파이프라인이나 잡의 스테이지 뷰에서 가장 두드러진다. 그림 12-16에서 해당 프로젝트의 소나큐브 결과에 대한 여러 링크를 볼 수 있다. 왼쪽에 소나큐브라는 이름의 항목이 있다. 여기서 아이콘이 세 개의 아치 모양 선인 것을 선임을 주목하자. 같은 기호/배지가 빌드 히스토리 영역의 런 #1 끝에도 나타난다. 이를 클릭하면 소나큐브 애플리케이션의 같은 분석 페이지로 이동한다. 마지막으로, 소나큐브 퀄리티 게이트 레이블(프로젝트명 이후)에 OK 버튼이 있다. 이는 같은 장소에 대한 다른 링크이다.

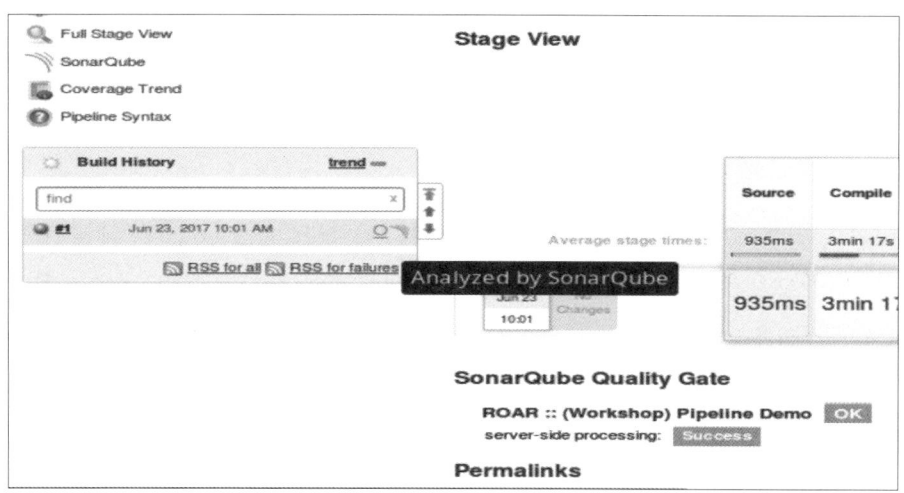

그림 12-16 소나큐브 분석으로 이동하는 스테이지 뷰 링크

이 링크 중 어느 것을 클릭해도 해당 프로젝트의 소나큐브 페이지(그림 12-17)로 이동한다.

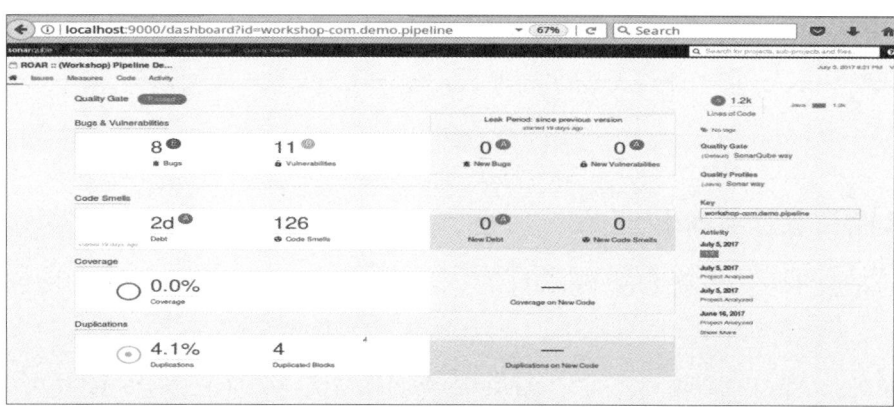

그림 12-17 소나큐브 분석 페이지

코드 커버리지: JaCoCo 통합

일반적으로, 코드 커버리지 분석은 소나큐브와 같은 도구에 포함되어 있다. 하지만 이 자체가 중요하기 때문에, 여기서는 코드 커버리지 도구 중 하나인 JaCoCo를 독립적으로 파이프라인에서 사용하는 방법을 알아보자. 실제로 사용자가 JaCoCo를 사용하지 않을 것이라 하더라도, 여기의 예시가 다른 도구를 사용하는 데 도움이 될 것이다.

JaCoCo

JaCoCo는 Java Code Coverage의 약자다. 이름에서 알 수 있듯이 이 도구의 목적은 자바 소스 파일의 코드 커버리지 정보를 제공하는 것으로, 얼마나 많은 코드가 테스트 케이스에 의해 테스트되는지 알려주는 것이다. 이 도구는 자바 클래스 파일을 사용한다.

JaCoCo는 다음과 같은 커버리지 정보를 제공한다.

`Instruction coverage`
: 얼마나 많은 코드가 실행됐는지에 대한 정보

`Branch coverage`
: `if`나 `switch` 문장의 분기를 확인하고 이 중 실행된 것과 실행되지 않은 것의 정보

`Cyclomatic complexity`
: 해당 함수를 테스트할 때 필요한 최소 경로 정보. 일반적으로 코드를 모두 커버하기 위한 단위 테스트의 숫자를 암시

실제 예시를 살펴보자. 그림 12-18은 놓친 클래스의 인스트럭션과 분기를 요약한 것이다.

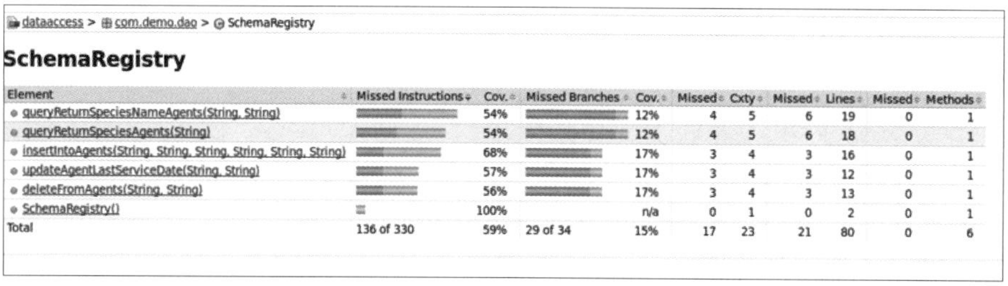

dataaccess > com.demo.dao > SchemaRegistry

SchemaRegistry

Element	Missed Instructions	Cov.	Missed Branches	Cov.	Missed	Cxty	Missed	Lines	Missed	Methods
queryReturnSpeciesNameAgents(String, String)		54%		12%	4	5	6	19	0	1
queryReturnSpeciesAgents(String)		54%		12%	4	5	6	18	0	1
insertIntoAgents(String, String, String, String, String, String)		68%		17%	3	4	3	16	0	1
updateAgentLastServiceDate(String, String)		57%		17%	3	4	3	12	0	1
deleteFromAgents(String, String)		56%		17%	3	4	3	13	0	1
SchemaRegistry()		100%		n/a	0	1	0	2	0	1
Total	136 of 330	59%	29 of 34	15%	17	23	21	80	0	6

그림 12-18 클래스에 대한 JaCoCo 커버리지 요약

그림 12-19는 소스 코드까지 내려가서 본 좀 더 상세한 요약 화면이다. 모두 커버된 라인은 녹색, 부분적으로 커버된 것은 노란색, 아직 커버되지 않은 것은 빨간색으로 나타난다. 여기서 다이아몬드 아이콘은 결정 포인트로, 이 아이콘의 색상도 전과 비슷한 의미를 갖는다. 녹색은 모든 분기가 커버됐다는 의미고, 노란색은 분기의 일부부만 커버된 것이고, 마지막으로 빨간색은 분기가 전혀 커버되지 않았다는 의미다.

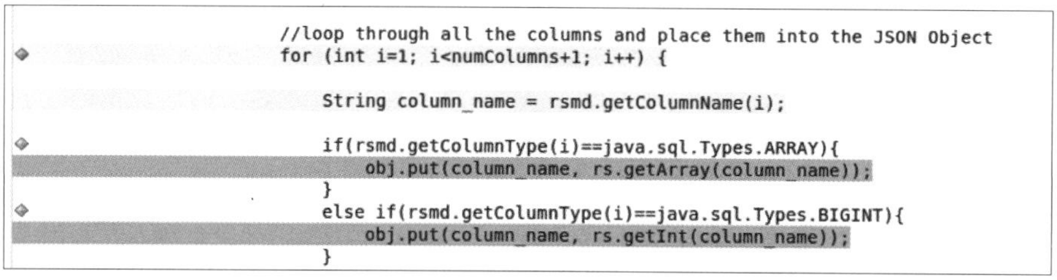

```
//loop through all the columns and place them into the JSON Object
for (int i=1; i<numColumns+1; i++) {

    String column_name = rsmd.getColumnName(i);

    if(rsmd.getColumnType(i)==java.sql.Types.ARRAY){
        obj.put(column_name, rs.getArray(column_name));
    }
    else if(rsmd.getColumnType(i)==java.sql.Types.BIGINT){
        obj.put(column_name, rs.getInt(column_name));
    }
```

그림 12-19 소스 코드에 대한 JaCoCo 상세 화면

이제 JaCoCo의 기본 내용을 살펴봤으니, 파이프라인과 통합하는 방법을 알아보자.

JaCoCo와 파이프라인 통합

JaCoCo를 사용하려면 애플리케이션이 사용 가능해야 하고 젠킨스에 JaCoCo 플러그인(https://plugins.jenkins.io/jacoco)을 설치해야 한다(이는 JaCoCo를 소나큐브처럼 독립된 애플리케이션으로 사용한다고 가정한다). 다른 애플리케이션과 달리 JaCoCo는 젠킨스의 전역 설정을 필요로 하지 않는다. 대신 전통적 젠킨스 모델의 빌드 후처리에서 사용 가능하다. 그림 12-20은 JaCoCo를 빌드 후처리로 실행하게 설정한 것이다.

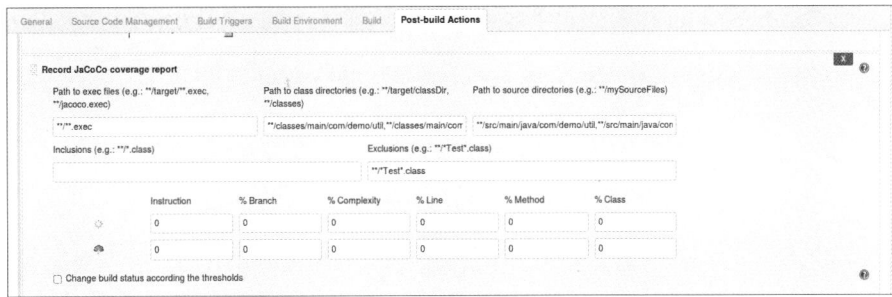

그림 12-20 젠킨스 프리스타일 잡에서 빌드 후처리로 JaCoCo 설정

이 영역의 필드는 코드 커버리지 분석의 다양한 요소를 설정할 수 있게 한다. 경로는 JaCoCo가 접근해야 할 다양한 종류의 파일의 위치를 정의한다. 이는 젠킨스 워크스페이스의 상대 경로이다. Inclusions(포함)과 Exclusions(제외) 필드는 전체 대상에서 특정 클래스를 포함하거나 제외하게 한다(JaCoCo가 클래스 파일에 대해 동작하는 것을 기억하자). 하단의 숫자 필드는 커버리지 기준을 설정하게 한다. 하단의 체크박스가 선택되면 젠킨스는 빌드 결과를 분석이 기준에 부합하는지에 따라 변경한다.

스니펫 생성기를 통해 파이프라인으로 손쉽게 변환할 수도 있다. 실제로, 그림 12-21은 스니펫 생성기를 사용한 "jacoco" 스텝이 전통적인 젠킨스 잡과 상당히 유사한 것을 보여준다.

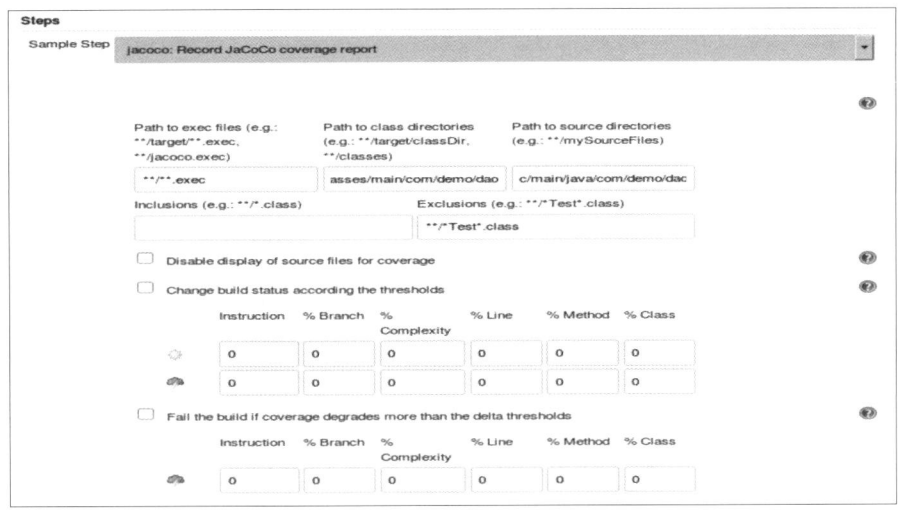

그림 12-21 JaCoCo 스텝을 위한 스니펫 생성기 폼

12장 분석 도구 통합

전통적인 젠킨스 잡의 JaCoCo 설정에 부합하는 폼을 채우고 Generate the Groovy script (그루비 스크립트 코드 생성) 버튼을 누르면 다음 파이프라인 코드가 생성된다.

```
jacoco classPattern: '**/classes/main/com/demo/util,
 **/classes/main/com/demo/dao', exclusionPattern: '**/*Test*.class',
 sourcePattern: '**/src/main/java/com/demo/util,
 **/src/main/java/com/demo/dao'
```

이 코드는 파이프라인의 stage 블록에 복사된다. 대부분의 경우 이를 분석을 위한 스테이지에 추가하게 된다.

JaCoCo 결과와 젠킨스 통합

마지막으로 JaCoCo의 결과를 젠킨스와 통합하는 방법을 살펴보자. JaCoCo를 사용해 분석을 마쳤으면, 젠킨스는 해당 잡의 결과 페이지(스테이지 뷰)에 두 개를 추가한다. 하나는 시간에 따른 코드 커버리지의 큰 그래프다. 다른 하나는 왼쪽 메뉴 영역의 추가 커버리지 추세 메뉴로, 이를 클릭하면 유사한 코드 커버리지 추세 그래프가 나타난다(그림 12-22).

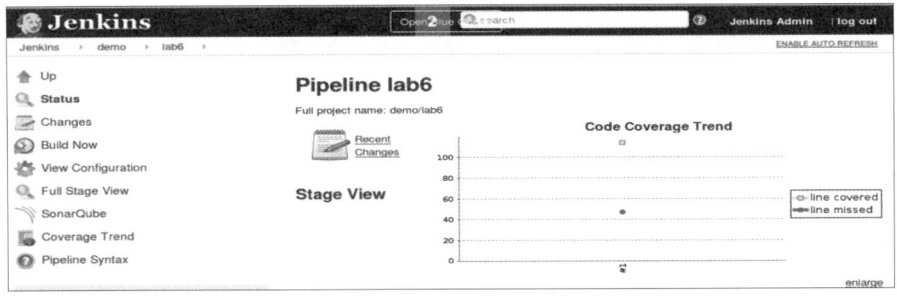

그림 12-22 스테이지 뷰의 코드 커버리지 추세 그래프

그래프 중 하나를 클릭하면 코드 커버리지의 상세 내용을 패키지, 파일, 함수 단위로 알려준다.

그림 12-23, 12-24, 12-25는 각각의 상세 화면이다.

Overall Coverage Summary

name	instruction	branch	complexity	line	method	cl
all classes	58% M: 301 C: 419	35% M: 52 C: 28	31% M: 36 C: 16	71% M: 47 C: 114	100% M: 0 C: 12	100% M: 0 C: 3

Coverage Breakdown by Package

name	instruction	branch	complexity	line	method
com.demo.dao	M: 170 C: 293 63%	M: 37 C: 11 23%	M: 23 C: 11 32%	M: 27 C: 85 76%	M: 0 C: 10 100%
com.demo.util	M: 131 C: 126 49%	M: 15 C: 17 53%	M: 13 C: 5 28%	M: 20 C: 29 59%	M: 0 C: 2 100%

그림 12-23 젠킨스 아웃풋의 패키지에 대한 JaCoCo 통합

Coverage Summary

name	instruction	branch	complexity	line	method
com.demo.dao	M: 170 C: 293 63%	M: 37 C: 11 23%	M: 23 C: 11 32%	M: 27 C: 85 76%	M: 0 C: 10 100%

Coverage Breakdown by Source File

name	instruction	branch	complexity	line	method
MyDataSource	M: 34 C: 99 74%	M: 8 C: 6 43%	M: 6 C: 5 45%	M: 6 C: 26 81%	M: 0 C: 4 100%
SchemaRegistry	M: 136 C: 194 59%	M: 29 C: 5 15%	M: 17 C: 6 26%	M: 21 C: 59 74%	M: 0 C: 6 100%

그림 12-24 젠킨스 아웃풋의 파일에 대한 JaCoCo 통합

SchemaRegistry

name	instruction	branch	complexity	line
SchemaRegistry()	M: 0 C: 8 100%	M: 0 C: 0 100%	M: 0 C: 1 100%	M: 0 C: 2 100%
deleteFromAgents(String, String)	M: 22 C: 28 56%	M: 5 C: 1 17%	M: 3 C: 1 25%	M: 3 C: 10 77%
insertIntoAgents(String, String, String, String, String, String)	M: 22 C: 46 68%	M: 5 C: 1 17%	M: 3 C: 1 25%	M: 3 C: 13 81%
queryReturnSpeciesAgents(String)	M: 33 C: 39 54%	M: 7 C: 1 13%	M: 4 C: 1 20%	M: 6 C: 12 67%
queryReturnSpeciesNameAgents(String, String)	M: 37 C: 44 54%	M: 7 C: 1 13%	M: 4 C: 1 20%	M: 6 C: 13 68%
updateAgentLastServiceDate(String, String)	M: 22 C: 29 57%	M: 5 C: 1 17%	M: 3 C: 1 25%	M: 3 C: 9 75%

Coverage

그림 12-25 젠킨스 아웃풋의 함수에 대한 JaCoCo 통합

요약

이번 장에서는 코드 분석을 위한 두 가지 도구인 소나큐브와 JaCoCo를 파이프라인에 통합하는 방법에 대해 다뤘다. 파이프라인에서 분석 스테이지를 가지는 것은 좋은 코드 품질을 확보하고 상용 환경의 코드 적합성을 측정하는 데 가장 중요한 요소다.

12장에서는 먼저 소나큐브와 소스 코드를 스캔해 다양한 종류의 메트릭을 생성하는 방법을 알아봤다. 또한 퀄리티 게이트를 사용해 코드가 분석을 통과할 수 있는 기준을 설정하는 방법도 살펴봤다.

이후 JaCoCo의 기능과 이를 활용해 테스트 케이스가 얼마나 많은 소스 코드를 커버하는지 분석하는 방법을 알아봤다. JaCoCo는 젠킨스 결과 페이지와 통합을 제공해 원하는 만큼의 자세한 내용을 함수와 모듈 단위로 살펴볼 수 있게 해줬다.

소나큐브와 JaCoCo 대신 사용하거나 추가하고 싶은 다양한 도구가 있을 것이다. 도구를 선택하는 것만큼 각 도구를 설정하고, 팀에 특별히 중요한 요구 사항을 확인하고, 감수할 수 있는 기준을 설정하는 것이 중요하다. 그래야만 파이프라인 분석 스테이지가 원하는 동작을 수행할 수 있을 것이다.

13장에서는 파이프라인에서 다양한 역할을 하는 아티팩트 관리를 아티팩토리를 통해 알아볼 것이다.

13장
아티팩트 관리 통합

대다수 파이프라인의 여러 스테이지는 파이프라인에서 생성된 특정 버전의 아티팩트를 업로드하고, 파이프라인에서 사용하는 특정 버전을 검색하기 위해 아트팩트 저장소에 의존한다. 13장에서는 가장 유명한 아티팩트 관리자인 JFrog 사의 아티팩토리(https://jfrog.com/artifactory/)를 사용하는 방법을 알아볼 것이다. 기존 프리스타일 프로젝트에서 pipeline-as-code로 변환하는 방법을 살펴보고, 추가 설정이 필요한 태스크를 수행하는 방법도 살펴볼 것이다. 또한 서술적 파이프라인에서 아티팩토리를 통합할 때 발생할 수 있는 어려움에 대해서도 알아볼 것이다.

마지막으로, 아티팩트를 묶고 핑거프린트(어떤 아티팩트가 어떤 빌드와 연관되었는지에 대한 정보)를 기록하는 파이프라인 스텝도 간단히 살펴볼 것이다.

먼저 아티팩토리에 익숙하지 않은 경우 살펴볼 수 있도록 아티팩트를 사용하는 이유와 장점을 알아보자.

아티팩트 업로드 및 내려받기

지금까지 예제 파이프라인에서 사용한 기술에는 명확한 사용 이유가 있었지만, 아티팩트 관리자를 사용해야 하는 이유는 없었다. 따라서 젠킨스 2 파이프라인을 아티팩토리와 통합하는 방법에 대해 알아보기 전에 파이프라인에 아티팩토리를 추가하면 좋은 점부터 살펴보는 것이 의미가 있을 것이다.

아티팩트 버전 및 관리 도구를 사용하는 주요 기술 및 상업적 이득은 다음과 같다.

- 아티팩트가 필요할 때마다 에러가 발생할 여지가 있는 재빌드를 피하는 것
- 아티팩트에 (테스트가 수행되고) 버전을 지정한 복사본을 만들어 사용자가 무엇을 내려받는지 정확히 알게 하는 것
- 대다수의 사용자가 여러 버전(예: 최신, 마지막 릴리스 등)을 용도에 맞게 사용할 수 있게 하는 것
- CI 서버(예: 젠킨스)와 통합하여 빌드에 문제가 없을 때 자동으로 아티팩트(그리고 필요시 빌드에 대한 메타데이터)가 저장소에 업로드되게 하는 것
- 가상의 저장소를 생성해 내부 혹은 외부 저장소를 취합해 아티팩트의 검색과 정렬을 지원하는 것

시중에 다양한 저장소 관리 도구가 있지만, 여기서는 가장 널리 사용되는 아티팩토리에 대해 알아볼 것이다. 아티팩토리는 무료 커뮤니티 버전과 상용 프로 버전을 지원한다. 10장의 예제에 이어, 가장 기본적인 오픈소스 파이프라인을 만들고 있기 때문에, 여기서는 무료 커뮤니티 버전 아티팩토리를 사용할 것이다. 상용 프로 버전에서는 원하는 목적을 좀 더 쉽게 달성할 수 있는 기능을 제공할 것이다. 하지만 이 책의 예제 대부분은 무료 버전으로도 쉽게 가능하다.

이제 전통적인 젠킨스와 통합된 아티팩토리 무료 버전을 젠킨스 2와 통합하는 방법을 알아보자. 먼저 도구를 사용하는 간단한 설정부터 알아볼 것이다.

설정과 전역 설정

다른 애플리케이션과 마찬가지로 젠킨스가 접근할 수 있는 애플리케이션의 인스턴스가 실행돼야 한다. 또한 최신 버전의 아티팩토리 플러그인(http://bit.ly/2J6w4NO)도 설치해야 한다. 비교적 최신 버전이라면 내장 파이프라인 지원 기능이 있을 것이다.

깃허브의 파이프라인과 플러그인 호환 페이지(http://bit.ly/2qQ3gT5)를 찾아서 아티팩토리 Artifactory를 검색하면, 플러그인 2.5.0이 호환 가능한 버전을 찾을 수 있다. 따라서 해당 버전의 플러그인이 설치되어 있다면, 필요한 기본 기능을 사용할 수 있다.

다음으로, 젠킨스에서 아티팩토리 서버에 대한 전역 설정이 되어 있는지 확인하자. 이는 시스템 설정 페이지에서 이뤄진다(시스템 설정이나 전역 도구 설정 페이지 중 어디에 가야 할지 헷갈린다면 '시스템'을 '서버'라고 생각해보자. 따라서 아티팩토리 서버를 설정하는 것은 시스템 설정에 있을 것이다). 그림 13-1은 설정의 예시다.

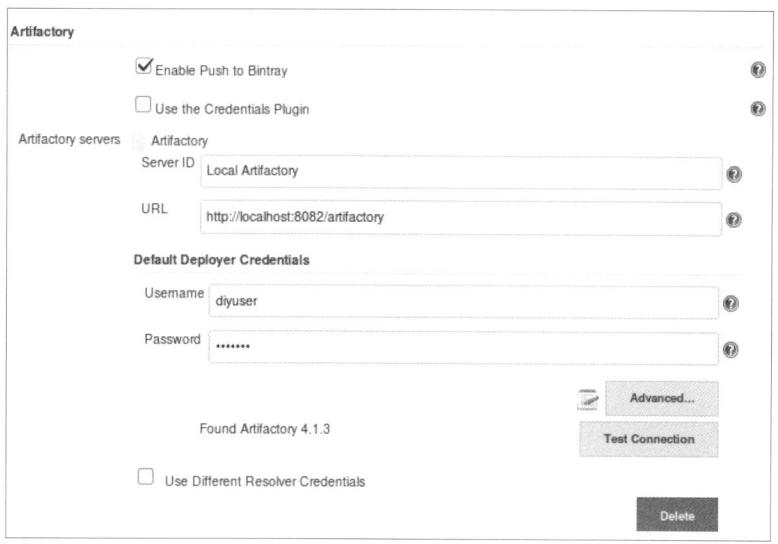

그림 13-1 전역 아티팩토리 설정

젠킨스에 아티팩토리를 설치하고 설정하면 개별 잡이나 파이프라인에서 사용 가능하다. 파이프라인의 아티팩토리 통합은 스크립트 방식의 파이프라인에서 쉽게 수행된다. 이를 진행하는 방법에 대해 알아보자.

스크립트 방식의 파이프라인에서 아티팩토리 사용

아티팩토리를 사용하는 전통적인 젠킨스 웹 모델에서는 설정할 수 있는 여러 영역이 존재한다(이는 폼을 채워야 함을 의미한다). 일반적으로 아티팩토리에 우리가 생성한 아티팩트를 업로드할 장소(배포 서버)를 지정하는 것과, 아티팩토리가 의존성을 찾을 장소(의존성resolution 서버)를 지정하는 것이 여기에 해당된다.

전통적인 웹 인터페이스에서는 이러한 요소를 빌드 환경 영역에서 아티팩토리 통합을 위한 옵션을 선택하는 것으로 진행됐다. 여기에는 아이비, 메이븐, 그레이들과 같이 선택할 수 있는 옵션이 다양하다. 여기에서는 지금까지 예제 파이프라인에서 사용했던 그레이들 예제에 집중할 것이다. 하지만 다른 종류의 사용 가능한 통합으로도 쉽게 변환할 수 있어야 한다.

그림 13-2는 그레이들-아티팩토리 통합 옵션이 선택된 것이다. 아티팩토리 설정 영역을 불러내 배포 서버와 의존성 서버를 채우게 한다.

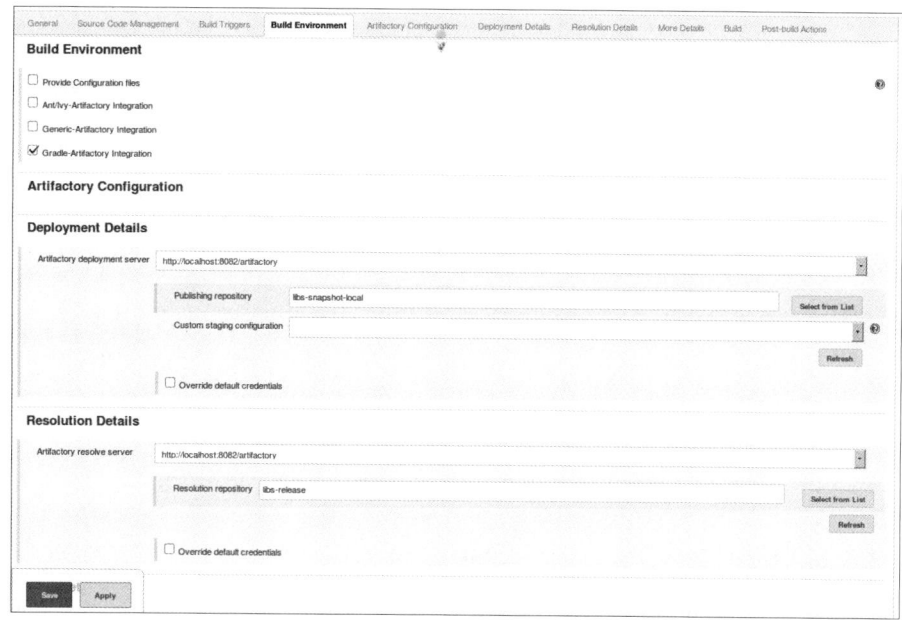

그림 13-2 일반적인 아티팩토리/젠킨스 프리스타일 통합

파이프라인 환경으로 변환하려면 서버와 저장소를 지정하는 변수를 정의해야 한다. 또한 통합의 종류에 따라 조합된 아티팩토리와 빌드 애플리케이션을 나타내는 객체를 가질 수 있다. 이 복합 객체가 추후 아티팩토리와 빌드 애플리케이션의 기능을 직접 호출해 사용할 수 있게 한다.

예를 들어, 아티팩토리/그레이들 통합을 일반적인 파이프라인에서 설정하는 것을 살펴보자.

먼저, 젠킨스에 설정한 아티팩토리 서버를 가리키는 아티팩토리 객체를 생성해야 한다. 이는 설정에서 서버에 지정한 전역 이름을 참조할 목적으로 사용되며, 다른 애플리케이션에 대해 사용한 tool DSL 스텝과 유사하다. 기본 형태는 다음과 같다.

```
def server = Artifactory.server "<name>"
```

서버가 "Local Artifactory"로 설정된 예제 파이프라인 프리스타일 잡에 부합하기 위해 다음과 같이 설정한다.

```
def server = Artifactory.server "Local Artifactory"
```

이제 이미 지정된 아티팩토리와 빌드 애플리케이션을 나타내는 객체를 만들 수 있다. 동시에 이를 설치된 애플리케이션 버전을 가리키게 할 수 있다. 기본 형태는 다음과 같다.

```
def artifactoryGradle = Artifactory.newGradleBuild()
artifactoryGradle.tool = "<Gradle tool name in Jenkins>"
```

전통적인 파이프라인에 맞게 수정하면 다음과 같다.

```
def artifactoryGradle = Artifactory.newGradleBuild()
artifactoryGradle.tool = "gradle3"
```

여기서 배포 저장소와 의존성 저장소를 시작시킬 수 있다. 문맥은 상당히 직관적이기에 바로 전통적인 파이프라인에 부합하는 구현으로 넘어가면 다음과 같다.

```
artifactoryGradle.deployer repo:'libs-snapshot-local', server:server
artifactoryGradle.resolver repo:'libs-release', server:server
```

여기서 server:server 참조는 매개 변수와 값이다. 매개 변수의 이름은 server:이고, 여기에 전달하는 값은 이전에 정의한 server 인스턴스 객체(def server… 코드에서 정의하였다)이다.

젠킨스 외부에서 아티팩토리 인스턴스 접근

젠킨스에서 정의되지 않은 아티팩토리 인스턴스에 접근하는 것도 가능하다. 이는 특정 URL과 접근 함수를 Artifactory 객체의 newServer 속성에 지정함으로 가능해진다.

예시는 다음과 같다.

```
def server = Artifactory.newServer
url: <url to external server>, username: <username>, password <password>
```

추가로, 이미 외부 아티팩토리 인스턴스에 접근할 수 있는 인증이 젠킨스에 정의되어 있다면, 이를 이 호출에서 사용자명과 암호로 사용할 수 있다.

```
def server = Artifactory.newServer
url: <url to external server>, credentialsId:<id of credentials to use>
```

서버와 저장소에 대한 기본 설정 외에도, 전통적인 젠킨스 인터페이스는 아티팩토리 통합을 위한 많은 옵션을 제공한다. 그림 13-3은 잡의 추가 상세 영역에 있는 옵션의 일부분이다.

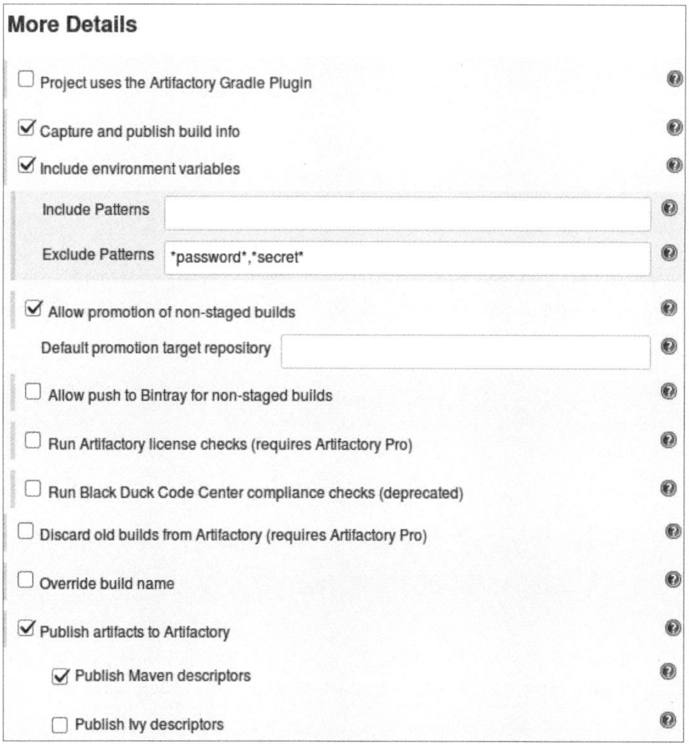

그림 13-3 아티팩토리 프리스타일 통합을 위한 추가 옵션

아티팩토리를 다루고 있다면 이 대부분에 대해 이미 알고 있을 것이다. 따라서 각각을 자세히 살펴보지는 않을 것이다. 다만 몇 가지 옵션은 파이프라인 스크립트에서 사용할 수 있는 예제와 함께 살펴볼 것이다. 추가 상세 영역에서 할 수 있는 것은 다음과 같다.

- 젠킨스에게 그레이들이 이미 아티팩토리 플러그인에 포함되었는지 전달

    ```
    artifactoryGradle.usesPlugin = true | false
    ```

- 빌드 정보를 보관하기 위한 옵션 설정
    1. 아티팩토리 buildInfo 객체를 위한 변수 설정
    2. buildInfo 환경 캡쳐 스위치를 참으로 설정

    ```
    def buildInfo = Artifactory.newBuildInfo(),
    buildInfo.env.capture = true | false
    ```

- 배포 옵션 설정
    1. 메이븐에 배포할지 지정하는 옵션 설정
    2. 아티팩토리에 배포되지 않은 패턴 정의

    ```
    artifactoryGradle.deployer.deployMavenDescriptors = true | false
    artifactoryGradle.deployer.artifactDeploymentPatterns.addExclude("<file pattern>")
    ```

적절한 옵션을 설정하고 나면, 그레이들 빌드를 수행하고 결과를 배포하는 것과 같은 실제 작업을 수행하는 객체를 호출할 수 있다. 먼저 그레이들을 위한 artifactoryGradle 객체를 호출한다.

```
artifactoryGradle.run rootDir: "/", buildFile: 'build.gradle',
    tasks: ...
```

이후 빌드 정보를 전달한다.

```
server.publishBuildInfo buildInfo
```

메이븐과 같은 빌드 도구와 아티팩토리에도 비슷한 방법을 사용할 수 있다. 예를 들어, newGradleBuild( )를 호출해 생성된 artifactoryGradle 객체 대신 다음과 같이 생성된 새로운 artifactoryMaven 객체를 가지게 될 것이다.

```
def artifactoryMaven = Artifactory.newMavenBuild( )
```

여기서, 방금 생성한 객체에 기반해 아티팩토리/메이븐의 통합 옵션을 설정할 수 있다. 예를 들어, 특정 항목을 포함하고 제외하는 설정은 다음과 같이 진행할 수 있다.

```
artifactoryMaven.deployer.artifactDeploymentPatterns.addInclude(
    "<paths to include>").addExclude("<paths to exclude>")
```

이것은 그림 13-4와 같이 프리스타일 잡에서 패턴을 정의하는 것과 유사하다.

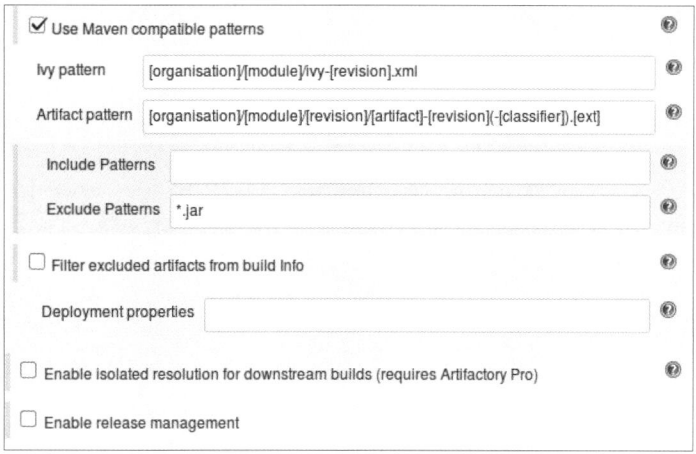

그림 13-4 아티팩토리 통합을 위한 패턴 정의

또한 다음과 같이 배포 기능을 끌 수 있다.

```
artifactoryMaven.deployArtifacts = false
```

이제 추가 설정에 필요한 다른 일반적인 예시를 살펴보자.

다른 작업 수행

파이프라인에 아티팩토리의 기본 통합을 설정했다면, 이를 활용해 특정 파일의 업로드/다운로드, 빌드 승격 등을 수행하고 싶을 것이다. 이번 절에서는 이러한 작업을 수행하는 방법을 알아본다.

특정 파일을 특정 위치로 다운로드

특정 파일을 다운로드하려면 외부 파일에 스펙을 작성해야 한다. 이에 해당하는 예시는 어떤 파일을 어디에 저장할지 설정한 JSON 파일이다.

```
def downloadInfo = """ {
    "files": [
        {
            "pattern":
                "<artifactory repo name>/<file-structure-to-download-within-repo>",
            "target": "<location to download into>"
        }
    ]
}"""
```

이후 서버 객체의 download 함수를 호출해 다운로드를 시작시킬 수 있다.

```
server.download(<file>)
```

특정 파일을 특정 장소에 업로드

업로드는 다운로드와 거의 유사하다. 외부 파일에 스펙을 작성한 후 이 파일을 사용하는 서버의 upload 함수를 호출한다. 예제는 다음과 같다.

```
def uploadInfo = """ {
    "files": [
        {
            "pattern": "<file-structure-to-upload>",
            "Target": "<artifactory repo name>/<location-in-repository-to-
                upload-into>"
        }
    ]
}"""
```

빌드 정리 정책 설정

빌드 정리 정책 설정은 buildInfo 객체와 관련된 속성을 통해 정의된다. 먼저 이전과 같이 buildInfo 객체를 정의해야 한다.

```
def buildInfo = Artifactory.newBuildInfo()
```

이후 개별 문장이나 다음과 같이 복합 문장을 통해 적절한 속성을 정의할 수 있다.

```
buildInfo.retention maxBuilds: 3, maxDays, 5
```

빌드 승격

빌드를 아티팩토리 저장소에서 승격시키기 위해서는 `promotionConfig` 객체를 정의해서 객체의 승격을 진행해야 한다. 예제는 다음과 같다.

```
def promotionConfig = [

    // 필수
    'buildName' : buildInfo.<name>,
    'buildNumber' : buildInfo.<number>,
    'targetRepo' : '<target repository>'

    // 옵션
    'comment' : '<message>'
    'sourceRepo' : '<source repository>'
    'status' : '<status label>',
    'includeDependencies' : <true | false>,
    'copy' : <true | false>,
    'failFast' : <true | false>
]
```

여기서 `failFast`는 첫 번째 에러가 발생했을 때 작업을 멈출지를 묻는 옵션이다. 기본값은 `true`이다.

위 내용을 정의한 후에는 간단히 `server` 객체의 `promote` 함수를 호출해 승격을 정의할 수 있다.

```
server.promote promotionConfig
```

서술적 파이프라인과 통합

앞에서 간략히 살펴본 것처럼 젠킨스 파이프라인에서 아티팩토리를 통합하는 것은 현재 서버를 가리키는 객체와 통합을 위한 객체를 정의하는 것에 의존한다. 선언이 금지되어 있는 서술적 문법을 사용한 파이프라인에서 직접적으로 사용하려고 하면 에러를 마주하게 될 것이다.

그렇다면 어떻게 서술적 파이프라인에서 아티팩토리 통합을 활용할 수 있을까? 여기에는 다음과 같은 다양한 방법이 있다.

- 코드를 서술적 파이프라인의 script 블록에 작성
- 코드를 pipeline 블록 외부에 작성
- 아티팩토리 작업을 담당하는 공유 라이브러리 작성

처음 두 옵션은 7장을 참고하자. 이 두 방식은 실행 가능하지만, 단점이 있는데 블루 오션 인터페이스를 사용해 파이프라인을 관리할 때 단점은 더욱 크게 부각된다. 공유 라이브러리를 개발하는 자세한 방법은 6장을 참고한다.

추후 특정 시점에 JFrog나 다른 사람이 서술적 파이프라인에 대한 아티팩토리 통합을 좀 더 수월하게 지원하는 플러그인을 만들 수도 있다. 현재 버전에서 뚜렷한 해결책이 없다면 좀 더 직접적인 지원을 제공하는 최신 버전이 있는지 주기적으로 확인하자.

젠킨스 결과와 아티팩토리 통합

아티팩토리는 '뱃지'(아이콘)를 통해 젠킨스 스테이지 뷰 화면에서 애플리케이션으로 이동하는 링크를 제공한다. 빌드 히스토리 영역을 확인해보면, 아티팩토리를 사용한 런의 가장 마지막에 원 밑에 줄이 있는 뱃지를 찾을 수 있다. 이는 해당 빌드의 아티팩토리 링크이다. 그림 13-5는 클릭할 수 있는 뱃지를 나타낸다.

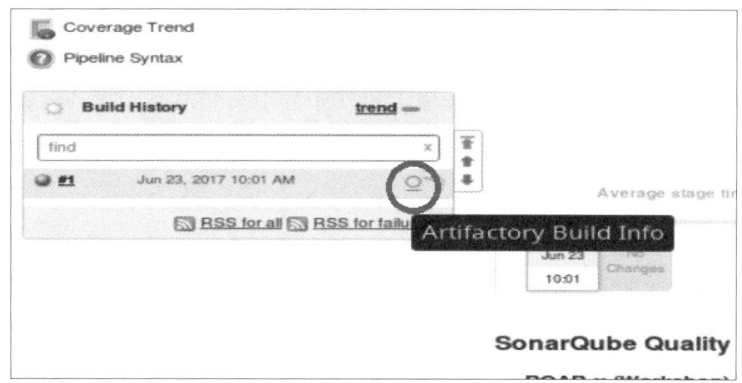

그림 13-5 젠킨스 스테이지 뷰와 아티팩토리 통합

아티팩토리로 이동하면 선택한 빌드에 대한 페이지를 볼 수 있다(그림 13-6).

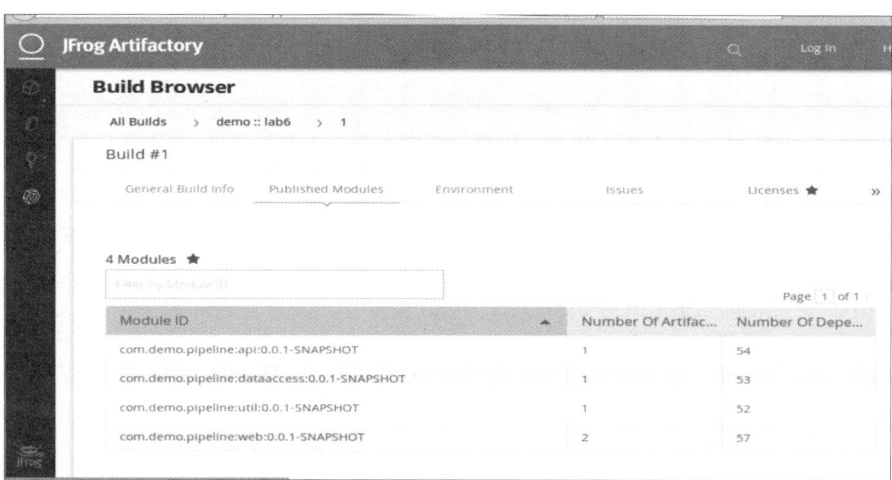

그림 13-6 젠킨스에서 선택한 빌드의 정보 페이지

여기서 빌드 승격을 설정해놨다면, 뱃지도 확인할 수 있다.

아티팩트 보관과 핑거프린트 생성

아티팩트 관리의 마지막 주제로 젠킨스가 아티팩트를 보관하고 '핑거프린트(아티팩트가 어떤 빌드와 연관되었는지 추적하는 기술)'를 생성하는 데 지원하는 것을 알아볼 것이다. 또한 이를 파이프라인 코드에서 구현하는 방법도 살펴본다.

대부분의 젠킨스 빌드는 빌드 작업동안 생성되는 최종 생성물(주로 바이너리 파일)인 아티팩트를 만든다. 여러 빌드를 통해 여러 버전의 아티팩트가 생성된다. 젠킨스가 입력값, 환경 변수, 결과 및 다양한 빌드 후처리를 기록하는 것처럼 아티팩트도 각 빌드에 관련해 저장된다. 이것이 빌드의 아티팩트를 보관한다는 의미다.

빌드가 점차 많은 아티팩트를 생성하면서, 잡과 빌드를 이용해 어떤 버전의 아티팩트가 어떤 잡과 어떤 실행에 연관되었는지 추적하는 것은 점차 어려워진다. 다행히도, 젠킨스는 핑거프린트라는 매커니즘을 제공한다.

핑거프린트를 아티팩트의 버전과 잡/실행 레퍼런스를 제공하는 기술이라고 생각할 수 있다. 핑거프린트를 활성화했다면 젠킨스는 빌드에서 생성된 모든 아티팩트의 MD5 체크섬을 계산해 이와 빌드 정보를 기록한다. 이 정보를 바탕으로 추후 아티팩트를 살펴보면 어떤 잡과 빌드가 연관돼 있는지 알 수 있다.

아티팩트 저장과 핑거프린트 기술은 테스트 결과를 기록할 수 있게 한다. 스테이지 뷰와 블루 오션 같은 혁신에도 불구하고, 로그를 조합해 테스트 결과를 찾는 것은 소모적인 일이다. 대부분의 빌드 애플리케이션이나 테스트 러너는 테스트 결과를 자체 폴더에 정형화된 형태로 생성하지만, 사용자가 이를 취합할 필요가 있다. 젠킨스는 실행 테스트의 결과를 묶는 기능을 제공한다. 예를 들어, 자바의 경우 JUnit에 대해 이를 묶는 기능이 존재한다. 다른 도구의 경우 테스트 러너가 JUnit 스타일의 XML 리포트를 생성한다면, 플러그인을 통해 비슷한 조합을 위한 것을 설정할 수 있을 것이다.

이러한 기능이 간단한 서술적 파이프라인에서 어떻게 사용되는지 알아보자. 이 예시에서는 그레이들을 빌드 도구와 테스트 러너로 사용하고, 아티팩트, 테스트 결과, 핑거프린트의 기록을 post 섹션에서 수행할 것이다. 코드는 다음과 같다.

```
pipeline {
    agent any
    stages {
        stage ('Source') {
            steps {
                git branch: 'test', url:
                    'git@diyvb2:/home/git/repositories/gradle-greetings.git'
            }
        }
        stage('Build and Test') {
            steps {
                sh "${tool 'gradle4'}/bin/gradle build"
            }
        }
    }
    post {

    always {
            archiveArtifacts artifacts: 'build/libs/**/*.jar',
                fingerprint: true
            junit 'build/test-results/**/*.xml'
        }
    }
}
```

몇 가지 중요한 점을 다시 살펴보자.

- (그레이들 빌드 파일의)자바 플러그인을 사용하고 있기 때문에 그레이들에 직접적으로 test 태스크를 수행하게 지정할 필요는 없다. 표준 테스트 폴더 구조를 따르기 때문에 그레이들은 이를 자동으로 감지해 빌드 시 수행한다.
- 서술적 파이프라인의 post 섹션은 빌드의 성공과 실패 여부와 관계 없이 실행된다.
- post 섹션의 always 블록은 조건문이라 불린다. 이름에서 알 수 있듯이 이 조건문은 해당 클로저 내부의 코드가 빌드의 종료 상태에 상관없이 실행된다(다른 조건문은 빌드가 변경됐거나, 성공했을 경우 등에 대해서만 수행하게 할 수 있다).

archiveArtifacts DSL 스텝은 보관할 아티팩트의 경로를 기본 매개 변수로 받는다. 매개 변수가 더 존재한다면 artifacts를 매개 변수의 이름으로 지정해야 한다. 여기서 젠킨스의 다른 경로와 마찬가지로 앤트 스타일의 **을 사용해 주어진 경로의 하위 트리를 포함시킬 수 있다. 필수는 아니지만 fingerprint 인자를 true로 설정해 핑거프린트를 수행하는 것도 가능하다.

junit DSL 스텝은 JUnit 형태의 테스트 결과를 보관한다. 기본 매개 변수인 testResults는 생성된 리포트의 경로다(여기서 그레이들의 테스트 결과는 그레이들 프로젝트의 build/test-results 하위 트리에 보관된다).

이를 실행한 결과를 간단히 살펴보자(그림 13-7).

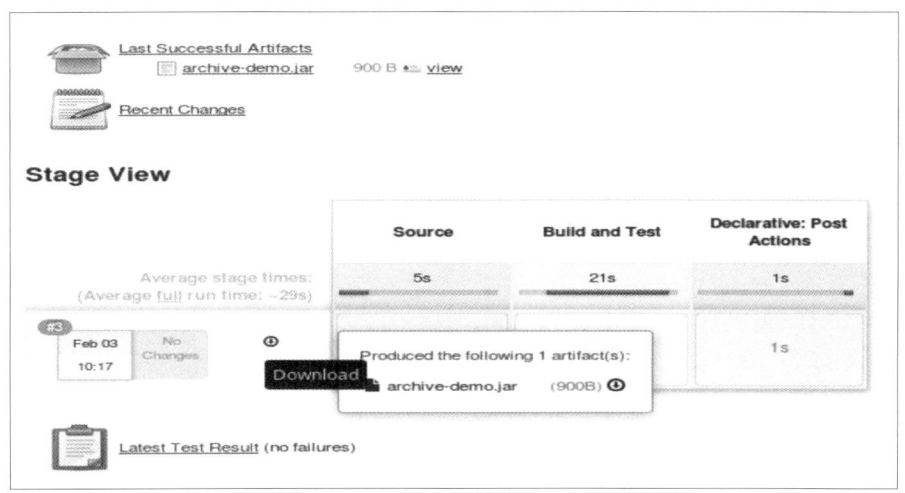

그림 13-7 보관 태스크의 스테이지 뷰 결과

그림 13-7과 같이 이 스텝을 실행하면 최신 아티팩트 정보를 비롯해 몇 가지 항목을 더 알 수 있다.

- 실행 박스의 작은 원형 아이콘은 보관된 아티팩트를 의미한다.
- 아티팩트를 설명하는 아이콘 위에 마우스를 올릴 때 나타나는 팝업 박스가 존재한다(팝업 박스의 아티팩트 이름을 클릭하면 이를 내려받을 수 있다).

- 최신 테스트 결과 링크는 각 테스트 결과를 자세히 알 수 있게 해주는 링크가 포함된 페이지(그림 13-8)를 보여준다.

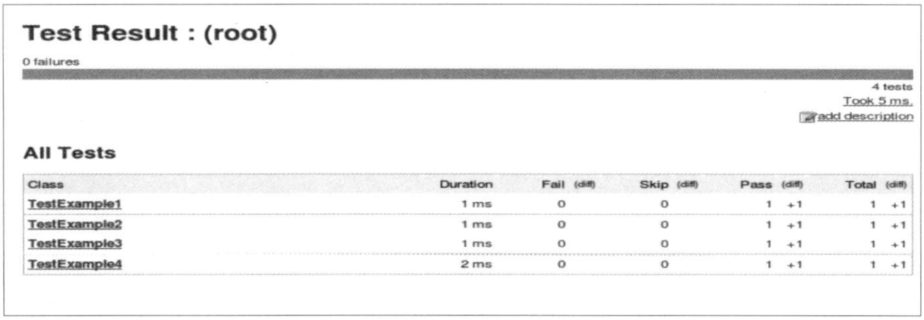

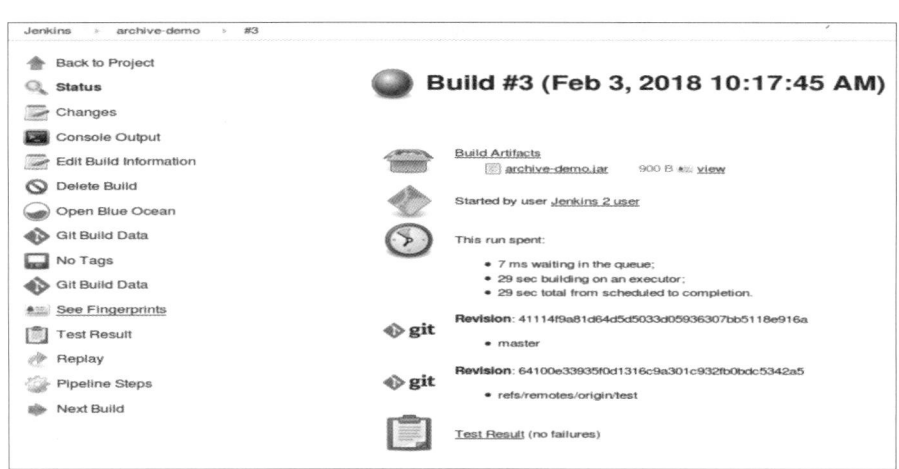

그림 13-8 junit 스텝의 테스트 결과 상세 화면

특정 실행 결과 페이지로 이동하면 보관 및 테스트 결과 항목을 볼 수 있다(그림 13-9).

그림 13-9 개별 실행의 결과 페이지

독자는 그림 13-9에 연관된 것을 발견했을 수도 있다. 왼쪽 메뉴에 보면 핑거프린트 확인 메뉴가 있다. 이를 클릭하면 아티팩트의 기본 정보와 관련된 빌드, 얼마나 오래됐는지를 보여준다(그림 13-10).

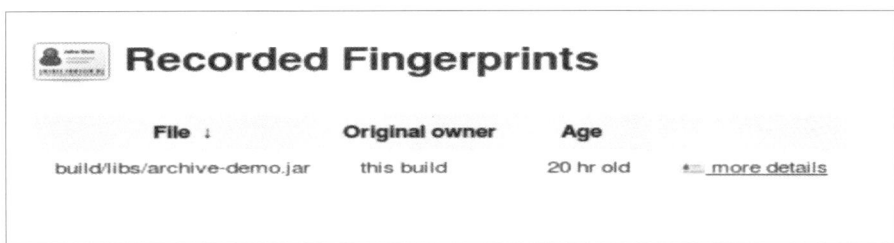

그림 13-10 기본 핑거프린트 정보

 **아티팩트 이름**

여기서 간단한 예시를 살펴보고 있지만 아티팩트 이름에 대해 좀 더 유용한 방식은 결과의 이름이 의미가 있는 버전을 포함시키는 것이다(이를 통해 이름을 보고 버전을 유추할 수 있다).

more details 링크를 클릭하면 아티팩트의 사용 정보가 포함된 페이지(그림 13-11)로 이동한다.

그림 13-11 추가 핑거프린트 정보

핑거프린트와 MD5

그림 13-11의 오른쪽에 MD5라는 필드가 있다. MD5는 젠킨스가 아티팩트의 정보를 추적하기 위해 사용하는 고유의 식별 체크섬이다(예: 핑거프린트). 핑거프린트는 젠킨스가 아티팩트를 실제로 보관하지 않고 이에 대한 정보만 저장할 수 있다.

핑거프린트는 젠킨스 홈 폴더의 fingerprints 폴더에 저장된다. 이 폴더 내부에 실제 체크섬의 첫 번째 문자에 기반한 구조로 MD5 값이 저장된다(그림 13-12).

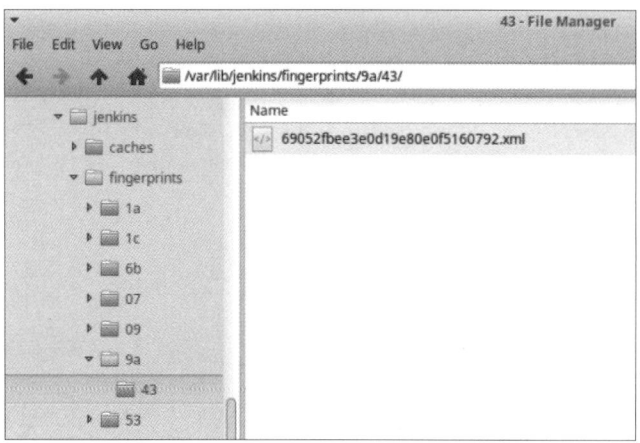

그림 13-12 아티팩트 체크섬 저장을 위한 파일 구조

이 폴더의 파일에는 이를 유발한 빌드, 이를 사용하는 빌드 등의 정보가 있다.

핑거프린트에 접근하는 것은 대시보드 등 젠킨스의 다른 영역에서도 접근 가능하다(그림 13-13).

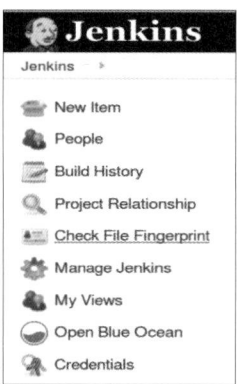

그림 13-13 대시보드에서 파일 핑거프린트 선택

이 메뉴를 선택하면 파일 시스템에서 접근 가능한 아티팩트를 선택해 핑거프린트를 확인할 수 있다(그림 13-14).

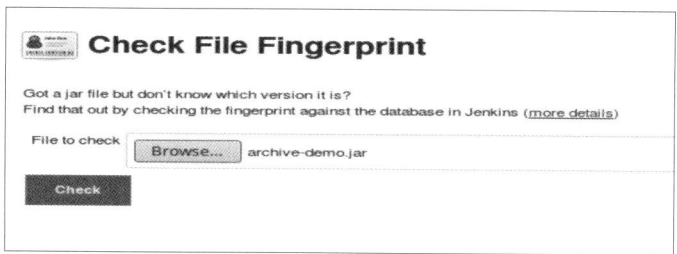

그림 13-14 파일 핑거프린트 확인

젠킨스가 핑거프린트를 생성한 모든 아티팩트의 MD5 체크섬을 저장하기 때문에, 지정한 파일의 MD5 체크섬을 바로 계산해 여기에 해당하는 아티팩트가 있다면 이에 대한 정보를 제공해준다. 이는 그림 13-11의 형태에서 표현된다.

요약

이번 장에서는 가장 잘 알려진 아티팩트 관리자인 아티팩토리를 사용해 아티팩트 관리를 파이프라인에 통합하는 방법을 다뤘다. 이는 젠킨스 파이프라인에서 사용 가능한 아티팩트 관리자 중 하나다. 현재 아티팩토리는 pipelines-as-code의 스크립트 형태로만 직접 사용이 가능하다.

일반적으로, 아티팩토리를 젠킨스 2 파이프라인과 통합하는 방법을 다음과 같이 요약할 수 있다.

1. 아티팩토리 인스턴스가 동작하는지 확인한다.
2. 젠킨스에 아티팩토리 플러그인이 설치되어 있고, 아티팩토리 인스턴스가 전역에 설정되어 있는지 시스템 설정에서 확인한다. 또한 젠킨스에 필요한 인증도 설정한다.
3. 적절한 파이프라인 스크립트를 생성한다.
4. 스크립트에서 전역 설정에서 아티팩토리에 지정한 이름을 사용해 서버 인스턴스를 정의한다.

5. 빌드 애플리케이션과 아티팩토리의 정보가 담긴 객체를 정의한다(앞 절에서 이는 `artifactoryGradle`과 `artifactoryMaven`였다).

6. 통합 객체의 기본 속성(예: 젠킨스에서 사용하는 도구의 이름)과 배포 및 의존성 저장소를 설정한다.

7. 통합 객체에 필요한 추가 옵션을 설정한다. 여기에는 간단히 불리언 값부터 포함/제외할 파일의 패턴이 포함된다.

8. 통합 객체나 서버 객체의 함수를 호출해 아티팩토리 작업을 시작시킨다.

9. 파일의 업로드/다운로드나 빌드 승격을 위한 파이프라인 코드를 정의한다.

아티팩토리에서 사용할 수 있는 기능이 많이 있지만, 여기서 목표는 간단히 파이프라인 환경에서 이를 동작시키는 것이었다. 여기서 중요한 것은 이러한 작업이 파이프라인의 스테이지를 통해 이뤄지는 것이다.

추가로, 젠킨스를 사용해 빌드에서 생성된 아티팩트를 기록하고, 테스트 결과를 모으고, 파일의 '핑거프린트'를 생성하는 것에 대해 알아봤다. 핑거프린트는 아티팩트의 출처와 무엇이 이를 사용하는지 체크섬을 계산해 알아보고 저장하는 방식이다. 이후 모든 아티팩트의 체크섬을 계산해, 젠킨스에 저장된 체크섬 핑거프린트가 일치하면 정보를 제공하게 된다.

다행히 이 장에서 아티팩토리와 아티팩트, 파이프라인에 대해 충분한 정보를 제공했다. 이것은 대표적인 내용이지 전체 내용이 아니다. 옵션과 통합에 대한 자세한 정보는 JFrog 아티팩토리 웹사이트를 참고하자. 여기에서 (현재 시스템의 한계 내에서) 젠킨스 파이프라인의 모든 내용을 찾을 수 있을 것이다.

14장에서도 계속해서 통합을 다룬다. 특별히 젠킨스 2와 도커 컨테이너의 통합을 사용하는 방법을 살펴볼 것이다.

14장
컨테이너 통합

최신 컨테이너에서 도커가 중요한 역할을 한다. 컨테이너에서 제공되는 고립, 유연함, 사용 편의성은 사용자가 특정 작업을 반복하는 커스텀 환경을 만들 수 있게 해준다. 14장에서는 젠킨스 2에서 도커를 사용하는 다양한 방법을 살펴본다.

사전 지식

14장은 독자가 젠킨스와 관계없이 도커에 대한 기본 지식과 사용법을 알고 있다고 가정한다. 만약 도커에 대해 잘 알지 못한다면 찾을 수 있는 문서나 온라인 학습 과정을 먼저 살펴보는 것이 도움이 될 것이다.

젠킨스 2에서 도커를 파이프라인에서 활용하는 방식은 네 가지가 있다.

- 젠킨스 스탠드얼론 에이전트인 '클라우드'로 설정
- 서술적 파이프라인에서 빌드 시 생성되는 에이전트로 설정
- 특별 DSL인 전역 docker 변수와 관련 함수를 이용해 사용
- 스크립트에서 직접 DSL 셸(sh)을 호출해 사용

각각에 대해 자세히 알아보자.

클라우드로 설정

이 개념은 젠킨스가 에이전트로 사용할 수 있는 하나 이상의 도커 이미지를 정의하는 것이다. 이는 에이전트를 시작시킬 수 있는 '클라우드' 환경이 된다. 파이프라인이 실행될 때 클라우드 설정을 참조해 해당 이미지를 에이전트로 인스턴스화한다. 에이전트는 이후 다양한 스테이지와 스텝을 수행할 수 있다. 파이프라인이 완료된 후 젠킨스는 해당 이미지를 수행하는 컨테이너를 중지시킨 후 삭제해 에이전트를 제거하게 된다.

이 옵션을 활용하기 위해서는 도커 플러그인(http://bit.ly/2J7OLR8)이 설치돼 있어야 한다(이는 이 장의 후반에서 다룰 도커 파이프라인 플러그인과는 다르다). 또 다른 요구 사항은 여기서 제공한 도커 이미지가 반드시 '스탠드얼론 에이전트'로 기능할 수 있어야 하는 점이다. 이는 이미지가 노드로 설정된다는 것이다. 요구 사항에 대해서는 이후에 다시 다룬다. 먼저 젠킨스의 모든 주요 기능과 마찬가지로 전역 설정을 완료해야 한다.

전역 설정

도커 플러그인(혹은 아마존 EC2와 같은 클라우드 플러그인)을 설치하면, 시스템 설정 화면에 새로운 클라우드 영역이 나타난다. **Add a new cloud**(새 클라우드 추가) 버튼을 누르면 도커를 선택할 수 있는 옵션이 나온다. 여기에 새로운 설정 영역이 나타난다. 그림 14-1은 몇 가지 설정이 완료된 예시다.

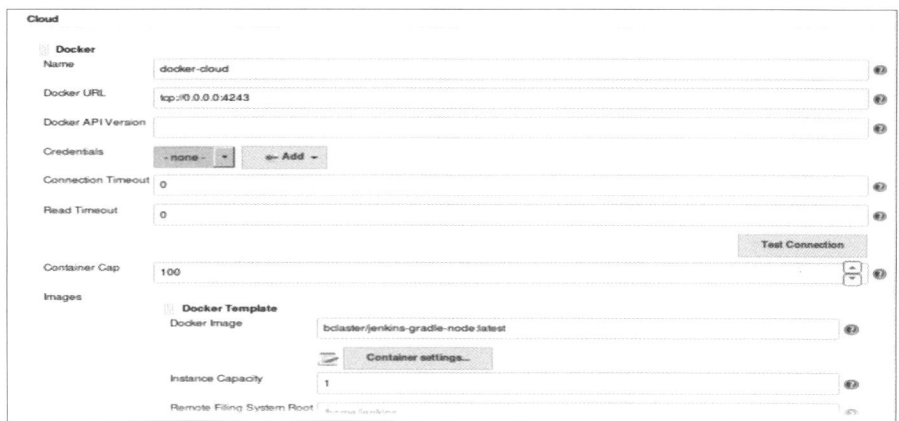

그림 14-1 도커 클라우드를 위한 초기 전역 설정

몇몇 필드를 자세히 살펴보자. Name 필드는 간단히 클라우드의 이름이다. Docker URL 필드는 도커 원격 API 접근을 위한 참조다. 기본적으로 활성화되어 있지 않고, 이를 활성화해 젠킨스가 접근 가능하게 해야 한다.

웹에 원격 API를 통해 젠킨스에서 도커를 사용할 수 있게 하는 많은 정보가 있지만, 대부분 이해하기 어렵다. 지금 살펴보는 간단한 예시의 경우 다음과 같은 설정만 진행하면 된다.

1. 도커를 위해 전달할 -H 인자("host list" 옵션)를 살펴보자. 대부분의 경우 tcp://<ip주소>:<도커 포트>와 unix:///var/run/docker.sock의 형태다.

2. 이 인자를 도커 스타트업 파일에 추가하자. 리눅스에서 도커를 실행하고 있다면, 먼저 드는 생각은 이를 /ect/init/docker.conf에 추가하는 방법일 것이다. 하지만 시작 옵션을 살펴보면, `# modify these in /etc/default/$UPSTART_JOB (/etc/default/docker)` 라인을 찾을 수 있다.

3. 마지막 문장이 참이라고 가정하고 /etc/default/docker에 다음과 같은 코드를 추가한다(여기서 간략함을 위해 도커를 같은 시스템에서 실행했기 때문에 IP 주소가 0.0.0.0이 됐다. 이 경우가 아니라면 도커가 존재하는 원격 호스트의 IP를 입력하자).

```
DOCKER_OPTS='-H tcp://0.0.0.0:4243 -H unix:///var/run/docker.sock'
```

4. 파일을 수정한 후 도커 서비스를 재시작해야 한다. 시스템에 따라 데몬을 다시 불러와야 할 수도 있다.

원격 API를 활성화했으면 젠킨스 전역 도커 클라우스 설정에서 연동을 할 차례다. 이를 위해 도커 URL을 위와 동일한 tcp... 값으로 채운다. tcp://#.#.#.#:4243이 한 예시다. 추가로 unix:///var/run/docker.sock 설정을 이용할 수도 있다.

URL 필드 아래 연관된 필드가 존재한다. 도커 API 버전은 기본값 외의 버전이 필요한 경우 지정할 수 있다. 필요시 인증 필드에 인증을 제공하고, 읽기 및 연동 타임아웃도 필요한 경우 지정한다.

컨테이너 캡 필드는 도커 시스템이 실행할 수 있는 컨테이너 숫자를 제한해야 할 경우를 위해 존재한다. 여기서 제약은 젠킨스에 의해 시작되지 않은 컨테이너도 포함된다. 기본값은 100이다.

API 연동을 설정한 후 Test Connection(연동 테스트) 버튼을 눌러 연동을 점검해보자. 모두 잘 동작한다면 도커 버전과 API 버전이 나타난 문장을 볼 수 있다(그림 14-2).

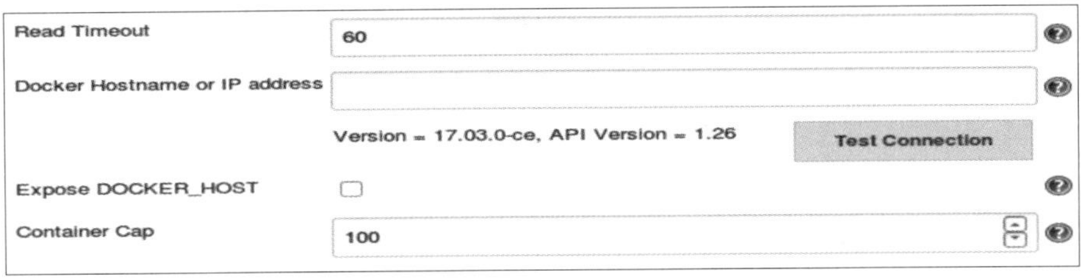

그림 14-2 올바른 도커 설정 확인

기본적인 도커 설정이 완료되면 클라우드가 에이전트로 실행할 수 있는 이미지를 지정할 수 있다. 이는 Add Docker Template(도커 템플릿 추가) 버튼을 누른 후 도커 템플릿을 선택하여 설정한다. 자세한 설정은 다음 절에서 다룬다.

도커 개요 영역

도커 플러그인을 통합하면 Manage Jenkins(젠킨스 관리) 아래 도커를 위한 새로운 항목이 생성된다(그림 14-3).

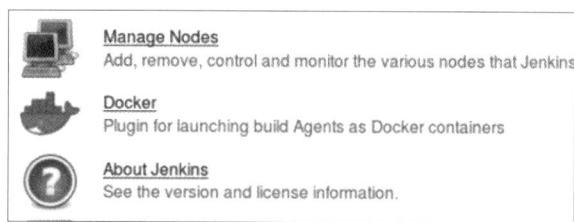

그림 14-3 도커 메뉴 항목

이를 클릭하면 해당 인스턴스를 위해 준비된 도커 '서버'의 목록이 나타난다(그림 14-4).

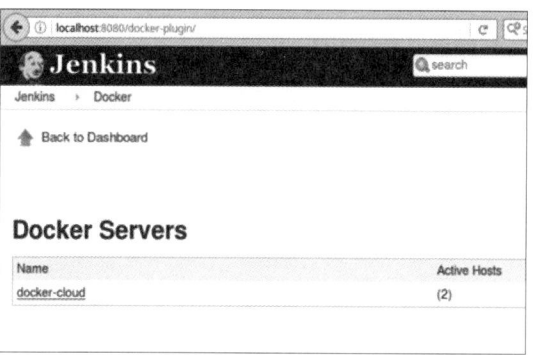

그림 14-4 도커 서버

개별 서버의 정보를 살펴보면 어떤 컨테이너가 현재 동작하고 있는지와 컨테이너가 생성된 이미지에 대한 정보 등을 알 수 있다(그림 14-5).

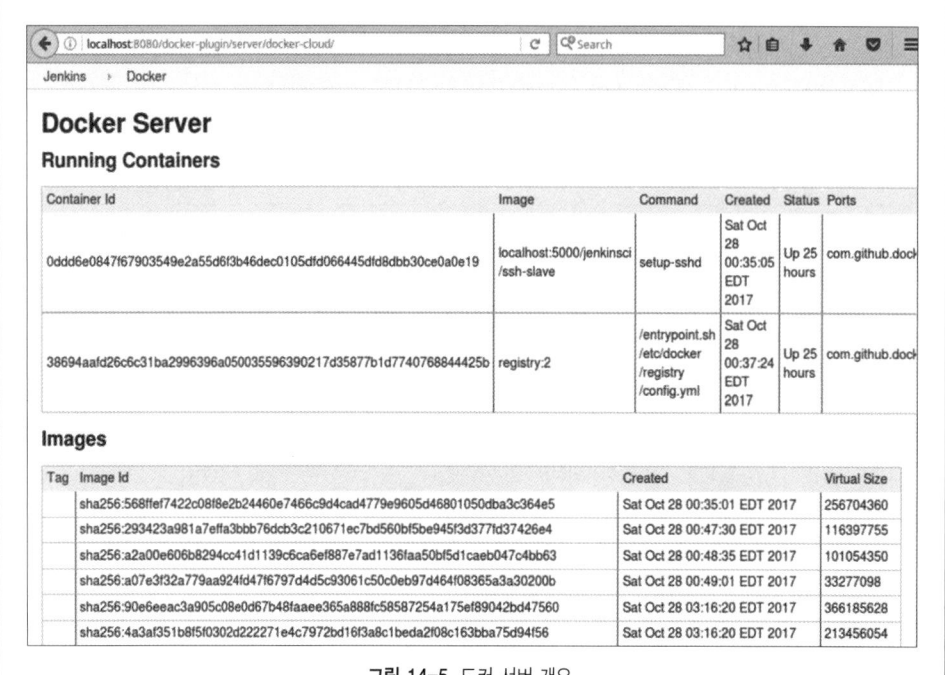

그림 14-5 도커 서버 개요

도커 이미지를 에이전트로 사용하기

도커 이미지를 에이전트로 사용하려면 이를 스탠드얼론 에이전트로 사용할 수 있어야 한다. 일반적으로 이는 자바나 SSH와 같은 기본 애플리케이션이 설치되어 있다는 것을 의미한다. 도커 플러그인 페이지에서 살펴봤듯이 에이전트가 실행되는 방식에 따라 적절한 이미지의 조건이 다르다.

젠킨스 위키는 실행 방식에 따라 도커 이미지(http://bit.ly/2qLYJA6)가 되기 위한 조건을 다음과 같이 제한하고 있다.

SSH을 통해 실행

    sshd 서버와 JDK가 설치돼 있어야 한다. jenkins/ssh-slave를 커스텀 이미지의 기초로 사용할 수 있다. 고유한 젠킨스 마스터 인스턴스의 고유 값에 기반한 SSH 키가 컨테이너를 시작할 때 주입되기에, 일반 `openssl sshd`를 사용하는 경우 특별히 인증이 필요하지는 않다.

하위 호환성 및 일반적이지 않은 `sshd` 패키지를 도커 이미지에서 사용하는 경우를 위해, 수동으로 설정된 SSH 인증을 제공할 수도 있다.

JNLP를 통해 실행

JDK가 반드시 설치돼야 한다. `jenkins/jnlp-slave`를 커스텀 이미지의 기초로 사용할 수 있다. 젠킨스 마스터의 URL이 컨테이너에서 접근 가능해야 한다. 컨테이너는 자동으로 에이전트의 이름과 인증을 설정하기에 특별한 설정이 따로 필요하지는 않다.

Attach 방식으로 실행

JDK가 반드시 설치돼야 한다. `jenkins/slave`를 커스텀 이미지의 기초로 사용할 수 있다(이 책을 집필하는 시점에서 이 모드는 아직 실험 단계이다).

위를 통해 알 수 있듯 사용자만을 위한 이미지를 만들기 위해 사용할 수 있는 다양한 이미지가 있다. 커스텀 이미지를 만들려면 Dockerfile을 도커 허브의 원하는 시작 이미지를 가리키는 FROM 문장을 통해 만드는 것부터 시작한다. 이후 RUN 혹은 COPY 명령어를 통해 다른 조각들을 추가할 수 있다. 예를 들어, 다음은 `ssh-slave` 이미지에 기반한 Dockerfile에 그레이들을 추가한 것이다.

```
FROM jenkinsci/ssh-slave
RUN apt-get -y update && apt-get -y install gradle
RUN echo 2 | update-alternatives --config java
```

이 파일은 대부분 직관적이다. 기본 이미지에서 시작해 패키지를 업데이트한 후 그레이들을 설치한다(여기서 그레이들은 기본 버전으로, 현재 버전보다 상당히 오래됐을 수 있다).

하지만 마지막 문장은 약간의 설명이 필요하다. 이러한 SSH를 통해 실행하는 노드에서는 도커 컨테이너로 연동하는 부분을 SSH Slave 플러그인에 의존한다. 이 플러그인이 하는 일 중 하나는 컨테이너에 접속해 자바 버전을 확인해 여기에 사용될 젠킨스 JAR 파일과 호환되는지 확인하는 것이다. 호환되는 버전이 없다면 새로운 버전을 설치한다.

기본 이미지에는 다양한 버전의 지바가 설치되어 있다. 불행히도, 이 중 기본 버전은 이 책을 집필하는 시점에서 대부분의 젠킨스에 비해서는 오래됐다. 따라서 젠킨스가 이를 점검할 때 오래된 버전을 발견하고 새로운 버전을 오라클을 통해 설치하려 시도하게 된다. 오라클을 설치하려면 사용자 이름과 암호가 필요하므로(이는 사용 가능하지 않다), 시작이 실패한다.

최신 버전의 JDK를 가진 기본 이미지는 호환된다. 이 파일의 마지막 라인은 해당 버전을 선택한다. 당연히 우아한 방식의 해결책은 아니다. 이를 해결하는 다른 방식들도 있지만, 우리의 예제 목적을 위해서는 위 방식도 적합하다.

이 방식은 클라우드의 이미지를 만들어 에이전트로 인스턴스화 하여 잡을 실행하는 것이다. 사용자만의 Dockerfile이 포함된 수정 이미지를 사용한다면, 이미지를 빌드한 후 사용자가 접근 가능한 도커 레지스트리에 푸시하는 것이 좋다. 여기서는 예제 목적을 위해 이미지가 공용 도커 레지스트리에 있다고 가정한다.

이 과정의 다음 스텝은 클라우드가 우리의 설정을 사용할 수 있게 하기 위한 '템플릿'을 정의하는 것이다.

진입 경로 없음

여기서 이전의 Dockerfile에 ENTRYPOINT가 없는 것을 볼 수 있다. 기본적으로 SSH를 통해 실행할 때 젠킨스는 /usr/sbin/sshd –D 명령어를 보낸다. 따라서 따로 진입점을 지정할 필요가 없다(이 명령어는 필요시 컨테이너 설정에서 재정의될 수 있다).

도커 클라우드 템플릿 설정: 기본 옵션

젠킨스와 도커가 도커의 REST API를 통해 서로 접근 가능하게 설정되고 클라우드의 이미지가 준비되면, 이제 다음 단계를 실행할 수 있다. 다음으로 클라우드의 전역 설정을 정의해 사용할 이미지, 제공할 옵션, 접근 방식을 정의해야 한다. 템플릿을 추가해서 설정할 수 있다.

시스템 설정의 클라우드 영역에서 **Add Docker Template**(도커 템플릿 추가) 버튼을 클릭한 후 **Docker Template** 팝업을 클릭하면 템플릿을 위해 채워야 하는 폼이 나타날 것이다. 여기서 SSH 샘플 이미지에 필요한 설정을 알아보자. 다른 종류에 대한 설정은 여기에서 유추할 수 있을 것이다.

설정해야 할 첫 필드는 도커 이미지다. 에이전트로 사용하고자 하는 이미지를 설정해야 한다. 커스텀 도커 이미지를 만들어 이를 도커 허브에 업로드했다면, 해당 이미지의 이름을 입력할 수 있다.

Container settings…는 잠시 후 다시 살펴볼 것이다.

파이프라인 사용을 위해 레이블 필드에 문자를 입력해야 한다. 이 문자는 파이프라인 에이전트 정의에 포함될 것이다. 따라서 파이프라인에서 이 템플릿 영역에서 정의된 이미지를 선택할 수 있다. 예를 들어, `docker-cloud-gradle`을 레이블 필드에 입력했다면, 이 레이블을 이용해 이미지에서 생성되는 도커 이미지를 선택할 수 있다(서술적 파이프라인을 사용한다 가정하자).

```
pipeline {
    agent {
        label 'docker-cloud-gradle'
    }
    stages {
```

다음으로, 실행 방식을 설정하고(이 책을 집필하는 시점에서는 SSH 옵션만 상용 환경에서 사용할 만큼 안정적이다), 적절한 인증이 설정됐는지 확인한다. 인증은 다음 노트에서 설명할 것처럼 `SSH Username with private key`여야만 한다. 퍼블릭 키의 위치는 조금 후에 다룬다.

SSH 도커 에이전트 이미지의 인증

SSH 도커 에이전트의 인증을 선택할 때 어떤 항목을 사용해야 하는지 헷갈릴 수 있다. 여기 몇 가지 가이드라인이 있다.

- SSH Username with private key를 인증으로 사용한다.
- 기본 이미지에 기반한 대부분의 SSH 이미지는 jenkins 사용자를 에이전트에 만들고 이를 통해 젠킨스와 연동하기를 기대한다. 따라서 jenkins를 이름으로 사용한다.
- 프라이빗 키에 대한 질문이 주어지면 해당하는 키 자체를 인증으로 제공한다.
- 선택한 프라이빗 키의 퍼블릭 키에 대한 읽기 권한이 있는지 확인한다.

여기서 볼 수 있는 다른 설정 사항은 특별히 바꿔야 하는 이유가 있지 않는 한 기본값으로 유지해도 된다. SSH 실행 방식에서는 퍼블릭 키를 Container settings...에서 환경 옵션으로 제공해야 한다. 이를 비롯해 유사한 설정을 알아보자.

노드 실행 방식의 고급 옵션

노드를 실행시키는 고급 옵션은 **Launch method**의 **Advanced** 버튼에서 접근 가능하다.

컨테이너 설정

템플릿 영역의 상단 근처에 Container settings... 버튼이 있다. 이를 클릭하면 컨테이너에 해당하는 추가 필드가 나타난다. 일반적인 옵션에 대한 설명은 다음과 같다.

Docker Command

젠킨스가 이미지를 실행하는 명령이다. 일반적으로는 이를 SSH 데몬을 실행시키는 기본값으로 두면 된다(/usr/sbin/sshd –D).

Volumes

/host/path:/container/path:mode와 같이 마운트된 볼륨의 목록이다. 여러 엔트리가 나타나면 새로운 라인으로 표시될 것이다. /host/path:/container/path:mode는 호스트의 이 경로에 컨테이너의 경로를 특정 모드로 마운트하는 것이다. 여기서 읽기 전용은 ro, 읽고 쓰기는 rw가 된다. 모드는 선택 사항이며, 기본값은 읽고 쓰기다.

Environment

컨테이너에 전달한 환경 변수 값이다. 예시는 다음 노트를 참조하자.

퍼블릭 SSH 키를 SSH 기반 노드 이미지에 전달

SSH에 기반한 노드에서 사용자가 선택한 인증은 프라이빗 키를 사용한다고 명시하고 있다. SSH 프로토콜을 사용하려면 이에 해당하는 퍼블릭 키를 컨테이너에서 얻어야 한다. jenkins/ssh-slave와 jenkinsci/ssh-slave 기본 이미지는 환경 변수 JENKINS_SLAVE_SSH_PUBKEY에 퍼블릭 키를 담아 도커 설정에 전달한다. 등호 기호 뒤에 있는 값은 따옴표가 없는 전체 퍼블릭 키의 값이다.

JENKINS_SLAVE_SSH_PUBKEY=ssh-rsa AAAAB3NzaC1yc2EA...

Port Bindings

포트를 연결하기 위한 스펙은 <호스트-포트>:<컨테이너-포트> 형태이다. 이는 도커 커맨드라인 명령어의 -p 옵션과 동일하다.

Instance Capacity

해당 이미지를 실행하는 최대 인스턴스 개수이다. 값을 설정하지 않으면 기본값은 무제한이다. 특별한 이유가 없다면 낮은 값으로 설정해서 무엇인가 잘못됐을 때 많은 수의 인스턴스가 실행되지 않게 하는 것이 중요하다.

클라우드의 설정과 템플릿의 정의가 완료됐으니 이제 파이프라인에서 이미지를 사용하는 방법에 대해 알아보자.

파이프라인에서 클라우드 이미지 사용

다음 코드는 이제까지 정의한 클라우드를 사용하는 서술적 파이프라인 스크립트의 예시다.

```
pipeline {
    agent { label 'docker-cloud-gradle'
    }
    stages {
        stage('Source') {
            steps {
                git url: 'http://github.com/brentlaster/greetings',
                    branch: 'demo'
            }
        }
        stage('Build') {
            steps {
                sh 'gradle build'
            }
        }
    }
}
```

여기서 템플릿 영역에 레이블을 사용해 이미지를 선택하고 해당 템플릿의 옵션을 선택한 것에 주목하자. 이 경우에는 두 개의 스테이지를 도커 노드에서 실행하지만, 원하는 경우 개별 스테이지에서 agent 디렉티브를 사용할 수도 있다.

파이프라인의 빌드를 시작시킨 후 잡의 콘솔 결과를 보면 노드가 오프라인이라는 메시지나 해당 레이블에 대응되는 모든 노드가 오프라인이라는 메시지를 볼 수 있을 것이다.

```
Started by user anonymous
[Pipeline] node
Still waiting to schedule task
All nodes of label 'docker-cloud' are offline
```

```
Running on docker-cloud-579057d81f2d in
/home/jenkins/workspace/docker-node-demo3
[Pipeline] {
[Pipeline] stage
...
```

이는 젠킨스가 이미지를 가져와 컨테이너를 구성하고, 컨테이너 에이전트와 연동 가능한지 검증하는 과정을 거치기 때문에 예상되는 결과다. 하지만 약간의 지연 이후 Running on... 메시지를 보게 될 것이다.

빌드 실행 상태 영역에서 노드로 표시된 임시 에이전트를 볼 수 있을 것이다(그림 14-6).

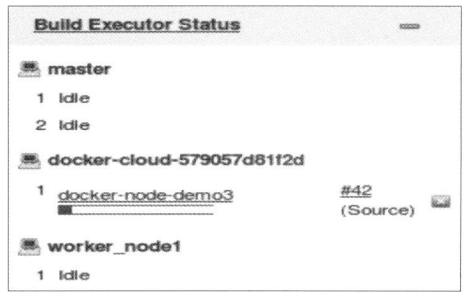

그림 14-6 해당 잡을 실행하는 임시 도커 노드

도커 컨테이너가 파이프라인 스테이지에서 필요한 환경과 도구를 가지고 있다면, 파이프라인은 완료될 때까지 수행될 것이다. 여기서 젠킨스는 에이전트/노드와 이에 해당하는 도커 컨테이너를 삭제하게 된다.

문제 해결

Running on... 메시지를 콘솔 결과에서 보지 못하거나 빌드 상태 영역에서 노드가 계속 오프라인 상태라면, 젠킨스가 도커 에이전트를 시작시키거나 이와 연동하는 데 문제가 있다는 의미다. 이 경우라면 노드를 클릭해 해당하는 노드 상세 페이지로 이동해 정보를 찾아볼 수 있다(그림 14-7)(젠킨스 관리의 노드 관리 메뉴에서도 이에 접근할 수 있다).

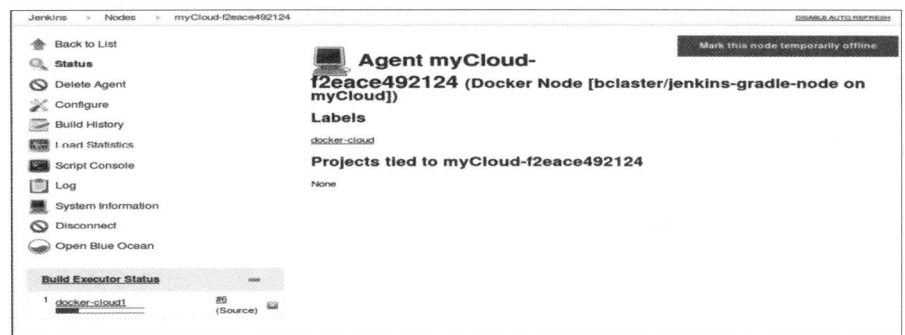

그림 14-7 임시 노드 상세 페이지

여기서 왼쪽 메뉴의 로그 항목을 클릭해 더 자세한 정보를 볼 수 있다. 그림 14-8는 이 예시다.

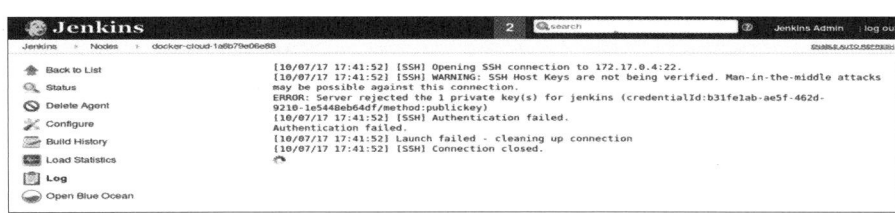

그림 14-8 실패한 도커 노드의 로그

이 경우 SSH 키의 불일치로 인해 실패가 발생했다. 처음 연결이 잘 이뤄지더라도 SSH Slave 플러그인이 자바 버전과 같은 내용을 확인하고 점검하는 과정에서 이슈가 발생할 수도 있다.

대부분의 경우, 이를 해결하는 좋은 방식은 이미지를 젠킨스 외부에서 내려받아 docker run 명령어를 통해 해당 이미지에 기반한 컨테이너를 시작시키고, exec를 통해 셸에 접근하는 것이다. 기본 문법은 다음과 같다.

```
docker exec -it <container id> bash
```

이 명령어는 사용자를 컨테이너 파일 시스템의 배시 셸에 연결시켜 내부의 상태를 확인할 수 있게 해준다. 여기서 아마도 사용자는 root로 로그인하게 되는 반면 젠킨스는 사용자 아이디 jenkins를 이용하는 것을 기억하자. 따라서 su jenkins나 비슷한 명령어를 통해 젠킨스와 일치하는 환경에서 이를 점검해야 한다. 일반적으로, 로그를 보거나 exec를 통해 컨테이너의 인스턴스에 들어가면 문제 해결을 위한 아이디어를 얻을 수 있다.

사라지는 에이전트

도커 클라우드를 사용할 때 타임아웃, 용량 설정 등의 문제가 발생할 수 있음을 기억하자. 따라서 성공 이후 혹은 몇 번의 실패가 발생한 후 해당 에이전트의 컨테이너가 지워질 수 있다. 이후에는 상세 내용이나 로그를 확인할 수 없다.

컨테이너가 에이전트로 실행될 수 없는 경우에는 젠킨스가 이를 중지시킨다. 하지만 잡이 계속 실행되고 있는 경우, 젠킨스는 완전히 새로운 컨테이너를 시작시켜 용량 설정을 맞추려 시도할 것이다(항상 X개의 컨테이너를 유지한다).

상대적으로 짧은 기간 동안 이는 시스템에 중지된 컨테이너들을 남길 수 있다. 컨테이너가 에이전트로 실행될 수 없음을 확인했을 때 해결하는 가장 좋은 방식은 이를 실행시키려 하는 빌드 잡을 중지시켜 중지된 컨테이너가 증식하는 것을 방지하는 것이다.

클라우드를 사용하지 않고 영속적인 도커 노드 정의하기

젠킨스를 위한 도커 노드를 수동으로 정의하는 것도 가능하다(편리하지는 않다). 대략적인 스텝은 다음과 같다.

1. 원하는 이미지를 내려받아 원하는 시스템에서 동작하는 컨테이너를 시작시킨다. 이미지를 시작시키는 문서에 주목하자. 예를 들어, 우리가 사용하는 이미지(jenkinsci/ssh-slave)의 경우, SSH 퍼블릭 키를 환경 변수를 통해 전달해야 한다. 예시는 다음과 같다.

    ```
    docker run -e "JENKINS_SLAVE_SSH_PUBKEY=ssh-rsa AAAAB3
    NzaC1yc2...BuBSO74siOcjhbNNVKnBw== jenkins@81cd367124a5"
     jenkinsci/ssh-slave
    ```

2. 컨테이너가 실행되면 컨테이너의 IP 주소가 필요하다. 이는 다음과 같은 docker inspect 명령어를 통해 이뤄진다.

   docker inspect <container id> | grep IPAddress

3. 이제 새로운 노드를 정의하고(젠킨스 관리 > 노드 관리), 호스트 필드에 컨테이너의 IP 주소를 전달한다(그림 14-9).

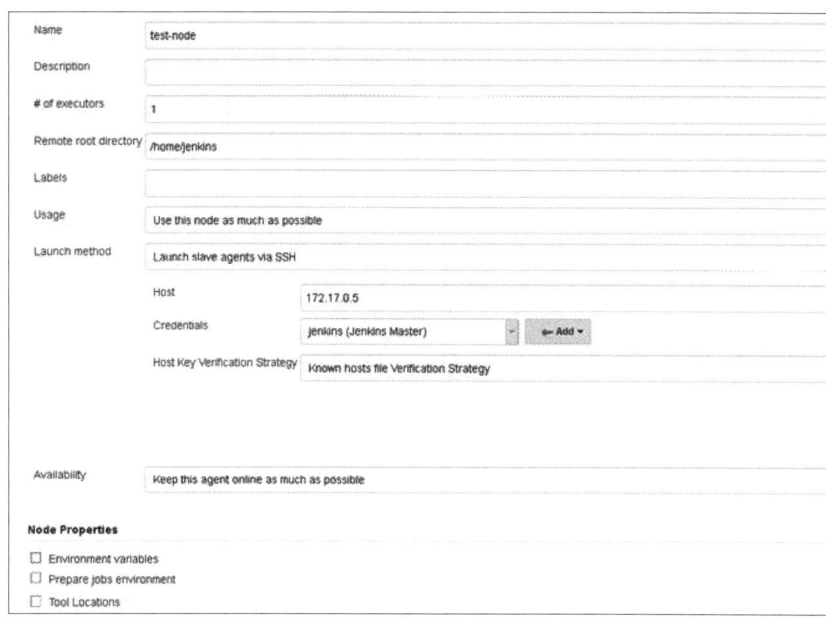

그림 14-9 개별 도커 노드 수동 설정

물론 이 작업을 자동화할 수 있지만, 도커 플러그인의 클라우드 기능이 이미 제공하고 있는 것을 파악하는 것이 중요하다.

서술적 파이프라인을 위해 실시간으로 생성되는 에이전트

서술적 파이프라인 문법에는 에이전트를 필요한 시점에 실시간으로 생성하는 기능이 있다. agent 디렉티브를 Dockerfile에 연결시키면 된다. 이를 통해 도커 이미지를 사용하는 컨테이너를 실행하고 에이전트로 동작하게 설정된다. 대부분의 작업은 에이전트를 정의하는 문법과 유사하다. 자세한 내용은 다음과 같다.

agent { docker '<image>' }

짧은 버전의 이 문법은 젠킨스가 전달된 이미지를 도커 허브에서 가져와 실시간으로 생성된 해당 이미지의 컨테이너에서 파이프라인 혹은 스테이지를 실행하게 한다.

agent docker { <elements> }

긴 버전의 이 문법은 도커 에이전트에 대해 좀 더 자세한 설정을 가능케 한다. 추가 요소는 선언 클로저({ } 블록)에 정의된다.

image '<image>'

젠킨스가 해당 이미지를 사용해 파이프라인 코드를 실행하게 한다.

label '<label>'

젠킨스가 컨테이너를 실행시킨 후 이를 <label>에 해당하는 노드로 호스트한다(선택 사항이다).

args '<string>'

젠킨스가 해당 인자를 도커 컨테이너에 전달하게 한다. 일반적인 도커 문법과 같은 문법을 사용한다(선택 사항이다).

다음은 예시다.

```
agent {
    docker {
        image "image-name"
```

```
            label "worker-node"
            args "-v /dir:dir"
        }
    }
```

agent { dockerfile true }

간략한 버전의 이 문법은 사용자가 내려받을 소스 코드 저장소가 최상위 폴더에 Dockerfile을 갖고 있는 경우를 위해 설계됐다(여기서 dockerfile은 문자열이다). 이는 젠킨스가 Dockerfile을 사용해 도커 이미지를 빌드하고 컨테이너를 인스턴스화한 후 파이프라인 혹은 스테이지 코드를 해당 컨테이너에서 실행하게 한다.

agent dockerfile { <elements> }

긴 버전의 문법은 Dockerfile에서 생성하고자 하는 도커 에이전트의 자세한 사항을 정의할 수 있게 해준다. 추가 요소는 선언 클로저({} 블록)에 정의할 수 있다.

filename '<path to dockerfile>'

Dockerfile의 다른 경로와 이름을 명시할 수 있게 해준다. 젠킨스 sms Dockerfile을 사용해 도커 이미지를 빌드하고 컨테이너를 인스턴스화한 후 파이프라인을 해당 컨테이너에서 실행한다.

label '<label>'

젠킨스가 컨테이너를 실행시킨 후 이를 <label>에 해당하는 노드로 호스트한다(선택 사항이다).

args '<string>'

젠킨스가 해당 인자를 도커 컨테이너에 전달하게 한다. 일반적인 도커 문법과 같은 문법을 사용한다(선택 사항이다).

다음은 예시다.

```
agent {
    docker {
        filename "<subdir/dockerfile-name>"
        label "<agent label>"
        args "-v /dir:dir"
    }
}
```

reuseNode

젠킨스가 도커 컨테이너를 호스트하기 위해 최초로 생성한 파이프라인 에이전트에 해당하는 노드와 워크스페이스를 재사용하게 한다.

마지막 항목은 부연 설명이 필요하다. 우리가 예시에서 에이전트를 위해 도커 컨테이너를 사용하지만, 여전히 도커가 호스트되고 실행되는 환경이 필요하다. 이것이 이 호출에서 사용된 label 인자가 지정하는 것이다. 여기서 시스템은 도커를 호스팅하는 시스템을 의미한다.

특정 노드에서 파이프라인을 시작시킨다면, 코드나 입력값을 해당 노드에 남기는 작업을 진행할 수도 있다(예: 소스 코드를 코드 저장소에서 내려받는 작업). 이후 파이프라인에서 소스를 빌드하는 등 다른 작업을 수행하는 데 도커 컨테이너를 사용하고 싶다면, 동일한 노드에서 도커 컨테이너를 실행시킬 수 있다면 작업이 더 간단해질 것이다. 코드가 이미 존재하고 도커 명령어를 통해 내부에 워크스페이스를 마운트할 수 있기 때문에 작업이 단순해진다. reuseNode 옵션을 활용해 도커 컨테이너를 같은 노드에서 시작시킬 수 있다.

다음은 예시다.

```
pipeline {
    agent label 'linux'
    ...
    stage('abc') {
        agent {
            docker {
```

```
image 'ubuntu:16.6'
reuseNode true
...
```

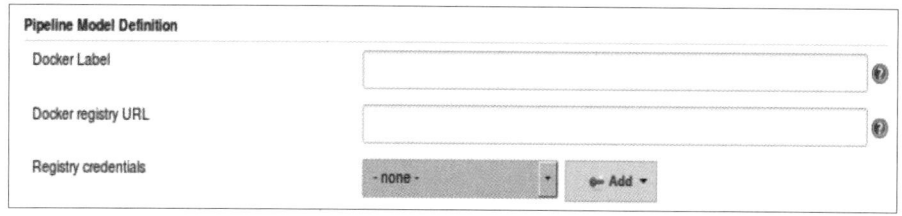

파이프라인 모델 정의

여기에서 어떤 노드가 도커 인스턴스를 호스트할 수 있는지를 다루고 있기 때문에, 도커에 대해 젠킨스에서 설정할 수 있는 항목 하나를 추가로 알아보고 넘어가자. 이는 파이프라인 모델 정의 영역이다(그림 14-10).

그림 14-10 파이프라인 모델 정의 설정

기본적으로 젠킨스 파이프라인은 모든 에이전트가 도커 파이프라인을 실행할 수 있다고 가정한다. 하지만 몇몇 경우 직접 도커 데몬을 실행할 수 없기 때문에 이 가정은 옳지 않다. 이러한 경우 도커를 실행할 수 있는 에이전트를 파이프라인에서 명시하지 않고, 도커를 실행할 수 없는 에이전트가 걸리면 파이프라인은 동작하지 않을 것이다.

도커를 실행시킬 수 있는 에이전트를 식별할 수 있는 레이블이 있다고 가정하면, 이를 활용할 수 있다. 이를 통해 젠킨스가 이 에이전트 중 하나를 이용해 직접 에이전트를 명시하지 않고 도커를 수행할 수 것을 고르게 할 수 있다.

같은 방식으로, 여기서 도커 레지스트리를 이용해 해당 폴더에 있는 아이템만 사용하게 할 수 있다.

도커 파이프라인 전역 변수

파이프라인에서 도커를 이용하는 세 번째 방식은 젠킨스의 **docker** 전역 변수와 연관된 함수를 사용하는 것이다. 이를 활용하려면 도커 파이프라인 플러그인(https://plugins.jenkins.io/docker-workflow)부터 설치해야 한다. 전역 변수는 이미 앞에서 다뤘지만 좀 더 자세히 살펴보자.

전역 변수

'전역 변수'가 익숙하게 느껴진다면 공유 파이프라인 라이브러리에서 다룬 것이 기억났을 것이다(6장에서 다뤘다). 여기서 클래스와 함수 등을 정의해 전역 변수를 구현할 수 있는 vars 영역을 포함하는 특정한 폴더 구조를 다뤘다. 기능을 수행하는 파이프라인 스텝이 아니라 이에 관련된 지원 기능을 제공하는 객체에 가깝다. 많은 경우, 이것은 파이프라인 스텝보다 더 유연하지만 스텝과 달리 젠킨스에서 완벽하게 지원되지 않는다. 예를 들어, 이는 스니펫 생성기에서 정의되거나 접근 가능하지 않다.

실제로 이런 차이는 스니펫 생성기 화면에서 명확하게 보여진다(다시 한번 이야기하면 파이프라인 잡 화면의 왼쪽 메뉴의 파이프라인 문법 링크를 클릭해 스니펫 생성기를 띄울 수 있다). 스니펫 생성기 페이지의 하단으로 내려가면 그림 14-11과 같은 문단을 볼 수 있다.

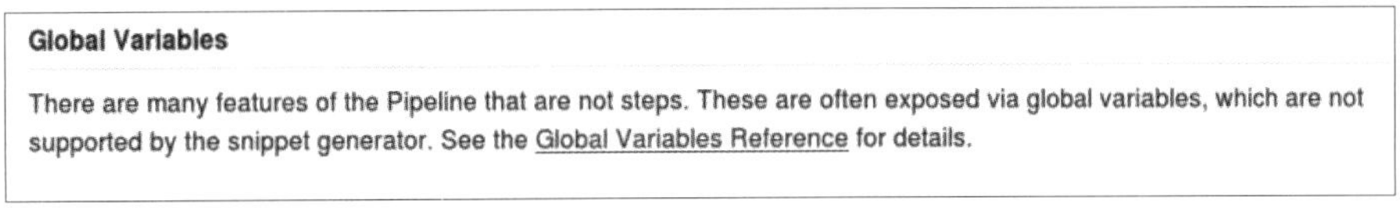

> **Global Variables**
>
> There are many features of the Pipeline that are not steps. These are often exposed via global variables, which are not supported by the snippet generator. See the Global Variables Reference for details.

그림 14-11 전역 변수에 대한 노트

Global Variables Reference(전역 변수 참조) 링크를 클릭하면 사용 가능한 전역 변수의 참조 페이지가 나타난다(6장에서 논의한 것처럼 사용자가 정의하고 설명을 제공한 것도 포함된다). 그림 14-12는 이 페이지의 캡처다.

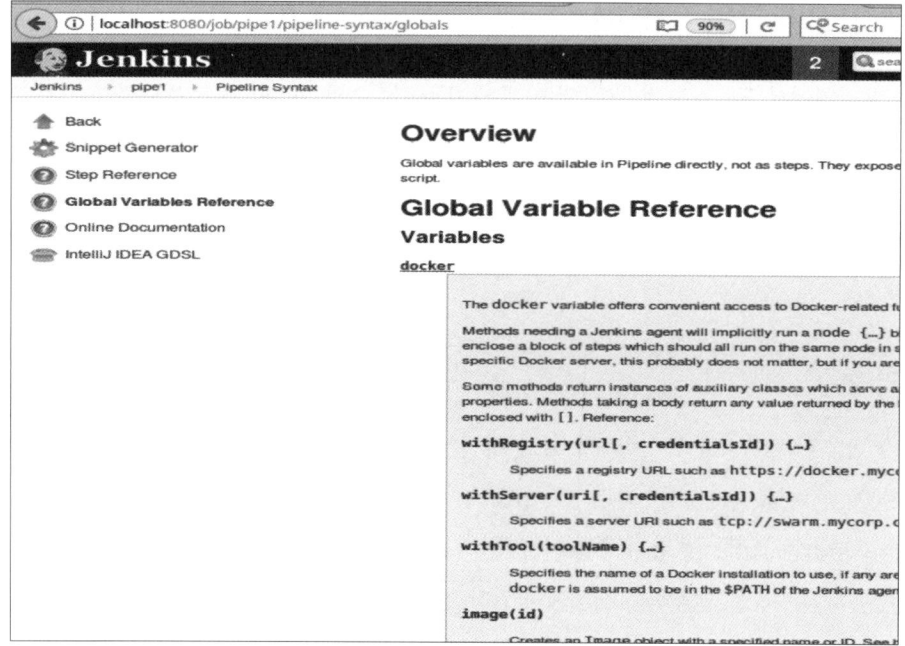

그림 14-12 전역 변수 참조 화면

페이지의 최상단은 docker 전역 변수와 연관된 함수 목록이다. 이 함수는 도커 애플리케이션, 이미지, 컨테이너 세 가지 객체 종류로 나뉘어 있다. 각 객체 종류에 대해 알아보자.

도커 애플리케이션 전역 변수 함수

이 종류의 함수는 도커를 위한 환경 변수를 제공한다. 플러그인에서 제공된 문서가 기본 기능을 알려준다.

withRegistry(url[, credentialsId]) {...}
    https://docker.mycorp.com/과 같은 registry URL을 지정하고 여기에 연결하는 인증 ID를 제공한다(인증 ID는 선택 사항이다).

```
withServer(uri[, credentialsId]) {...}
```
　　tcp://swarm.mycorp.com:2376과 같은 서버 URI를 지정하고 여기에 연결하는 인증 ID를 제공한다(인증 ID는 선택 사항이다).

```
withTool(toolName) {...}
```
　　젠킨스 전역 설정에 도커 명칭이 정의됐을 경우 사용할 도커의 이름을 지정한다. 지정되지 않으면 도커는 젠킨스 에이전트의 $PATH에 존재한다고 가정한다.

위의 함수는 모두 '블록 함수'로, 스텝과 동일 노드에 의해 정의된 환경에서 코드 블록을 묶는 역할을 하게 된다. 다음 절에서 각각의 블록 함수를 자세히 살펴볼 것이다.

withServer

withServer 함수는 사용자가 도커 호스트 데몬이 실행되고 있는 시스템을 지정할 수 있게 한다. 이는 파이프라인에서 도커와 연관된 함수에 도커 접근 권한을 제공함으로 이뤄진다. 예를 들어, 도커 허브에서 이미지를 내려받고 싶지만 시스템에 도커 데몬이 설치되어 있지 않다면 다음과 같이 실행할 수 있다.

```
node ('<node-name>') {
    docker.withServer('tcp://<host ip>:2375') {
        image = docker.image('bclaster/jenkins-node:1.0').pull()
    }
}
```

여기서 데몬은 포트 2375로 동작하고 인증은 필요하지 않다고 가정했다. 인증을 제공하면 이는 다음과 같다.

```
docker.withServer('tcp://<host ip>:2375','<jenkins-cred-id>')
```

TCP의 대안

withServer 함수를 실행하는 시스템에서 도커 설치 경로의 파일 시스템 접근 권한이 있다면, docker.sock 경로를 TCP 주소와 포트 대신 사용할 수 있다. 이 예시는 다음과 같다.

```
docker.withServer("unix:///var/run/docker.sock"){
    myImage = docker.image
        ("bclaster/jenkins-node:1.0")
    myImage.pull()
}
```

예시에서 전달해야 할 인자가 여러 개 있지만 이름이 지정된 매개 변수를 사용하지 않은 것을 볼 수 있다. 이것은 호출이 파이프라인 스텝이 아닌 전역 변수의 함수 호출이기 때문이다. 따라서 호출하는 인자의 위치가 중요하다.

하지만 여기에 연관된 (더 이상 권장되지 않는) 파이프라인 스텝이 존재한다. 혼란을 방지하기 위해 이는 다음 노트에서 다룬다.

withDockerServer 파이프라인 스텝

파이프라인에서 전역 변수 함수를 사용하는 것이 권장되지만, 여기에 해당하는 (더 이상 권장되지 않는) 파이프라인 스텝이 존재한다. withDockerServer 스텝은 도커 호스트 URI를 전달받고, 선택 사항으로 인증도 전달받는다. 이 스텝의 예시는 다음과 같다.

```
node ('<node-name>') {
    withDockerServer([credentialsId: '<jenkins-cred-id>',
        uri: 'tcp://<host ip>:2375'])
    {
        image = docker.image("bclaster/jenkins-node:1.0").pull()
    }
}
```

이는 파이프라인 스텝이기 때문에, 여러 개의 매개 변수를 지정할 때 이름이 지정된 매개 변수 문법을 사용했다.

withRegistry

이 함수는 사용자가 대체 레지스트리(hub.docker.com의 대안)를 제공해 이미지를 내려받고 올릴 장소를 지정하게 한다. 회사에서 자체 도커 레지스트리를 사용한다면 해당 URL과 접근 권한을 가진 정의된 젠킨스 인증 ID를 여기에 추가하면 된다.

이전 예시의 withServer에 이를 추가해보면 withRegistry 함수를 로컬 레지스트리에서 이미지를 가져와 로컬 시스템에 포트 5000으로 호스트하게 작성할 수 있다.

```
node ('<node-name>') {
    docker.withServer("tcp://<host ip>:2375") {
        docker.withRegistry("http://<local uri>:5000") {
            image = docker.image("my-image:latest").pull()
        }
    }
}
```

withServer 함수와 마찬가지로 withRegistry 함수에 해당하는 (더 이상 권장되지 않는) 파이프라인 스텝이 존재한다. 예시는 다음과 같다.

```
node ('master') {
    withDockerServer([credentialsId: '<jenkins-cred-id>',
        uri: 'tcp://<host ip>:2375']) {
        withDockerRegistry([credentialsId: '<jenkins-registry-creds>',
            url: 'http://<local uri>']) {
            image = docker.image("my-image:latest").pull()
        }
    }
}
```

withTool

도커 데몬에 접근 권한이 있더라도 도커가 일반적인 경로가 아닌 곳에 설치돼 있다면 도커 명령어를 실행할 수 없다. withTool 함수는 노드에게 도커를 가져올 경로를 제공해 이 문제를 해결한다. 여기서는 전역 도구 설정에서 설정된 도커 도구의 이름을 제공해 이를 수행한다.

좀 더 자세히 설명하기 위해 이전 예시 중 하나를 살펴보자. 명확하게 하기 위해 도커에게 사용 가능한 이미지를 나열하는 명령어를 추가했다(다른 명령어도 도커 실행 파일을 호출한다). 코드는 다음과 같다.

```
node('worker_node1') {
    stage ('build-image') {
        docker.withServer(<docker daemon connection>){
            sh 'docker images'
            myImage = docker.image("bclaster/jenkins-node:1.0")
            myImage.pull()
        }
    }
}
```

도커가 직접 접근 가능하지 않거나 설치되어 있지 않다면 다음과 같은 에러를 만날 것이다.

```
Running on worker_node1 in /home/jenkins2/worker_node1...
[Pipeline] {
[Pipeline] stage
[Pipeline] { (build-image)
[Pipeline] withDockerServer
[Pipeline] {
[Pipeline] sh
[docker-withTool] Running shell script
+ docker images
/home/jenkins2/worker_node1/workspace/docker-withTool@tmp/
```

```
durable-45ae13e0/script.sh: 2: /home/jenkins2/worker_node1/
workspace/docker-withTool@tmp/durable-45ae13e0/script.sh:
 docker: not found
```

이를 우회하기 위해서는 시스템을 설치 버전을 가리키게 하거나(파일 시스템 접근 권한이 있는 경우), 직접 도커를 설치해야 한다. withTool 함수는 두 경우 모두 도움을 준다.

여기서 일반적이지 않은 경로 /usr/docker에 도커가 설치됐다고 가정해보자. 전역 도구 설정의 도커 설치 영역에서 설치된 이름 local을 해당 경로를 가리키게 할 수 있다(그림 14-13).

그림 14-13 일반적이지 않은 도커 설치 경로 설정

이후 withTool 함수를 스크립트에서 사용해 해당 경로를 가리키게 한다.

```
node('worker_node1') {
    stage ('build-image') {
        docker.withTool('local') {
            docker.withServer(<docker daemon connection>){
                sh 'docker images'
                myImage = docker.image("bclaster/jenkins-node:1.0")
                myImage.pull()
            }
        }
    }
}
```

이후 젠킨스는 도커를 찾아 기대한 대로 실행하게 된다.

```
Running on worker_node1 in /home/jenkins2/worker_node1/workspace...
[Pipeline] {
[Pipeline] stage
[Pipeline] { (build-image)
[Pipeline] tool
[Pipeline] withEnv
[Pipeline] {
[Pipeline] withDockerServer
[Pipeline] {
[Pipeline] sh
[docker-withTool] Running shell script
+ docker images
REPOSITORY                      TAG
bclaster/jenkins-maven-node     latest
bclaster/jenkins-gradle-node    latest
bclaster/jenkins-node           1.0
jenkinsci/ssh-slave             latest
[Pipeline] sh
[docker-withTool] Running shell script
+ docker pull bclaster/jenkins-node:1.0
1.0: Pulling from bclaster/jenkins-node
```

도커 설치 경로에 대한 접근 권한이 없다면 어떻게 될까? 이 경우 젠킨스 전역 도구 설정의 자동 설치 옵션을 활용할 수 있다. 예를 들어, 그림 14-14와 같이 전역에서 자동으로 설치하는 설정을 갖고 있다고 가정해보자.

이제 다음과 같이 스크립트를 변경해 설치한 도구를 가리키게 한다.

```
node('worker_node1') {
    stage ('build-image') {
        docker.withTool('latest') {
            ...
```

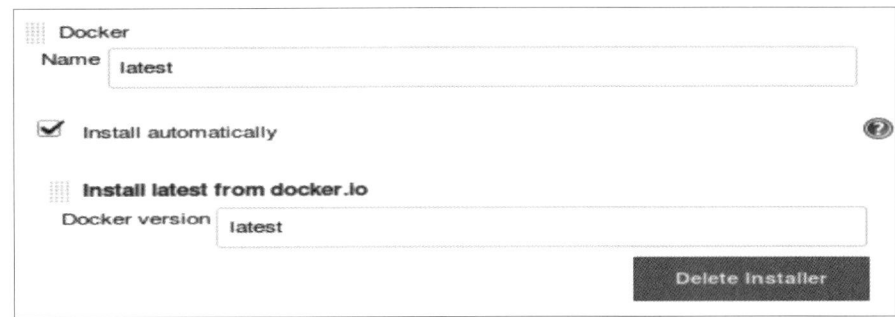

그림 14-14 최신 도커 버전을 자동으로 설치하는 설정

이를 수행하면 최신 도커 버전이 노드의 워크스페이스에 자동으로 설치될 것이다.

```
Running on worker_node1 in /home/jenkins2/worker_node1/workspace...
[Pipeline] {
[Pipeline] stage
[Pipeline] { (build-image)
[Pipeline] tool
Downloading Docker client latest
...
Unpacking https://get.docker.com/builds/Linux/x86_64/
docker-latest.tgz to /home/jenkins2/worker_node2/tools/
org.jenkinsci.plugins.docker.commons.tools.DockerTool/latest
on worker_node1
[Pipeline] withEnv
[Pipeline] {
[Pipeline] withDockerServer
[Pipeline] {
[Pipeline] sh
[docker-withTool] Running shell script
+ docker images
REPOSITORY                      TAG         IMAGE ID
bclaster/jenkins-maven-node     latest      07b718ad2d29
bclaster/jenkins-gradle-node    latest      d293f3cef560
...
```

```
[Pipeline] sh
[docker-withTool] Running shell script
+ docker pull bclaster/jenkins-node:1.0
1.0: Pulling from bclaster/jenkins-node
...
```

도커 이미지 전역 변수 함수

함수가 도커 애플리케이션을 사용하게 한 이후에 해야 할 일은 도커 이미지를 사용해 원하는 작업을 진행하는 것이다. 대부분은 상당히 간단하고, 몇몇은 따로 설명이 필요 없다. 다음은 해당 함수의 정보 페이지 내용이다.

image(id)
: 지정된 이름이나 ID를 사용해 이미지 객체를 만든다.

build(image[, args])
: 도커의 빌드를 실행해 태그가 설정된 지정된 이미지를 현재 폴더의 Dockerfile로부터 생성한다. 추가로 '-f Dockerfile.other --pull --build-arg http_proxy=http://192.168.1.1:3128 .'와 같은 인자가 전달될 수 있다. 도커 빌드와 마찬가지로 인자는 빌드 컨텍스트로 종료돼야 한다. 이후 이미지 객체를 반환한다. 빌드에 FROM 핑거프린트를 기록한다.

Image.id
: 선택적인 태그(mycorp/myapp, mycorp/myapp:latest) 혹은 ID(hexadecimal hash)를 가진 이미지 이름이다.

Image.run([args, command])
: 도커의 run을 사용해 이미지를 실행하고, 이후 중지시킬 수 있는 컨테이너를 반환한다. 추가로 '-p 8080:8080 --memory-swap=-1'와 같은 인자가 전달될 수 있다. 추가 명령어

는 image가 실행된 후 지정된 도커 명령어와 동일하다. 빌드에 FROM 핑거프린트를 기록한다.

Image.withRun[(args[, command])] {...}

위의 run과 유사하지만 바디가 생성된 이후 바로 컨테이너를 중지시킨다. 따라서 try-finally 블록이 필요하지 않다.

Image.inside[(args)] {...}

withRun 명령어처럼 이 명령어는 바디의 유효 기간 동안 컨테이너를 실행하지만, 바디에 의해 실행된 모든 외부 명령어(sh)는 호스트가 아닌 컨테이너 내부에서 실행된다. 이러한 명령어는 같은 작업 폴더에서 동작되고(대개 젠킨스 에이전트의 워크스페이스다), 이는 도커 서버가 반드시 localhost여야 한다는 것을 의미한다.

Image.tag([tagname])

도커의 tag를 실행해 해당 이미지의 태그를 기록한다(기본값은 이미 갖고 있는 태그다). 기존 태그가 존재하면 이를 덮어쓴다.

Image.push([tagname])

태그 함수처럼 태그를 만든 후 이를 레지스트리에 업로드한다. 예를 들어, image.push 'latest'를 사용해 해당 저장소에 이 버전을 최신으로 올릴 수 있다.

Image.pull()

도커의 pull을 실행한다. run, withRun, 혹은 inside 함수 실행 이전에는 필요하지 않다.

Image.imageName()

docker.mycorp.com/mycorp/myapp와 같은 id가 레지스트리 정보를 위해 필요하다. 사용자가 본인의 도커 명령어를 sh을 사용해 실행할 때 사용할 수 있다.

위 설명에서 해당 동작의 일반적인 요소와 의도를 설명했지만, 실전에서 적용하려면 필요한 배경이 몇 가지 더 있다.

먼저, Image(대문자 I)는 인스턴스화된 이미지에 대한 참조를 암시한다. 이를 전달받지 않는 함수 두 개는 image(id)와 build이다. 두 함수가 도커 전역 변수에서 호출되어 이미지를 반환하기 때문이다. 이전 목록에서 아래와 같은 예시를 이미 보았다.

```
myImage = docker.image("bclaster/jenkins-node:1.0")
myImage.pull()
```

이 경우 변수를 인스턴스화해 반환된 이미지를 가리키게 했다. 이후 이 변수를 사용해 지정된 이미지에 pull() 명령어를 호출했다.

다른 방법으로, 변수를 건너뛰고 아래와 같이 인스턴스화할 수도 있다.

```
docker.image("bclaster/jenkins-node:1.0").pull()
```

build 함수에서는 최소 이미지의 이름을 제공해야 한다. 기본적으로 이는 현재 폴더의 Dockerfile을 이용한다. 추가 인자를 전달해야 한다면 args 영역을 통해 전달할 수 있다. 커맨드라인에서 도커의 build를 호출할 때 사용하는 동일한 문자열을 여기에서 사용할 수 있다. 실제 build 명령어의 인자와 유사하게 빌드 컨텍스트로 이를 종료해야 한다(포함할 파일의 특정 경로가 있지 않은 경우 "."을 사용하면 된다).

```
def myImage=docker.build("<registry/image:tag>","--build-arg
    ARG=value ./tmp-context-area")
```

다음은 docker.build 함수의 스크립트다.

```
node() {
    def myImg
    stage ("Build image") {
        // 빌드를 위한 dockerfile 다운로드
```

```
        git 'git@diyvb:repos/dockerResources.git'

        // 도커 이미지 빌드
        myImg = docker.build 'my-image:snapshot'
    }
    stage ("Get Source") {
```

그림 14-15는 도커 이미지를 Dockerfile로부터 만들어내는 콘솔 결과다.

```
[Pipeline] stage
[Pipeline] { (Build image)
[Pipeline] git
 > git rev-parse --is-inside-work-tree # timeout=10
Fetching changes from the remote Git repository
 > git config remote.origin.url git@diyvb:repos/dockerResour
Fetching upstream changes from git@diyvb:repos/dockerResourc
 > git --version # timeout=10
 > git fetch --tags --progress git@diyvb:repos/dockerResour
 > git rev-parse refs/remotes/origin/master^{commit} # timeo
 > git rev-parse refs/remotes/origin/origin/master^{commit}
Checking out Revision 742b984c53e96e7d1465d9442af6c6606757e8
 > git config core.sparsecheckout # timeout=10
 > git checkout -f 742b984c53e96e7d1465d9442af6c6606757e845
 > git branch -a -v --no-abbrev # timeout=10
 > git branch -D master # timeout=10
 > git checkout -b master 742b984c53e96e7d1465d9442af6c66067
 > git rev-list 742b984c53e96e7d1465d9442af6c6606757e845 # t
[Pipeline] sh
[workspace] Running shell script
+ docker build -t my-image:snapshot .
Sending build context to Docker daemon 289.8 kB

Step 1 : FROM java:8-jdk
 ---> 861e95c114d6
Step 2 : MAINTAINER B. Laster (bclaster@nclasters.org)
 ---> Using cache
 ---> 48b4694fbab0
Step 3 : ENV GRADLE_VERSION 2.14.1
 ---> Using cache
 ---> c84de3a28e12
Step 4 : RUN cd /opt && wget https://services.gradle.org/di
bin.zip"  && ln -s "/opt/gradle-${GRADLE_VERSION}/bin/gradle
 ---> Using cache
 ---> df50ff638f0d
Step 5 : ENV GRADLE_HOME /opt/gradle
```

그림 14-15 이전 스크립트의 결과

다른 이미지와 연관된 함수는 이미지의 인스턴스를 통해 호출된다. 대부분은 상당히 직관적인데, 이는 이 함수가 도커에 이미 존재하는 이미지 명령어를 사용했기 때문이다. 여기에는 `tag`, `push`, `pull`, `run`이 포함된다. 기존과 약간 다른 것은 `withRun`과 같이 바디가 존재한 후 컨테이너를 중지시키는 것이 있다(이는 명시적으로 빌드 후처리와 같은 것을 사용하지 않아도 되게 해준다).

하지만, 이 함수 중 하나는 더 많은 동작을 처리한다. 다음 절에서 자세히 살펴보자.

inside 함수

`inside` 함수에서 사용자는 사용하고자 하는 이미지를 선택하고, 도커 이미지의 빌드 스텝을 실행한다.

`inside` 함수가 실행되면 다음과 같은 동작을 한다.

1. 에이전트와 워크스페이스를 받아온다(도커 컨테이너가 노드 역할을 하기 때문에 노드가 필요하지 않다).
2. 이미지가 존재하지 않으면, 이를 내려받는다.
3. 해당 이미지를 이용해 컨테이너를 시작시킨다.
4. 젠킨스의 워크스페이스를 마운트한다. 여기에서 몇 가지 추가 설명이 필요하다.
   - 이는 컨테이너 내부의 볼륨으로 나타난다.
   - 이는 같은 파일 경로를 갖는다.
   - 이는 반드시 같은 파일 시스템이어야 한다.
5. 빌드 스텝을 실행한다.
   여기서 `sh`(파이프라인 셸) 명령어를 `docker exec`로 감싸 컨테이너 내부에서 실행되게 해야 함을 잊지 말자.

6. 원하는 작업이 완료되면 컨테이너를 중지하고 저장 공간을 제거한다.
7. 해당 이미지가 해당 빌드를 위해 사용됐다는 기록을 만든다. 이는 이미지의 추적과 업데이트를 쉽게 만든다.

추가로, 도커에 전달할 옵션을 지정할 수 있다. 예를 들어, invoke<이미지 명>.inside('-v ...') 형태로 사용 가능하다.

다음은 코드를 실행하기 위해 도커의 inside를 사용하는 파이프라인 스크립트의 예시다.

```
stage ("Get Source") {
    // 소스 코드를 내려받기 위한 명령어 실행
    myImg.inside('-v /home/git/repos:/home/git/repos') {
        sh "rm -rf gradle-greetings"
        sh "git clone --branch test /home/git/repos/gradle-greetings.git"
    }
}
stage ("Run Build") {
    myImg.inside() {
        sh "cd gradle-greetings && gradle -g /tmp clean build -x test"
    }
}
```

그림 14-16은 콘솔 출력에서 나타나는 도커 명령어의 결과다.

```
[Pipeline] stage
[Pipeline] { (Get Source)
[Pipeline] sh
[workspace] Running shell script
+ docker inspect -f . my-image:snapshot
.
[Pipeline] withDockerContainer
$ docker run -t -d -u 1002:1002 -v /home/git/repos:/home/git/repos -w /var/lib/jenkins/j
/jobs/docker-test2/workspace:rw -v /var/lib/jenkins/jobs/docker-test2/workspace@tmp:/var
******** -e ******** -e ******** -e ******** -e ******** -e ******** -e ****
--entrypoint cat my-image:snapshot
[Pipeline] {
[Pipeline] sh
[workspace] Running shell script
+ rm -rf gradle-greetings
[Pipeline] sh
[workspace] Running shell script
+ git clone --branch test /home/git/repos/gradle-greetings.git
Cloning into 'gradle-greetings'...
done.
[Pipeline] }
$ docker stop --time=1 21aefe948bc96b55543d58fb3d45ad711582ae75b34e9b511bc0a3b83eb87f34
$ docker rm -f 21aefe948bc96b55543d58fb3d45ad711582ae75b34e9b511bc0a3b83eb87f34
[Pipeline] // withDockerContainer
[Pipeline] }
[Pipeline] // stage
```

그림 14-16 이전 스크립트의 결과

도커 컨테이너 전역 변수 함수

마지막으로, 컨테이너에서 사용할 수 있는 전역 변수 함수가 있다. 다시 말하지만, 이는 상당히 직관적이기 때문에 자세히 살펴보지는 않을 것이다. 온라인 도움말에는 다음과 같이 나와 있다.

Container.id

실행되는 컨테이너의 16진수 ID

Container.stop

도커의 stop 명령어를 실행한 후 rm을 실행해 컨테이너를 중지시키고 저장 공간을 삭제

Container.port(port)

도커의 port를 컨테이너에 대해 실행해 호스트와 연결된 포트를 제공

셸을 통해 도커 실행

파이프라인 스크립트에서 도커를 실행하는 방법으로는 셸을 통해 도커 명령어를 호출하는 것도 있다. 이 방법은 특정 작업을 하기 위해 더 많은 추가 작업(inside 명령어는 이를 대신해 준다)이 필요하지만, 세세한 동작을 지정할 수 있어 적은 수의 도커 작업을 하거나 특정 도커 작업을 할 때 적합하다.

여기서 사용하는 메커니즘은 직관적이다. 적당한 도커 커맨드라인 명령어를 셸 스텝의 인자로 전달한다. 여기서 셸 스텝의 고급 기능인 결과나 반환 코드를 이용하는 것을 할 수 있다. 11장에서 셸 호출과 다양한 옵션에 대해 다뤘다.

물론 전역 변수 함수와 셸 호출을 스크립트에서 같이 사용하는 것도 가능하다. 예를 들어, 이미지를 빌드하기 위해 셸 호출을 사용한 후 docker.image를 사용해 빌드된 이미지의 인스턴스를 받아와 추가 작업을 진행할 수 있다.

젠킨스 환경 변수를 컨테이너에서 사용할 수 있게 값을 전달할 수 있다. 다음 예제 코드는 젠킨스의 WORKSPACE 변수를 사용하는 것을 보여주고, 그림 14-17은 이 콘솔 결과다.

```
try {
    stage ("Run Tests") {
        sh "docker run --privileged --rm -v '${env.WORKSPACE}:${env.WORKSPACE}'
            --name '${env.BUILD_TAG}' ${myImg.id} /bin/sh -c 'cd
            ${env.WORKSPACE}/gradle-greetings && gradle test'"
    }
} finally {
    sh "docker rmi -f ${myImg.id} ||:"
}
```

```
[Pipeline] stage
[Pipeline] { (Run Tests)
[Pipeline] sh
[workspace] Running shell script
+ docker run --privileged --rm -v /var/lib/jenkins/jobs/docker-tes
docker-test2-20 my-image:snapshot /bin/sh -c cd /var/lib/jenkins/j
:compileJava UP-TO-DATE
:processResources UP-TO-DATE
:classes UP-TO-DATE
:compileTestJava
Download https://repo1.maven.org/maven2/junit/junit/4.10/junit-4.1
Download https://repo1.maven.org/maven2/org/hamcrest/hamcrest-core
Download https://repo1.maven.org/maven2/org/hamcrest/hamcrest-pare
Download https://repo1.maven.org/maven2/junit/junit/4.10/junit-4.1
Download https://repo1.maven.org/maven2/org/hamcrest/hamcrest-core
:processTestResources UP-TO-DATE
:testClasses
:test

TestExample2 > example2 FAILED
    org.junit.ComparisonFailure at TestExample2.java:10

4 tests completed, 1 failed
:test FAILED
```

그림 14-17 위 스크립트의 콘솔 결과

요약

14장에서는 젠킨스에서 도커를 사용하는 방법을 통해 컨테이너 사용법을 알아봤다. 컨테이너 통합을 통해 이미 정의된 이미지를 에이전트로 사용하고 파이프라인의 일부를 컨테이너에 캡슐화할 수 있다.

도커 플러그인(아마존 EC2 플러그인도 마찬가지다)은 젠킨스에서 '클라우드' 기능을 사용할 수 있게 한다. 이는 노드/에이전트를 컨테이너로 실행하는 것이다. 이 기능을 위해 이미 만들어진 컨테이너 이미지나 최소한의 설정을 통해 사용자만의 이미지를 활용할 수 있다.

도커 파이프라인 플러그인은 도커 전역 변수를 제공한다. 여기서 전역 변수는 파이프라인 DSL 스텝과는 다르게 구현되고 지원됨을 기억하자(자세한 내용은 6장 참고).

도커 인스턴스는 전역 변수를 사용해 어떤 작업을 할 수 있는지 알려주는 좋은 예시다. 도커 애플리케이션, 이미지, 컨테이너를 사용하기 위한 다양한 함수가 존재한다. 여기서 inside

함수는 컨테이너의 시작과 분석을 처리하고, `inside` 블록 안에 있는 sh(셸) 명령어를 자동으로 컨테이너 내부에서 실행하게 한다. 또한 자동으로 워크스페이스를 컨테이너에 볼륨으로 마운트한다(파일 시스템 접근 권한은 있다고 가정한다).

마지막으로, 도커 명령어를 셸에서 직접 호출하는 방법도 간단히 알아봤다. 아마도 도커 커맨드라인 명령어를 스크립트로 이전하는 가장 간단한 방법일 것이다. 하지만 전역 변수 함수를 사용할 수 있는 경우 캡슐화와 쉬운 사용을 위해 이를 사용하는 것을 권장한다.

이제 젠킨스와 다양한 기술을 통합하는 방법을 알았으니, 15장에서는 젠킨스 애플리케이션 자체의 다양한 인터페이스에 대해 알아볼 것이다.

15장
기타 인터페이스

파이프라인 스크립트와 레거시 웹 인터페이스가 대부분의 사용자가 젠킨스에서 사용하는 인터페이스지만, 커맨드라인 인터페이스와 REST-ful API 인터페이스도 존재한다. 이를 통해 할 수 있는 범위에는 제한이 있지만, 잡의 정보를 얻거나 빌드를 시작시키는 등의 기본 동작을 수행할 수 있다. 이번 장에서는 CLI와 REST 인터페이스와 이를 사용하는 예제에 대해 알아볼 것이다.

또한 그루비 코드를 실행할 수 있게 해주는 젠킨스의 또 다른 인터페이스인 스크립팅 콘솔에 대해서도 살펴볼 것이다. 이는 간단한 스크립트를 배우거나 시스템의 정보를 얻어오고 설정하는 데 유용하다.

> **이클립스 젠킨스 인터페이스**
>
> 여기서 젠킨스 자체를 위한 인터페이스를 다루는 데 중점을 두지만, 이클립스 IDE를 위한 인터페이스가 있다는 것도 알아둘만하다(그림 15-1). 이 플러그인은 젠킨스 빌드 스크립트를 수정하기 위한 것이다.
>
> 웹사이트(https://marketplace.eclipse.org/content/jenkins-editor)에 따르면 이클립스 플러그인은 아래와 같은 기능을 제공한다.

- 문법 강조, 커스텀 색상, 미리 정의된 어두운 테마
- 그루비 문법 검증
- 컨텍스트 메뉴를 통해 편집기에서 직접 젠킨스 Linter를 통한 검증
- 대괄호 스위치(Ctrl-p)
- 개요 + 서술절 파이프라인을 위한 빠른 개요(Ctrl-o)
- 블록 주석(Ctrl-7)

이클립스에 익숙하고 IDE를 사용해 빌드 스크립트를 개발하는 것이 좋다면, 이를 살펴 볼 가치가 있을 것이다.

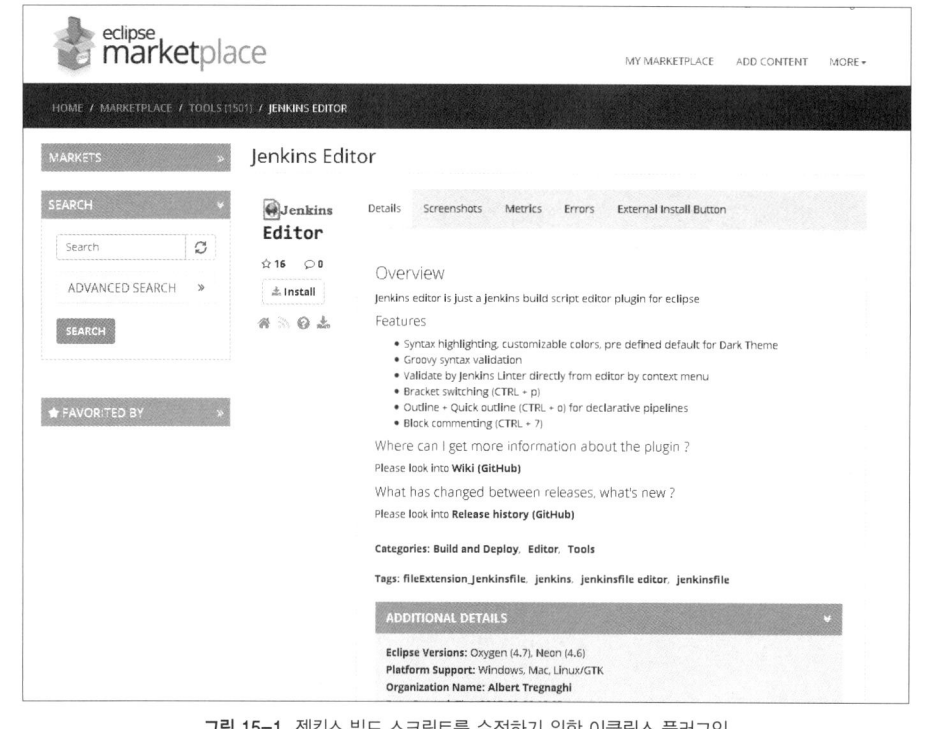

그림 15-1 젠킨스 빌드 스크립트를 수정하기 위한 이클립스 플러그인

커맨드라인 인터페이스 사용

젠킨스는 두 가지 주요 방식, SSH와 JAR로 접근할 수 있는 커맨드라인 인터페이스를 제공한다. 클라이언트 JAR는 다양한 프로토콜을 통한 접근을 지원한다. 여기에는 SSH, HTTP, 그리고 지금은 권장되지 않는 레거시 '원격' 프로토콜이 포함된다.

SSH 인터페이스 직접 사용

이 경우 젠킨스가 SSH 서버 역할을 한다. 기본적으로 젠킨스 SSH 서버는 새로 설치할 시 비활성화되어 있다. 서버를 활성화하기 위해서는 관리자가 Manage Jenkins(젠킨스 관리) ▶ Configure Global Security(전역 보안 설정)의 SSH Server 영역에서 이를 설정해야 한다.

그림 15-2는 설정할 영역을 보여준다. 여기서 비활성화 옵션이 선택되어 있는 것을 보자. 관리자는 고정된 특정 포트를 지정하거나 젠킨스가 임의의 포트를 사용하게 하여 이를 활성화할 수 있다.

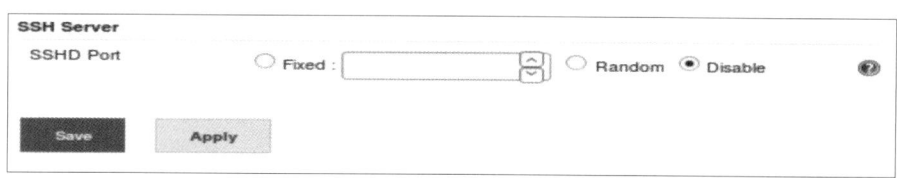

그림 15-2 SSH Server 설정

임의 옵션이 선택되면 임의로 배정된 포트 값을 찾을 방법이 필요하다. 이를 위한 한 가지 방법은 다음과 같이 간단한 curl을 통해 화면에 로그인해 SSH 포트를 알아내는 것이다.

```
curl -v http://localhost:8080/login 2>&1 | grep SSH-Endpoint |
cut -d':' -f3
```

젠킨스 시스템을 SSH 서버 역할을 하게 설정하면, 직접 CLI를 사용하기 위해 필요한 유일한 것은 인증된 사용자다. 사용자를 인증하려면 People 페이지로 가서 사용자를 선택하고, 해당 사용자의 설정 페이지로 이동한다(혹은 간단하게 http://⟨jenkins-url⟩/users/⟨username⟩/configure를 브라우저의 주소 창에 입력한다). 사용자를 위한 설정 화면에서 퍼블릭 SSH 키 영역에 퍼블릭 SSH 키를 붙여넣는다(그림 15-3).

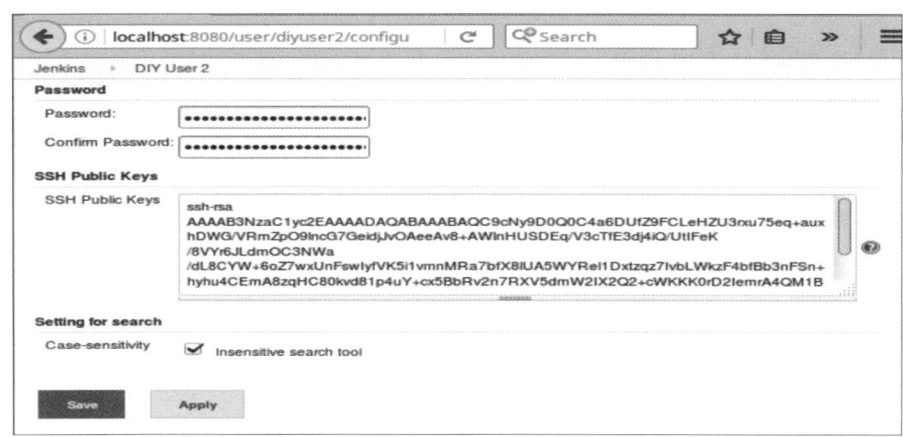

그림 15-3 사용자를 인증시키기 위해 퍼블릭 SSH 키 설정

여기서 임의의 포트가 32881이라고 가정하면 다음과 같이 SSH를 통해 젠킨스 CLI에 접근할 수 있다.

```
ssh -l <username if needed> -p 32881 localhost help
```

help 명령어는 SSH 커맨드라인 인터페이스를 통해 사용 가능한 명령어의 목록을 제공한다. 특정 명령어의 도움말을 원한다면 help 이후에 해당 명령어를 붙이면 된다. 다음은 build 명령어의 도움말이다.

```
ssh -l diyuser2 -p 32881 localhost help build
```

이 명령어는 다음 결과를 보여준다.

JOB	:	빌드할 잡의 이름
-c	:	빌드를 실행하기 전 SCM의 변경 사항이 있는지 확인해 변경사항이 없을 시 빌드를 진행하지 않고 종료
-f	:	빌드 프로세스를 지켜본다. -s 옵션과 같지만 인터럽트 명령어는 빌드에 전달되지 않는다.
-p	:	빌드 매개 변수를 키=값 형태로 지정
-s	:	명령어의 종료/중단까지 대기. 인터럽트 명령어는 빌드에 전달된다.
-v	:	빌드의 콘솔 결과를 출력한다. -s 옵션과 같이 사용한다.
-w	:	명령어의 시작까지 대기
--username VAL	:	사용자를 젠킨스에 인증하기 위한 사용자명
--password VAL	:	인증을 위한 암호지만 이를 인자로 전달하는 방식은 보안에 취약함을 유의하자.
--password-file VAL	:	암호를 포함하고 있는 파일

job-1에 문자열 매개 변수를 전달하고 콘솔 결과를 출력하는 빌드 실행 예시는 다음과 같다.

```
ssh -l diyuser2 -p 32881 localhost build job-1 -p id=myID -s -v
```

build처럼 유용한 명령어 중 하나는 console이다. console 명령어는 특정 잡의 콘솔 결과를 얻거나, 해당 잡의 특정 런의 결과를 얻고 싶을 때 사용할 수 있다. 옵션은 다음과 같다.

JOB : 잡의 이름

BUILD : 빌드에 대한 빌드 숫자 혹은 퍼마링크permalink. 기본값은 마지막 빌드이다.

-f : 빌드가 진행 중이라면 tail -f와 같이 콘솔 결과를 출력한다.

-n N : 마지막 N 행의 결과를 보여준다.

예를 들어, daily-job-1 아이템의 가장 최신 빌드의 결과를 보려면 다음을 실행하면 된다.

```
ssh -l diyuser2 -p 32881 localhost console daily-job-1
```

CLI와 권한

CLI 접근 권한은 젠킨스 웹 인터페이스와 동일한 권한 모델에서 관리된다. 하지만 특정 동작은 권한 이슈처럼 보이지 않을 수 있다.

예를 들어, 롤 기반의 권한을 사용하고 daily-*라고 이름지어진 잡의 권한이 없다면, 이를 빌드하려 할 때 다음과 같은 메시지를 보게 될 것이다.

```
ssh -l diyuser2 -p 32881 localhost build daily-job-1

ERROR: No such job 'daily-job-1'
```

CLI의 who-am-i 명령어를 통해 현재 사용자에 대한 일반적인 정보를 얻을 수 있다.

CLI 클라이언트 사용

SSH 대신 커맨드라인 인터페이스를 사용하는 또 다른 방법은 젠킨스에 포함된 CLI client JAR를 사용하는 것이다. 다음 URL을 통해 젠킨스 마스터에서 다운로드할 수 있다.

```
http://<jenkins-url>/jnlpJars/jenkins-cli.jar
```

이를 위한 문법은 내장 SSH 방식보다 조금 복잡하다. 특별히 자바를 통해 이를 호출해야 하고, 인증 방식도 다르다. 전역 옵션도 전달할 수 있다. 이 호출의 문법은 다음과 같다.

```
java -jar jenkins-cli.jar [-s JENKINS_URL] [<global options>]
    <command> [<command options>] [<arguments>]
```

명령어 없이 실행하면 도움말을 출력한다.

특별히 명령어, 명령어 옵션, 인자를 전달할 때에는 SSH를 직접 호출하는 것과 문법이 같아진다.

JENKINS_URL

-s 옵션에서 지정되어 있지 않다면, 젠킨스는 기본적으로 JENKINS_URL 환경 변수에 정의된 값을 이용한다.

클라이언트를 사용하는 방식에서 존재하는 큰 차이점은 다양한 연결 방식이 존재하고 인증 방식이 각각에 따라 다르다는 점이다. 이 방식에 대해 살펴보자.

HTTP 모드

기본 모드지만 -http 전역 옵션을 사용해 명시적으로 지정할 수도 있다.

HTTP 모드에서 인증은 -auth 옵션을 통해 이뤄진다. 다음과 같은 형태의 인자를 필요로 한다.

```
<username>:<secret>
```

여기서 〈secret〉은 암호이거나(이 방식은 권장되지 않는다) 젠킨스 인증 토큰이 된다. 인증 토큰은 사용자를 위한 설정 화면에서 생성할 수 있다. 대시보드에서 **People** 페이지로 이동한 후 사용자를 선택하고 설정을 누르면 된다. API 토큰 영역에서 **Show API Token** 버튼을 누르고 생성된 토큰을 복사하면 된다(그림 15-4).

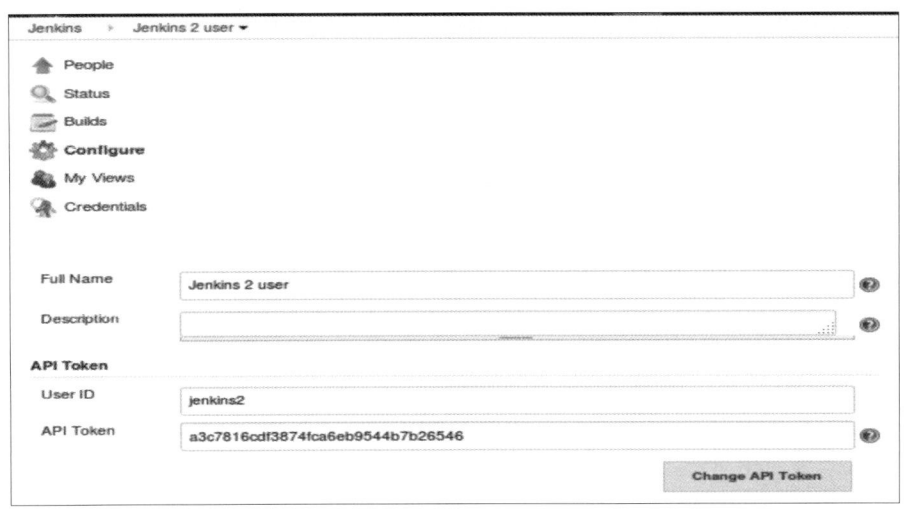

그림 15-4 사용자를 위한 API 토큰 생성

모두 입력하면, 클라이언트 JAR와 HTTP 인증을 포함해 이전과 같은 잡을 빌드하는 명령어는 다음과 같다.

```
java -jar jenkins-cli.jar -s http://localhost:8080
    -auth jenkins2:a3c7816cdf3874fca6eb9544b7b26546
    build daily-job-1 -p id=myID -s -v
```

파일로부터 인증 사용

–auth 옵션은 사용자가 파일로부터 인증을 읽을 수 있게 해준다. 이것은 간단히 @〈파일명〉을 –auth의 인자로 전달하면 된다.

예를 들어, .jenkins-access라는 이름의 파일에 다음 내용이 포함돼 있다고 가정해보자.

> jenkins2:a3c7816cdf3874fca6eb9544b7b26546

여기서 파일명을 명령어에서 다음과 같이 호출할 수 있다.

```
java -jar jenkins-cli.jar -s http://localhost:8080
    -auth @.jenkins-access
    build daily-job-1 -p id=myID -s -v
```

SSH 모드

CLI 클라이언트 JAR는 -ssh 전역 옵션을 통해 SSH 클라이언트 역할을 할 수도 있다. 인증은 일반적인 키 형태를 이용한다. 665쪽 '직접 SSH 인터페이스 사용'에서 설명한 것처럼 젠킨스 시스템에 SSH 접근이 설정됐다 가정하고 프라이빗 SSH 키가 정해진 위치에 있다고 생각해 보자.

SSH 모드를 위한 빌드 명령어는 다음과 같다.

```
java -jar Downloads/jenkins-cli.jar -s http://localhost:8080
    -ssh -user diyuser2 build daily-job-1
    -p id=myID -s -v
```

여기서 -user 옵션이 이 모드를 사용할 때 꼭 필요하다. 문서에 따르면 리버스 프록시 뒤에 있는 젠킨스 호스트에 접근하는 데 문제가 있다면 자바 시스템 속성 -Dorg.jenkinsci.main.modules.sshd.SSHD.hostName를 사용해 젠킨스를 특정 호스트로 지정할 수 있다.

원격 모드

원격 모드는 버전 2.54까지 젠킨스 CLI 사용에서 기본 모드였던 레거시 모드다. 원격 모드는 성능과 보안 문제로 인해 더 이상 사용되지 않고, SSH와 HTTP 모드로 대체되고 있다.

레거시 옵션을 위해 이 모드를 사용해야 한다면, 먼저 젠킨스 마스터의 전역 보안 설정 화면에서 명시적으로 활성화해야 한다(그림 15-5).

그림 15-5 CLI 레거시 원격 모드 활성화

옵션을 활성화하면, -remoting 옵션을 이용해 원격 모드를 사용할 수 있다.

```
java -jar Downloads/jenkins-cli.jar
    -s http://localhost:8080
    -remoting build daily-job-1 -p id=myID -s -v
```

젠킨스 REST API 사용

커맨드라인 인터페이스 외에도 젠킨스에 REST API를 통해 접근할 수 있다. REST API 문서의 링크는 젠킨스의 '엔터티' 중 하나를 작업할 때 각 웹 인터페이스 화면의 오른쪽 하단에 존재한다. 참조 페이지가 아닌 잡 혹은 빌드 페이지를 보고 있을 때를 의미한다.

REST API는 일반적으로 현재 URL에서 /api 경로를 통해 항목에 접근하게 된다. 온라인 문서도 이 방식을 따른다. 예를 들어, http://⟨jenkins-url⟩/job/api의 문서는 http://⟨jenkins- url⟩/job/⟨build-number⟩/api의 문서와 다르다.

REST API를 사용해 데이터를 가져오는 방식에는 XML, JSON, 파이썬 세 가지 종류가 있다. 세 가지 중 하나를 URL의 끝에 붙이면 해당 포맷으로 데이터를 받아올 수 있다. 예를 들어, job1을 위한 잡 페이지에 있다면 xml 형태의 데이터를 받는 방식은 다음과 같다.

    http://<jenkins-url>/job/job1/api/xml

JSON도 비슷한 방식을 사용한다. 여기서는 서식 설정을 더 예쁘게 받아오기 위해 다음을 사용했다.

    http://<jenkins-url>/job/counter1/api/json?pretty=true

파이썬은 다음과 같다.

    http://<jenkins-url>/job/counter1/api/python?pretty=true

결과 필터링

API는 얼마나 많은 정보를 가져올지와 어떤 종류의 정보를 받아올지에 대해 두 가지 방식으로 제어할 수 있다. 첫 번째 방식은 depth 매개 변수다. depth 값을 지정해 호출이 반환할 정보의 레벨을 지정할 수 있다. 호출 시 정보와 범위의 깊이에 따라 반환되는 데이터의 양이 크게 달라질 수 있다. 레벨 2의 깊이로 정보를 가져오는 API를 호출하는 예시는 다음과 같다.

    http://<jenkins-url>/api/xml?depth=2

다른 매개 변수를 통해 어떤 서브키/필드를 결과로 반환받는지 지정할 수 있다. 일반적으로 JSON 정보의 쿼리는 다음과 같은 포맷의 정보를 반환한다.

```
{
    "_class" : "hudson.model.Hudson",
    "assignedLabels" : [
        {

        }
    ],
    "mode" : "EXCLUSIVE",
    "nodeDescription" : "the master Jenkins node",
    "nodeName" : "",
    "numExecutors" : 2,
    "description" : null,
    "jobs" : [
        {
            "_class" : "org.jenkinsci.plugins.workflow.job.WorkflowJob",
            "name" : "counter1",
            "url" : "http://localhost:8080/job/counter1/",
            "color" : "blue"
        },
        {
            "_class" : "org.jenkinsci.plugins.workflow.job.WorkflowJob",
            "name" : "counter2",
            "url" : "http://localhost:8080/job/counter2/",
            "color" : "red"
        },
        {
            "_class" : "org.jenkinsci.plugins.workflow.job.WorkflowJob",
            "name" : "daily-job-1",
            "url" : "http://localhost:8080/job/daily-job-1/",
            "color" : "blue"
        },
```

하지만 어떤 필드를 결과로 반환받을지 결정하기 위해 tree 매개 변수를 지정할 수 있다. 문법은 다음과 같다.

```
tree=<keyname>[<field1>,<field2>,<subkeyname>[<subfield1>]]
```

이를 사용한 예시는 다음과 같다.

```
http://<jenkins-url>/api/json?pretty=true&
tree=jobs[name,lastBuild[
number,duration,timestamp,result,changeSet[
items[msg,author[fullName]]]]]
```

위 명령어는 다음과 같은 결과를 보여준다. 여기서 보여지는 필드가 tree 옵션에서 지정된 것과 연관된 것에 주목하자.

```
{
    "_class" : "hudson.model.Hudson",
    "jobs" : [
        {
            "_class" : "org.jenkinsci.plugins.workflow.job.WorkflowJob",
            "name" : "counter1",
            "lastBuild" : {
                "_class" : "org.jenkinsci.plugins.workflow.job.WorkflowRun",
                "duration" : 2022,
                "number" : 6,
                "result" : "SUCCESS",
                "timestamp" : 1513967990317
            }
        },
        {
            "_class" : "org.jenkinsci.plugins.workflow.job.WorkflowJob",
            "name" : "counter2",
```

```
        "lastBuild" : {
            "_class" : "org.jenkinsci.plugins.workflow.job.WorkflowRun",
            "duration" : 165,
            "number" : 5,
            "result" : "FAILURE",
            "timestamp" : 1513867039252
        }
    },
    {
        "_class" : "org.jenkinsci.plugins.workflow.job.WorkflowJob",
        "name" : "daily-job-1",
        "lastBuild" : {
            "_class" : "org.jenkinsci.plugins.workflow.job.WorkflowRun",
            "duration" : 302,
            "number" : 23,
            "result" : "SUCCESS",
            "timestamp" : 1513888607909
        }
    },
```

REST API를 사용할 때 depth와 tree 옵션을 사용하는 것을 권장한다. 이를 통해 원하는 데이터를 반환받고 대용량의 쿼리에서 반환되는 정보의 양을 제한할 수 있다.

빌드 시작

REST API는 기능에 제한이 있다. 잡과 빌드의 정보를 받아오는 것 외에도, 잡을 생성하고 빌드를 시작시킬 수 있다. 하지만 사용자는 설정한 보안 모델 내부에서 작업을 진행해야 한다. 예를 들어, CSRF 보안이 활성화되어 있다면(자세한 내용은 5장 참고), 먼저 '조각'을 젠킨스로부터 받아서 리퀘스트에서 사용해야 한다. 이 조각이 없다면 "Forbidden" 혹은 "No valid crumb"와 같은 에러를 마주칠 것이다.

조각 가져오기

조각은 다음과 같은 명령어를 통해 생성할 수 있다.

```
$ wget -q --auth-no-challenge --user <userid>
    --password <password or user token>
    --output-document -
    'http://<jenkins url>/crumbIssuer/api/xml?
    xpath=concat(//crumbRequestField,":",//crumb)
```

혹은 환경 변수에서 설정할 수도 있다.

```
JENKINS_CRUMB=`curl --user username:password
    "<jenkins-url>/crumbIssuer/api/xml?xpath=concat(//crumbRequestField,
    \":\",//crumb)"`
```

또한 다음 URL에서 조각을 얻을 수도 있다.

```
http://<jenkins url>/crumbIssuer/api/xml
```

이 결과로 젠킨스는 다음과 같은 조각을 제공한다.

```
Jenkins-Crumb:e894bf4d15e8165726b50b0aacb579f0diyuser2
```

조각을 얻었으면, 다음과 같이 curl을 이용한 -H 옵션을 통해 조각을 전달하는 REST URL을 사용해 빌드를 시작할 수 있다.

```
curl -I -X POST http://<userid>:<user pw or token>@<jenkins url>
    /job/<jobname>/build -H "<crumb value>"
```

실제 호출은 다음과 같다.

```
curl -I -X POST
    http://jenkins2:a3c7816cdf3874fca6eb9544b7b26546@localhost:8080
    /job/counter1/build
    -H "Jenkins-Crumb:e894bf4d15e8165726b50b0aacb579f0"
```

매개 변수를 전달해야 한다면 적절히 인코딩해야 한다. 다음은 JSON을 통해 하나의 매개 변수를 전달하는 문법의 예시다.

```
curl -X POST http://<userid>:<user pw or token>@<jenkins url>
    /job/<jobname>/build --data-urlencode
    json='{"parameter": [{"name":"<name>", "value":"<value>"}]}'
    -H "Jenkins-Crumb:e894bf4d15e8165726b50b0aacb579f0"
```

실제 호출은 다음과 같다.

```
curl -X POST
    http://jenkins2:a3c7816cdf3874fca6eb9544b7b26546@localhost:8080
    /job/counter1/build --data-urlencode
    json='{"parameter": [{"name":"param1", "value":"ABC"}]}'
    -H "Jenkins-Crumb:e894bf4d15e8165726b50b0aacb579f0"
```

약간 다른 형태를 통해 정의된 빌드 토큰을 이용해 빌드를 수행할 수 있다. 여기서 트릭은 토큰을 젠킨스 잡에서 설정해 API 호출에 전달하는 것이다. 이 토큰은 잡의 **Trigger builds remotely** 옵션 밑의 빌드 트리거 영역에서 설정할 수 있다(그림 15-6).

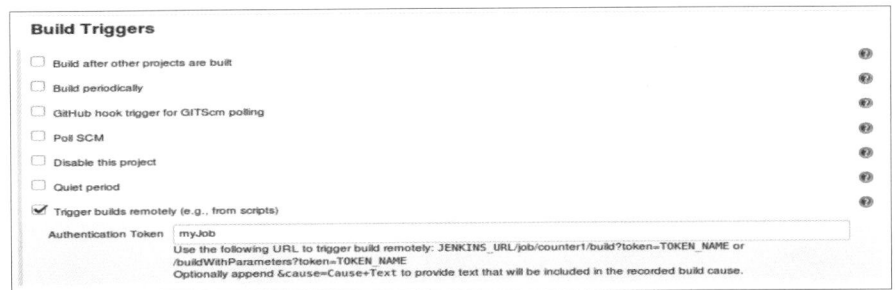

그림 15-6 원격으로 빌드를 수행할 때 사용할 토큰 지정

이 경우 conter1이라는 이름의 잡이 myToken이라는 이름의 토큰으로 설정되어 있으면, 다음과 같은 REST API를 통해 잡을 시작시킬 수 있다.

```
curl
    http://<userid>:<pw or user token>@<jenkins url>/job/<job name>/build?
    token=myToken
    -H "Jenkins-Crumb:e894bf4d15e8165726b50b0aacb579f0"
```

매개 변수를 전달한다면 토큰을 사용하지 않았을 때와 유사한 인코딩 포맷을 사용할 수 있다.

```
curl
    http://<userid>:<pw or user token>@<jenkins url>/job/<job name>/build?
    token=myToken
    --data-urlencode
    json='{"parameter": [{"name":"param1", "value":"ABC"}]}'
    -H "Jenkins-Crumb:e894bf4d15e8165726b50b0aacb579f0"
```

시스템 정보 외에 젠킨스로부터 정보를 얻는 또 하나의 방법은 스크립트 콘솔을 사용하는 것이다. 이에 대해 알아보자.

스크립트 콘솔 사용하기

젠킨스의 스크립트 콘솔은 사용자가 임의의 그루비 스크립트를 작성해 서버에서 실행할 수 있게 해준다. 때때로 시스템 기능이나 속성을 사용할 때 이 방법이 유용하다. 그림 15-7과 같이 스크립트 콘솔을 열 수 있는 링크가 젠킨스 관리 페이지에 있다. 혹은 http://<jenkins-home>/script로 직접 접근해도 된다.

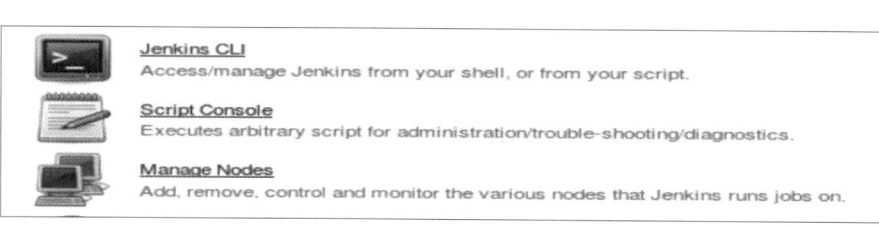

그림 15-7 젠킨스 관리 페이지의 스크립트 콘솔 항목

콘솔 자체는 상당히 간단하다. 코드를 작성하기 위한 문자를 입력할 수 있는 영역이 있고, 하단에 Run 버튼이 있다. 스크립트 실행 결과는 Run 버튼을 누르면 문자 입력 영역 아래에 나타난다.

그림 15-8은 시스템에 설치된 모든 플러그인의 목록을 출력하기 위해 사용한 예시다(해당 페이지의 예시를 따랐다).

콘솔을 사용할 때 신경 써야 할 것은 이것이 모든 플러그인의 클래스에 대한 권한이 있어 따로 아이템을 불러올 필요가 없다는 것이다(그림 15-19의 예시처럼 특별한 경우는 제외한다).

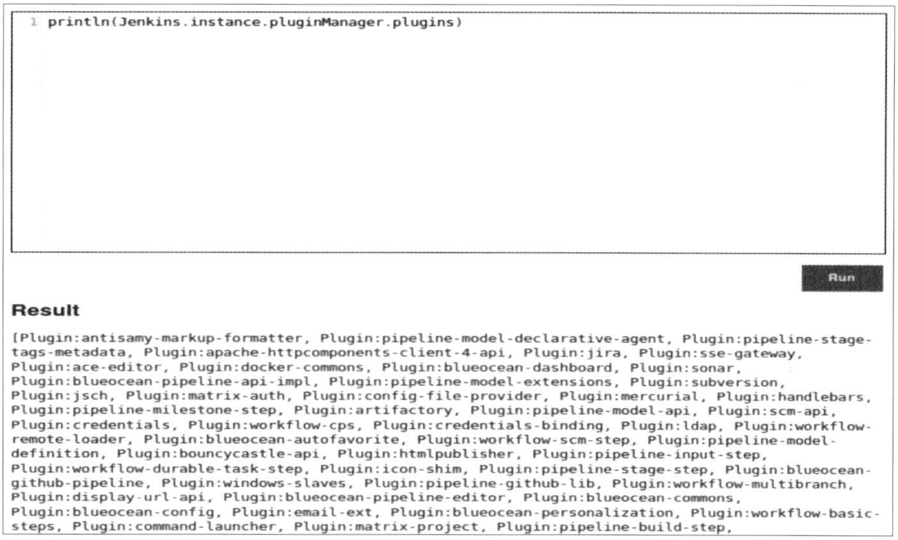

println(Jenkins.instance.pluginManager.plugins)
Run
Result
[Plugin:antisamy-markup-formatter, Plugin:pipeline-model-declarative-agent, Plugin:pipeline-stage-tags-metadata, Plugin:apache-httpcomponents-client-4-api, Plugin:jira, Plugin:sse-gateway, Plugin:ace-editor, Plugin:docker-commons, Plugin:blueocean-dashboard, Plugin:sonar, Plugin:blueocean-pipeline-api-impl, Plugin:pipeline-model-extensions, Plugin:subversion, Plugin:jsch, Plugin:matrix-auth, Plugin:config-file-provider, Plugin:mercurial, Plugin:handlebars, Plugin:pipeline-milestone-step, Plugin:artifactory, Plugin:pipeline-model-api, Plugin:scm-api, Plugin:credentials, Plugin:workflow-cps, Plugin:credentials-binding, Plugin:ldap, Plugin:workflow-remote-loader, Plugin:blueocean-autofavorite, Plugin:workflow-scm-step, Plugin:pipeline-model-definition, Plugin:bouncycastle-api, Plugin:htmlpublisher, Plugin:pipeline-input-step, Plugin:workflow-durable-task-step, Plugin:icon-shim, Plugin:pipeline-stage-step, Plugin:blueocean-github-pipeline, Plugin:windows-slaves, Plugin:pipeline-github-lib, Plugin:workflow-multibranch, Plugin:display-url-api, Plugin:blueocean-pipeline-editor, Plugin:blueocean-commons, Plugin:blueocean-config, Plugin:email-ext, Plugin:blueocean-personalization, Plugin:workflow-basic-steps, Plugin:command-launcher, Plugin:matrix-project, Plugin:pipeline-build-step,

그림 15-8 설치된 플러그인 목록 나열

그림 15-9는 다른 예시를 보여준다. 현재 세션의 기본 타임아웃 값을 가져오는 것이고, 실제 코드는 다음과 같다.

Script Console
Type in an arbitrary Groovy script and execute it on the server. Useful for trouble-shooting and diagnostics. Use the 'println' command to see the output (if you use System.out, it will go to the server's stdout, which is harder to see.) Example:
println(Jenkins.instance.pluginManager.plugins)
All the classes from all the plugins are visible. jenkins.*, jenkins.model.*, hudson.*, and hudson.model.* are pre-imported.
import org.kohsuke.stapler.Stapler;
Stapler.getCurrentRequest().getSession().getMaxInactiveInterval() / 60
Run
Result
Result: 30

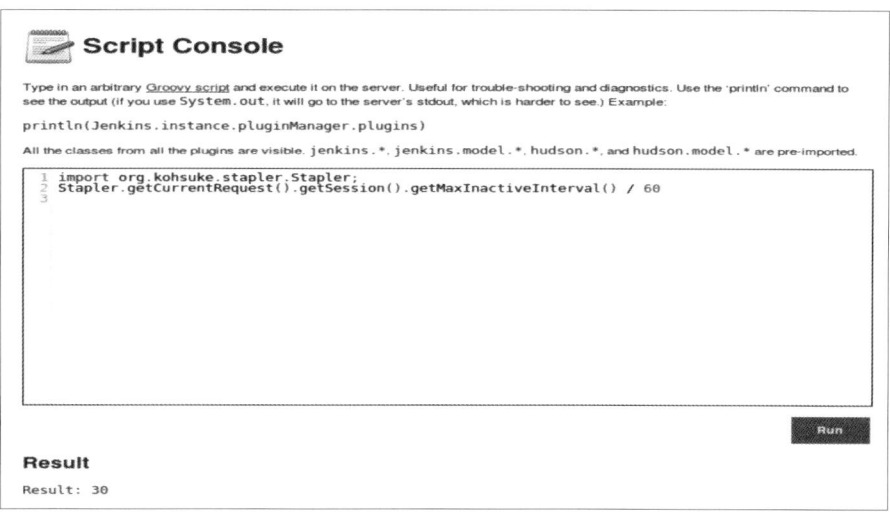

그림 15-9 기본 타임아웃을 가져오기 위한 스크립트 콘솔

여기서 현재 세션에서 콘솔을 통해 값을 변화시킬 수도 있다. 예를 들어, 기본 타임아웃 값을 일시적으로 한 시간으로 바꾸고 싶다면 다음 코드를 콘솔에서 실행하면 된다.

```
import org.kohsuke.stapler.Stapler;
Stapler.getCurrentRequest().getSession().setMaxInactiveInterval(3600)
```

스테이플러

여기서 스테이플러(Stapler)가 의미하는 바를 웹사이트(http://stapler.kohsuke.org/what-is.html)에서는 다음과 같이 설명한다. "스테이플러는 현재 애플리케이션 객체를 URL에 찍어 웹 애플리케이션을 작성하는 것을 도와주는 라이브러리다. 스테이플러의 핵심 개념은 개체에 URL을 자동으로 할당해 직관적인 URL 체계를 만드는 것이다."

Changing the Default Timeout

앞에서 살펴봤듯이 스크립트 콘솔을 통해 현재 세션의 타임아웃 값을 변경할 수 있다. 기본 타임아웃 값을 시작할 때 변경하고 싶다면, 몇 가지 방법이 존재한다.

- WAR 파일을 실행하는 명령어를 통해 젠킨스를 시작시킨다면 --sessionTimeout=〈minutes〉 매개 변수를 사용하면 된다.
- 다른 방법으로 젠킨스의 war/WEB-INF/web.xml 파일의 session-config를 수정해 session-timeout 값을 지정하면 된다.

```
<session-config>
    <session-timeout>1440</session-timeout>
```

요약

15장에서는 젠킨스와 작업하는 (웹 인터페이스 외의) 대안적인 인터페이스에 대해 알아봤다.

SSH 인터페이스를 젠킨스에서 직접 설정하는 방법을 살펴보고, 명령어의 일부를 실행해봤다.

또한 젠킨스 CLI JAR를 다운로드해 명령어를 실행했다.

빠른 스크립트나 커맨드라인이 필요한 경우 조금의 설정이 필요하지만 이를 이용해 원하는 것을 달성할 수 있다.

다음으로 젠킨스 REST API를 살펴봤다. 이 API는 모든 객체에 대한 접근 권한이 있지 않고 제한적인 REST 인터페이스만 제공한다. 하지만 이러한 인터페이스가 필요한 경우 유용하게 사용할 수 있을 것이다.

마지막으로 젠킨스를 위한 그루비 스크립트를 작성, 실행, 테스트할 수 있는 젠킨스 스크립트 콘솔의 내장 영역(여기에서는 젠킨스 객체에 대한 접근 권한이 있다)을 살펴봤다.

마지막으로 16장에서는 젠킨스 2에서 파이프라인을 실행할 때 마주칠 수 있는 문제를 해결하는 방법에 대해 다룬다.

16장
트러블 슈팅

젠킨스 2로 변환하는 데 가파른 학습 곡선이 있다. 겪을 수 있는 일반적인 이슈와 복잡한 이슈를 설명하고, 이슈를 해결하기 위해 참조할 수 있는 장을 안내한다.

이 장은 정보 전달보다는 팁을 모아두는 데 중점을 뒀다. 문제를 해결하는 방법은 상황에 따라 상이하기 때문이다.

먼저 파이프라인 스텝에 대해 자세한 정보를 얻는 방법부터 살펴보자.

파이프라인 스텝 살펴보기

스테이지 뷰가 파이프라인의 여러 부분에 대해 다양한 깊이의 정보를 제공하지만, 더 깊은 부분을 살펴보면 이슈를 해결하는 데 도움이 된다. 파이프라인 스텝 뷰는 이러한 기능을 제공한다.

파이프라인 스텝 뷰에 접근하려면 먼저 빌드의 특정 런의 결과 화면으로 이동해야 한다. 다음과 같은 URL을 사용해 이동한다.

```
http://<jenkins-location>/job/<job-name>/<build-number>
```

혹은 간단히 스테이지 뷰 화면의 빌드 히스토리 영역에서 빌드 넘버를 클릭해도 된다. 그러면 해당 빌드의 특정 결과 페이지로 이동할 것이다. 결과 페이지의 왼쪽 메뉴에서 파이프라인 스텝 항목을 찾을 수 있다(그림 16-1).

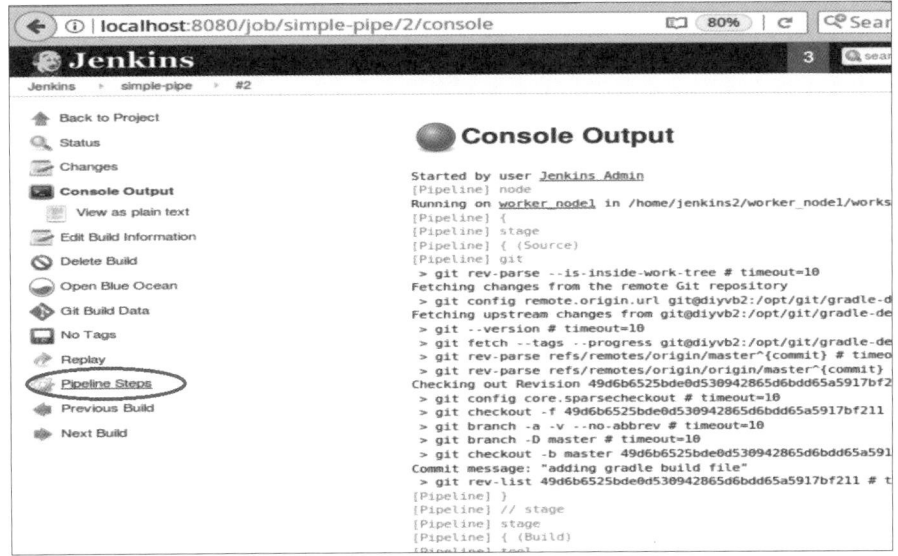

그림 16-1 파이프라인 스텝 화면으로 이동하는 메뉴

이를 클릭하면 파이프라인을 스텝별로 쪼갠 화면으로 이동한다(그림 16-2). 여기서 각 행은 스텝을 나타낸다. 각 행의 첫 번째 필드는 스텝을 보여주고, 이 스텝을 실행하는 데 소요된 시간도 옆에 보여진다. 이것은 스텝에 대해 일반적인 내용을 간략하게 다루는 페이지의 링크이기도 하다.

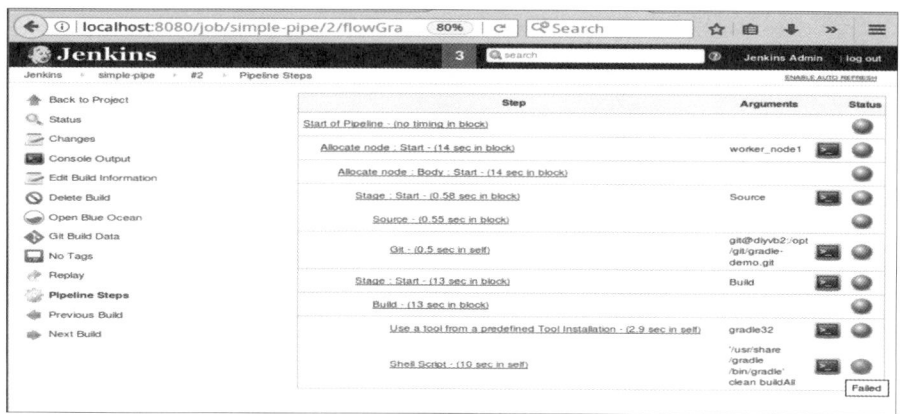

그림 16-2 파이프라인 스텝 화면

행의 오른쪽은 스텝이 전달받은 인자이고, 화면 아이콘은 콘솔 결과로 가는 링크다. 상태 표시 아이콘은 스텝이 성공적으로 끝났는지를 알려준다.

이 데이터를 통해 스텝이 예상된 인자를 받았는지, 어떤 스텝이 가장 적은/많은 시간을 소요했는지, 그리고 특정 스텝에만 해당하는 콘솔 결과를 볼 수 있다. 그림 16-3은 그림 16-2에서 실패한 스텝의 콘솔 결과 아이콘을 누른 결과다.

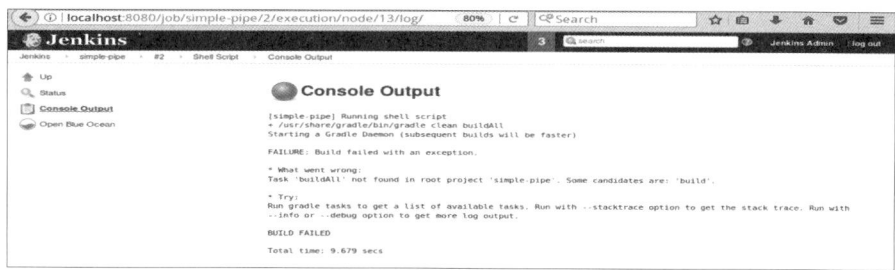

그림 16-3 선택된 스텝에 국한된 콘솔 결과

파이프라인 스텝 화면은 웹 인터페이스에서 워크스페이스로 가는 방법 중 하나다. 젠킨스 2 이전에는 빌드의 결과 페이지에 워크스페이스 링크가 존재했다. 이 링크는 더 이상 페이지에서 보이지 않는다. 대신 여기까지 내려와서 이 링크를 찾아야 한다.

워크스페이스는 노드와 연관이 있기 때문에, 먼저 노드를 할당하는 것과 연관된 파이프라인 스텝의 콘솔 결과 아이콘을 클릭하자(그림16-4).

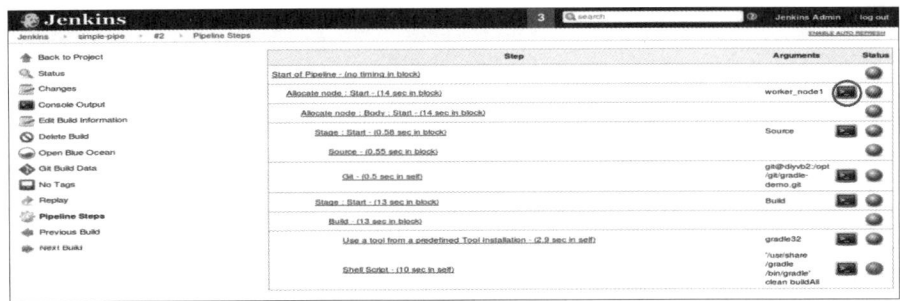

그림 16-4 '노드 할당' 스텝의 콘솔 로그 선택

사용자를 왼쪽 메뉴에 워크스페이스로 가는 링크가 있는 스텝의 메인 화면으로 이동시킬 것이다(그림 16-5).

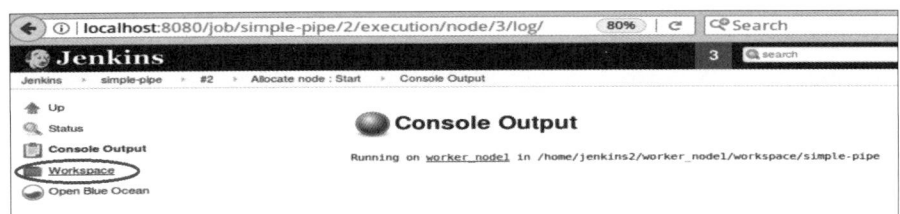

그림 16-5 '노드 할당' 스텝의 메인 화면

링크를 클릭하면 워크스페이스의 최상단으로 이동할 것이다. 여기서 링크를 클릭하거나 문자 입력 박스에 상대 경로를 입력하면 세부 항목으로 이동할 수 있다(그림 16-6).

그림 16-6 워크스페이스 화면에서 상대 경로 입력

텍스트 박스 끝의 화살표를 클릭하면 해당 장소로 이동한다.

그림 16-7 워크스페이스 화면

이런 방식으로 워크스페이스를 탐색해 예상과 다른 것을 찾아내고 문제의 원인을 밝힐 수도 있다.

몇몇 문제는 스텝이 파이프라인에서 구성된 방식이나 사용된 방식과 상관없이 발생한다. 하지만 직렬화가 가능하지 않은 스텝, 함수, 혹은 라이브러리를 사용하는 경우 해당 상태를 저장할 수 없다. 이는 젠킨스 2의 요구 조건을 충족시키지 못한다. 직렬화에 대한 에러와 문제를 다루는 방법은 다음 절에서 알아보자.

직렬화 에러 대응

젠킨스 파이프라인의 기능 중 하나는 재시작을 하는 것이다. 파이프라인을 실행할 때 제어의 흐름과 파이프라인의 상태를 주기적으로 저장해 필요시 재시작할 수 있는 방식으로 구현됐다.

효과적으로 동작하게 하려면 파이프라인이 반드시 직렬화할 수 있는 함수와 객체를 사용해야 한다. 하지만 모든 객체와 함수가 직렬화를 지원하지는 않는다. 따라서 직렬화되지 않은 무언가로 인해 파이프라인이 실행되지 않는 경우가 있다. 이번 절에서는 이러한 경우를 다루는 방법에 대해 알아보자.

먼저 젠킨스에서 파이프라인이 어떻게 흘러가는지에 대해 살펴보자.

CPS

CPS^{Continuous Passing Style}는 기능적 프로그래밍의 스타일로 프로그램 제어의 상태가 각 작업 이후 다른 함수로 전달되는 방식이다. 이는 호출 함수가 반환 값을 처리하는 로직을 정의해 제어를 넘길 수 있어야 한다는 뜻이다. 젠킨스 파이프라인의 경우 프로그램이 컴파일될 때 그루비 코드와 DSL 스텝이 CPS 스타일로 변경된다. CPS 실행 방식의 장점은 프로그램의 상태가 함수와 함수 사이에서 좀 더 쉽게 추적될 수 있다는 점이다. 이 기능을 지원하려면 파이프라인의 모든 언어의 기능이 직렬화돼야 한다.

파이프라인 직렬화

젠킨스 파이프라인에서 각 스텝 이후(외부 호출이 있는 경우 스텝 중간) 젠킨스는 실행되고 있는 파이프라인의 상태를 저장한다. 이 데이터는 해당 시점에서 재시작하는 경우 사용될 수 있다.

프로그래밍 관점에서 숫자나 문자열과 같은 간단한 '정적' 타입은 직렬화가 가능하다. 빌드 노드와의 연결, 네트워크 연결, 혹은 빌드 로그의 핸들과 같이 '일시적인' 타입은 직렬화가 가능하지 않다.

로컬 변수의 값, 루프의 포지션 등은 상태의 일부로 기록된다. 느슨하게 살펴보면 외부에서 변경될 수 있는 항목을 가리키는 로컬 변수는 직렬화가 가능하지 않고, 따라서 파이프라인에서 이를 처리하는 특별한 로직이 필요하다고 할 수 있다. 직렬화가 가능하지 않은 값을 반환하는 함수도 마찬가지다.

NotSerializableException

직렬화가 가능하지 않은 기본 타입 외에도 자바/그루비 함수는 직렬화가 가능하지 않은 타입을 반환할 수 있다. 실제로 함수가 직렬화가 가능한 타입을 반환하는지는 버전마다 다를 수 있다. 종종 언급되는 예시는 JSON 데이터를 파싱하는 JsonSlurper 클래스다. 그루비 최신 버전에서는 이 함수가 HashMap을 반환하는 것에서 LazyMap을 반환하는 것으로 변경됐다. 이는 스레드 세이프하지 않고 직렬화가 가능하지 않다.

다음 코드는 이 함수를 사용하려 하는 파이프라인의 예시다.

```
import groovy.json.JsonSlurper

node ('worker_node1') {
    def data = new JsonSlurper().parseText(readFile
        ("/home/diyuser2/output.json")
    )
}
```

위 파이프라인을 실행하려고 하면 젠킨스는 NotSerializableException이 발생한다.

```
Started by user Jenkins 2 user
[Pipeline] node
Running on worker_node1 in /home/jenkins2/worker_node3/workspace/jsonslurper
[Pipeline] {
[Pipeline] readFile
[Pipeline] }
[Pipeline] // node
[Pipeline] End of Pipeline
an exception which occurred:
    in field com.cloudbees.groovy.cps.impl.FunctionCallBlock$ContinuationImpl.lhs
    in object com.cloudbees.groovy.cps.impl.FunctionCallBlock$ContinuationImpl@75d2062
    in field com.cloudbees.groovy.cps.impl.ContinuationPtr$ContinuationImpl.target
    in object com.cloudbees.groovy.cps.impl.ContinuationPtr$ContinuationImpl@185bb0e8
    in field com.cloudbees.groovy.cps.impl.CallEnv.returnAddress
    in object com.cloudbees.groovy.cps.impl.FunctionCallEnv@5fa2cf60
    in field com.cloudbees.groovy.cps.Continuable.e
    in object com.cloudbees.groovy.cps.Continuable@65c6f676
    in field org.jenkinsci.plugins.workflow.cps.CpsThread.program
    in object org.jenkinsci.plugins.workflow.cps.CpsThread@24364d40
    in field org.jenkinsci.plugins.workflow.cps.CpsThreadGroup.threads
    in object org.jenkinsci.plugins.workflow.cps.CpsThreadGroup@609b17a6
    in object org.jenkinsci.plugins.workflow.cps.CpsThreadGroup@609b17a6
Caused: java.io.NotSerializableException: groovy.json.JsonSlurper
```

여기서 CPS가 언급된 것도 참고하자.

직렬화가 불가능한 에러 처리

직렬화가 불가능한 에러에 대응하는 몇 가지 접근 방법이 있다.

- 가능하다면 직렬화가 불가능한 항목을 사용하지 않는 접근 방법이나 클래스를 사용한다. 예를 들어, 그루비 언어에서는 기존 행동을 지원하는 `JsonSlurperClassic` 함수가 있다.
- 파이프라인 DSL 스텝이 원하는 기능을 지원하는지 살펴보자. 예를 들어, Pipeline Utility Steps 플러그인에 `readJSON` 스텝이 있다.
- 위 두 가지 옵션 모두 사용 가능하지 않다면 로컬 변수를 사용하는 주체를 파이프라인/노드 블록 외부의 분리된 함수로 옮긴 후 `@NonCPS` 애노테이션을 추가한다.

함수에 `@NonCPS` 애노테이션이 추가되면, 젠킨스는 이 함수를 '네이티브' 함수로 간주한다. 이는 파이프라인 DSL이 아닌 일반적인 그루비 런타임에 의해 실행된다. 따라서 로컬 변수의 값은 디스크에 저장되지 않고, 모든 로컬 변수를 사용할 수 있게 된다. 여기서 주의할 점은 이 함수가 파이프라인의 일부로 처리되지 않기 때문에, 내부에서 파이프라인 DSL 호출을 안전하게 할 수 없다.

원래 예시에서 직렬화가 불가능한 코드를 옮기면 다음과 같다.

```
import groovy.json.JsonSlurper

@NonCPS
def getJSON(def sourceFile) {
    new JsonSlurper().parseText(sourceFile)
}

node ('worker_node1') {
    def data = getJSON(readFile("/home/diyuser2/output.json"))
}
```

분리된 함수와 `@NonCPS` 애노테이션을 통해 코드를 빌드할 수 있다.

@NonCPS이 애노테이션으로 지정된 함수 내에서도 직렬화가 불가능한 클래스에서 정의된 아이템의 범위에 주의해야 한다. 예를 들어, getJSON 루틴에서 자바 Matcher 클래스(직렬화가 불가능하다)를 사용하는 로컬 변수를 정의한다고 가정하자. 코드는 다음과 같다.

```
import groovy.json.JsonSlurper

@NonCPS
def getJSON(def sourceFile) {
    def MY_REGEX = /.*.json/
    match = (sourceFile =~ MY_REGEX)
    // 일치하는 파일 명을 결정하기 위한 로직을 처리
    // ...
    new JsonSlurper().parseText(sourceFile)
}

node ('worker_node1') {
    def data = getJSON(readFile("/home/diyuser2/output.json"))
}
```

여기서 Matcher 클래스가 직렬화가 불가능하고 인스턴스화됐기 때문에 다음과 같은 에러가 발생할 것이다.

```
an exception which occurred:
    in field groovy.lang.Closure.delegate
    in object org.jenkinsci.plugins.workflow.cps.CpsClosure2@520a8955
    in field org.jenkinsci.plugins.workflow.cps.CpsThreadGroup.closures
    in object org.jenkinsci.plugins.workflow.cps.CpsThreadGroup@7a0701d5
    in object org.jenkinsci.plugins.workflow.cps.CpsThreadGroup@7a0701d5
Caused: java.io.NotSerializableException: java.util.regex.Matcher
```

이런 경우 함수 내에서 변수를 인스턴스화시키지 않음으로써 문제를 우회할 수 있다. 여기서 match = null 라인이 추가된 것에 주목하자.

```
import groovy.json.JsonSlurper

@NonCPS
def getJSON(def sourceFile) {
    def MY_REGEX = /.*.json/
    match = (sourceFile =~ MY_REGEX)
    // 일치하는 파일 명을 결정하기 위한 로직을 처리
    // ...
    new JsonSlurper().parseText(sourceFile)
    match = null
}

node ('worker_node1') {
    def data = getJSON(readFile("/home/diyuser2/output.json"))
}
```

코드를 범용적으로 사용하거나 추상화해야 한다면, 이를 공유 라이브러리로 옮길 수 있다(6장에서 공유 라이브러리의 생성, 설정, 사용에 대한 자세한 내용을 참고하자).

예를 들어, 전역 변수 영역의 vars에 해당 기능을 공유 라이브러리로 정의할 수 있다.

```
import groovy.json.JsonSlurper

def call(sourceFile) {
    new JsonSlurper().parseText(sourceFile)
}
```

이 코드를 저장소에 올리면, 젠킨스의 전역 공유 라이브러리인 Utilities를 설정해 파이프라인에서 라이브러리를 불러와 안전하게 호출할 수 있다.

```
@Library('Utilities')_

node ('worker_node1') {
```

```
        def data = getJSON(readFile("/home/diyuser2/output.json"))
    }
```

직렬화 불가능 문제를 마주하게 되면 해당 소스를 상대적으로 빠르게 다른 장소로 옮길 수 있을 것이다. 하지만 다른 에러의 원인은 에러로 인해 발생한 로그에서 유추하기가 힘들고, 특히 스크립트 방식의 파이프라인에서 더욱 힘들다. 서술적 파이프라인은 규칙을 위반하는 코드를 감지하는 데 더 수월하지만, 이 경우에도 몇몇 경우 에러가 발생한 라인을 찾기 힘들다. 다음 절에서는 스크립트에서 에러를 발생시키는 정확한 라인을 찾는 팁을 다룬다.

스크립트에서 에러를 발생시킨 라인 찾기

때때로 파이프라인을 실행할 때 에러를 발생시키는 라인을 찾기 힘들 수 있다. 라인 숫자가 왼쪽에 표시된 다음 예시를 살펴보자.

```
1.    pipeline {
2.        agent any
3.
4.        stages {
5.            stage('loop') {
6.                steps {
7.                    script {
8.
9.                        defx=['a','b',c,d]
10.                       println x
11.                       x.each { println it }
12.                   }
13.               }
14.           }
15.       }
16.   }
```

이를 실행하려 하면 다음과 같은 결과가 나올 것이다.

```
[Pipeline] End of Pipeline
    groovy.lang.MissingPropertyException: No such property: c for class:

groovy.lang.Binding
        at groovy.lang.Binding.getVariable(Binding.java:63)
        at org.jenkinsci.plugins.scriptsecurity.sandbox.groovy.SandboxIntercept...
        at org.kohsuke.groovy.sandbox.impl.Checker$6.call(Checker.java:284)
        at org.kohsuke.groovy.sandbox.impl.Checker.checkedGetProperty(Checker.j...
        at org.kohsuke.groovy.sandbox.impl.Checker.checkedGetProperty(Checker.j...
        at org.kohsuke.groovy.sandbox.impl.Checker.checkedGetProperty(Checker.j...
        at org.kohsuke.groovy.sandbox.impl.Checker.checkedGetProperty(Checker.j...
        at com.cloudbees.groovy.cps.sandbox.SandboxInvoker.getProperty(SandboxI...
        at com.cloudbees.groovy.cps.impl.PropertyAccessBlock.rawGet(PropertyAcc...
        at WorkflowScript.run(WorkflowScript:9)
        at ___cps.transform___(Native Method)
        at com.cloudbees.groovy.cps.impl.PropertyishBlock$ContinuationImpl.get(...
        at com.cloudbees.groovy.cps.LValueBlock$GetAdapter.receive(LValueBlock....
        at com.cloudbees.groovy.cps.impl.PropertyishBlock$ContinuationImpl.fixN...
        at sun.reflect.GeneratedMethodAccessor676.invoke(Unknown Source)
        at sun.reflect.DelegatingMethodAccessorImpl.invoke(DelegatingMethodAcce...
        at java.lang.reflect.Method.invoke(Method.java:498)
```

이 결과에서 실제로 문제를 일으키는 라인을 찾기는 쉽지 않다. 여기서 핵심은 WorkflowScript가 포함된 라인을 찾는 것이다. 이 라인이 스크립트가 실패하는 라인 숫자를 제공한다(이 경우 라인 9이다).

라인 숫자를 파악하여 예외가 발생하는 장소를 찾는 것이 디버깅의 첫 번째 순서다. 하지만 때때로 예외가 도움이 될 수도 있다. 다음 절에서는 이 책의 초반에 다뤘던 유용한 예외 처리 방식에 대해 살펴볼 것이다.

파이프라인에서 예외 처리

스크립트 방식의 파이프라인에서 발생한 예외를 처리하려면 일반적인 try-catch-finally 문장을 사용하면 된다. 자바나 그루비에서 모두 동일하다.

하지만 젠킨스 파이프라인 문법에서 예외를 처리하는 방식을 제공한다. catchError 블록은 예외를 감지하고 전체 빌드 상태를 변경하지만 프로세스를 중지시키지 않는다.

catchError 문법을 사용해 특정 블록의 코드에서 에러가 발생했을 때 빌드를 실패로 기록하면서 catchError 블록 이후의 코드를 계속 실행시킬 수 있다.

이에 대한 예시는 156쪽 '후처리' 절에서 찾을 수 있다.

이런 방식은 그루비나 유사한 스타일의 코드를 사용할 수 있는 스크립트 방식의 파이프라인에서 잘 동작한다. 하지만 어떻게 그루비 코드와 명령어를 서술적 파이프라인에서 사용할 수 있을까? 상황에 따라 방식이 다양하다. 이에 대해 다음 절에서 알아보자.

서술적 파이프라인에서 서술적이지 않은 코드 사용하기

정의에 따르면 서술적 파이프라인의 형태는 명확한 섹션의 구조와 선언에 기반한다. 하지만 서술적이지 않은 코드를 포함해야 하는 경우도 있다. 예를 들어, 변수를 정의하고 할당하는 경우가 해당된다.

이에 해당하는 예시를 자세히 살펴보면, 현재 아티팩토리 플러그인 페이지(http://bit.ly/2qNyU2m)에서는 파이프라인에서 아티팩토리를 사용하기 위해 다음과 같은 문법을 권장한다.

```
def server = Artifactory.server 'my-server-id'
```

이후 server 변수를 통합이 필요한 파이프라인의 어디에서든 사용할 수 있다. 하지만 이런 방식으로 변수를 정의하는 것은 서술적이지 않아 서술적 파이프라인에서 유효하지 않다.

서술적 파이프라인에 다음과 같은 코드가 있다고 가정해보자.

```
stage ('Artifactory') {
    steps {
        def server = Artifactory.server 'my-server-id'
```

젠킨스는 다음과 같은 에러를 보여줄 것이다.

```
org.codehaus.groovy.control.MultipleCompilationErrorsException: startup failed:
WorkflowScript: 6: Expected a step @ line 6, column 17.
   def server = Artifactory.server 'my-server-id'
   ^
```

서술적 파이프라인에서 변수를 지정할 수 없는 한계를 우회하는 여러 방법이 있다.

- 플러그인의 기능을 사용하는 것이라면, 플러그인 홈페이지를 참조해 서술적 문법을 지원하는 업데이트가 있는지 확인한다.
- 스크립트 방식의 파이프라인으로 전환한다. 여기에서는 원하는 정의를 모두 사용할 수 있지만, 전체 파이프라인 구조를 바꿔야 하는 부담이 있다.
- 해당 코드를 pipeline 블록 외부에서 정의된 함수에 작성한다. 예시는 다음과 같다.

```
    stage ('Artifactory') {
    steps {
            handleArtifacts()
            <rest of pipeline>
} // end of pipeline block
```

16장 트러블 슈팅 **699**

```
def handleArtifacts() {
    def server = Artifactory.server 'my-server-id'
    // 작업 수행
}
```

- 코드를 pipeline 블록이 시작하기 전에 작성한다. 이 블록 이전에는 원하는 모든 코드를 작성할 수 있다(이런 방식인 젠킨스의 이후 버전에서 규칙을 위반한다고 간주될 수도 있다). 이후 파이프라인에서 해당 값을 참조한다. 예시는 다음과 같다.

```
def server = Artifactory.server 'LocalArtifactory'
server.username = "my-username"
pipeline {
    agent any
    stages {
        stage ('Artifactory') {
            steps {
                echo "${server.username}"
                ...
```

하지만 pipeline 블록에서 값을 할당할 수는 없다.

```
def server = Artifactory.server 'my-server-id'
pipeline {
    agent any
    stages {
        stage ('Artifactory') {
            steps {
                server.username = "my-username"
```

서술적 문법 검사는 이를 허용하지 않고 다음과 같은 에러를 보여줄 것이다.

```
org.codehaus.groovy.control.MultipleCompilationErrorsException: startup
failed:
WorkflowScript: 8: Method calls on objects not allowed outside "script"
blocks. @ line 8, column 17.
   server.username = "my-username"
   ^
```

- script 블록을 사용한다. 서술적 문법은 script 블록을 지원해 사용자가 서술적 파이프라인에서 원하는 파이프라인 코드를 사용할 수 있게 한다. 이것이 서술적 파이프라인에서 서술적이지 않은 코드를 포함하는 가장 깔끔한 방식이다.

```
pipeline {
    agent any
    stages {
        stage ('Artifactory') {
            steps {
                script {
                    def server = Artifactory.server 'my-server-id'
                    server.username = "my-username"
                    <script commands processing>
                }
            }
        }
```

여기서 script 블록에서 인스턴스화된 아이템을 해당 블록 외부에서 접근할 수는 없다. 예를 들어 다음과 같은 코드가 있다고 가정해보자.

```
pipeline {
    agent any
    stages {
        stage ('Artifactory') {
            steps {
                script {
                    def server = Artifactory.server 'my-server-id'
                    server.username = "my-username"
```

```
            }
            echo "${server.username}"
```

이는 다음과 같은 에러를 발생시킨다.

```
groovy.lang.MissingPropertyException: No such property: server for
class: WorkflowScript
```

Script 영역의 한계 우회하기

script 블록에서 지정된 값에 대한 접근을 script 블록 외에서 꼭 가져야 한다면, 이를 위한 한 가지 방법은 해당 블록에서 해당 값을 갖는 환경 변수를 지정하는 것이다. 환경 변수는 스크립트 어디에서도 접근할 수 있다(값이 모든 장소에서 접근 가능해서는 안 되는 경우라면 이 방법은 적합하지 않다). 다음은 예시다.

```
pipeline {
    agent any
    stages {
        stage ('Artifactory') {
            steps {
                script {
                    def server = Artifactory.server 'my-server-id'
                    server.username = "my-username"
                    env.SERVER_USERNAME = server.username
                }
                echo "${SERVER_USERNAME}"
```

- 공유 라이브러리를 사용한다. 서술적이지 않은 코드를 공유 라이브러리의 함수 내부로 캡슐화해서 이후 서술적 파이프라인에서 라이브러리를 불러와 함수를 호출할 수 있다. 이 방법은 파이프라인 스크립트에서 서술적이지 않은 코드 사용을 꼭 수반하지 않기 때문에 선호되는 방식이다.

공유 라이브러리를 생성하고 사용하는 내용은 6장에서 자세히 다뤘다.

서술적이지 않은 코드와 파이프라인 편집기

공유 라이브러리를 사용하는 방법을 제외하고 나머지 방식은 서술적이지 않은 코드를 서술적 파이프라인에 포함하게 된다. 코드를 작성하는 방식에 따라 코드가 블루 오션 파이프라인 편집기에서 사용이 불가능할 수도 있다. 블루 오션은 서술적 파이프라인과 서술적 구조에 밀접하게 연관되어 있다. 서술적이지 않은 문법이 포함된 경우, 대부분의 경우 파이프라인의 실행과 로그 같은 정보를 화면에서 확인할 수 있지만, 파이프라인 소스를 보거나 실제 편집 기능을 사용하지 못할 수도 있다.

파이프라인에서 사용하고 싶은 모든 코드의 작성 방법을 다뤘다. 하지만 특정 함수나 로우 레벨 젠킨스 파일을 다룰 때 맞닥뜨릴 수 있는 문제가 한 가지 더 있다. 이는 인증이다. 젠킨스 2 환경에서 인증이 기록되고 승인되는 방법을 아는 것은 중요하다. 5장에서 다뤘지만, 다음 절에서 다시 한번 살펴보자.

인증되지 않은 코드(스크립트와 함수 인증)

파이프라인에서 임의의 스크립트가 젠킨스의 주요 부분을 실행할 수 있기 때문에, 안전 장치가 마련되어 있어 오직 승인된 스크립트와 함수만 사용될 수 있다.

최상위 접근 레벨에서 젠킨스 관리자는 어떤 스크립트도 만들고 실행할 수 있다. 관리자가 아닌 사용자에 대해서 젠킨스는 두 가지 방법의 스크립트 인증을 제공한다. 하나는 관리자를 통한 수동 인증이고, 다른 하나는 그루비 샌드박스 환경을 통한 자동 인증이다.

그루비 샌드박스는 비관리자가 스크립트에서 사용할 수 있는 승인된 함수의 목록을 갖고 있다. 스크립트가 샌드박스 환경에서 실행되고 이 목록에 있는 함수만 사용한다면, 해당 스크립트는 수동 인증 없이 인증된다.

비관리자에 의해 실행되는 스크립트가 샌드박스 환경에서 실행되지 않는다면, 이를 실행하기 전 관리자에 의한 인증이 필요하다.

스크립트가 샌드박스 환경에서 실행된다 하더라도, 안전 목록에 있지 않은 함수를 호출한다면 해당 호출은 실행되기 전 관리자의 인증이 필요하다.

다음은 승인되지 않은 jsonSlurper 함수를 사용할 때 발생하는 에러 메시지다.

```
    org.jenkinsci.plugins.scriptsecurity.sandbox.RejectedAccessException: unclassi-
        fied method groovy.json.JsonSlurper parseText java.io.File
         at org.jenkinsci.plugins.scriptsecurity.sandbox.groovy.SandboxInterceptor.onMe-
        thodCall(SandboxInterceptor.java:113)
```

다음은 또 다른 에러의 예시다.

```
    org.jenkinsci.plugins.scriptsecurity.sandbox.RejectedAccessException: Scripts
    not permitted to use new java.io.File java.lang.String
```

젠킨스는 진행 중인 스크립트 승인 기능을 통해 자동으로 승인 요청을 한다. 이 기능은 권한을 가진 사용자가 해당 함수의 호출을 승인할 수 있게 해준다.

235쪽 '스크립트 보안 관리' 절에서 더 자세한 내용과 인증 프로세스의 구현 방법에 대해 다뤘다.

코드가 승인되고 완전히 합당해 보이더라도 사용자는 코드가 지원되지 않는 경우를 볼 수 있다. 다음 절에서는 이에 해당하는 예시를 다룬다.

지원되지 않는 작업

때때로 파이프라인 코드에서 동작해야 하지만 그렇지 않은 작업을 보게 될 것이다. 이 책을 집필하는 시점에서 다음 코드는 이러한 경우에 해당한다.

```
node {
    stage ('iterate') {
        (1..4).each {
            println "Iteration ${it}"
        }
    }
}
```

젠킨스는 다음과 같은 에러를 보여준다.

```
java.lang.UnsupportedOperationException: Calling public static java.util.List
    org.codehaus.groovy.runtime.DefaultGroovyMethods.each(java.util.List,
    groovy.lang.Closure) on a CPS-transformed closure is not yet supported (
    JENKINS-26481); encapsulate in a @NonCPS method, or use Java-style loop
```

위 에러 메시지는 이전에 살펴봤던 @NonCPS 애노테이션 사용을 해결책으로 권장한다.

다음으로 젠킨스 시스템 로그에서 자세한 정보를 얻는 방법에 대해 알아보자.

시스템 로그

문제를 해결할 때 모든 방법이 실패한 경우라면 시스템 로그가 도움이 될 수 있다. 시스템 로그는 서버에서 확인 가능하지만, 젠킨스 관리 페이지의 시스템 로그 항목에서도 확인 가능하다.

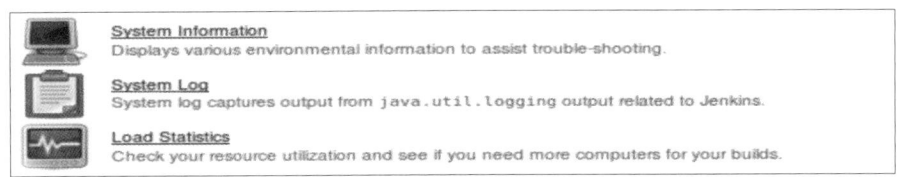

그림 16-8 시스템 로그 진입 아이템

이를 클릭하면 현재 젠킨스 인스턴스에 설정된 Log Recorders(로그 기록기)의 목록을 볼 수 있다. 다음은 현재 가능한 로그다(그림 16-9).

그림 16-9 사용 가능한 로그 기록기

여기서 메인 로그를 열거나 새로운 로그 기록기를 만들 수 있다. 로그 기록기를 만들려면 **Add new log recorder**(새로운 로그 기록기 추가) 버튼만 누르면 된다. 그림 16-10과 같이 새로운 로그 기록기의 이름을 입력할 수 있는 화면이 나타날 것이다. SSH 키 인증을 도와줄 것을 만든다면, 이름을 MyKeyAuthLog로 지을 수 있다.

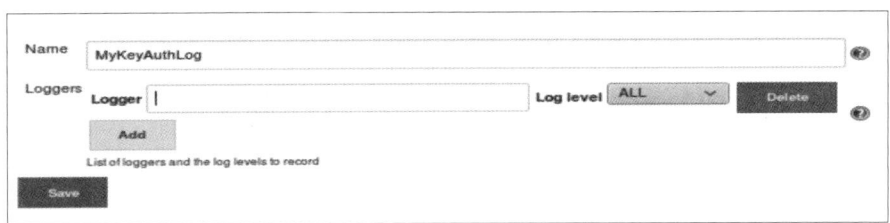

그림 16-10 새로운 로그 기록기 추가

이후 로그를 기록하고 싶은 아이템의 전체 이름이나 일부를 입력한 후 목록에서 선택한다. 원하는 로그 레벨을 선택한 후 저장한다. 그림 16-11은 이를 보여준다.

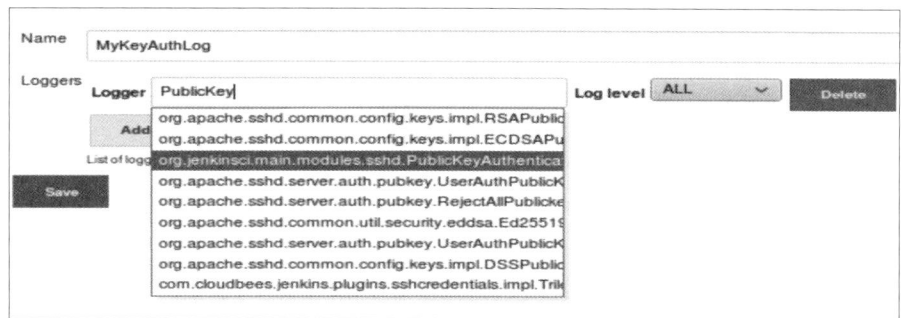

그림 16-11 로그로 기록할 아이템 찾기

이후 새 로그를 볼 수 있다(그림 16-12).

그림 16-12 새롭게 볼 수 있는 로그

이는 로그 기록기에도 목록으로 나타난다.

로그를 통해 시스템의 동작을 알 수 있지만, 언제 사용해야 하는지를 아는 것이 중요하다. 다음 절에서는 성능에 관련된 문제 해결에 대해 살펴볼 것이다.

타임스탬프

Timestamper 플러그인에 대해 7장에서 간단히 다뤘다. 이 플러그인이 하는 동작은 단순히 해당 잡의 콘솔 결과에 타임스탬프를 추가하는 것이다. 이를 통해 파이프라인이 막힌 장소나, 시스템 자원을 막대하게 소비하는 작업, 혹은 처리해야 하지만 넘어간 이벤트 등을 알 수 있다.

이 플러그인을 설치한 후 타임스탬프를 활성화하는 방법은 간단하다. 스크립트 방식의 파이프라인의 경우 다음과 같은 타임스탬프를 남기고 싶은 코드를 `timestamps` 블록으로 감싸면 된다.

```
timestamps {
    <code/steps to time>
}
```

서술적 파이프라인의 경우 다음과 같이 파이프라인에 `option` 섹션을 추가하면 된다.

```
options { timestamps() }
```

시스템 시계와 소요된 시간의 포맷을 시스템 설정 화면의 **Timestamper** 영역에서 설정할 수 있다. 콘솔 로그에서 보는 시간 정보는 상단의 선택 화면에서 선택한 옵션에 따라 확연히 달라질 것이다(그림 16-13).

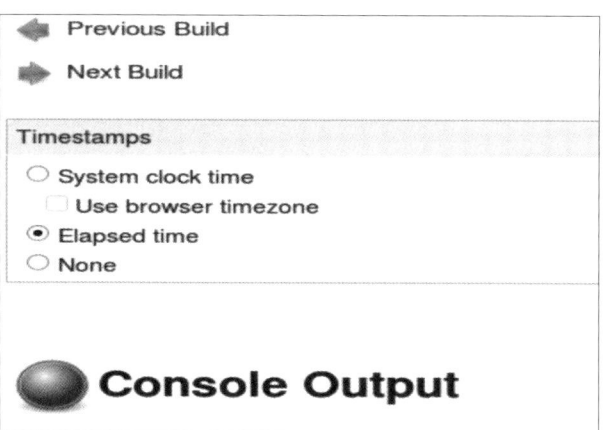

그림 16-13 콘솔 결과의 Timestamper 옵션

직렬화된 데이터를 디스크에 자주 저장하는 것은 파이프라인에서 소요 시간을 늘릴 수 있는 방법 중 하나다. 젠킨스 최신 버전에서는 파이프라인 스피드/내구성 설정을 통해 이를 조절할 수 있다.

파이프라인 내구성 설정

이 책에서 여러 번 살펴봤듯이 젠킨스 2의 새 기능과 요구 조건 중 하나는 객체가 디스크에 저장될 수 있도록 직렬화돼야 한다는 점이다. 이는 재시작이 필요로 하는 일이 발생했을 때 노드가 마지막 상태를 가져올 수 있게 한다.

유용하고 좋은 발상이지만, 실전에서 디스크에 데이터를 자주 저장하다 보면 병목 현상을 일으킬 수 있다. SSD를 이용하면 이런 현상을 완화시킬 수 있겠지만 필요로 인해 젠킨스에도 이를 관리하는 기능이 추가됐다.

젠킨스 LTS 2.73(혹은 2.62 주간 버전)부터 시스템 설정 화면에 이를 조절할 수 있는 새로운 설정이 생겼다(그림 16-14). 사용자가 성능 이슈에 부딪힌다면 이 설정으로 문제를 해결할 수 있는지 살펴볼 수 있다.

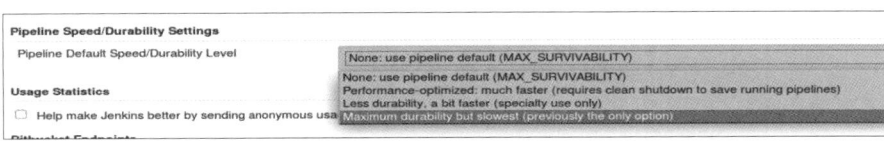

그림 16-14 파이프라인 내구성 설정

내구성 설정 표시

젠킨스의 최신 버전에서 내구성 설정 정보가 콘솔 결과의 상단에 다음과 같이 나타나는 것을 볼 수 있다.

```
Started by user Jenkins Admin
Running in Durability level: MAX_SURVIVABILITY
```

이 값은 다음과 같은 옵션이 설정 가능하다(여기서 기본값을 사용하는 None은 제외됐다).

Maximum durability

> 이 옵션은 주기에 따라 최대한 많은 정보를 디스크에 저장한다. 이는 기본 전략이다. 이 방식은 최신의 방대한 정보를 디스크에 저장해 재시작을 깔끔하고 정확하게 할 수 있게 도와준다. 하지만 디스크에 저장할 때 많은 자원을 소모하므로 가장 느린 옵션이다. 이 옵션은 성능보다는 데이터의 복구가 중요할 때 사용해야 한다.

Performance-optimized

> 이 옵션은 재시작을 목적으로 디스크에 저장하는 횟수를 상당히 줄인다. 이 옵션의 장점은 파이프라인의 스피드다. 단점은 데이터 복구를 하기 위해서는 잡을 완전히 새로 시작해야 한다는 점이다. 프리스타일 잡을 사용할 때의 재시작과 유사하게 생각하면 된다. 이 옵션은 간단한 잡이나 복구를 위해 다시 처음부터 시작해도 되는 경우 사용하면 된다.

This option provides speed

> 이 옵션은 데이터가 항상 디스크에 저장되는 것을 보장하지 않으므로 스피드를 향상시킨다. 상태 데이터를 쌓아놓고 특정 주기마다 저장하는 것으로 생각하면 된다. 디스크에

저장하는 횟수가 줄기 때문에 속도가 향상되지만, 매 저장이 상태를 보장하지는 않는다. 특정 덩어리의 데이터가 디스크에 저장되기 전 시스템이 다운되면 유의미한 정보를 잃을 수 있다(실제로 이런 문제가 발생할 확률은 매우 낮다).

이 설정은 파이프라인 프로젝트에서 적용된다(내용이 직렬화된 것이기 때문이다). 최악의 경우에도 데이터 관점에서 보면 프리스타일 잡보다 나빠지는 경우는 없다.

여기서 필요시 전역 설정을 덮어쓸 수 있다. 예를 들어, 특정 파이프라인에서 이를 변경하고 싶은 경우 파이프라인 잡의 일반 설정에서 이를 설정할 수 있다(그림 16-15).

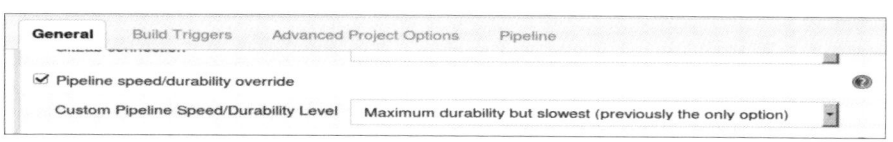

그림 16-15 전역 내구성 설정 덮어쓰기

파이프라인 스케일링 문서(http://bit.ly/2JZuEWk)에서 내구성에 대한 자세한 내용과 권장 설정을 참고하자.

요약

이번 장에서는 젠킨스 파이프라인을 사용할 때 발생할 수 있는 문제를 해결하는 방법에 대해 다뤘다. 젠킨스를 사용해 문제의 원인을 찾는 방법과 코드가 파이프라인의 요구 사항을 충족시키지 못할 때 이를 우회하는 방법이 있었다. 물론 인터페이스에 따라 팝업 아이템을 오랜 시간 봐야 할 경우 자동 리플레시 기능을 끄거나, 쉬운 디버깅을 위해 Jenkinsfile 코드를 젠킨스 애플리케이션으로 일시적으로 옮기는 등의 간단한 방법도 있다.

간단한 수정으로 문제가 해결되는지를 쉽게 테스트할 수 있는 리플레이 기능도 있다. 여기서 리플레이는 젠킨스 잡이 참조하고 있는 Jenkinsfile에 동작하기 때문에 문제 해결을 위해 젠킨스 파일을 불러와야 하는 수고를 덜 수 있다.

전체적으로 젠킨스에 대해 경험하고, 서로 지식을 나누고, 구글을 찾아보는 것이 문제를 해결하고 상세한 내용을 이해하는 데 도움이 될 것이다.

이 장으로 이 책을 마친다. 이 책을 통해 젠킨스 2에 대한 질문에 답을 찾고, 예제를 통해 원하는 프로젝트를 만들 수 있기를 바란다. 이 책이 도움이 됐다면 다른 독자를 위해 리뷰를 남겨주기를 부탁한다. 이 책에 관심을 가져줘서 감사하고, 여러분의 파이프라인 프로젝트도 모두 잘 동작하기를 기원한다.

찾아보기

ㄱ

값 해석   503
결과 필터링   673
공유 라이브러리   254, 269, 333, 488, 702
공통 프로젝트 옵션   341
권한 설정   194, 196
그레이들   40
그레이들 태스크   500
그루비   39, 297
그루비 샌드박스   703
그루비 샌드박싱   236, 239
그룹 데이터베이스   196
기본 알림   185
깃허브를 위한 인증   409
깃허브 조직 저장소 프로젝트   407
깃허브 조직 저장소 프로젝트 생성   408
깃허브 프로젝트   344
깃허브 훅   109
깃허브 훅 트리거   355

ㄴ

내구성 설정 표시   710
내보내기   468
내부 라이브러리   255
노드   68, 71, 75, 506
노드 실행 방식   632

ㄷ

다중 라인 문자열   121
다중설정 파이프라인 타입   386
다중 입력 매개 변수   123
단위 테스트   505
대기 시간   110, 134, 347
대시보드   419
데브옵스   48
도커   306
도커 개요 영역   627
도커 이미지   628
도커 이미지 전역 변수 함수   652
도커 컨테이너 전역 변수 함수   658
도커 클라우드 템플릿 설정   630
도커 파이프라인 전역 변수   643
도커 파이프라인 플러그인   643
도커 플러그인   624
동기   296
동시 빌드   346
동시성   136
디렉티브   69, 301
디버깅   469
따옴표   467

ㄹ

라이브러리 디렉티브   538
레거시 SCM   260
레거시 모드   197
레이블   73, 76, 305, 347
로그   92
로그 포함하기   172
로그 확인   470
룰   577
리그레션   100
리포트   188
리플레이   96, 287, 426, 534

링크 추가   186

ㅁ

마스터   68
마일스톤   140
마크업 포매터   199
매개 변수   115
매개 변수 기능 전환   528
매핑   77
멀티브랜치 파이프라인   48
멀티브랜치 파이프라인 프로젝트   401
메이븐 프로젝트 타입   376
메트릭 기반 보안   197
문법 검사   82

ㅂ

버전 1 API   182
버전 2 API   183
변환   513, 537
병렬성   136
병렬 스테이지   437
보안   194
보안 영역   194
부적합한 사용자   228
불러오기   468
뷰 필드   440
브랜치 뷰 아이콘   430
블록   299
블루 오션   44
블루 오션 편집기   447
빌드 승격   612

찾아보기   713

빌드 트리거 352
빌드 후처리 540
빌딩 블록 302
빗버킷 팀/프로젝트 프로젝트 413
빗버킷 프로젝트 트리거 319, 361

ㅅ

사라지는 에이전트 637
사이트 간 요청 위조 113, 199
삭제 프로그램 566
삭제할 파일 패턴 565
상태 배너 435
새로운 스테이지 추가 457
색상 92
색상과 기호 425
색상 코드 181
서드파티 라이브러리 283
서블릿 컨테이너 195
서술적이지 않은 코드 332, 698
서술적 파이프라인 42, 64, 295,
    534, 613, 639, 698
섹션 299
셸 스크립트 548
셸 스크립트 실행 553
셸 실행 파일 설정 548
소나큐브 188, 514, 576
소나큐브 웹훅 589
소나큐브 통합 592
소스 코드 관리 350
수신자 170
스니펫 생성기 84, 496
스캐너 583
스캔 584
스크립트 검사 236
스크립트 방식의 파이프라인 42, 64,
    295, 489, 534, 604
스크립트 블록 127
스크립트 승인 236, 238

스크립트 콘솔 680
스택트레이스 100
스테이지 77, 299
스테이지 로그 437
스테이지 뷰 94
스테이플러 682
스텝 69, 78, 300
스텝 문법 78
슬랙 설정 175
슬랙 알림 175
슬랙 알림 플러그인 175
슬레이브 역할 224
시스템 68
시스템 로그 705
신뢰할 수 없는 라이브러리 287
실행 페이지 435

ㅇ

아이비 프로젝트 392
아티팩토리 56, 604
아티팩토리 저장소 514
아티팩토리 플러그인 603
아티팩트 50, 444, 602
아티팩트 이름 619
알려진 이슈 418
알림 162
앱롤 백앤드 244
에이전트 69, 75, 199, 306, 639
엑시큐터 70
엔티티 52
역할 기반 접근 218
역할 할당 225
영속적인 도커 노드 정의 637
예외 처리 698
오래된 빌드 삭제 342
외부 SCM 285
외부 라이브러리 258
외부 잡 프로젝트 타입 382

외부 코드 활용 129
워크스페이스 50, 562
워크스페이스 삭제 508
웹훅 47, 178, 410
유닉스 사용자 196
이메일 162
이메일 알림 164
이상한 상태 331
이클립스 젠킨스 인터페이스 663
인증 관리 208
인증 도메인 206
인증 범위 205
인증 생성 211
인증 수명 248
인증 이동 214
인증 저장소 207
인증 제공자 206
일등 객체 52
입력 에러 456

ㅈ

자동 새로 고침 94
자동 완성 83
자코코 514
잡 타입 44
재시도 348
재시작 55
전역 변수 276
전역 보안 설정 194, 199
전역 설정 603, 624
전역 요소 지정 453
전역 환경 설정 60, 177, 184
젠킨스 2 38
젠킨스 REST API 672
젠킨스 URL 163
젠킨스 위치 162
젠킨스 인증 204
젠킨스 자체 데이터베이스 196

젠킨스 통합 175
조건문 301, 541, 616
조건부 실행 154, 327
조직 저장소 47
조직 저장소 프로젝트 종류 408
조합된 스텝 438
주기적 빌드 105
즐겨찾기 422
직렬화 에러 대응 690
진척 사항 저장 457
진척 사항 지시자 451

ㅊ

참조 503
최신 SCM 260

ㅋ

커맨드라인 인터페이스 665
커스텀 워크스페이스 305, 562
컨테이너 518
컨텍스트 링크 213
컴파일 499
코드 커버리지 595
퀄리티 게이트 582
퀄리티 프로파일 582
크론 105, 106
크론 문법 108, 319
클라우드 624
클라우드비스 42
클래식으로 이동 426
클로저 76

ㅌ

타임스탬프 708
토큰 353

토큰 인증 235
통합 테스트 510
트리거 104, 109, 110, 172

ㅍ

파워셸 557
파이프라인 47, 436
파이프라인 내구성 709
파이프라인 스텝 뷰 685
파이프라인 유닛 100
파이프라인 직렬화 690
파이프라인 통합 596
파이프라인 페이지 420
파이프라인 편집기 703
파이프라인 프로젝트 81
파이프라인 프로젝트 타입 380
파이프라인 호환성 53, 391
파일 식별자 367
패턴 문법 565
편집기 82
편집기 개발 478
편집기 이슈 디버깅 473
포스트 300
폴더 47, 395
폴더 권한 관리 401
폴더 내의 뷰 400
폴더에서 아이템 생성 399
프로젝트 아이콘 415
프로젝트 완료 후 빌드 105
프로젝트 타입 341, 375, 486
프로파일 582
프리스타일 485
프리스타일 파이프라인 489
프리스타일 프로젝트 376
플랫폼 확인 554
플러그인 488
플러그인 관리자 200
플러그인 호환성 55

핑거프린트 615, 619

ㅎ

헤일로 425
협업 서비스 174
호환성 52
환경 변수 559
환경 변수 해제 561
후처리 156, 374
흐름 제어 131
힙챗 알림 182

A

Abort the build if it's stuck 369
A container 396
Activity 뷰 423, 427
agent 디렉티브 304
allOf 328
A namespace 396
anyOf 329
AppRole 244
Artifactory 56
Authentication 194
Authorization 194
Authorize Project 플러그인 200, 210

B

bat 스텝 555
Bitbucket Branch Source 플러그인 413
Boolean 115
booleanParam 321
Branch coverage 595
branch indexing 412

Branch indexing 403
Build Environment 영역 362
Build Now 407
build 명령어 666

C

catchError 157
catchError 블록 157
Changelog 88
checkout scm 스텝 525
choice 321
Choice 116
cleanWs 566
cleanWs 스텝 565
CLI 200
CLI client JAR 99
CLI와 권한 668
CLI 클라이언트 668
closure 76
CloudBees 42
concurrency 136
Conditional BuildStep 103
Conditional BuildStep 플러그인 154
configFileProvider 스텝 366, 367
Config File Provider 플러그인 363
Config Files 366
Continuous Passing Style 690
CPS 690
Credential Providers 206
Credentials 117, 350
Credentials Binding 플러그인 233, 511
Credential Stores 207
Credentials 플러그인 204
cron 105
Cross-Site Request Forgery 113, 199

Crumb 113
CSRF 113
ctns-promt 113
currentBuild.result 166
Cyclomatic complexity 595

D

DAYMONTH 106
DAYWEEK 106
deleteDir 571
dev 모드 242
Directive 301
Directives 69
dir 스텝 565, 570
docker run 636
Domain-Specific Language 39
DSL 39, 74
DSL lock 스텝은 블로킹 스텝 137

E

email-ext 167
Email Extension 167
emailext 스텝 169
emailext 파이프라인 스텝 171
E-Mail Notification 164
encoding 549
entity 52
EnvInject 562
environment 309
environment 디렉티브 559
environment 블록 310
Executor 70
expression 블록 154
Extended Email 167

F

failFast 151
file 321
fileExists 569
File Operations 플러그인 571
FilePath 119
file 매개 변수 119
first-class citizen 52
Foo 56

G

GitHub Integration 플러그인 355
GitHub project 옵션 344
Gradle 40
gradle DSL 501

H

hipchatSend 181
hipchatSend 스텝 182, 186, 187
HOURS 106
HTML Publisher 플러그인 188
HTML 리포트 188
HTTP 모드 669
HTTP 접근 256
H 기호 107

I

input 스텝 111, 112
inside 함수 656
Instruction coverage 595
integrationTest 태스크 510
inversePrecedence 138

J

JaCoCo 595
JaCoCo 플러그인 596
Java Code Coverage 595
Java Network Launch Protocol 199
Jenkinsfile 39
Jenkinsfile 개발 523
JENKINS_HOME 폴더 205
JENKINS_URL 669
JNLP 199
JobConfigHistory 플러그인 40

L

LDAP 196
libraries 324
libraries 디렉티브 265, 538
libraryResource 281
library 스텝 265
Lightweight Directory Access Protocol 196
List Subversion tags 120
load 명령 284
Lockable Resources 플러그인 137
lock 스텝 137
logRotator 316

M

mail 스텝 165
Markup formatter 199
milestone 스텝 140
MINUTES 106
MONTH 106

N

node 39
not 329
NotSerializableException 691

O

options 디렉티브 314

P

parallelism 136
Parallel Test Executor 플러그인 148, 509
parallel 파이프라인 스텝 143
parameters 321
parameters 섹션 124
password 322
Password 121
pipeline 303
pipeline-as-code 131
Pipeline Linter 521
Pipeline Remote Loader 플러그인 286, 517
Pipeline Unit 100
Polling 88
Poll SCM 361
post 블록 330
post 섹션 166, 540, 616
post 영역 54
PowerShell 557
properties 스텝 354
Pull Request 430
pwd 스텝 563, 570

R

readFile 568
regressions 100
Remote Loader 플러그인 287
Replay 96
replay-pipeline 99
Repository URL 350
resources 281
retry 133
Retry count 348
returnStatus 550
returnStdout 549
reuseNode 641
Revision 350
Role-Based Access Control 193
Role-based Authorization Strategy 플러그인 401
Role Strategy Macros 230
run 322
Run 122

S

sandboxing 236
SCM 내려받기 109
Script Security 플러그인 235
script 문장 334
script 블록 701
secret_id_accessor 247
Security Realm 194
Separate permissions 397
Shared libraries 396
sh 스텝 89, 549
skipDefaultCheckout( ) 315
Slack Notification 175
slackSend 스텝 181
slackSend 파이프라인 스텝 180
sleep 134

Snipper Generator 84
SonarQube 188
SourceSets 510, 512
Source 스테이지 493
src 269
sshagent 블록 234
SSH Agent 플러그인 234
SSH Slave 플러그인 636
SSH 도커 에이전트 이미지의 인증 632
SSH 모드 671
SSH 서버 203
SSH 인터페이스 665
SSH 접근 255
SSH 키 233
stacktrace 100
stages 섹션 325
stages 클로저 539
stage 클로저 77
stash 146, 507
steps 블록 326, 539
string 323
String 122
subdomain 178
submitterParameter 114

T

text 322
textFormat 186
timeout 131
timeout 스텝 371
Timestamper 플러그인 708
timestamps 268
timestamps 스텝 372
tool 60
tools 디렉티브 311
trigger 104
triggers 디렉티브 318

try-catch-finally 42, 156

U

unstash 146, 507
URL과 조각 113
Use secret text(s) or file(s) 372

V

vars 273, 274
Vault 241, 243
Vault AppRole 인증 247
Vault GitHub Token 인증 247
Vault Token File 인증 248
Vault Token 인증 248
Vault 플러그인 247

W

waitForQualityGate DSL 함수 590
waitUntil 134
webhook 47
Webhook 178
withCredentials 블록 233, 373
withDockerContainer 블록 519
withEnv 스텝 560
withRegistry 647
withServer 645
withSonarQubeEnv 블록 587
withTool 648
with*스텝 512
workflowLibs 263
wrap 스텝 250
writeFile 568
ws 스텝 562

기호

@Grab 애노테이션 283
@Library 애노테이션 263
@NonCPS 애노테이션 693, 705

에이콘출판의 기틀을 마련하신 故 정완재 선생님 (1935-2004)

젠킨스 2 시작하기
개발 파이프라인 자동화의 한 단계 도약

발   행 | 2019년 3월 29일

지은이 | 브렌트 래스터
옮긴이 | 이 상 욱

펴낸이 | 권 성 준
편집장 | 황 영 주
편   집 | 이 지 은
          김 다 예
디자인 | 송 서 연

에이콘출판주식회사
서울특별시 양천구 국회대로 287 (목동)
전화 02-2653-7600, 팩스 02-2653-0433
www.acornpub.co.kr / editor@acornpub.co.kr

한국어판 ⓒ 에이콘출판주식회사, 2019, Printed in Korea.
ISBN 979-11-6175-281-5
ISBN 978-89-6077-093-5 (세트)
http://www.acornpub.co.kr/book/jenkins2

이 도서의 국립중앙도서관 출판시도서목록(CIP)은 서지정보유통지원시스템 홈페이지(http://seoji.nl.go.kr)와
국가자료공동목록시스템(http://www.nl.go.kr/kolisnet)에서 이용하실 수 있습니다.(CIP제어번호: CIP2019010298)

책값은 뒤표지에 있습니다.